연결(불)가능한 신체의 역사

젠더 · 어펙트 총서 02
연결(불)가능한 신체의 역사

초판 1쇄 발행 2022년 4월 29일

지은이 동아대학교 젠더 · 어펙트연구소
펴낸이 강수걸
기획실장 이수현
편집장 권경옥
편집 오해은 신지은 이소영 이선화 김소현 강나래
디자인 권문경 조은비
펴낸곳 산지니
등록 2005년 2월 7일 제333-3370000251002005000001호
주소 부산시 해운대구 수영강변대로 140 BCC 613호
전화 051-504-7070 | 팩스 051-507-7543
홈페이지 www.sanzinibook.com
전자우편 sanzini@sanzinibook.com
블로그 sanzinibook.tistory.com

ISBN 979-11-6861-027-9 93330

* 책값은 뒤표지에 있습니다.
* 잘못된 책은 구입하신 곳에서 교환해드립니다.
* 이 저서는 2019년 대한민국 교육부와 한국연구재단의 지원을 받아 수행된 연구입니다.
(NRF-2019S1A5C2A02081161)

젠더 · 어펙트 총서
02

연결 (불)가능한 신체의 역사

동아대학교
젠더 · 어펙트연구소
지음

산지니

서문

개인의 통치에서 연결신체의 정치로

전 지구적으로 생명정치에 대한 논의가 그 어느 때보다 활발하다. 생명정치의 작동은 코로나 바이러스로 인한 팬데믹의 특수가 아니라, 다양한 층위와 사례를 가진 역사적 현상이다. 그 현상에 일찍이 주목한 이는 미셸 푸코(Michel Foucault)였다. 널리 알려진 바와 같이, 병원과 감옥의 '대감금'을 재구성해 보였던 푸코에 이어, 어빙 고프만(Erving Goffman)은 정신병원, 교도소, 군대, 기숙학교 등 훈육과 통제가 일상화, 집단화, 전면화된 폐쇄적 공간을 '총체적 기관(total institution)'이라고 칭하며, 이곳을 '수용소'라 다시 불렀다.

수용소의 역사는 총체적 기관 바깥의 사회마저 유사-총체적 기관의 모습을 갖추고 있음을 함께 보여주고 있다. 그런 점에서 수용소는 기관 또는 장소 그 이상을 함의한다. 역사적 파시즘 시기에 만들어진 수용소를 하나의 체제로 보아야 한다고 제안했던 이는 프리모 레비(Primo Levi)였다. 또한 조르조 아감벤(Giorgio

Agamben)은 난민이 '호모 사케르'가 되고 그들의 수용소가 어떻게 '예외상태' 속 생명정치의 작동으로 발생하는지를 밝혀 보였다.

한국의 경우, 수용소는 식민지 시기부터 그 형태를 갖추고 해방 이후 더 많은 방식으로 확산되었다. 물질적인 수용소가 만들어진다는 것은, 이에 앞서 수용, 배제, 격리를 정당화하는 담론과 이데올로기가 형성되었음을 의미한다. 수용소는 단순히 물질적인 장소로서의 분리나 유예된 시간, 폐쇄된 삶만을 의미하는 것이 아니라, 이상적인 인간의 상이 무엇인지를 호명하는 메커니즘이다. 이 메커니즘은 오늘날 각종 '시설'들을 통해서도 반복적으로 드러난다. 시설은 성별, 인종, 장애 여부, 나이 같은 것들을 기준 삼아 몸들을 분류하는 전제 위에서 성립한다. 이 전제에 따라 여성, 소수인종, 장애인, 노인, 아동 및 청소년 등의 몸은 표준이 되는 신체, 합리적이고 건강하며 지배인종에 속하는 남성 신체의 잔여물로 배치된다. 그런 점에서 '시설화'는 '존재론적 차이'를 '사회구조적인 차별로서의 차이'로 환원해버리는 일련의 힘들에 따라 추동된다고 할 수 있다.

젠더 · 어펙트 총서 제2권 『연결(불)가능한 신체의 역사』는 바로 이러한 존재론적 차이와 사회구조적 차별 사이에 놓인 신체에 대한 사유를 토대에 둔다. 이 책은 연결성과 연결 불가능성의 신체에 대한 사유가 주체에 대한 인식, 사회적인 것, 정치적인 것, 인간과 다른 종의 관계 설정 등에 미친 영향을 비교역사적 방법으로 접근하고 있다. 전근대에서 근대에 이르는 시기 여러 지역에서 국가, 사회, 공동체를 구성하는 기획에서 연결성과 연결 불가능성이 공간적으로, 또한 정치적으로 어떻게 작동하고 있는지를 해명하고자 하는 이 책의 기획은 연결성의 윤리를 고민하고, 연결을 인간 조건이자 주체의 근간으로 삼기 위해 넘어야 할 문제들을 검토하려는 근본적인 목적을 지닌다. 이에 따라 개인과 통치성에 관한 생명정치의 논의는 연결신체의 '젠더 · 어펙트' 정치로 다시 쓰인다.

『연결(불)가능한 신체의 역사』는 역사적 진보에 따른 연대기적 총체사 또는 연결 불가능성에서 연결성에 이르는 목적론적 역사 서술의 패턴을 따르지 않는다. 많은 종류의 시간적 리듬에 걸쳐 조화를 이루며 결합되는 일종의 아상블라주(assemblage)로서 "연결(불)가능한 신체의 역사"를 드러낸다. 여기에 포함된 각각의 글들은 그 역사에 뒤얽힌 삶의 방식들을 다중적 시간으로 드러낸다. 그 삶들은 매순간 연결 가능성과 불가능성 사이에서 요동친다. 이러한 불안정성과 비결정성은 아상블라주의 특징이며, 여기에는 정동이 흐른다. 따라서 이 책은 연결성뿐만 아니라, 정동의 수행성과 정동적 행위자성을 함께 파악하려는 시도들로 채워져 있다고 할 수 있다.

신체의 연결 가능성 또는 불가능성을 무엇보다도 잘 보여주는 영역은 다름 아닌 교육이다. 교육은 장소적인 측면, 제도적인 측면, 그리고 정동적인 측면에서 포함과 배제, 연결과 단절을 중층적으로 수행한다. 『연결(불)가능한 신체의 역사』 1부 '연결(불)가능성과 교육의 문턱 : 교화의 역사에서 대안교육의 패러다임까지'는 식민지 시기부터 군부독재정권과 민주화를 거쳐 온 한국의 근대사 속에서 연결(불)가능한 신체가 사회구조적 문제와 뒤얽혀 있음을 드러내는 글들로 묶여 있다. 1부에 실린 네 편의 글들은 한국

사회 내에서 교육 또는 교화의 이름으로 어떠한 차별이 만들어지고 신체에 작용해왔는지를 다양한 장소와 제도를 통해 살피며, 정동적 대응의 필요성을 역설한다.

권명아는 「K적인 것의 기원과 K 차별: 차별 대응 제도와 교육, 사회통념 개념의 변화를 중심으로」에서 박정희 시대에 등장한 '한국적인 것'이 박근혜 정권 때 K적인 것으로 이행하면서 당초의 국가 주도적 성격을 넘어서는 것이 되었다고 말한다. K적인 것에 대해 이해하기 위해서는 한국 사회의 역사라고 하는 구조적인 측면에 대해 논해야만 하는데, 이는 차별과 혐오 문제에도 동일하게 적용된다. 그렇기에 논문의 제목에 붙여진 K 차별이라는 조어는 한국적 형식과 차별이 불가분하다는 사실을 환기하기 위해 제시된다. 필자는 한국의 민주주의와 K 차별의 관계를 규명하기 위해, 일제 시기의 '조선적인 것'에서 출발하여 해방 후 탈냉전의 지연으로 인해 한국 사회에 나타난 복합적인 정동을 아우른다. 1990년대 말에서 2000년대 초반의 전반적인 인권 정책이 민주화의 일환으로 구축된 한국에서, 차별 대응 정책은 "잃어버린 10년"이라는 백래시로 인해 중단되었다. 이후, 냉전과 식민성을 벗어나는 탈출구로 인지되어 왔던 민족의 '문화'가 민주화에 대한 자부심을 대치하기도 하였으나, 뒤따른 정치 · 문화적 영역의 팬덤이 이러한 복합성이 수렴된 것이라고 보기는 어렵다. 이 글은 현재 한국 사회 전반에서 차별과 혐오에 대응해야 한다는 인식이 퍼지고 학술적 담론이 형성되어 있는 것과는 대조적으로, 사회통념 인식 구조에서 벗어나지 못한 채 차별 선동 세력과의 절충과 타협을 강조하는 정책에 대해 꼬집는다. 그리고 전문가들이 지속적으로 개입하여 사회적 인식과 정책의 변화를 이끌어내야 한다고 주장한다.

이어지는 소현숙의 「학교의 문턱, 의무교육제도의 도입과 장애아 교육: 해방직후~1960년대를 중심으로」는 권명아의 글에서 제기된 차별과 제도의 관계를 여실히 보여주는 장애아 교육 문제에 천착한다. 한국 사회에서 교육은 기본적으로 바람직한 시민을 양성하는 데 그 목적이 맞춰져 있으나, 애초에 시민의 권리를 부여받지 못한, '바람직하지 않은' 존재로 취급된 자들이 있었다. 바로 장애아들이었다. 장애아 교육을 다루는 소현숙의 글은 의무 교육이었던 초등학교 교육에 있어서도 장애아들의 취학율이 저조했으나, 입시 경쟁이 치열했던 중학교 입학시험에서 받아야 했던 체능 검사가 장애 학생들의 진학을 좌절시키는 걸림돌로 작용했음에 주목하며 '학교의 문턱'을 가시화한다. 장애가 있는 몸과 비장애인의 몸에 적용되는 동일한 검사 기준을 두고 계속해서 교육을 받기 위한 '권리'를 주장하며 요구한 검사 면제는, 경쟁의 논리 속에서 '특혜'를 향유하는 것처럼 여겨졌다. 이러한 사례는 장애아가 교육을 받을 '권리'를 보장받기 위한 지난한 과정을 보여준다. 그리고 현재까지도 크게 변하지 않은 사회적 인식의 발본적인 변화를 촉구하며, 교육 제도 속에서 장애 학생이 맞닥뜨리는 '차별'에 대해 심층적으로 논의할 필요성을 제기한다.

장애 학생의 문제는 거리의 소년 문제와 겹쳐지고, 제도적 교육은 '교화'라는 정동적 문제와 연결된다. 이화진의 「감화원이 있는 섬: 영화 〈해연〉(1948)과 남한 초기 소년 수용시설」은 영화 〈해연〉에서 부랑아로 여겨지고, '순애의 훈육'을 명분으로 감화원에 수용된 소년들의 재현 양상을 조명한다. 이제까지 〈해연〉의 감화원은 건국 서사의 프레임에서 추상적인 공간으로만 논의되어 왔다. 그러나 이 글은 감화원이 해방 후 거리로 내몰린 소년을 '구제'하고 '건전한 국민'으로 교화한다고 하는 인도주의, 그리고 치안 담론이 복합적으로 작용하여 만들어진 수용시설이라는 점에 주목한다. 즉, 남한 초기의 '건국'이라는 시대적 과제와 당대의 사회문화적 맥락을 함께 고려하며 종합적으로 영화를 검토하고 있다고 할 수 있다. 필자는 '플래나간-보이스 타운-영화 〈소년의 거리(Boys Town)〉와의 연관성과 더불어 남한 초기의 영화와 연극 및 비행소년을 다룬 작품들과의 비교 분석을 통해, 〈해연〉 속 감화원이 남한 초기의 소년 수용시설 담론뿐만 아니라 해방 후의 수용시설을 재고하도록 만드는 역사적 장소임을 주장한다. 권명아가 화두로서 제기한 '한국적인' 차별의 역사적 흐름과, 소현숙과 이화진이 구체적으로 분석한 아동과 청소년들의 교화와 교육의 문제들은 일제의 영향이 제도적으로 잔존하는 해방 전후에서 1960년까지를 중심으로 한국 사회를 진맥하였다.

이러한 역사적 흐름의 잔존하는 힘은 현재에까지 미치고 있고, 그 힘은 이제 '87체제'의 에토스와 뒤얽혀 젠더 갈등과 세대 갈등으로 표출되고 있다. 김보명의 「'진보' 정치학 이후와 사회적 재생산의 문제에 대한 소고」는 이러한 갈등들이 한국 근대사의 분기점이라고도 할 수 있는 민주화 이후에 맞닥뜨리게 된 것이며, 민주화 이후 한국 사회의 정치경제적 지형을 조망함으로써 이해를 심화시킬 수 있음을 전제로 한다. 젠더 갈등의 배후에는 자본주의와 가부장제의 특권을 누린 86세대 진보 정치인과, 이러한 특권의 수혜자가 되지 못한 20대 보수 남성들이 존재한다. 김보명은 이러한 두 가지 (세대) 집단 중에서 20대 보수 남성들이 페미니즘에 반발하게 된 배경이 경제적 불안정성과 남성 특권을 상실하게 한 한국 사회의 거시적 변화, 특히 사회적 재생산의 위기에 있다고 진단한다. 87체제 혹은 97체제로 명명되는 민주화 이후, 역사적 '진보'를 이끌던 기성세대가 정치경제적 지배집단이자 세대 · 젠더 · 계층 갈등의 원인이 되고, 신자유주의의 물결 속에서 과거에 존재하는 '진보'로는 해결할 수 없는 고용 불안과 '공정성', 소수자 혐오와 '젠더 갈등' 등은 해결되지 못한 채 심화되었다는 것이다. 본문에서 언급된 것처럼, 미래적 시간인 진보가 과거의 승리와 길항하며 '정지'해버린 현재는 시공간의 전환을 필요로 한다. 이러한 현재적 고찰은 차별과 혐오, 사회와 제도, 갈등의 주체들의 연결(불)가능성과 정면으로 마주하는 장을 마련한다.

2부 '신체 연결성의 서사와 역사 : 설화에서 게임까지'는 신체 연결성의 역사를 각종 서사 장르를 통해 탐색한다. 설화와 영화, 소설과 게임을 망라하는 이종적인 서사의 역사를 한데 묶은 것은 서사 장르의 발달을 일관되게 보여주고자 함이 아니라 '신체 연결성'과 '정동적 그래피즘'이라 부를 수 있을 만한 것의 다채로운 국면을 보여주기 위해서다. 따라서 2부에 묶인 네 편의 글들은 서사를 재현의 결과로서 분석하는 일반적인 방법론을 떠나, 서사 안팎의 연결성을 통해 텍스트를 정동적 힘의 이행으로서 파악한다는 공통점을 지닌다.

강성숙의 「연결불가능한 신체, 상사뱀의 정치지형: 파국형 상사뱀 설화를 중심으로」는 지금까지 다각도로 논의된 상사뱀 서사를 감정의 단절, 감정적 주체의 부정, 성별에 따른 인식의 차이라는 관점에서 새롭게 읽어낼 뿐만 아니라, 인물을 둘러싼 당대의 정치적 지형, 역사적 평가 등이 등록되어 있는 정치적 서사로서 다시 읽어내기 위한 전환적 시도다. 강성숙은 파국형 상사뱀 설화를 새롭게 이해하기 위한 방법론으로서 구연자들의 근거지역과 이야기의 연결망, 그리고 설화가 다루는 대상 인물에 관한 인식과 작품 내부의 행위자 간 연결망을 동시에 파악하고자 한다. 이처럼 구비설화에 관계하는 다층적 연결망에 대한 강성숙의 분석은 해석학적 실험으로서 독특하면서도 유의미하다. 강성숙은 상사뱀이 '상사뱀으로서 무엇을 하는가'라는 수행적 질문을 통해 상사뱀이 욕망하는 상대 남성의 성격, 행위, 관계가 상사뱀 서사에서 의미를 만들어내는 중요한 요소임을 드러낸다. 파국형 상사뱀 설화를 비인간 행위자의 행위를 중심으로 읽어내며 그 연결망을 파악해내는 일은, 확고하게 질서가 잡혀 있는 것처럼 보이는 기존의 지배체제가 감추고 있는 불합리하고 불안정한 네트워크를 드러내어 새로운 관계 형성을 모색하는 데 도움을 줄 수 있다. 이처럼 강성숙의 글은 서구의 인간중심주의적 근대를 비판적으로 설명하는 데 동원되었던 브뤼노 라투르(Bruno Latour)의 '행위자 네트워크 이론(Actor-Network Theory)'으로 한국 구비설화의 비인간 행위자를 이해하는 흥미로운 경험을 제공한다.

여성적 욕망에 관한 강성숙의 글은 퀴어적 정동에 관한 첸페이전(陳佩甄)의 글로 이어진다. 타이완 국립정치대학교에 재직중인 첸페이전은 냉전 시기 여성 및 모성의 감정과 정동 등에 관심을 두고 한국과 대만의 비교 작업을 꾸준히 시도해온 학자다. 2부에 수록된 첸페이전의 「'바지씨' 생존 모델: 〈불온한 당신〉과 〈일상대화〉 중 퀴어 정서 및 수정의 전향」은 한국의 다큐멘터리 작품인 〈불온한 당신〉(2015)과 타이완의 〈일상대화〉(日常對話)(2016)에서 주인공 이묵과 T mama 웨뉘(月女)의 삶의 경험과 그에 따른 '비전형적 기억'의 역사적 형태를 분석하고, '퀴어 생존모델' 및 '역사 회복'의 가능성을 탐구한다. 이묵과 T mama는 1945년부터 1970년대의 한국과 타이완에서 태어나 성장했다. 당시 한국과 타이완은 일본 식민통치, 냉전 반공에서 박정희와 장제스의 권위주의 정치로의 전환, 농업사회에서 산업사회로의 급격한 전환 등 정치경제적 격변을 겪고 있었다. 두 편의 다큐멘터리 속 주인공은 이렇게 특별했던 역사적 상황 속에서, 섹슈얼리티/젠더(동성애자, 비혼 여성, 가정폭력, 싱글맘(싱글대디))와 노동(여공, 기사, 무당) 신분을 통해 당시 주류 사회의 고도의 집단 정상화와 다른 주변성(precariousness)을 드러내고, 다큐멘터리 속 구술 기억을 통해 삶의 경험을 감독과 대중에게 전달하고 있다. 첸페이전은 두 다큐멘터리의 주인공의 경험 속에 '퀴어 시간성'의 복잡한 역사적 측면이 부각되어 있고, 두 가지 중요한 역사적 문제를 반영한다고 판단한다. 첫째, 주도적 역사 참조가 항상 '이데올로기'와 '상징'의 운영에 치중한 반면, 이묵과 T mama의 삶의 경험은 우리가 이들 두 가지 분석 측면에 치중하다 보면 역사적 참조 체계 중의 '물적 토대'를 간과하게 됨을 보여준다. 둘째, 그들의 주변적 생존 상태는 단순히 섹슈얼리티/젠더 정체성뿐만 아니라 삶의 형태와도 긴밀하게 연관된다. 따라서 계급, 노동, 신앙 등과 결합하여 각종 권력 시스템 간의 동맹 관계를 드러내야 한다는 것이다. 마지막으로, 이 글에서는 퀴어 역사의 '회복적 전환'을 제시하며 두 편의 다큐멘터리에 나타난 '회복적 읽기'로써 퀴어 주체 경험 속에서의 일상성과 정동의 연대를 재구축하고, 사회적으로 구축된 이데올로기와 수행성 외에 지금까지 자주 다루어지지 않았던 생활에서의 구현에 주목함으로써 퀴어 역사를 회복하고 더 나아가 비판 방식을 재구성하고자 한다.

한편, 권영빈의 「박완서 소설의 죽음정치적 특성과 그 의미: 『아주 오래된 농담』을 중심으로」는 박완서의 후기작 『아주 오래된 농담』(2000)을 통해 죽음의 할당과 관리가 개인 및 공동체의 삶을 지배하는 양상을 살피고, 그것을 전쟁을 겪은 한국(인)의 경험적 산물로서 파악한다. 박완서의 소설에서 죽음이 삶을 구조화하며 이를 체현한 신체 양상을 보여준다는 데서 뚜렷하게 확인되듯이 죽음정치는 생명정치의 대립항이 아니라 생명정치와 분리불가능한 차원으로 볼 수 있다. 특히 『아주 오래된 농담』에서의 죽음정치는 산 자의 몸이 '시체'가 되는 것을 추동함으로써 그 밖의 것을 죽음으로부터 오염되지 않게 하기 위한 일종의 제의이자 향연으로서 펼쳐진다. 작품 내에서 송회장 일가가 보이는 죽음정치는 죽음의 할당과 관리가 삶을 구조화하는 자본주의적 통치술에 대한 것이자, '욕된 죽음'을 규정하고 그것을 남은 자들이 '삼키는' 제의를 통해 죽음-삶 연속체로서 살아가는 한국(인)적인 삶의 역사적 맥락에 접근한다. 한편, 작품 내에서 여성 인물들을 수태와 낙태의 몸으로 관계적으로 (재)배치하는 것은 자본주의적 가부장제하 죽음을 주체화의 문제로 다루고 심화하는 것이다. 권영빈이 독해하는 『아주 오래된 농담』은 '시체'가 '자본'이 되는 메커니즘의 기원인 한국전쟁이라는 작가의 원체험을 되짚고 있을 뿐만 아니라, 자본주의의 첨단을 가시화하는 존재로서의 여성, 가족의 역사적 삶을 다시금 밝히려는 소설에 해당한다. 박완서 작가의 타계 10주기를 지나오면서 다방면으로 축적된 '완서학'이 새로운 시도들과 함께 갱신되고 있는 현재, 권영빈의 글은 그 시도 가운데 하나로서 '정동'이라는 개념 및 이론이 완서학뿐만 아니라 정동적 사회와 사회적 신체를 재구함에 있어 어떠한 유효성을 지니는지 설득력 있게 드러내고 있다. 서사를 추동하는 정동을 사유함에 있어 '냉전'이라는 역사적-정동적 환경을 전제로 첸페이전과 권영빈의 글을 비교하며 읽어보아도 좋을 것이다.

2부에 수록된 마지막 글로서 권두현의 「'DIY 오이코노미아'의 정동 정치: 〈모여봐요 동물의 숲〉을 통해 본 게임의 행위적 현실」은 내러톨로지(narratology)와 루돌로지(ludology) 사이의 긴장관계 속에서 설명되어 온 게임을 다루고 있는 글이다. 권두현의 글은 '사회적 거리두기' 시대의 '핫트렌드'로 떠올랐던 닌텐도 스위치의 게임 타이틀 〈모여봐요 동물의 숲〉을 행위적 실재론의 관점에서 살피면서, 게임 플레이를 밀실의 유희로서가 아니라 사회적이고 정치적인 행위로서 재고하고자 한다. 〈모여봐요 동물의 숲〉은 수렵, 어로, 채취 이외에도 'DIY' 및 '마이 디자인' 등 커뮤니티로서 숲의 물질성을 끊임없이 확인하고 개조하는 플레이를 통해 개발되고 가꾸어진다. 다만, 이 플레이는 '폴리스(polis)'와 '오이코스(oikos)'의 아리스토텔레스적 분리가 게임의 전제로 도입되고 있음에도 불구하고, 궁극적으로 이 두 차원이 분리불가능하다는 사실을 드러내는데, 이는 다름 아닌 '정동'이 일종의 접착제로서 기능하기 때문이다. 이와 관련한 흥미로운 사실은, 전 지구적으로 다양한 플레이어들 각자의 숲이 정동적 사회의 단면을 보여주고 있다는 점이다. 사회적 행위주체로서의 플레이어는 게임의 규칙에 게임 외부로부터 들여온 정동을 접착시켜 자신의 섬을 디자인한다. 섬의 디자인은 플레이어의 주관적 의도가 아니라 플레이어의 몸을 중심에 둔 정치와 경제, 현실과 가상의 중층적이고 다차원적인 관계 속에서 비로소 조형되는 것이기에, 게임의 모순을 드러내기도, 때로는 은폐하기도 한다. 이는 플레이어가 어떻게 정동되었는지, 다시 말해 어떠한 관계성과 연결성을 바탕으로 게임을 플레이하는지와 관련된 회절 패턴들이다. 그런 점에서 〈모여봐요 동물의 숲〉이 자랑하는 'DIY'는 개별적이고 독립적인 자아에 의해 수행되는 것이 아니다. 〈모여봐요 동물의 숲〉에 펼쳐진 'DIY 오이코노미아'의 규범에 해당하는 디자인은 게임 규칙의 정치성과 게임 플레이의 정치성 사이에서 이루어지는 것이다. 그 디자인은 젠더적이고, 정동적이며, 정치 · 경제적인 유희다. 권두현의 글은 〈모여봐요 동물의 숲〉이 이를 관찰할 수 있는 장치로서 주어져 있다고 설명하고 있다. 2부에 수록된 글들은 공통적으로 '정치'라는 키워드를 품고 있다. 이는 각각의 필자들이 논하는 연결성이 위치와 배치를 통한 정치의 (불)가능성임을 드러내고 있는 것이다.

3부 '시설화와 신체 연결성의 정치 : 돌봄과 정동적 평등'은 육아와 가정폭력, 그리고 (탈)시설화의 문제를 정동적으로 살피는 글들로 채워져 있다. 정동은 신체가 다른 신체들과 마주치고, 부대끼며, 뒤얽히는 가운데, 언어와 이성이 아닌 힘들에 의해 어떻게 '되기'를 반복하고 지속하는지에 관한 것이다. '되기'로 나아가기 위한 연결성은 근접성과 친밀성을 둘러싸고 불안정적이고 비결정적인 차원으로 잠재한다. 돌봄 관계에 있는 어머니와 어린 자녀야말로 가장 친밀한 연결신체라 할 수 있으며, 친밀하기 때문에 더 큰 고통과 상흔을 남길 수 있는 것이 가정폭력이다. 신체 연결성의 문제가 가장 복잡하고 첨예하게 드러나는 장소는 각종 수용시설이다. 시설은 외부와 내부를 분리함은 물론, 그 분리를 통해 시설 안팎을 관통하는 젠더의 문제를 지운다. 이와 같은 문제의식에 따라 3부에 수록된 네 편의 글들은 관계의 체계로서 정동에 대한 논의에 뒤얽히기 마련인 젠더적인 차원을 선명하게 드러내고 있다.

박언주는 「가정폭력피해여성의 모성경험에 대한 재조명」을 통해 피해여성의 어머니로서의 경험의 복잡성을 드러낸다. 가정폭력피해여성의 모성경험은 가해자의 폭력, 모성 이데올로기, 자녀와의 관계, 제한된 사회적 지원 및 자원을 중심으로 구성되며, 정상가족 이데올로기가 그 이면에 존재한다. 폭력경험과 모성경험이 중첩되어 있어서 분리되기 어렵다는 점은 가정폭력피해여성의 어머니 노릇이 가해자의 폭력전략으로 오염되는 것을 의미한다. 가정폭력은 피해여성뿐 아니라 자녀의 삶까지 여러 차원에서 비틀고 균열을 만든다. 여성은 그 속에서도 어머니로서 책임을 다하면서 자녀와의 관계 속에서 삶을 이어가는 방향으로 모성경험을 조율하고 있었다. 이는 양육은 여성의 책임으로 여성이 담당하는 것이 자연스러운 것이라는 모성 이데올로기에 기대어 여성의 자녀양육에 대해 적극적으로 개입하지 않는 사회제도와 무관하지 않다. 지금까지 가정폭력을 경험하는 여성은 자신의 잘못이 아닌 폭력에 대한 책임자로 주된 비난의 대상이 되어 왔으며 여성 스스로도 죄책감을 느껴 왔다. 박언주는 가정폭력피해여성의 행위성은 탈폭력 성공 여부 혹은 불평등한 젠더 권력관계의 변형을 달성했는지에 따른 성과보다는 여성의 '생존'을 중심으로 재구성되어야 한다고 역설한다. 그는 가정폭력피해여성의 다양한 '생존전략'들을 여성의 행위성으로 재구성하여 가시화함으로써 불평등한 젠더 관계를 변형하는 계기를 찾으려 시도한다.

황지성의 「요구호자의 시설화: 형벌-복지 연계와 젠더화된 신체의 수용」은 남성 주체와 그들의 노동력 활용 문제에 집중되었고, 여성과 시설화의 관계는 분석의 공백 상태에 있는 시설화 논의를 젠더 관점에서 비판적으로 분석한다. 부랑인 등 요구호자들을 복지시설에 수용하여 인권유린과 강제 노역 등이 자행된 역사가 최근 재조명되고 있다. 황지성은 우선 서구사회에서 요구호자의 시설화 역사가 '형벌-복지 연계'를 통한 자본주의 노동력 통제의 일환이었음을 확인하고, 한국에서도 요구호자를 수용해 그 노동력을 활용하는 방식으로 형벌-복지 연계가 작동했다는 점에서 서구와 유사성이 있음을 보여준다. 또 페미니스트들의 논의를 빌려 자본주의 계급 지배 수단뿐만 아니라 젠더체제의 안정화가 여성의 시설화를 추동했으며, 여성의 노동 및 여성에 대한 폭력은 젠더화되어 전혀 다른 양상으로 나타났음을 드러냈다. 가족 밖 빈곤층 여성들은 남성들의 노동력 착취를 효율화할 수 있는 보조적 존재 혹은 성적으로 위안하는 존재로 더욱 대상화되고 비가시화되었다는 것이다. (신)자유주의 통치가 교도소, 복지시설, 병원시설 등 구금·수용시설을 확대함과 동시에 형벌체계와 복지국가가 상보적으로 작동하게 한다고 할 때, 이러한 현실에 개입하기 위해서는 다중적 주체들을 둘러싼 형벌-복지체계의 상호 교차적 작동을 논의하는 작업이 요청된다. 막 시작단계인 한국사회 시설화 논의에서 황지성의 연구는 젠더의 개념, 시설화 자체와 폭력, 배제의 의미를 고찰하며 문제를 제기하고 있다.

최이숙과 김반야의 「'위험한 미디어 vs 든든한 육아 도우미': 영유아 스마트 미디어 이용 담론에 대한 탐구」는 영유아들의 스마트 미디어 이용에 대한 담론이 어떻게 구성되어 있는지에 대한 고찰이다. '스마트 미디어 노출=위험한 행위'라는 경고에도 불구하고, 아동의 스마트 미디어 과의존은 증가해왔다. 이러한 현상은 영유아들의 미디어 이용을 둘러싼 사회적 맥락을 살펴볼 필요성을 제기한다. 최이숙과 김반야는 10개 일간지 및 경제지의 2018~2020년 기사를 분석하여 디지털 육아가 이제 하나의 육아 방식으로 자리 잡은 가운데 산업 중심의 논의 속에서 양육자인 부모의 위치가 어떻게 자리했는지 살펴보았다. 영유아의 미디어 담론 형성의 핵심적인 발화주체는 관련 콘텐츠 생산자 및 플랫폼 운영자들이었다. 때문에 학계 및 시민단체, 부모를 중심으로 한 스마트 미디어의 부정적 영향에 대한 우려에도 불구하고, 스마트 미디어는 자녀의 생활습관형성, 학습과 발달을 돕는 미디어, 자녀의 미디어 이용에 대한 부모의 통제권을 확보하도록 도와주는 안전한 미디어로 재정의되었다. 자녀의 스마트 미디어 과의존을 유발하는 원인으로 거론되면서 비난의 대상이자 문제해결의 주체였던 부모는 산업계의 서사 전략 속에서 돌봄 책임자이자 도움이 필요한 존재로 위치 지워졌다. 위험 담론 속에서 불완전한 돌봄의 방식으로 표상되었던 디지털 육아는 이제 최신 기술을 활용한, 부모들이 손쉽게 동원 가능한 육아 방식으로 규정되었다. 이 연구는 영유아의 스마트 미디어 이용에 대한 시선이 균질적이지 않으며, '돌봄'이라는 맥락, 그리고 이를 둘러싼 다양한 이해관계가 작용하여 인식이 형성된다는 점을 제시한다. 즉 자녀 돌봄은 결국 사회 및 공동체의 문제가 아니라 개별 가정의 문제, 개인의 기술의 활용을 통해 해소되어야할 이슈로 환원되며, 그 과정에서 돌봄이 사회적이며, 정치적인 문제라는 것은 희석되었다는 것이다.

3부 마지막 글인 김은진의 「디지털 기기와 모성의 연결: '유튜브 육아' 연구」 역시 육아에서 디지털 기기의 이용에 대해 살펴본 것으로, 최이숙과 김반야의 연구와 같이 읽어보면 좋을 것이다. 김은진은 벤자민 버로스(Benjamin Burroughs)의 '모바일 육아'와 제니퍼 로드(Jennifer A. Rode) 등의 '디지털 육아' 개념을 토대로, 유튜브가 어떻게 자녀 육아에 이용되고 통제되는지에 대해 유아동 어머니의 심층인터뷰를 통해 분석했다. 한시도 혼자 둘 수 없는 유아동의 특성, 양육과 가사 등 여러 일을 해야 하지만 '몸을 여러 개로 나눌 수 없는' 어머니의 상황에서 유튜브는 가장 쉽고 유용한 육아도우미였다. 또한 육아에 노쇠한 조부모의 도움을 받는 상황, 다자녀를 같이 키울 때 모든 아이에게 같은 수준의 보살핌을 주기 어렵다는 상황 등은 유튜브 육아의 필요성을 높인다. 또한 '맘충', '노키즈존' 등 여성혐오 및 아동의 배제와 같은 사회적 요인들도 어머니들에게 유튜브 육아를 강요한다. 더 나아가 김은진은 아파트 층간소음도 유튜브 육아의 변수임을 드러내며 디지털 기계와 함께 도시의 젠더화된 물질적-공간적 위계구조까지 시야에 담고 있다. 사라 허디(Sarah B. Hrdy)는 "아기들은 잠시도 혼자 남겨지지 않고 항상 누군가에게 안겨 있다. 하지만 그 누군가가 반드시 엄마여야 한다는 법은 없다", "대행부모"도 상관없다고 말하지만 그가 말한 대행부모에 디지털 기기, 즉 기계도 포함되는지는 재고해 볼 부분이다. 도나 해러웨이(Donna J. Haraway)는 '사이보그 선언'에서 "기계는 우리이고, 우리의 작동 방식, 체현의 한 양상이다. 우리는 기계를 책임감 있게 대할 수 있다"고 말했고, 마셜 맥루한(Marshall McLuhan)은 미디어는 인간의 능력, 범위, 나아가 인간에 대한 개념을 바꾸어나가는 생산적, 창조적 과정이라고 주장했다. 이미 주어진 디지털 기기와 콘텐츠와 어떻게 연결되어야 하는지는 인간에게 달린 문제이다.

『연결(불)가능한 신체의 역사』에 앞서 출간된 젠더 · 어펙트 총서 제1권 『약속과 예측: 연결성과 인문의 미래』는 한국출판문화산업진흥원에서 진행한 2021년 세종도서 학술부문에 선정되는 나름의 성과를 거두었다. 『약속과 예측: 연결성과 인문의 미래』는 정동적 전회 이후, 젠더 · 어펙트 연구의 시작을 알리는 일종의 선언적 태도를 취하고 있었지만, 선언이라는 언표로 단일하게 수렴되지 않는 다양한 학문적 · 실천적 힘들이 활자 너머의 차원에 움직임으로 잠재돼 있었다. 그 잠재력이 젠더 · 어펙트 총서의 경계 내부에 가두어지지 않음은 물론이다. 해외는 물론, 국내에서도 현재 다양한 분야에서 어펙트 연구가 (재)생산되고 있는 중이다. 다들 각자의 분야에 어펙트 연구를 기입하기 위해 고군분투 중이지만, 한편으로는 이제 어펙트 연구는 더 이상 새로운 것도 아니고, '전환'이나 '차이'만을 강조하는 시대도 아니며, 상당히 구체적인 논의들이 진행되고 있는 단계라고 할 수 있다. 『연결(불)가능한 신체의 역사』는 그 논의들을, 더 나아가 활동들과 실천들을 연결하고 매개하기 위한 또 한 번의 움직임으로 드러나고자 한다. 이 움직임을 추동한 모든 분들께 감사드린다.

2022년 3월

모두를 대신하여

젠더 · 어펙트연구소 전임연구원 권두현

차례

1부

연결(불)가능성과 교육의 문턱

: 교화의 역사에서 대안교육의 패러다임까지

K적인 것의 기원과 K 차별
: 차별 대응 제도와 교육, 사회통념 개념의 변화를 중심으로[1]

권 명 아

1. 조선적인 것에서 K의 시대까지: 메이드 인 코리아의 열망과 불안의 역사

K 방역의 시대가 저물고 있다. 모든 것이 K가 되는 '역사'가 박정희를 반복한 박근혜 정부와 함께 끝장나리라는 기대는 어리석었다. K적인 것에 대한 열망과 반복은 흥미롭다. 민주주의도 한국적인 것을 선호했던 박정희 시대의 '한국적인 것'이라는 구호는 박근혜를 거치며 K적인 것이 되었고 K-POP에 대한 열광이 보여주듯이 이 열광은 단지 국가 주도의 산물은 아니다. K적인 것에 대한 역사적 탐구는 한국사회를 연구하는 이들이 피해 갈 수 없는 주제이기도 하다.

---

1 이 글은 「K적인 것의 기원과 K 차별-차별 대응 제도와 교육, 사회통념 개념의 변화를 중심으로」, 『석당논총』 제80집, 동아대학교 석당학술원, 2021. 7을 수정 · 보완하여 재수록한 것이다.

차별과 혐오에 대한 논의에 K적인 것을 들여와 굳이 K 차별이라는 조어를 만들어본 것은 단지 K 붐에 편승하거나 이를 조롱하려는 의도와는 거리가 멀다. 어떤 사회이든 차별은 역사적이고 그 역사가 해당 사회의 구조를 만든다는 점에서, 차별은 구조적이다. 구조란 역사의 다른 이름이기 때문이다. 그런 점에서 한국 사회에서 차별의 문제는 바로 K적인 것이 걸어온 궤적과 역사와 직결되어 있다. 오늘날 한국 사회의 차별 문제, 대응, 변화가 과거와 비교해서 어느 정도 달라졌는지를 살펴보기 위해 우리는 이런 질문을 던져볼 수 있다. 과연 오늘날 한국 사회는 "한국식 민주주의 시대에서 얼마나 벗어났는가? 어느 정도 변화했는가?" 이 글은 이러한 질문에 응답하는 연구의 한 부분이다.

K적인 것의 역사적 기원과 K 차별(차별의 한국적 형식)의 관계 규명 역시 간단한 논제는 아니다. K적인 것에 대한 연구는 한국적인 것이 구성된 역사적 과정을 규명하는 일이다. 이와 관련한 선행 연구 역시 상당히 진전되어 있어 본고에서는 선행 연구의 논의를 토대로 본 주제를 논의하고자 한다. 먼저 K적인 것의 근대적 기원은 일제 시기 '조선적인 것'을 둘러싼 복잡한 논의 지형 연구에서 다양하게 규명되었다. 특히 공임순의 연구는 일제 시기 형성된 조선적인 것의 의미가 해방 후 박정희 체제로 이어지는 과정을 심층적으로 탐구한 대표적인 사례다.[2] 또 일제 시기 근대 문화담론과

---

2 공임순, 『3 · 1과 반탁』, 앨피, 2020, 1-346쪽; 공임순, 『식민지의 적자들』, 푸른역사, 2007, 1-500쪽. 『3 · 1과 반탁』은 3 · 1운동에 대한 인식과 담론 구조 변화가 일제 시기에서 해방 후에 이르는 시기 국가주의와 민주주의 이념 사이를 진동하면서 변용되는 과정을 추적한다. 이 과정에서 이른바 한국식 민주주의라는

조선적인 것이 형성되는 과정을 전반적으로 논의한 공동 연구 결과도 이미 제출된 바 있다.[3] 일제 시기 문화 담론과 문학 연구에서 조선적인 것에 대한 논의가 다양하게 진행되었다. 또 조선적인 것에 대한 1920~30년대 논의가 전시동원체제에 접어들면서 식민 통치를 위해 방법적으로 전유되는 과정에 대해서도 정교한 논의들이 이어지고 있다. 특히 이른바 '대중동원'을 위한 주요 선전 매체로 호명된 영화는 조선적인 것을 둘러싼 저항과 전유, 포섭과 이탈의 복잡한 역학을 규명하기 위한 중요한 장르이다. 이와 관련하여 주요 논의를 제시한 대표적 연구는 이화진의 연구이다.[4]

식민통치와 전시동원체제, 내선일체를 거치며 저항과 전유, 포섭과 갈등 속에서 구성된 '조선적인 것'의 의미 패러다임은 해방 후 당연히 여러 형태로 변용된다. 해방 이후 한국 사회에서 한국적인 것이 구성되는 과정, 그리고 한국적 민주주의와 한국적 차별(K 차별)의 관계를 규명하기 위해서는 방대한 역사적 연구가 필요하다. 차별에 대한 연구는 2014년 이후에나 본격화되었고 주로 신자유주의 이후 '현상'으로서 논의되었다.[5] 차별과 관련한 세부적

독특한 정치 지형이 형성됨을 고찰하고 있다.

3 민족문학사연구소 기초학문연구단, 『'조선적인 것'의 형성과 근대문화담론』, 소명, 2007, 1-259쪽.

4 이화진, 「식민지 영화의 내셔널리티와 '향토색'-1930년대 후반 조선영화 담론 연구」, 『상허학보』 제13집, 상허학회, 2004, 363-388쪽; 이화진, 『조선 영화: 소리의 도입에서 친일 영화까지』, 책세상, 2005, 1-169쪽.

5 이에 대해서는 권명아, 「한국과 일본에서의 반헤이트 스피치 운동과 이론에 대한 비교 고찰: 차별의 역사적 구조와 표현의 자유에 대한 논의를 중심으로」, 『여성문학연구』 제45호, 한국여성문학학회, 2018, 538-562쪽.

인 주제 연구 역시 여러 분야에서 활발하게 진행되고 있다.

차별에 대한 실천적 논의는 증오 정치와 혐오 발화(hate speech) 관련 논의를 통해서 연구로 확장되었다. 전 지구적으로 혐오 발화가 폭발하기 시작한 건 이른바 탈냉전 시기의 전 지구적 이동과 접촉이 증대하면서다. 한국 사회는 탈냉전이 지연되면서 세계화에 따른 개방과 타자와의 접촉에서 오는 불안과 열망이 탈냉전에 대한 복합적 정동과 교차하게 되었다.[6] 탈냉전이 금세라도 가능할 것 같았던 1995년 이상문학상 수상작품이었던 윤후명의 「하얀배」에는 국경이 열리던 시기 타자와의 만남이 동경과 해방의 열정으로 충만하던 한국 사회의 심상구조가 잘 담겨 있다.

> 「하얀배」에서 한국말을 배우는 고려인 소년은 한국어로 "안녕하십니까"라고 인사를 전한다. 한국인과 인종적 타자와의 '우정'이 한국어를 배우고 익히는 관계로 설정된 것은 상징적이다. 「하얀배」에서 한국어로 대표되는 '메이드 인 코리아'의 표상은 언어, 핏줄(한국인의 후예인 고려인), 영토(탈경계)를 따라 퍼져나갔다. 그로부터 10년 후인 2005년 김재영 「코끼리」에서는 「하얀배」에서 신화적으로 표상되었던 공간들은 키치가 되어 박제된다. 국경을 넘어선 새로운 삶의 가능성이나 타자와의 조우를 통한 새로운 세계에 대한 동경어린 꿈은 '메이드 인 코리아'의 판타지도 모두 키치가 되어버린 시대를 「코끼리」는 잘 보여준다.[7]

---

6 이에 대해서는 권명아, 『무한히 정치적인 외로움: 한국 사회의 정동을 묻다』, 갈무리, 2014, 161-210쪽을 참조.

7 김재영, 『코끼리』, 실천문학사, 2005. 이에 대한 논의는 위의 책을 참조.

1995년에서 2005년, 10년 동안 탈냉전에 대한 동경과 열정은 경계를 넘어서도 또 다른 게토에 갇혀버릴 뿐이라는 불안과 공포로 변화되었다.

조선적인 것, 한국적인 것, K적인 것에 대한 열망과 불안은 공통적으로 '문화'를 매개로 표출되고 구성된다. 문화와 민족의 관계는 근대 국민국가 구성의 역사적 과정 속에서 다양한 양태로 나타난다. 특히 일본과 독일, 이탈리아 등 파시즘 국가에서 문화와 민족적인 것의 관계는 파시즘 정치를 구성하는 근간이기도 했다. 따라서 한국에서도 문화와 민족의 관계에 대해서는 다양한 논의가 이어졌다. 탈냉전 시기 K적인 것에 대한 열광이 '한류'의 아시아 시장 재패에 대한 자부심과 결부되는 건 이런 역사와 무관하지 않다.

한류 마케팅은 1997년 정부가 문화 산업을 통해 해외 시장을 개척하기 시작하면서 본격화되었다. 한류 붐은 87년 체제에서 만들어진 민주주의에 대한 자부심과 IMF 체제로 구축된 글로벌 자본 시장 속에서의 위기감의 복합적 길항 작용에서 시작되었다. 이 시기 한류는 〈겨울연가〉(2002)로 상징되는 드라마를 주요 매개로 진행되었다. 한류 붐은 2000년대 초반 이른바 '천만 관객 영화 시대'가 시작되면서 영화 산업으로 이어졌다.

한국 영화 천만 관객 시대를 이끈 영화들은 대부분 한국 전쟁 경험과 분단 문제를 다룬 작품들이었다. 한국 영화 천만 관객 시대란 탈냉전과 후식민화 시기 식민성과 냉전에 갇혀 있던 국가들이 식민성과 냉전이 만든 주변부에서 벗어나려는 각축전의 산물이다. 분단 상태가 지속되어 정치적으로는 여전히 냉전 상태를 벗어나지 못했고, 한미일 동맹으로 상징되는 냉전 질서에 속박되어 있으며, IMF라는 숨막히는 '패배'를 경험한 이후 한국 사회에서 문화적인 것은 K적인 것이 냉전과 식민성의 굴레를 벗어나는 유일한 탈출구처럼 인지되었다.

2000년대 초반 한국 영화는 "천만관객 블록버스터"라는 캐치프레이즈를 새롭게 내걸었다. 정성일의 말을 빌리자면 이는 "아시아 영화를 재패하고 할리우드를 공략하자는 구호의 한자어와 영어의 '합성어'이다."[8] 이 시기 한국 영화는 자신의 주변성을 토대로 제국의 위치로 진입하는데, 이는 후식민화 시기 구 식민지였던 아시아 국가들에서도 공통적으로 발견되는 현상이기도 하다. 이는 한편으로는 87년 체제에서 비롯된 민주주의를 스스로 쟁취했다는 자부심과 전지구적 자본주의 패권에서의 위기와 실패, 탈냉전의 가능성과 현실적 불확실성 사이에서 벌어지는 기묘하고도 복잡한 열망의 산물이다. "천만관객 블록버스터"의 신화가 10년을 못 가고 국내 경제 역시 신자유주의 물결 속에서 위기를 맞이하게 되었다. 글로벌 경쟁력, 탈냉전, 민주주의에 대한 자부심은 가능성보다 불확실성으로 기울어지기 시작했고 이 불확실성에 대한 불안을 파고든 건 "잃어버린 10년"이라고 하는 정치적 선동이었다. 2007년을 즈음하여 "잃어버린 10년을 되찾아오자"는 구호로 보수 정치 세력이 결집하면서 '민주화'가 일베의 차별 선동의 대표

---

8 정성일, 「김기덕 감독, 처음으로 세상을 긍정하다」, 『월간 말』 214호, 월간 말, 2004. 4, 184쪽. 이에 대해서는 권명아, 「변경과 제국의 전위와 오리엔탈리즘」, 『식민지 이후를 사유하다』, 책세상, 2009, 144쪽을 참조.

어휘로 등재되었다. 일베가 2009년에서 2010년 차별 선동의 근거지로 구축되었던 것은 "잃어버린 10년"이라는 민주화에 대한 백래시의 결과다.

1990년대 말에서 2000년대 초반은 제도와 법제, 교육 등에서 전반적인 인권 정책이 민주화의 일환으로 구축된 시기이다. 국가인권위원회가 2001년 출범했고 2001년 여성부가 출범한다. 1990년대 말 한국여성정책연구원에서 시작한 성차별 표현 대응 교육 연구는 2006년부터 국립국어원의 차별 표현에 대응하는 사회적 의사소통 교육 연구로 이어지기도 했다. 2007년 법무부는 유엔의 권고로 차별금지법을 입법 예고했으나 2021년까지 법 제정은 이뤄지지 않았다. 1990년대 말에서 2000년대 초반 국가 정책 전반에서 민주화의 일환으로 진행된 차별 대응 정책과 프로그램은 "잃어버린 10년"이라는 민주화에 대한 백래시 앞에서 중단되었다. 2008년 집권한 이명박 정권과 2013년 집권한 박근혜 정부에서 차별 대응 정책과 프로그램은 거의 중단되었다. 2014년 세월호 사건이 한국 사회에서 청년 우익의 등장과 집단적 차별 선동의 시작점이 된 건 이런 역사적 과정의 결과이다. 게다가 탈냉전이 지연된 상태에서 세계 체제가 급속하게 신냉전 질서로 재편되고 아시아 민주주의가 크게 흔들리는 세계사적 격동 속에서 K 차별의 시대가 열리게 된다.[9]

박근혜 탄핵과 촛불 혁명으로 시작한 문재인 정부에서는

---

9 신냉전 질서로 재편되는 과정에서 아시아 민주주의 위기와 한국에서 차별의 강화 과정에 대해서는 권명아, 「신냉전 질서의 도래와 혐오발화/증오 정치 비교 역사 연구」, 『역사문제연구』 제20호, 역사문제연구소, 2016, 11-45쪽.

2008년 이래 중단되었던 민주화 과정을 다시 시작하면서 동시에 2020년대의 새로운 사회적 조건에 적합한 정책을 시행해야 했다. 10년간의 보수 정권에서 민주화 과정은 전반적으로 중단되었고, 사회 구성원들의 심성 구조 역시 '민주화'에 대한 열망과 자부심 넘치던 2000년대 초반과 크게 달라졌다. 문재인 정부에서 민주화 정책과 차별 개선 정책 대부분은 2007년 즈음 중단된 정책을 다시 가동하는 방식이 될 수밖에 없기도 했다. 그러나 중단된 정책을 다시 시작하는 방식은 그 사이 너무나 변화된 사회 구성원의 심성 구조와 어긋나거나, 시대의 변화를 따라가지 못한 채 시대착오적 정책을 반복하는 문제를 양산하게 된다.

2020년대 "천만관객 블록버스터" 시대는 끝나버렸고, 사람들은 더 이상 민주주의를 스스로 쟁취한 민주 시민으로서 자부심에 도취되어 있지 않다. 드라마, 영화를 거쳐서 K 열풍은 케이 팝(K pop)으로 이전되었고 민주화에 대한 자부심과 열광은 케이 팝 팬덤으로 바뀌었다. 87년 체제에 대한 자부심과 민주 시민으로서의 열망은 협소한 의미의 정치 팬덤으로 고착되어버렸다. 87년 체제의 종언이라는 말은 더 이상 새롭지 않고, 공정과 경쟁 만능 시대 차별은 시대 정신이 되어버렸다.

1990년대 이후 민주화에 대한 심성 구조 변화의 측면에서 본다면 문재인 정부에서 두드러지게 나타나는 민주당과 대통령에 대한 팬덤은 87년 체제 이래 민주주의에 대한 자부심과 아류 제국주의적 판타지와 K적인 것에 대한 열망의 복합감정을 '정권 수호'의 권력 욕망으로 전유한 것이다. 87년 이래 사회 구성원 전반에 폭넓게 퍼져 있던 자부심과 제국의 판타지와 K적인 것에 대한 열망이라는 복합감정의 정치적 의미는 단순하지 않다. 이 복합감정은 한국 사회 민주주의를 냉전 체제의 '한국식 민주주의'에서 인민에 의한 주체적 민주주의로 전환하는 동력이었다. 또 제국의 판타지와 K적인 것에 대한 열망은 문화 민족주의적 지향을 동반하지만 동시에 탈냉전과 탈식민화에 대한 정치적 열망 또한 내포하고 있었다. 이 복합감정은 특정한 정치 집단에 대한 팬덤이나 세대감정(386 세대 감정)으로 축소될 수는 없다.

이런 맥락에서 문재인 정부에서 두드러진 정치 팬덤은 87년 체제 이래 한국 사회 민주주의의 동력이 되었던 복합감정과 정치적 잠재성을 협소한 정권 수호 도구로 전유한 것이다. 또 이런 전유 과정은 특정 세대(386 세대나 민주화 세대)의 권력화의 지표만은 아니다.[10] 문재인 정부의 정치 팬덤은 노사모와 같은 민주당 정치 팬덤과 공통점도 지니지만 중요한 차이가 있다. 문재인 정부 정치 팬덤은 노사모의 실패와 이른바 "잃어버린 10년"이라는 민주화를 겨냥한 차별 공격에 대한 대응이자 반격에서 동력을 얻었다. 즉 민주화를 차별 선동의 어휘로 전유한 증오 선동 백래시에 대한 대항 논리에서 시작되었다. 이른바 '진보 정권 팬덤'으로 스스로를 정체화하는 이들 집단은 비판 세력을 '보수 정당 지지자'의 논리로, 비판 의견을 진보 정권 무력화를 위한 음모론으로 치부한다.

---

10 물론 이 과정은 분명하게 기존 민주화의 주체였던 집단이 기득권 지배 세력으로 자리를 바꾸는 과정이기도 하다. 이런 과정은 안희정 전 지사 성폭력 사건, 박원순 전 서울시장 성폭력 사건, 오거돈 전 부산시장 성폭력 사건에 대한 이른바 민주당 팬덤 집단의 행태에서 잘 드러난다. 이에 대해서는 권명아, 「성폭력 부정주의의 정동적 힘과 대안적 정동 생성의 '쓰기'」, 『여성문학연구』 제52호, 한국여성문학학회, 2021, 230-262쪽.

진보 정권에 위협이 된다고 판단하면 대상 집단을 타겟으로 만들어서 집단적으로 공격하고, 공격을 선동한다. 이런 방식은 사실상 일베를 비롯하여 민주화를 "잃어버린 10년"이라고 모욕하던 증오 선동 세력의 방식을, 대항 논리라는 자기 정당화로 반복하는 것이다. 이는 카운터 내러티브의 딜레마와 한계를 보여주는 전형적 사례라 하겠다. 즉 이른바 진보 정권 팬덤은 민주화를 모욕하는 차별 선동으로 집권한 정치 세력에 대항한다는 논리로 이른바 적들의 언어를 미러링하고 있는 것이다. 그리고 이 미러링은 사실상 민주화를 모욕의 언어와 차별 선동의 도구로 만들었던 증오 선동 세력의 방식을 정확하게 반복하고 있다.

미러링이나 카운터 내러티브가 혐오를 반복한다는 지적은 주로 페미니스트들의 담론 방식을 향해 가해진다.[11] 또 뒤에서도 보겠지만 진보 정당의 정책 전문가들도 미러링이 페미니즘의 문제라고 줄곧 주장한다. 그러나 현재 차별 선동의 방식을 반복하는 미러링 방식의 가장 큰 문제는 이른바 진보 정권 팬덤을 통해서 양산되고 지속되고 있다. 이는 촛불 혁명 이후 한국 민주주의의

---

11 전 서울시장과 전 부산시장 성폭력 사건으로 2021년 4월 보궐선거가 있었다. 보궐선거 결과 민주당은 참패를 했고 의외로 선전한 국민의 힘 정당은 민주당의 패배 원인이 '페미니즘 편향 정책' 때문이라고 선동했다. 이후 이른바 남성 역차별(젠더 갈등 프레임)론이 힘을 얻었고 페미니즘에 대한 공격이 거세졌다. 이 과정에서 이른바 이십대 남성 역차별론을 주장하는 집단들이 정치적 세력을 구성하였고 "새로운 소통"을 내걸기도 했다. 여기서 새로운 소통이란 페미니즘이 성차별을 비판하는 방식이 혐오를 양산하는 미러링이어서 남성 역차별을 강화한다는 전제에서 출발한다. 대표적으로는 하헌기 새로운소통연구소 소장 등이 있다. 관련 글로는 하헌기, 「'허버허버' '오조오억' 표현 쓰면 무조건 혐오라고?」, 『시사인』, 2021. 6. 20.

딜레마와도 관련이 깊다.

2. 천황제 국가에서 세속국가의 정치 종교까지 : 사회통념 개념의 역사와 차별 비판의 역사성

2021년 국가인권위원회가 '혐오 · 차별 대응 TF'를 구성한 사례로도 나타나듯이 현재 한국 사회에서 혐오와 차별 대응은 국가 정책의 주요 대상이다. 현재 국가 정책이나 법제에 있어서 사회적 통념, 사회적 합의, 사회통념적 합리성 등이 차별을 판단하거나 대응하는 주요 기준이 되고 있다. 주로 법적 판단 기준으로 사용하는 사회적 통념, 사회통념적 합리성 등의 개념에 대해서는 법학 연구에서도 그다지 진행되지 않았다. 주로 법률 용어로 사용되다 보니 다른 학제에서는 연구 대상으로 설정된 적이 없다. 그러다 보니 한국 사회에서 법, 사회조사, 여론조사, 미디어 등에서 가장 많이 사용하는 용어 중 하나인 사회 통념이나 사회통념적 합리성, 사회적 합의 등의 개념과 역사성에 대한 비판적 연구가 거의 없다.

K 차별의 역사적 원천과 K적인 것의 관계를 규명하는 데 가장 중요한 연구 중 하나는 풍속 통제 연구이다. 풍속 통제는 "선량한 풍속", "사회통념" 등의 기준으로 차별을 민족의 습속, 풍속, 문화의 의미로 정당화하고 합리화했다.[12] 또 풍속 통제법은 현재 한

12 이에 대해서는 선행 연구에서 자세하게 다루었다. 권명아, 『음란과 혁명: 풍기문란의 계보와 정념의 정치학』, 책세상, 2013, 1-410쪽을 참조.

국 사회에서 차별을 '한국적 특수성'이나 극우주의를 한국적인 것으로 정당화하려는 집단의 논리로 적극 전유되고 있기도 하다.[13] 풍속 통제 연구는 그런 맥락에서 사회통념에 대한 사회통념의 변화사 연구이기도 하다. 특히 법 규정의 변화에서는 더욱 그렇다. 법 규정의 변화는 역사적으로 소수 집단의 정치적 저항 운동과 이로 인한 사회적 변화가 지속되면서 더 이상 그 압박을 받아들이지 않을 수 없을 정도가 되는 임계점에서야 겨우 진행된다. 그리고 이 과정에 무수한 주체들의 정치적 행위성이 상호교섭하게 된다. 법제 변화의 과정은 이렇게 거대한 사회적 이슈, 즉 사건성의 강도가 높아질 때에야 겨우 가능한데, 이 변화 과정에 매우 조용하고 또 정교하고 전문가만이 알 수 있는 '초기화' 방식이 뒤따랐다.

사회통념이 변화하면서 소수 집단의 권리가 강화되는 방향으로 법제가 변화될 때 동시에 이 법제 변화를 초기화할 수 있는 법 내부적 초기화가 수반되었던 것인데 여기서 중요한 역할을 하는 것이 사회통념 즉 풍속 통제 법제의 역할이기도 했다. 이런 방식은 법 집행이 법에 의해서가 아니라 법 집행자에 의해 좌우되는 결과를 낳았다.[14] 선량한 풍속을 침해하는 행위와 침해할 우려가 있는

---

13 권명아, 「수치스런 몸의 역사: 보이지 않는 역사적 원천과 풍속 통제의 자연화」, 『민족문학사연구』 66호, 민족문학사연구소, 2018, 257-288쪽.

14 우희숙은 노동관계법령의 해석 및 그것의 공백을 메우는데 '사회통념'이라는 개념이 자리 잡고 있는 문제점에 대해서 여러 지점에서 논의한 바 있다. 특히 사회통념이 법적 판단의 근거가 됨으로써, 법이 아니라, 법관이 중심이 되는 '법관국가화'가 문제로 대두하고 있다고 지적한다. 동시에 노동형사 사건의 특성상 법관의 역할이 중요하다고 주장한다. "왜냐하면 노동영역에서는 일반적으로 사용자와 근로자의 이해관계가 첨예하게 대립하기 때문에, 노동관계법령을 법제화하는 데 있어 서로간의 충분한 합의가 쉽지 않기 때문

행위를 법으로 통제하는 풍속 통제법은 일본의 식민 지배를 통해서 한국 법제에 기초를 다졌다. "선량한 사회 풍속의 기준은 사회 통념에 따른다."는 규정에 의해 사회통념이 법제 내부로 들어오게 되었다. 선량한 풍속, 사회통념, 안녕 질서, 문란 등이 법률 규정이

이다. 이에 노동법 분야에서는 판례 법리가 법률과 동등하게 노동법 체계의 중요한 부분을 구성하고 있다." 그런데 "노동형사사건에서 법관은 형사처벌의 대상이 되는 노동관계법령을 해석(및 적용)하고, 노동관계법령에 구체적 규정이 결여되어 있는 경우에는 판례 법리를 형성하기도 한다. 즉 법관은 적용할 노동관계법령의 의미를 명확히 하거나 그것의 공백을 메우기도 한다."고 지적하고 있다. 우희숙, 「노동형사사건에 나타난 '사회통념' 개념의 형법적 의의와 기능」, 『법학연구』 제25권 3호, 한국법학회, 2017, 113-114쪽.

이렇게 판례가 갈등적인 사태에 대한 판결에 중심 역할을 하고 판사에 따라 판결이 좌우되는 특성은 노동 형사 사건뿐 아니라 이른바 '사회풍속 사건'(성폭력 등을 포함하는)의 경우도 유사하다. 미투 운동 이후 성폭력 관련 판결의 문제에 대해서도 다양한 비판이 제기된 바 있다. 특히 성폭력과 성범죄 관련 판결의 임의성, 자의성에 대해서 많은 비판이 있었고 판사의 성인지 감수성을 높여야 한다는 대안도 제시되었다.

2020년에는 경남여성단체연합 인권위원회 소속 8개 여성폭력상담소가 8월 11일부터 10월 8일 사이 3개월간 창원지방법원에서 열린 104건 재판을 분석하고, 8일 그 결과를 발표했다. 여성단체가 참관한, 이 기간 동안 창원지법 315호 법정에서 열린 여성폭력범죄 관련 사건은 104건으로, 1심 합의부 62건과 2심 항소심 42건이다. 이 조사연구에서도 성폭력 사건이 재판까지 가지도 못하고 묻히는 경우가 다수이고 판사의 성인지 감수성이 필요하다고 비판되었다. 윤성효 기자, 「부산경남 여성폭력범죄 재판 104건 분석 "성인지감수성 필요"-경남여성단체연합 인권위, 3개월간 창원지법 315호 법정 재판 참관 결과」, 『오마이뉴스』, 2020. 12. 13.

사회풍속 관련 사건은 풍속 통제 법 특성상 법 집행자의 임의성과 자의성이 제도화되어 있다. 이 제도 자체를 바꾸지 않는 한 법 집행자인 경찰과 법관의 판결에 폭력에 대한 해석과 법적 대응이 좌우되는 문제를 해결하기는 쉽지 않다고도 보인다. 많은 성폭력 사건이 재판에 가기도 전에 경찰 신고 단계에서 가해자에게 유리하게 처리되는 경우가 대부분이고 이런 방식 역시 법이 아닌 법 집행자의 임의성에 의해 거의 모든 것이 처리되는 풍속 법제의 문제점과도 관련이 깊다.

될 수 없는 규정이고 이렇게 무규정적 규정이 법률 내부로 들어와서 초법적인 폭력을 법의 지배로 정당화한 것이 파시즘 체제의 중요한 특성이다.

특히 풍속 통제는 국가와 사회의 권력 구조에 의한 체계화된 폭력을 법 구조상에서 보이지 않게 만들고 오히려 국가를 '보호'의 자리로 전도해서 정당화하는 역할을 수행해왔다. 풍속 통제와 전시동원 체제가 결합하여 구성한 위안부 동원에서 제국과 법의 흔적은 사라지고 조선의 구습과 위안부의 '자발성' 혹은 피해자성만이 남는 것 또한 마찬가지이다. 특히 위안부 동원과 관련한 역사수정주의자들의 논의는 전형적으로 풍속 통제 법의 집행 논리와 방식을 반복한다.[15] 구조는 보이지 않게 되고 사건(case)만 남고 국가는 체계화된 폭력에 대해 책임과 변화를 담당하는 주체가 아니라, 사회통념에 의탁한 대리인으로 물러서는 방식이 풍속 통제의 역사를 통해 반복된다. 그리고 이런 반복과 정교화는 체계화된 폭력에 대한 무책임주의를 국가, 법, 사회 전반에 뿌리 깊게 새겨놓았다. 풍속 통제의 역사에 대해서는 학계의 관심이 많지는 않지만 풍속 통제가 어떤 실익을 주는지를 잘 아는 전문가 집단에게는 전가의 보도로 활용된다. 특히 증오선동과 증오선동의 합법화에 풍속 통제 법제와 그 이념적 하위 규정들이 적극적으로 활용되고 있다.[16]

또 사회통념이 법적 판단의 근거가 된 데에는 독일에서 만들

---

15 역사수정주의의 대표 저서인 『반일종족주의』의 논의가 대표적이다. 이영훈 외, 『반일종족주의』, 미래출판, 2019, 1-416쪽.

16 이에 대해서는 권명아, 앞의 글(2018)을 참조.

어진 파시즘 법제가 역사적으로 일본에 동시 적용되고(풍속통제법) 이 법제가 식민지 조선에 이식된 과정의 산물이다. 사회 통념이 법적 판단 기준이 되면서 모든 개별 주체들은 시민 혹은 국민으로서 '적절함'과 '부적절함', 법적으로 보호받을 가치가 있는 존재인가 아닌가를 판정받게 되었다. 사회통념상 부적절한 행위를 한 자로 간주된 자는 시민으로서 권리도 박탈되며, 국민(천황의 적자)으로서 자격도 박탈된다. 즉 조선에 적용된 사회통념 기준의 법적 판단 기준이란 천황의 적자로서의 적절함을 판단하는 기준이기도 했다. 즉 사회통념이란 천황제 파시즘의 전형적 유산으로서 근대 국민 국가의 일반 원리로서 세속화(정치와 종교의 분리)와는 다른 정치와 종교의 독특한 결합에 의한 '국체'를 구성했다.

천황제 파시즘이 냉전 시기 일본에서는 상징 천황제로 잔존했다면 한국에서는 냉전 종교인 반공과 전향의 사상적 기구가 된 종교(교화 기구의 역할을 자임한 종교 기구)가 결합한 냉전의 정치-종교 결합체로 변형되었다. 근대 국민국가의 기본 원칙은 종교와 정치의 분리에 있으며 근대 국가를 세속 국가라고 명명하는 이유다. 근대 국민국가에서 헌법에 명시된 개인의 기본권에 종교의 자유가 빠지지 않는 이유다. 근대 국민국가에서 종교는 그런 의미에서 시민 종교의 성격으로 변화한다. 최종원은 근대 세속 국가에서 시민 종교와 정치 종교를 명확하게 구별하기 쉽지는 않지만 종교의 역할과 국가주의적 포섭을 규명하기 위해서 시민 종교와 정치 종교를 구분할 필요가 있다고 논한다.

서유럽 근대에 형성된 국민 국가 역시 시민 종교(civic religion) 혹은 공공 종교(public religion)와 관계를 형성하면서 발전하였다. (중략) 그러나 시민 사회의 형성에 기여하는 종교와, 국가주의 정치 이데올로기에 순응하는 종교는 명확히 구별되지 않는다. 시민 종교란 20세기 전체주의의 국가 숭배 이데올로기의 변질된 정치 종교(political religion)와는 분명 성격이 다르지만, 그 양자 간의 구별은 생각만큼 간단하지 않다. 오히려 근대 세계에서 시민 종교는 곧 정치 종교로 연결되어 전체주의와 같은 맥락에서 읽힐 때가 많았다. 루터교와 가톨릭이 대다수를 이루었던 독일과 이탈리아의 대중들은 왜 나치즘과 파시즘에 열광했을까? 왜 한국의 많은 그리스도인들은 광장에서 태극기를 들고 열광하고 있는가?[17]

"시민 종교는 교회의 역할과 국가의 역할 사이의 분명한 차이를 인정한다. 그들을 공통으로 묶어주는 것은 '시민'이다. (중략) 파시즘이나 나치즘은 특정 집단이 공유하는 배타적 가치가 종교적 신념과 연결된 사례로, 다른 사람들을 자신들 편한 대로 규정하고 배척하는 타자화 이데올로기를 통해 집단이 추구하는 가치의 정당성을 주장한다. 국가 제도에 대한 성찰과 비판 의식과 건전한 견제 관계가 전제되는, 자유 시민들이 중심이 된 시민 종교 대신에 국가 이데올로기에 철저히 순응하는 국민 종교가 탄생하게 된 것이다."[18]

또 최종원은 한국형 자본주의와 한국형 정치 종교의 성립 과

---

17 최종원, 「한국 기독교: 시민 종교와 정치 종교 사이에서」, 권지성 외, 『혐오와 한국교회』, 삼인, 2020, 101-102쪽.

18 위의 책, 102-103쪽.

정을 다음과 같이 분석한다.

> "한국형 자본주의에 기대어 성장한 한국 교회는 근대화를 추동하는 국가주의의 가치에 철저하게 순응하고 부응하는 모습을 보였다. 예컨대 기독교계의 이승만 정권에 대한 무조건적인 지지, 종교적 정체성의 핵심으로서 '반공'의 등장, 월남 파병 찬성, 박정희 정권 시기 등장한 국가 조찬 기도회, 유신체제 옹호, 빌리 그래함 전도 집회 등은 상징적인 몇 개의 사례이다."[19] 또 "한국 사회 속에서 기독교의 정체성은 그 자체의 가치로 구현되기보다는 기독교가 타자로 규정하는 대상들을 통해서 더 명확하게 보인다. 각 시대마다 드러나는 타자화의 대상은 다르지만 변치 않는 원리는 악을 상정함으로써 자신들의 존재 의미를 정당화하는 것이다."[20]

차별받지 않을 권리는 세속 국가인 근대 국민 국가에서 헌법에 정초되어 있는 기본권이다. 종교의 자유나 교육권 등도 마찬가지이다. 다음 장에서도 살펴보겠지만 1990년대 중반부터 교육에서 인권 개념이 정립되는 교육 민주화 과정에서 교육 기본권 역시 종교의 자유와 관련하여 중요한 전환을 이루었다. 교육 기본권은 종교의 자유 역시 보장하며 이는 특정 종교 이념을 강제당하거나, 특정 종교 이념에 의해 차별받지 않을 권리이기도 하다. 차별받지 않을 권리는 교육 기본권의 주요 내용이며 민주시민교육과 사회

---

19 위의 책, 103쪽.

20 위의 책, 103쪽.

적 의사소통 교육 역시 이러한 이념을 바탕으로 한 국가정책으로 추진되었다. 그러나 최근 학생인권조례나 청소년 인권조례, 페미니즘 교육을 부정하고 폐기하려는 차별 선동에 의해 2000년대부터 국가 정책으로 추진된 교육 기본권의 이념조차 퇴행하고 있다.

차별에 대한 대응에서 역사성, 역사적 감각, 역사적 인식을 바탕으로 해야 한다는 것은 차별이 만들어진 한국 사회의 고유성과 근대 체제에서 나타나는 공통성, 차별의 새로운 형식 등을 살피면서 대응 방안을 구체화하는 과정이다. 예를 들어 역사수정주의에 대해서 차별의 문제로 대응해야 한다는 것은 역사수정주의가 과거 증오정치를 정당화함으로써 현재, 오늘 이곳에서 증오선동과 학살을 합법화하기 때문이다. 이는 '과거 청산'과는 다른 문제이다. 그런 점에서 현재 한국에서 논의되는 과거 청산 논의나, 역사 부정죄의 도입 방식(차별금지법이 없는 상태에서, '역사부정'만을 별도로 범죄화 하는 방식)은 차별에 대한 역사성에 입각한 인식과는 사실 아무런 관련이 없다.

이런 의미에서 한국 사회의 차별 구조의 역사성을 살피는 일은 '역사 청산'이나 '과거사 문제'를 규명하는 것과는 다른 접근과 사유 방식을 필요로 한다. 한국 사회에서 오래된 차별의 역사가 반복되는 지점은 단지 '과거사 문제'에서만 발견되는 것이 아니다. 오히려 차별금지법을 반대하는 차별 선동 논리와 페미니스트에 대한 증오선동, 성소수자에 대한 차별 선동을 '사회적 합의'나 '사회통념', '다수결' 등의 논의를 앞세워 합법화하고 정당화하는 정부의 정책 기조 자체가 오래된 차별의 역사를 반복하는 전형적 방식이다.

3. 미투운동의 시대, '신사회운동' 패러다임을 반복하는 법, 제도, 정책

2020년 21대 국회는 차별금지법에 대한 논의를 다루지 않은 채 끝났다.[21] 정치 세력 간의 정파적 소용돌이가 모든 이슈를 삼켜 버렸다. 코로나 시대를 경험하면서 오래된 차별과 새로운 차별이 감염 공포 속에서 빠른 속도로 확산했고, 차별에 대한 대응이 경제적 대응책 못지않게 절실하고 긴급한 사안으로 부상했다. 2020년을 넘기며 한국 사회에서 차별 비판을 위해 해결한 문제들을 여전히 나중으로 미뤄졌다. 현재 차별과 관련한 상황은 차별·혐오 대응을 정책 기조로 삼은 국가인권위원회와 차별금지법을 논의로도 다루지 않는 국회 사이의 어긋남에서 잘 드러난다. 현재 국가기구는 차별과 혐오에 대한 대응을 국가 정책 기조로 내세우고 있으나 대응에 있어 많은 문제가 발생하고 있다. 이런 어긋남이 발생하는 요인은 다양하다. 차별에 대한 사회적 인식이나 전문적 연구가 활발하게 진행되면서 국가정책의 추진 기조나 방향이 이러한 전문가 집단의 인식에 미치지 못하는 시대착오를 반복하기도 한다.

예를 들어 2019년 국가인권위원회는 2015년 영국에서 한국인 남성과 결혼한 사이먼 헌터 윌리엄스가 동성 부부의 권리를 보장해 달라며 2017년 인권위에 제출한 진정에 대해 각하 결정을 내렸

21 박윤경 기자, 「코로나19로 차별금지법 절실했는데…정치권은 여전히 외면」, 『한겨레』, 2020. 12. 10.

다. 이에 대해 성소수자차별반대 무지개행동은 비판 성명을 내면서 "각하라는 결과보다 향후 논의를 해나가겠다는 인권위의 입장에 좀 더 주목할 필요가 있다"고 밝히기도 했다.[22] 한편 2019년 국가인권위원회가 발표한 『2019 혐오 차별 국민인식 조사』에 따르면 한국인 10명 중 1명이 혐오 표현을 경험했고, 가장 높은 빈도수로 경험한 것은, 페미니스트(43.8%), 특정 지역 출신(42.9%), 성소수자(39.3%) 순으로 나타났다. 또 혐오 표현을 사용하는 이유로는 "표현의 자유(60%), "혐오 표현 내용에 동의해서(50%)" 순으로 집계되었다.[23] 국가인권위원회는 현재 혐오 차별에 대응 중심축이며 차별금지법 제정이나 소수자 차별에 대해서도 대응을 하고 있다. 또 2020년 국가인권위원회는 차별금지법에 대한 국민 의식 조사 결과를 발표하기도 했다. "인권위가 4월 여론조사기관에 의뢰해 성인 1천 명에게 실시한 '차별에 대한 국민인식 조사' 결과를 보면, 응답자의 88.5%가 '한국 사회 차별에 대응하기 위해 차별금지법을 제정하는 데 찬성한다'고 답했다. 5월 한국여성정책연구원이 여론조사기관에 의뢰해 성인 1500명에게 실시한 조사에서도 유사한 결과가 나왔다. 응답자의 87.7%가 '성별, 장애, 인종, 성적 지향 등 다양한 종류의 차별을 금지하고 피해를 구제하기 위한 법률을 제정해야 한다'에 동의했다. 국민이 차별의 심각성을 인지하고 이를 인권 문제로 진지하게 생각한다는 것을 가늠할 만한 조사 결

---

22 박서연 기자, 「인권위, 동성 결혼 인정 요구 각하, 논의 필요」, 『미디어오늘』, 2019. 3. 1.

23 국가인권위원회, 『2019 혐오 차별 국민인식 조사』, 국가인권위원회, 2019, 7쪽.

과다."[24]

여론조사가 모든 것의 근거가 될 수 없지만, 여론조사에 한정해도 차별과 혐오에 대응해야 한다는 한국 사회 전반의 인식은 크게 변화했고 차별금지법 제정에 대해서도 10명 중 9명 정도의 비율로 찬성 의견을 밝힌 상황이다. 이에 비해 국가기관인 국가인권위원회의 인식 변화는 여전히 '사회적 합의' 정도를 가늠해서 이를 뒤따르는 식의 대응을 보인다. 반면 정부나 국회는 오히려 사회적 변화를 파악하거나 뒤따르지도 못한 채, 역으로 차별 선동 세력과

---

24 정영선은 차별 대응과 관련한 국가인권위원회의 역할을 강조하면서도, 지난 10여 년간 국가인권위원회의 소극적이고 수동적인 태도 역시 비판하고 있다. 또 차별금지법에 대한 사회적 인식이 크게 변화했음에도 오히려 이러한 사회 변화를 따라가기는커녕 사회변화에 역행하는 국회와 정치권의 문제도 날카롭게 비판하고 있다. "그러나 우려스러운 점도 여전히 남아 있다. 차별금지법 제정에 우호적인 사회 분위기와 대조적으로, 21대 국회의원들의 차별금지법에 대한 입장이 매우 소극적인 것으로 나타났다. 한국방송(KBS)이 6월 국회의원 전원에게 차별금지법에 대한 입장을 물었다. 전체 300명 중 94명만 응답했고, 법 제정에 대한 찬성은 69명, 반대는 25명이었다. 전체 3분의 2가 넘는 국회의원이 답변조차 거부했고, 익명 조사라고 밝혀도 정치적으로 예민한 주제라며 의견 표명조차 극도로 꺼렸다고 한다. 향후 국회에서 논의 과정이 순탄치 않으리라고 예견되는 대목이다. 한국 사회에 차별금지법안을 처음 소개한 곳은 인권위였다. 인권위는 내부에 별도 전담팀을 꾸려 수년간 노력한 끝에 법안을 마련하고, 시민사회는 물론 차별금지법에 보수적 견해를 보이던 정부 각 부처와 수십 차례 회의해 가까스로 마련한 차별금지법안을 정부와 국회에 제출했다. 그러나 국회에서 법 제정이 무산된 2007년 이후 표류하는 차별금지법안에 대한 인권위의 후속 조처와 행보는 지지부진했다. 2008년 이후 시작된 이명박 정부와 박근혜 정부에 이르는 보수정권 집권기 9년여 동안 파행적 운영을 거듭했던 인권위는 자신의 정체성을 추스르기에도 바빴으며, 이에 따라 차별금지법 제정 동력이 현저하게 떨어졌다. 이 상황에서 차별금지법 제정을 촉구하라는 시민사회의 줄기찬 요청에 침묵으로 일관한 곳이 바로 인권위였다." 정영선 교수, 「[차별금지법] 지금 법으론 차별을 구제할 수 없다: 10여 년간 침묵하던 인권위도 국회에 평등법 제정 촉구」, 『한겨레 21』 1330호, 2020. 9. 11.

의 절충과 타협을 '사회적 합의'로 정당화하고 있다. 이는 사회 변화를 따라가지 못한다는 문제도 있지만 차별 대응의 방법, 정책 기조, 방향성에 대한 총체적 난맥을 만든다는 점에서 중대한 문제이다. 즉 차별 대응이 사회통념과 의식을 변화시키는 문제이기에 차별 대응이 통념을 따르는 게 아니라 통념을 변화시키는 방식이어야 한다는 근본적 인식이 부재한 것이다. 또한 이런 태도는 차별에 대한 사회적 여론 수렴이라는 명분으로 차별 반대를 하나의 의견으로 정립하고 타당성을 부여하는 절차를 구축하곤 한다. 이런 과정은 대화나 여론 수렴과 같이 '절차적 합리성'으로 정당화되는데 이런 정당화를 통해서 차별선동은 한국 사회의 하나의 여론이자 '합리성'으로 지위를 부여받게 된다.

정부 기구를 통한 차별 대응 방식이 현재 어떤 딜레마에 처해 있는지를 보여주는 또 다른 사례는 국립국어원의 경우이다. 국립국어원에서는 2006년부터 '사회적 의사소통 연구'를 주제로 차별 표현에 대해 공동 연구를 시작하여 지금까지 다양한 연구 결과를 제출하였다. 차별 표현 연구는 1990년대 진행된 성차별적 표현에 관한 여성학 연구로부터 시작되었다. 국립국어원의 차별적 언어 표현 연구는 1990년대 진행된 여성학 연구의 성과에 크게 기대고 있다고 연구책임자였던 조태린은 기록해둔 바 있다. "차별적 언어 표현에 대한 사회적 관심과 학문적 논의가 일어난 것은 비교적 최근의 일이다. 차별적 언어 표현 중에서도 가장 먼저 주목을 받은 것은 '성차별적' 언어 표현인데, 이와 관련한 선구적인 연구로 한국여성개발원(현 한국여성정책연구원)에서 진행된 이춘아 · 김이선

(1996)을 들 수 있다.[25]

국립국어원의 사회적 의사소통 연구에서 시작된 차별 표현 연구는 여러 해에 걸쳐 다양한 연구 결과를 내놓았다. '국어교육' 및 '한국어 교육'과 관련된 교재, 사전, 교과서에서 나타나는 차별 표현을 개선하고 대안을 마련했다.[26] 특히 관용적 표현, 속담과 같이 오래 사용하여 한국 사회에서 익숙한 표현들에 내포된 차별적 언어 표현을 체계적으로 정리하고 대안 표현을 제시했다. 또 최근에는 차별 표현에 대한 법적 논의와 사회언어학적 논의의 관계를 진단하고 차별 표현에 대응하는 사회언어학적 방향성을 제안하기도 했다.[27] 국립국어원의 차별 표현 연구에 대한 대응은 '국어 교육'

25 조태린, 「차별적 언어표현과 사회갈등의 문제」, 『나라사랑』 제120호, 외솔회, 2011, 389쪽; 이춘아 · 김이선, 「성차별적 언어 사용에 관한 연구」, 한국여성개발원, 1996, 28-77쪽.

26 한국어 교재에 나타난 차별 표현 연구는 박은하의 여러 작업이 있다. 대표적으로는 박은하, 「한국어 교재에 표현된 차별적 요소」, 『사회언어학』 제23권 1호, 한국사회언어학회, 2015, 55-83쪽. 국립국어원은 한국어 교재에 나타나는 차별 표현 등 문제를 개선하기 위해 『한국어교재 사용 현황 및 중장기 집필 계획 수립 연구』(연구책임자 이혜영, 국립국어원, 2017, 1-219쪽)를 진행했다. 이 연구에서도 차별 표현 개선책이 중요하게 지적되었다.

27 박성석 외, 「청소년의 차별적 언어 표현 사용에 영향을 미치는 요인」, 『국어교육』 제167호, 한국어교육학회, 2019, 27-60쪽. 이 논문에서는 한국어 교육을 비롯한 사회 언어학에서 다루고자 하는 차별 표현은 법적 규제와 관련한 논의에서 다루는 혐오 표현보다 더 광범위하고 포괄적이라고 밝힌다. 차별적 언어 표현에 대한 사회언어학과 한국어 교육 연구는 차별을 변화시키기 위해 언어 수행에 내포된 차별 통념을 변화시키는 것이기에 차별적 언어 표현의 범위를 가능한 폭넓게 규정할 필요가 있다고 논한다. 이 논문에서는 다음과 같이 차별적 언어 표현의 범위를 규정한다. '이와 달리 본고를 비롯하여 국어교육에서의 논의는 비단 사회적 규제와 처벌의 대상이 되어야 할 표현만이 아니라, 교육적으로 지양되어야 할 부정적 언어

에 내포된 국민국가 중심성을 자기비판하고, 익숙하게 오래 사용해온 표현이 '한국어의 전통'이 아니라 차별의 역사의 산물임을 명확하게 했다. 이런 오랜 연구와 대응에도 불구하고 한국어 교재의 차별 표현에 대해서는 여전히 여러 문제가 발생하고 있다.

예를 들어 2019년에도 이주여성을 위한 한국어 교재에 나타난 차별 표현이 문제가 되었다. 이 교재에 나타난 인종차별에 대해 한국이주여성인권센터 허오영숙 대표는 "무단 가출자는 쉽게 검거될 수 있습니다"와 같은 표현을 이주민 교재에 수록한 건 이주자를 법적 통제의 대상으로 보는 전형적 관점이라고 지적하기도 했다.[28] 즉 소수자에 대한 법 지배적 관점이나 국가 통치적 관점은

표현의 하나로서 차별적 언어 표현을 다루는 것이며, 따라서 차별적 인식의 강도가 높든 낮든, 그리고 그 사회적 영향력이 어느 정도이든 상관없이 차별적 인식이 드러나는 모든 표현을 두루 차별적 언어 표현이라고 가리킬 필요가 있다고 보았다. 이상과 같은 생각을 바탕으로 본고에서는 차별적 언어 표현을 '특정인이 그가 속한 집단의 특성으로 인해 다른 사람들과 달리 대우받아야 한다는 생각을 실제 맥락 속에서 드러낸 언어 표현'이라고 재정의하고자 한다. 이와 같은 정의는 앞서 논의한 세 가지 사항 즉, 1) 차별적 언어 표현이 개인이 속한 집단의 특성을 이유로 생산되는 표현이라는 점, 2) 특정 단어 구 문장이 고정적으로 차별적 인식을 드러내는 경우만이 아니라 맥락과 결부되어 차별적 인식을 드러내는 모든 언어 표현을 차별적 언어 표현으로 간주한다는 점을 반영하고 있다. 더불어 3) 혐오감이나 적대감이 표출되었거나 사회적 파장을 미쳤다고까지 볼 수 없더라도 상대와 상대가 속한 집단을 차별하는 생각을 조금이라도 나타낸다면 이를 모두 차별적 언어 표현으로 봄으로써, 본고에서 다루는 차별적 언어 표현이 인접 학문에서 거론되는 '혐오 표현'과 구별되는 용어임을 나타내고 있다.'(32-33쪽)

28 2019년 벵골어, 베트남어, 몽골어, 필리핀어를 쓰는 사람들을 위한 한국어 교재의 다음과 같은 차별 표현이 문제가 되기도 했다. "일상생활의 필수 회화로 구성되었다고 하는 이 한국어 교재의 시리즈는 이주여성을 대상으로 했다는 설명과 함께 부록으로 한국 생활에 필요한 상식도 담았다고 소개합니다. '무단 가출자는 쉽게 검거될 수 있습니다' 이주여성용 교재 맞나요? '한국 생활 중 아내

소수자 인권과 관련된 고유한 문제와 소수자 차별을 변화시키기 위한 정치적 방향성과 상반될 수 있다. 또 차별에 대한 사회언어학적 대응, 법적 대응과 소수자 인권의 고유성과 관련한 전문가들의 대안 역시 불일치하고 어긋난다. 따라서 이런 불일치와 어긋남을 조율하고 상호 참조하며 때로는 견제하고 상호 비판하는 차별 대응을 위한 체계적이고 광범위한 정책, 담론을 위한 네트워크 역시 필요한 단계이다. 이를 위해서는 차별 대응을 위한 일관된 정책 기조와 변화하는 현실에 대응하는 대안과 장기지속적인 네트워크가 필요하다.

국립국어원은 2000년대 초반부터 차별 표현에 대해 관심을 지속해왔고 한국어 교육과 관련하여 교재, 교육 방법 등을 통해 차별 표현에 대한 이해를 높이기 위해 노력했다. 국어의 우수성을 강조하는 교육 기조를 완전히 벗어나지 못했으나, "사회적 의사소통 교육"이라는 기존의 국민 교육 패러다임을 넘어서는 비전을 만들고 교과 과정에 담아내기도 했다.

1996년 한국여성개발원에서 시작한 성차별적 표현 대응 방안

가 알아야 할 점'이라는 제목의 부록에는 '무단가출을 해서는 절대로 안 됩니다' '한국은 경찰청 범인 검거 시스템이 잘 되어 있어 무단가출자는 쉽게 검거될 수 있습니다' '자녀 양육이 끝나고 한국 생활에 적응을 하고 나면 직업을 가질 수 있다. 그때 필요하면 본인의 수입으로 친정을 도울 수 있다' 등의 내용이 담겼는데요, 매우 이상하지 않나요? 또 '한국 남편은 이런 아내를 좋아한다'라는 항목에서는 '다정하게 말하고 애교 있게 행동하는 아내' '겸소한 아내' '부모 및 자녀를 잘 부양하는 아내'라는 대목도 있습니다. 논란이 일자 출판사는 성역할 고정관념을 강화하고 차별적 내용으로 문제가 된 부분을 수정하고 부록을 삭제하겠다고 밝혔습니다." 배동미 기자, 「"무단 가출자는 쉽게 검거될 수 있습니다" 이주여성용 교재 맞나요?」, 『경향신문』, 2019. 9. 10.

연구와 2004년경부터 국립국어원에서 시작한 차별 표현 대응 방안 연구는 사회적 의사소통 교육이라는 새로운 교육 모델로 이어졌다. 차별 표현 대응 교육 방법론에서는 차별 표현이 차별을 목적으로 하는 언어 사용으로서 그 범위 역시 명시적으로 차별이 표현된 언어뿐 아니라, 암묵적인 표현이나 발화 상황에 따라 복합적이라고 규정한다. 또 차별 표현 대응이 '검열'이나 언어 정화론적 관점과도 다르고 가능하다면 대안 표현이나 대체 표현을 만들어갈 것을 권고하고 있다. 또 기존 국어 교육에서 의사소통교육은 "공동체의 원활한 의사소통 역량을 강화"하여 갈등을 완화한다는 것을 목표로 하였다. 그러나 사회적 의사소통 교육에서는 공동체의 의사소통 역량 강화라는 것이 공동체 중심의 협소한 소통 이론을 넘어서 차별에 대한 인식을 강화하고 언어를 통해 차별을 정당화하는 언어 교육 방법을 넘어서는 것을 교육 목표로 정립했다. 공동체의 갈등을 완화하기 위한 의사소통 교육이라는 기존 국어 교육의 목표는 자칫 암묵적으로 공동체의 구성원과 구성원이 아닌 사람을 배제하는 논리가 되기 때문이다.

국가 정책 차원에서 1990년대 말부터 차별에 대응하는 교육 이념과 모델이 정립되었다. 이러한 정책적 차별 대응 제도가 전 사회적으로 확산되거나 진전되지 못한 채 2015년 전후 이른바 페미니즘 리부트 시대를 맞이해서 차별 표현에 대한 관심이 사회적으로 폭발하게 되었다. 물론 2015년 이후 차별 표현과 헤이트스피치에 대한 비판은 페미니즘 운동과 퀴어 운동의, 법제화 운동에 의해 전 사회적으로 널리 알려지게 되었다. 이런 상황에서 페미니즘 백래시의 일환으로 차별 표현 비판을 페미니즘의 잘못된 전략으로 공격하는 논의들이 '소통'이나 '언어 검열 비판' 등의 논리를 앞세워 등장하기도 한다.

예를 들면 소설가 장강명은 한 칼럼에서 차별 표현에 대한 비판이 "장애인단체와 운동가"와 같은 "당사자"들에 의해서 제기되고 있고 혐오 표현 문제는 이런 "당사자주의"의 극단성과 자의성의 끔찍한 폐해를 낳고 있다고 논한다.

> 우린 이미 당사자주의의 함정에 빠진 것 같다. 거의 매일같이 여러 단어들이 여러 소집단들에 의해 혐오 표현으로 규정당한다. '네가 내 입을 막으니 나도 네 입을 막겠다'는 의도가 빤히 뵈는 경우도 있는데 당사자주의에 따르면 반박할 수가 없다. 그 단어들을 모르고 썼다간 가혹한 집단 처벌을 받는다. 이렇게 『1984』가 도래하나? (중략) 언어는 상처를 준다. 발화자의 의도와 관계없이 그렇게 될 때도 있다. 그런 고통을 다 같이 줄여나가자. 하지만 상처가 될 수 있는 말을 모두 금지하자는 발상은 우리 모두를 정신적 유아로 만들고 마는 것 아닌가 나는 걱정스럽다. 그것이 과연 가능한지도 모르겠다. 시각장애인과 운동가들의 지성과 강인함을 믿기에, 정중히 묻고 함께 토론하고 싶다. 과연 우리는 '깜깜이'라는 말을 금지해야 하는가.[29]

언어 전문가인 작가가 차별 표현 비판을 "당사자주의의 함정", "가혹한 집단 처벌", "『1984』의 도래"라는 식으로 통제주의나 독재

29 장강명, 「'깜깜이'라는 말은 혐오 표현인가」, 『중앙일보』, 2021. 5. 12.

라고 규정하고 차별 표현 비판을 "금지하자는 발상"처럼 언어 탄압처럼 호도하고 있는 건 흥미롭다. 이런 잘못된 규정은 성차별 비판을 "시민 독재"라고 호도한 일련의 남성 역차별론자들의 흐름과도 이어진다.

무엇보다 작가인 장강명의 이런 잘못된 규정은 차별 표현에 대한 한국어 연구나 한국어 교육, 언어 교육에 대해 무지하다는 것을 보여주는 것이어서 흥미롭다. 차별 표현 대응은 장강명이 매우 기이하게 강조하듯이 "시각장애인과 운동가들"에 의해서 "당사자주의"에 의해서 억압적으로 강요되고 있는 게 아니다. 차별 표현 대응은 이미 2000년대부터 초중고등 교육 과정에서 국어 교육으로 실시되고 있고 가장 중요한 언어 교육의 하나라 할 수 있다. 언어 전문가라 할 작가로서 차별 표현 비판이 마치 언어의 '신성함'이나 언어의 자유를 침해하는 검열과 독재의 논리인 것처럼 장강명은 비판하고 호도하고 있다. 그러나 막상 차별 표현 비판이 이미 초중고등학교 언어 교육의 한 과정이고 교육 내용과 방법 역시 장강명의 주장과는 전혀 상관이 없다. 최근 문단 내 미투 운동이 진행되면서 작가나 작가 지망생에게 차별에 관한 교육을 해야 한다는 논의도 이어진다. 언어 교육이 필요한 건 "당사자주의의 함정"에 빠진 차별 표현 비판자들이 아니라 차별 표현 교육을 받아본 적도 없고, 이제라도 차별 표현 교육을 공부할 생각도 없는 기성 세대 작가들이다. 물론 이는 장강명 작가 개인의 고유한 문제라기보다 현재 한국 사회에 차별 대응 정책과 제도과 방법에 대한 인식과 관련된다 하겠다.

다음 논문의 내용은 초기 차별 표현 대응 교육과 연구가 어떻게 진행되었는지를 잘 보여준다. 차별 표현 비판과 대응 교육은 "당사자주의"에 근거해서 이뤄진 게 아니라 언어 전문가들에 의해 매우 정교하게 구축되었다. 또 이 과정에서 특정 표현을 차별 표현으로 유형화하는 것뿐 아니라, 비유적 표현이나 담화 효과 등을 복합적으로 고찰하고 있다. 또한 언어 검열이나 "가혹한 처벌" 같은 금지주의는 차별 표현 비판 교육에서 언급된 적도 없다. 대체 표현이나 대안 표현 등에 대해서도 차별 표현 비판 교육에서는 다양하게 모색하고 있다.

본 논문은 국립국어원의 용역 과제로 수행된 '사회적 의사소통 연구: 장애인 차별 언어의 양태에 관한 연구(국립국어원 2008)'를 토대로 하여 수정 보충한 것이다. 사회적 의사소통 연구의 목적은 장애인 차별어 및 대중매체에 사용된 장애인 차별적 표현의 구체적인 사례에 대하여 비장애인(일반인)의 차별 의식을 파악하고, 장애인 차별어를 대신하는 대안표현을 모색하는 것이다. 장애인 차별어의 직접적 사용 또는 어떤 사태를 부정적으로 묘사할 때 장애인 차별어를 비유적으로 사용하는 것은 장애가 비정상적이고 비합리, 비효율적이라는 잠재적인 이미지를 형성하게 하는 바, 본 연구를 통하여 장애인 차별어의 차별성을 인식하고 차별적 표현의 개선 및 홍보에 필요한 계기를 제공하고자 한다. 지금까지 언론매체에 있어서 무분별적인 장애인 차별어의 사용이 지적되기도 했으며(장애인먼저실천중앙협의회 2006), 장애인을 직접적으로 지칭하는 표현에 관해서는 일부 순화 용어의 제안 등 대책 마련이 되고 있다. 또한 행정부의 장애인 정책 및 홍보와 언론매체의 자정적인 노력이 있었으나, 장애인 차별어의 항목 및 내용이 불분명하고 언론매체에 언급된 구체적인 장애인 차별어에 대한 차별성 정도 등에 관한 체계적인 조사가 이루어졌다고 보기는 힘들다. 이러한 문제의식 하에 장애인 지칭 표현 및 장애인 비하적 표현에 대하여 Cooper(1989)의 '언어계획이론'의 틀을 원용하여 연구를 진행해 왔다. 먼저 장애인을 지칭하는 표현(이하 '독립적 차별어'라 한다)과 공공언론에서 다른 부정적인 대상에 견주어 비유적으로 사용된 비하적 표현(이하 '비유적 차별어'라 한다)의 구체적인 사례를 추출하여 이들 표현에 대한 차별어로서의 인식 정도를 규명하고자 하였다(석차계획). 다음으로 여론형성층인 40~50대 일반인과 대중매체 향유층인 20대 대학생을 비교대상으로 하여 차별 언어에 대한 의식차이 및 대안표현 선호도 등을 밝히고자 하였다(실체계획). 이러한 일련의 연구 중에서 본 논문에서는 독립적 차별어에 대한 비장애인(일반인)의 차별 의식을 알아보고, 그에 대한 대안표현을 검토하고자 한다.[30]

즉 차별에 대응하는 정책과 제도 변화는 1990년대 말 이래 시작되었으나 사회적으로 더욱 확산되지는 못했다. 이런 상황에서 페미니즘을 통해 차별에 대한 비판이 사회적으로 확산되자 페미니즘을 공격하기 위해서 차별 대응 자체를 공격하고 매도하는 방식도 강화되었다. 그런데 이렇게 차별 대응을 페미니즘을 공격하기 위해 매도하면서 1990년대 말 이래 점진적이고 더디지만 만들

30 임영철 · 이길용, 「장애인 차별어에 대한 의식 및 대안표현 유형 연구」, 『일본언어문화』 제17호, 한국일본언어문화학회, 2010, 187-188쪽.

어져온 차별 비판 정책과 제도에서 만들어진 차별 비판 연구와 방법론의 성과도 부정되고 있다. 이런 기이한 부정 방식으로 인해 차별 비판의 패러다임은 1990년대 이전으로 퇴행하게 되는 일종의 역진화 현상이 나타나고 있다.

이러한 과정은 여타의 교육 과정에서도 찾아볼 수 있다. 예를 들어 사회과 교과의 경우 1990년대 민주화 시대 형성된 "민주시민 교육" 과정과 방법론이 "글로벌 시민 교육"으로 확장하여, 국민 국가를 넘어서 시민성에 대한 교육 프로그램을 만들어왔다. 글로벌 시민성은 전 지구적 이주가 급속해진 상황에서 국민으로서의 시민성 개념을 확대하기 위한 개념으로 제안되기도 하였다. 즉 국가 기구를 통해 차별에 대응하는 법제뿐 아니라 교육 방법에 대한 논의 역시 꽤 오랜 세월 기반을 만들어왔던 것이다. 그럼에도 현재 한국어교재에는 여전히 성차별, 인종차별 관련한 문제가 끊이지 않고, 교육 현장에서는 교사에 의한 차별, 학교 폭력 문제가 더욱 심각해지고 있다. 이런 상황은 여러 요인의 복합적 작용 결과이기에 여기서 모두 논할 수는 없다. 다만 여기서 살펴보고자 하는 지점은 국가 정책 기조에서 차별 대응은 1990년대 페미니즘, 소수자 운동 등 당시 "신사회 운동"이라고 불렸던 새로운 운동이 부상하면서 형성된 새로운 정치적 요구의 산물이었다는 것이다.[31] 1990

31 신사회운동에 대한 학계의 논쟁 역시 2000년대 초반 정점에 달한다. 당시 한국에서 "신사회 운동" 담론은 서구에서 마르크스주의의 쇠퇴와 정치 이론으로서 한계를 비판하는 논의를 통해 수입되었다. 즉 신사회 운동이라는 규정 자체가 '정통 민중 운동'과 '새로이 수입된 탈계급적인 서구 영향을 받은 신사회 운동'이라는 이분법을 작동시켰다. 페미니즘, 환경 운동, 퀴어 정치 등에 대한 요구를 "신사회운동"으로 묶어서 규정하려는 학문적, 정치적 시도는 그런 의미에서

년대 부상한 소수자 운동은 1997년 IMF 구제금융사태를 거쳐 위

지금까지도 작동하는 계급과 젠더의 대립적, 위계적 인식의 원천이기도 하다. 2000년대 신사회운동론을 소개하고 나름으로 의미를 부여한 논자는 김호기이다. 그러나 김호기 역시 신사회운동론을 "중간계급의 급진주의"로 비현실적인 이상론으로 한계가 있다고 평하기도 한다. 김호기는 2000년 대표적인 시민운동 단체였던 참여연대에 신사회운동에 대한 소개 글을 연재하기도 했다. 연재 기사의 마지막에서 다음과 같이 신사회운동과 '전통적인 민중운동'의 차이를 정리하고 있다.

"노동운동으로 대표되는 민중운동의 주요 회원구성(전문사무직과 판매생산직)과 비교해 볼 때 시민운동의 회원구성이 민중운동과는 어느 정도 차별성을 보여주고 있지만, 그렇다고 해서 그 차이가 확연히 드러나는 것은 아니다. 주체구성에서 나타나는 이러한 특징은 시민운동의 이슈들과 밀접히 관련되어 있다. 즉, 시민단체들이 다루는 주요 이슈들은 환경, 여성, 정치 및 경제개혁, 주민자치, 인권, 교육, 문화, 언론, 복지, 소비자, 의식개혁, 정보화 등인데, 이러한 이슈의 목록이 갖는 특징은 '현대적 의제들'과 '탈현대적 의제들'이 중첩되어 있으며, '해방의 정치'와 '삶의 정치'의 의제들이 공존하고 있다는 점에 있다. (…)
최근 서구 신사회운동의 미래에 대해서는 낙관론과 비관론이 엇갈리고 있다. 낙관론자들은, 현대사회의 다원성과 복합성 증대가 돌이킬 수 없는 경향이라면, '삶의 정치'를 둘러싼 이슈들이 갈수록 중요해지고 있는 한, 신사회운동은 점차 강화될 수밖에 없다는 견해를 제시한다. 반면에 비관론자들은 현대 자본주의가 급속히 '20 대 80의 사회'로 재편돼가고 있기 때문에 이른바 '중간계급의 급진주의'로서의 신사회운동 영역은 점차 축소될 수밖에 없다는 견해를 피력한다. 우리 시민사회와 시민운동의 현실을 돌이켜볼 때 이러한 신사회운동론을 일방적으로 수용하거나 뒤쫓을 필요는 없을 것이다. 대개의 서구 사회이론이 그러하듯이 신사회운동론 또한 우리에게 하나의 '참고서'이지 '교과서'는 아니기 때문이다. 그러나 시민운동은, 그것이 어디까지나 제도적·의식적 변화를 집단적 실천을 통해 달성하고자 하는 '운동'이라는 점에서 신사회운동이 추구하는 '해방적 유토피아'를 더욱 진지하게 고민할 필요가 있다. 현실성이 없는 전략은 관념적 급진주의에 불과하지만, 해방적 유토피아를 상실한 사회운동은 변화의 열망을 화석화시킬 가능성 또한 적지 않기 때문이다. 현실주의와 이상주의 사이에서 자기 정체성을 끊임없이 성찰하면서 지속가능하고 실현가능한 대안을 적극 모색하는 것, 이것이야말로 우리 시민운동의 가장 중요한 과제일 것이다." 김호기, 「한국의 시민운동과 신사회운동」, 월간 『참여사회』 2000년 11월호, 참여연대, 2000.

축되기도 했다. 그러나 김대중, 노무현 정부와 함께 이른바 소수자 운동의 주류화, 노동운동을 사회적 합의주의(corporatism) 형태로 제도화시킨 정부의 정책 기조의 흐름 속에서 차별에 대한 국가 제도적 대응이 시작되었다. 여성가족부(2001)와 국가인권위원회(2001)의 출발은 이런 맥락과 관련이 깊다. 국가를 통한 개혁, 소수자 정치의 '주류화'는 많은 사회 변화를 이뤄냈으나, 그 변화는 2000년대 초반에 빛을 발한 채 사라졌다.

이명박, 박근혜 정부라는 보수회귀 시대에 많은 것이 사라지고, 되돌아가고 위축되었으나, 사회는 변했고, 사람들의 열망, 차별에 대한 감각은 계속 변화했다. 촛불 혁명, 미투 운동, 차별에 저항하는 소수자 운동이 그 증거이기도 하다. 그러나 촛불 혁명을 통해 집권한 현 정부는 차별과 소수자 정치에 대해서는 2000년대 초반에서 멈춘 제도의 시계를 다시 작동시키는 것조차 하지 못하고 있다. 사회도 변했고, 새로운 세대는 계속 더 나은 세상을 요구하고 있는데, 정부와 이른바 '민주화 세대'의 시계는 2000년대에서 움직일 줄 모른다. 차별 대응에 대해서는 2000년대에 머물러 있는 정부(그리고 이 기조를 지지하고 지속하려는 주체와 집단들)와 새로운 세상을 요구하는 사람들 사이의 시차는 점점 멀어지고 있다.

4. 차별을 정당화하고 강화하는 '절차적 합리성'

『2019년 혐오 · 차별 국민 의식 조사』에 따르면 조사 대상 인원 4명 중 3명 이상(77.4%)은 혐오 표현 발생 이유를 사회에 만연한 구조적 차별이라고 생각한다. 또 "국민 10명 중 6명에 이르는 58.8%가 정치인이 혐오 표현을 조장하는 부정적 역할을 수행한다"고 인식하는 것으로 밝혀졌다.[32] "성소수자, 난민, 장애인, 가난한 사람, 특정 지역 출신에 대한 차별이 있다는 데에도 70% 이상 동의했다."[33] 또 여성에 대한 차별(52.0%)뿐 아니라 페미니스트가 차별 선동 대상이 되고 있다(57.9%)는 조사 결과도 흥미롭다. 차별과 혐오에 대한 국민의식 조사 결과는 차별이 사회 구조에 만연한 차별 통념과 관련이 깊다는 데로 의견이 모이고 있다. 오늘날 한국 사회의 '사회적 합의'는 사회에 만연한 차별 통념을 변화시켜야 한다는 데로 귀결된다. 또 정치인이 차별 통념을 변화시키기는커녕 강화하는 부정적 역할을 하고 있다는 사회적 합의도 광범위하다.

그러나 현재 정책을 추진하는 정부와 관련 전문가의 의견은 이러한 현실과 상당한 괴리를 이룬다. 또한 지지율 동향 파악을 위해 차별에 대한 논의를 정파적으로 해석하고 활용하는 기조가 반복되고 있다.[34] 2019년 정부 정책 자문기구인 국민주권 2소분과에서는 「20대 남성 지지율 하락 요인 분석 및 대응방안」을 내놓았다. 선거 전략을 위해 만들어진 문건이라 어쩔 수 없는 한계를 전제로 하더라도 이 대응방안 문건은 차별 문제 관련한 정부 정책

---

32 국가인권위원회, 앞의 책(2019), 20-21쪽.

33 위의 책, 13쪽.

34 이에 대해서는 권명아, 「젠더어펙트 연구에서 연결성의 문제: 데이터 제국의 도래와 '인문'의 미래」, 『석당논총』 제77호, 동아대학교 석당학술원, 2020, 5-38쪽에서 상세하게 논한 바 있다.

관련 전문가들의 현실 이해의 근본적 문제를 고스란히 담고 있다. 무엇보다 차별의 문제를 한국 사회 만연한 구조의 문제로 보지 않고, 오히려 특정 집단에게 전가하는 인식을 대응방안 전체에서 반복해서 드러낸다. 차별의 문제를 '젠더 갈등'이라고 표현하면서 20대 남성과 20대 여성 각자를 차별과 관련한 '문제적 집단'으로 분석하고 각 집단을 지지 세력으로 유인할 전략을 제출하고 있다.

> 또한 여권내 일부 정치인의 젠더편향적 정책행보(*), 20대 남성의 불만과 요구를 고려한 통합적 정책 메시지 부재 · 소통의지 결여 등 상황적/제도적 요인도 영향을 미친 것으로 파악 (중략) 남북 정상회담이 열린 5~6월 80%대를 회복한 20대 남성 지지율은 양심적 병역거부 헌법재판소 선고, 서울 혜화역 불법 촬영물 규탄 시위 등이 벌어진 7월에 64%로 다시 떨어졌으며, 서울교통공사 채용 비리 논란, '1호 미투법'으로 알려진 '여성폭력방지기본법'의 국회 통과, 양심적 병역거부 대체복무제 방안 발표 등이 이어진 11~12월에 20대 남성의 지지율은 결국 40%대로 하락했음.[35]

젠더 차별에 대한 비판을 "젠더편향적 정책 행보"라고 규정하거나, 지지율 기반을 성차별 반대 시위, 미투법 국회 통과, 대체복무제 방안 등과 연결해서 설명하는 방식은 사실상 객관적 근거조차 없다. 현실에 존재하는 젠더 차별을 변화시키면서 개별 집단

---

35 국민주권 2소분과, 『20대 남성지지율 하락요인 분석 및 대응방안(v2)』, 2019. 2. 18. 10쪽.

의 의식과 차별 인식을 변화시키기 위한 정책 대안을 마련하기 위한 대안보다, 현실에 존재하는 차별을 지지율 상승을 위한 '숨겨진 변수'로 적극 활용하려는 대안을 모색하는 것이다. "젠더 편향적 행보"라는 식의 규정은 '정치적 중립' 프레임을 활용해서 차별 대응을 '편향'이나 편파적인 것으로 전락시킨다. 이는 페미니스트들이 과도하고 비현실적이고, 여성에 대한 집단이기주의를 강화한다는 담론의 변형이기도 하다. 즉 이런 식의 정책 프레임은 현실에 존재하는 페미니스트에 대한 차별 선동을 정책 담론으로 적극 전유하는 것이고, 현실의 차별 선동을 정책 기조로 정당화한다. 즉 "적대적인 대북관과 안티페미니즘 정서를 동시에 공유하는 집단"[36]이라는 규정과 "20대 여성은 민주화 이후 개인주의, 페미니즘 등의 가치로 무장한 새로운 '집단이기주의' 감성의 진보집단으로 급부상한 반면, 20대 남성은 경제적 생존권과 실리주의를 우선시하면서 정치적 유동성(political mobility)이 강한 실용주의 집단(*)으로 변화"[37]와 같은 분석은 다양하고 이질적인 사람들을 세대, 젠더 분류로 유형화해서 부정적인 스테레오타입을 만들고 딱지를 붙이는 효과마저 갖고 있다. 또한 성평등 교육 체제를 '중립적'으로 만들어야 한다는 개선 방안도 제안한다.

---

36 "20대 남성의 적대적 대북관과 안티페미니즘 정서를 동시에 공유하는 집단, 즉 10~20대 남성 주축의 '일베'가 지속적으로 확산시킨 반북한/여성혐오 담론에 대응한 좋은 청년정책 콘텐츠를 유투브, 아프리카 티비 등 개인화된 미디어를 통해 맞공유, 확산시킬 필요"라고 진단하고 있다. 위의 책, 11쪽.

37 위의 책, 5쪽.

(성평등교육체계 개선) '남성은 가해자, 여성은 잠재적 피해자'임을 강조하는 페미니즘 편향적 교육내용을 전반적으로 점검하고 젠더 차별적 · 배제적 요소를 해소한 성평등 교육 프로그램으로의 개선 방안 마련[38]

젠더 차별을 변화시키기 위한 페미니즘 교육을 "편향적 교육내용"이라고 규정하는 것은 한국에서 냉전 시기 이른바 '교육의 정치적 중립'을 강조하던 논리를 반복한다. 흥미로운 것은 김대중 정부 이후 만들어진 '민주시민 교육', '글로벌 시민 교육' 제도와 방법론은 이러한 교육의 정치적 중립성에 대한 냉전적 해석과 유산을 벗어나기 위해 오래 노력해온 산물이라는 점이다.[39] 민주시

38 위의 책, 13쪽.

39 '민주화'의 제도적 과정으로서 민주시민 교육과 글로벌 시민 교육 과정 도입에 대해서 옥일남은 논문에서 아래와 같이 정리하고 있다. "또한 시민의 자질로 민주시민이라는 교육의 목표는 과거부터 있어왔고, 2015 개정 교육과정 총론에서도 이에 관해 명시하고 있다. 현재 국내적으로 특히 정권의 교체에 따른 영향으로 민주시민교육에 관한 관심이 점차 높아지고 있다. 2018년 교육부에서는 민주시민교육과가 편성되어 학교 안 민주시민교육에 대한 지원을 하고자 한다. 지역별로도 교육청 중심으로 민주시민교육에 대해 관심을 갖고 교육 정책에 구현하려는 움직임을 보이는 곳들이 늘어나고 있다. 2018년 들어 20개 정도의 지자체에서 민주시민교육조례를 제정하였고, 7곳의 교육청에서 학교민주시민교육조례를 제정하여 민주시민교육에 대한 관심이 늘고 있다는 것을 알 수 있다. 지난 정권보다는 시민교육에 대한 관심이 높아져 좀 더 체계적으로 이를 관리하고 제도화된 환경의 구축 속에서 민주시민교육을 진행하려는 움직임이 증가하고 있다. 그러나 이러한 노력이 관 주도적 움직임으로 나타나는 경향이 많아진 것도 부인하기 어려운 실정이다. 민주시민교육이 활발해져가는 것은 바람직하나 이러한 움직임에 대해 정작 학교 교실 현장에서는 어떻게 변화를 감지하고 있는지, 또 어떤 방향으로 이러한 변화가 실질적으로 일어나길 기대하는 것인지 함께 짚어나갈 필요가 있다. 오늘날 들어서는 정부의 개입이 증가하는 가

민 교육이 정립되는 과정에서 교육의 정치적 중립성에 대한 해석이 다양하게 진행되었다. 교육기본법에 규정된 교육의 정치적 중립성은 교육은 "정치적 · 파당적 또는 개인적 편견을 전파하기 위한 방편으로 이용되어서는 아니 되며, 학교에서는 특정한 종교를 위한 종교교육을 하여서는 아니 된다"고 되어 있다. 또 "교육이 정치적 편견을 전파하는 방편으로 이용되지 말아야 한다는 것은 곧 특정 정파의 견해를 지지하거나 제어하는 것이 아니라 교육적 목적에서 판단되어져 시민교육 차원에서 정치적 쟁점 주제가 적합하게 다루어져야 함을 의미한다고 할 수 있다."[40]

운데 과거와는 차별화하여 질적으로는 시민교육을 위한 시스템의 마련과 제도화를 통해 적절하게 자리를 잡아가야 할 것이다." 옥일남, 「글로벌 시대 민주시민교육을 위한 정치적 쟁점 주제의 적용 원칙과 교사 유형 탐색」, 『시민교육연구』 제51권 2호, 한국사회과교육학회, 2019, 168쪽.

40 민주시민교육이 정립되는 과정에서 교육의 정치적 중립성에 대한 해석이 다양하게 진행되었다. 이에 대해서 옥일남은 아래와 같이 논의 과정을 정리했다.
"이 일환으로 먼저 교육기본법에 제시된 '교육의 정치적 중립성'에 대해 살펴보자. 교육은 "정치적 · 파당적 또는 개인적 편견을 전파하기 위한 방편으로 이용되어서는 아니 되며, 학교에서는 특정한 종교를 위한 종교교육을 하여서는 아니 된다"고 명시되어 있다. 무엇보다 파당적, 개인적 편견을 전파하거나 특정 종교를 교육해서는 안 된다는 의미에 대해서는 대다수가 동의하는 경향이 있으므로 여기서는 일단 논의에서 제외하기로 한다. 그 대신 "교육이 정치적 편견을 전파하기 위한 방편으로 이용되어서는 안 된다"는 부분에 대해 좀 더 살펴보자. "정치적 편견을 전파하면 아니 되며"라는 조항은 교사는 정치적 중립을 유지해야 한다는 신념으로 확대되어 해석되고 있다. 이 결과 정치적 쟁점 주제를 다루지 않는 것으로 확대하여 해석하는 교사가 대다수 생겨나기도 하였다. 교육의 정치적 중립이란 정치권력으로부터 부당한 간섭을 받지 않을 뿐 아니라, 교육의 기능을 벗어나 정치 영역에 개입하지 말아야 하는 것으로 매우 소극적으로 해석해왔다. 이는 헌법의 의사를 왜곡하여 학교교육에서 정치적 이슈를 다루지 못하게 함으로써 민주시민교육을 방해한다는 것이다(홍석노, 2015: 17). 이로 인해 정치적 쟁점 주제를 교육에서 다룰 경우 문제의 소지가 발생한다고 보는

'민주화'의 교육 제도적 실행으로서 민주시민 교육 이념이 정착되는 과정에서 정치적 중립성은 교육이 편견을 전달하는 방편이 되어서는 안 되며, 특정 정파의 이해관계를 대변해서도 안 되고 무엇보다 정치적으로 민감한 쟁점 주제를 다루어서는 안 된다는 것이 아니라 오히려 교육적 의미로서 분명하게 다뤄야 한다는 의미로 정립되었다. 이런 맥락에서 보면 페미니즘 교육이야말로 민주시민 교육 이념에 가장 적합한 교육이기도 하다. 그런데 오늘

이들도 존재하고 이로 인해 학교 관리자와 교사 간 갈등 상황이 생겨나기도 하였다. 법 문구의 해석에서 여러 가지 해석이 나타난 것이며, 이것이 곧 교육 현장에도 영향을 미치고 있음을 알 수 있다. 심성보 외(2016: 71)의 연구에서는 "교육의 정치적 중립은 교육이 정치적 진공 상태에 대한 추구를 요구하는 원칙이 아니라, 교육이 정치적 목적보다 교육적 목적을 더 우선시해야 한다는 것으로 특정 정파의 의도나 이해관계에 종속되지 말아야 한다."는 것으로 이해해야 한다고 제시하고 있다. 장은주(2018: 171)도 교육의 정치적 중립성은 "교육이 특정 정파의 정치적 이해관계나 정략으로부터 독립적이고 중립적이어야 하며, 공적 교육이 추구하는 건강한 시민 육성이라는 정치적 목적까지 망각해도 좋다는 것은 아니다."고 보았다. 그리하여 교육이 정치적 편견을 전파하는 방편으로 이용되지 말아야 한다는 것은 곧 특정 정파의 견해를 지지하거나 제어하는 것이 아니라 교육적 목적에서 판단되어져 시민교육 차원에서 정치적 쟁점 주제가 적합하게 다루어져야 함을 의미한다고 할 수 있다. 결국 '교육의 정치적 중립'이라는 표현은 정치적 문제로부터 중립을 지켜 교육 현장에서 이를 전혀 다루지 말아야 하는 것이 교사의 본분이 아니라, 특정 정치적 편견으로부터 교육이 정치적 중립을 유지하여 실시되어야 한다는 의미인 것이다. 이러한 교육의 정치적 중립에 대한 해석에 있어서 그동안 교육은 정치적 민감 주제를 다루지 않음으로서 중립을 유지해야 한다고 해석하는 방식에서부터 교육은 정치적 쟁점 주제를 다룸에 있어 정치적 정파나 편견을 가르치는 것이 아니라 교육적 중립을 유지해야 한다고 해석하는 경향 등 다양한 입장들이 존재해왔다. 이러한 유형은 결국 시민교육 차원에서 볼 때 교사가 정치적 쟁점 주제를 선정하는 횟수나 다루는 방식에도 영향을 미치게 된 것이다. 그리하여 우리나라에서 나타나는 이러한 다양한 유형을 살펴보고, 시민교육 차원에서 바람직한 모습을 찾아나가고자 한다." 위의 글(2019), 176-177쪽.

날 학교에서 페미니즘 교육은 차별 선동 공격의 대상이 되고 있고, 정부 정책 기조에서조차 페미니즘 교육을 '편향적 교육'이라고 규정한다. 정부 정책 기조는 페미니즘을 배제하기 위해 현 정부의 역사적 원천이기도 한 민주시민교육의 전통과 이념조차 폐기하고 역행하고 있다. 페미니즘이 차별 선동의 주요 대상이 되고 있는 이 상황에서 페미니즘이나 차별 통념 변화에 대한 요구, 정부 정책 비판은 다분히 정파적 논리로 축소된다. 그리고 20대 남성을 지지층으로 끌어오기 위한 정파적 이해관계를 관철하기 위해 페미니즘 교육을 시행하면 안 된다는 제안이야말로 "교육이 특정 정파의 이해관계를 대변해서는 안 된다"는 교육의 정치적 중립성을 침해하는, 교육 기본권을 침해하는 행위이기도 하다.

서울시와 부산시 보궐 선거 공천을 당규를 개정하면서 강행한 더불어민주당의 정책 기조 역시 이러한 식으로 성차별을 강화하고 성차별 변화를 요청하는 페미니즘의 목소리를 "시민의 선택"과 분리해서 게토화하는 전략을 반복했다.[41]

---

41 "더불어민주당이 2일 '서울 · 부산시장 재보궐선거 후보 공천'을 위한 '당헌 개정' 전 당원 투표 결과 86.64%의 당원 찬성이 나왔다고 밝혔다. 최인호 수석대변인은 이날 국회 브리핑에서 지난달 31일부터 1일까지 이틀간 당헌 개정을 통한 내년 재보궐 선거 후보 공천에 대한 전 당원 투표를 진행해 이 같은 결과가 나왔다고 밝혔다. 이번 투표에서 당원들은 총 21만1804명이 참여했고, 투표율은 26.35%를 기록했다. 이 중 찬성은 86.64%, 반대는 13.36%였다. 최 수석대변인은 "당원들의 높은 참여와 압도적 찬성에 깊이 감사드린다"며 "짧은 시간에도 불구하고 높은 투표율을 기록한 것은 재보선에 대한 당원들의 관심을 반영한 것"이라고 설명했다. 이어 "86.6%라는 압도적 찬성률은 재보궐 선거에서 공천해야 한다는 전당원의 의지에 표출"이라며 "이번 재보궐 선거에서 후보를 공천해 시민들의 선택을 받는 것이 책임정치에 더 부합한다는 이낙연 대표와 지도부의 결단에 대한 전폭적인 지지"라고 했다. 민주당은 이날 최고위원회

5. 나가며

혐오나 차별에 대한 학술적 논의가 담론적으로 확장된 것과 달리 정책적으로는 '사회적 합의'라는 문턱에서 멈추기를 반복하고 있다. 또 차별과 혐오에 대한 정책 기조가 일관성이 없고 정파적 이해관계나 특정 사안을 돌파하기 위한 타협과 절충 수단으로 전락하면서 정부가 차별을 더욱 부추기는 경향도 강화되고 있다. 이런 차원에서 현재 차별과 혐오 대응에 있어 중요한 지점은 차별과 관련한 전문가그룹(인권 활동가, 지원 단체, 관련된 연구자 등)의 지속적인 담론 형성과 구체적 사안을 널리 알리는 일 그리고 국가 정책에 대한 비판적 견제를 통해 정책 일관성을 형성하는 일이다.

국가인권위원회를 비롯하여 차별에 대응하는 정책, 교육, 대안을 연구해온 전문 기관의 공통된 진단은 현재 한국 사회에 만연한 차별 통념을 변화시키는 일이다. 차별 통념은 차별을 차별이라고 인지하지 못하거나, 혹은 자연스럽고 익숙하게 생각해서 차별이라고 깨닫지 못하는 사회적 인식 구조를 뜻한다. 전문가들의 이런 상황 진단과 달리 정부는 줄곧 '사회적 통념'을 변화시키려 하지 않고 '사회적 통념'을 절충이나 타협의 근거로 내세우고 강조하는 정책 기조를 반복하고 있다. 이런 어긋남은 정책의 모순을

의에서 이 결과를 의결한 뒤 당무위원회와 중앙위원회를 잇따라 열어 당헌 개정 작업에 곧바로 착수할 예정이다. 최 수석대변인은 "당헌 개정이 3일 중앙위원회를 통해 완료되면 빠른 시간 안에 공직후보자 검증위원회와 선거기획단의 구성 등 본격적인 선거 준비에 착수하겠다"고 밝혔다.", 조형국 기자, 「민주당 '서울 · 부산시장 보궐선거 공천 당헌 개정' 당원투표 86% 찬성」, 『경향신문』, 2020. 11. 2.

일으킬 뿐 아니라, 차별을 정당화하거나 차별 선동을 합법화하는 근거를 국가가 제공하게 되는 심각한 문제로 이어진다.

학교의 문턱, 의무교육제도의 도입과 장애아 교육 : 해방 직후~1960년대를 중심으로[1]

소현숙

1. 머릿말

특수학교 설립을 두고 한국사회는 한바탕 몸살을 앓았다. 설립을 저지하려는 일부 지역주민들의 반발에 "제발 학교만 짓게 해주세요"라며 무릎을 꿇고 눈물로 호소하는 장애아 엄마들의 처절한 몸부림이 2017년 가을 언론을 탔다. 지역이기주의와 그 비정함에 비난이 쏟아졌지만, 집값 떨어진다는 노파심과 특수학교를 혐오시설쯤으로 간주하는 지역주민들의 시선과 거부감은 여과 없이 노출되었다.[2] 교육열이라면 세계 제일인 한국사회이지만 장애아의

1 이 글은 「학교의 문턱, 의무교육제도의 도입과 장애아교육-해방직후~1960년대를 중심으로」, 『역사문제연구』 제41호, 역사문제연구소, 2019. 3을 수정·보완하여 재수록한 것이다.

2 「강서 특수학교 설립 먹구름..."강서구 말고 강남구에 가서 얘기하라" 주민 반발」, 『이코노뉴스』, 2018. 3. 26.(http://www.econonews.co.kr/news/articleView.html?idxno=22005); 「조희연, "강서구 특수학교, 욕 먹더라도 의연하게 추

교육권은 제대로 자리매김되지 못한 한국의 열악한 현실을 여실히 보여준다.

왜 이런 일이 벌어졌을까? 한국사회에서 장애아 교육은 어떻게 진행되어 왔는가? 그들의 교육받을 권리는 사회 안에서 어떻게 자리매김되었던 것일까? 이 글에서는 한국에서 의무교육제도가 도입되고 정착되어 간 해방 직후~1960년대를 중심으로 의무교육제도의 도입과 더불어 장애아 교육 문제가 한국사회에서 대두하게 된 과정과 맥락을 살펴볼 것이다. 특히 의무교육제도 도입이 미친 영향을 장애아 교육의 통합과 배제의 측면에서 주목해 볼 것이다.

잘 알려져 있듯이, 의무교육제도는 교육이 신분적 특권을 의미했던 전근대 시대로부터 벗어나 교육이 모든 국민의 권리이자 의무인 근대 국민국가의 수립 과정에서 발달해 간 제도이다.[3] 한국의 경우 의무교육제도는 식민지라는 불리한 조건 속에서 그 도입이 지연되었다가, 해방 직후 미군정 하에서부터 제도 도입을 위한 노력이 본격화되었다. 그 결과 제헌 헌법과 1949년 공포된 교육법에 초등 의무교육이 조문으로 명시되었다. 장애아 교육에서

진할 것"」, 『미디어스』, 2018. 3. 27.(http://mediaus.co.kr/news/articleView.html?idxno=119591)

3 世界教育史研究會 編, 『世界教育史大系28-義務教育史』, 講談社, 1975. 의무교육의 원형은 이미 원시사회에서도 나타나고 있지만 제도로서의 의무교육은 종교개혁과 시민혁명의 영향 속에서 근대 공교육제도의 발달과 함께 성립되어 갔다. 의무교육이 국가에 의하여 보장되어야 한다는 사상은 16세기 독일의 루터에 의해 처음 주창되기 시작하여 18세기 독일, 19세기 미국, 영국, 프랑스, 일본 등에서 법제화되었다.

도 진전이 있어 교육법 143~145조에 특수교육의 대상자와 특수학교 설립에 대한 규정이 명시되었다.[4]

이렇게 신분의 구속으로부터 벗어난 평등한 국민을 양성하는 도구로서 교육의 권리와 의무가 새롭게 법적으로 규정되었지만, 그 국민 내부가 반드시 평등했던 것은 아니다. 공공비용에 의한 무료교육의 도입은 교육권의 문제를 가시화하였다. 가장 문제가 되었던 집단 중 하나는 장애인이었다. 과연 장애아는 교육시킬 가치가 있는 자들인가? 신체적 · 정신적으로 노동이 가능한 "건강한", "정상적" 국민을 양성하고자 하는 교육시스템은 건강치 못한 자들에 대한 면밀한 조사와 분류를 통해 통합할 자와 배제할 자를 구분하고 이를 교육제도 속에 용해시킨다. 이 과정에서 장애인을 통합하기 위한 특수교육이 발달하는 한편, 특수교육의 대상에도 속하지 못하는 교육받을 가치가 없는 장애인이 분류되었다.[5]

4 교육법 제143조에는 "특수학교는 맹자, 농아자, 정신박약아 기타 심신의 장해가 있는 자에게 초등학교, 중학교에 준한 교육과 그 실생활에 필요한 지식, 기능을 가르침을 목적으로 한다"고 하였다. 또, 제144조에는 "특별시 또는 도는 특수학교를 각 1교 이상 설립하여야 한다"고 하여 그 설립의 의무를 규정하였으며, 제145조에는 학교 설립이 불가능할 경우 초등학교와 중학교에 특수학급을 둘 수 있다는 것을 명시했다.

5 특수교육을 정규적인 교육의 일환으로 최초로 자리매김한 1944년의 영국 교육법은 취학제외규정을 두어 중도 이하의 '정신지체'아동을 학교교육으로부터 배제하였다. 이 규정은 1970년 개정된 교육법에서 폐지되었는데, 이 새로운 교육법이 모든 아동을 학교교육의 대상으로 규정한 세계 최초의 법이 되었다.(中村満紀男 · 荒川智 編著, 『障害児教育の歴史』, 明石書店, 2003, 70쪽) 미국에서도 1974년 매릴랜드 정신지체협회와 주정부 사이의 소송(MARC소송)에서 협회측이 승리함으로써, 5~20세 모든 사람들은 장애 유무와 무관하게 무상 의무교육을 제공받아야 한다는 판결을 얻어냈고, 이 판결은 획기적인 전기를 마련, 이듬해 〈전장애아교육법〉이 통과되기에 이른다.(김남순, 『통합교육의 이론과 실제』

따라서 의무교육제도와 그에 따른 특수교육의 발전이 장애아의 교육편입만을 의미했던 것은 아니었다. 통합과 배제가 동시에 진행되었던 과정이었다.

그렇다고 해서 의무교육제도의 발달을 단순히 "정상" 국민을 창출하고자 하는 위로부터의 압력만이 작동했던 영역으로 이해하는 것은 일면적이다. 19세기 말 미국에서 의무교육제도가 도입되기까지 노동조건의 개선 및 임금인상과 더불어 의무교육제도의 도입을 주장했던 노동운동이 크게 영향을 미쳤음을 상기한다면[6] 의무교육제도의 도입 과정은 그 자체로 국민에서 배제된 자들이 국민으로서의 평등한 권리를 얻기 위한 인정투쟁의 과정이기도 했다.

그렇다면 한국에서 의무교육의 확장은 장애아 교육에 어떤 영향을 초래했는가? 한국에서 장애아 교육 문제는 아직까지 역사학계의 관심 밖에 놓여 있고, 주로 특수교육분야에서 연구되어 왔다. 기존의 특수교육계의 연구에서는 장애아 교육의 발전을 특수교육의 발전으로 파악하고, 1977년 특수교육진흥법의 제정을 중요한 역사적 계기로서 주목해 왔다. 특수교육진흥법의 제정이 특수교육을 민간 독지가에 의한 자선사업 성격의 틀에서 공공정책에 의한 국가 공교육의 책임으로 전환하게 된 계기라는 것이다.[7] 그리

교육과학사, 2008, 125쪽)

6 김동원, 「미국의 의무교육제도의 기원-노동운동을 중심으로」, 『역사학연구』 제3권, 호남사학회, 1989. 12 참조.

7 김병하, 「특수교육진흥법의 제정과 개정과정: 그 역사적 함의와 쟁점」, 『특수교육 저널: 이론과 실천』 제6권 1호, 대구대학교 한국특수교육문제연구소, 2005, 461쪽.

고 이러한 법제정의 과정에서 특수교육학계가 주도적 역할을 하였음을 강조하였다. 그러나 장애아의 교육을 단순히 법제도의 도입이나 특수교육학계의 활동만으로 설명하는 것은 지극히 단편적이다. 시대적 맥락 속에서 장애아 교육이 어떤 문제로서 부상하고 사회문제로 대두하였는지, 그리고 그에 대한 정부나 민간의 대응, 당사자인 장애아나 그 부모들의 대응은 어떠했는지를 고려하면서 보다 역사적인 시각에서 다각적으로 검토해 볼 필요가 있다.

본 연구에서는 의무교육제도가 본격적으로 도입되는 한편, 전쟁과 소아마비 유행으로 장애아 문제가 부상해갔던 해방 직후부터 1960년대까지의 시기를 중심으로, 한국에서 장애아 교육의 실태와 의무교육 실현이 장애아 교육에 미친 영향, 중학교 입시에서의 장애아 배제 문제를 고찰해 볼 것이다. 이를 통해 이 시기 장애아 교육에 대한 사회적 시선과 장애아 교육 배제에 대한 장애인들의 저항에 주목하고 한국사회에서 장애아의 교육권이 어떤 역사적 배경 속에서 형성되어 왔는지 그 역사적 경로의 일단을 살펴보고자 한다.

2. 해방직후 의무교육제도의 도입과 특수교육의 실태

2.1. 의무교육제도의 도입과 실태

한국에서 의무교육제도에 대한 고려가 나타난 것은 19C 말로 거슬러 올라간다. 1894년 갑오개혁으로 국가 주도적인 공교육체제를 수립하였던 것이 그것이다. 식민지하에서 보통교육의 확대 속에서 취학율이 증가하고, 일제말기 의무교육제도 도입을 둘러싸고 논의가 있었지만 결국 실현되지 못하였다. 이렇게 식민지 상황 속에서 지연되었던 의무교육제도의 도입은 해방 이후 본격화되었다. 미군정 하에서 의무교육제 실시가 천명되었고, 결국 대한민국 정부 수립 이후 법제화되었다.[8]

1948년 제정된 제헌헌법 제16조에는 "모든 국민은 균등하게 교육을 받을 권리가 있으며, 적어도 초등교육은 의무적이며, 무상으로 한다"고 규정하였다. 이어서 1949년 12월 31일 공포된 교육법의 제8조에는 "모든 국민은 6년의 초등교육을 받을 권리가 있다. 국가와 지방공공단체는 전항의 초등교육을 위하여 필요한 학교를 설치 경영하여야 하며, 학령아동의 친권자 또는 후견인은 그가 보호하는 아동에게 초등교육을 받게 할 의무가 있다", 제96조에는 "모든 국민은 그 보호하는 자녀가 만 6세가 된 익일 이후의 최초 학년 초로부터 만 12세가 되는 날이 속하는 학년말까지 취학시킬 의무가 있다"고 명시하였다. 의무교육을 명시한 헌법과 교육법의 제정은 의무교육의 실시에 큰 추진력이 되었다. 문교부는 1950년 의무교육 6개년 계획을 세우고 의무교육의 보급에 착수하였다. 그러나 의무교육제 시행에 필요한 시설 및 교육재정 확보에

---

8 미군정기에서 해방 직후 의무교육제도 도입 과정에 대해서는 김정현, 「미군정기 의무교육 논의와 정책」, 부산대 석사학위논문, 2000; 최병택, 「해방 이후 의무 교육 요구와 정책의 전개 방향」, 『대구사학』 제125권, 대구사학회, 2016을 참조.

적극적으로 나서지 않음으로써 지방단체의 학교비 부담금 수입과 사친회비에 전적으로 의존하는 취약한 상태였다.[9]

이러한 어려운 조건 속에서도 취학율은 급격히 증가해 갔다. 아래 〈표 1〉 연도별 취학아동 증가상황에서 보이듯이, 1945년 해방 당시 157만 명의 학생이 초등학교에 취학하여 64%의 취학률을 보였으나 3년 후에는 240만 명으로 증가, 취학률이 74.8%로 향상되었다. 한국전쟁으로 학교시설이 파괴되고 교육재정이 빈약한 상황에서 취학율이 잠시 주춤했으나 전후 다시 증가, 의무교육이 실시된 지 10년도 안 된 1959년에는 355만 명의 아동이 초등학교에 취학, 93.6%의 취학률을 기록하였다. 당시의 통계가 실태를 정확히 반영했는지에 대해서는 의문의 여지가 있으나 취학률 증가의 추세는 분명했다.

〈표 1〉 연도별 취학아동 증가상황(1945~1959)

연도별	학령아동수(A)	취학아동수(B)	취학률(B/A)
1945		1,572,046	64
1948		2,405,301	74.8
1951		2,073,844	69.8
1953	3,096,293	2,259,313	73
1955	3,289,865	2,947,436	89.6
1957	3,480,225	3,170,891	91.1
1959	3,799,690	3,558,142	93.6

출처: 문교부, 『문교40년사』, 1988, 151-153쪽.

9 최병택, 위의 논문, 17-28쪽.

2.2. 특수교육의 실태

그렇다면 특수교육의 상황은 어땠을까. 유럽의 경우 18세기 후반부터 장애아들을 위한 특별한 교육시설들이 만들어지기 시작하였고, 19세기 말부터 20세기 전반기에 걸쳐 공교육제도의 발전과 더불어 장애아 교육도 의무교육의 일환으로 발전해 갔다. 그러나 장애아가 공교육의 대상으로서 지위를 한꺼번에 획득해 갔던 것은 아니었다. 장애종별로 그 발전 과정에 불균형이 있었다. 맹농을 위한 학교의 경우, 비교적 일찍부터 만들어졌는데, 초기에는 구빈형 수용제의 교육시설의 형태를 띠었고 이후 의무교육제도로 합류하였다. 이에 비하여, '정신박약' 학교는 의무교육제도의 도입으로 학업부진아 문제가 나타나면서 19세기 후반부터 특수학교·특수학급이 설립되기 시작하였다. 이와 더불어 약시, 난청, 언어장애, 지체부자유, 병약 등 기타 경도 장애아를 위한 특수학급도 만들어지게 되었다.[10]

한국에서 근대적 의미의 장애아 교육이 시작된 것은 일제하에서였다. 이 시기 맹농교육을 중심으로 장애아 교육이 태동하였는데, 1910년 선교사 로제타 홀이 설립한 평양맹학교, 1913년 조선총독부가 설립한 제생원이 그것이다.[11] 해방 직후 미군정 하에서 제생원은 학제 6년제의 국립맹아학교로 개편되는 한편, 보건부 소

---

10 中村滿紀男·荒川智 編著, 『障害兒教育の歷史』 明石書店, 2003, 14-54쪽.

11 일제하 맹인교육의 발달과 그 특성에 관해서는 주윤정, 「한국 시각장애인 직업권 형성에 관한 법사회학적 연구」 서울대 박사학위논문, 서울대학교 대학원, 2012, 제2장 1, 2절 참고.

관이었던 것이 문교부에 이관되어 서울맹학교와 서울농학교로 분리되었다. 이어서 앞서 언급했던 대로 교육법상 특수교육에 대한 규정이 마련되는 등 특수교육도 의무교육제도의 도입과 함께 정비되어 갔다.

그러나 1960년대까지 특수교육은 주로 사학에 의존하였고 시설이나 규모도 매우 열악한 상황이었다. 그나마도 맹·농교육 위주로 이루어져 다른 장애영역에 대한 특수교육은 불충분하고 미약하였다.[12] 또한 특수학교의 대부분을 채우고 있던 국공립을 제외한 사립학교들은 각지의 유지들과 자선단체들의 노력으로 세워졌는데 사설강습회 내지 보육원, 수용소 형식으로 열악하기 짝이 없었다. 이 때문에 "이름만 있다는 것이고, 그중 비교적 시설 기타가 갖추어져 있는 기관은 불과 4~5곳에 지나지 않으며 나머지는 준 고아원 수용소가 아니면 학생 수 20~30명 이하의 보잘것없는 학원들"에 불과하다고 묘사되었다.[13]

이러한 열악한 상황에서도 특수학교의 재학생은 1962년 10개 특수학교의 재학생 1,343명에서 1967년 22개 특수학교의 재학생 3,121명으로 증가하고 있었다.[14] 그러나 전반적으로 장애아의 취

---

12 해방 직후부터 1960년대 말까지 설치된 특수학교는 모두 33개교였는데, 이 중 국립학교인 서울 맹학교와 서울 농아학교(현 서울농학교), 공립학교인 제주 맹아학교(현, 제주 영지학교), 부산맹아학교(현, 부산맹학교), 대구 남양학교 및 경남초등학교(현 경남혜림학교)를 제외한 나머지 27개교가 모두 사립학교였다. 이를 장애영역별로 보면 지체부자유학교 4개교와 정신지체학교 3개교를 제외한 26개교가 모두 맹·농학교였다.(이성규, 『한국 장애인 복지 발달사』, 집문당, 2011, 93쪽)

13 김중철, 「우리나라 특수교육 개선을 위한 길」, 『문교공보』 62, 1962. 7, 36쪽.

14 이성규, 앞의 책, 93쪽.

학율은 비장애아동의 취학율과는 비교할 수 없을 정도로 낮아서 1962년 장애아의 취학율은 20% 내외에 불과했다.[15] 이러한 상황은 1960년대 후반에도 뚜렷하게 개선되지는 않았던 것으로 보인다. 특수학교의 경우도 턱없이 부족하여, 1967년에도 공사립을 합쳐 농아학교 12개교, 맹아학교 12개, 정신박약아학교 1개 등 25개에 불과했는데, 동시대 일본이 470교, 미국이 4,513교였던 것을 생각하면, 인구비례를 감안하더라도 장애아 교육이 얼마나 열악했는지를 알 수 있다.[16]

한편, 특수학급은 1962년 서울 월계국민학교에 설치된 약시학급이 최초로, 총 6명의 아동을 입급시켰다. 이 학급은 10여 평의 교실에 이동식 전기칠판, 환등기, 약시교정기, 조명확대기 등 50여 점의 설비를 갖추고 있었다고 한다.[17] 그러나 이를 제외한 많은 수의 경도 장애아들은 일반학교에 입학하여 학교교육을 받았고 통합교육을 위한 조치는 거의 없는 형편이었다.[18]

1960년대 초까지도 '시나 도에 특수학교를 각 1교 이상 설립해야 하며, 특수학교를 설립할 수 없는 경우 초등학교나 중학교에 특수학급을 둘 수 있다'는 교육법상의 조문은 사실상 사문화된 채 방치되어 있었다. 이 때문에 중앙교육연구소 연구원 김중철은 "특수교육이 특수아를 위한 교육이 되지 못하고 일반교육에서 특별한 버림받은 교육이 된 현실"이라고 한탄하며, '특수아'도 의무

---

15 김중철, 앞의 글, 36쪽.

16 「버려진 특수아 교육」, 『동아일보』 1967. 6. 8.

17 이성규, 앞의 책, 94쪽.

18 이성규, 앞의 책, 95쪽.

교육의 범주에 포함시키는 정부의 강력한 조치가 필요하다고 역설하였다.[19]

1960년 이후 문교부에서는 특수학교와 특수학급의 신설, 특수학교의 의무교육화, 교원의 확보, 사학에 대한 재정 지원 등을 포함하는 특수교육발전계획을 몇 차례 수립하였다. 그러나 이 계획들은 당시 경제발전 우선이라는 고도성장정책에 밀려 그 추진이 지지부진하게 되고 말았다.[20]

3. 장애아동 실태와 교육현황

3.1. 장애아동의 실태

한국전쟁 직후~1960년대는 장애아 문제가 사회적으로 가시화되었던 시기였다. 한국전쟁 발발에 따라 장애를 입게 된 아이들이 급증했으며, 1950~60년대 소아마비 퇴치 필요성이 강조되면서 장애아에 대한 사회적 관심이 증대되었기 때문이다.

현재로서는 아쉽게도 한국전쟁 당시 장애아 발생에 대한 정확한 통계를 찾을 수 없었다. 다만 전쟁 발발 이후 부랑 장애아를 수용하기 위한 보호시설들이 원조단체의 지원 하에 각지에 설립되기 시작했던 사실로 보아, 전쟁으로 인해 장애아가 급격히 증가해

19 김중철, 앞의 글, 34-36쪽.

20 이성규, 앞의 책, 95쪽. 특수교육에 대한 국가적 관심이 증대되기 시작한 것은 1970년대 이후이다.

갔음을 짐작할 수 있다. 1953년 한미재단사절단은 50만 불의 원조액을 복지단체 등에 배정하였는데, 여기에는 한국불구아동성인협회, 서울삼육불구아동원, 대구맹아원, 서울창애불구자원, 전주박인회 불구아동원, 대구 안식원 불구아동원, 부산신애불구아동원, 거제도 자생원 불구아동원 등이 포함되어 있었다.[21]

장애아동의 전체적인 현황은 알 수 없지만, 이들 수용시설에 수용된 장애아의 수는 『보건사회통계연보』에 수록된 〈신체장해아수용자동태표〉를 통해 확인할 수 있다. 1964년부터는 분류지표가 달라져 그 추이를 단순 비교하기 어렵기 때문에 아래 표에서는 1962년도까지의 상황만 제시하였다.

〈표 2〉 신체장애아 수용자 연말 현재 수(1955~1962)

년도	총수	성별		장애별			
		남	녀	시력장애	청력 및 언어기능 장애	지체 부자유	기타
1955	1,384	932	452	306	307	517	254
1956	1,504	1,000	504	312	314	554	324
1957	1,589	1,044	545	298	297	492	502
1958	1,889	1,196	693	323	414	529	623
1959	2,556	1,543	1,013	502	307	618	1,129
1960	2,539	1,509	1,030	506	325	693	1,015
1961	2,611	1,665	946	485	316	680	1,130
1962	2,910	1,774	1,136	542	301	861	1,206

출처: 『보건사회통계연보』 각년도판 〈신체장해아수용자동태표〉에서 추출.

21 「50만 불 원조 배정」, 『경향신문』, 1953. 8. 29.

위의 〈표 2〉를 보면 수용시설에 수용된 장애아 수가 1955년 1천 3백여 명이던 것이 점차 증가, 1962년에는 2천 9백여 명으로 십 년도 안 되는 기간 동안, 2배 이상 증가하고 있음을 알 수 있다. 특히 시력 장애아와 더불어 지체부자유아동의 수가 급격히 증가하고 있음을 알 수 있다.

'지체부자유아'의 증가는 앞서 언급한 1950~60년대 소아마비 유행과 관련되는 것으로 보인다. 소아마비는 1954년 공포된 전염병 예방법에 제2종 전염병으로서 "급성전각회백수염"이라는 명칭으로 지정되었다. 1938년 대구에서 유행했다는 기록이 있다.[22] 주정빈에 따르면, 한국에서 소아마비 발생은 오래전부터 있었으리라고 추측되지만 갑자기 이동이 잦아진데다 빈곤으로 인해 충분한 영양을 섭취할 수 없었던 한국전쟁을 전후하여 점차 발생 빈도가 증가하다가 1950년대 후반부터 1960년대 초반에 이르러 폭발적으로 대유행했다.[23] 그러나 실제로 질병 발생이 증가한 것인지 아니면 전쟁 직후 대규모 해외원조의 진행 속에서 의료적 대상으로 포착되면서 적극적으로 질병으로 인식되기 시작한 것을 반영하는 것인지는 명확치 않다.

임의선에 따르면, 1950년대 한국에서 소아마비는 발생 수의 90.3%가 만 3세 미만의 소아에게서 발생하였고, 1세 미만은 30.9%, 만 2세까지가 72.2%, 만 5세까지를 합하면 98%를 차지할

22 三善貞輝, 「昭和13年大邱地方に流行せるハイネメゲン氏病に就て」, 『大邱醫雜誌』 1, 1939, 68쪽.

23 주정빈, 「예방접종후 발생한 소아마비」, 『의협』 11, 1968, 434-437쪽.

정도로 이환 연령이 낮았다.[24] 소아마비 치료를 위한 백신은 1950년대 후반까지도 보급되지 않은 상태여서 소아마비로 인한 피해는 상당히 심각했던 것으로 보인다. 다행히 1958년 불활성화백신이 도입되고 1961년에는 경구용 백신이 보급되면서 발생률이 감소하기 시작하여, 1970년대 후반이 되면 발병률이 현저히 감소하기에 이른다.[25] 아래 〈표 3〉 소아마비의 발생시기별 분포를 살펴보면 1950년대 후반부터 1960년대 전반까지 소아마비 발생이 집중되었음이 주목된다.

〈표 3〉 소아마비 발생시기별 분포(1964~84)

구분	년도	발생 수	%
제1기	1900~44	24	2.1
제2기	1945~54	99	8.5
제3기	1955~64	581	50.2
제4기	1965~74	433	37.4
제5기	1975~84	21	1.8
계		1,158	100

출처: 주정빈, 「소아마비의 임상경험」, 『정형외과지』 23-4, 1988, 1109-1126쪽.

정부의 공식통계에 의하면 1955~1963년까지 매년 1천에서 2천 명 이상의 소아마비 환자가 발생하였고, 1957년 정부가 추산한 소아마비 환자는 14만 명에 달하였다.[26] 1959년 한국복지사업연합회 불구자복지위원회가 연인원 2만 6천 명을 동원하여 진행한 소

24 林宜善 외, 「한국의 소아마비의 임상통계적 관찰」, 『종합의학』 7, 1962, 559쪽.

25 한국소아마비협회 정립회관, 『소아마비의 어제와 오늘』, 한국소아마비협회 정립회관, 1999, 106쪽.

26 「전국소아마비 환자 14만으로 추산」, 『경향신문』, 1957. 8. 11.

아마비 아동 실태조사에서도 전국의 소아마비 환자가 7만 7천 명에 달하는 것으로 집계되었다.[27]

앞서 언급한 대로 소아마비는 98%가 만 5세 이하의 소아에서 발병하여 이환연령이 매우 낮았고, 후유증으로 다리나 팔에 손상을 입혀 지체장애로 이어졌다. 따라서 장애아 중에 소아마비로 인한 장애아의 비중도 높았다. 삼육아동재활원[28]이 1962년 10월부터 1967년 9월까지 약 5개년에 걸쳐 치료한 아동 394명 중 소아마비 후유증으로 인한 환아가 170명(43.1%)으로 거의 절반에 육박하고 있었다.[29] 장애아 중 소아마비로 인한 '지체부자유아'의 비중이 높았음은 1960년 한국아동복리위원회가 보건사회부의 협력을 얻어 조사한 장애아동의 종별 실태 통계를 통해서도 알 수 있다. 아래 〈표 4〉를 보자.

〈표 4〉 장애아 종별 수(1960)

총수	지체		시각	청각	정신			언어		기형		혼혈아
총수	절단	마비			신경병	간질	정신박약	말더듬이	언청이	꼽추	鹹足	
81,321	6,325	31,475	9,907	14,983	1,087	1,811	2,228	3,673	2,299	5,585	1,079	869

출처: 보건사회부 · 한국아동복리위원회 간행, 『한국장해아동조사보고서』, 1961, 126-127쪽.

---

27 「새해의 양지(3) 불구에도 광명을 연세대 내 소아재활원」, 『경향신문』, 1963. 1. 5.

28 1952년 6월 전쟁 중에 장애를 입은 고아들을 돌보기 위해 사회사업가 민영재가 설립한 것으로 삼육불구아동원이라고도 불렸다. 이 재활원은 서울시립아동보호소와 여러 곳의 보육원 등으로부터 장애아동들을 입원시켜 재활치료를 시행하였다.

29 羅亨柱, 「삼육아동재활원에 수용된 불구원아에 대한 통계적 관찰」, 대한정형외과학회잡지 3-1, 1968, 29쪽.

전체 장애아 중 마비가 전체의 38%인 3만 1천여 명에 이르고 있고, 이어서 청각장애가 1만 4천여 명, 시각 장애아가 9천여 명, 지체장애 중 절단장애가 6천여 명, '곱추'가 5천여 명 등으로 나타난다. 마비 중에는 뇌성마비 등 다른 원인에 의한 마비도 포함하겠지만 이 시기 소아마비가 유행했던 사실을 고려한다면, 소아마비로 인한 장애아가 많았을 것으로 추측할 수 있다.[30] 그러나 전반적으로 장애아 실태 조사의 수치가 현실을 반영한 것인지는 의문이다. 1967년 보사부가 집계한 바에 따르면 장애아 수는 정신박약아 27만 2천여 명, 신체부자유아 2만 1천여 명, 병약 신체허약자 8만 6천여 명으로 추산되어[31] 수치상의 편차가 크다.

소아마비가 선천적이기보다는 후천적인 질병으로 인한 장애였던 것처럼 다른 장애들도 선천적이기보다 후천적인 경우가 많았다. 조금 이른 세대에 관한 조사이기는 하지만, 1963년 서울대 보건대학원에서 35세 이상의 신체장애자 230명을 대상으로 한 실태조사에 따르면 선천적으로 신체장애자가 된 사람은 남자가 겨우 4.2%, 여자가 16.8%에 불과했고 나머지는 후천적이었으며, 사

---

30 2017년 장애유형별 통계를 살펴보면, 전체 장애인 중 지체장애인은 약 49%, 뇌병변은 약 10% 정도를 차지한다. 뇌성마비는 마비에 포함되어 있다가 1994년부터 뇌병변으로 분류되어 지체장애와 분리되었다. 국가통계포털 등록장애인수-전국 연도별 장애유형별, 성별(2017년도) (http://kosis.kr/statHtml/statHtml.do?orgId=117&tblId=DT_11761_N001&vw_cd=MT_ZTITLE&list_id=101_11761&seqNo=&lang_mode=ko&language=kor&obj_var_id=&itm_id=&conn_path=MT_ZTITLE)

31 「시도에 특수학교 세워」, 『경향신문』, 1967. 2. 10.

고 · 소아마비 · 화상 · 홍역 · 폭격 등으로 장애를 입게 되었다.[32] 장애아동의 대부분은 의료시설이 제대로 갖추어지지 않은 농촌에 산재하고 있었고, 이 때문에 장애에 보다 쉽게 노출되고 있었다.

3.2. 장애아 교육 현황

그렇다면 이들의 교육정도는 어떠했을까? 1960년 한국아동복리위원회의 조사 통계를 살펴보면 〈표 5〉와 같다.

〈표 5〉 장애아 교육 정도(1960)

장애 유형 \ 교육 정도	특수 학교	한글 불해득	한글 해득	점자 해득	국민 학교 재학	국민 학교 졸업	중학 재학	중학 졸업	고교 재학	총수
총수	1,157	47,533	6,249	422	16,986	6,267	2,078	374	255	81,321
절단	31	2,904	681	14	1,623	743	231	58	40	6,325
마비	133	18,192	2,435	47	7,558	2,088	806	128	88	31,475
양안맹	138	1,673	62	244	210	44	74	4	13	2,462
편안맹	22	2,218	574	12	1,855	1,060	300	49	46	6,136
불완전맹	30	830	75	20	216	81	50	3	4	1,309
농아	395	7,274	364	18	436	75	103	2	3	8,670
농	88	3,045	559	12	1,502	859	168	57	23	6,313
정신병	3	812	70	5	58	116	11	10	2	1,087
간질	7	1,044	286	4	224	200	33	12	1	1,811
정신박약	91	1,674	126	3	194	106	18	11	5	2,228
말더듬이	174	2,045	190	31	853	274	84	13	9	3,673
언청이	6	1,506	123	4	453	161	39	4	3	2,299
꼽추	19	3,010	604	7	1,391	380	142	17	15	5,585

32 「늘어나는 신체장애자」, 『경향신문』, 1963. 4. 24.

翻足	-	622	81	-	279	72	17	6	2	1,079
혼혈인	20	684	19	1	134	8	2	-	1	869

출처: 보건사회부 · 한국아동복리위원회 간행, 『한국장해아동조사보고서』, 1961, 164-165쪽.

전체 장애아동 중 특수학교에 취학한 아동은 전체의 1.4%, 국민학교 재학 혹은 졸업생이 28.6%, 중학교 재학 혹은 졸업생이 3%, 고등학교 재학생이 0.3%에 불과하여 앞서 언급했던 것과 마찬가지로 전반적으로 취학율이 낮은 상황임을 알 수 있다. 그러나 장애아 중에서도 절단과 마비로 표시되어 있는 지체장애아동의 경우 특수학교 재학자가 0.4%에 불과한 데 반해 국민학교를 비롯한 일반학교에 재학하거나 졸업한 자가 35.3%로, 상대적으로 일반학교에 취학율이 높은 편이었다.

지체장애아들의 학교 통학은 부모의 헌신적인 노력으로 가능했다. 신문에는 졸업시즌이 되면 소아마비 자녀를 업고 6년 동안 학교를 다니게 한 '장한 어머니'들이 자주 소개되었다.[33] 천안의 소아마비 지체장애아였던 김○○의 어머니 최○○(36)은 남편이 입대한 후 남의 집 빨래와 밭일을 하며 시부모를 모시고 5남매를 거느린 어려운 상황에서도 소아마비로 오른쪽 다리와 팔을 못 쓰는 맏딸 김○○(14)을 업고 한 번의 지각도 없이 국민학교 6년을 개

33 「새싹회서 뽑은 올해의 장한 어머니」, 『경향신문』, 1964. 4. 14.; 「개구쟁이들이 의젓하게 하얀눈도 축복하는 듯-국민교졸업식」, 『경향신문』, 1965. 2. 5.; 「거룩한 모정 고운열매」, 『경향신문』, 1966. 2. 5.; 「훌륭한 아버지 박정수씨를 선정」, 『동아일보』, 1966. 4. 13.; 「의지로 이긴 불구의 향학」, 『동아일보』, 1967. 2. 15.; 「그 아버지와 그 아들」, 『경향신문』, 1967. 2. 17.; 「훌륭한 어머니 8명 표창」, 『경향신문』, 1968. 5. 1. 등.

근하였다.[34] 언론에 보도된 지체장애아들은 대부분 성적이 우수한 학생들이었다. 가난한 살림살이 속에서도 자식을 공부시키기 위해 "뼈가 으스러지도록" 애쓴 어머니들의 사연과 그 수고가 아깝지 않도록 공부를 잘한 자녀의 미담이 자주 언론을 통해 사회에 알려졌다. 예컨대, 파주 용연국민학교를 졸업한 소아마비 지체장애아 홍○○은 6년 동안 자전거로 등하교를 시킨 아버지의 노력이 헛되지 않게 학급 반장도 하고 6학년 어린이회 부회장으로 활동하기도 하는 등 뛰어난 모범생이었다. 담임교사는 "거짓을 모르고 머리가 뛰어난 그는 비록 불구이지만 장차 사회의 훌륭한 리더가 될 것"이라 칭찬하고 있다.[35]

부모가 업어 등교하는 사진이 실린 이러한 미담 기사들은 장애를 가졌지만 교육에 대한 집념만큼은 어느 누구에도 뒤지지 않는 장애아와 그 부모의 모습을 보여주었고, 이러한 시각적 이미지들은 어려움을 이겨내면서라도 장애아 역시 교육받을 가치가 있는 존재라는 생각을 대중에게 유포시키고 있었다.

장애아에게도 교육이 필요하다는 생각이 확산되면서 전쟁의 와중에 생겨난 각종 장애아 수용시설에도 교육프로그램이 만들어지기 시작했다. 예컨대, 삼육불구아동원은 장애아에 대한 재활과 더불어 1957년 새롬학교를 세워 장애아들에 대한 정규교육을 실시하기 시작했다.

---

34 「졸업식에 운다」, 『경향신문』, 1964. 2. 1.

35 「그 아버지와 그 아들」, 『경향신문』, 1967. 2. 17.

4. 중학교 입시 경쟁과 장애아 교육권

4.1. 중학교 입시 경쟁 과열과 장애아 배제

미흡하긴 했지만 의무교육의 보급 속에서 국민학교는 "지팡이를 짚고 걸어 다닐 수 있는 어린이라도 입학할 수 있"었으나 중학교는 달랐다.[36] 1964년 배문중학교에 응시했던 조○○은 "발을 저는 탓"으로 면접에서 입학을 거부당하여 불합격 판정을 받았다. 당시 배문중학교는 모집 정원이 480명이었으나 지원자는 1/3 미달인 136명에 불과했다. 이에 조○○의 부모는 학교 측의 "비교육적 처사"에 항의하여, 서울교육청과 동아일보사에 시정을 호소하였다. 학교 측은 응시한 세 명의 장애아 중 조○○이 가장 장애가 심한 편으로 "학업에 지장이 있을 것으로 알고 취한 조처"라고 해명하였고, 서울시 교육감 김원규는 "응시자가 정원을 초과한 학교라도 불구아를 차별해서는 안 되며 정원미달인 경우는 말할 것도 없다"며 시정을 약속하였다.[37] 이러한 사례는 장애아에 대한 편견 속에서 입학을 거부하고 있었던 중학교들의 태도와 더불어, 장애아 차별은 안 된다는 감각 또한 미약하지만 싹트고 있었음을 보여준다.

이처럼 국민학교를 졸업한 장애아들이 중학교의 문을 두드리게 되자 1950년대 후반부터 장애아의 중학교 입학문제가 사회문

---

36 「입시와 준비교육의 문제점, 서울시내 관계자 좌담회」, 『동아일보』, 1963. 1. 17.

37 「불구의 향학 거절」, 『동아일보』, 1964. 2. 10.

제로 가시화하기 시작했다. 부모의 헌신적인 노력으로 어렵게 국민학교를 우수한 성적으로 마쳤으나 중학교에 입학할 수 없다는 사실은 그 배제의 문제를 보다 드라마틱하게 보이도록 했다. 문교부 측은 성적이 좋은 경우 '불구아'라도 입학시켜야 한다는 입장을 피력하고 각 학교에 경고하였지만,[38] 장애학생에 대한 입학 허용 여부는 교장의 재량권에 달려 있었다. 1957년 용산중학은 "몸에 다소 결함이 있더라도 마음이 착하고 참된 사람이 될 우수한 어린이들을 저버리지 않을 것"이라며 "불구아라도 성적이 좋고 통학에 지장이 없는 경우"라면 받아들이겠다는 전향적인 발표를 하였다.[39] 그러나 장애아의 입학을 허용하고자 하는 학교는 오히려 소수였던 것으로 보인다. 「새해 입학시험 우리학교는 이렇게(1~16)」라는 제목으로 1961년 10~11월 사이에 연재된 『경향신문』의 기사는 장애아 입학허용 여부에 대한 각 중학의 입장을 밝혀놓고 있다. 이를 보면 장애아 입학에 대한 재량권을 가지고 있었던 교장들이 장애아에 대한 편견을 얼마나 여과 없이 노출하고 있는지 새삼 놀랍기만 하다.

38 「성적 좋은 불구아 입학시켜야 한다」, 『동아일보』, 1957. 3. 15.

39 「우리 중학에 들어오려면(1) 용산중학」, 『경향신문』, 1958. 1. 20.

〈표 6〉 각 중학교 입학시험 지원자격 및 전형의 장애아 관련 내용

학교	입시전형
경기중학	"신체검사는 악질전염병의 유무를 비롯해 학업에 지장이 있는 불구자를 가려내는 것을 원칙으로 한다. 면접고사는 인물과 지조 등을 본다." "지원아동에 대한 수학 상 지장 유무를 가리는 원칙은 아직 정하지 않았다. 그러나 심한 말더듬이나 꼽사, 사지불구자, 전 색맹아동 등은 성적이 월등하지 않는 한 고려되어야 할 것이다."
창덕여중	"불구자는 곤란하다. 역시 여학교이니까. 그러나 학과성적이 월등하면 심한 신체상의 '핸디캡'(외관상)이 없는 한 상관없다."
이화여중	"〈이화〉의 오랜 전통으로 보아서 심한 불구아동은 없었다. 수년 동안의 예로 보아 불구아동은 사전에 본교와 의논을 했었다. 一주일에 六시간이나 되는 체육시간을 능히 감당할 수 있는 신체구조를 가질 것, 또 곰보인 학생은 사전에 의논을 할 것 등을 부탁한다." "말더듬이 아동은 수업에 지장이 있을 테니 입학이 곤란할 것이다. 신체검사에서는 특히 심장병, 악성전염병 등을 가려내겠다. 건강한 아동이라야만 합격이 가능하다."
배재중학	"신체검사는 엄격히 다루겠다. 〈배제〉의 전통은 씩씩하고 굳센 인재를 기르는 것이다. 불구아동은 학업에 지장이 없는지를 가리겠다."
경기여중	"학과성적을 중심으로 하겠으며 방계적으로 신체검사 면접 성적 등을 고려하겠다. 전염성질환자, 불구자, 귀머거리 등은 학교의 성질상 받아들일 수 없으나 색맹에 대해서는 불문에 붙일 것이다."
서울중학	"면접은 사람됨을 보는 데 치중하겠고 修學에 지장이 있는 신체상의 불구자 혹은 전염성 환자는 합격시키지 않는다."
계성여중	"전형에서 제외될 자를 미리 정해놓았다. ① 극도의 신체 허약자, ② 악성전염병 환자, ③ 극도의 파족 및 척추이상자, ④ 맹아자, ⑤ 기형아 및 극도의 안면이상자 등이다."
경복중학	"종래의 예로 보아 신체검사에서 말썽이 있기 때문에 이번에는 전형요강에서 좀 구체적으로 밝혀놓았다. 즉 '전염성 질환 극도로 쇠약한 자, 소경, 애꾸눈, 벙어리, 절룸발이 및 소아마비로 수족이 부자유한 자, 귀머거리, 말더듬이 등으로 수학 상 지장이 있다고 인정된 자는 입학을 제외한다'고 못을 박아놓은 것이다."
동성중학	"신체검사에 이상이 있는 아동이나 불구아동은 사전에 의논하면 좋겠다. 친절히 의논에 응하겠다." "면접고사에서는 가정환경과 생활정도, 아동의 끈기, 언어장애 등을 살필 것이다."

진명여중	"신체가 '정상적'이며 학비에 대한 보장이 확실해야 된다." "특히 교육상의 영향을 생각하여 신체가 '정상적인지 여부'는 중요시한다. 따라서 신체검사와 면접은 좀 까다로울 것이다. 손가락 하나가 없든가 심한 곰보, 全色盲 등은 곤란하다." "신체가 '비정상적인'아동은 성적이 특히 뛰어나지 않는 한 고려되지 않는다." "신체발육이 정상적인가' 하는 데 큰 비중을 두고 있으므로 애당초에 학부형들이 이 점을 알아주었으면."
경남중학	"올해에는 불구자라 할지라도 수업에 큰 지장이 없고 학과 고시에 성적이 좋은 아동에게는 입학을 허용할 것이다."
부산여중	"여학교라고 외모를 중요시하던 과거의 폐습을 일소하겠다. 만약 불구자가 응시하여 체능검사에 최하점을 받더라도 학과 고시의 성적이 좋아 총득점이 합격권 내에 들 경우에는 장래를 위해서라도 합격시키겠다." "실력이 있어도 불구자라고 겁을 먹고 지원을 포기하는 일이 없도록 부탁한다"
휘문중학	"체능검사에서는 학습상 지장을 가져올 불구자, 예를 들면 절름발이 귀머거리 등과 전염성질환자를 가려내겠다. 이런 학생은 받아들일 수 없을 것이다."
덕성여중	"공부에 지장을 가져올 신체장애자들은 들어오기 어려울 것이다."
숙명여중	"다음에 해방하는 어린이들은 뽑지 않을 것을 알려둔다. ① 4280년 12월 31일 이전에 출생한 자 즉 15세 이상인 자, ② 팔다리가 건전하지 못한 자, ③ 용모에 추한 흔적이 있는 자, ④ 시력이 0.1에 미달되는 자, ⑤ 신장이 1백25〈센치〉에 미달되는 자, ⑥ 귀로 듣는데 장애가 있는 자, ⑦ 전염성 질환자, ⑧ 기타 수학에 지장이 있는 불구자 등이다. 이러한 점을 미리 잘 알아서 여기에 걸리는 아동은 아예 지원을 말아주기 바란다."
성동중학	"신체검사(체능검사 · 체격 및 체질검사)도 전과목의 1/7을 차지하므로 수학 상 지장이 있는 아동은 곤란할 것이다. 그러나 약간의 신체적 결함이 있는 학생이라도 성적이 우수하면 합격할 것이며 色盲은 상관없다."
대구여중	"성적순으로 뽑는 것이 원칙이며 전염성질환자, 불구자, 기타 수학 상 지장이 있는 자는 받아들일 수 없다."
경북중학	"신체검사에 있어 체격과 체질은 수업상 지장의 유무만 보며" "성실하게 국민학교의 과정을 닦은 지혜롭고 튼튼한 어린이면 누구나 들어올 수 있다."

중앙중학	"우리학교는 신체불구로 인해 입학할 수 없는 사람을 ① 전염성 질환이 있는 자, ② 귀, 눈, 입, 코와 팔다리 불구자로 명백히 밝혀 놓았다."
무학여중	"전염병 질환자나 수학 상 지장이 있을 정도의 불구아동은 곤란하다."
양정중학	"불구아동도 수학에 지장이 없으면 입학될 수 있다. 色盲이라든지 약간 불구라든지 하는 정도는 점수만 잘 받으면 눈감아주겠다." "악성전염병이 있는 어린이는 성적이 좋아도 입학할 수 없다."
수도여중	"곰보나 애꾸눈의 어린이라도 수학에 불편할 정도가 아니면 받아들이겠다. 자격 있는 아동은 누구나 다 받아들여 가르치는 것이 우리 의무가 아니겠는가."
경서중학	"색맹이나 기타 신체의 불구자들은 완전한 工業人이 되기 어려우므로 입학에 있어서도 불리할 것이라 보아야 할 것이다."
풍문여중	"우리는 사회에 나가서도 제대로 활동할 수 있는 사람을 골라낼 방침이므로 소아마비, 곰보 등은 입학시키기 어려울 것이다." "점수가 같은 경우에는 연령이 낮은 사람, 가정 환경이 좋은 사람, 신체가 건강한 사람을 우선적으로 합격시킬 것이다." "우리 학교는 가정이 좋고 머리가 좋으며 몸이 튼튼한 학생을 받아들이고자 한다."
문영여중	"실업학교이기 때문에 면접시험에서는 우선 용모가 단정한 사람을 찾아낼 것이다. 곰보도 합격시키기가 힘들고 신체불구자도 불리한 입장에 서게 될 것이다."
경동중학	"수학 상 지장이 있다고 인정되는 불구아동은 입학할 수 없다."
보성중학	"① 전색맹, ② 꼽추, ③ 절름발이, ④ 폐결핵, ⑤ 수학 상 지장이 있는 불구아동 등은 입학할 수 없다"
금란여중	"곰보라도 다른 학생과 차별을 하지도 않을 것이다. 수학 상 지장만 없다면 누구나 실력으로 합격하여 자기 재질을 살리도록 충실한 교육을 시킬 것이다." "우리 학교는 충분한 교육시설을 마련하여 특수교육을 목표로 하고 있다. 좋은 학생이 많이 와주기 바란다."
성남중학	"면접 등을 통해 학생의 말과 행동, 품행, 가정환경을 특별히 보겠다. 동점일 때는 신체검사와 면접의 결과를 참작하겠다."
영등포 성심여중	"불구아동은 그 경우마다 충분히 연구해서 결정한다."

출처: 「새해 입학시험 우리학교는 이렇게(1~16)」, 『경향신문』, 1961. 10. 28.~11. 18.

위 내용들을 보면, 적지 않은 학교들이 장애아의 입학에 대해 부정적인 태도를 취하고 있음을 알 수 있다. 경복중학이나 진명여중처럼 지체장애와 '곱보', '말더듬이' 등 구체적인 장애의 종류를 언급하며 애초에 입학을 불허하겠다는 방침을 명확히 한 곳이 대부분이고, 적극적으로 장애아를 차별하지 않고 입학을 허용하겠다는 밝힌 경우는 전체 30개 학교 중 수도여중을 비롯한 다섯 학교 정도에 불과하다. 입학을 허용하는 경우도 대개는 "성적이 우수한 경우"라는 단서를 달고 있다. 양정중학처럼 경도 장애의 경우 "점수만 잘 받으면 눈감아 주겠다"는 태도를 취한 학교도 있었으나 장애가 있으면 원칙상 입학이 허용될 수 없는 것으로 치부하는 태도를 드러낸 곳도 있다.

입학이 불허된 장애의 종류에는 지체 장애뿐만 아니라 '곰보', '색맹'처럼 그다지 심각하지 않은 장애까지도 포함하였고, 심지어 진명여중의 경우에는 "손가락 하나가 없"는 것도 "비정상적인" 것으로 규정되었다. 장애아의 입학을 불허하는 근거로 자주 제시된 것은 "수학 상 지장이 있다"는 것이었지만, 과연 어떤 장애가 "수학 상 지장이 있는" 것인지에 관한 명확한 기준이 있었던 것은 아니다. "색맹"이나 "곰보", "애꾸눈"은 학교에 따라서 "수학 상 지장이 있는" 장애로 규정되기도 하고 그렇지 않은 것으로 규정되기도 하였다. 한편, 여학교의 입시전형에서는 외모를 중시하여 '수업에 지장이 있는가'의 유무보다 "용모단정"과 같은 기준이 제시되는 경우도 있었는데, 이에 따라 "곰보"는 "용모에 추한 흔적이 있는 자"로서 입학이 불허되었다. 대부분 "수학에 지장이 있다"는 이유를 들어 배제를 정당화했지만, "불구아동이 없었던" "전통"이라든가 "사회에 나가서도 제대로 활동할 수 있는 사람을 골라낼 방침"과 같은 이유로 입학 불허를 정당화하기도 했다.

이러한 학교들의 장애학생에 대한 태도에 대해서 전국PTA연합회(학부모연합회) 이사장 이순근은 새로운 대책이 없는 한 해마다 장애아동의 입학문제는 계속해서 문제로 남을 수밖에 없다는 점을 지적하면서, 전국 각급 학교가 동일한 태도를 취해줄 것을 촉구하였다.[40]

장애아동의 취학문제는 1962년 2월 22일 한국아동복리위원회가 장애아동 실태조사 보고서를 출간한 것을 계기로 동아일보사에서 개최된 좌담회에도 중요하게 논의되었다. 한국아동복리위원회 의장 권순영, 카바 사무국장 윤흠, 한국아동복리위원회 아동조사분위장 구자헌, 베드루정신병원장 유석진, ISS한국책임자 안나 대비슨 등이 참석한 이 좌담회에서 윤흠은 필기시험에 합격했지만 장애아라는 이유로 합격을 취소당하는 현실을 지적하고 장애아들이 "인권유린"을 당하고 있다고 비판하였다. 소년범죄에 관심이 많은 판사였던 권순영은 이렇게 학교로부터 배제된 아이들이 소년범죄에 연루되어 '사회불량아'로 타락할 것을 염려하였다. 구자헌은 장애아 교육문제를 해결하기 위해 특수학교를 세워야 하고 일반학교에도 다닐 수 있게 되어야 한다고 주장하였다.[41]

40 「중학 입시 출제에 바란다」, 『동아일보』, 1961. 11. 20

41 「좌담회: "불구아도 인간이다" 전국에 장애아동 팔만」, 『동아일보』, 1962. 3. 1

4.2. 체능시험을 둘러싼 논쟁과 장애아 교육권

중학교의 장애아 입학 차별은 의무교육의 조기달성 및 취학률 증가에 따라 중학교 입시 경쟁이 과열되면서 보다 심화되었다. 당시 중학 입시 경쟁은 고교나 대입보다 치열하다고 말해질 정도였다. 중등학교에 진학하고자 하는 국민학교 졸업자가 급증한 반면, 중학교 수는 충분히 확보하지 못했기 때문이다. 치열했던 중학 입시로 인해 국민학교부터 과외가 성행했고, 명문중학교에 진학하기 위한 재수가 성행했다. 과중한 과외공부로 인해 '국민학교 아동보건 이상론'까지 나왔다. 서울 돈암국민학교 6학년 학생이 등굣길 노상에서 졸도 사망하는 사건이 일어나자 그것이 과외 때문인지 평소 건강 때문인지를 놓고 논란이 벌어질 정도였다. 1964년 무즙 파동,[42] 1967년 창칼 파동[43] 등 입시문제 답안을 둘러싸고 학부모들의 항의와 법적 소송이 빚어지기도 했다.[44]

이러한 치열한 경쟁 속에서 장애학생은 입학시험에서 상대적

---

42 1964년 전기 중학입시의 문제 가운데 '엿기름 대신 넣어서 엿을 만들 수 있는 것은 무엇인가'라는 시험문항의 답안을 둘러싸고 빚어진 사건. 정답은 디아스타제였으나 학부모들이 답안 중의 무즙도 정답이 된다고 주장하면서 이 문제를 법원에 제소하고 무즙으로 엿을 만들어 시위를 전개했다. 결국 6개월 후 무즙을 정답으로 써서 떨어진 학생들을 입학시키면서 일단락되었다.(강준만, 『입시전쟁 잔혹사』, 인물과사상사, 2009, 112-113쪽)

43 1967년 중학입시에서 미술문제 중 '목판화를 새길 때 창칼을 바르게 쓰고 있는 그림은 어느 것인가?'의 정답이 두 개라며 서울중학교 낙방생 학부모들이 소송을 제기해 대법원까지 갔으나 패소해 끝내 불합격처리되었다.(강준만, 위의 책, 113쪽)

44 강준만, 위의 책, 93-94, 111-116쪽

으로 불리한 입장에 놓이게 되었다. 무엇보다 입학시험에 체능검사가 포함되어 있었기 때문이다.[45] 사실상 형식적인 것에 지나지 않았던 체능검사가 중학교 입시 경쟁의 과열 분위기 속에서 점차 당락을 결정하는 중요한 요소가 되기 시작하였다. 이 때문에 체능점수에서 불리했던 지체부자유아를 비롯한 장애학생들은 입시경쟁에서 불리한 입장에 놓이게 되었다. 1960년대 말로 갈수록 상황은 더욱 악화되었다. 과외를 없애기 위한 방책으로 학과시험이 쉽게 출제됨에 따라 체능점수의 상대적 비중은 더욱 커지게 되었던 것이다. 매년 커트라인이 상승하여 소수점 이하의 점수 차로 합격이 판가름 나기 시작했다. 그리하여 학과시험에서 만점을 받고도 체능점수로 인해 입시에서 낙방하는 장애학생들이 다수 나타났다. 예컨대, 부산의 국민학교생 김○○과 윤○은 1967년 부산중학에 응시하여 학과시험에서는 만점을 받았으나 소아마비로 체능점수를 따지 못해 중학 입시에 낙방하고 말았다.[46] 이와 같은 장애아들은 1968년 서울 846명, 부산 200명을 포함해 전국에 총 2,846명에 달하는 것으로 집계되었다.[47] 학교 측은 장애학생들을 장애를 이유로 원천적으로 배제하지 않아도 체능시험을 통해 얼마든지

45 학교 입학시험에서 체능검사가 시작된 것은 일제하에서였다. 일제 말기 전시체제하 국민의 체위향상을 중시하는 분위기 속에서 1940년도 중학교 입학시험부터 학생들의 체력, 체질, 체능검사를 실시하기 시작하였다.(「입학시험제의 改新」『동아일보』, 1939. 10. 7.; 「입시의 신지침, 체격검사표준발표」, 『동아일보』, 1940. 1. 27.)

46 「체능점수 못 따 합격 못해, 소아마비 두 입시생, 대통령에 호소」, 『동아일보』, 1967. 12. 6.

47 「학과 만점 받아도 입학 못해」, 『동아일보』, 1968. 6. 6.

떨어뜨릴 수 있었던 것이다.

이에 대한소아마비아동특수보육협회(이하 아동특수보육협회)[48]에서는 1967년 성명서를 발표, 중학교 입학시험 때 소아마비로 불구가 되었다고 해서 불합격시키는 일이 없도록 하고 소아마비 등 아동들을 위해 문교당국은 체능시험 면제 등의 특권을 마련하라고 요구하였다.[49] 아동특수보육협회는 '소아마비 아동의 권익옹호 및 보육회 건립추진을 위한 달'을 정하고 각종 캠페인을 벌여 나갔다.[50] 앞서 학과 시험에서는 만점을 받았으나 소아마비로 체능점수를 따지 못해 불합격한 김○○과 윤○은 자신들의 난처한 입장을 살펴달라며 대통령에게 호소문을 보내며 동정적 여론을 불러일으키기도 했다.[51]

이런 분위기 속에서 1967년 박정희는 연두순시에서 "불구아들에게 취학의 특혜를 주라"고 특별지시를 내렸다.[52] 이에 따라 문교

---

48 대한소아마비아동특수보육협회는 전문직에 종사하는 소아마비 장애인들이 모여 소아마비 아동들의 교육과 보호를 목적으로 1966년에 설립한 단체이다. 1977년 사회복지법인 한국소아마비협회로 명칭이 변경되었고, 정립회관을 운영하는 등 지체장애인들을 위한 복지활동을 벌이고 있다.(http://www.kpa1966.or.kr/)

49 「중학 응시한 소아마비 어린이에 체능 면제 특권 주길」, 『경향신문』, 1967. 12. 4. 대한소아마비아동특수보육협회는 "근 10만 명에 달하는" 소아마비 아동의 건전한 육성과 권익증진이라는 목적을 내걸고 김팔봉, 이관구를 발기인으로 하여 1967년 발족되었다.(「소아마비 아동 보육협회 발족」, 『매일경제』, 1967. 12. 6.)

50 「체능이란 단어를 없애버리고 싶다」, 『동아일보』, 1967. 12. 6.

51 「체능점수 못 따 합격 못해, 소아마비 두 입시생 대통령에 호소」, 『동아일보』, 1967. 12. 6.

52 「대통령 지시 사립국민학교에 불구아 우선 입학」, 『동아일보』, 1967. 1. 12.; 「그

부는 특수교육 5개년 계획을 발표하고, 특수학교 증설에 박차를 가하였다. 이와 더불어 1969학년도 중학입시부터 소아마비 등 지체 장애아들의 체능 검사기준을 따로 마련하기로 하였다.[53] 이에 아동특수보육협회는 1968년 5월 4일 문교부 등에 내는 건의문을 채택, 기존의 주장을 양보해서 입시체능검사 가운데 달리기와 넓이 뛰기를 면제해 줄 것을 건의하였다.[54]

장애학생들과 학부모들의 거듭된 요구에 대응하여, 문교부는 장애아동에 가산점을 주는 방식으로 체능특혜를 주겠다는 방침을 발표하였다. 1968년 5월 16일 입학제도분과위원회의 심의를 거친 이 특혜안에 따르면 지체부자유학생의 경우 종목(4종목)과 종목별 구분(5단계)는 일반 수험생과 동일하지만 기본점수를 늘려주고 점수도 가산하게 되었다.[55] 그러나 이러한 조치도 장애학생과 학부모들을 만족시키지는 못했다. 아동특수보육협회 회장 김팔봉은 "불구아를 정상아와 같이 취급하는 것은 사실상 불구아에 대한 제한이며 불구아에 동정은커녕 제한을 가하는 것은 불가하다"고 주장했다. 그리고 장애학생들을 구제할 방법으로 첫째 학과 성

늘진 마음에 태양을」, 『경향신문』, 1967. 2. 13.

53 「내년 중고대 입시지침 발표」, 『동아일보』, 1968. 3. 4.

54 「입시체능검사 면제 소아마비 어린이 위안의 날 보육협 건의」, 『동아일보』, 1968. 5. 4.

55 이 결정에 따라 입시 총점을 180점으로 하고 체능배점을 총점의 1/30로 하는 경우, ① 기본점수는 일반 수험생이 1.2점인데 비해 지체부자유수험생은 1.5로 0.3점이 많고 ② 체능점수를 가산할 때에 지체부자유 수험생은 자기가 딴 종목별 점수에 일반 수험생보다 최고 0.6점에서 최하 0.1점을 더 주게 되었다.(「불구아동에 특혜」, 『경향신문』, 1968. 5. 16.)

적이 전체 모집정원의 50% 이내일 때는 체능검사 없이 합격시킨다, 둘째 해당 중학교 지망자들의 체능평균점수를 지체부자유아동의 기본점수로 한다는 두 가지 안을 문교부에 건의하였다.[56] 문교부가 약간의 가산점을 부여함으로써 장애학생을 배려한다는 제스쳐를 보여주는 소극적 조치로 사태를 마무리 짓고자 했던 반면, 아동특수보육협회는 아예 체능시험을 면제하든지, 일반 수험생의 평균점수를 기본점수로 부여하는 보다 적극적인 조치를 요구했던 것이다.

그러나 장관이 바뀌면서 문교부는 돌연 가산점에 의한 체능특혜방침조차 백지화해 버렸다. 지체부자유 학생에게 일률적으로 특혜를 주는 방법 대신에 이전처럼 교장의 재량에 따라 학교별로 처리하도록 결정한 것이다.[57] 당시 문교부 장관이었던 권오병은 아동특수보육협회의 요구에 대해서 "지금 같은 자유경쟁 시대에 불구아동이라고 특혜를 줄 법적 근거는 없다"고 잘라 말하고[58] "중고등학교는 의무교육이 아니므로 완전한 자유경쟁에 의해 입학해야 하며 일부 아동에 대한 특혜는 일반학생 학부형들의 반발 등 부작용이 클 것이다"고 그 이유를 설명하였다.[59] 경쟁우선의 논리 속에서 장애아들에 대한 교육기회의 혜택은 '특혜'로 비추어질 따름이었던 것이다.

소아마비아동특수보육협회는 이에 반발하여 문교부의 결정이

---

56 「학과 만점 받아도 입학 못해」, 『동아일보』, 1968. 6. 6.

57 「소아마비아동 중학입시 체능특혜 백지화」, 『동아일보』, 1968. 6. 7.

58 「학과 만점 받아도 입학 못해」, 『동아일보』, 1968. 6. 6.

59 「소아마비아동 중학입시 체능특혜 백지화」, 『동아일보』, 1968. 6. 7.

소아마비 아동들의 앞길을 막는 '가혹한 처사'라고 비난하고, 일관성 없는 문교행정의 즉각 철회를 주장하며 가두성명을 벌이는 등 본격적인 투쟁에 나섰다.[60] 언론 역시 문교부의 특혜조치 백지화에 비판적인 태도를 보였다. 경향신문은 사설을 통해 자유경쟁이란 신체의 장애가 없는 건전한 어린이를 상대했을 때 적용될 수 있는 원칙이지 처음부터 동등한 입장에 있지 않은 건전한 어린이와 '불구어린이'를 자유 경쟁시킨다는 것은 자유경쟁의 상식에도 어긋나는 일이라고 주장하고, 자유경쟁의 원칙만 내세울 것이 아니라 '불구아'도 교육받을 수 있다는 기회균등의 원칙에서 대책을 마련해 주어야 한다고 비판하였다.[61]

이렇게 꽉 막혀 있던 지체부자유 장애아들의 중학교 입학 문제가 물꼬를 트게 된 것은 1969년 중학교 무시험 추첨배정제의 도입에 의해서였다. 지나치게 과열된 중학 입시경쟁의 고질화된 병폐를 없애고 학교 교육을 정상화하기 위해 문교부는 1969학년도부터 연차적으로 중학입시제를 폐지하고 학교군 추첨제를 채택하기로 결정하였다. 이로써 중학 입시제의 폐지로 체능특혜를 주지 않는 문제로 말썽을 빚어온 소아마비 등 지체장애아 입시문제는 자동적으로 해결되었다. 추첨제에서는 체능검사를 비롯한 모든 전형을 없애고 장애 여부와 상관없이 모든 학생이 똑같이 한 표씩 추첨권을 지니게 되었기 때문이다. 추첨제는 서울에서 시작하여 연차적으로 지방에도 확산, 부산 · 대구 · 광주 · 인천 · 전주는 1970

60 「특혜 백지화 비난」, 『동아일보』, 1968. 6. 12.

61 「餘滴」, 『경향신문』, 1968. 6. 14.

년도부터, 그 밖의 지역은 71년도부터 실시되었다. 중학 평준화를 전제로 한 무시험진학제도는 어린이의 정서적 육체적인 고른 성장을 위해 바람직한 것으로 환영받았지만, "지능이 월등한 어린이"와 "저능아, 특수아"를 한 교실에 몰아넣는 "너무나 비교육적인 처사"라는 비난도 나타났다.[62]

그러나 무시험추첨제가 장애학생에 대한 입학 배제를 원천적으로 해결한 것은 아니었다. 교육부는 무시험추첨제의 도입으로 늘어난 중학교 입학 지원자들의 수용을 위해 중학교가 적은 지역에 중학교를 신설하고 학급당 정원수를 70명으로 증가시키는 한편, "'저능아'등 중학에 들어갈 수 없는 학생"에게는 해당 국민학교 교장 재량으로 추첨권을 주지 않도록 하는 방법을 강구했다.[63] 학생 수용수를 늘리는 한편으로 장애여부를 기준으로 아동을 선별하는 방식은 그대로 존속되었음을 알 수 있다. 다만 신체장애에서 "'저능아' 등 중학에 들어갈 수 없는 학생"이라는 범주로 그 초점이 변경되었을 따름이다. 그러나 "'저능아' 등 중학에 들어갈 수 없는 학생"이라는 범주는 어떤 것인지 명확한 규정은 없었다. 따라서 당시에도 이러한 교육부의 지침은 교육 이념에도 어긋날 뿐만 아니라 제한기준을 어디에 두느냐 등의 심각한 문제를 내포하고 있다는 비판에 직면하였다.[64]

신체장애아들의 입학 문제도 완전히 해결된 것은 아니었다.

---

62 「중학평준화」, 『동아일보』, 1969. 3. 6.

63 「입시지옥서 풀린 동심」, 『동아일보』, 1968. 7. 16.

64 「입시지옥서 풀린 동심」, 『동아일보』, 1968. 7. 16.

동일한 문제가 몇 년 뒤에 고교입시에서 재현되었다. 1970년대 초 한국소아마비아동특수보육협회는 지체부자유학생의 고교 입시에 따른 체능점수 배점을 높여줄 것을 요구하는 진정서를 관계요로에 다시 제출하였다. 체능시험으로 인한 지체부자유학생들의 고교낙방이 문제가 되었기 때문이다.[65] 1972년 결국 문교부는 지체부자유학생의 고교입시에서 체능검사를 면제키로 결정하여,[66] 중고교 입학에서의 난점은 해결되었지만, 문제는 다시 대학으로 이전되어 대학에서의 장애학생 입학거부 문제가 논란이 되는 등 문제는 쉽게 해결되지 않은 채 남아 있었다.[67]

결국 1960년대 장애학생들의 중학 입학거부 문제는 심도 깊은 논쟁과 합의를 통해 장애아들의 교육권에 대한 사회적 인식을 재고하는 계기가 되지 못한 채, 무시험제도의 도입이라는 입시문제의 해결을 통해 미봉되고 말았다. 이로 인해 논란은 1970년대까지 고교와 대학 입시에서 반복되었던 것이다.

---

65 「체능에 울어버린 고입시 지체불구아 우수 성적도 모조리 낙방」, 『동아일보』, 1972. 1. 28.

66 「"정말 턱걸이 안 해도 되나요" 肢體부자유 學生 활기 찾아 후기고 체능시험장」, 『경향신문』, 1972. 2. 1.

67 김도현 지음, 정태수열사추모사업회 기획, 『차별에 저항하라-한국의 장애인 운동 20년』, 박종철출판사, 2007, 34-35쪽.

5. 맺음말

1950~60년대는 우리 사회에서 처음으로 장애아 교육이 사회적 논란거리로 부상했던 시기였다. 의무교육제도가 도입되면서 취학율이 전반적으로 급증해 갔지만, 장애아들은 그 수혜를 제대로 입지 못한 상태로 남아 있었다. 전쟁으로 인해 발생한 장애아를 수용하기 위한 수용시설이 급격히 증가하였고, 1950년대 후반부터 1960년대 전반까지 소아마비의 유행으로 적어도 매년 1~2천 명 이상의 소아마비 환자가 발생하면서 지체장애아동의 문제가 사회적으로 부상하였다. 의무교육의 확대와 더불어 특수교육도 법적 근거를 갖게 되었지만, 맹농교육 중심의 특수교육은 시설도 열악하고 수용할 수 있는 인원도 많지 않아 장애아 교육을 위한 실질적인 역할을 담당하지 못하였다. 95%에 육박하는 취학율을 달성한 상황에서도 장애아들의 취학율은 30%에도 못 미치는 낮은 수준에 머물러 있었다. 이러한 어려운 상황 속에서도 부모의 뒷받침 속에서 초등교육을 이수하는 학생들이 나타났는데, 특히 소아마비로 인한 지체부자유 학생들의 사례는 '어려움 속에서도 역경을 이겨낸' 미담으로 회자되었다.

그러나 부모의 뒷받침만 있다면 가능했던 학교생활은 중학교의 높은 문턱에 걸려 좌절되었다. 장애를 가졌다는 이유로 입학을 거부당하는 일이 빈번하게 발생했기 때문이다. 장애 학생에 대한 입학허용 여부는 교장의 재량권에 맡겨져 있었고, 각 학교는 '수학에 지장이 있다'는 등의 이유를 들어 입학을 불허하였다. 더욱이 중학교의 장애아 입학 차별은 입시경쟁이 과열되어 감에 따라 심화되었고, 입학시험의 일환이었던 체능검사는 지체부자유 학생을 비롯한 장애학생들의 입학을 원천적으로 봉쇄하는 기능을 하였다. 학과에서 만점을 받고도 체능검사에서 점수를 따지 못해 낙방하는 사례가 빈번하게 발생하였던 것이다.

이러한 문제에 당면하여 장애인 단체는 성명서를 발표하고 장애학생에게 체능시험을 면제해 줄 것을 요청하였다. 이들은 장애아를 비장애학생들과 똑같이 취급하는 것은 사실상 장애학생에 대한 '차별'이라며 그 시정을 요구하였다. 이에 문교부는 체능검사에서 장애학생에게 가산점을 부여하는 '특혜'를 주겠다고 발표하였지만, 결국 이를 취소하며 특혜안을 백지화하였다. 의무교육이 아닌 중고등학교의 입시는 자유경쟁이 필요한데 장애아에 대한 체능시험 가산점 부여는 장애아에 대한 '특혜'라는 것이었다. 경쟁 우선의 논리 속에서 장애아들에 대한 교육기회의 혜택은 '권리'가 아닌 '특혜'로 비춰질 따름이었다.

결국 중학교 입시를 둘러싼 이러한 논란은 1969년부터 무시험추첨제가 실시되면서 봉합되었지만, 이 새로운 제도가 장애학생에 대한 입학 배제를 완전히 해결한 것은 아니었다. 무시험추첨제의 도입으로 늘어난 학생들을 수용하기 위해 학교증설과 함께 "'저능아' 등 중학에 들어갈 수 없는 학생"에게 추첨권을 주지 않는 방안이 강구되었기 때문이다. "'저능아' 등 중학에 들어갈 수 없는 학생"이 어떤 이를 지칭하는지에 대한 명확한 규정은 없었으므로 이 규정 또한 학교장에 의해 자의적으로 적용될 소지가 컸다. 나아가 지체장애아들의 입학 문제도 완전히 해결된 것은 아니어서 1970년대에는 고교의 체능검사 폐지문제, 대학에서의 입학거부 문제로 논란이 계속 이어지게 되었다.

이처럼 1950~60년대 장애아 교육의 현실을 살펴보면 이 시기 한국사회에서 장애인에 대한 혐오의 시선이 얼마나 일상화되어 있었는지, 그리고 그러한 와중에서도 장애인들이 이러한 현실을 타개하기 위해 부단히 노력해 온 사실을 확인할 수 있다. 장애아의 교육권은 의무교육제도의 도입으로 자연스럽게 획득된 것이 아니라 사회 역사적 조건 속에서 부단한 부침을 겪으면서 형성되어 온 것임을 발견하게 된다. 그러나 중학교 입시문제의 봉합과정에서 나타나듯이 장애인 교육을 둘러싼 권리와 특혜라는 시각차는 심도 깊은 논쟁을 통해 장애인에 대한 사회적 인식을 확장하는 계기로 기능하지 못했다. 이러한 역사적 한계를 되풀이하지 않기 위해서라도 오늘날 벌어지고 있는 특수학교 설립문제를 둘러싼 논란을 우리사회가 보다 성숙한 자세로 풀어나가며 장애인에 대한 인식을 확장시키는 계기로 삼아야 할 것이다.

감화원이 있는 섬[1]
: 영화 〈해연〉(1948)과 남한 초기 소년 수용시설

이 화 진

1. 들어가며: 감화원 소재 영화 〈해연〉(1948)

한국영상자료원이 일본의 고베플래닛영화자료관에서 발굴해 2015년에 공개한 〈해연(海燕, 일명 '갈매기')〉(이규환 감독, 1948)은 오랫동안 대중의 기억에서 지워진 영화였다. 남한 단독정부 수립 후 처음으로 '문교부 추천영화'로 인정받아 1948년 11월에 개봉되었으나, 출연 배우들의 월북으로 당국에 필름이 압수된 일이 있었고 아마도 같은 이유로 1950년대에는 상영되지 않은 것으로 보인다.[2]

---

1 이 글은 「감화원이 있는 섬-영화 〈해연〉(1948)과 남한 초기 소년 수용시설」, 『구보학보』 제28호, 구보학회, 2021. 8을 수정 · 보완하여 재수록한 것이다.

2 〈해연〉은 1948년 11월 21일에 서울 중앙극장에서 개봉했는데, 12월에 부산 상영 중 당국에 필름이 압수되면서 상영이 중단된 데 이어 인천 상영도 취소되었다. 한상언은 〈해연〉이 영화인의 월북으로 필름이 압수된 첫 사례라고 본다. 철수 역으로 출연한 배우 박학과 그가 이끈 극단 예술극장 배우들이 1948년에 대거 월북했고, 이들 중 다수가 북한 최초의 극영화 〈내 고향〉(1949)에 출연했다.

필름 발굴 이후 〈해연〉에 대한 연구는 그 영화사적 의미를 설명하는 데 주력해왔다. 정종화는 발굴된 필름과 더불어 1948년 5월에 발행된 『예술영화』(‘〈해연〉 특집호’)와 제작사인 예술영화사가 발행한 비정기간행물 『해연』을 검토하고, 〈해연〉 제작진이 ‘민족국가 수립’과 ‘민족문화 건설’이라는 시대적 요청에 부응하려는 예술적 · 정치적 지향을 선명하게 표방하고 있었음에 주목했다. 제작진은 해방 후 남한의 스크린을 장악한 할리우드 오락영화에 대항해 ‘민족(예술)영화의 생존’을 모색하는 동시에 ‘문예영화’[3]의 지향을 품었으나, 노골적인 선전영화에 대한 경계에도 불구하고 〈해연〉은 ‘건국판 〈집없는 천사〉’와 같은 ‘건국의 프로파간다’로 수렴되었다는 것이다.[4]

영화에서 주인공 정애의 대사를 통해 반복되는 ‘건국’이라는

1948년 12월 부산 상영 광고에는 월북한 배우들의 이름이 의도적으로 배제되었다. 그러나 1949년에도 서울과 마산, 광주 등지에서 〈해연〉이 상영된 기록이 있고, 미국 하와이에 수출되었다는 설이 보도되기도 했다. 한상언, 「해금할 수 없는 것을 해금하기-월북영화인 해금 30년의 여정」, 『구보학보』 제20호, 구보학회, 2018, 214-217쪽; 「영화 〈해연〉 부산서 압수」, 『동아일보』, 1948. 12. 24; 「한국영화 발전책(하)」, 『경향신문』, 1950. 3. 24.

3 ‘해방 후 최초의 문예영화’라는 개봉 당시의 선전 문구(「〈해연〉 광고」, 『경향신문』, 1948. 11. 11.)에 기대어 문학작품을 영화화했다고 추정되기도 했으나, 〈해연〉 제작 전에 발표된 원작은 없는 것으로 보인다. 극작가 박향민(1916~1945)이 집필했다는 영화소설 「해연」이 개봉을 앞두고 『영화시대』(1948년 9월호)에 수록되었는데, 영화와 마찬가지로 ‘해방된 지 1년’이라는 설정을 그대로 기입하고 있는 영화소설이 해방 전에 사망한 박향민의 원작 그대로일 리는 없다. 〈해연〉을 수식한 ‘문예영화’라는 타이틀은 영화의 ‘예술성’을 강조하려던 제작진의 홍보 전략이었다고 보아야 할 것이다.

4 정종화, 「해방기 한국영화계의 예술영화 지향-영화 〈해연〉과 관련 잡지 분석을 중심으로」, 『한민족문화연구』 제54권, 한민족문화학회, 2016, 326쪽.

시대적 과제는 '건국 서사의 프레임'으로부터 벗어나 〈해연〉을 논하기 어렵게 만든다. 이러한 서사적 프레임과 관련해 영화 속 감화원은 제작진의 계몽적 기획을 구현하는 혹은 실패하는 공간으로 분석된다. 김한상은 영화의 공간적 배치에 대한 분석을 통해 〈해연〉이 '실패한 건국 서사'라고 주장한다.[5] 영화에서 "익명의" 지방에 위치한 감화원은 건국의 중심지인 서울로부터 탈중심화된 공간이며, 감화원 교사 정애, 그의 동생 정숙, 그리고 원생 수길을 중심으로 전개되는 서사는 "끊임없이 중심의 결여, 가부장적 질서 수립의 실패를 보여준다"는 것이다.[6] 해방기 민족영화 담론과의 관계 속에서 〈해연〉이 "근대화가 진행된 서울"과 '민족문화'의 공간으로서의 '향토'로 이분화되어 있다고 분석한 정민아의 연구에서도 감화원은 서울과 대비되는 공간으로 설명된다.[7] 김한상이 건국 서사의 프레임을 균열하는 탈중심적인 공간으로 감화원을 위치시킨다면, 정민아는 '민족문화'의 원형이 있는 '향토'의 제유적 공간으로 바라보는 것이다.

〈해연〉의 감화원을 서울과 대비되는 '익명의 공간'으로 보든 '향토적 공간'으로 보든 선행연구는 감화원이 비행소년을 사회로부터 격리 수용하고 규율에 의해 통제하는 교정 시설임을 간과한

---

5 김한상, 「탈식민 국가형성기 재외조선인들의 종족 상상」, 『아세아연구』 第58권 3호, 고려대 아세아문제연구소, 2015.

6 위의 글, 221쪽.

7 정민아, 「해방기 조선영화 〈해연(일명 갈매기)〉과 멜로드라마적 정치성」, 『한민족문화연구』 第53권, 한민족문화학회, 2016.

다. 그러나 〈해연〉이 감화원을 소재로 하여 "소년 교육상 뜻깊은"[8] 영화라는 이유로 문교부 추천을 받았다는 점을 환기할 때, 남한 초기 비행소년 문제나 소년 수용시설을 둘러싼 구체적인 사회적 사실을 떠나 〈해연〉을 논하는 것은 영화를 부분적으로만 이해하는 것이다. '건국'의 시대적 과제를 인식한 여성 엘리트의 계몽적 열정이 외딴 섬의 감화원으로 향한 까닭이 무엇인지를 질문할 필요가 있는 것이다.

이 논문은 기존 연구가 강조해온 '건국 서사의 프레임'을 비껴서 비행소년 및 소년 수용시설에 대한 사회적 인식을 반영한 영화로서 〈해연〉을 접근한다. 이를 통해 〈해연〉은 비행소년을 소재로 한 일련의 영화적 계보 안에 위치되며, 특히 1930~40년대 스크린에 출몰했던 비행소년 소재 영화들의 전지구적 순환과 연결된다. 이 논문은 해방 직후의 무질서와 혼란 속에서 거리로 내몰린 소년들을 구호하여 범죄를 예방한다는 명분으로 합리화되었던 소년 수용시설이 남한 초기의 시대적 과제와 결부해 어떻게 영화적으로 재현되었는지를 당대의 사회문화적 맥락에서 살펴본다. 2장에서는 해방 직후 부상한 비행소년 및 수용시설 문제를 미국의 사회사업가 에드워드 J. 플래나간(Edward J. Flanagan)의 방한을 통해 남한에서 '플래나간-보이스 타운-영화 〈소년의 거리(Boys Town)〉'의 연관성이 형성되는 과정과 더불어 검토한다. 3장에서는 〈해연〉의 제작 배경을 해방 전후 한반도에서 상영되었던 비행소년 소재 영

---

8 「영화 〈해연〉 문교부서 추천」, 『경향신문』, 1948. 11. 12; 「영화 〈해연〉을 문교장관이 추천」, 『부인신보』, 1948. 11. 10.

화들과의 관계에서 추적하고 〈해연〉이 당시 소년 수용시설의 설립과 어떻게 연결되어 있는지를 살펴본다. 4장은 영화의 내부로 들어가 감화원 교사와 원생, 그리고 인물들 사이의 감정적 관계에 초점을 맞추어 '순애의 훈육'이라는 감화 교육의 이상 실현에 실패한 재현을 검토한다.

2. 해방 직후 남한의 비행소년들과 플래나간 보고서

해방 직후 해외에서 귀환한 전재민과 38선을 넘어 이주한 월남민으로 남한 인구가 증가하고 경제적으로 혼란이 가중되었던 때 거리를 배회하는 걸식아나 부랑아, 그리고 비행소년의 격증은 심각한 사회 문제 중 하나였다.[9] 해방 이래 1946년 2월까지 불과 반년 사이 서울의 소년심판소와 검사국에서 취급한 소년범죄는 440여 건에 달했다. 경찰서에서 설유해 보호자에게 인도한 사건은 여기에 포함되지 않았으니 사회적으로 체감하는 정도는 훨씬 더 컸으리라 짐작된다.[10]

1946년 4월 군정청 보건후생국은 일제가 설치했던 감화원들

---

9 이행선, 「일제말 · 해방공간 우생학과 소년수(少年囚)를 통해 본 '착한/불량국가'-거세 · 단종법 · 격리 · 정신병」, 『동아시아문화연구』 제53집, 한양대 동아시아문화연구소, 2013, 348쪽.

10 「날로 증가되는 소년의 범죄 심판소, 검사국서 해방 이래 사백사십명을 취급」, 『동아일보』, 1946. 4. 1.

을 부활시키거나 새로운 감화원을 증설하는 감화 시설 확충 계획을 발표했다. "소년은 명일(明日)의 국가의 운명을 의탁하여야 할 지보(至寶)"이기에 '범죄소년'을 조기에 발견해 교화하고 개선할 수 있도록 '순애의 훈육'이 있는 감화 기관이 설립되어야 한다는 명분이었다.[11] 이는 미군정이 내건 점령지의 탈군사화 및 민주주의 재교육이라는 목표와는 모순되게도 일제의 '조선감화령'(『조선총독부관보』 제2219호, 1923. 9. 3)에 의해 설치되었던 감화 시설의 사회적 필요를 재승인한 것이었다. '불량행위'를 했거나 혹은 불량행위가 우려되는 만 18세 미만의 소년을 일반 성인과 구분해 별도의 감화와 교정을 실시하는 조선감화령은 일제 말기에는 전시에 동원할 인력자원을 확보하고 황국신민화라는 당면 과제를 해결하는 방책으로 이용되었다.[12] 광범위하고 무규정적인 불량성을 시설 수용의 근거로 삼고 사회적 규범으로부터 일탈한 소년들을 부랑아, 불량소년, 범죄소년, 우범소년 등으로 낙인찍는 감화 제도는 하금철

---

11 「소년범죄문제, 순애의 훈육과 시설을 요망」, 『동아일보』, 1946. 4. 2.

12 조선감화령은 제1조에서 입원 대상자를 ① 연령 8세 이상 18세 미만의 자로 불량행위를 하고 혹은 불량행위를 할 우려가 있으며 적당히 친권을 행할 자가 없는 자, ② 18세 미만의 자로서 친권자 또는 후견인이 그 입원을 출원한 자, ③ 재판소의 허가를 거쳐 징계장에 들어가야 할 자로 규정했다. 연령(만 8세 이상 18세 미만), 행위, 친권자 여부, 친권자 혹은 후견자의 동의, 재판소 허가 여부 등에 따라 감화원의 입원 대상이 정해졌는데, 시설 수용의 핵심 근거인 불량행위는 구체적으로 규정되지 않은 채 사회의 안전과 질서를 위협하는 모든 행위가 '불량성'을 구성했다. 조선감화령 및 식민지 시기 불량 담론은 다음 논문을 참조. 소현숙, 「식민지시기 '불량소년' 담론의 형성-'민족/국민' 만들기와 '협력'의 역학」, 『사회와 역사』 제107집, 한국사회사학회, 2015; 권명아, 「풍속 통제와 일상에 대한 국가 관리: 풍속 통제와 검열의 관계를 중심으로」, 『민족문학사연구』 제33호, 민족문학사연구소, 2007 등.

의 표현대로 "한반도에서 부랑인 집단수용소의 초기적 형태"를 구축했다고 할 수 있었다.[13]

감화 제도의 여러 문제에도 불구하고 식민지 시기에나 해방 후에나 이 제도에 대한 비판 여론은 높지 않았던 것으로 보인다. 감화원은 '소년'이라는 특정 연령집단의 불량행위를 법적으로 처벌하기보다 이들을 성인과 분리해 별도의 시설에 수용하여 교화함으로써 '선량한 인간'으로 교정하는 것을 목표로 내세우고 있었고, 관립이든 사립이든 외형상 일종의 기숙 학교 형태를 띠고 있었다.[14] 그 교육 내용이 사실상 노역에 집중되었고 원생들의 재사회화에 도움이 될 직업 교육은 거의 이루어지지 않았음에도, 교사의 지도가 있는 '학교'로서 "한때의 잘못된 행동으로 법망에 걸려들어 사회에서 버림받은 거리의 천사들을 모아놓고 참다운 인생에 눈뜨게 하며 갱생의 길로 인도하는 중책"[15]을 수행하는 기관이라는 인식이 감화 제도를 지지했다. 해방 후의 혼란 속에서 거리로 내몰린 소년들을 '구제'해야 한다는 인도주의 담론과 범죄와 연관될 우려가 있는 소년들을 격리해 사회를 보호해야 한다는 치안 담론이 복합적으로 작용했고, '건국'이라는 시대적 과제가 비행소년을 '건전한 국민'으로 교화하는 기관으로서 감화원을 승인하게끔 했다. "소년심판소나 감화원이 없는 곳은 소년범죄자가 혜택을 받

13 하금철, 「한국인 부랑인 강제수용: 빈곤의 범죄화와 사회안보의 적(敵) 만들기」, 성공회대학교 NGO대학원 석사학위논문, 2017, 42쪽.

14 위의 글, 43쪽.

15 「암흑에서 광명찾는 어린이들, 감화원 편 ③」, 『조선일보』, 1946. 8. 3.

지 못하고 그대로 체형을 받"[16]게 되기에 전국적으로 감화원의 확충이 필요하다는 주장도 있었다. 이런 가운데 해방 직전에 폐원된 목포학원(국립)과 선감학원(도립)이 부활되었고, 서울의 부립감화원, 부산의 경남소년학교 등 새로운 감화 시설이 설립되었다. 해방 전부터 민간이 운영했던 명진사나 개성 고려학원 등의 시설도 다시 주목받았다.

비행소년의 급증에 대한 대책으로 군정 당국이 소년 수용시설의 확충을 계획한 1946년 4월은 공교롭게도 미국영화가 중앙영화배급사(CMPE)를 통해 한반도에 수입을 재개하는 때였다. 남한에 처음 도착한 15편의 필름 중에는 〈소년의 거리(Boys Town)〉(노먼 터로그(Norman Taurog), 1938)가 포함되어 있었다. 〈소년의 거리〉는 로마 가톨릭 신부인 에드워드 J. 플래나간이 미국 네브라카스카주(州) 오마하에 설립한 '보이스 타운'의 실화에 바탕을 둔 영화다. 보이스 타운은 거리를 떠도는 소년들을 인종과 종교의 차별 없이 수용하고 교육하는 소년보호소로서, 그 안에 학교와 교회, 우체국, 체육관 등 각종 시설을 갖추고 소년들이 스스로 보이스 타운의 시장을 선출하고 여러 책임 있는 지위를 맡아 자치하는 민주주의 정신으로 유명했다. 이 영화는 '나쁜 소년은 없다(There is no such thing as a bad boy)'는 플래나간의 신념을 강조하면서, '불량소년' 휘티(미키 루니 분)가 플래나간 신부(스펜서 트레이시 분)의 애정 어린 관심을 통해 보이스 타운 자치정부에서 책임 있는 인물이 되는 과정을 보여준다. 미국의 점령지 문화 정책의 측면에서 〈소년

16 「늘어가는 소년범죄」, 『동아일보』, 1946. 7. 10.

의 거리〉는 자유와 평등, 다원주의 등 미국식 민주주의의 가치를 주입하는 효과가 기대되는 영화였다.[17]

사실 〈소년의 거리〉는 해방 전에도 일본어 제목 '少年の町'로 공개된 바 있었다. 1940년 개봉 당시 신문기사는 〈소년의 거리〉를 "악소년이 이곳 수용소로 들어와서 차차로 선량하게 되어가는 경로"[18]를 보여준다고 소개했다. 이러한 접근은 비슷한 시기에 일본 홋카이도의 감화원을 배경으로 사회사업가의 헌신과 애환, 비행소년의 갱생을 그리고자 한 일본영화 〈태양의 아들(太陽の子)〉(아베 유타카(阿部裕), 1938), 그리고 '조선판 〈태양의 아들〉'[19]로 기획되고 '조선판 〈미카헤리의 탑(みかへりの塔)〉(시미즈 히로시(清水宏), 1941)'으로 비유된 〈집없는 천사〉(최인규, 1941)와도 같은 궤에 있다. 이들 영화는 지도자의 헌신이 부랑아와 비행소년을 '건전한 소국민'으로 변화시키는 과정을 보여주고자 한다. 〈집없는 천사〉의 제작자 이창용은 이 영화가 "거리의 부랑아를 소재로 이들

17 수영 박-프리미아노(Sueyoung Park-Primiano)는 해방 후 CMPE를 통해 남한에 배급된 할리우드 영화를 검토하면서 겉보기에는 매우 다양하고 이질적인 영화들이지만 미국과 미국식 민주주의에 대한 긍정적인 이미지를 투영하려는 공통 목표가 발견된다고 지적한다. 특히 '이상적인' 미국인의 특징과 가치를 보여주는 서사영화들이 이민자, 노동자 계층, 고아들을 통해 "차이에는 관대하되 국가적 소속감에 의해 단합되는" '미국의 신화'를 구현하고 있다고 말한다. 박-프리아모의 논의에서 〈소년의 거리〉는 민주주의 선거의 과정, 종교의 자유, 그리고 미국적 가치의 토대가 된 다원주의를 재현하는 영화로서 중요한 사례로 다뤄진다. 자세한 논의는 Sueyoung Park-Primiano, "South Korean Cinema Between the Wars: Screening Resistance and Containment under U.S. Intervention and Influence, 1945~60," PhD diss., New York University, 2015, Chaper 2를 참조하라.

18 「M · G · M 영화 〈소년의 거리〉」, 『조선일보』, 1940. 4. 7.

19 「〈태양의 아들〉 고영(高映)에서 기획」, 『조선일보』, 1940. 6. 29.

을 잘 교육하면 훌륭한 사람이 되어 국기를 향해 경례하고 충량한 일본 신민이 된다는 것"을 보여주려는 영화라고 주장했다.[20] 그런데 해방 후인 1946년 4월에 다시 개봉되면서[21] 〈소년의 거리〉는 "원래 악인이 어디 있으랴! 사회가 길러낸 불량아를 이해와 사랑과 자유와 진심으로서 선량한 사회인으로서 인도한 일(一) 목사의 투쟁사"[22]로 소개되었다. 즉 '나쁜 소년은 없다'는 플래나간의 신념에 더해 거리의 아이들을 새로운 삶으로 이끄는 데 이해와 사랑, 자유, 진심이 필요하다는 점이 강조되었고, 그 교육 목표는 '충량한 국민'이 아니라 '선량한 사회인'으로 고쳐 읽힌 것이다.

이러한 재맥락화는 전국적으로 감화 시설 확충이 추진되던 당시 비행소년에 대한 사회 여론에서도 발견된다. 신문에는 소년범죄에 대한 각종 통계와 더불어 '순진하고 난만한' 아이들이 '얄궂은 운명' 탓에 '죄에 우는 소년'들이 되었다고 하면서[23] 감화 시설의 현황을 소개하고 '가엾은 거리의 천사들'을 갱생으로 인도할 기관의 필요를 강조하는 기사가 자주 게재되었다. 예컨대, 1942년 10월에 설립되어 5년째 운영되고 있었던 개성의 고려학원(원장 허진)은 1946년 현재 경성소년심판소를 거친 "불운한 어린이들에게 따뜻한 보금자리를 깔아주어 재생의 길을 인도하고 있는", "범

20 「朝鮮映画新体制樹立のために · 座談会」, 『映画旬報』, 1941. 11. 1, 16쪽.

21 해방 후 〈소년의 거리〉의 상영을 처음 주최한 단체는 향린원이었다. 향린원은 CMPE가 배급한 〈소년의 거리〉의 신판이 1946년 4월 20일에 서울극장에서 공식 개봉하기 이틀 전에, 해방 전에 수입되었던 '적산 필름'을 얻어 제일극장에서 상영했다. 「광고 〈소년의 거리〉(주최 향린원)」, 『동아일보』, 1946. 4. 18.

22 「광고 〈소년의 거리〉 신판」, 『동아일보』, 1946. 4. 18.

23 「죄에 우는 소년들 (상)」, 『동아일보』, 1946. 7. 16.

죄소년 감화의 본영"[24]이라 소개되었다. 설립 후 현재까지 연인원 150명을 수용할 정도로 규모가 작은 대신 원생들에게 "일하는 교육"과 "국민학교 교육"을 실시하고 "어버이의 역할을 한결같이 계속"하여 "다시 사회에 나가서는 한 사람의 범죄자도 없었다는 것"이 고려학원의 존재 이유로 설명되었다.[25] 한편 군정청 사법부 직속으로 서울 외곽에 위치한 경성소년원은 소년심판소에서 보내온 비행소년들을 수용해 감화 교육을 하는 시설로 소개되었다. 오전에는 공민, 국어, 산술, 국사, 성경, 영어, 체조 등의 학과 교육을, 오후에는 작업 실습을 하여 수용자들이 "과거의 잘못을 끝없이 뉘우치며 자기반성과 아울러 갱생에 불타는 정신으로 수양에 힘쓰고 광명있는 생활"을 하도록 인도한다고 보도되었다.[26] 감화 교육은 성인에 대한 법적 처벌 집행과 달리 비행소년을 어둠으로부터 '보호'하고 광명으로 이끄는 '교육'이라는 점이 공통적으로 강조되었다.

그러나 과연 소년 보호를 명분으로 내걸었던 감화 교육의 실제는 어떤 것이었을까. 1947년 늦봄 보이스 타운의 설립자 플래나간이 남한을 방문한 후에 남긴 보고서는 '감화 교육'이라는 말에 가려진 소년 수용시설의 실상을 일부 기록했다. 루스벨트 정부와 트루먼 정부에 조언할 정도로 미국의 아동복지 분야에서 힘 있는 인물이었던 플래나간은 GHQ의 초청으로 1947년 4월부터 2개

24 「죄에 우는 소년들 (하)」, 『동아일보』, 1946. 7. 18.

25 위의 글.

26 「암흑에서 광명찾는 어린이들, 감화원 편 ③」, 『조선일보』, 1946. 8. 3.

월간 일본과 남한, 필리핀을 방문해 점령지의 아동 문제를 시찰했다. 플래나간의 순방은 제2차 세계대전 종전 후 전재고아나 부랑아 문제를 국제적 차원의 인도주의와 연관된 이슈로 연결했다. 그는 1947년 5월 29일에 남한에 도착해 여러 시설을 방문했고, 군정청의 미국인 고문관 및 조선인 관리들과 몇 차례 회담을 가졌다. 영화 〈소년의 거리〉를 통해 이미 친숙한 존재였던 그의 방한은 미국 사회사업가의 시찰이라는 의미만이 아니라, 할리우드 영화를 통해 가공된 미국의 긍정적인 이미지가 그 모델이 된 실존 인물과의 직접적 접촉을 통해 실재하는 그것으로 각인되는 효과가 있었다.[27]

플래나간은 서울과 부산의 여러 시설을 시찰했다.[28] 그는 먼저 일본을 시찰한 후에 남한에 왔는데, 그가 보기에 남한의 상황은 일본보다 더 나빴다. 서울과 부산은 일본의 도시들보다 거리를 떠도는 부랑아들이 훨씬 더 많았다. 전재민과 월남민이 증가하고 경

---

27 플래나간의 방한 중 〈소년의 거리 속편(Men of Boys Town)〉(1941)이 '한국어 자막'으로 공개되고 배재중학 강당에서 플래나간을 초대해 '어린이 관상회'를 여는 이벤트도 있었다.(「풀라나간 신부 주인공인 〈소년의 거리 후편〉」, 『동아일보』, 1947. 6. 1.) 해방 후였음에도 당시 남한에 배급된 할리우드 영화 대부분이 일본어 수퍼임포즈드 자막으로 상영되었는데, 〈소년의 거리 속편〉은 드물게 한국어 자막으로 상영되었다. 이러한 모범적인 영화(model pictures)의 상영이 점령지의 민주주의 재교육에 유익하다는 민간정보교육부(CIE, Civil Information and Education Section)의 판단이 있었기 때문이다.

28 방문 순서대로 나열하면, 서울에서는 〈집없는 천사〉로 유명한 향린원과 천주교 보육원을 시작으로 보화원, 국립육아원, 국립맹아원, 국립맹아학교, 소년심리원교정원, 전재민수용소 서울역후생학원, 경성방직회사공장(아동노동 실태 시찰), 배재중학을, 부산에서는 경남소년학교와 후생육아원 등을 방문했다. 경남소년학교는 후에 〈해연〉의 로케이션이 진행되는 곳이기도 하다.

제적으로 혼란스러운 상황이 사회사업을 더욱 어렵게 했으며, 가정과 사회로부터 방치된 거리의 아이들이 제대로 교육받지도 못하고 구걸이나 암거래 등으로 끼니를 해결하며 열악하고 위험한 환경에 노출되어 있었다.[29] 군정 당국의 대처 방법은 거리를 떠도는 아이들을 혹독한 규율이 있는 시설에 격리하는 것뿐이었는데, 시설을 급히 증설할 여력이 없다 보니 시설의 수용 인원은 점점 과밀해지고 있었다.[30]

플래나간이 방문한 소년심리원교정원이 그런 시설 중 하나였다. 나중에 작성한 보고서에서 그는 시설에 수용된 아이들이 "가두(街頭)의 방황 생활이 더욱 좋았다고 말하고 있을 정도"로 참혹하게 "뇌옥(牢獄) 속에 내던짐을 받고 있었으며 그 정신과 감정 속에 남아있는 인간적 영적 존엄성을 모조리 빼어버리는 듯한 상태"에 놓여 있었다고 기록했다. 당국은 "자기 탓인지 혹은 누구의 탓인지 모를 죄"로 갇혀 있는 소년들의 인간적 권리를 존중해주지 않는다는 것이었다.[31]

아시아 순방을 마치고 귀국한 플래나간은 1947년 7월 9일 '일본과 조선의 아동복지 보고서(Child Welfare Report (Japan and Korea))'

---

29 「남조선의 보육기관은 국립보다 사설이 양호」, 『경향신문』, 1947. 6. 4; 「아동보호사업 상황 시찰, 플라나간 신부 담화」, 『경향신문』, 1947. 6. 5; 「청결의 정신 함양하라, 교육자는 연구가 필요 "푸" 신부 고아원 시찰담」, 『동아일보』, 1947. 6. 5; 「아동문제 조선은 심각」, 『조선일보』, 1947. 6. 18.

30 「거리의 고아 수용」, 『경향신문』, 1947. 5. 25; 「증가되는 소년범죄」, 『동아일보』, 1947. 5. 30; 「늘어만 가는 거리 소년, 팔할이 절도, 교화대책 없는가」, 『조선일보』, 1947. 5. 30.

31 「가련한 한국아동 '프' 신부의 고아원 시찰평」, 『경향신문』, 1948. 8. 8.

를 제출하고, 같은 달 11일에는 백악관에서 트루먼을 직접 만나 '패전국의 아동들(Children of Defeat)'이라는 보고서를 전달하며, 아동복지 시설의 상태를 바로잡는 것이 아시아 국가들의 민주주의를 강화하는 데 중요한 역할을 할 수 있다고 말했다. 또한 그가 남한에서 관찰한바 사법 당국이 운영하는 수용시설의 열악한 환경과 비교할 때 종교단체가 운영하는 민간 시설의 환경이 훨씬 나았는데, "기독교적 사랑과 인간적 권리"에 근거해 있기 때문이라고 판단했다.[32] 이것은 특히 기독교적 가르침에 입각한 민주주의 교육의 중요성을 강조하는 그 자신의 견해와 일치했다.[33] 종교의 차별 없이 누구나 평등하지만 기독교라는 '공통의 종교'를 통해 미국식 민주주의를 더 빨리 흡수할 수 있고, 민주주의 교육에서 기독교적 가르침은 민족과 국가를 초월한 세계 시민으로서의 의식을 함양하는 데 유익하다고 보는 것이다. 이 지점에서 플래나간은 아동 구호의 책임이 국가에만 있지 않음을 확인하면서 모든 시민의 복리를 고려하며 사회사업 시설을 설치하는 데 협력하는 '시민도(市民道)'의 필요를 강조했다.[34] 소년들을 바른길로 인도하는 데 기독교적 사랑과 인권의 존중, 시민 의식의 함양이 중요하다는 것

---

32 위의 글.

33 Edward Joseph Flanagan, "Child Welfare Report (Japan and Korea)," 1947, Folder Refugee Children Reports by Others, Box 9, EP; Norman Lloyd, "Flanagan Tells Macarthur Aim: Christian Japan," Chicago Daily Tribune, July 10, 1947, 9. 42; Sara Fieldston, *Raising the World: Child Welfare in the American Century*, Harvard University Press, 2015, p.29에서 재인용. 플래나간이 트루먼에게 제출한 보고서의 내용은 그의 사후에 남한에서도 신문지상에 보도된 바 있다. 「가련한 한국 아동 '프' 신부의 고아원 시찰평」, 『경향신문』, 1948. 8. 8.

34 「남조선의 보육기관은 국립보다 사설이 양호」, 『경향신문』, 1947. 6. 4.

은 플래나간이 오랜 경험을 바탕으로 굳게 믿고 있는 신념이자 미국적 가치이기도 했다.

3. '소년의 거리'에서 감화원이 있는 섬으로

플래나간의 방한은 남한의 사회사업가들에게 많은 영감을 주었던 것으로 보인다. 1940년대 후반 '플래나간-보이스 타운-〈소년의 거리〉'는 민간에서 사회사업가들의 활동을 촉진했다. 그의 방한 이후 보이스 타운은 소년 수용시설의 대명사가 되어서 남한에도 '소년의 거리'라는 이름을 내세운 시설들이 생겨났다.[35] 그중에는 보이스 타운처럼 수용자들의 자치 활동을 강조하는 곳도 있었다. 이런 시설들이 보이스 타운이 표방한 민주적인 자치를 실행했는지 여부는 확인되지 않는다. 다만, '소년의 거리'라는 표현은 소년 문제와 사회사업에 대한 관심을 촉구해 기증이나 기부와 같은 자선 활동이 이어지게 하는 데 효과가 있었다. 한편, 사법 당국은 플래나간이 소년심리원에 대해 표했던 우려를 "이 사업을 추진 강화"시켜야 한다고 아전인수격으로 곡해했다. 구체적으로는 일제하에서 소년심판소교정원 1개가 운영되던 것을 심리원, 감화원,

---

35 「소년의 거리! 사직공원에 불원설치」, 『조선일보』, 1947. 10. 19; 「평화의 원내생활, 노부부 국수장사로 설립」, 『경향신문』, 1947. 10. 23; 「'소년의 거리' 성심원 창설」, 『동아일보』, 1947. 11. 25; 「성심보육원 방문, 앞날의 "장부"로 매진」, 『경향신문』, 1949. 2. 6; 「소년시 현장을 찾어, 한국보육원 방문기」, 『경향신문』, 1952. 2. 23; 「난지도에 소년의 거리」, 『조선일보』, 1953. 8. 14; 「진우도에 서울 부랑아 수용」, 『조선일보』, 1953. 12. 30.

교정원을 확충하고 증설하는 것으로 추진되었다.[36] 가혹한 규율과 억압이 있는 교정 시설에 대해 비판적이었던 플래나간의 입장과 정반대되는 것이었다.

같은 시기 일본에서는 민간정보교육부(CIE, Civil Information and Education Section)가 NHK에 플래나간의 정신을 이어가는 의미로 '전쟁고아 구제를 위한 캠페인드라마' 제작을 요청해 라디오드라마 〈종이 울리는 언덕(鐘の鳴る丘)〉(1947. 7~1950. 12)이 제작되었다.[37] 남한에서도 CIE 같은 기관이 플래나간의 방문과 관련된 문화 생산물을 기획한 일이 있었는지는 확인되지 않는다. 그러나 그러한 기획의 유무와 연관 짓지 않아도 부랑아와 비행소년, 수용시설에 대한 관심이 확산되는 중에 기획된 〈해연〉을 플래나간의 방한으로 더욱 많은 조명을 받았던 보이스 타운이나 영화 〈소년의 거리〉와 떼어놓고 생각하기는 어렵다.

〈해연〉은 그때까지 한반도에서 상영되었던 비행소년 소재 영화들의 영향 아래에서, 그 영화들의 구성 요소를 남한 초기의 시대적 과제를 경유해 변주한다. '거리의 소년들'은 1930년대 대공황이 야기한 사회적 불안을 반영한 할리우드의 범죄영화에서 두드러지게 묘사되기 시작했다. 미국영화제작배급자협회(MPPDA)가 자체 제작 규정, 이른바 '헤이스 코드'(1934)를 공포한 이후에 비

36 「소년교화사업추진」, 『조선일보』, 1947. 10. 16.

37 〈종이 울리는 언덕〉은 귀향군인이 전재고아와 부랑아들에게 안식처를 만들어 주기 위해 분투하는 내용을 그린 라디오드라마로, 당시 일본 사회에서 크게 반향을 일으켜서 장기간 방송되었다. 1949년에는 영화로도 제작되었다. 상세한 것은 勝又浩, 『「鐘の鳴る丘」世代とアメリカ—廃墟 · 占領 · 戦後文学』, 白水社, 2012 참조.

중이 줄어든 영화 속 범죄자들은 사회의 도덕적 책임을 환기하며 1930년대 후반에 잠시 부상했다. 〈데드 엔드(Dead End)〉(윌리엄 와일러(William Wyler), 1937)와 〈더럽혀진 얼굴의 천사(Angels With Dirty Faces)〉(마이클 커티즈(Michael Curtiz), 1938) 등 새로운 유형의 범죄영화들은 1939년과 1940년 사이 조선에서도 상영되었다.[38] 이 영화들은 비행소년이 '나쁜 환경(대도시의 빈민가)'의 소산이라는 믿음을 주지시키는 동시에 이들이 내일의 갱스터가 될 것이라는 어두운 미래를 암시했다. '나쁜 환경'에 놓인 소년들을 "더럽혀진 영혼을 가진 그대로 성장시키어서는 안 된다"[39]고 강조하는 교훈적인 도덕화를 통해 범죄영화임에도 불구하고 '무해한 오락물'로서 정당성을 획득할 수 있었던 것이다.[40] 해방 직후 결성된 연극단체 무대예술협회가 〈데드 엔드〉의 원작 희곡을 의욕적으로 번역 상연한 데에서 보듯이,[41] 거리를 부랑하는 비행소년 문제가 심각했던 남한 초기의 상황은 1940년을 전후해 한반도의 스크린에 범람했

38 〈데드 엔드〉는 1939년에, 〈더럽혀진 얼굴의 천사〉는 1940년에 조선에서 개봉되었다. 「윌리암 와일러- 감독 작품 『뎃드 엔드』(유나이트사)」, 『조선일보』, 1939. 9. 6; 「와-너- 영화 더럽힌 얼굴의 천사」, 『조선일보』, 1940. 4. 11.

39 「와-너- 영화 더럽힌 얼굴의 천사」, 『조선일보』, 1940. 4. 11.

40 Robert J. Ashmore, "Bad Boys, Reform School Girls, and Teenage Werewolves: The Juvenile Delinquency Film in Postwar America," University of Southern California, Doctoral Dissertations, 2016, pp.26-36.

41 〈데드 엔드〉의 원작이 된 시드니 킹즐리(Sidney Kingsley)의 동명의 희곡은 최규석의 번역과 허집의 연출로 무대예술협회 제2회와 제4회 레파토리로 공연되었다. 〈데드 엔드〉는 일명 '날개 없는 천사'라는 제목으로도 알려졌다. 「무대예술연구회의 〈뎃드 엔드〉를 보고」, 『조선일보』, 1946.12.4.; 「〈뎃드 엔드〉 재연」, 『조선일보』, 1947.10.21; 「무연(舞硏)」 제4회 공연」, 『경향신문』, 1947. 10. 23.

던 비행소년들을 다시 불러냈다고 할 수 있다.

물론 〈해연〉에 보다 직접적으로 영향을 미친 것은 소년 수용 시설에 비중을 둔 영화들이다. 2장에서도 언급한 〈소년의 거리〉를 비롯해 일본영화 〈태양의 아들〉과 〈미카헤리의 탑〉, 조선영화 〈집 없는 천사〉, 그리고 '소녀감화원'을 소재로 한 프랑스영화 〈창살 없는 감옥(Prison sans barreaux)〉(레오니드 모기(Léonide Moguy), 1938)이 1930년대 말과 1940년대 초반에 걸쳐 조선에서 개봉되었다.[42] 특히 1940년에 조선에 개봉되었던 〈소년의 거리〉와 〈창살 없는 감옥〉은 해방 후에도 여러 차례 재상영되었다. 이 영화들은 소년들이 놓인 환경을 보여주는 데 그치지 않고 그들을 '순애의 훈육'으로 지도하는 인물의 헌신을 조명함으로써, 비행소년도 '건전한 시민'으로 성장할 수 있다는 낙관적인 전망을 제시한다. 영화의 서사는 교화시설의 효용성을 입증하는 방식으로 전개됨으로써 영화 바깥에 있는 교화시설의 존립 근거를 강화했다. 〈집없는 천사〉로 유명세를 얻은 향린원의 방수원 목사는 미디어의 사회적 영향력을 깊이 인식했던바, 고아들을 온정으로 선도하는 내용의 영화 〈천사의 마음〉(1947)을 직접 제작하고 순회영사도 했다.[43] 영화 제

42 〈창살 없는 감옥〉은 규율이 엄격한 소녀감화원에 새로 부임한 원장 이본느가 사랑으로 소녀들을 갱생하기 위해 애쓰는 모습을 그린 영화이다. 「〈철창 업는 감옥〉, 3일 명치좌에서 로드 쇼 공개」, 『조선일보』, 1940. 3. 1; 「광고 〈창살 업는 감옥〉」, 『동아일보』, 1946. 6. 26.

43 해방 후 향린원은 세탁소를 운영하고, 영화반을 조직해 강연과 병행한 출장 영사를 하고, 급기야 직접 영화를 제작하는 등 여러 활동을 펼쳤다. 현재 KMDb에는 향린원 제작 영화로 〈천사의 마음〉(김정환, 1947)과 〈지성탑〉(김정환, 1948)만이 등록되어 있으나, 〈지성탑〉의 광고에는 향린원의 네 번째 영화라고 명시되어 있다.(「향린원영화사 제4회 작품」, 『조선일보』, 1948. 2. 21) 향린원의

작은 수용시설에 대한 사회적 지원과 자선을 호소하는 방법이 될 수 있었다.

이규환 감독의 네 번째 연출작인 〈해연〉은 1948년 1월부터 촬영을 진행해 1948년 10월에 완성되었다.[44] 알려진 대로, 원래 연출을 맡을 예정이었던 김영화가 남조선과도정부 영화과장으로 부임하면서 이규환이 대신 메가폰을 들었다. 시나리오는 젊은 연극연출가 이운룡이 집필했는데, 그 역시 영화의 테마가 이미 결정된 상태에서 예술영화사의 청탁을 받았다.[45] 소년 수용시설이라는 소재는 시나리오 작가나 감독 개인의 관심사라기보다 제작사인 예술영화사가 기획했던 것이다. '새로운 민족국가 건설'이라는 시대적 과제를 마주한 제작진은 거리의 부랑아와 비행소년을 남한의 무질서와 혼돈 그 자체를 표상하는 존재로 주목하고, 비행소년 및 수용시설을 소재로 한 기존 영화의 주제 의식과 그 보편적인 호소력에 착안해 "동심의 싹은 언제나 따뜻한 애정의 햇빛만 보면 튀어나올 수 있다는 것"[46]을 보여주는 '건국판 〈집없는 천사〉'[47]이자 '남한판 〈소년의 거리〉'를 구상했다고 볼 수 있다.

아이러니하게도 〈해연〉은 플래나간이 비판한 남한 수용시설들의 문제를 고스란히 노출한다. 영화에서 감화원의 운동장과 교

영화 활동에 대해서는 앞으로 더 연구가 필요하다.

44 「〈해연〉 드디어 촬영 개시」, 『부산신문』, 1948. 1. 13.; 「영화 〈해연〉 완성」, 『조선일보』, 1948. 10. 23.

45 이운룡, 「씨나리오 〈해연〉 탈고 후기」, 『예술영화』, 1948. 5, 15쪽.

46 「〈해연〉 광고」, 『예술영화』, 1948. 5.

47 정종화, 「〈해연〉의 영화사적 가치」, 『영화천국』 44호, 한국영상자료원, 2015, 51쪽.

실은 그곳을 일반 학교와 크게 다를 바 없이 보이게 하지만, 얼핏 보아도 스무 명 남짓의 소년들이 딱딱한 바닥에 얇은 담요를 덮고 빼곡히 누워 잠드는 숙사(宿舍)의 방은 감화원이 여느 학교와는 다른 특수한 공간임을 알게 한다. 플래나간이 목격했다는, 마치 감옥과 같은 과밀한 수용 상태가 화면에 펼쳐지는 것이다. 〈해연〉의 감화원에서는 원생 모두가 동일한 제복을 입고 모든 일과를 규정된 시간표에 맞추어 규율대로 생활해야 한다. 이들의 생활은 감화원을 벗어나지 않는데, 그 가운데에는 감화원이 있는 섬의 척박한 토지를 개간하는 일도 중요한 비중을 차지한다. 감화원 구성원들이 곡괭이와 삽을 들고 땅을 일구는 장면은, 이들을 '건국역군'의 이미지로 전시하려는 분명한 연출 의도에도 불구하고, 감화 교육의 실상이 결국 과중한 노역일 뿐임을 드러낸다.

플래나간이 보고서에서 기록한 남한 수용시설의 불결한 위생 상태와 과밀한 격리 수용, 직업 교육을 명분으로 소년들에게 강요하는 가혹한 장시간 노동, 그럼에도 어떤 오락이나 위안 시설도 마련하고 있지 않은 실태를 〈해연〉은 숨기지 않는다. 〈해연〉은 규율과 통제, 억압이 있는 감화원이 소년들에게 어떻게 거리의 삶보다 더 나은 것을 제공하는지도 보여주지 않는다.

여기에 어떤 고발 의도가 있다고 보기는 어려울 것이다. 제작진은 오히려 영화제작에 임하는 진지한 태도를 보여주고자 부산 동북방에서 8마일 떨어진 곳에 설립된 경남소년학교에 가서 로케이션 촬영을 진행했음을 강조했다.[48] 경남소년학교는 심리원의 위

48 〈해연〉의 로케이션은 경남소년학교(일명 '부산수영소년학교')에서 촬영되었고,

탁이나 후생부의 의뢰, 그리고 부형의 요청으로 14세 이하의 소년들을 수용하는 감화 시설로서 해방 후 세 번째로 신설된 감화원이었다.[49] 그런데 제작진의 진정성을 보여주려 할수록 감화 시설의 문제도 함께 드러났다. 예컨대, 〈해연〉에서 감화원 교사 정애를 연기한 배우 남미림이 쓴 「로케일지」가 그러하다. 『예술영화』의 '〈해연〉 특집호'에 수록된 이 글에는 영화의 실제 배경이 된 감화원에 대하여 파편적이나마 구체적인 인상이 기록되어 있다.[50] 남미림에게 감화원의 첫인상은 체구보다 큰 옷을 입고 있는 소년들이 저마다 맡겨진 노동을 하며 분주한 모습이다. 채소가 부족한 식사로 소년들은 피부병과 눈병에 자주 시달린다. 원생들의 고생스러운 일상을 잠시 머물 뿐인 제작진이 다 알기 어렵겠으나, 새로 감화원에 입원하는 거지소년이 담배를 푹푹 피며 "거기 가면 막 때리구 밥도 잘 안 준대. 난 가기 싫은데 억지로 붙잡혀서 할 수가 없어"라고 탄식하는 모습은 이미 많은 설명을 함축한다.[51]

〈해연〉에서 감화원 안과 바깥, 섬과 육지(도시, 가정)로 구획되는 소년들의 세계는 감화원에 오기 전 그들이 거리에서 보낸 시간과 긴장 관계를 형성한다. 감화원이 있는 섬은 감화원생 수길의

세트 촬영은 동래에 있는 마을 주민시설에서 진행되었다. 제작진은 실제 감화원에서 로케이션을 진행하고 그 제작 과정에 대한 기록을 『예술영화』 특집호와 비정기간행물 『해연』에 수록했다. 이는 영화 제작을 문화 운동의 일환으로 접근했던 제작진의 태도와 연관되어 있다. 〈해연〉 제작 과정과 관련해서는 정종화의 논문(2016)을 참조.

49 「경남도에 소년감화원을 신설」, 『조선일보』, 1947. 3. 7.

50 남미림, 「로케일지」, 『예술영화』, 1948. 5, 31쪽.

51 위의 글.

회상을 통해 묘사되는 과거 매혹적인 도시에서의 거친 삶(구두닦이, 소매치기, 강도, 도박, 흡연 등)과 분리되어 있다. 그러나 이미 여러 비행과 연루되어 감화원에 온 소년들은 여전히 규율을 위반하고 신입원생을 이유 없이 괴롭히는 규범의 위반자들이다. 그렇기에 영화에서 감화원은 거리의 삶으로부터 소년들을 차단하고 가두는 공간이지 기아와 범죄, 그리고 온갖 위험으로부터 보호해주는 곳이 아니다. 바다에 면해 있어 파도와 갈매기 소리가 들리더라도 감화원이 있는 섬은 외부와 차단된 상태에서 엄격한 규율이 강제되는, 말 그대로 '창살 없는 감옥'이다. '창살'만 없을 뿐 '감옥'과 마찬가지로 외부와의 차단이 전제되어 있다는 의미에서 그러하다.

감화원 확충을 추진하면서 당국은 절도나 주거침입 같은 가벼운 범죄를 저지른 소년들을 유치장에 구류하지 않고 별도의 시설에 수용해 교화한다는 취지를 강조해왔다. 그러나 감화원의 실제적인 역할은 늘어나는 도시의 비행소년을 거리의 삶과 분리하는 방식으로 격리 수용하여 '보이지 않는' 존재로 만들고 도시를 건국의 활기에 찬 거리로 '정화'하는 치안의 효과를 가시화하는 것이었다. 비행소년의 격리는 도시의 건전한 질서를 유지하는 '치안'의 방법이며, 섬에서의 집단 수용과 강제 노동은 황폐한 국토를 개간하는 국가 재건의 실행이 된다. 이것은 영화의 허구적 세계에서만 그러한 것이 아니라 실제로 이 시기에 설립 운영된 감화원들이 바닷가나 섬에 위치했던 상황을 반영한 것이기도 하다. 식민지 시기에 운영되었던 영흥감화원이 송전반도에, 목포감화원이 고하도에 위치했고, 해방 전 '불량소년의 생지옥'으로 불렸던 선감학원 역시 선감도라는 섬에 자리 잡고 있었다. 해방 이후 목포의 국립감화원과 선감도의 선감학원이 다시 운영을 재개했고, 전국 여기저기에 새로 감화원을 설치할 계획들이 추진되고 있었다.[52] 영화 〈해연〉에서 '설립 5주년'을 맞이하는 감화원은 식민 말기에 설립되었던 여러 수용시설들이 해방 후 운영을 재개했던 그 시점의 상황을 반영한다고 할 수 있다.

4. 감화, '순애의 훈육' 혹은 불가능한 애정

영화의 첫 장면에서 정애는 약혼자 철수(박학 분)에게 결별을 선언하고 지방으로 떠난다. 해방을 맞아 "새 역사를 빛나게 할" 젊은이가 오히려 혼란을 틈타 큰돈을 번 '모리배'가 되었으니, 그런 철수와 함께 살 수 없다는 것이다. 모리배로 인해 경제가 파탄되어 비행소년들이 생겨났다고 생각하는 정애는 "당신들이 뿌린 씨를 거두러" 외딴 섬의 감화원으로 간다. 정애가 서울을 떠난 지 1년 후, 영화는 정애의 풍금 연주로 원생들이 '감화원 창립 5주년' 기념식을 준비하며 노래를 연습 중인 교실을 비춘다. 정애의 뒤로 커다란 칠판에는 '어둠은 갔어라'의 노랫말이 빼곡히 쓰여 있고, 칠판 위에는 태극기가, 교실 한편에는 "어제는 불량아, 오늘은 소

---

52 해방 후 선감학원은 경기도 보건후생부의 예산으로 시설을 확충했다. 1947년 7월 현재 56명을 수용하고 있었던 선감학원은 8월에는 2백 명, 겨울에는 4백 명을 수용하겠다는 계획으로 공사를 진행했다. 서울과 인천의 거리에서 걸식하는 부랑아를 격리하기 위해 수용 인원을 최대한 늘리려는 것이었다. 「갱생의 부랑소년, 수도청에서 보호검거」, 『동아일보』, 1947. 7. 25; 「선감도 고아들의 씩씩한 성장」, 『경향신문』, 1947. 8. 24.

년학도, 내일은 나라의 초석"이라는 표어가 걸려 있다.

정애가 감화원으로 간 이후 〈해연〉의 서사는 두 축으로 전개된다. 감화원 교사가 된 정애의 이야기가 한 축에 있다면, 감화원생 수길의 이야기가 다른 한 축을 이룬다. 외부와 차단된 폐쇄적인 감화원에는 원장과 교사, 그리고 사환이 원생들과 함께 생활하고 있다. 원장이 잠시 등장했을 뿐, 교무실에는 주로 박선생과 정애가 있다. 정애의 동료 박선생은 원생들에게 사소한 문제에도 '형사처럼 노려보며' 벌을 주고 '소년원에 보내겠다'는 협박을 늘어놓는 인물이다. 그런가 하면, 감화원의 잔심부름을 하는 구서방은 원생들의 '나쁜 짓'을 방조하고 그들에게 담배도 서슴없이 권할 정도로 감화 교육과는 거리가 먼 인물이다. 교무실에 걸린 표어('진리로써 감화, 교육으로써 감화, 모범으로써 감화, 애정으로써 감화')가 무색할 정도로 감화원의 어른 가운데 교육에 관심을 보이는 사람은 정애뿐이다.

원생들을 엄격한 규율로 훈육해야 한다고 보는 박선생과 달리 정애는 감화원에 수용된 소년들을 애정을 통해 변화시킬 수 있다고 믿는다. 이러한 대조를 통해 영화는 감화 교육의 핵심이 '규율'인지 '애정'인지를 질문한다. 여기에 감화원생 수길의 이야기가 다른 한 축을 형성하면서 영화는 이미 정해놓은 '애정'이라는 답을 향해 전개되는 듯 보인다. 여느 감화원생과 다름없이 '불량'한 수길이 주요 인물로 떠오른 것은 방학을 맞아 정애를 찾아온 정숙(조미령 분)을 잃어버린 친누이로 착각한 사건부터이다. 계모의 학대로 가출한 수길, 마찬가지로 계모의 학대로 고통받는 정숙 사이의 유사-남매의 관계가 형성되면서 수길은 영화 초반에 교실에서 배운 '어둠은 갔어라'의 노랫말처럼 갈매기 울음소리가 들리는 감화원에서 바다 건너의 새로운 삶을 희망하기 시작한다. 그러나 정숙이 섬을 떠나면서 수길의 '갱생'은 유예되고, 대신 정애가 수길에게 '큰누나'와 같은 보살핌을 약속한다.

수길의 서사는 감화원에서 보내는 현재의 시간보다 계모의 학대와 실부의 방관을 견디지 못해 누나(조미령의 1인 2역)가 가출하고 곧이어 그 역시 거리로 나섰던 과거에 비중을 둔다. 수길이 감화원에 오기 전까지의 시간이 플래시백으로 전개되는 가운데, 영화는 애정 없는 가정, 부모의 학대와 방임이 거리의 부랑아를 만들어낸다고 보여준다. 피아노가 있을 정도로 여유 있는 중류층 가정에서 자란 수길이 가출해 비행소년이 되는 과정을 보여줌으로써 비행소년 문제가 빈곤가정이나 고아 등의 '특수한 문제'가 아님을 강조하는 것이다.[53] 이는 그때까지 상영되었던 비행소년 및 소년 수용시설 소재 영화들이 주로 빈곤을 소년비행의 원인으로 그려온 것이나, 영화의 첫 장면에서 정애가 철수에게 남한 사회의 경제적 혼란을 언급한 것과 어긋나 있다는 점에서 주목해야 할 설정이다. 빈곤이나 경제적 혼란이 소년비행이 급증한 원인이라 하더라도, 감화원이 그러한 사회 구조적 차원의 문제를 해결할 수 있는 시설은 아니다. 영화는 수길의 회상 속에서 부랑하는 소년들의

53 실제로 남한에서 1947년 1월부터 6월까지 6개월 동안 발생한 총 1,416건의 소년범죄 중 가정환경이 조사된 1,282명을 살펴보면, 양부모 406명, 실부계모 55명, 양부실모 11명, 편부 114명, 편모 157명, 그리고 무양친 539명이다. 부모가 모두 없는 고아는 전체의 42%로 절반에도 미치지 않았다. 「점증의 소년범죄」, 『동아일보』, 1947. 7. 25.

거리를 보여주되, 고아이든 아니든 부모의 경제적 계층이 어떠하든 간에 감화원에 있는 소년들을 결국 '애정의 결핍'이라는 동일한 조건 위에 놓음으로써 '순애의 훈육'을 시험해 본다.

부모의 학대로 인한 애정 결핍은 수길과 정숙, 그리고 정애 사이의 유대를 형성하게 한다. 〈해연〉에서 수길과 정숙이 짧은 시간 동안 끈끈한 유사-남매 관계를 형성할 수 있는 것은 그들이 계모로부터 학대받은 경험을 공유하기 때문이다. 정숙의 언니인 정애 역시 계모와 갈등을 겪었으리라 짐작할 수 있는데, 중요한 것은 정애가 어떤 동기에서 감화원으로 갔든 교사로 일하면서 비행소년도 "따뜻한 애정으로만 지도해준다면 얼마든지 선량한 아이들이 될 수 있"다는 신념을 굳혔다는 점이다. 다만, 정애에게 비행소년을 애정으로 교육하는 문제는 누구에게든 치우침 없는 애정을 주어야 한다는 강박과 연결되어 있다. 감화원생에게 그 부모가 보내온 소포를 전달하는 방법을 두고도 다른 원생들의 감정을 전혀 신경쓰지 않는 박선생과 달리 정애는 다른 아이들이 알지 못하도록 조용히 불러 전달해야 한다는 의견을 낸다. 정애는 감화원이 "애정에 굶주린 아이들만 모인 곳"이라고 인식하고 있기에 특정한 원생이 더 많은 애정과 관심을 받으면 다른 원생들의 결핍감을 심화시키고, 그것이 질투와 시기로 이어져 또 다른 비행으로 이어진다고 본다. 부모로부터 소포를 받은 원생을 그렇지 못한 아이들이 괴롭히는 장면에서 보듯이, 어떤 애정과 관심이 특정 인물을 향할 때 다른 소년들은 질투와 시기심에 규율의 위반자가 된다. 반복된 위반은 박선생의 말처럼 결국 "소년원으로 보내야" 하는 더 나쁜 상황에 이르게 할 수 있다.

그러하기에 외부에서 온 정숙이 수길에 대해 보이는 특별한 애정은 감화원 전체를 위태롭게 하는 것이 된다. 정숙이 감화원에 머무는 동안 수길에게 동정을 느끼고, 수길은 정숙과 함께 서울로 공부하러 가는 것을 꿈꾸며 이전에 어울리던 '나쁜 무리'와 거리를 둔다. 박선생조차 "요새 같아서는 곧 퇴원시켜도 괜찮을 것 같"다고 할 정도로 수길은 긍정적으로 달라진 면모를 보인다. 수길의 변화는 정애의 신념, 즉 "애정에 굶주린 아이들에게 최선의 감화 방법은 역시 따뜻한 애정"임을 확인시켜준다. 하지만 바로 그 때문에 정애는 정숙이 더 이상 섬에 머물지 말아야 한다고 판단한다. "너와 수길의 관계가 다른 애들에게 주는 영향"이 크다는 정애의 말은 이들 간의 특별한 감정적 관계가 감화원의 규율을 무너뜨릴 수 있다는 우려를 담고 있다. 수길을 긍정적으로 변화시키는 애정보다 (애정의 대상으로 선택된) 수길의 변화가 다른 감화원생들에게 안겨줄 상실과 박탈감, 그리고 감화원(섬)에 남는 낙오자의 열패감이 더 중요한 문제로 다가온 것이다. 그렇다고 할 때, '순애의 훈육'을 구현하고자 했던 정애가 처한 모순은 일견 명쾌해 보이는 '애정'을 통한 교육이 감화원이라는 특수한 시설에서 근본적으로 가능한지를 의심하게 만든다. 감화원생들에게 애정은 허용될 수 있는가. 종교적 관념이 반영된 '치우침 없는 애정'이란 결과적으로 이 감화원에서는 누구도 특별한 애정의 대상이 될 수 없도록 하는 것이 아닐까.

〈해연〉에서 정애는 '순애의 훈육'을 펼치는 이상적인 교사의 상을 구현하는 데 실패했다고 할 수 있다. "지성적인 현대인의 묘사가 너무도 피상적"이고 "극적 전개에 있어 그 대사와 행동이 현실적으로 수긍할 수 없는 장면을 보여준"[54]다는 개봉 당시의 비판은 유효하다. 정애는 애초에 소년 수용시설을 다룬 영화 속의 지도자들과도 거리가 있는 인물이다. 〈소년의 거리〉나 〈집없는 천사〉와 같은 영화에서 비행소년을 건전한 삶으로 이끌고자 지도하는 남성 주체들은 종교적 신념에 바탕을 두고 행동하는 실천가들이다. 거리 위의 거친 삶에 익숙해진 비행소년들을 시설 안으로 거둬들이고 시설의 운영자금을 마련하기 위해 분투하는 장면, 소년들 가운데 둘러싸여 있는 쇼트와 소년들에 대한 책임감을 담은 대사 등은 남성 사회사업가들의 헌신을 시각화하는 데 유용한 방법이었다. 〈해연〉의 감화원은 식민 말기에 설립되어 5년째 운영되고 있는데, '후생과'의 관리를 받고 있고 "국가에서 지도하는 신성한 감화원"이라는 표현으로 짐작해보건대 국가기구의 산하에 있는 것으로 보인다. 그 때문인지 시설 운영의 어려움은 부각되지 않는다. 구성원들이 함께 위기를 극복해가는 과정도 그려지지 않는다. 감화원생과 교사 사이를 가르는 경계는 뚜렷해서 교사인 정애와 원생들이 하나의 쇼트 안에 포착되는 것은 '훈육'과 '노역'을 위한 장면뿐이다.

마지막 장면에서 떠나는 배를 향해 '누나'를 외치는 수길을 달래기 전까지 정애는 원생 중 누구와도 친밀한 대화를 나누지 않는다. '애정을 통한 감화'라는 신념을 말하는 것이 공허할 정도로 시종일관 감정이 절제되어 있다. 자신에게 추근대는 박선생에게 불쾌감조차 표하지 않으며, 감화원에 찾아온 철수나 정숙과 대화하

---

54 이익생, 「〈해연〉을 보고」, 『동아일보』, 1948. 11. 16.

는 장면에서만 약간의 감정을 드러낼 뿐이다. 정애를 연기한 배우가 섬세한 감정을 표현하지 못했을 수도 있지만, 정애의 절제된 감정은 공평한 애정에 대한 강박적 태도와 연관되어 있다고 해석될 수도 있을 것이다.

감화원의 누구와도 감정적으로 교류하지 않는 인물이 어떻게 애정으로 소년들을 변화시키는 과정을 보여줄 수 있을까. 〈해연〉에서 소년들은 감화원 교사들보다는 외부의 요인(부모가 보내온 소포, 감화원을 방문한 정숙)에 의해 감정적 동요가 발생하고, 그러한 동요를 다스리는 것이 교사의 일인 것처럼 보이기도 한다. 교사를 대신해 수길에게 훈계하는 자치회 소년들이나 수길을 질투해 싸움을 건 소년이 흘리는 눈물은 '순애의 훈육'을 통한 변화가 아니라, 감화원 소년들 서로의 처지를 동정하는 눈물이다. 정애는 애정을 통한 감화 교육을 아직 실현하지 못한 셈이다. 그렇기에 계몽의 이상을 함께 나눌 동지도 없는 감화원에서 스스로 선택한 단절과 고립을 유지하는 것으로써 영화의 첫 장면에서 선언했던 헌신의 의지를 입증하려 한다. 서울역에서 헤어진 지 1년 만에 정애를 만나러 온 철수의 방문은 정애가 서울이라는 익숙한 도시와 안락한 삶을 포기하고 감화원 교사가 되었음을 다시 한번 확인시켜준다. 철수는 정애가 감화원으로 떠난 것이 "신경과민으로 인한 도피 생활"이라고 생각했으나, 정애는 그런 철수에게 '부도덕한 삶'을 청산하고 '진실한 생활'을 찾을 것을 다시 한번 강하게 요구한다. 애초에 철수가 있는 부도덕한 세계를 거부하여 감화원에 왔기에, 철수가 그 세계를 떠나지 않는 한 정애도 떠날 수 없는 것이다. 정애가 감화원 교사가 되어 변화시키고자 노력하는 인물이 감화원 소년들이 아니라 철수라고 해도 과언이 아니다. 정애는 철수와 같은 '모리배'의 세상이 달라지기 전에 감화원을 떠날 수 없다.

〈해연〉에서 '건국 도정'의 시대적 과제를 올곧게 수행하려는 청년 주체가 여성인 것은 눈여겨볼 지점이다. 철수나 박선생처럼 타락하거나 부정한 세계에 머물러 있는 남성들과 대조적으로 정애는 공동체적인 삶의 가치를 추구한다. 이는 여성에게 이전보다 교육과 노동, 공적 참여의 기회가 확대된 해방 직후의 변화를 반영한 것으로 보이기도 하지만, 남한 초기의 연극과 영화에서 여성 인물들이 주로 민족적 과제를 수행하는 남성의 조력자로서 아내, 연인, 어머니로 등장한 것과는 대조적이다.[55] 이런 측면에서 〈해연〉이 비행소년 문제의 근본 원인으로 애정이 결여된 가정과 부모의 학대를 지적하면서도 모성 교육을 통해 가정을 개혁해야 한다는 식의 해결을 제시하지 않는 점도 흥미롭다. 정애가 결혼을 거부하고 감화원으로 떠났고 철수의 방문과 설득에도 여전히 감화원에 남은 것은, 여성의 역할이 가정 안으로 한정되는 것, 특히 자신의 육친에 애정을 쏟는 협소한 '모성'을 거부하는 의지로 해석될 수도 있다.[56]

55 해방 후 남한의 연극과 영화에서 여성 인물이 남성의 조력자로 부차화되는 것에 대한 비판적인 고찰은 다음 연구를 참조. 이명자, 「해방기 남북한 영화에 나타난 근대성과 여성담론 비교 연구」, 『현대영화연구』 제7권 1호, 한양대학교 현대영화연구소, 2011; 전지니, 「건국과 재건 사이, 남북한 연극의 청년담론과 젠더(1945~1960)」, 『한국극예술연구』 제71호, 한국극예술학회, 2021.

56 〈해연〉에서 '정애'의 선택은 식민 말기에 최정희가 향린원 취재 후에 집필한 소설 「천맥」에서 '연이'의 사적인 욕망과 육친애(본능적 모성애)가 "공적인 남성

정애는 '큰누나'와 같은 애정으로 소년들 곁에서 '바른길'로 이끄는 교사가 되는 길을 선택한다. 이는 이 영화가 비행소년이 급증하게 된 사회 구조적 차원의 원인을 도해하지 않은 채로 '애정을 통한 감화'라는 추상적이고 모호하며 사실상 불가능한 방법을 감화원의 존립 근거로 제시하는 것과도 무관하지 않다. 그러나 '큰누나'가 되어주겠다는 정애의 약속은 '순애의 훈육'으로 실현될 수 있을까. 수길은 과연 모범생으로 감화원을 퇴원해 정숙과 서울에서 함께 공부할 수 있을까. 감정을 흔드는 외부자들을 섬 바깥으로 밀어낸 정애가 수길의 곁에 서는 장면은 이전과 다른 돌봄과 애정을 예고하는 듯하다. 하지만 수길의 시선이 머무는 것은 감화원이 있는 섬이 아니라 그 바다 위를 자유롭게 날고 있는 갈매기들이다.

5. 나오며

남한 단독정부 수립을 즈음해 청년의 역할을 제시하려는 계몽적 기획에서 제작된 〈해연〉은 감화원을 소재로 한다. 본 연구는 〈해연〉의 감화원을 '남한의 축소판'으로 추상화하기보다 해방 후 비행소년의 급증이라는 사회 현상과 소년 수용시설의 제도화를 배경으로 하는 구체적인 공간으로서 접근했다.

의 규율과 모성애 담론으로 포섭"되는 것과도 비교해볼 수 있다. 최정희의 소설 「천맥」에 대해서는 김주리, 「1940년대 "향린원(香隣園)"에 대한 두 개의 시선」, 『현대소설연구』 제41호, 한국현대소설학회, 2009 참조.

2장과 3장에 걸쳐 설명했듯이 〈해연〉은 사회사업가 플래나간 신부가 아동문제를 시찰하기 위해 방한한 때를 즈음해 형성된 '플래나간-보이스 타운-〈소년의 거리〉'라는 연쇄와 연관되어 있다. 〈해연〉은 사회적 혼란과 무질서 속에서 급증하고 있는 남한의 비행소년에 대한 시급한 대책에 관심을 집중한 영화인데, 감화원의 실상을 고발하는 영화가 아님에도 불구하고 플래나간 보고서에서 지적된 수용시설의 문제들—열악한 시설과 가혹한 규율, 그리고 소년들에게 강제된 노동—을 그대로 노출함으로써 역설적이게도 감화 교육의 실상을 의심하게 한다. 한편 이 영화는 계층을 불문하고 부모의 학대가 소년 문제의 핵심이라고 제시함으로써 비행소년들을 만들어낸 사회적 원인을 비판하기보다 그들을 애정으로 교화해야 한다는 주제를 전달하는 데 기울어 있다. 그러나 '순애의 훈육'에 대한 주인공 정애의 신념은 외부의 방문자들을 통해 그 가능성을 확인하는 데 그쳤을 뿐, 주인공 자신을 통해 실현되지는 못했다.

〈해연〉은 '인도주의적 구호'와 '격리를 통한 치안'이라는 상반된 관점이 뒤섞인 남한 초기의 소년 수용시설에 대한 사회적 담론을 반영한다. 해방 전에 설립되었던 감화원들도 운영을 재개했고, 서울, 인천, 부산, 대전 등 전국 주요 도시에 감화원이 새로 문을 열거나 설립을 준비했다. 그러나 이처럼 감화 시설이 확충되는 동안에도 소년범죄의 숫자는 줄지 않았으며, 오히려 더 늘어났다. 소년심리원의 통계에 따르면, 1949년 현재 남한 각 도시의 거리에서 방황하는 비행소년은 2만 명에 달했다.[57] 소년범죄가 늘어날수록 소년 수용시설에 대한 논의는 불운한 소년들을 보호할 사회적 책무에 대한 인도주의적 담론보다 눈앞에서 '골칫거리'를 치워버리는 치안 담론에 더 힘이 실렸다. 거리에서 걸식이나 기식하는 아이들뿐 아니라 구두닦이나 담배장사, 넝마주이 등 노동하는 아이들까지도 부랑아로 취급되어 강제로 트럭에 실렸다. 새로 건설된 남한 정부는 "서울 주변 백리반경으로 거리의 아이들을 실어다 버리"고 "선감도 감금 정도로 책임을 다한 듯"[58]했다. 감화원은 남한 사회의 치안을 위한 격리 수용으로 그 목적이 전용되었다. 어떤 아이들은 필사적으로 도망치고 어떤 아이들은 오히려 감화원에서 "악습을 배워버려 마침내 또다시 갱생하지 못할 길을 밟은"[59] 예도 적지 않았다.

이런 측면에서, 영화 〈해연〉을 다시 읽기 위해서는 건국 서사의 익숙한 프레임을 해체해야 할 뿐 아니라 바다가 내려다보이는 언덕에서, 그리고 섬에서 멀어지는 배를 향해 '누나'를 부르는 소년과 그의 마음을 낭만화하는 시선을 뒤집어야 한다. 유난히 갈매기가 많은 이 섬은 해방 후 거리의 소년들을 강제적으로 격리 수용했던 감화 시설의 인권 유린을 거슬러 생각해보게 하는 역사적 장소이기 때문이다.

57 「늘어만 가는 불량소년, 사회문란과 가정환경이 죄」, 『경향신문』, 1949. 3. 15.

58 유한철, 「시감: 바람 속의 어린이들」, 『경향신문』, 1949. 1. 13.

59 「소년육성의 전당, 시립중앙보호소 개설」, 『동아일보』, 1948. 1. 24.

'진보' 정치학 이후와 사회적 재생산의 문제에 대한 소고[1]

김보명

1. 들어가며

페미니즘과 20대 (보수) 남성, 그리고 '젠더 갈등'이 여전히 디지털 공론장과 언론은 물론 정치권의 쟁점으로 나타나고 있다.[2] 페미니즘 리부트와 더불어 스스로를 '페미니스트'로 정체화하거나 페미니즘을 지지하는 여성들이 늘어난 한편 동시에 페미니즘에 반대하는 남성들 또한 적극적으로 목소리를 내면서 디지털 공론

1 이 글은 「'진보' 정치학 이후와 사회적 재생산의 문제에 대한 소고」, 『경제와 사회』 제132호, 비판사회학회, 2021. 12를 수정 · 보완하여 재수록한 것이다.

2 2021년 5월에 일어난 GS25 광고 포스터를 둘러싼 '남성혐오' 논란은 불매운동과 주가하락, 그리고 포스터 제작 담당자 징계와 경영진의 사과문 게시에까지 이르면서 '젠더 갈등' 담론이 생산되고 확산되는 한국사회 공론장의 반지성주의적 현실 또한 고스란히 드러냈다. '젠더 갈등'으로 명명되는 일련의 현상들이 가시화하는 사회적 관계들과 불평등에 대한 비판적 성찰이나 질문은 부재한 가운데 이를 득표율과 트래픽을 높이기 위한 수단으로 반복해서 소환하는 정치권과 언론의 행태는 한국사회 공론장과 민주주의의 현실 또한 질문에 부쳤다.

장에서 '젠더 갈등' 구도를 형성하고 있다. 나아가 언론과 정치권 또한 이를 적극적으로 보도하거나 정치적 쟁점으로 만들어가면서 20대 남성들의 지지를 호소하고 있다. 단적인 예를 들자면 2021년 4월에 치러진 서울시와 부산시의 보궐선거 결과를 두고 보수 정치권과 보수 언론은 86세대 진보 정치인들이 주도하는 현 정권의 편파적이고 '불공정한' 친여성적 행보와 페미니즘 정책들이 20대 남성들의 불만과 반발을 초래했다는 진단을 내놓으면서 여성할당제 폐지, 군가산점제 부활 및 제대군인 지원 강화, 여성가족부 폐지 등을 제안하였다. 이러한 논의 구도 속에서 엘리트 보수 남성 정치인이 86세대 진보 남성 정치인들과 20대 여성들 사이의 '페미니즘 동맹'에서 '소외되고 차별받는 20대 남성들'의 대변자를 자처하면서 보수정당 역사상 가장 젊은 나이로 당대표로 당선되면서 '공정한 경쟁'을 대안으로 약속하였다. 다른 한편으로 자녀 입시, 부동산 투기, 그리고 위력형 성폭력 가해 등으로 이미 그 도덕적 정당성과 위상이 손상되기 시작한 86세대 진보 남성 정치인들은 20대 남성들과 20대 여성들 모두에게 불신의 대상이 되면서 정치적 헤게모니의 위기와 남성성의 위기를 노정하고 있다.[3] 따라

3 이 글에서 '세대'는 엄밀하게 정의된 사회학적 분석의 범주가 아닌 보다 대중적으로 이해되는 시대적, 생애사적 시간의 구별 방식으로 사용됨을 밝힌다. 달리 말해 '86세대 남성'은 통상적으로 이해되는 86세대, 즉 60년대에 태어나 경제성장기에 성장하여 80년대에 대학교육의 수혜를 입으면서 학생운동, 민중운동, 진보운동과의 관계 속에서 20대와 초기성년기를 보낸 집단을 의미한다. 이들의 정치적 입장과 경제적 위치는 내부적으로 다양하고 또 시대에 따라 변화해왔지만 이들이 민주화 운동과 IMF 위기와 같은 특정한 시대적 상황과 기억 및 정서를 공유한다는 사실은 이들을 하나의 '세대'로 지칭하게 한다. 그러나 이러한 명명은 '86세대 남성'이 하나의 동질적 집단임을 의미하거나 동일한 정치경제

서 '젠더 갈등'으로 명명되는 대립의 담론적 구도는 20대나 청년 세대 내부의 여성들과 남성들 사이의 갈등뿐 아니라 여성정책을 설계하고 지지한 것으로 간주되는 주류 '진보' 정치집단, 즉 86세대 남성 진보 정치인들과 페미니즘의 '불공정성'과 '역차별'에 분노하는 20대 보수 남성들 사이의 세대적, 시대적 차이와 갈등 또한 포함하고 매개한다. 한편에 '기회의 평등'과 '과정의 공정성'과 '결과의 정의'를 약속하였지만 오히려 '불공정'과 엘리트 기득권의 얼굴이 되어버린 86세대 진보 정치인들이 있다면 다른 한편에는 앞선 세대의 남성들이 당연하게 누렸던 자본주의와 가부장제의 특권을 더 이상 쉽게 기대하거나 누릴 수 없지만 페미니즘과 성평등을 시대적 변화와 새로운 규범으로 받아들여야 하는 위치에 놓이면서 자신들을 남성 특권의 수혜자가 아닌 페미니즘과 역차별(reverse discrimination)의 피해자로 주장하는 20대 보수 남성들이 있다.

두 집단은 또한 시대적, 세대적, 계층적으로 서로 대비되는 정치학을 보여준다. 전자가 개발주의 군부독재 정권에 맞서 싸우면서 자신들의 계층적 기득권을 포기하거나 유보하고 '민중' 정치학

적 입장이나 이해관계를 공유함을 의미하지는 않는다. 마찬가지로 '청년세대' 또한 단일한 정치학이나 경제적 이해관계에 따라 조직된 집단을 의미하기보다는 오늘날 한국사회에서 '20~30대'라는 생애사적 과정에 놓인 이들과 이들의 공유하는 모종의 시대적 상황과 현실, 그리고 그에 대한 반응과 정서를 공유하는 집합적 주체를 지칭하기 위한 서술적 표현에 가깝다. '세대'에 대한 이러한 느슨한 개념적 정의와 사용은 계층, 성별, 정치경제학과 같은 차이들을 세대적 차이로 환원하거나 세대 내부의 계층적, 성별적, 정치경제적 차이를 비가시화하는 문제와 한계를 가질 수 있다. 박소진, 「386세대와 젠더」, 『비교문화연구』 제26권 2호, 서울대학교비교문화연구소, 2020, 16-18쪽.

을 선택했다면 후자는 성장과 분배를 기대하기 어려운 현실 속에서 스스로를 특권 없는 '흙수저'로 정의하며 '국가가 강요하는' 정의와 평등을 받아들이기보다는 차라리 개인적 노력과 실력에 따라 서열이 결정되는 것으로 보이는 시장 경쟁과 공정한 서열화를 '선택'하겠노라 말한다. 전자의 '진보' 정치학이 개발주의 군부독재 정권에 맞서 정치적 민주화와 경제적 자유화라는 정치경제적 전환을 만들었다면 후자의 '공정' 담론은 이러한 전환 이후의 세계에서 심화된 경쟁과 고착화된 불평등에 맞서 자신의 몫을 지키고자 하는, 때로는 신자유주의적 주체화의 양식을 동반하는 생존투쟁과 개인화된 저항으로 나타난다. 또한 과거의 '진보' 세대가 강력한 국가 권력의 통제 아래 억압되고 상실된 자유와 민주주의를 찾기 위해 싸웠다면 오늘날의 '공정' 세대는 국가의 통제로부터 '해방'된 시장에서 개인들 간의 자유로운 경쟁과 선택의 문제로 남겨진 삶의 조건과 전망 속에서 좌절과 불확실성에 맞서야 한다. 전자가 정치적 민주화를 지향하면서도 여전히 노동시장과 운동사회 내의 가부장적 성차별과 군사주의 문화를 적극적으로 관용하고 이용했다면 후자는 '남성생계부양자' 모델의 위기를 경험적, 규범적으로 수용하면서도 이러한 변화와 더불어 경제적 불안정성과 남성특권의 상실을 '역차별'로 오인하면서 성평등 정책을 개인의 (경쟁할) 자유와 권리에 대한 국가의 '불공정'한 침해로 비판하고 때로는 분노한다.

이러한 맥락에서 볼 때 오늘날 한국사회의 젠더갈등과 공정성 투쟁은 20대 남성들의 보수성이나 탈정치성의 문제로 비난받거나 환원될 수 없는 한국사회의 거시적 조건과 변화들을 반영한다. 세대 간, 성별 간, 계층 간 불평등의 심화와 그에 따른 갈등의 표출 속에서 언론과 정치권이 주목하고 호명하기 시작한 '20대 남성'과 그들의 반페미니즘(anti-feminism) 정서, 혹은 '젠더 갈등'으로 규정되고 가시화되는 이 문제는 87체제 혹은 97체제로 명명되는 민주화 이후의 한국사회의 정치경제적 지형과 그 한계, 특히 사회적 재생산의 위기와 이에 대한 정치경제적 해법의 부재를 노정하는 현상이기 때문이다.[4] 한국 근대사의 새로운 전환점을 만들어낸 86세대와 그들의 정치적 지향으로서의 '진보'가 지나간 과거의 유산으로[5] 자리 잡아가고 저항과 변혁의 상징이었던 86세대가 기득권과

---

4 87체제 혹은 97체제라는 명명은 1987년 이후 이루어진 한국사회의 정치경제적 이행과 변화의 성격과 의미를 진단하기 위해 사용되고 있다. 두 용어 및 관점의 차이 중 하나는 한국사회 신자유주의적 재편이 시작된 시점을 정치적 민주화가 시작된 1987년으로 보는지 아니면 IMF 체제가 시작된 1997년으로 보는지에 있다. 이 글에서는 두 관점 혹은 진단을 엄밀히 구별하기보다는 기존의 다양한 논의들을 참조하고 차용하면서 1987년 이후의 변화들이 우발적 과정이 아닌 모종의 '체제'로서의 일관성과 논리성을 지니고 있음을 시사하고자 하였다. 관련 논의로는 김종엽 외, 『87체제론: 민주화 이후 한국사회의 인식과 새 전망』, 서울: 창비, 2009; 손호철, 『촛불혁명과 2017년 체제』, 서울: 서강대학교 출판부, 2017; 송명관, 「87년 체제와 대중의 금융화」, 『진보평론』 제72호, 진보평론, 2017 등 참조.

5 지난 몇 년간 〈택시 운전사〉, 〈변호인〉, 〈1987〉 등 1980년대의 기억과 역사에 대한 영화들이 흥행하였다. 개발주의 군부독재 정권의 시대가 더 이상 돌아올 수 없는 과거의 영역으로 안전하게 박제된 듯 보이는 오늘날 한국사회에 있어서 '그 날'은 이제 더 이상 다가올 미래가 아닌 지나간 과거에 가깝다. 영화가 개봉된 2017년의 상황을 되짚어 보자면 더욱 그러하다. '독재자의 딸'에서 '최초의 여성대통령'이 되어 청와대로 돌아갔지만 국민의 생명을 지키는 데 실패하고 헌정질서마저 위반한 것으로 드러난 박근혜 전대통령이 탄핵으로 임기를 마쳤으며 '적폐청산'과 '나라다운 나라'의 약속과 더불어 당선된 문재인 정권의 임기가 시작되었다. 새로운 정치와 나라에 대한 높은 기대와 낙관적 전망을 배경으로 개봉된 영화 〈1987〉의 포스터는 민중운동의 기억을 소환하며 '그 날'의

특권의 담지자로 비판받는 한편 '주류'가 된 86세대 진보 정치인들에 맞서 '공정'과 '능력주의'를 요구하는 20대 청년들의 목소리가 부상하는 구도는 87체제 혹은 97체제로 명명되는 민주화 이후의 한국사회의 정치경제적 질서와 '진보(progress)'[6] 정치학의 의미

주인공은 86세대나 진보 집단뿐 아니라 국민 "모두"임을 강조하였다. 민주화 '이전'의 시간이 되돌아갈 리 없는 절대적 과거가 되고 1980년대 진보운동의 주체들이 더 이상 한국사회의 정치경제적 소수자나 주변인이 아닌 주류이자 기성세대가 된 오늘날, 저항과 승리의 기억은 그 혁명에서 '보조적' 위치로 주변화되었던 여성은 물론 민주화 이후에 태어나고 성장한 청년세대에까지 확장되고 보편화된다. 그러나 이러한 확장과 보편화에서 오늘날 한국사회의 정치경제적 질서의 현재적 기원으로서의 1987년의 정치경제적 전환과 1990년대 시민사회의 형성, 그리고 IMF 위기와 더불어 시작된 신자유주의적 재편 등 일련의 과정에서 누적되거나 가속화된 불평등과 계층화의 역사는 질문되지 않는다.

6 '진보(progress)'와 그것이 내포하는 연속적, 발전적, 누적적 시간성은 근대적 세계관의 발명품이자 담론적 구성인 동시에 삶의 양식이다. 과거, 현재, 미래로 이어지는 직선적 시간성의 발명과 배치 속에서 가능해진 회고(retrospective)와 전망(prospective)의 관점은 발전과 성장의 서사로서의 근대적 역사쓰기(modern historiography)를 가능하게 하였으며 또한 변혁과 저항의 주체로서의 인간을 구성하였다. 현재의 지평에서 과거를 회고하고 미래를 전망할 수 있는 시간적 주체로서의 근대적 인간은 자본주의가 초래하는 오늘의 고통을 미래의 부와 성장을 위해 참을 수 있을 뿐 아니라 개인의 희생이나 억압을 민족이나 국가와 같은 공동체와의 동일시적 관계 속에서 승화하면서 국민국가의 구성원으로 기능할 수 있었다. 정치적 민주화는 물론 경제성장과 국가발전의 전망 또한 '진보'의 약속과 그것이 불러일으키는 낙관적 미래의 가능성을 구성하였다. 이런 점에서 볼 때 근대적 시간성과 역사의식의 산물로서의 '진보' 담론은 좌파 정치학의 고유하고 독점적인 발명품이기보다는 자본주의, 민족주의, 제국주의 등과도 친연성을 갖는 일반적이면서도 복잡한 계보를 갖는 범주라 할 수 있다. 관련 논의로는 Benedict Anderson, *Imagined Communities: Reflections on the Origin and Spread of Nationalism,* London: Verso, 1983; Reinhart Koselleck, *The Practice of Conceptual History,* Stanford: Stanford University Press, 2002; Hayden White, *The Content of the Form,* Baltimore and London: Johns Hopkins University Press, 1990 참조.

또한 질문에 부친다. 이러한 배경 및 문제의식과 더불어 이 글에서는 젠더 갈등, 세대 갈등, 청년문제, 공정성 논쟁 등으로 나타나고 있는 한국사회의 갈등과 위기의 담론적 지형을 87체제 혹은 97체제로 명명되는 민주화 이후의 정치경제적 이행과 그것이 초래한 삶의 문제들과 사회적 재생산(social reproduction)의 위기라는 측면[7]에서 살펴본다. 먼저 '20대 남성' 현상에서 나타나는 86세대 '민

---

7 페미니즘의 이론적 계보에서 '사회적 재생산'은 가부장적 자본주의 질서에서 공적, 생산적, 이윤적(profitable) 활동으로 간주되는 임금노동의 구성적 외부로 배치되는 여성의 돌봄 노동이 삶의 유지와 사회의 재생산에 대해 갖는 가치 및 의미를 평가하기 위한 개념으로 고안되었다. 이는 가사노동을 비롯한 노동력 재생산을 위한 활동과 임신, 출산, 양육 및 교육 등과 같은 노동력 및 인구 재생산 활동뿐 아니라 토지나 자연환경 등을 비롯한 공공재(the commons)나 사회기반시설(infrastructure) 유지와 보호를 위한 개인적, 집합적 활동까지 폭넓게 포괄한다. '사회적 재생산' 관련 논의들은 주로 사회주의 페미니즘과 에코 페미니즘, 그리고 탈식민 페미니즘의 관점에서 발전되었으며, 보다 최근에는 전 지구화, 이주, 저출생 고령화, 기후위기와 팬데믹, 재난 자본주의 관련 논의들에서도 널리 활용되고 있다. 자본주의와 신자유주의의 지배적 질서는 공공재의 사유화와 복지 삭감 및 긴축재정 등으로 사회적 양극화와 재생산의 위기를 초래하며 이러한 불평등과 위기는 계층, 인종, 젠더 질서에 따라 교차적으로 작용하고 있기 때문이다. 달리 말해 '사회적 재생산'은 삶의 지속을 위해 요구되지만 이윤의 관점에서 배제되고 비가시화되는 일과 활동, 그리고 공공성의 영역들을 포괄적으로 지칭하고 가시화할 뿐 아니라 이를 통해 재생산 노동과 영역에서 작동하는 불평등과 박탈(dispossession)의 계층적, 인종적, 젠더적 배치를 비판적으로 탐색하고 문제화하는 개념적 렌즈라 할 수 있다. 이는 또한 발전, 성장, 진보 등의 시간성과 역사성으로 측정되어온 근대성과 자본주의가 초래한 삶의 위기를 비판적으로 인식하고 미래를 반복, 회복, 존속과 같은 재생산적 시간성과 정치학 속에서 새롭게 사유할 것을 제안한다. 관련 논의들은 Tithi Bhattacharya (ed), *Social Reproduction Theory*, London: Pluto Press, 2017; Isabella Bakker, "Social Reproduction and the Constitution of a Gendered Political Economy", *New Political Economy* 12(4), 2007; Isabella Bakker, "Variegated Social Reproduction in Neoliberal Times", *Nordic Journal of Feminist and Gender Research* 28(2), 2002; Isabella Bakker and Stephen Gill, "Rethinking

중' 정치학과 청년세대 '흙수저' 경제학 사이의 간극과 충돌을 살펴보고 이것의 배경이자 원인으로서의 민주화 이후 한국사회에서 나타나는 신자유주의와 민주주의의 모순적 공존에 주목한다.

2. '흙수저'의 공정성 투쟁과 '능력주의' 신화

많은 논의들에서 나타나듯 오늘날 청년세대는 전 세대와 구별되는 종류의 삶의 위기와 불안을 경험하고 있다. 계층과 지역에 따른 구조적 불평등이 심화되는 가운데 교육과 노동시장에서의 경쟁은 점점 더 치열하고 촘촘해지는 한편 '좋은 일자리'는 줄어들고 고용불안정성은 심화되는 현실은 이들이 생애전망을 예측하고 설계하는 것을 어렵게 만든다. 취업과 결혼이라는 '평범한' 생애 과정이자 보편적 삶의 양상으로 간주되었던 일들이 이제 치열한 노력과 경쟁을 통해 획득할 수 있는 특권적 영역이 되면서 사회적 재생산의 위기를 드러내고 있다. 안정된 고용관계와 그에 근거한 정체성 및 삶의 전망이 부재한 가운데 계층하락의 불안을 경험하는 한국사회 청년세대의 경제적 현실과 정치적 가능성은 가이 스탠딩(Guy Standing)이 '위험한 계급'으로 부르기도 한 '프레카

Power, Production, and Social Reproduction", *Capital and Class* 43(4), 2019; Silvia Federici, *Revolution at Zero Point*. London: PM Press, 2012; Vivian Rodríguez-Rocha, "Social Reproduction Theory", *Geography Compass* 15(8), 2020; Jamie Winders and Barbara Ellen Smith, "Social Reproduction and Capitalist Production", *Progress in Human Geography* 43(5), 2019 등 참조.

리아트(the precariat)'를 연상하게 한다.[8] '헬조선', '흙수저', '삼포세대', '이생망', '탈조선', '각자도생' 등으로 표현되는 청년세대의 좌절과 포기는 한편으로는 신자유주의적 경쟁과 파편화에 대한 저항과 거부를, 다른 한편으로는 진보나 변혁의 불가능성에 대한 수용과 타협을 보여준다. 이는 또한 '민중' 이후 등장한, 때로는 중산층적 삶의 가능성과 동일시되기도 하는 '시민' 주체의 출현과 좌절을 반영하면서 정치적 민주화와 경제적 자유화 이후의 한국사회가 마주한 '발전론적 서사의 막다른 골목'을 드러낸다.[9] 정치적 민주화와 경제적 자유화 이후 이루어진 일련의 개혁과 진보의 시도는 개발주의 군부독재 시절의 억압과 통제를 벗어나 '자유로운' 시민사회의 형성과 시장경제의 성장을 도모하였지만 이러한 민주화와 자유화의 과정은 신자유주의적 재편과 그것이 초래하는 불평등과 위기의 심화를 동반하였다. 이러한 신자유주의적 행보는

8 신자유주의적 경제 질서의 전 지구적 확산과 더불어 등장하는 이 뿌리 없고 권리를 상실한 유연화된 노동자 집단은 지대 자본주의와 금융 자본주의의 소용돌이 속에서 삶의 정박지를 갖지 못한 채 불확실한 삶을 살게 된다. 프리케리아트는 단일한 집단이라기보다는 신자유주의적 재편과 더불어 기존의 정규직 일자리로부터 해고되고 이를 이주민 반대와 여성혐오의 이유로 삼는 저학력 생산직 노동자로부터 이미 태생적으로 유연한 플랫폼 자본주의와 인지 자본주의 등에서 창의적인 지식 노동자로 살아가는 대졸 비정규직 노동자들에게까지 다양한 스펙트럼을 포괄한다. 스탠딩은 새롭게 등장한 이 위태로운 삶의 양식과 그 주체들이 신자유주의의 지배성을 위협할 수 있는 잠재성과 반대로 인종주의를 비롯한 소수자 혐오를 통한 '전통적 삶의 양식'의 회복을 요구하며 보수화할 수 있는 가능성 모두를 갖는다고 본다. Guy Standing, "The Precariat: Today's Transformative Class?", *Development* 61, 2018.

9 이우창, 「헬조선 담론의 기원」, 『사회와 철학』 제32호, 사회와철학연구회, 2016.

'진보'와 '보수'의 이분법적 대립이나 구별을 무의미하게 만드는 지배적, 주류적, 일반적 흐름으로 나타나면서 '대안'이나 '출구'의 부재라는 폐쇄적 세계관을 뒷받침하였다.[10] 이러한 세계 속에서 청년세대는 역사적 진보의 가능성이나 사회적 연대의 가능성보다는 경쟁과 노력이 약속하는 '생존'의 가능성을 향해 달려가거나 디지털 연결성을 통한 개인화된 저항이 열어주는 '대중주의(populism)'적 실천과 정치적 효용감을 지향한다. 아래에서 살펴보는 바와 같이 '흙수저'들의 '공정성' 투쟁은 개발주의 독재정권의 빈자리를 채운 신자유주의적 시장질서와 탈사회적 파편화에 대응하는 개인화된 생존의 전략이자 전치된 희망으로 나타난다.

최근 사회적 이슈로 부상한 '20대 남성' 현상과 능력주의에의 요구는 1987년 이후 누적되고 가속화된 세대 간, 성별 간, 계층 간 격차와 갈등을 굴절하고 매개한다. 저성장 시대 혹은 임금과 분배 없는 성장의 시대를 살아가는 20대 남성들에게 있어서 페미니즘과 여성정책은 평등, 정의, 진보의 실현 과정이라기보다는 오늘날 한국사회의 정치경제적 주류이자 지배집단이라 할 수 있는 86세대 진보 남성들이 그들에게 '부당하게' 전가하는 희생 혹은 비용이자 (시장에서 경쟁할) 개인적 자유와 권리에 대한 침해로 이해된다. 연장된 맥락에서 20대 여성들은 젠더 관계에서의 약자나 성

10 대중문화 등에서 나타나는 '탈출'의 서사는 주로 서구 국가를 비롯한 외국으로의 이주라는 공간적 이탈이나 드라마 〈응답하라〉 시리즈, 영화 〈1987〉과 〈택시드라이버〉, 〈시그널〉 등에서 나타나듯 과거로의 회귀나 시간여행을 통한 현재의 수정 등으로 나타나면서 미래적 전망으로서의 역사적 '진보'의 가능성의 부재를 확인하게 한다.

차별의 잠재적, 실재적 피해자가 아닌, 주류 집단과 국가권력의 특별한 보호와 지지 속에서 시장 질서를 파괴하는 '불공정' 행위자로 비난받게 된다. 이와 같은 20대 보수 남성들의 반-페미니즘의 정서와 문법에는 페미니즘을 통해 스스로를 조직하고 대변하는 정치적 역량과 행위성을 가진 여성들에 대한 저항감은 물론 개인화된 경쟁을 넘어서는 집합적, 사회적, 연대적 행위에 대한 불신과 거부감 또한 나타난다. 그들의 반-페미니즘 세계관에서 정의와 평등은 공공 정책이나 국가 활동과 같은 부당한 '권력'의 개입 없이 '순수한' 개인들의 재능과 노력 및 그에 대한 공정한 평가와 보상, 즉 '능력주의(meritocracy)'를 통해 실현되어야 하는 목표가 된다.[11] 여기에서 사회적인 것(the social)과 공적인 것(the common, the

---

11 정당 정치인들의 참여를 배제하거나 특정 정당의 정치색을 드러내는 구호를 거부하는 태도는 이미 촛불광장에서부터 여러 번 나타났다. 예를 들어 '이석기 석방'과 같은 특정한 정치적, 정당적 성향을 드러내는 구호는 거부되었으며, '장수풍뎅이연구회'와 같은 정치적으로는 모호하거나 탈정치적으로 보이기도 하지만 사실상 주류 제도 정치나 기존의 진보와 보수의 구별에 속하지 않는 새로운 정치적 감각과 소속 및 연결성을 보여주는 깃발들이 등장하였다. 유사한 문법이나 정서는 '익명의 여성', '한 명의 당사자 여성', '생물학적 여성'의 이름을 내걸고 이루어지는 20대 여성들의 페미니즘 실천에서도 나타난다. 예를 들어 2018년 있었던 혜화역 시위 등에서 녹색당 신지예 전 서울시장 후보의 시위 참여의사에 대한 주최 측은 '정치인' 신지예가 아닌 '한 명의 여성' 신지예로서 참여하는 것에만 동의한다는 입장을 밝혔다. 직접행동을 통해 민주주의를 실천하는 능동적 시민성(active citizenship)을 보여주지만 그 실천의 정치적 의미를 규정하거나 제한적으로 대변 및 재현하기를 거부하는 촛불 시민들과 여성들의 정치적 참여와 행동의 문법은 제도화된 정치적 문법에 대한 거부와 불신, 그리고 우회의 전략을 보여준다. 촛불광장과 여성시위와 같이 기존의 정당정치나 사회운동의 연결망을 우회하거나 거부하는 대중적, 직접적, 개인화된 저항의 등장은 절차적 민주화 이후 실질적 민주주의에 대한 시민적 요구를 조직하고 표출한다. 동시에 이러한 실천들은 기존의 정당정치나 진보-보수의 이분법

public)은 '개인'이 오롯이 감당해야 할 경쟁의 순수성과 공정성을 방해하는 외적 침해로 규정된다. 물론 아래에서 살펴보는 바와 같이 공정성과 능력주의에 대한 신뢰와 희망에서 발견되는 시장의 행위자들은 성별, 계층, 세대, 학벌, 장애, 성 정체성, 시민권 등으로 표지되는 특정한 지위와 위치를 갖는 사회적 행위자들이자 그들이 살고 있는 세계에 이미 존재하는 다양한 불평등과 억압으로부터 되거나 자유로울 수 없는 사회적 주체들이다.

86세대 진보 남성들과 20대 보수 남성들 사이의 갈등과 간극은 각 집단이 살아온 시대의 차이와 이 차이들 사이에서 작용하는 세대, 젠더, 계층 간의 교차적 불평등의 현실 또한 반영한다. 반-페미니즘 정서와 능력주의 신화를 중심으로 결집된 20대 보수 남성들의 눈에 비친 86세대 진보 남성들은 자녀교육이나 부동산 문제 등에서 자신들이 누리는 특권은 양보하거나 포기하지 않으면서 20대 남성들에게만 평등과 연대를 요구하는 위선적이고 이기적인 지배 집단에 가깝다.[12] 조국 전 법무장관의 사례가 촉발한 캠퍼스 촛불시위나 고 박원순 전 서울시장의 사망으로 인해 치러진 서울시장 보궐선거 결과는 50대 진보 남성 정치인들에 대한 20대 보수 남성들의 태도를 보여주는 대표적인 사례들이라 할 수 있다. 실제로 86세대 진보 남성 정치인들이 갖는 계층적, 세대적, 성별적

을 거부하며 등장하는 직접행동의 사례이자 때로는 반엘리트주의적, 반지성주의적, 반동적 경향성을 보여주는 대중주의의 한 사례들로 평가될 수도 있을 것이다. Jean Comaroaf, "Populism and Late Liberalism", *The Annals of the American Academy of Political and Social Science* 637, 2011.

12 김정훈 외, 『386 세대유감』, 서울: 웅진지식하우스, 2019.

위상은 그만큼 모순적이고 복합적이다. 이들은 군사주의 개발독재 정권에서 성장하여 자본주의와 가부장제의 혜택을 한층 크게, 그리고 훨씬 더 당연하게 누렸지만 이에 저항하여 스스로를 '민중'으로 정의하고 노동 현장에 투신하면서 민주화의 주역으로 등장하였으며 나아가 민중운동을 함께 한 여성들을 '동지'로 인식하면서 1990년대 여성운동의 성장과 여성정책의 제도화에도 일정부분 기여하였다.[13] 그러나 다른 한편으로 이들은 '민주화의 기수'라는 공적 페르소나와 별개로 사적 생활에서는 자본주의와 가부장제에 기꺼이 공모하고 그 혜택을 누렸으며 개발주의 군사독재정권에 맞서는 과정에서 학생운동 및 민중운동 내부의 위계질서와 불평등을 기꺼이 받아들인 집단이기도 하다(권인숙, 2005). '민중'이라는 광범하게 정의된 저항의 연대체에 기반한 저항의 정치학은

---

13 86세대 진보 정치학 내의 젠더 정치학은 성차의 임시적 삭제와 구조적 보존을 보여준다. 1980년대 중반부터 경제성장 및 대학정원 자율화와 더불어 증가된 여성들의 대학진학률은 학생운동에서의 여학생들의 숫자와 존재감의 성장에도 기여하였다. 학생운동과 민중운동에 참여한 여학생들은 '(학)형'이라는 호칭을 통해 성차(sexual difference)와 그것이 초래할 수 있는 긴장과 갈등을 중립화하고 이들을 '동지'로 호명할 수 있었지만 이러한 호명은 실제로 운동사회 내에 존재하는 성적 차별과 폭력의 현실을 직시하거나 다루기보다는 외면하는 방식에 가까웠다. 서울 지역의 엘리트 대학 남성들이 중심이 된 86세대 학생운동의 역사에서 여성 활동가들은 보조적 역할로 배치되거나 공권력에 의한 성폭력에 노출되는 등 젠더화된 배제와 폭력을 경험하였다. '여성'이자 '동지'라는 이중적 위치 속에서 성장한 86세대 진보 여성들은 민주화 이후 전체운동의 '부문/하위 운동'의 지위에서 벗어난 '여성운동'을 만들기 시작하며 여성정책의 제도화를 이끈 주역이 되었다. 덧붙여 다수의 86세대 여성들은 취업 및 결혼과 더불어 사회운동의 장으로부터 멀어지기도 하였으며 운동 '이후'의 삶에서 노동시장의 성차별과 가족내 성역할로 인한 제약을 경험하면서 86세대 남성들과는 다른 삶의 경로 및 위치를 점하게 된다. 관련 논의는 박혜경, 「86세대와 여성」, 『문화과학』 제102호, 문화과학사, 2020 참조.

학생, 노동자, 농민, 중상층, 여성, 주부, 빈민 등을 '민중'을 구성하는 하위범주로 동질화함으로써 계층, 학력, 성별, 지역 등에 따른 차이와 다양성을 포용하는 동시에 그것이 초래할 수 있는 갈등과 분열을 민주화 '이후'의 과제로 유보할 수 있었다. 이를 반영하듯 민주화로의 이행이 진행되면서 '민중' 담론은 그 구심력과 통합성을 잃어갔으며 민중운동은 시민사회운동으로의 이행과 제도화의 경로를 밟아갔다.[14] 이러한 과정에서 노동운동, 여성운동, 환경운동, 성소수자운동, 장애운동, 이주민운동 등으로 다원화된 시민운동의 장에서 다양한 소수자들은 '민중'의 동질적인 하위 범주가 아닌 독자적 정치성과 저항성을 갖는 집단으로 스스로를 발견하고 만들어나갔다.[15]

---

14 개발주의 군부독재 정권의 해체와 정치적 민주화로의 이행은 '민중' 담론의 위기와 쇠퇴 혹은 '시민'운동으로의 이행 또한 초래하였다. 반독재의 공통 목표 아래 연결되고 연대하던 범진보 네트워크는 문민정부의 출범과 더불어 점차로 노동, 여성, 환경, 경제, 문화, 언론 등 다양한 분야와 의제들로 분화되고 확장되었으며 이 과정에서 '시민'은 '민중'을 대체하는 새로운 정치적 주체성이자 행위자로 등장하였다. 문민정부와 참여정부를 거치면서 그 제도적 기반과 대중성이 확장된 시민사회운동은 정당정치 및 정부와의 비판적 파트너십을 형성하면서 시민사회와 국가의 관계를 매개하였다. 노동운동, 여성운동, 환경운동, 성소수자운동, 장애운동, 이주민운동 등의 성장은 한편으로는 주류 정치질서와 제도화된 민주주의에서 주변화되는 의제들을 시민들의 참여와 실천을 통해 정치화하거나 나아가 직접 행동을 통해 해결하면서 통치의 주변부나 공백을 채우는 역할을 하였다. Gi-Wook Shin and Paul Y. Chang (eds), *South Korean Social Movements: From Democracy to Civil Society*, London and New York: Routledge, 2011.

15 1980년대 진보운동의 '민중' 담론에서 나타나듯 86세대의 저항 정치학은 지식인, 노동자, 농민, 중산층 간의 계층적 차이를 가로질러 이들을 집합적 저항의 주체인 '민중'으로 범주화하면서 대중적 반-독재 전선의 구축을 이루어냈다. 그러나 계층적 차이와 정치적 입장의 차이는 물론 젠더, 성 정체성, 장애, 인종

오늘날 스스로를 '흙수저'로 명명하면서 상대적 박탈감과 불안을 호소하며 때로는 이러한 박탈감과 불안을 여성혐오와 반페미니즘 실천으로 표출하거나 보상받고자 하는 20대 보수 남성들은 86세대와 그들의 '민중' 정치학의 승리 이후에 태어나고 성장한 이들이다. 개발주의 군부독재정권의 그늘 아래 경제적 성장의 혜택은 누릴 수 있었지만 정치적, 문화적 억압 속에 살아야 했던 86세대 남성들과 달리 정치적 민주화 이후 소비 자본주의와 더불어 성장한 오늘날의 청년세대는 제한 없는 경쟁과 자기계발의 '자유', 그리고 끝없이 열려 있는 선택과 기회의 구조와 그것이 동반하는 실패의 가능성 속에서 고갈되고 소진되거나 이를 피해 '소확행'이라는 생활세계에서 균형과 안정감을 추구하는 세대이다. 이들은 또한 정치적 민주주의의 확립과 페미니즘의 정책적 수용은 물론 IMF 이후 노동시장의 변화를 배경으로 하여 성장한 집단으로 86세대 남성들보다 평균적으로 높은 수준의 성평등 의식과 탈

등과 같은 다양한 정체성의 차이들을 아우르거나 삭제하는 '민중'이라는 포괄적 범주화와 낭만적 동일시는 '독재타도'라는 시대적 과업이 성취된 이후의 사회와 시간에 대한 혼란과 갈등을 예고하였다. 민주화 운동의 성공과 현실 사회주의 체제의 붕괴는 1980년대 진보운동과 '민중' 정치학의 분화 및 쇠퇴로 이어졌다. 반독재 연합전선 아래 연결되어 있던 노동자, 학생, 재야지식인, 빈민, 여성 등은 '민중'으로 정의된 저항적 주체성의 위치에서 '시민'과 '소수자'의 정체성으로 분화하고 이동해나가기 시작하였다. 1990년대 이후 나타난 '민중'에서 '시민'으로의 이행은 개발주의 군사독재정권의 해체와 민주화라는 공통의 과제를 중심으로 구성되고 배치된 진보 담론장이 소수자운동과 자율성을 포함하는 시민사회운동으로 옮겨가고 확장되는 흐름을 보여준다. 이남희, 이경희 · 유리 역, 『민중 만들기: 한국의 민주화운동과 재현의 정치학』, 서울: 후마니타스, 2015; Lee, Namhee, "From Minjung to Simin: The discursive shift in Korean social movements", *South Korean Social Movements: From Democracy to Civil Society*. *eds*. Gi-Wook Shin and Paul Y. Chang (Routledge, 2011), pp.41-57.

전통적 남성성에 대한 지향을 보여주게 된다.[16] 이들에게 있어서 여성의 노동시장 참여와 가사노동 분담, 그리고 젠더기반폭력에 대한 제도적 예방과 처벌 등은 이미 현실인 동시에 규범으로 수용된다. 민주주의와 평등을 미래적 가능성과 이상으로 추구하였지만 일상에서의 성차별과 학생운동 내의 젠더 위계질서를 자연스럽게 수용하고 반복했던 86세대 남성들과 달리 20대 남성들은 여성정책과 페미니즘을 반대하거나 비난하지만 이미 교육, 노동, 가족, 문화 영역에 있어서 새로운 젠더질서와 '남성성'의 모델을 모색하고 실천하는 집단이기도 하다.

조국 전 법무장관 임용과정에서 불거진 자녀입시 및 펀드투자에 대한 논란은 진보와 보수 간의 대립은 물론 기성세대와 청년세대 간의 간극을 드러내면서 '조국대전'으로 이어졌다. 이 사례는 오늘날 한국사회에서 교육이 계층변동이 아닌 계층재생산의 기제로 작용하고 있는 오래된 현실이 86세대 진보 정치인들과 그 가족에 있어서도 예외가 아님을 보여주었다.[17] 부모의 교육수준, 소득, 자산, 거주지역 등은 자녀의 명문대 진학률에 결정적인 변수로 등장하였으며, 교육은 미래를 위한 투자인 동시에 이미 가진 자원

16 「"남성차별 존재한다는 '이남자' ... '남성 우월주의' 오륙남과 달랐다."」『한국일보』, 2021. 6. 16; 마경희, 「변화하는 남성성과 성차별」, 『한국여성정책연구원 개원 36주년 기념 세미나 자료집』, 1-36쪽, 2019; 최종숙, 「'20대 남성 현상' 다시 보기」, 『경제와 사회』 제125호, 비판사회학회, 2020.

17 강정석, 「계급 유지 전략으로서의 교육의 문제: 불평등의 구조화와 86세대」, 『문화과학』 제102호, 문화과학사, 2020; 김형준, 「'교육성공신화'의 역설: 기만당한 세대들의 기원에 대하여」, 『경제와사회』 제125호, 비판사회학회, 2020; 손낙구, 「부동산 격차와 교육격차」, 『문화과학』 제63호, 문화과학사, 2010.

을 통해 구매하고 소비할 수 있는 특권이 되었다.[18] 이미 불평등이 구조화된 사회에서 능력주의의 전제이자 행위자로 상정될 수 있는 '(동일한 출발선에 선) 개인들'이라는 전제는 현실이 아닌 오인이며, 마찬가지로 도착점에서 측정되는 것으로 간주되는 모종의 '능력'이나 '자격' 또한 능력주의 신화가 만들어내는 또 다른 신화로 순환된다.[19] 달리 말해, 능력주의는 불평등을 깨는 전략이라기보

---

18 학생부종합전형은 그 대표적인 사례가 된다. 학생부종합전형은 수능 시대의 일률적 평가와 줄 세우기 방식의 서열화가 아닌 교과 성적과 개인 활동 등을 종합적으로, 포괄적으로 평가하면서 경쟁의 다원화와 개인화를 초래하였다. 그러나 이러한 평가 기준의 다원화와 개인화는 결과적으로 사교육 혜택이나 해외 체류 경험, 혹은 각종 인턴십과 봉사활동 등 학교 바깥의 자원들에 대한 접근성이 대학 진학의 결정적 변수로 만들면서 개인의 성취와 그의 사회경제적 배경 간의 상관성을 더욱 긴밀하게 만들었다. 학생부종합전형에서 '개인적' 특징과 성취로 표지되는 각종 교과 외 활동들은 부모를 비롯한 가족 구성원들이 이미 가지고 있는 사회적 지위나 그로부터 기인하는 인적 네트워크와 문화자본, 그리고 정보 등으로부터 크게 영향을 받으면서 교육과 가족과 계층재생산 간의 순환관계를 만들어낸다. 대학 실험실 인턴 경험이나 학술논문 공저 실적 등이 그 대표적인 사례가 될 것이다. 현행 교육 커리큘럼에서 고등학생들이 개인적 노력이나 역량만으로 접근하기 어려운 이러한 기회와 성취가 마치 개인적 성취나 뛰어난(excellent) '실력'으로 평가받게 되는 대입제도의 비현실적인 현실성은 오늘날 한국사회에서 '능력(merit)'이 무엇인지를 되묻게 한다.

19 능력주의 담론은 개인의 노력과 성취를 강조하지만 실제로 대부분의 사회에서 교육을 통한 계층재생산을 도모하고 실천하는 주체가 개인이 아닌 가족이다. 특히 각종 재난과 위기를 거친 한국 근대사에서 국가나 사회안전망을 대신해 개인들을 보호하고 최후의 안전망으로 기능해온 '가족'은 신자유주의적 재난과 위기 앞에서 또다시 생존의 단위이자 특권적 성취가 되고 있다. 또한 높아지는 물가와 낮아지는 실질임금의 이중적 효과로 인해 취업 후에도 독립하지 못하거나, 마찬가지 이유로 결혼, 임신, 출산을 연기, 포기하거나 혹은 적극적으로 거부하는 선택이 늘어나면서 '가족'은 더 이상 평범하거나 당연하거나 필연적으로 도달하는 생애사적 단계와 경험이라기보다는 노력과 자원을 통해 성취해야 하는 대상이 되었다. 사회적 재생산의 위기로 볼 수 있는 이러한 현상은 가족이 계층불평등을 포함하는 신자유주의적 지배질서를 재생산하는 기제인

다는 불평등을 재생산하면서 나아가 이를 정당화하는 효과를 갖는다(Littler, 2013). 능력주의는 또한 실제로 '개인'을 능력과 성취의 주체로 만들어내기보다는 불평등을 개인화, 사유화, 정당화하면서 경쟁을 과열시키고 차별과 위계화를 정당화하는 효과를 갖는다. 달리 말해 오늘날의 능력주의 담론에서 경쟁은 실제로 능력을 측정하거나 실력을 가리는 과정이라기보다는 '공정한 게임'이라는 환상과 더불어 개인들을 계속적으로 동기화하는 기제에 가깝다. 청년세대에게 있어서 능력주의의 신화는 비판이나 극복의 대상이 아니라 피할 수 없는 현실인 동시에 그나마 받아들일 수 있는 '공정'한 게임의 법칙으로 수용되고 있다. 조 전 장관 임용과정에서 일어난 대학가, 특히 서울지역 상위권 대학 캠퍼스에서 등장한 촛불집회의 아이러닉한 풍경들은 오늘날 한국사회에서 계층, 세대, 교육 불평등 간의 복잡한 교차적 갈등은 물론 이를 설명하거나 풀어갈 수 있는 정치적 대안과 사회적 합의의 부재를 드러냈다. 이러한 대안과 합의의 부재라는 맥락에서 볼 때 '수저론'을 이야기하며 좌절, 냉소, 분노하면서 한 손으로 촛불을 드는 20대들이 다른 손에는 취업을 위한 자격증 서적들과 주식 투자 앱을 잡고 있는 현실은 아이러닉한 동시에 자연스럽다. 사회나 정치가 대안이나 해법이 되지 못하는 현실에서 이들의 희망은 '경제적 자

동시에 그 과정에서 변화, 해체, 소멸의 위기를 겪는 이중적 위치에 놓여 있음을 보여준다. 관련 논의는 장경섭, 『가족 · 생애 · 정치경제: 압축적 근대성의 미시적 기초』, 서울: 창비, 2009; 강준만, 「왜 부모를 잘 둔 것도 능력이 되었나?: '능력주의 커뮤니케이션'의 심리적 기제」, 『사회과학연구』 제55권 2호, 강원대학교 사회과학연구원, 2016; 박권일 외, 『능력주의와 불평등』, 서울: 교육공동체 벗, 2020 등 참조.

유', 즉 주식과 부동산 투자를 통해 50대 이전에 노동으로부터 해방되는 삶으로 모아진다.[20] 대입과 취업이 이미 부모세대의 계층적 지위를 반영하고 재생산하는 과정, 혹은 더욱 나쁘게는 부모세대보다 더 낮은 사회경제적 지위로 내려가는 과정이 되어가고 있지만 이러한 현실은 '공정'과 '능력주의'의 신화를 거부하거나 깨뜨리는 계기가 되기보다는 오히려 반대로 최소한의 정의로서 '공정'과 '능력주의'를 더욱 요구하거나 신뢰하게 되는 이유가 되기도 한다. '갑질'과 '적폐'로 명명되기도 하는 오래되고 공고한 기득권과 끝없는 자기계발과 노력을 요구하는 신자유주의적 무한경쟁이 공존하는 이중적 곤궁함 앞에서 '공정'과 '능력주의'는 구조적 피해자가 아닌 개인적 행위자로 살아나갈 수 있는 생존의 전략이자 희망으로 '선택'된다.

---

20 '파이어족' 담론에서 나타나듯 교육을 통한 노동시장 진입이 안정적이거나 평범한 삶의 수준으로 이어지지 못하는 오늘날 20대의 꿈은 하루라도 빨리 주식, 부동산, 코인 등 지대·금융 자본주의 영역에서의 투자와 재테크에 성공하여 임금노동으로부터 해방되는 데 있다. 청년세대에서 나타나는 노동에 대한 거부 혹은 포기는 실질임금의 하락과 더불어 나타나는 지대·금융 자본주의의 성장에 대한 대응으로 나타난다. 정규직과 상대적 고소득으로 대변되는 '좋은 일자리'가 줄어들고 있을 뿐 아니라 가파르게 상승하는 부동산 가격과 자녀교육 비용으로 인해 '좋은 일자리'조차도 중산층적 삶을 보장할 수 없는 현실에서 청년세대는 비혼과 비출산을 합리적 선택이자 '정상적' 삶의 각본으로 접근하게 된다. 한편 혼인율과 출산율의 하락을 재생산의 위기로 규정하면서 청년세대 특히 여성들의 혼인과 출산을 장려하는 국가정책이나 언론 및 대중의 관점은 이 위기의 실체가 자본주의와 노동시장에 있음을 간과한다. 「"40살에 은퇴"... '파이어족' 꿈꾸는 2030」, 『충북일보』, 2021. 3. 29; 「'파이어족' 진짜 있네… "투자로 35억 벌어 29살에 퇴사했어요"」, 『조선일보』, 2021. 4. 10; Melinda Cooper, "Secular Stagnation: Fear of a Non-Reproductive Future", *Postmodern Culture* 27(1), 2016, n.p.

3. 1987년 이후, '진보'의 실패 혹은 상실

앞서 살펴본 청년세대의 '흙수저' 담론과 '공정성' 투쟁은 교육과 부동산을 중심으로 하여 전개되는 양극화와 계층재생산 활동은 불평등이 안정적으로 구조화 되어가는 한국사회의 현재를 보여줄 뿐 아니라 그러한 양극화에 대한 구조적, 역사적, 집합적 개선의 가능성이 사라지거나 포기되는 미래적 전망의 부재를 노정한다. 아래에서 살펴보는 것처럼 불평등에 대한 구조적, 역사적, 집합적 개선의 가능성이 사라진 자리에는 공정, 능력주의, 경쟁, 소비, 서비스 등과 같은 신자유주의적 원리들이 자리 잡아가며, 역사적 진보와 민중의 해방이라는 '숭고한' 역사적 과업은 삶의 유지와 재생산이라는 세속적 문제들에 그 자리를 내주게 된다. 신자유주의적 통치성의 확장 속에서 노동은 연대와 교환의 장이 아닌 경쟁과 서열화의 기제가 되었으며 교육은 자본의 투자와 자원의 소비를 통한 계층 재생산의 경로가 되었다. 가족은 여전히 공적 복지의 공백을 채우면서 시장에서 실패한 개인들이 기댈 최후의 돌봄 공동체로 기능하지만 청년세대에게 있어서는 그 가족구성의 전망 또한 불투명하거나 지속적으로 연기되면서 삶의 불안정을 경험한다. 또한 민주화 이후 시민사회운동은 국가와 협력적 관계를 형성하게 되었으며 일정부분 국가를 대리하고 복지와 인권의 제도적 공백을 메우는 사회적 서비스 제공자의 역할을 담당하고 있다. 일련의 구도와 배치는 1987년 이후의 복잡한 역사적, 정치적, 사회적 역학 및 과정 속에서 형성되었다. 특히 정치적 민주화의 경제적 자유화 간의 모순적 공존과 경합, 그리고 시민사회운동의 제도화 등은 오늘날 나타나는 '진보' 정치학의 위기와 '공정' 담론의 부상으로 이어지는 장기적, 거시적, 구조적 배경과 과정을 구성한다.

1987년과 6월 항쟁은 정치적 민주화와 경제적 자유화의 기점이 되면서 한국사회 정치경제적 지배질서에 있어서 돌이킬 수 없는 전환점을 만들었다. 그러나 1987년 이후의 정치경제적 전환이 갖는 의미나 성격은 오롯이 진보적이거나 해방적이라고만 할 수 없는 양면적 성격, 즉 정치적 민주화와 경제적 자유화의 두 가지 얼굴을 가졌다. 1987년 이후 개발주의 군사독재정권이 해체되고 헌정질서가 복귀되었을 뿐 아니라 노동과 자본 모두 발전국가 체제의 권위주의적 통제로부터 해방되면서 각자 새로운 가능성과 위험 모두를 마주하게 되었다. 국가의 독점적 통제와 관리 하에 놓여 있었던 대중문화와 언론이 정치로부터 독립된 입장과 이해관계를 갖기 시작했으며 교육과 가족 영역에서의 자유 또한 조금씩 높아졌다. 일련의 변화와 이행의 과정들이 언제나 순조롭거나 일방향적으로 진행되지는 않았지만 그럼에도 불구하고 지난 30여 년간 일어난 민주주의의 성숙과 시민사회의 성장은 정치적 '진보'의 산물이자 증거로 보인다. 오늘날 한국사회에서 민주주의는 선택할 수 있는 '유일한 게임(the only game in town)'이 되었으며 민주화 '이전'은 결코 되돌아갈 리 없는 절대적 과거의 시간으로 정박되었다. 이는 '되돌릴 수 없는(irreversible)' 불가역적 변화로써 나타나는 진보의 역사이자 역사의 진보로 평가될 수 있다. 그러나 정치적 민주화와 경제적 자유화로 요약될 수 있는 1987년 이후의 정치경제적 변화들은 기존의 정치경제적 지배체제와 주류 집단의 교체에 실패하면서 불안정한 민주화의 과정을 시작하였을 뿐만 아니라 절차적 민주화와 더불어 국가권력의 강력한 통제로부터 자유로워진 시장경제와 자본주의에 대한 개입과 조율에 실패하면서 경제적 불평등의 심화와 복지 및 분배의 약화를 초래하였다는 비판 또한 받는다.[21] 덧붙여 민주화 이후에도 분단체제와 국가보안법은 여전히 유지되었으며 징병제와 노동시장 성차별과 성별분업 구조 또한 큰 변화 없이 지속되면서 시민권의 군사주의적, 성차별적 문법 또한 보존되었다.[22] 달리 말해 1987년의 정치적 민주

---

21 Hyug Baeg Im, "Opportunities and Constraints to Democratic Consolidation in South Korea," *Korea Journal of Population and Development* 25(2), 1996; Hagen Koo, "Rising Inequality and Shifting Class Boundaries in South Korea in the Neo-Liberal Era," *Journal of Contemporary Asia* 51(1), 2021; 김종엽 외, 앞의 책; 송명관, 앞의 논문; 손호철, 앞의 책; 이은지, 「계급갈등이라는 불가능한 재현」, 『실천문학』 제134호, 실천문학사, 2019; 임혁백, 『비동시성의 동시성: 한국 근대정치의 다중적 시간』, 서울: 고려대학교 출판부, 2014; 조희연, 「'수동혁명적 민주화 체제'로서의 87년 체제, 복합적 모순, 균열, 전환에 대하여」, 『민주사회와 정책연구』 제24호, 한신대학교 민주사회정책연구원, 2013; 최장집, 『민주화 이후의 민주주의』, 서울: 후마니타스, 2010.

22 분단체제 아래 형성된 군부독재정권과 억압적 개발주의의 역사를 갖는 한국 근대사에서 '진보'의 서사는 경제적 측면과 정치적 측면, 즉 자본주의 발전(development)과 정치적 민주화(democratization) 간의 모순적 관계에 닿아 있다. 반공주의와 경제성장의 약속 아래 정치적 억압을 참아냈던 전후 베이비붐 세대와 독재정권에 맞서 노동운동과 민주화운동에 투신하면서 헌정체제와 절차적 민주화를 이루어냈지만 신자유주의적 사회재편을 막아내는 데 실패했거나 나아가 공모했다는 혐의를 받기도 하는 86세대는 오늘날 한국사회 보수와 진보의 역사적, 정치적, 정서적 뿌리를 대변한다. 전자가 냉전체제 아래에서 공산주의에 맞서 '자유'를 지키기 위해 독재와 억압을 관용하는 모순을 보였다면 후자는 '자유'를 쟁취하기 위해 싸우기 위해 내부의 군사주의 문화와 젠더 위계질서를 재생산하는 한계를 보였다. 87년의 헌정체제 성립과 제도적 민주화 이후에도 징집제와 국가보안법의 폐지나 개선이 이루어지지 않았다는 현실은 한국사회의 근대화와 민주화가 여전히 반공주의와 군사주의의 그늘 아래 있음을

화는 지배 엘리트 집단의 교체와 통치체제의 변화를 이루어냈지만 개발주의 군부독재 정권의 장기집권을 뒷받침한 분단체제, 식민주의, 제국주의, 자본주의, 가부장제 등과 같은 역사적, 구조적 조건들을 해체하거나 보편적 시민권의 정치학을 시도하거나 실천하는 데 이를 수 없었다.

1987년의 전환 이후 개발주의 군사독재정권이 사라진 자리를 채운 것은 절차적 민주주의와 경제적 자유주의, 그리고 국가권력의 강력한 통제로부터 풀려난 노동과 자본의 경합이었으며, 이는 정치적 자유화와 경제적 자유화의 병렬적 성장 혹은 민주화와 신자유주의의 모순적 공존이라는 오늘날 한국사회의 정치경제적 구도를 설명한다.[23] 군사주의 개발독재 정권의 붕괴와 더불어 국가권력의 강력한 통제로부터 풀려난 노동과 자본은 87년 이후의 민주화와 97년 이후의 신자유주의적 사회 재편 과정 속에서 계속해서 경합하면서 진보와 보수의 대립 구도를 형성하였으며, 이러한 경합과 대립의 구도와 더불어 민주주의의 제도화, 시민사회의 형성과 다원화, 자본주의 성장과 대중소비문화의 확산, 86세대의 정

보여준다. 문승숙, 이현정 역, 『군사주의에 갇힌 근대』, 서울: 또 하나의 문화, 2007.

23 Im, 앞의 논문; Hyun-Chin Lim and Jang Jin-Ho, "Between Neoliberalism and Democracy: The Transformation of the Developmental State in South Korea", *Development and Society* 35(1), 2006; Song, Hae-Yung, "Democracy against Labour: The Dialectic of Democratization and De-democratization in Korea", *Journal of Contemporary Asia* 43(2), 2013; 김종엽 외, 앞의 책; 임혁백, 앞의 책; 조희연, 「정치적 자유화의 '축복'과 경제적 자유화의 '재앙'」, 『시민과 세계』 제2호, 참여연대 참여사회연구소, 2002; 지주형, 『한국 신자유주의의 기원과 형성』, 서울: 책세상, 2011.

계진출과 노동 · 여성 · 환경 · 인권 정책들의 제도화, 노동시장 유연화를 비롯한 신자유주의적 사회재편과 사회적 재생산의 위기 등과 같은 일련의 변화들이 누적적으로 일어났다. 정치적 민주화와 경제적 자유화의 과정에서 국가가 독점해온 권력과 자유는 시민사회와 시장으로 이행되고 확장되면서 그간 억압되고 통제되어 온 자율성과 민주주의의 가능성을 실험하게 되었다. 그러나 기존 지배세력과의 타협 속에서 일어난 불완전한 민주화와 국가의 통제로부터 벗어난 시장경제의 성장과 실패가 초래한 신자유주의적 사회재편의 모순적 공존은 계층, 세대, 젠더, 성 정체성, 장애, 이주, 생태, 지역 등 다양한 불평등과 위기를 심화하였다. 비정규직 증가와 실질임금 하락, 여성 노동력의 주변화와 돌봄 공백, 혼인 및 출산의 연기나 포기, 가계부채 증가, 자살 증가, 기후위기와 팬데믹 위기 등에서 나타나듯 신자유주의 이후 심화된 한국사회의 불평등은 임금노동시장 내부에서의 계층화와 유연화뿐 아니라 생계부양자 모델의 붕괴를 비롯한 가족 영역에서의 변화와 사회적 재생산의 위기로 이어졌다.[24] 이러한 위기 속에서 정규직, 아파트, 주식투자, 자녀교육 등과 같은 재생산적 실천을 두고 나타나는 세대 간, 성별 간, 계층 간 갈등은 진보와 보수의 이분법을 가로질러

---

24 Kyung-Sup Chang, "Economic Development, Democracy, and Citizenship Politics in South Korea", *Citizenship Studies* 16(1), 2012; Yoonkyung Lee, "Labor after Neoliberalism: The Birth of the Insecure Class in South Korea", *Globalization* 12(2), 2015; Hagen Koo, "Rising Inequality and Shifting Class Boundaries in South Korea in the Neo-Liberal Era", *Journal of Contemporary Asia* 51(1), 2021; Kwang-Yeong Shin, "Economic Crisis, Neoliberal Reforms, and the Rise of Precarious Works in South Korea.", *American Behavioral Scientist* 57(3), 2013.

일어나고 있다.

1987년의 정치경제적 이행과 이후의 신자유주의적 양극화가 초래한 사회적 재생산의 위기를 가장 극적으로 보여주는 집단은 중산층일 것이다. 이들은 1970년대 경제성장의 수혜자이자 1987년 6월 항쟁의 중요한 행위자였던 '넥타이 부대'를 구성하는 사무직 노동자들인 동시에 1997년 IMF 위기와 이후의 계층 양극화를 가장 직접적으로 체험한 집단이기도 하다.[25] 1970년대에 국가의 자원 독점과 중앙집권적 지휘 아래 이루어진 개발주의 경제성장과 근대화는 1980년대 들어서 중산층의 성장으로 이어졌으며, 대학정원 자율화와 더불어 시작된 대졸 노동자의 증가는 이를 가속화했다. '넥타이 부대'로 기억되기도 하는 1980년대의 진보적 중산층 시민들은 개발주의 군사독재 정권 아래에서 이루어진 경제성장과 근대화의 수혜자 집단이었으며 그로 인한 성장의 결과로 정치적 민주화와 경제적 자유화를 요구하며 구체제의 해체에 적극적으로 동참하게 된 집단이다.[26] 학생운동과 민중운동을 비롯한 기존의 진보 블록을 넘어서는 중산층 시민들의 지지와 참여는 6월 항쟁이 성공적인 체제 변혁의 과정으로 이어질 수 있었던 중요한 변수였던 동시에 그 변혁이 엘리트 지배집단 사이의 적절한 양보와 타협으로 빠르게 마무리될 수밖에 없었던 이유가 되기도 하였다. 그러나 다른 한편 이들은 1990년대 이후 신자유주의적 금

---

25 Im, 앞의 논문; Myungji Yang, *From Miracle to Mirage: The Making and Unmaking of the Korean Middle Class*, 1960-2015, Ithaca and London: Cornell University Press, 2018.

26 Im, 앞의 논문.

융화와 계층 양극화의 가장 직접적 피해자이자 동시에 이 과정에서 새롭게 부상하는 금융·지대 자본주의의 적극적 행위자로 부상하기도 하였다. 잘 알려진 것처럼 IMF를 지나면서 불안해진 고용과 노후 안정성은 이들 중산층 가족들이 가계 부채를 통한 주택 구매 및 주식 투자에 적극적으로 참여하면서 계층의 유지와 재생산을 도모하는 계기가 되었다.[27] 그러나 저고용과 저임금의 지속 속에서 중산층 가족들이 선택한 부동산과 주식 투자는 그 성공과 실패에 따라 중산층 내부의 격차를 심화시키면서 일부의 상승과 다수의 박탈로 이어지기도 하였다. 교육에 대한 투자와 그에 상응하는 임금을 바탕으로 삼아 부동산과 주식 등에서 성공적인 투자를 이루어낸 중산층 가족들이 자신은 물론 자녀 세대의 안정적 삶까지 기대하고 약속할 수 있게 되었다면 IMF 위기 속에서 일자리를 잃고 자영업자가 되거나 적절한 자산 투자를 선택하지 못한 중산층 가족들은 급속한 계층 하락과 가족해체의 위기를 경험하였다.[28] 개발주의 시대에 이루어진 경제성장과 함께 시작된 '중산층'이라는 새로운 사회적 지위와 삶의 가능성은 IMF 위기 이후 저성장, 저고용, 저임금의 시기들을 거치면서 개인의 노력으로 성취하거나 유지하기 불가능한 특권적 위치가 되면서 앞서 살펴본 청년세대의 '수저론'과 '헬조선' 담론으로 이어졌다. 최근의 부동산 사태와 가계부채의 급증과 같은 현실에서 나타나듯 중산층 해체와 양극화의 흐름은 정치경제적 대안이나 해결책을 찾지 못한 채 지

27 송명관, 앞의 논문.

28 Yang, 앞의 책, p.17.

속되면서 청년세대의 좌절감과 불안 또한 깊어지고 있다.

정치적 민주화와 더불어 기존의 저항담론이자 미래적 희망이었던 '민중' 정치학 또한 그 정치적 정당성과 급진성을 잃어가면서 보다 합법적이고 제도화된 방식의 시민사회운동에 그 자리와 역할을 내어주었다.[29] 개발주의 군부독재체제의 해체와 사회주의 국가들의 개방 및 냉전체제의 붕괴 등과 더불어 '민중' 담론은 그 정치적 호소력과 역사적 가능성을 상실해 갔으며, 80년대의 학생운동과 '민중' 운동의 급진적, 전투적, 전위적 행위자들이었던 86세대는 민주화 이후 새롭게 배치되고 열리기 시작한 제도정치와 시민사회운동으로 그 위치를 옮겨가기 시작했다.[30] 시민사회의 형성과 확장 속에서 여성, 노동자, 이주민, 성소수자, 장애인, 청소년 등 다양한 소수자 집단들 또한 인권과 시민권의 이름으로 자신들의 목소리를 내기 시작하면서 광장을 다원화하였으며 또한 국가와의 비판적 협력관계 속에서 제도적 공간과 자원을 확보해나가

29 1987년 이후 한국사회 정치적 저항의 주체는 '민중'에서 '시민'에서 '다중'으로 변화해가는 일련의 과정에서 '민중'이라는 (임시적으로) 통합된 범주가 노동자, 농민, 빈민, 여성, 주부, 성소수자, 장애인, 이주민, 청소년 등의 다양한 소수자 집단으로 분화되었으며, 2000년대 이후에는 디지털 연결성을 통해 조직되고 출현하는 개인화된 저항과 포퓰리즘적 성격의 사회운동이 출현하였다. 이러한 변화 속에서 80년대 '민중'의 손에 들렸던 화염병과 '전대협' 깃발은 오늘날 '깨시민'들의 손에 들린 촛불과 '장수풍뎅이 연구모임' 깃발로 교체되었다.

30 주류 정치인, 시민사회운동 활동가, 그리고 때로는 학계에 남아 진보 지식인이 된 86세대는 진보 정치학의 소멸 혹은 그것의 제도화와 보수화를 목격하였을 뿐 아니라 때로는 그 과정의 행위자로 참여하였다. 이러한 관점에서 볼 때 1980년대 저항운동의 동력이었던 '민중' 정치학은 한편으로 소멸되거나 해체되었지만 다른 한편으로는 절차적 민주주의와 시민사회운동, 그리고 사회정책 등으로 제도화되고 실용화되고 또 때로는 보수화되었다고 평가될 수 있다.

기도 하였다.[31] 예를 들어 민주화 이후 '진보적' 여성운동은 기존의 진보 진영 및 민중 운동과의 친연적 관계를 유지하는 한편 '민중 여성' 혹은 '기층 여성'에서 '여성' 전반으로 그 운동의 주체와 주제를 확장하면서 여성운동의 대중적 지반을 넓히고자 시도하였으며 동시에 정치, 노동, 가족, 젠더폭력 등의 영역에서 법제도적 개혁과 성주류화를 모색하면서 국가와 비판적 협력관계를 형성해나가게 된다.[32] 이러한 대중화와 제도화의 과정에서 여성운동은 여성단체연합으로 대표되는 전지역적 네트워크를 형성하게 되면서 보다 체계적이고 조직적인 형태를 갖추게 되는 한편 의사결정이나 조직구조의 측면에서는 보다 형식화, 분업화, 위계화되는 변화를 보여주기도 하였다.[33] 또한 문민정권 이후 여성운동단체는 사

31 민주화 이후 여성운동의 제도화 과정과 양상에 대한 논의는 오장미경, 「여성운동의 제도화, 운동정치의 확대인가 제도정치로의 흡수인가」, 『여성과 사회』 제16호, 한국여성연구소, 2005; 신상숙, 「신자유주의 시대의 젠더-거버넌스」, 『페미니즘 연구』 제11권 2호, 한국여성연구소, 2011; Kim, Seung-kyung Kim and Kyunghee Kim, "Gender Mainstreaming and the Institutionalization of the Women's Movement in South Korea," *Women's Studies International Forum* 34, 2011 등 참조.

32 민주화 이후 여성운동의 제도화에 대한 비판적 논의와 평가에 대해서는 김경희, 「법제화 운동을 중심으로 본 한국여성운동의 제도화와 위기론」, 『사회과학연구』 제15권 1호, 서강대학교 사회과학연구소, 2007; 김영희, 「진보적 여성운동론의 재검토」, 『페미니즘 연구』 제2호, 한국여성연구소, 2002; 지은희, 「내부로부터 본 여성운동」, 『사회이론』 제22호, 한국사회이론학회, 2002; 서두원, 「젠더 제도화의 결과와 한국 여성운동의 동학」, 『아세아연구』 제55권 1호, 고려대학교 아세아문제연구원, 2012; 신상숙, 앞의 논문; 오장미경, 앞의 논문; 조이여울, 「'진보적 여성단체'의 위기」, 『진보평론』 제28호, 진보평론, 2006 등 참조.

33 홍미희, 「'진보적' 여성운동의 조직적 특성」, 『페미니즘 연구』 제6호, 한국여성연구소, 2006.

단법인 등록과 활동가의 정계진출 등을 통해 국가 및 주류 정치와 보다 근접한 관계를 되었으며, 현재의 여성가족부의 전신인 여성특별위원회가 설립되었던 김대중 정부에 들어서는 여성운동의 관점과 프레임은 물론 인적 자원까지 행정부와 의회로 수용되고 넘어가면서 일종의 '국가 페미니즘'의 지형이 형성되기도 하였다.[34] 달리 말해, 정치적 민주화 이후 제도화, 주류화, 대중화의 길을 선택한 시민사회운동은 지배질서에 대한 전면적 거부를 고집하기보다는 민주화 과정에 있는 국가와 비판적 협력관계를 형성하면서 때로는 소수자들의 목소리와 권리를 대변하면서 주류 정치와 대립하였지만 동시에 성폭력 피해 상담 서비스 등을 통해 공적 서비스의 공백을 채우면서 국가 활동을 대리하거나 보완하는 위치에 놓이기도 하였다.

민중운동에서 시민사회운동으로의 전환 및 제도화과정은 시민사회의 확장과 다원화를 가져왔지만 동시에 그것의 탈급진화와 제도화를 초래하였다는 비판을 받기도 하였다. 시민사회운동의 안정적 제도화는 그 활동의 저변이 확장되고 대중성을 확보하는 데 도움이 되었지만 동시에 의제의 탈급진화, 탈정치화를 초래하고 조직과 활동의 관료화를 낳았다.[35] 1980년대의 민중운동이 국가권력과의 대립적 관계 속에서 성장했다면 1990년대의 시민사회운동은 정부의 재정적, 제도적 지원을 받으면서 비판적 협력관계를 형성하였기 때문이다. 제도화와 더불어 사회운동조직들(Social

---

34 김경희, 앞의 논문.

35 나영정, 「한국 성소수자 운동과 제도화의 역설」, 『진보평론』 제63호, 진보평론, 2015; 신상숙, 앞의 논문; Kim and Kim, 앞의 논문.

Movement Organizations)은 시민사회의 목소리를 국가로 전달하고 반대로 국가의 서비스를 시민들에게 전달하는 창구 역할을 담당하면서 시민들에 대한 국가의 책임을 대리하고 또 보완하는 공공성을 담보하였다.[36] 이러한 과정에서 시민사회운동은 시민 후원과 국가 지원을 재정적 기반으로 삼으면서 시민들을 대신하여 국가와 적극적으로 대화하고 협상하는 비판적 협력관계를 형성하게 되었으며, 동시에 국가의 관료제적 통제와 관리 하에 놓이면서 탈정치화를 경험하거나 국가의 활동을 대리하거나 매개하는 서비스 전달 기관이 되기도 하였다.[37]

---

36 사회운동의 '제도화(institutionalization)'로 규정될 수 있는 일련의 과정들 속에서 과거 군부독재 정권의 탄압 속에서 소수의 전위적 운동가들의 자발적 희생과 헌신에 기초하여 형성되고 유지되던 변혁운동의 모델은 제도화와 더불어 시민 후원금과 국가 지원금으로 운영되는 사단법인과 전업활동가 모델로 이행하였다. 이러한 이행은 정치적 민주화 이후 운동의 대중적 지반을 넓히고 재정적 안정성을 모색하기 위한 방편이었던 동시에 정부나 지자체 등에서 실시하는 여성관련 사업이나 프로젝트에 참여할 수 있는 제도적 경로를 여는 과정이기도 하였다. 관련 논의는 지은희, 앞의 논문; 홍미희, 앞의 논문 참조.

37 여성운동 또한 종종 베테랑 활동가들이나 단체 대표들이 정계나 행정부로 진출하는 사례들이 늘어나면서 사회운동 '경력'을 정치적 자원으로 이용하는 사례나 시민사회운동과 주류 정치 간의 근접성에 대한 비판과 우려가 제기되었다. 여성운동의 제도화 및 주류 정치권 사이의 근접성에 따른 문제는 고 박원순 전 서울시장의 위력형 성폭력 사건과 자살로 이르는 과정에서 반복되었다.

4. '진보'의 실패 혹은 상실 이후

한국사회 신자유주의적 재편은 IMF 사태를 거치면서 가속화되었으며 선택의 여지없는 불가피한 과정으로 회고되거나 정당화되기도 하였지만 한국사회 신자유주의의 기원은 그보다 앞서 국가주도 개발주의의 한계가 드러난 1980년대에 이미 시작되었다고도 주장된다(박찬종, 2018). 무엇보다도 이러한 신자유주의적 재편은 최초의 '진보' 정권으로 평가받는 김대중 정부로부터 본격적으로 진행되었으며 뒤를 이은 노무현 정부에서도 지속되었다는 점에서 정치적 '진보'와 경제적 불평등 사이의 모순적 협력관계를 보여주었다. 1997년의 금융 위기는 역설적으로 '진보' 정권의 탄생을 가능하게 하였으며 김대중 정부가 가졌던 정치적 정당성과 진보적 유산은 오히려 노동운동의 정당성을 약화시키면서 구조조정을 비롯한 신자유주의적 재편을 순조롭게 이끌어가는 효과를 낳았다.[38] 이러한 맥락에서 볼 때 1987년 이후 한국사회의 정치경제적 변화와 이행은 진보적 자유주의(progressive liberalism)와 보수정치 간의 협상과 경합의 과정 속에서 이루어졌다고 볼 수 있으며 이는 구체제의 불완전한 청산과 정치적 타협, 국가 통제로부터 벗어난 자본주의 시장에 대한 사회적 견제의 부재, 그리고 군부독재 타도 '이후(aftermath, post, beyond)'의 국가와 사회에 대한 장기적 전망의 부재 등의 한계로 이어졌다.[39] 이러한 한계들은 오늘날 한

38 장진호, 「금융 지구화와 한국 민주주의」, 『기억과 전망』 제28호, 민주화운동기념사업회, 2013.

39 김성일, 「파워 엘리트 86세대의 시민 되기와 촛불 민심의 유예」, 『문화과학』 제

국사회를 규정하는 세대 간, 성별 간, 계층 간 갈등과 삶의 위기들로 이어졌으며, 특히 촛불광장 이후 문재인 정부에서 나타난 86세대 '진보' 정치인들의 위기와 실패와 그에 대한 '보수' 청년세대의 반발은 한국사회가 새로운 정치경제적 질서와 삶의 전망을 필요로 하고 있음을 보여주었다.

진보의 약속은 또한 언제나 그것이 투영하는 희망의 크기만큼이나 실패와 좌절의 가능성 또한 안고 있다. 사회 변혁과 정치적 혁명의 약속은 종종 그 이상에 도달하지 못하고 좌절되거나 보수화되는 모습을 보여준다. 자본주의가 약속하는 경제 성장은 생산력의 증가와 물질적 풍요를 이루어냈으나 동시에 기후위기가 재난, 그리고 재생산의 위기를 동반하면서 삶의 지속 가능성 자체를 위협하고 있다. 자유주의적 다원주의가 약속하는 포용과 다양성의 정치학은 소수자들의 존재를 인정하고 가시화하지만 동시에 이들을 주변화하거나 보수화하기도 한다. '좋아질 거야(it gets better)'라는 미래에 대한 약속은 종종 잔인한 낙관주의(cruel optimism)나 재생산적 미래주의(reproductive futurism)로 귀결되면서 기존 질서의 반복과 재생산으로 이어지기도 한다.[40] 진보의 약속에 담긴 실패와 좌절의 가능성과 현실은 '진보'의 시간성이 연속적, 발전적, 누적적이기보다는 반복적, 회고적, 변증법적인 운동

102호, 문화과학사, 2020; 김정훈 외, 앞의 책; 이철승, 「세대, 계급, 위계: 386세대의 집권과 불평등의 확대」, 『한국사회학』 제53권 1호, 한국사회학회, 2019; 최상명, 「전대협 30년, 신화 생성의 기억과 586의 오늘에 대한 성찰」, 『기억과 전망』 제37호, 민주화운동기념사업회, 2017.

40 Lauren Berlant, *Cruel Optimism*, Durham: Duke University Press, 2011; Lee Edelman, *No Future*. Durham: Duke University Press, 2004.

성과 모양새를 가짐을 보여준다. 이런 면에서 볼 때 진보의 약속은 그 실패의 가능성으로 인해 언제나 불안하고 위험한 미래성을 갖지만 그럼에도 불구하고, 혹은 그러한 불확실성으로 인해 여전히 대중을 조직하고 움직이는 정동적, 실천적 힘을 행사하면서 역사의 변곡점들을 만들어왔다. 달리 말해 진보는 그 자체로 이미 실패와 좌절의 가능성으로 포화된 담론이자 정동이며 진보의 (어쩌면 예고된) 실패는 진보의 소멸로 이어지기보다는 그것의 수정(mending)과 반복(repetition)으로 이어진다.[41]

한국근대사에서 변혁과 저항의 상징으로 간주되던 86세대가 한국사회의 정치경제적 지배집단이자 세대갈등, 젠더갈등, 계층갈등의 원인으로 지목되는 오늘날의 현실은[42] 정치적, 경제적, 역사적 '진보'의 가능성과 희망이 사라진 세계로 경험되고 진단되는 오늘날 한국사회의 삶의 풍경과 그에 뿌리를 두는 정치적 무관심과 냉소적 태도와 대비되는 동시에 겹쳐진다. 집합적 저항과 정치

---

41 Judith Butler, "Afterword: After Loss, What Then?", *Loss: The Politics of Mourning. eds.* David L. Eng and David Kazanjian. Berkeley: University of California Press, 2003.

42 혁명과 진보의 정치학은 종종 그것이 상상하고 요구한 이상(ideal)과 배치되는 미래 혹은 세계에 도달한다. 나아가 이러한 모순적 결과가 혁명과 진보의 정치학의 실패가 아닌 성공으로부터 비롯된 것으로 지적될 때 논쟁은 더욱 복잡한 구도를 띠게 된다. 현대 미국 진보 정치학의 실패에 대해 과감하고 때로는 도발적인 입장을 견지해온 낸시 프레이저(Nancy Fraser)는 페미니즘의 역사에 대해서도 유사한 평가를 내린 바 있다. 프레이저가 '역사의 계략(the cunning of history)'으로 이름 붙이기도 한 이 문제는, 1960년대의 여성해방운동의 정치학이 오늘날 미국사회의 불평등과 보수화의 원천이라 할 수 있는 신자유주의 통치성의 도래와 맺고 있는 불투명하고 모순적인 역사적 관계에 대한 질문으로 구체화될 수 있다. Nancy Fraser, *Fourtunes of Feminism,* London: Verso, 2013.

적 행위성의 지평으로서의 진보가 사라진 자리에는 과거의 유산으로서의 진보에 대한 기억과 서사가 자리하며, 개발주의와 군사독재의 공포가 사라진 자리에는 교육과 부동산, 고용불안과 '공정성' 논란, 소수자 혐오와 '젠더 갈등', 팬데믹과 기후 위기 등 근대적 프로젝트로서의 '진보'의 공식으로는 풀 수 없는 문제들이 자리한다. 급진적 저항이나 변혁의 가능성으로 내포했던 역사와 미래의 시간은 금융 자본주의의 불안한 투기성과 임금 노동자들의 불안한 노후, 그리고 임박하면서도 무한히 연기되는 기후 위기의 시간이 되었다. 덧붙여 이러한 갈등과 위기 앞에서 진보와 보수의 구별 또한 그 정치적 함의가 희박해져가고 새로운 대중주의적 실천과 저항이 나타나면서 민주화 이후의 민주화를 만들어나가고 있다.[43]

발터 벤야민(Walter Benjamin)의 통찰이 보여주듯 진보의 역사(history of progress) 혹은 역사의 진보(progress of history)는 또한 동시에 야만의 역사이자 그것이 남긴 파편들과 폐허의 장면들이기

43 촛불광장 이후 뜨거운 지지율과 더불어 당선된 현정권과 여당은 '진보'의 역사적 자산을 정치적으로 실천하기보다는 운용하고 소비하는 모습을 보여주었다. 단적인 사례로서 2020년 총선에서 여당은 180석이 넘는 의석을 확보하였지만 이러한 정치적 자본과 기회를 비정규직 문제, 산업재해, 성차별과 젠더기반폭력, 성소수자 인권, 세대 간 · 계층 간 불평등과 같은 사회적 갈등과 위기에 대한 해법을 만들어내기보다는 '사법개혁'과 같은 지배세력 내부의 헤게모니 싸움으로 소진하면서 촛불광장의 기대와 희망을 배신하였다. '적폐청산'과 '나라다운 나라'에 대한 약속에 불구하고 세월호 진상규명, 김진숙 복직, 중대재해기업처벌법 문제, 차별금지법 제정, 불법촬영과 디지털 성범죄 문제, 낙태죄 대체입법, 고 변희수 하사관 전역 문제 등은 외면되었으며 양극화, 차별, 혐오, 경쟁, 불공정, 재생산의 위기는 심화되고 있다.

도 하다.[44] '역사의 천사(angenlus nobus)'는 선택이나 의지가 무관하게 시간의 폭력적인 힘에 의해 떠밀려 가면서 남겨진 폐허들을 응시한다. 몸은 미래를 향해 떠밀려 가지만 시선은 폐허에 고착되어 있는 역사의 천사의 모습은 진보적 시간성에 내포된 아이러니와 불가능성을 보여준다. 미래는 해방의 도달점이 아닌 망각의 뒤안이며, 과거는 뒤가 아닌 앞에 있다. 고개가 꺾인 채 끌려가는 천사의 몸은 보는 이들에게 해방(liberation)보다는 고통(suffering)의 감각을 전한다. 미래적 시간이자 도달점인 진보는 그것이 만들어낸 승리와 야만의 과거와의 변증법적 관계 속에서 길항하며 그 밀고 당김의 힘에 붙잡힌 멈춤과 불가능성이 만들어내는 메시아적 시간과 폐허의 공간속에 머무는 '정지'와 비운동성의 시공간이 우리를 성찰하고 반성하게 한다. 역사의 시간은 불연속적이며, 실패와 공백이 만들어내는 성찰과 반성의 반복 속에서 주체는 상실의 대상과 그 장소를 탐색하고 복기하고 애도하며 때로는 새로운 서사를 만들어갈 수 있다.[45]

---

44 Walter Benjamin, "Theses on the Philosophy of History", *Illuminations: Essays and Reflections*. trans. Harry Zohn. New York: Shocken Books, 1968.

45 Butler, 앞의 글; Foucault, Michel, *The Order of Things*. New York: Vintage Books, 1994.

2부

신체 연결성의 서사와 역사

: 설화에서 게임까지

연결불가능한 신체, 상사뱀의 정치지형
: 파국형 상사뱀 설화를 중심으로[1]

강성숙

1. 서론

상사뱀은 '상사병으로 죽은 인물의 영혼이 뱀으로 변한 것'이다. '상사뱀 설화는 가부장제 사회 내 권력을 갖지 못한 존재에게 사랑이 불가능하다는 사실을 문제 삼는'[2] 것이어서, 이 서사는 기본적으로 상사뱀이 되는 여성과 욕망 대상인 남성 사이의 권력관계를 보여주는 정치적 서사로 읽히기도 한다. 그런데 여기에는 상사(相思)의 대상이 되는 남성과 그를 둘러싼 다양한 사회적 관계가 함께 연관되어 의미를 형성하므로, 여성/남성, 주체/타자, 욕

---

1 이 글은 「연결불가능한 신체, 상사뱀의 정치지형-파국형 상사뱀 설화를 중심으로」, 『이화어문논집』 제53집, 이화어문학회, 2021. 4를 수정 · 보완하여 재수록한 것이다.

2 강성숙, 「性 政治로 본 상사뱀 설화-여성형 상사뱀 설화를 중심으로」, 『고전문학연구』 제39집, 한국고전문학회, 2011, 162쪽.

망/윤리 외에도 대상에 대한 보편적/역사적 인식이 다층적으로 개입된 복합적 서사라 하겠다. 상사뱀 설화는 이들 대상과 그에 대한 전승자의 시각이 각각의 배경, 관점, 지향에 따라 다양하게 연결되며 의미를 형성하는데, 전승의 주체와 방식에 따라 계층적 지향까지 포함하고 있어 다층적 권력관계를 상정해볼 수 있는 정치적 서사로 읽을 수 있다.

상사뱀은 인간이 죽어 변한 것이지만, 인간이 아니다. 민담에서 뱀은 〈구렁덩덩 신선비〉에서처럼 신성성을 지닌 초월적 존재로 등장하기도 하지만, 대부분은 그 존재 자체만으로 혐오의 대상이 된다.[3] 기본적으로 인간이 아닌 존재에 대한 두려움과 혐오의 감정에 더해 뱀에 대한 부정적인 문화적 해석으로, 예컨대 뱀을 맹목적인 감정과 욕망, 교활함, 사악함의 상징으로 보고 본능적인 혐오와 공포를 느끼는 것이다. 상사뱀은 원한을 품고 생겨난 뱀이므로 더더욱 가까이하고 싶지 않은 대상으로 인식된다. 그리하여 상사뱀은 상사뱀으로서 무언가 행위를 하지 않아도 그 존재 자체만으로 이미 부정적 상관물로 기능한다. 이때, 뱀의 신체는 스스로 욕망을 제어하지 못한 결과물이다. 대상과 접촉, 연결, 접속할 수 없어 좌절된 부정적 욕망은 응집되어 비인간 존재인 '상사뱀'이 되는 것이다.

그런데 상사뱀 설화는 상사뱀이 된 연유를 말하기 위한 것만이 아니다. 상사뱀이 '상사뱀으로서 무엇을 하는가'가 상사뱀 전

3 〈구렁덩덩 신선비〉의 뱀신랑과 달리 '뱀각시'의 경우, 남편은 뱀의 신체를 알아채고 혐오의 감정을 숨기지 않으며 죽이려는 시도를 한다.

승의 핵심이라 생각된다. 여기에서 중요하게 작용하는 요소가 상사뱀이 욕망하는 상대 남성이다. 이 남성의 성격, 행위, 관계가 상사뱀 서사에서 의미를 만들어내는 중요한 요소가 된다.

상사뱀 설화는 구비전승 자료로만 확인된다. 구비설화는 오랜 기간 수많은 전승자들의 공감을 얻으며 전해진 것으로, 그들의 관심사와 배경이 투사, 반영되어 만들어진 축적물이다. 구비문학의 전승자들이 이 설화의 내용을 선택하고 구성하는 행위는 그 자체로 상사뱀 또는 상사뱀 설화에 대한 해석과 평가의 과정이다. 상사뱀 설화를 선택하고, 이야기하는 행위는 구연자의 경험과 관계를 새롭게 구성하며 이야기 내부의 의미에도 영향을 미치게 된다.

그동안 상사뱀 설화 연구는 주로 섹슈얼리티와 젠더의 문제에 주목해왔다. 상사뱀 설화 연구를 관통하는 주요한 관점은 이 설화가 '욕망과 규범, 그리고 폭력의 상관물'이라는 것이다. 강진옥은 변신 주체의 성별, 결말의 성격에 따라 유형을 세분하고, 욕망에 대응하는 규범의 폭력성을 해석하여 상사뱀 설화 연구의 방향을 제공했다.[4] 이후 상사뱀 설화는 젠더를 이해하는 틀[5]로, 문학치

4 강진옥, 「상사뱀 설화의 "몸 바꾸기"를 통해 본 욕망과 규범의 문제」, 『고전문학연구』 제18집, 한국고전문학회, 2000, 115-149쪽.

5 강성숙, 앞의 글, 161-194쪽.

료의 재료로 활용되고,[6] 비교 문학,[7] 현대적 수용[8] 등 다양한 영역에서 이러한 기조는 이어져 왔다.

상사뱀 연구의 또 다른 방향은 역사적 인물을 이해하는 방편으로 설화를 활용하는 것이었다.[9] 여성형 상사뱀 설화는 이순신, 남명 조식, 월천 조목 등 역사적 실존 인물과 결부되는 경우가 대부분인데, 선행연구에서는 대상인물을 다각적이고 전체적으로 이해하기 위한 목적으로 이들이 등장하는 상사뱀 설화를 고찰했다. 임재해는 기록자료의 한계를 극복하는 구비전승 자료의 특징으로 ① 다수의 객관적 자료로서 주관적 편견을 극복할 수 있고, ② 널리 전승되면서 공감력을 획득할 수 있도록 변화 발전된 내용이며,

---

6 강미정, 「상사뱀 설화와 영화 〈페인티드 베일〉의 비교를 통해 본 일방적 사랑의 문제」, 『문학치료연구』 제28집, 한국문학치료학회, 2013, 165-197쪽; 강미정, 「우울증 서사로 보는 〈콩쥐팥쥐〉, 〈상사뱀〉, 〈고분지통〉」, 『한국고전연구』 제16집, 한국고전연구학회, 2007, 265-292쪽.

7 송영숙, 「한일 상사뱀(想思蛇) 설화의 비교연구」, 『일본문화학보』 제60집, 한국일본문화학회, 2014, 289-313쪽; 김난주, 「한 · 일 여성 원귀담의 비교 고찰-여성 원귀의 생성 원리와 섹슈얼리티」, 『한국학논집』 제71집, 계명대학교 한국학연구원, 261-288쪽.

8 이주라, 「근현대 상사뱀 모티프의 변화와 한국 공포물의 특징-1930년대와 1960년대의 비교를 중심으로」, 『비교한국학』 제24권 1호, 국제비교한국학회, 2016, 175-205쪽.

9 임재해, 「설화에 나타난 조월천의 삶과 그 민중적 인식」, 『퇴계학』 제3권 1호, 안동대학교 퇴계학연구소, 1991, 61-105쪽; 윤주필, 「설화에 나타난 도학자상-남명 조식의 전승을 중심으로」, 『남명학연구』 제7권, 경상대학교 남명학연구소, 1997, 169-199쪽; 정우락, 「설화에 나타난 남명 형상의 양상과 의미」, 『남명학』 제7권, 남명학연구원, 1999, 255-304쪽; 최천집, 「남명 설화의 인물 평가 방식과 그 의미」, 『남명학』 제19권, 남명학연구원, 2014, 57-130쪽; 한양하 · 장시광, 「상사뱀 설화로 본 남명의 남성성」, 『남명학연구』 제65권, 경상대학교 경남문화연구원, 2020, 99-129쪽.

③ 전승자의 생각이 반영되어 기록의 주관성을 보완할 수 있다는 점을 들었다.[10] 실재로서의 인물과 역사기록 사이에도 간극은 발생하지만, 사료나 문집에서 보이는 역사적 실존 인물의 행적과 글, 이에 대한 역사적 기록, 비평과 설화에서 나타나는 양상에는 명백한 차이가 있다. 또 문헌설화와 구비설화는 그 전승방식과 향유계층이 서로 달라, 인물에 대한 관심 영역이 각각 다르게 나타난다. 따라서 이를 서로 비교해 보는 것은 인물에 대한 이해를 심화하는 데 도움이 될 것이다.

상사뱀은 1차적으로, 자연스러운 인간의 욕망을 제약하는 사회에서 양산되는 억압적 · 폭력적 상황의 결과물로 해석된다. 본고는 '경직된 사회에서 나타날 수 있는 억압된 욕망의 병적 발현태'가 '상사뱀'이라는 기존 연구 성과를 수용하면서, 상사뱀 설화가 만들어내는 좀 더 다양한 의미 구성의 층위에 대해 주목한다. 상사뱀 설화는 설화를 전승하는 사람, 설화 내용과 관련되는 인물의 성격과 관계, 행위양상을 함께 고려해야 한다. 이를 위해 상사뱀 설화 구연자에 대해 살펴볼 것이다. 이후 설화 내부의 의미관계를 구성하는 인물의 성격을 파악하기 위해 역사적 기록, 문헌설화 등을 비교 대상으로 삼아 상사뱀 설화가 구축하는 의미 방향을 가늠해볼 것이다. 상사뱀 설화는 개인적 차원의 정념과 수용의 문제를 넘어 역사적 인물과 사실에 대한 민중적 평가가 담긴 복합서사로 읽을 필요가 있다.

상사뱀 설화가 담고 있는 복합적 의미망의 관계 양상을 파악

---

10 임재해, 앞의 글, 62쪽.

하기 위해 본고는 행위자네트워크이론(Actor-Network Theory)에서 사용하는 이종적 네트워크의 연결 개념을 활용해보고자 한다.[11] 상사뱀은 타인과 접속, 연결되지 못하고 기존의 사회가 옹호하는 규범으로부터 분리, 배제되었기 때문에 죽었고, 비인간 존재의 형태로 다시 나타난다. 이후 상사뱀이 인간 행위자와 접촉하는 방식, 이로 인해 발생하는 사건과 그 의미화 방식은 다양한 네트워크를 통해 드러나고 부각된다. 상사뱀 설화에 등장하는 인간 행위자와 비인간 행위자의 네트워크에 주목하여 상사뱀이 어떻게 만들어졌으며 어떻게 안정화되었는지를 연구하는 것은 상사뱀의 원래 네트워크를 재구성하는 것이며, 상사뱀 설화를 이해하는 중요한 작업이 될 수 있으리라 본다.

---

11 행위자네트워크이론(Actor-Network Theory)은 1980년대 초반에 과학기술학(Science and Technology Studies)을 연구하던 프랑스의 브루노 라투르, 미셸 칼롱, 그리고 영국의 존 로 같은 학자들에 의해 정립되었다. 행위자 네트워크 이론은 인간과 비인간 사이에 만들어지는 변덕스러운 네트워크라는 개념을 이용해서 실패한 기술과 사회적 요소의 관계를 분석하는 데 흥미로운 성과를 냈고, 불확실하고 유동적인 세상을 분석하는 다양한 학문 분야(철학, 사회학, 조직이론, 리더십 연구, 금융이론, 정보기술론, 지리학, 위험연구, 생태학, 예술이론 등)로 점차 확산되었다. ANT에서 사용하는 개념과 분석 방법을 활용하면, 비인간 존재 역시 네트워크를 구성하고 의미를 만들어가는 행위자로서 인정하고 그 관계망을 파악함으로써 권력의 문제를 드러내 파국형 상사뱀 설화의 의미를 적극적으로 해명할 수 있을 것으로 본다.(브루노 라투르 외, 홍성욱 역, 『인간 · 사물 · 동맹』, 이음, 2010, 8-9쪽.)

2. 파국형 상사뱀 설화 자료 검토

본고는 상사뱀 설화 가운데서도 역사인물이 등장하는 여성형 상사뱀 설화를 다루며, 여성형 상사뱀 설화 가운데서도 대다수를 차지하는 파국형 상사뱀 설화를 분석한다. 파국형 상사뱀 설화에서는 대상이 되는 실제 인물의 행적과 설화의 평가가 더욱 빈번히 어긋나고 교차된다는 점이 이 유형을 선택하는 이유이기도 하다.

본고는 상사뱀 설화에 등장하는 인물과 향유 지역, 향유자의 역사의식과 상상력이 어떻게 결합하는지 살펴보고자 한다. 이를 위해 먼저, 『한국구비문학대계』와 『임석재전집』, '이상원 채록본'[12]에 수록된 파국형 상사뱀 설화 자료 채록 지역, 구연자, 구연목록 등 주요 내용을 제시한다. 파국형 상사뱀 설화 13편 가운데, 상대 남성이 구체적 역사적 인물로 드러나는 이야기는 11편으로, 남명 조식(1501~1572) 7편, 월천 조목(1524~1606) 4편이며, 이들 주인물 외에 역사적 실존 인물 정인홍(1535~1623), 이황(1501~1570), 이항복(1556~1618) 등이 주변 인물로 나타난다. 나머지 2편에서 남성 인물은 '파평 윤씨', '선비'로 나타난다.

전승지역을 살펴보면, 월천 조목과 관련한 상사뱀 설화는 경북 군위에서 2편, 대구에서 2편이 채록되어 모두 경북 지역임을 알 수 있다. 남명 조식 관련 상사뱀 설화는 경남 의령에서 2편, 진양에서 2편, 합천에서 1편, 경북 선산에서 1편, 전북 무주에서 1편이

---

12 이상원이 1986. 8. 26. 직접 채록한 남명 전승 자료를 논문에 함께 싣고 있는데, 구연자에 관한 정보는 지역과 나이 정도만을 확인할 수 있다.(「남명 조식에 관한 야승의 연구」, 『남명학연구논총』 창간호, 남명학연구원, 1988, 20-21쪽.)

채록되었다. 7곳 가운데 5곳이 경남, 1곳이 경북, 1곳이 전북이다. 구체적 이름을 밝히지 않은 인물과 관련한 각편은 경북과 경남 각각 1곳에서 채록되었다.

〈표 1〉 파국형 상사뱀 설화 채록 지역

대상 인물			조목	조식	미상(학동·선비)
채록 지역	경북	군위군	○○		
		달성군			○
		선산군		○	
	대구	달산면	○		
		동구	○		
	경남	김해			○
		의령		○○	
		진양		○○	
		합천		○	
	전북	무주		○	

구연자 12명 가운데 11명이 남성이고, 1명이 여성이다. 남성 상사뱀 유형 설화 구연자가 대부분 여성인 것과 달리, 이 유형의 상사뱀 설화는 주로 남성 구연자들이 관심을 가지는 것으로 파악된다. 구연자들은 대체로 그 지역에서 나고 자라 오래 거주한 토박이들이었다. 고학력자는 초등학교 교감 왕정효 씨 정도이고 대부분 무학이거나 어릴 적 서당에 다녔거나 한학을 공부한 경험이 있었으며(최유신, 김호준, 박기탁), 따로 공부하지 않아도 관심이 있고 기억력이 좋아 『천자문』, 『통감』 등을 외는 구연자(강기중)도 있었다. 이들은 서당이나 글공부를 한 선비, 동네 어른들로부터 이야

기를 들었는데, '붓장수 최가객'이라고 하는 전문 이야기꾼에게서 밤을 새워가며 이야기를 들었다고 한 구연자(신기수)도 있었다.

상사뱀 설화 구연자들의 구연목록을 살펴 보면 대체로 인물전설이나 지명전설 관심이 많은 것으로 나타나며, 이야기의 서두나 말미의 언급으로 보아 남명 조식이나 월천 조목의 사승관계나 역사적 평가에 대해서도 어느 정도 파악하고 있는 것으로 나타난다. 이들은 자신의 근거 지역에서 오랫동안 살면서 그 지역과 연관되는 인물인 남명이나 월천의 이야기에 관심을 갖고 이를 적극 구연한 것으로 보인다.

그런데 남명 조식이나 월천 조목의 역사적 평가, 문헌설화의 내용은 구비설화의 내용과는 분명 간극이 있다. 다음 장에서는 파국형 상사뱀 설화의 남성 인물에 대한 기록을 살펴보도록 하겠다. 이를 통해 상사뱀 설화의 관심사가 역사 기록이나 문헌설화와는 어떻게 다른지 파악할 수 있을 것이다.

〈표 2〉 파국형 상사뱀 설화 구연자 정보

번호	구연자	특징	출처	구연목록
1	신기수 (남, 64세)	객지에 나간 적 없음	붓장수 최가객	방학중이와 순라꾼, 범이 퍼진 유래, 청천 할배 이야기, 퇴계 선조의 무덤, 망신당한 시아버지, 아내의 변신과 슬기, 정승 낳은 하녀, 옥천 선생과 상사뱀, 천태산 마고할미 방귀, 서애와 겸암
2	최유신 (남, 69세)	군위군 고로면 고향/9세-13세 서당	서당	조월천과 상사뱀, 뫼터 잘못 쓴 함양 박씨네, 도깨비에게 홀려서 죽은 서당 선생

번호	구연자	특징	출처	구연목록
3	배동벽 (남, 75세)	'거짓말쟁이', '이야기보따리'/ 선조대부터 거주/ 무학(無學)	인왕산에서 공부한 선비	원귀 씐 아들 살려준 조양래, 오성대감 부인의 정절, 무주 구천동에 암행 간 박문수, 서당선생 장가 보낸 아이의 기지, 충무공 이순신의 일화, 조월천의 상사뱀 물리친 퇴계선생, 퇴계의 문인 권성기 일화, 신립장군과 원혼녀, 어머니 병은 못 고친 편작, 이인 강감찬, 바꿔치기 혼인, 어느 과객의 과거길, 꼬마원님의 기지, 이인 허미수(1), 이인 허미수(2), 덕진골 처녀가 놓은 다리, 효불효 다리
4	최기식 (남, 71세)	고향 안동/선친이 신학문이 나라가 망할 풍조라고 학교에 보내지 않음	고향에서 어릴 적	조월천을 살려준 퇴계선생, 무고한 부부 살린 재치있는 성주, 연화부수에 묘 쓴 최씨, 친정에서 서애 낳은 모친, 구렁이 잡으려다 망한 집안, 숙종대왕 이야기, 서른 닷냥으로 부자 된 탑골 노속, 망나니 덕에 살아서 어사 된 이야기, 짐승의 소리를 듣는 며느리, 과객 제사 차려준 맏며느리, 등금장수와 계골장군지묘, 부원군의 비석 찾은 안동 권씨
5	왕정효 (남, 57세)	초등학교 교감	들은 이야기	빈대절터, 궁유면 지명 유래, 비룡상천(풍수설화), 효자와 잉어(낙서면 지역 전설), 곽재우 장군 일화(1)(2), 임란시 화왕산 전투, 정인홍 일화(1)-조식선생과 상사구렁이, 퇴계선생과 부인, 창녕부자 하고양

번호	구연자	특징	출처	구연목록
6	김호준 (남, 88세)	김천 고향/ 서당에서 3년 정도 한학/ 이야기내기	·	선산의 인물, 정철과 강화, 왕비 된 설매와 판서 된 이세관, 지략으로 정승 지낸 난봉꾼, 청주 박씨와 호랑이, 이완 대장과 산적, 최번암 이야기, 갈천선생과 퇴계선생, 조양래의 점괘, 숙종대왕 이야기, 이순신 장군과 상사뱀, 조남명 선생과 상사뱀, 천기를 아는 동고선생과 머슴, 엉헤야와 옹헤야, 채미정 유래, 도리사 유래, 망우당 곽재우와 이인, 선덕여왕과 지기, 호원사 전설, 팔월 한가위의 유래, 소지왕과 잡곡밥이 생긴 유래, 장주와 부인, 장한림과 옹골대, 결초보은의 유래, 김천의 지명유래와 인물전설, 아리롱과 아리랑, 고창녕 일화
7	강기중 (남, 87세)	태어나 계속 거주/글자를 모르나 기억력이 뛰어나서 천자문, 통감 외움	·	남명과 상사구렁이, 잘 굴러서 벼슬한 사람
8	박시원 (남, 75세)	마을에서 태어나 자람/3년 일본 거주/진양군 일대 다니며 돗자리, 한지 장사	어릴 적 동네 어른들/ 한지 장사로 진양 다니며 들음	대장군혈, 처녀바위와 총각바위, 남명선생 전설, 대에바지, 이월바람의 유래, 고창녕, 질 우에 죽은 나무와 바람 나는 곳, 명가와 안가, 도깨비보, 대추, 밤, 감, 현풍 곽씨 집안의 열녀, 홍씨묘의 유래, 솟을랑재와 남명선생, 피난지지를 아는 하동장, 피난지지를 아는 아버지
9	하천수 (남, 66세)	정보 없음	정보 없음	정인홍과 뱀의 앙갚음
10	김성수 (58세)	정보 없음	정보 없음	협천(陜川)이 '합천'으로 된 유래

번호	구연자	특징	출처	구연목록
11	강무연 (여, 55세)	김해 상동면 고향/ 처녀 때 야학	마을 연장자 부인들에게서 들음	상사뱀
12	박기탁 (남, 72세)	고향 고령군/ 선친에게 한학	·	파평 윤씨와 상사뱀, 사효자 굴, 효자 변호다시(변도치) 전설

3. 문헌에 나타난 파국형 상사뱀 설화의 남성 인물

파국형 상사뱀 설화의 대상이 되는 역사적 인물은 남명 조식과 월천 조목이다.[13] 이들은 상사뱀 설화 속에서는 상사뱀이 욕망하는 대상이 되지만 그 사랑을 받아들이지 않고 결국 부정적 결말에 이르게 하는 장본인이다. 이념과 도덕률에 경직된 유학자의 모습으로 그려지는 이들은 실제 삶의 행적과 간극이 있다. 문헌 자료에서 그리고 있는 남명 조식과 월천 조목의 모습이 어떠한지 살펴보자.

---

13 '옥천선생과 상사뱀'(『구비문학대계』 7-6, 656쪽)의 경우, '옥천'이 '월천'을 잘못 구연한 것인지, 퇴계 문도 옥천(玉川) 조덕린(趙德鄰)을 가리키는 것인지 파악하기 어렵다.(임재해, 앞의 글, 95쪽 참조.) 다만 이 외의 각편이 모두 월천 조목을 지칭하고 있는 점, 구연자 신기수 씨의 발음이 부정확하고 내용이 불충분하여 상당수 채록되지 못한 점(대계 7-6, 268-269쪽)으로 보아, 필자는 구연자가 '월천'을 '옥천'으로 혼동한 것이라 생각한다. 하지만 '옥천'이라고 해도 퇴계문도로서 경직된 생각을 지닌 성리학자라는 점에서는 공통된 성격을 지닌다.

3.1. 남명 조식

『실록』 남명의 졸기에서 사관은 이렇게 평했다.

> 조식의 학문은 마음으로 도를 깨닫는 것을 중시하고 치용(致用)과 실천(實踐)을 앞세웠다. 시비를 강론하거나 변석하는 것을 좋아하지 않아 학도를 위하여 경서를 풀이해 준 것은 없고, 다만 자신에게서 돌이켜 구하여(反求) 스스로 터득하게(自得) 하였다.[14]

사관이 남명을 '치용(致用)'과 '실천(實踐)'에 힘쓴 이로 평가한 것처럼 실제로 그는 '세상에 활용되는 쓰임'과 '실천'을 우선시하였고, 문인들에게도 경서 내용에 대한 일방적 가르침이 아닌 현실 문제를 해결하기 위한 실천적 학문을 강조했다.[15] 그렇지만 남명은 출처에 관한 생각과 행동, 퇴계 이황과의 논쟁 등으로 비판적 평가를 받게 된다. 김창협(1651~1708)은 다음과 같이 말했다.

> 남명 조식, 일재 이항, 대곡 성운은 당시에 같이 이름을 날렸다. 남명은 더욱 사도(師道)로 자임했다. 문도들이 성하기가 퇴계와 더불어 영남을 가를 정도였다. 그렇지만 남명은 학문을 몰랐다. 다만 처사(處士)로서 기절(氣節)이 있었을 뿐이다. 그 언론과 풍채가 사람을 용동시키기도 했으나 병폐 또한 적지 않았다. 그 문하에 노닌 사

---

14 『선조수정실록』 6권, 선조 5년 정월 1일(임오)

15 김지은, 「남명 조식의 일본인식과 그 전승」, 『남명학과 동아시아 담론의 가능성』, 남명학연구원 2019 전국학술대회 발표문, 2019, 59-60쪽.

람들은 대체로 '상기(尙氣), 호이(好異)', 즉 기세를 숭상하고, 사람들과 다르기를 좋아했다. 심하면 정인홍이고, 심하지 않으면 최영경이다. (…) 남명의 병은 '긍(矜)' 한 글자에 있다.[16]

김창협은 영남에서 남명의 위상이 퇴계와 나란할 정도라는 것을 언급했지만, 남명이 '학문'을 모르면서 은거해 사람들을 충동하는 병폐가 있다고 하면서 그의 제자인 정인홍, 최영경을 함께 비판하고 있다. 김창협은 병자호란 때 정인홍과 대척점에 있던 척화파 김상헌의 증손이다.

문헌설화에서는 남명의 뛰어난 식견에 대해 이야기하거나(曹南溟植高踏一世嘉之 〈어우야담〉[17]) 「을묘사직소(乙卯辭職疏)」(1555년(명종 10))를 인용하며 사회 폐단을 날카롭게 지적하는 냉철함에 대해 평가하기도 하는데(〈석담일기(石潭日記)〉[18]), 대체로 세속의 가치를 따르지 않는 남명의 대범함에 대해서 이야기한다.

또한 남명이 화려한 것을 좋아하고 사치스러웠다는 내용의 일화가 문헌설화에 실려 있는데, 이 내용은 아름다운 여인과 관련한 욕망과 연관되어 나타나는 것을 볼 수 있다.

1. 조식은 사치를 좋아해 집에 단청을 올리고 침구와 방을 호화롭게 꾸몄다.

---

16 한형조, 『조선유학의 거장들』, 문학동네, 2008, 149-150쪽에서 재인용.

17 서대석 편저, 『조선조문헌설화집요(Ⅰ)』, 1991, 집문당, 46쪽.

18 김현룡, 『한국문헌설화』 제1책, 건국대학교출판부, 1998, 116쪽.

2. 토정이 그가 외출한 사이 술을 마시고 가서 진흙 묻은 발로 방에 들어가 침구를 밟고 더럽혔는데도 조식이 전혀 개의치 않았다.
3. 토정이 "조 공을 시험해 보니 정말 어질다."라고 했다.

- 〈澤堂家錄〉[19]

1. 남명은 젊어서 호기가 있었으니, 준마와 명희(名姬), 보검 얻기를 소원하였는데, 다만 명희를 쉽게 얻지 못하였다.
2. 남명이 관동의 산골에서 빨래하던 처녀를 따라 한 집에 당도하였다가 천하의 미색이 중과 사통하는 것을 발견하고 두 남녀를 죽였다.
3. 빨래하던 처녀가 사례하고 말하기를, 자기 상전은 본래 경화의 사족인데 소상전이 과거 공부를 하는 사이에 그 처가 중과 사통하여 상전 부자를 죽였다고 하였다.
4. 남명이 외물에 이끌리어 평생을 그르친 것을 자책하며 말을 풀어주고 칼을 꺾은 후 글 읽기에 전념하여 대유(大儒)가 되었다.
5. 남명은 그 성품이 화려한 것을 좋아하였는데, 그 문인 김우옹이 불만을 말하자 자기는 본래 부귀한 상이어서 어쩔 수 없다고 하였다.
6. 토정 이지함과 서고청(서기)이 지리산 구경길에 남명을 방문하였다가 그 사치스러움을 보고 방에 소변을 보고 벽과 책상, 이불에 똥칠을 하고 갔다고 한다.

---

19 위의 책, 116쪽.

- 南溟因求名姬殺淫女後防馬折劍讀書成大儒 〈동패낙송〉[20]

〈청야담수〉[21] 〈계압만록(74)〉[22], 〈파수록(정 436)〉

아름다운 여인과 말, 검을 좋아한 남명은 사통하는 여인의 모습을 보고 외형에 구속되어 제대로 된 판단을 하지 못한 자신을 반성하고 태도를 변화하게 된다. 〈택당가록〉 일화는 조식이 집과 방을 화려하게 꾸민 것을 토정이 문제 삼아 더럽혔다는 내용인데, 결국 조식의 넓은 아량을 보여주는 결말로 마무리되고 있다. 이어 제시한 예문은 여러 기록에서 두루 나타나는 내용으로, 남명의 사치스러움에 대한 조롱만으로 이야기가 끝나고 있다. 여기에서는 제자인 김우옹의 불만에도 남명은 화려한 것이 자신의 본래 성품이며, 바꿀 수 없는 개인의 취향임을 강조하고 있다. 다음은 여성과의 만남, 약속이 구체적 화소로 제시되는 자료다.

1. 남명 조식이 청송 성수침과 어려서부터 벗하였으니, 20여 세가 되어 화류계에 출입하였다.
2. 기생과 약속했는데, 일이 생겨 못 가게 되자 남명이 장부가 여자와 약속하고 저버릴 수 없다며 억지로 갔다.
3. 듣는 사람들이 기특하게 생각하여 뒷날에 반드시 대인이 될 것이라 했다.

---

20 서대석 편저, 앞의 책, 546-547쪽.

21 서대석 편저, 『조선조문헌설화집요(Ⅱ)』, 집문당, 1992, 624쪽.

22 김현룡, 『한국문헌설화』 제4책, 건국대학교출판부, 1999, 246-247쪽.

- 曹南溟植 〈어우야담〉[23]

위 예에서는 젊은 시절 남명이 기생과의 약속도 소중히 여기는 모습에서 대인이 될 자질을 보았다고 했는데, 이는 상사뱀 설화(〈남명과 상사구렁이〉, 〈남명선생 전설〉)에서의 모습과 상반되는 것이다. 설화에서는 여인과 동침하고 돌아올 것을 약속하지만 끝내 가지 않아 여인은 상사뱀으로 변한다. 구비설화와의 간극은 어디에서 생기는 것일까.

여성과 관련한 문헌 설화는 남명 처제의 혼인에 관한 것이 더 있는데, 여기서 남명은 신분이나 외형에 구애되어 옳은 판단을 하지 못하는 인물로 나타나며 이 설화에서는 남명의 처제나 호랑이로 변신하는 이웃집 소년이 훨씬 뛰어난 능력의 소유자로 묘사된다.

1. 남명 조식이 젊었을 때 처가에 가는 길에 깊은 산속에서 자기를 부르는 소리를 듣고 말을 내려 보니 큰 호랑이가 말을 하고 있었다.
2. 호랑이가 남명에게 그 처제를 자기에게 중매하라고 하고서는, 만약 그 말대로 하지 않으면 구족을 멸하겠다고 하였다.
3. 남명이 처가에 가서 한 달을 머뭇거리다가 장인에게 그 사실을 말하니, 온 집안이 당황해하는 가운데 처녀가 자청하여 결혼하겠다고 하였다.

23 위의 책, 53쪽.

4. 남명이 돌아가는 길에 그 숲에 이르니 호랑이가 다시 나타나 길일을 알려주며 그날 혼인준비를 해놓으라고 하였다.
5. 그 소식을 듣고 처제가 스스로 혼례준비를 마쳐 혼인날이 되니 그 호랑이가 다른 호랑이 50여 마리를 이끌고 마을로 들어와 혼례를 치렀다.
6. 다음 날 신부가 살아서 신방을 나오므로 식구들이 방에 가보니 옥 같은 신랑이 단정히 앉아 글을 읽고 있었다.
7. 그 소년은 바로 이웃집 소년으로 변신술에 능하였으니 자신의 문벌이 낮아 이러한 방법을 쓴 것이었으며, 남명의 처제 역시 이인이라 그 사실을 알고 응하였던 것이다.

- 南溟青植媒大虎嫁妻弟 〈동패낙송〉[24] 〈청야담수〉[25], 〈파수록(정 433)〉[26]

다른 존재로 자유롭게 변신 가능한 이웃집 소년이나 그를 알아보고 신분이나 외형적 조건에 구애받지 않고 혼인을 척척 진행해가는 처제의 모습은, 한 달이나 고민하지만 결국 문제를 해결하지는 못하는 남명의 우유부단함과 대비된다. 위 이야기에서 남명이 할 수 있는 일이라고는 호랑이로 둔갑한 이웃집 총각의 말을 전하는 것뿐이다. 도술을 부려 원하는 배필과 혼인하고, 상대의 정체를 꿰뚫어 보고 주체적으로 판단하고 행동하는 이웃 총각

---

24 서대석 편저, 앞의 책, 546쪽.

25 위의 책, 623-624쪽.

26 김현룡, 『한국문헌설화』 제3책, 건국대학교출판부, 1999, 329-331쪽.

이나 처제의 능력이 부각되고 있는 것이다. 세상의 통념이나 위계 질서가 아닌 대상의 본질을 파악해내고 대상과 적극적으로 관계 맺는 이러한 이인의 행위 양상은 유학자 남명의 소극적 대처와 대비되면서 그 가치가 드러난다. 특히 여성 이인인 조식의 처제는 어떠한 대처도 하지 못하고 당황한 채 혼란에 빠진 집안사람들에게 명쾌한 답을 주고 모두를 구원할 대책을 스스로 마련하며, 스스로 문제를 해결하기 위해 용감하게 행동하는 인물이다. 이 여성의 행위는 가족을 위해 자신을 희생하는 효녀와 모습과는 차이가 있다.

남명의 서사와 만나 구현되는 실패의 서사(파국형 상사뱀 설화)는 욕망하는 여성/특출난 제자를 존중하고 지켜주지 못하고 이들을 관리, 교화의 대상으로 보는 남명의 태도에 대한 비판적 인식을 드러내는 것이라 볼 수 있다. 설화의 세계에서 남명은 아들과의 관계에서도 일방적 판단을 내려 아들을 감금함으로써 그 가능성을 차단하고 제한하는 인물로 나타난다.

> 옛날 신어산 동쪽에 있는 원동(院洞) 마을에 조남명 선생에게 차산(次山)이라는 도사 아들이 있었다. 이 차산의 도술은 서산대사를 능가할 정도로 신출귀몰한 것이었다고 한다. 차산의 부친은 당대에 유학으로서 그 명성이 전국적으로 높았으나 차산이 도술을 남용하여 행패할까 두려워하여, 차산을 뒷산에 굴을 파고 감금하였다. 차산은 이 굴속에 감금된 뒤로 날마다 먹을 것을 주는데도 탈출하려고 갖은 꾀를 썼으므로 이 때문에 산이 부풀었다고 하며, 이 뒤로 차산의 이름을 따서 조차산(曺次山) 혹은 차산등(次山嶝)이라고 하였다. 조차산은 안골 북쪽에 있으며, 지금은 '돗대산'이라고

한다.[27]

위 설화에서 남명이나 차산에 대한 향유자의 적극적인 인식을 파악하기 어려우나 조차산이 지녔던 뛰어난 능력을 부각하고 있음은 분명하며, 감금된 채 괴로워하는 차산의 모습이 산을 부풀리게 했다는 언급에서 그의 신성한 능력과 그 능력을 펼치지 못한 데 대한 전승자의 안타까움이 함께 드러난다고 하겠다. 엄청난 잠재력을 지닌 차산의 능력은 그것이 '도술'이었기 때문에 유학자인 남명에게 차단된 것으로 볼 수 있다. 이야기의 결말이 지명 전설 유래로 안착되어 차산의 행방에 관해 알 수 없지만, 이야기는 유학자이자 교육자인 남명에 의해 재단된 가치가 무엇인지 드러내면서 그의 편협한 태도를 비판하고자 한 의도가 있었던 것으로 보인다. 이렇듯 남명이 지닌 유학자로서의 한계는 문헌설화에서 남명이 만나는 이인들을 통해 드러난다.[28]

엄격한 '수기(修己)'를 통해 구현되는 남명의 학문 또는 정치사상은 가족이나 제자 등 자기 주변의 인물을 이해하고 배려하는 과정을 간과함으로써 현실정치의 장에 적용되어 개혁적인 힘을 발휘하는 데 일정한 한계를 가질 수밖에 없었다고 평가된다.[29] 설화

27 이병태, 『김해지명변천사』, 김해문화원, 1986, 287-288쪽.

28 구비설화의 솟을랑재 산신 역시 남명의 작은 재주(솥을 걸리는 능력)가 이치에 맞지 않을 뿐 아니라 자랑할 만한 것이 못 되는 것임을 깨닫게 해주는 존재다. ('솟을랑재와 남명 선생', 『대계』 8-4, 289쪽.)

29 박충환, 「남명 조식의 가족관과 공공성의 아포리아」, 『영남학』 제64호, 경북대학교 영남문화연구원, 2018, 136쪽.

향유층은 영남의 뛰어난 학자였던 남명이 정인홍으로 인해 제대로 인정받지 못한 점을 안타까워하면서도 남명이 지닌 역량이 현실의 장에서 실천적 효력을 발휘하지 못하고 유예되고 실패할 수 없었던 데 대해 남명이라는 학자가 지녔다고 인식되는 배타적 자질에 대해 주목했다 할 수 있다.

3.2. 월천 조목

월천 조목은 『선조실록』(선조 37년 11월 12일조)에서 영남 사림을 대표하는 인물로 묘사된다. 사관은 그가 이황의 가장 친근한 문도였고, 능력 있는 목민관이었으며, 만년에는 훌륭한 교육자였다고 평한다. 『선조실록』을 편찬할 당시는 광해조 북인이 집권한 시기인데, 사관은 월천을 임란에 제대로 대처하지 못한 유성룡과 대비시키면서 조목을 높이 평가했다. 이후 『광해군일기』(광해 6년 11월 25일)에서 사관은 월천이 퇴계의 훌륭한 제자임을 말하면서 유성룡과 불화한 것은 사실이 아니라는 점을 언급하면서도, "정인홍에게 빌붙어 과거에 합격하고 명관이 되었"다고 비판하고 있다.

그런데 『연려실기술』에 오면 "성질이 고집스럽고 재주가 없었으며, 지방관이 되어 잘 다스리지 못했고, 탐욕스러운 관리라는 비방이 있었다."라는 지적이 나타난다. 이 부분은 성호 이긍익이 김시양(1581~1643)의 「부계기문」을 인용하면서 한 말이다. 이긍익은 월천이 "한가롭게 시골에 물러와서 오래오래 살았으나,

선비들이 심복하지 않았으니, 또한 제자도 없었다."라고 했다.[30] 월천에 대한 이러한 평가는 그의 강직한 성품에서 연유하는 것이라 볼 수 있다.

이황은 제자 월천이 지나치게 고집스러운 것을 걱정하며 술 마시는 것같이 사소한 부분에 대해서 너무 고집을 부리지 말 것을 충고한다.

> 마시지 않는 것은 극히 좋은 뜻이나 다만 옛 성현을 따른다면, 어찌 마시지 않기 위해서 전적으로 주례(酒醴)를 없애는 일이 있겠소? 이 뜻(술을 안 마시겠다는 생각)을 가지고 성균관에 들어간다면 아마도 행동에 장애가 되는 곳이 없지 않을까 걱정되어 이렇게 말합니다.[31]

> 강직한 것은 비록 군자의 덕이나 조금 지나치면 포한강분(暴悍强忿)함에 빠지게 됩니다. 종래에 가만히 그대의 자질을 엿보니 이러한 소지가 있고, 또 그러한 것이 늘 술을 마신 뒤에 나타나니 이러한 허물은 사소한 것이 아니요.[32]

스승 퇴계가 편지를 써서 이렇게까지 제자에게 말한 것을 보면, 월천의 '너무 강직한 성품'이 문제가 된 것으로 보인다. 상사뱀

30 이종호, 『월천 조목의 삶과 생각 그리고 문학』, 한국국학진흥원, 2007, 193-204쪽.

31 위의 책, 148쪽에서 재인용.

32 위의 책, 155쪽에서 재인용.

설화의 문면에서도 드러나는 그에 대한 평("너무 과"하고 "너무 청"하다, 『대계』 7-11 283, 7-18 319) 역시 그의 스승 퇴계와의 일화와 당대인의 평가에 영향을 받은 것으로 볼 수 있다.[33]

월천은 여러 측면에서 퇴계의 다른 제자들과 대비된다. 그는 퇴계 선생 위패가 모셔진 도산서원 상덕사(尙德祠)에 유일하게 종향된 제자다. 당대 유림이 높이 평가했음을 뜻한다. 그러면서도 그는 다른 제자 다섯 명과 달리 주향으로 모셔지는 서원이 없다. 더욱이 사후 나라가 내리는 영예인 시호도 받은 게 없다. 전하는 문집이나 유적 등도 드물다.

이런 연유는 그의 강직하고 고집스러운 성품뿐 아니라 그의 가문 횡성 조씨 문중이 번성하지 못했다는 데서도 찾을 수 있다. 조정에서 여러 벼슬과 직책을 내려 그를 불렀으나 그는 사직소를 쓰고 부임하지 않거나, 부임하더라도 금방 그만두곤 했다. 이로 인해 후손들의 관직 진출도 순조롭지 않았던 것으로 보인다. 그리고 월천은 예안 사람으로서, 당시 문벌을 형성하고 있던 안동인에게 지역적 소외를 당했을 가능성도 배제할 수 없다.[34]

월천 조목이 실제로 어떤 인물이었는지 완벽하게 알 수 있는 방법은 없다. 다만 남아 있는 기록이 그의 실체에 다가갈 수 있는 정보를 부분적으로 제공하고 있을 뿐이다. 그런데 상사뱀 설화에

---

33 스승 퇴계가 죽자 3년 동안 안방에 들어가지 않으며 애도한 월천의 모습 역시 그의 고지식한 면모로 읽을 수 있다.(1570년 11월 퇴계가 병으로 눕자 월천은 곁에서 약 시중을 들었고, 퇴계가 죽자 그는 스승을 애도하며 1년 동안 베띠를 매고 3년상을 치르는 동안 안방에 들어가지 않았다. 위의 책, 43-44쪽.)

34 임재해, 위의 글, 85-86쪽.

서 보여지는 월천은 신분적 우월의식과 남녀 구분의 규범에 매몰돼 목숨을 경각에 둔 처녀도 돌아보지 않는 고집스런 모습으로만 나타난다. 임재해는 퇴계 이후의 성리학적 엄정주의가 월천에 대한 민중적 시각 형성에 영향을 미쳤을 것이라는 해석을 내놓은 바 있다.[35] 퇴계 당대만 해도 성리학이 현실과 적절한 조화 속에서 융통성을 발휘할 수 있었지만 후대로 갈수록 문도들은 성리학적 규범을 엄정하게 수용했다는 것이다. 그리하여 월천의 경직된 의식과 행위는 월천 개인의 문제라기보다 퇴계 문도 전체에 대한 상징적 구현으로 받아들여야 한다고 보았다. 이러한 해석은 일리가 있다. 남명 조식의 상사뱀 설화와 비교했을 때에도 월천의 행위는 너무나 경직되어 그는 고장 난 규범의 기계처럼 보이기까지 한다. 상사뱀이 선택한 인물이 월천과 남명이라는 사실은 이 시대의 규범이나 사회적 정치적 배경에 대해 생각하게 한다.

구비설화인 상사뱀 설화에는 상사뱀이 만나고 욕망하는 대상이 공교롭게도 대부분 16세기를 살았던 남성 인물이다. 조선후기로 가면서 문헌설화에서 여성의 적극적인 정욕 표출과 그에 대한 대응이 드러나는 이야기가 등장하는데, 여기서도 대상 남성은 16세기 인물이 압도적으로 많다.[36] 여성의 감정과 욕망이 드러날

---

35 위의 글, 93-94쪽.

36 상사뱀 설화 외에도 여성이 자신의 정욕을 표출하는 이야기는 다양하게 전승되며, 여성을 훈계하거나 여성의 요구를 들어주지 않는 유학자는 야담 등 문헌설화에서 정인지(1396~1478), 조광조(1482~1519), 상진(1493~1564), 김인후(1510~1560), 심수경(1516~1599), 이지함(1517~1578), 권필(1569~1612), 홍우원(1605~1687), 민정중(1628~1692) 등 15세기부터 16, 17세기에 이어 18세기 인물에 이르기까지 폭넓게 분포되어 있는데, 16세기 인물의 비중이 크

수 있다는 그 자체로 이들 설화의 의의는 평가될 수 있는데, 이들이 애초에 어떤 시대적 배경을 지닌 인물과 접속하고 있는지 살펴보는 일은 상사뱀 설화가 생겨나게 되는 이유와 연관될 수 있다고 본다.

16세기는 '이념의 시대', '계몽의 시대'라 불린다.[37] 연산군 재위 시기(1494~1506) 전국적인 빈민 봉기와 여진족, 왜의 침입으로 혼란스러웠으며, 김종직 등의 신진사림이 무오사화(1498)로 정치적 타격을 입었고 조광조(1482~1519)의 등장과 패퇴 이후 사림이 정권을 장악한 뒤로는 붕당 간의 쟁투로 인해 정치적 불안은 계속되었다. 지배층의 토지 사유화로 국가 재정은 고갈되었고, 백성들에 대한 수취는 가중되었으며, 이로 인해 유망(流亡) 혹은 저항하는 백성들이 늘어나 민란으로 표출되기도 했다. 16세기 후반에 이르러서는 임진왜란, 병자호란 등으로 조선은 심각한 위기를 겪어야 했다. 내우외환으로 심각한 위기에 처했던 16세기는 그래서 '불안의 세기'로 불린다.[38]

이렇듯 16세기는 현실의 불안이 심각하게 표면화되던 시기였기에, 이를 극복하기 위한 노력이 함께 모색되었으며, 새롭게 정치무대에 등장하기 시작한 사림들은 성리학적 이념으로 어지러운

다. 조선후기 야담에 나타난 여성 욕망과 수용 양상에 대해서는 이주영, 「조선후기 야담에 나타난 여성 정욕의 표출과 그 대응의 몇 국면」, 『한국고전연구』 제41집, 한국고전연구학회, 2018, 103-133쪽.

37 김현양, 「16세기 소설사의 지형과 위상 - 이념의 서사, 흥미의 서사, 욕망의 서사」, 『민족문학사연구』 제25권, 민족문학사학회, 2004, 34쪽.

38 위의 글, 13-14쪽.

세상의 질서를 구현하고자 했다. 그렇지만 시간이 갈수록 유교의 이념적 이상을 실현하기 위한 장치와 기획이 치밀해지는 한편에서는 여전히 제도와 이념에 포획되지 않는 자유로운 인간의 욕망이 억압에 대항하며 꿈틀거리고 있었을 것이다. 상사뱀 설화는 인간적 욕망과 이념적 욕망 사이의 어느 지점에서 배태되고, 과도한 억압적 상황에서 욕망의 신체로서 동물(뱀)을 만들어냄으로써 기존의 질서와 권위에 대항하고자 한 것으로 보인다.

4. 파국형 상사뱀 설화의 의미망

구비설화인 파국형 상사뱀 설화는 상사뱀이 욕망하는 대상에 따라 서사의 내용과 그 의미지향이 다르게 나타난다. 앞에서 살펴본 것처럼 16세기 유학자인 남명 조식, 월천 조목 외에도 과거를 준비하는 '선비'(대계 8-9 1061), 글을 배우러 다니는 학동 '윤씨'(대계 7-14 242)가 등장한다. 파국형 상사뱀 설화는 상사뱀과 남성 인물의 관계 양상에 따라 결말이 다르게 구성되는데, ① 상사뱀과 남성 인물의 연결지점이 생기지 않는 경우(조목) ② 상사뱀과의 관계에서 생긴 문제를 해결하고자 하지만 실패하는 경우(조식) ③ 상사뱀의 행위자성 확대, 위력 강화가 두드러지는 경우(학동, 선비) 세 가지 양상으로 구분할 수 있다. 상사뱀의 행위자 양상과 남성 행위자(들)의 관계가 어떻게 만들어지고 변형되는지 유형별로 살펴보도록 한다. 이들 설화에 등장하는 인물, 즉 상사뱀이 되는 여성과 대상 남성, 그 서사내용의 대강은 절마다 유형별 표로 정리했다.

4.1. 연결불가능한 신체, 자기 세계에 갇힌 개인 – 월천

〈표 3〉 파국형 상사뱀 설화 – 조목 유형(인물, 서사 내용)

번호	제목	채록 지역	구연자	출전	상사뱀 여성	전개	결말
1	옥천선생과 상사뱀	대구 달산	신기수 (남, 64세)	대계 7-6 656	여관집 처녀	죽어 상사뱀이 되어 따라옴/퇴계 호통→ 눈물 흘리고 떠남	신주를 감고 있음
2	조월천과 상사뱀	경북 군위	최유신 (남, 69세)	대계 7-11 740	이방 딸 월이	처녀 접촉 회피→ 상사뱀→오성대감 호통→붓뚜껑 감금 →형제들이 열어봄	멸족→ 향사 신주를 감고 있음
3	조월천의 상사뱀 물리친 퇴계선생	대구 동구	배동벽 (남, 75세)	대계 7-13 72	백정 딸	직접 접촉 회피→ 죽음→구렁이가 되어 따라옴→퇴계선생 눈길에 죽음	월천 단명
4	조월천을 살려준 퇴계선생	경북 군위	최기식 (남, 71세)	대계 7-11 283	고루거각 소복 처자	죽음/독사→ 퇴계선생이 독경으로 물리침	월천 비석을 감고 있음

파국형 상사뱀 설화의 첫 번째 유형은 다른 유형과 비교했을 때, 상사뱀이 되는 여성의 신분이 상대적으로 낮거나 처지가 불우한 경우로 나타난다. '인간-비인간 행위자'라 할 수 있는 여성은 신분이 낮은 여관집 처녀, 이방의 딸, 백정의 딸이거나 의지할 데 없는 처지(고루거각 소복처자)에 놓여 있다. 이들은 신분이나 계층에 상관없이 집(가정)이라는 제한적 공간 내에서 정해진 범위의 사람들과만 접촉할 수 있었다. 이들이 자신의 공간을 벗어나기란 불

가능하므로 이동하는 남성인물, 여기서는 서당을 오가거나 과거 보러 가는 학동, 선비인 월천을 통해 접점이 생기게 되고, 그의 모습을 본 여성은 자신의 영역에 들어온 이방인과 접촉, 연결하고자 하는 욕망을 갖게 된다.

그렇지만 대상 남성(월천)은 처녀의 편지를 찢는 것으로 처녀의 마음을 거부하거나 동침 요청을 직접 거절한다. 거절당한 여성이 상사병에 걸리자 처녀의 아버지는 딸을 살리기 위해 월천의 스승[39]을 찾아간다. 이때 월천의 스승은 처녀 아버지의 말을 듣고 처녀를 만나도록 권유한다. 월천은 어쩔 수 없이 스승의 말을 따라 처녀를 찾아가지만 직접 접촉을 회피하여 처녀에게 더 큰 모멸감과 상실감을 주고 결국 처녀는 죽어 상사뱀이 된다. 처녀는 상사뱀이 되어서는 자신의 집을 떠나 월천을 따라갈 수 있게 되는데, 구연자에 따라서는 상사뱀을 '독사'(7-11 1283)라고 표현하며 상사뱀이 어떤 행위를 하기도 전에 부정적 의미를 덧씌운다. 이후에도 월천의 스승은 상사뱀의 정체를 알아보고, '눈빛', '호통', '독경'으로 물리치는데, 이에 상사뱀은 쫓겨나거나 죽는다. 뱀이 쫓겨나는 경우에 결말은 월천의 신주나 비석을 감고 있는 것으로 나타나며 그 위력은 지금까지 계속되는 것으로 나타난다.(7-6 656, 7-11 1740, 7-11 1280) 스승에 의해 뱀이 죽는 경우에도 상사뱀은 월천이 단명하는 데 영향력을 미친다.(7-13 72) 실제로 월천은 83세까지 장수했는데, 설화의 세계에서 그는 상사뱀의 영향력(위력)에서

39 월천의 스승은 대부분 퇴계(3편)로 나타나지만, 오성대감인 경우도 1편(대계 7-11, 740쪽) 있다.

벗어날 수 없는 존재로 포획되어 단명하거나 후손이 절멸했다는 결말을 구성한다. 아래 〈그림 1〉은 ① 상사뱀과 남성 인물의 연결 지점이 생기지 않는 경우(조목) 인물 간의 관계가 어떻게 형성되고 진행되며 의미를 형성하는지 그 영향관계를 표시한 것이다. 화살표(→)는 감정의 표현이나 요청을, 점선화살표(···▸)는 거부, 진한 화살표(⇨)는 위력 발생의 방향을 표시한다.

〈그림 1〉 조목 유형 파국형 상사뱀 설화 관계도

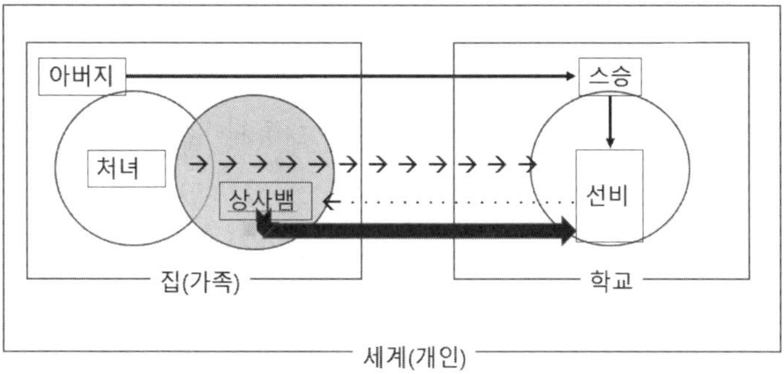

상사뱀 설화의 서사는 애초에 '처녀'의 감정 발현으로 시작되므로 처녀는 인간행위자로서 적극적 역할을 하게 된다. 그러나 이는 곧 또 다른 인간 행위자인 남성과 연결되지 못한 채 좌절되면서 '처녀'는 인간에서 비인간(동물-뱀) 행위자로 변신하게 된다. 변신 이후 이 비인간 행위자는 그동안 제한된 공간의 갇힌 존재로서 지녔던 한계를 벗고 그 매끄러운 표면으로 열린 공간, 남성의 공간으로 나아가며 욕망과 규범의 경계를 가로지르는 행위자가 된다. 상사뱀은 그 존재 자체로 인간과 자연, 욕망과 규범의 경계를 무력화하며 인간을 위협한다.

남성-학동, 선비의 공간은 스승이 존재하는 서당(학교)으로 대표되는 규범과 질서, 윤리가 지배하는 곳이라 할 수 있다. 이 공간에서 권력을 지닌 스승은 상사뱀(경계를 무력화하는 질병에 걸린 존재)을 알아보고 자신의 제자가 전염되지 않도록 이를 퇴치하고자 한다. 이때 스승은 처녀를 배려하는 포용력뿐 아니라 퇴치 과정에서 우월한 능력까지 보여줌으로써 학동(선비) 세계의 권위를 드러내는 존재다. 그렇지만 일련의 과정에서 학동(선비)은 줄곧 반상의 신분제도나 내외법 같은 도덕률에 얽매여 경직된 체제 수호자로서의 모습만 고수할 뿐이다. 결국 변화하지 않은 학동(선비)은 상사뱀에 의해 비극적 운명을 맞게 된다. 상사뱀은 상대 남성을 향해 위력을 발생하기는 하지만, 그것은 변하지 않는 학동(선비) 개인에게만 한정되어 작동된다. 학동과 스승이 속한 세계 전체가 아닌 고지식하고 용렬한 개인을 징치하는 것으로만 힘을 행사하게 되는 것이다.

앞서 설화에서 나타나는 월천의 부정적 평가가 월천 개인의 것이라기보다 퇴계 문도를 비롯한 성리학자들의 성향을 비판적으로 상징화한 것이라 했는데, 결과적으로 보면, 이 유형의 설화는 퇴계를 포함한 세계 전반을 전면적으로 비판하는 데까지 이르지는 못한 것으로 보인다. 월천 개인의 성향과 행적에 관한 전승자들의 평가가 개입되면서, 이야기는 퇴계의 가르침을 기계적으로만 해석하고 경직된 자세로 변화하지 못하는 월천의 모습을 부정적으로 평가한 것으로 해석된다. 하지만 이 유형에서 상사뱀의 존재 자체가 행위자로서 드러났다는 점, 그리고 이러한 비인간 행위자가 학동(선비)의 세계와 연결되고 그 세계에 영향을 미치는 지점의 네트워크를 인정하고 있다는 점이 이 유형의 의의라고 본다.

4.2. 연결의 모색, 변화의 시도, 실패한 스승 – 남명

〈표 4〉 파국형 상사뱀 설화 – 조식 유형(인물, 서사 내용)

번호	제목	채록 지역	구연자	출전	상사뱀 여성	전개	결말
1	조식 선생과 상사 구렁이	경남 의령	왕정효 (남, 57세)	대계 8-10 357	이웃 처자	구렁이/원혼을 달래기 위해 데려다 이불 속에 안아줌	- (정인홍 때문에 인정 못 받음)
2	조남명 선생과 상사뱀	경북 선산	김호준 (남, 88세)	대계 7-15 368	대감 따님	뱀이 몸 감기/용이 될 때까지 벽장에서 기름/ 정인홍 눈빛에 죽음	못에 넣음→원기가 되어 조카로 환생→ 역적으로 몰려 죽음
3	남명과 상사 구렁이	경남 진양	강기중 (남, 87세)	대계 8-3 684	여관 처자	상사 구렁이/몸 감고 동침→덕산/제자가 구렁이를 죽이고 매장	벼락이 쳐 제자 집안 멸족
4	남명선생 전설	경남 진양	박시원 (남, 75세)	대계 8-4 242	주모	상사뱀/요 안에 넣어둠/ 정인홍이 들추자 죽어버림	정인홍 역적/남명 명인록에 오르지 못함
5	정인홍 일화(1)	경남 의령	왕정효 (남, 57세)	대계 8-10 351	-	정인홍이 스승 남명의 벽장에 있던 뱀을 죽임	뱀이 당질로 환생→ 폐모 불가 편지 바꿈→역적
6	정인홍과 뱀의 앙갚음	전북 무주	하천수 (남, 66세)	임석재 전집 7책 89	주막집 주모	죽어 뱀/남명 사랑방 벽장/하루 한 번 노려봄/ 정인홍이 불태움→죽음	정인홍 조카로 환생 →상소문 바꿈→ 역적으로 몰려 죽음
7	협천(陜川)이 '합천'으로 된 유래	경남 합천	김성수 (58세)	이상원 채록본[40]	주막집 주모 (젊은 과부)	죽어 구렁이가 되어 찾아옴/ 사랑방 벽장/아침 저녁으로 들여다봄/정인홍이 단칼에 쳐죽임	뱀이 정인홍 조카 환생→상소문 바꿈 → 죽음→정인홍이 살던 '협천', '합천' 개명

파국형 상사뱀 설화의 두 번째 유형은 상사뱀과의 관계에서 생긴 문제를 해결하고자 하지만 실패하는 경우(조식)다. 이 유형

40 이상원, 앞의 글, 20-21쪽.

의 여성은 앞의 경우와 유사하게 마음을 전하려다 거부당하고 상사뱀이 되는 경우(7-15 368, 8-10 357, 임석재 7책 89)와 동침 이후 다시 만날 약속이 지켜지지 않아 상사뱀이 되는 경우(8-3 684, 8-4 242, 이상원본)가 각각 3편씩 나타나며 1편에서는 상사뱀의 정체나 상사뱀이 된 연유가 드러나지 않는다.(8-10 351 정인홍이 서사의 중심임)

상사뱀을 대하는 남명의 태도는 상사뱀이 되는 여성을 거부하고 외면하는 월천과 차이가 있다. 남명은 여성과 다시 만날 약속을 하지만 이를 지키지 않아 신의를 저버리게 되며, 이는 여성이 상사뱀이 되는 데 직접적인 원인을 제공한다.

> 냄명이 올라가니까, 어는(어느) 주점에 가니까, 그 주모가 참 인물이 꽤 잘나. 잘났는데, 그 때 인자 냄명이 과거하러 올라갈 때라. 올라갈 땐데, 그래 그 주모가 냄명이 안(못) 올라가라 쿤다 말이라. 그런께,
> "내가 지금, 큰 내가 과거로 하로 가는 사람이, 내가 나라, 국가, 내가 무신 뭐로 하든지, 하다 못해 내가 과거로 몬 하믄 선상을 해도 할라고 내가 올라가는 사람인데. 그렇지마는, 지금 내가 이랄 수가 없은께 내가 갔다가 후일날 내리올 때 내가 들, 들꾸마(들를께)."
> (중략) 냄명이 다녀간 일이 없거덩. 그런께 자기가 마 상사가 되었던 모냥이지(모양이지). 그래 가지고 거 냄명 선상을 미그미(不明) 해롭게 할라고, 냄명이 서울 인자 떡 들앉아서 인자 참 정(정승으로), 선상으 인자 있을 땐데. [조사자:서울 가서?] 하모. 서울 올라가 가지고 선상을 있을 땐데 찾아왔다 이기라. (대계 8-4 242 남명

선생전설)

남명은 여성과 결연하고, 지금은 '과거'라는 대사를 치르러 가는 길이므로 함께 할 수 없다고 하면서 다시 오겠다는 약속을 하지만, 돌아오는 길에 다른 길로 둘러 가 여성과의 약속을 의도적으로 저버리게 된다. 아래 예문에서는 서울 유람 가는 것으로 되어 있지만 여성과의 약속을 자각했음에도 다시 만나러 가지 않는다는 점은 동일하게 나타난다.

> 덕산 냄명(南溟) 선생이 서울로 유람을 가는디, [조사자:네] 그 때 서울로 걸어대일 때거덩. 한 오십 리 간께네 해는 다 졌고, 천상 자야 될 판인디, [조사자:예.] 그래, 한 여관에 들어 간께네 한 일정 처자가 하나 있는 기라. (중략) 그래 인자 냄명선생하고 그 날 저녁에 동품[41]을 했다 말이라, 그 처자하고. 그래 자고, 이튿날, 그 처자가,
> "언약을 하이소. 서울로 올라가시면, 우리 집에, 며칠만이면 우리 집에 당도할 낍니꺼?"
> 그리 쿠거덩. 그래,
> "너거 집에, 보름만이면 너거 집에 당도할 끼다."
> 그리 쿠는 기라. 그리 쿠는 기라. [조사자:아, 서울 갔다가?] 하. (중략)
> [조사자: 처녀 집에 안 가고?] 하, 처자 집에 안 가고. [조사자:그래 인자 약속 어깄네?] 하, 고마 처자가 그마 보름이 넘었다 아이가?

---

41 동품: 동침(同寢) - 원문 각주

보름이 넘었는데. 처자가 고만 상사가 되 가이고 고마 구리(구렁이)

가 됐어, 처자가. (중략)

“아, 저 덕산 남명선생님이 우리 집에 하리(하루)저녁으(에) 잠성(자면서) 동품을 해서 잤읍니더. 잤는데, 내가 변상(變相)을 했입니더.”

“그래, 그러면 ….”

저 구리가 말을 해.

“니가 상사가 되 가이고 요번에 화(化) 했는디, 내가 오늘은 냄명, 낼(내일) 덕산 냄명선생을 더브러(데리러) 갈란다.”

그리 쿠거덩. [조사자: 아하.]

“예, 좀 더부(데리고) 오이소.” (대계 8-3 남명과 상사구렁이)

위 예문에서 상사뱀이 되는 여성은 자신의 원하는 바를 말하고 움직이는 적극적인 면모를 보여준다. 여기서 여성은 스스로 욕망을 지닌 주체로 행동하고 상대에게도 같은 기대를 하는 인물로 나타난다. 그러나 이들의 기대는 남명의 일방적인 변심과 약속 파기로 어그러지고, 이루어지지 못한 욕망은 이들의 몸을 상사뱀으로 바꾸게 한다.

상사뱀이 된 이후 남명의 행동은 해원형 설화의 남성 인물과 유사하게 나타난다. 남명은 상사뱀이 된 뱀을 외면하지 않고 데려다 벽장 또는 이부자리에 넣어 놓고 함께 지낸다. 남명이 벽장 속의 뱀을 노려보는 경우(임석재전집 7책 88)도 있지만, 대부분은 상사뱀이 원한을 풀 수 있도록 자신의 몸을 내어주고, 잘 간직해 보호하며, 음식을 주면서 기른다.

더브와 가이고, 더브온 께네, 그마 구, 구리가 고마 남명선생을 보고 고만 그 쎄(혀)로 내가 이고 냄명선생 입을 훑고, 그만 이 찬찬이 몸을 이리 감아, 그리가. 구리하고 그날 저녁으 누잤다. 누자고 인자 그 이튿날 큰 궤를 인자 하나 구해 가이고, 그 궤에다 옇어(넣어) 가이고 인자 인자 덕산에 인자 이 짊어지고 갔다. [조사자: 남명선생하고 같이?] 응, 남명선생이 짊어지고 가서 인자 저거 집 벽장에 또 인자 옇어 놓고. (대계 8-3 남명과 상사구렁이)

구리가 된께네 평소에 그 산 전에는 자기가 그 처자를 갖다가 사랑을 못 해 주었는데, 그 혼이 죽어가지고 구리가 된 거를 갖다가 그 영혼을 달래기 위해서 자기 그 안에다가 옇어(넣어) 놓고서 밤으로만 그 구리를 내 가지고 참 뭐 자기가 이불 밑에다 안아 주고 이래 가지고, 산 전에 못다한 그 사랑을 갖다가 죽은 구리라도 해서, 영혼을 달래 줄라고 그렇게 한 것입니다. (대계 8-10 조식선생과 상사구렁이)

그런데 해원형 설화의 상사뱀이 해원을 하고 주인공을 성공시키는 데 일조하는 것과 달리, 남명은 해원 시도를 하나 상사뱀은 진정한 해원이 이루어지지 않은 채 퇴치된다. 월천 조목 설화에서는 상사뱀을 퇴치하는 인물로 월천의 스승인 퇴계 이황이 등장하는데, 남명 조식 설화에서는 남명의 제자 정인홍이 상사뱀을 퇴치한다. 그 결과, 퇴계의 도움으로 월천은 죽음을 면하지만[42] 남명의

42 퇴계는 월천이 상사뱀의 존재를 깨닫도록 하고 당장의 위험에서 구출해내지만,

경우는 상사뱀을 죽인 정인홍은 멸문하며, 남명에게도 나쁜 영향을 미친다.

> 그 때문에 냄명이 명인록(名人錄)에도 몬 얹힜거덩. 냄명이 명인록에 얹힌 거로 끄어(그어) 뿌랐거덩. (중략) 그런데 인자 장 인자 퇴기, 퇴기만 하는, 이퇴기 선생만…. (중략) 그 때 남인 노론(南人老論) 칼 땐데, 남인이니 북인이니 소론이니 카는 이땐데, 요새로 말하자믄 뭐고 자유당이니 무슨 당이니 쿠듯키(하듯이) 이 모양인께, 그래 마 정인홍이 역적이 돼뿠제(되어 버렸지), 냄명이 마 참례도 몬 하제, 선상 죽어도 몬 가제, 그래 됐심다. 〔웃으면서〕그래 된께 자꾸 인자 퇴기 선생만 마 오지기 올라가 뿌랐지(버렸지) (대계 8-4 242-246, 박시원, 남, 75세)

> 정인홍이가 나라의 역적이 돼가지고 죽고 나서는 조남명 선생도 힘도 못 씨고 나라에서도 그만치 선생을 갖다가 숭배를 안 했다 쿠는 거는 틀림없는 일이지예. (대계 8-10 357-358 조식 선생과 상사구렁이)

위 구연자가 '명인록에서 삭제됐다' 하는 설명은 남명 조식의 문묘배향운동이 결국 무산되었던 일을 가리키는 듯하다.[43] 구연자

월천은 결국에는 가문이 멸망하게 되는 파국을 맞는다.

43 조식의 문묘 배향을 위한 사림의 움직임은 전국적인 상소 운동으로 나타났다. 정구(鄭逑)가 주장하여 논한 유소(儒疏)를 비롯한 경상도 유소가 7번, 성균관 관학소(館學疏)가 10번, 사학소(四學疏)가 2번, 공홍도(公洪道) 유소가 7번,

는 정인홍이 정치적으로 몰락하는 바람에 스승 조식 역시 정당한 평가를 받지 못했다고 하면서, 남명학파의 몰락으로 퇴계의 위상만 높아진 결과를 낳았다고 했다. 남명에 대한 이러한 평가는 서사내부의 역학관계에도 영향을 미쳐 남명의 상사뱀 설화가 실패의 서사로 굳어지게 된 것으로 보인다.

다른 파국형 상사뱀 설화에서 상사뱀은 결국 붓 뚜껑에 봉인되거나 (대계 7-11 740 〈조월천과 상사뱀〉), 경(經)이나 눈빛으로 퇴치된다. 그런데 이때 월천의 상사뱀을 퇴치하는 인물은 월천의 스승〔이황, 이항복〕으로 등장하는 초월적 인물이다. 월천의 스승은 애초부터 월천에게 상사뱀을 만들지 말 것을, 여성의 청을 들어 줄 것을 조언하는 인물이다. 이인의 면모를 지닌 월천의 스승은 제자를 위해 조언하고 상사뱀을 퇴치하기까지 절대적 힘을 행사하는 인물로 그려진다.

그러나 조식 설화의 경우, 정인홍과의 관계에서 남명은 퇴계와 같은 위치를 점하지 못한다. 퇴계는 월천 설화에서 생명과 욕망, 관계의 소중함에 대해 일깨워주며 제자를 살리는 스승의 모습으로 자리매김하지만, 남명은 애초에 그 자신이 상사뱀을 만든 장본인이며 상사뱀을 퇴치하는 이는 제자 정인홍으로 월천-퇴계와의 관계와 그 입장이 상반되어 나타나는 것이다. 서사는 결국 정

전라도 유소가 4번, 개성부 유소 · 옥당차(玉堂箚) · 사간원소(司諫院疏)가 각 1번, 경기 · 충청 · 경상좌도 유생소가 각 1번 등 8도의 유생소가 총 36회에 달하였으나, 결국 왕이 윤허하지 않아 조식의 문묘배향은 실패했다. (金忠烈, 「生涯를 통해 본 南冥의 爲人」, 『大東文化硏究』 제17집, 成均館大學校 大東文化硏究院, 1983, 67-129쪽.)

인홍의 잘못된 행동으로 파국을 맺는 결론으로 나아가지만, 이 과정에서 빌미를 제공하는 인물은 남명 자신이다.

남명은 애초 여성과의 신의를 지키지 않았거나 체면을 내세워 여성의 욕망을 단죄하며, 상사뱀을 적극적으로 해원해주지 못한다. 남명이 상사뱀을 이불 밑에서 안아준 것은 여성의 욕망을 인정하고 이를 받아들인 것이라기보다 "혼을 달래서 자기 원수를 안 맺을라고"(대계 8-10 357-358 조식 선생과 상사구렁이) 한 행위로 볼 수 있다. 그리하여 뱀은 충분히 존중받고 원한을 해소하지 못했으며, 남명은 결국 오랜 기간 시간을 지체하다 제자가 상사뱀을 죽이는 빌미를 제공한다.

정인홍은 상사뱀과의 관계에서 선불리 뱀을 죽여 멸문하게 되지만, 스승 남명에게서 퇴계가 월천에게 한 것 같은 보호나 가르침을 받지도 못한다. 결국 남명은 애초에 여성을 상사뱀으로 만든 잘못의 본질을 파악하지 못해 상사뱀을 제대로 해원하지도 못했으며, 스승으로서도 제자인 정인홍의 성품을 알면서도 상사뱀을 죽여 비극에 휘말리게 되는 상황을 방치했다는 점에서 이중의 실패를 보여준다 하겠다.

행위자로서의 상사뱀과 남명의 관계 양상을 그림으로 나타내면 다음과 같다.

처녀(주모)는 선비(남명)와의 만남을 통해 그와 연결, 접속했다고 생각했으나 다시 돌아오지 않는 남명으로 인해 죽어 뱀이 된다. 미숙한 젊은 선비 남명은 상사뱀과 다시 만나 상사뱀이 원한을 풀 때까지 보살핀다. 이때 상사뱀은 해원형 상사뱀 설화에처럼 용이 되기 위한 과도기에 있는 존재로 설정된다. 시간이 흐

〈그림 2〉 조식 유형 파국형 상사뱀 설화 관계도

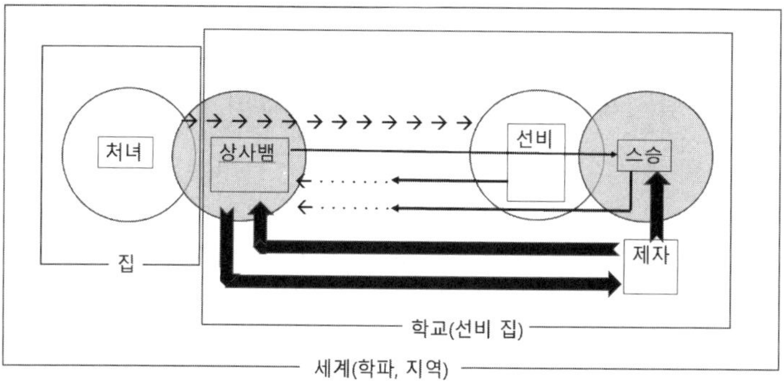

른 후 남명은 제자를 둔 스승으로 설정되어 있는데, 그는 스승으로서 자신의 영역에서 충분한 권위와 위력을 드러내지 않는다. 오히려 제자인 정인홍은 '눈빛', '완력', '기운'이 상사뱀을 죽게 할 만큼 비범한 인물로 묘사된다. 원귀가 된 상사뱀은 정인홍의 조카로 환생해 그를 몰락하게 하고 결국 남명에게도 부정적 영향력을 행사한다.

상사뱀과 남명은 오랜 기간 함께 접촉하고 연결되며 관계를 형성해갔지만 상사뱀은 이를 통해 용이 되지 못했고, 남명 역시 진정한 스승으로 인정받지 못했다. 상사뱀과 정인홍의 충격적인 죽임과 패망의 역학관계는 제자 정인홍의 정치적 행적뿐 아니라 남명에 대한 상반되는 해석, 그리고 그의 가족·여성 인식에 대한 전승자들의 이해와 수용 방식이 개입되어 '훌륭한 자질이 있으나 결국 실패한 스승'으로 남명 서사를 구성한 것으로 보인다. 여기서 상사뱀은 자신의 해원을 방해한 정인홍에게 복수함으로써 결국 정인홍의 스승 조식의 세계 역시 균열을 내는 힘 있는 존재로 인식된다.

4.3. 상사뱀의 위력, 지배권력의 재편 가능성 – 학동 · 선비

〈표 5〉 파국형 상사뱀 설화 – 학동 · 선비 유형(인물, 서사 내용)

번호	제목	채록 지역	구연자	출전	상사뱀 여성	대상 남성	전개	결말
1	상사뱀	경남 김해	강무연 (여, 55세)	대계 8-9 1061	외동딸	선비	뱀이 나타남	몸을 감아 죽임
2	파평 윤씨와 상사뱀	경북 달성	박기탁 (남, 72세)	대계 7-14 242	주막집 처자	학동 (윤씨)	죽어 뱀으로 환생/학동 집 →종, 동네사람 도망→불	동네에 불→ 무당굿→ 화재 잦아듦

파국형 상사뱀 설화의 마지막 유형은 상사뱀의 행위자성 확대, 위력 강화가 두드러지는(학동, 선비) 서사다. 이 유형(2편) 전반부는 앞의 두 유형과 각각 동일한 발단이 제시된다. 첫 번째 설화는 동침한 여성과의 약속을 저버리는 남명의 유형과 유사하고 두 번째는 처녀의 청혼을 거절하는 월천의 유형과 동일하다. 그러나 이 유형에서는 남성 인물이 구체적 실존 인물로 드러나지 않고 '선비', '학동'으로만 제시된다. 남성 인물 정보 삭제는 상대적으로 상사뱀(비인간 행위자)의 성격과 위력을 더 부각한다.

이러한 남성 인물의 추상화는 남명이나 월천처럼 인물과 관련한 여타 정보가 개입될 여지를 배제하기 때문에, 남성 인물은 개인이 아니라 '학동', '선비'로 지칭되는 신분사회의 남성 지배층, 기득권의 윤리 등을 상징하는 존재로 인식 가능하다. 아래는 이 유형의 첫 번째 설화 〈상사뱀〉의 연결 관계를 구조화한 그림이다.

〈그림 3〉 학동 · 선비 유형 파국형 상사뱀 설화 관계도1(《상사뱀》)

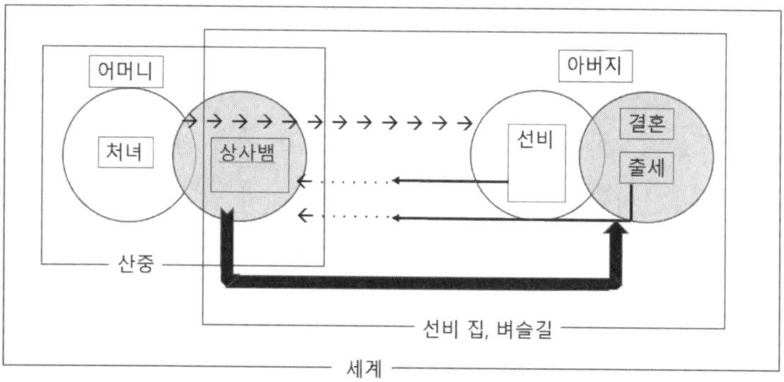

〈상사뱀〉의 여성 행위자(처녀)는 산중에서 만난 선비와 동침하고 함께 지내다 선비가 떠나자 그를 기다리다 죽는다. 선비는 아버지가 시키는 대로 장가를 가고 출세를 위한 과거를 보느라 처녀와의 약속을 잊는다. 3년 후에 선비가 처녀를 찾지만 처녀의 공간은 이미 폐허로 변했고, 처녀는 상사뱀이 되었다. 상사뱀이 된 처녀는, 월천에게 상사뱀이 한 것처럼 그를 따라가지 않고, 말에 올라 돌아가는 선비를 칭칭 감아 죽인다.

처녀가 상사뱀이 되는 오랜 기간 처녀의 기다림은 분노로 응축되어, 일말의 여지도 없이 선비의 뒤를 공격한 것이다. 여기서 처녀의 집은 산중에 있는 외딴 곳이며 선비의 집은 과거, 출세를 향해 열린 공간인데, 이들은 각각 자신의 세계를 상징하는 부모와 연결되어 있다. 처녀의 어머니는 명이 짧은 딸을 살리기 위해 어떤 선택도 감수하는 모습을 보여주는데, 선비의 아버지는 아들의 목소리를 들으려는 시도도 하지 않는다. 그는 이미 자신이 정해주는 대로 아들을 혼인시키고, 아들 역시 처녀를 향한 "생각이 있으면서도" 아버지의 명을 따른다. 선비의 세계는 사랑, 믿음, 의리보다 출세를 위한 삶이 더 중요한 곳이다.

상사뱀이 선비를 죽이는 행위는 선비의 영역이 상징하는 기존의 가치에 대한 공격으로 볼 수 있다. 선비가 사회의 우월한 지배층과 그들의 기득권을 상징하는 존재라고 했을 때, 그 사회를 유지하고 발전시켜나갈 관료(과거급제자)에 대한 위력 발휘는 그들이 놓치고 있는 것이 무엇인지, 그들이 잊고 버린 것이 무엇인지, 그 잘못이 오래 지속된다면 어떤 일이 발생할지 알려주는 일종의 경고라 하겠다. 상사뱀은 존재 자체만으로도 행위자성을 구축하지만 여기서 보여주는 상사뱀의 적극적 행위는 세계의 모순을 적극적으로 비판하려는 의도로 해석될 수 있다.

두 번째 설화 〈파평 윤씨와 상사뱀〉의 여성 행위자는 '주막집 처녀'다. 비를 피하던 학동을 보고 반한 처녀는 병이 들었고, 청혼을 거절당하자 죽어 뱀으로 환생한다. 상사뱀이 된 여성은 다른 유형의 상사뱀에 비해 훨씬 혹독한 고충을 겪고, 그에 따라 상사뱀이 취하는 반격의 양상도 전면적이고 끈질기다. 상사뱀이 된 비인간 행위자는 학동의 집으로 들어가서 누워 있는다. 커다란 상사뱀이 집의 중심에 자리잡고 있자 그 집에 있는 구성원은 고통받다가 하나둘씩 집을 떠나게 된다. 집안일을 하던 종들이 떠나고, 동네 사람들도 도망을 가는데, 일부 사람들이 상사뱀을 때리고 불태워 죽인다. 그러자 그날 저녁부터 온 동네에 불이 나고, 우마가 죽고, 농사도 안 되어 윤씨 가문 전체가 다른 동네로 이사한다. 옮겨간 동네에서도 여전히 불이 나고 상황이 바뀌지 않자 또다시 이사를 한다. 여전히 환란이 계속되자 동네 사람들은 무당 여덟을 불러 산에서 7일, 강변에서 3, 4일씩 굿을 해 겨우 불길을 잡았다.

〈파평 윤씨와 상사뱀〉의 상사뱀은 다른 유형에서 보이는 것처럼 자기 집 안방 또는 상대 남성의 벽장이나 이불 밑같이 한정된 공간에 유폐되어 있지 않고 많은 사람들에게 영향력을 미쳐 집안 사람들과 마을 사람들 전체에 영향을 끼친다. 그리하여 적어도 가문과 마을 단위의 지역에서는 주막집 처녀와 파평 윤씨 가문의 학동의 이야기를 알게 되었을 것이다.

그런데 파평 윤씨의 가문, 마을에서의 반응은 상사뱀을 회피하거나 불태워 죽이는 것이었다. 어느 것도 바람직한 해결방식은 아니다. 상사뱀의 영혼은 또 다른 불로 동네를 태우고 환란을 발생시켜 사람들을 근거지에서 내몬다. 끈질긴 상사뱀의 반격에 결국 파평 윤씨 가문은 특단의 조치를 내리는데, 그것이 무당의 굿이다.

'파평 윤씨'는 조선시대 임금의 족친이자 대표적인 권력 엘리트 집단으로 자리매김한 사대부 가문이다. '학동'은 바로 그 사회의 지배적 권력 세력의 중심에 속한 구성원인 것이다. 기득권 세력의 핵심이자 성리학적 세계 구현을 위해 학문을 하는 '학동'이 스스로 야기한 문제를 '무당의 굿'으로 해결하는 것은 바람직한 일일까. 자신이 만들어낸 구분과 배제의 원칙, 다른 존재와의 접촉 가능성을 차단하는 관념으로 발생한 일련의 문제는 스스로가 해결책을 찾아 바꾸어나가야 하는 것이다. 그런데 이미 내부에서는 해결할 수 있는 동력을 잃은 사대부 가문은 엉뚱하게 초월적인 방법으로 문제를 해결하려 하고, 이 시도는 효력을 발생했다. 그렇지만 이는 내부의 문제가 얼마나 심각한지를 드러내는 지표로 작용한다.

〈그림 4〉 학동 · 선비 유형 파국형 상사뱀 설화 관계도2(〈파평 윤씨와 상사뱀〉

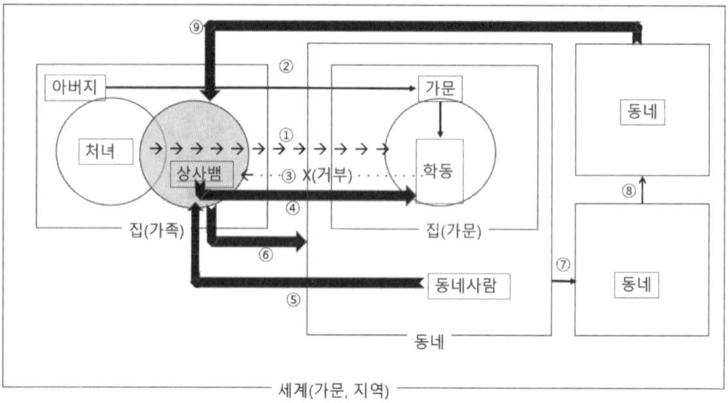

〈파평 윤씨와 상사뱀〉은 타자에 대한 분리를 가시화하는 상사뱀의 존재를 드러냈다는 사실 자체로도 의의가 있다. 상사뱀의 분리, 배제는 힘 있는 행위자(파평 윤씨)가 네트워크를 확장하고 공고화하는 것을 은폐하는 도구인데, 그들은 자신들이 경계를 넘나드는 잡종적인 존재를 만들어 네트워크를 구축해 상사뱀과 같은 이종적 존재를 만들어냈으면서 네트워크를 비판하려는 시도, 즉 상사뱀의 반격은 계속해서 경계 속에 가두어두려고 시도한다. 〈파평 윤씨와 상사뱀〉 설화는 이러한 연결망의 역학 관계에서 상사뱀의 위력이 전면에 드러나는 드문 각편이다. 이는 인간과 비인간의 경계를 넘나드는 상사뱀의 영향력이 인물 개인의 영역에 머무르는 것이 아니라 가문과 사회 전체에 미칠 수 있다는 사실을 환기시키며, 상사뱀의 존재가 사회 내부의 규칙과 윤리로 제어될 수 없는 막강한 힘을 지닌 것이라는 점을 각인시켰다. 확고하게 질서가 잡혀 있는 것처럼 보이는 세상이 본질적으로는 불안정한 잡종적인 네트워크로 만들어져 있음을 인식하는 것, 상사뱀의 존재는 지배적인 네트워크에 맞서서 권력을 분산시키고 새로운 연결망을 만들어 대안적인 네트워크를 구축하려는 사람들에게 흥미로운 문제 제기가 된다.[44]

기존의 사회가 만들어낸 문제를 해결하기 위해서는, 이 문제가 드러나는 장에 속한 다수의 행위자를 배제시킨 채로 소수의 행위자만으로 네트워크를 만들어서는 안 된다. 이것이 전통적인 권력자의 전략인데, 파국형 상사뱀 설화는 그 자체로 문제적 행위자 상사뱀의 존재를 인정하고, 이 비인간 행위자가 만들어내는 네트워크를 보여줌으로써 지배권력을 분산하고 재편하는 데 기여하는 것으로 보인다. 상사뱀은 자신을 인정하지 않고 배제, 억압하는 이들을 철저히 공격함으로써 학동과 그의 가문이 기반한 권력 체제의 허약함을 폭로하는 역할을 한다.

5. 파국형 상사뱀 설화의 의미

다음으로 설화가 다루는 주요 대상(인물)과 관련한 정보들을 파악하는 것이 필요하다. 파국형 상사뱀 설화에 등장하는 인물

---

44 브루노 라투르 외, 앞의 책, 31-32쪽의 대안적 네트워크 개념 참조.

은 남명 조식과 월천 조목으로, 이들은 역사적 실존 인물이며 지역 또는 전국적 기반으로 활동하여 영향력을 행사했던 인물이기도 하다. 이들의 실제 삶을 파악하는 일은 불가능하지만, 역사 기록과 문헌설화가 대상 인물에 대해 어떻게 접근하는지를 파악하고 그 관계를 알아보는 일은 필요하다.

남명 조식은 여러 번의 상소문과 출처 문제, 퇴계나 내암과의 관계[45]를 통해 역사적 평가가 엇갈리고, 문헌설화에서도 그 관심사는 뛰어난 성품이나 능력을 부각하는 것부터 호색 취미나 사치하는 태도에 대한 비판까지 다양하게 나타난다. 남명에 대한 이러한 이중적 평가는 정치적 사안에 대한 남명의 입장 표명과 은거의 방식, 인조반정 이후 극단적으로 엇갈리게 되는 정치적 평가 등에 더하여 가족이나 여성에 관한 남명의 인식이 부족하거나 각박하다는 평가가 복합적으로 반영된 것으로 보인다. 상사뱀 설화가 남명의 서사와 만나 구현해내는 실패의 서사는 욕망하는 여성/특출난 제자를 존중하고 지켜주지 못하고 이들을 관리, 교화의 대상으로 보는 남명의 태도에 대한 비판적 인식을 드러내는 것이라 볼 수 있다.

---

45 광해군 시절 정권 대북정권의 핵심에 서 있던 내암 정인홍(1535~1623)이 인조반정으로 죽임을 당하자 남명학파는 쇠락의 길로 접어들기 시작한다. 반정 이후 북인 세력과 관련된 학파에 대한 사상적 배제와 감시가 작동했으며 관련 인물과 가문에 대한 지속적 탄압이 있었다. 후손들과 북인 관련 인물, 영남 우도의 정인홍 관련 인물들은 생존을 위해 남명학파나 정인홍과의 인연을 왜곡할 수밖에 없었던 것으로 보인다. 남명학파에 대한 왜곡과 폄훼가 지속되는 과정에서 북인당파에 속했던 인물들은 출사하는 것이 어려워졌다. 송치욱, 「인조반정 이후 합천지역 남명학파 문인들의 활동양상-'염북(染北)'과 '모현(侮賢)' 혐의를 중심으로」, 『남명학연구원총서12』, 남명학연구원, 2019, 100-103쪽.)

월천 조목 역시 시대에 따라 역사적 평가가 상반되어 보일 정도로 다르게 나타난 인물이다. 그는 스승 퇴계와의 관계 속에서 인식되고 평가되는데, 실제로 그에 대한 다양한 평가는 퇴계를 통해서, 또는 퇴계와 관련한 일련의 행위를 통해 이루어졌다. 문헌에서 보이는 그의 지나친 엄격함, 고지식함은 상사뱀 설화에서도 그대로 연결되는데, 이는 그의 개인적 삶의 태도에서 기인하는 것이기도 하지만, 안동을 기반으로 한 퇴계문도와의 관계가 원만하지 못한 데서도 연유했다고 평가된다. 이러한 실제 인물에 대한 오랜 인식은 설화 향유층의 인식과 연결되면서 파국형 상사뱀 설화를 구성해온 것으로 보인다.

마지막으로 파국형 상사뱀의 연결망, 인물 간의 영향 관계를 살펴봄으로써 이 유형을 이해해보고자 했다. 파국형 상사뱀 설화는 인물의 연결방식과 영향력에 따라 세 유형으로 나누어볼 수 있다. 각각의 유형은 상사뱀이 되는 여성이 애초에 남성 대상과 어떻게 연결되는지에 주목하고 이들이 어떤 힘을 얼마나 어디까지의 영역에서 발휘하는지 살피는 데 유용하다. 상사뱀이 대상과 연결할 수 없는 조건에 대해 이야기하는 월천 조목 유형, 상사뱀과의 관계에서 생긴 문제를 해결하고자 하지만 실패하는 두 번째 조식 유형, 상사뱀의 위력이 전면적으로 드러나면서 기존의 세계에 대한 재편 가능성이 엿보이는 세 번째 유형이 그것이다.

파국형 상사뱀 설화는 역사적 인물에 대한 향유층의 인식과 기존의 질서 속에서 배제되고 분리되는 존재가 행위하는 양상과 방식을 보여주면서 이 서사를 독특한 연결망으로 가득한 형태로 만들었다. 성리학적 규범을 강화하고 내재화하려 애썼던 16세기

사림의 대표적인 인물을 향한 향유층의 시선은 개인의 욕망과 규범, 사회적 가치, 기득권층의 전략, 그 사이에서 제어 · 교정되거나 혹은 되지 않는 주체와 객체를 그려내고 있다. 파국형 상사뱀 설화를 비인간 행위자의 행위를 중심으로 읽어내며 그 연결망을 파악해내는 일은, 확고하게 질서가 잡혀 있는 것처럼 보이는 기존의 지배체제가 감추고 있는 불합리하고 불안정한 네트워크를 드러내는 데 도움을 준다. 상사뱀의 존재는 지배적인 네트워크에 맞서서 권력을 분산시키고 새로운 연결망을 만들어 대안적인 네트워크를 구축하려는 사람들에게 계속해서 흥미로운 이야깃거리를 제공할 것으로 보인다.

'바지씨' 생존 모델
:〈불온한 당신〉과 〈일상대화〉(日常對話) 속 퀴어 정동 및 회복적 전환

첸페이전(陳佩甄)

1. 퀴어 생존 모델과 정동

2015년과 2016년, 한국과 타이완에서는 마치 약속이라도 한 듯 '바지를 입은' '선배' 퀴어를 주체로 한 다큐멘터리 작품이 제작되었다. 한국의 독립 다큐멘터리 감독 이영은 '선배' 이묵(1945-)을 메인 라인으로 하여 〈불온한 당신〉(2015)[1]에서 다루었던 현대 동성애 운동에서는 찾아보기 힘든 선배 퀴어의 모습을 그려냈다. 타이완 독립 다큐멘터리 감독 황후이첸(黃惠偵)은 어머니인 웨뉘(月女)를 대상으로 〈나와 나의 T mama〉(我和我的T妈妈)를 먼저 제작하고 같은 해 다시 〈일상대화〉(日常对话)(2016)를 제작하여 모녀간의 교감과 오랜 침묵을 기록했다.[2] 이 두 편의 다큐멘터리 모두

---

1 이 작품은 2015년 완성되었고, 다큐멘터리 영화제에서 공식 상영되었다. 이후 2017년 7월 20일 극장판이 만들어져, 한국의 각 영화관에서 공개 상영되었다.

2 林書怡, 「從告白到對話 : 『我和我的T媽媽』和『日常對話』的倫理轉向」, 『女學學

'선배 퀴어'를 대상으로 하여 감독과 출연자 간의 선명한 '계승' 관계를 가지고 있지만, 서사와 구조에 있어서는 많은 차이를 보인다. 〈불온한 당신〉은 세 가지 에피소드를 주축으로 하고 있고 감독 이영이 이묵을 따라 시골과 도시를 넘나드는 삶의 경험을 따라간 이야기 외에 2014년 이후 한국의 동성애 반대 운동—기독교 보수 진영의 '차별금지법', '청년 인권 조례' 보이콧 논쟁, 퀴어 행사 방해 집회 및 3.11 쓰나미를 경험한 일본 여성 동성애 커플을 기록했다. 이 세 가지 에피소드는 서로 독립적으로 볼 수도 있지만, 함께 살펴본다면 감독이 던지는 삶에 관한 질문이 두드러진다. 한편, 『일상대화』는 영화 전체에 걸쳐 감독의 어머니인 T mama의 가족, 직업, 정서적 소속감에 초점을 맞추고 있다. 가족으로 T mama의 기존 가족뿐만 아니라 감독 자매의 가족 관계도 있고, 직업은 견망가진(牽亡歌陣, 역주: 대만 전통 장례 문화의 일부, 망자의 영혼을 천도하는 의식)이며, 정서는 다수의 동성 파트너를 통해 구현된다.

두 편의 다큐멘터리 모두 상당히 풍부한 개인의 기억과 삶의 궤적을 보여주고 있으며, 한국과 타이완의 전후부터 현재까지의 성/젠더 정치사를 반영하고 있다. 보다 중요한 것은, 두 다큐멘터리가 미국의 트랜스젠더 퀴어 연구자 주디스 잭 핼버스탬(Judith Jack Halberstam)이 제시한 '퀴어 생존 모델(queer modes of life)'를 제시한다는 점이다. 핼버스탬은 특히 퀴어 삶의 시·공간적 형태에 대해 깊이 있게 연구하고, 이러한 경계적 삶이 어떻게 "서브컬쳐의 실천, 대안적 연대 방식, 트랜스젠더의 각종 구현 형태를 통해 (…)

誌』 43, 2018, 1-35頁.

자발적 생존 모델의 재현 형태를 드러내는지"를 밝혔다.[3] 그는 '퀴어 시간성'을 통해 주류 역사에서 무시, 억압, 배척 당했던 각종 삶의 형태를 살펴볼 것을 제안했는데, 이 글에서는 한 걸음 더 나아가, 이성애/선형사(straight time) 및 그 '재생산'과 '미래성' 등 이데올로기의 운영방식을 들여다볼 필요가 있다고 판단한다. 이는 미국의 젠더 연구자 캐스 웨스턴(Kath Weston)이 퀴어 가족관계에 관한 저서에서 "역사, 물질적 조건, 맥락이 있어야만 동성애 관계 이데올로기의 구체적 의미, 그러한 이데올로기가 특정 시기에 출현하여 사람들의 일상생활 속에서 실현되는 방식을 설명할 수 있다"고 주장한 것과 같다.[4] 따라서 이 글에서는 이묵과 T mama가 다큐멘터리에서 보여주는 삶의 경험을 분석하고 상술한 주류 역사의 발전 과정에서 만들어진 지배적 역사 참조를 되돌아볼 것이며, 두 주인공의 삶을 '비전형적 기억'의 상상 기반으로 삼아 주류 역사 이외의 참조 자원으로 사용하고자 한다. 여기서 '비전형적 기억'이란, '보편, 주류'와 대립되는 '특별한, 이종의' 경험을 가리키는 것이 아니다. 이 글에서는 기존의 이원적 대립 구조(예, 이성애 vs 동성애)에 빠져 단일 참조 모델(이성애를 노멀로 함)로 전이되는 것을 방지하기 위해, 타이완과 한국 사회, 이묵과 T mama를 '상호 참조

---

3 원문: "subcultural practices, alternative modes of alliance, forms of transgender embodiment, and those forms of representation dedicated to capturing…willfully eccentric modes of being." Judith Halberstam, *In a Queer Time and Place: Transgender Bodies, Subcultural Lives*. New York: New York University Press, 2005, p.1.

4 Kath Weston, *Families We Choose: Lesbians, Gays, Kinship*. New York: Columbia University Press, 1991, p.40.

(inter-referencing)'함으로써 각종 지배 권력 간의 동맹 및 공모 관계를 밝히고, 두 사회 내 각종 (성)소수자 집단을 상호 조망함으로써 횡적 연대의 가능성을 타진해보고자 한다.

이 글에서는 두 편의 영화를 상호 참조하여 다음의 주제를 연구하고자 한다. 먼저, '퀴어 시간성과 선형(직선의)시간' 및 '비전형적 노동과 자본주의식 생산의 시간'이라는 두 가지 '시간성(temporalities)'으로 두 다큐멘터리에서 공통적으로 다루고 있는 역사 참조 문제를 논하고, 퀴어 '생존 모델'이 단순히 성/젠더 정체성에만 관계된 것이 아니라 삶의 형태(precarious)와도 긴밀하게 연결되어 있음을 제시하고자 한다. 다음으로, 두 다큐멘터리가 다루는 '바지를 입은 사람/바지씨'를 통해, 전후 냉전시기 타이완과 한국에서 구축된 '젠더 인식 규범'에 대해 논하고 이러한 특정 어휘로 대변되는 역사를 재구성하여 '퀴어 시간성'의 복잡성을 드러내고자 한다. 마지막으로, 두 다큐멘터리에 대한 역사적 토론을 통해, 결론에서 '일상'과 '정동'적 측면에서 퀴어 역사에 개입하는 회복적 읽기를 제시함으로써, 상기 '퀴어 생존 모델'의 역사화와 재현에 대한 탐구 외에도, 현재라는 역사적 시·공간에 보다 다양한 참조 가능성을 제시하고자 한다.

상술한 질문은 또한 최근 퀴어 이론의 정동적 전회를 반영하며, 이러한 전환의 동력은 이브 K. 세지윅(Eve K. Sedgwick)과 애덤 프랭크(Adam Frank)가 '퀴어 이론'과 심리학자 실반 톰킨스(Silvan Tomkins)의 '정동 이론'을 연계하여 논의한 데서 비롯된다.[5] '퀴어

5 Eve K. Sedgwick & Adam Frank (Eds.), *Shame and its sisters: A Silvan Tomkins*

정동(queer affect)'은 언어 주도적이고 성/젠더 정체성에 대한 반 본질주의 및 해체성에 천착했던 퀴어 이론 최초의 핵심 프로젝트와 다르다. 이는 세지윅이 말한 '편집증적 비판(paranoid criticism)'의 내용이기도 한데, 그녀는 퀴어(에이즈 위기에 대한)의 편집증적 읽기가 이론과 정치의 가능성을 제한한다고 생각했고, 퀴어 정동은 '정체성(identity)'이 아닌 '정동/욕망' 생활을 중시함으로써 정상과 비정상, 대중과 개인, 수치와 긍지, 억압과 해방 등 이원적 대립을 초월한다고 판단했다.[6]

한편, 아시아-아메리카 퀴어 연구자 리우 웬(Liu Wen)은 상기 퀴어 이론과 '정동적 전회(affect turn)'를 결합하여 퀴어 부정의 정동(queer negativity), 퀴어 시간성(queer temporality), 퀴어 메커닉(queer machinic)이라는 삼중 구조의 정동 연구 유파를 발전시켰다. 리우 웬은 한 걸음 더 나아가 이 세 가지 유파의 전략 방향을 감정 우울(feeling down), 감정 도태(feeling backward), 감정 메커닉(feeling machinic)라고 정의했다. 이 세 가지 전략은 각각 다음에 중점을 둔다. 첫째, 퀴어 경험 중 부정적 정동(수치심 등)을 능동성(agency)이 있는 것으로 간주하고, 정동이 퀴어 주체 주변에서 어떻게 형성되고 전파되는지 관찰함으로써 퀴어 문화를 심도 있게 이해한다. 둘

---

reader. Durham, NC: Duke University Press, 1995; Eve K. Sedgwick, *Touching Feeling: Affect, Pedagogy, Performativity*, Durham, NC: Duke University Press, 2003.

6 Lauren Berlant & Michael Warner, "Sex in Public," *Critical Inquiry* Vol.24, No.2, Intimacy The University of Chicago Press, 1998, pp.547-566; Elizabeth Grosz, *Volatile Bodies: Toward a Corporeal Feminism*, Indiana University Press, 1994; Eve K. Sedgwick, Ibid., 2003.

째, 퀴어 시간성을 회복의 역사로 보고, '도태와 낙후'는 기존 인식론에 대한 반성이지 '진보와 미래'에 대한 반대가 아니다. 셋째, 진일보한 존재론적 전회(ontological turn)로서, 퀴어와 비인간(non-human) 관계로 서양의 백인 중심주의적 경험에 도전한다.

이 글에서는 상술한 '퀴어 정동' 연구가 '정체성 정치'에서 '정동의 회복'으로 전환하는 것에는 동의하지만 '부정적 정동', '도태', '메커니즘' 등의 논의는 경계한다. 그 이유는, 상기 세 가지 수사 역시 '긍정과 부정', '진보와 도태', '인간과 비인간'이라는 이원적 대립 구조를 지향하고 있기 때문이다. 우리는 두 다큐멘터리의 주인공을 통해 상기 두 가지 구조가 그들의 삶 속에 어떤 형태로 공존하는지를 관찰할 수 있을 것이다. 따라서, 이 글에서의 문제 제기는 '퀴어 정체성'뿐만 아니라, 타이완과 한국의 역사, 두 주인공의 다양한 삶의 모습, 두 다큐멘터리 감독의 계승을 횡적으로 참조함으로써 역사와 사회성이 풍부한 정동 네트워크를 재구성하는 것을 목적으로 한다.

2. 비전형적 기억과 퀴어 시간성

이 장에서는 '비전형적 기억(precarious memory)'으로 두 편의 다큐멘터리 속 주인공이 살았던 퀴어의 시공간을 논함으로써, 주류 역사에서 배척된 각종 삶의 형태를 드러내고자 한다. 두 편의 다큐멘터리 속 주인공은 10년의 차이를 두고 태어났지만, 모두 제2차 세계대전 이후 성장했고 특히 1960년부터 1970년대의 역사적 시 · 공간에서 비전형적인 방식으로 생활해왔다는 공통점이 있다. 여기서 '비전형적 생활방식(precarious status)'의 가장 구체적인 특징은, 두 선배 모두 '일반적인' '여성'의 생애 주기에 따라 살지 않았다는 데 있다. 이묵은 1945년 전라남도 여수시에서 태어났다. 어른이 되어서는 서울에서 일했고, 1960년대에 택시운전으로 생계를 유지했다. 이후 퇴직하여 고향 여수와 서울을 오가면서 다양한 감정적 관계를 형성했고 거의 '결혼'할 뻔한 적도 있었다. 여기까지는 다큐멘터리에서 간단하게 언급된 정보이고, 이묵의 70년 넘는 인생의 절반 정도는 다큐멘터리에서 드러나지 않는다. 왜냐하면 인터뷰에서 볼 수 있듯이 이묵의 희미하고 조각난 기억을 재구성할 수 있는 시스템이 부재하고, 감독이 전적으로 피사체의 '진술'과 '현재'에만 의존하여 과거로 거슬러 올라가야 했기 때문이다. 반면, T mama는 비교적 '완전'한 역사를 담고 있지만, 감독이 이 다큐멘터리를 제작하겠다고 결심하기 전까지 딸의 눈에 비춰진 T mama의 인생은 조각나고 미스테리한 존재였다. 1956년에 태어난 웨뉘는 기초 교육을 받은 후 1970년대에 '여공'이 되었다. 19세에 생애 최초의 여성 파트너(연극배우)를 만났고, 21세에 결혼하여 아내가 되었고 두 딸을 낳았다. 그 후 가정폭력에 시달리다 두 딸을 데리고 친구에게 도망가 견망가진에서 아르바이트를 하고, 나중에는 자신의 '견망가단(牽亡歌團)'을 차려 두 딸(두 딸과 그 딸들)과 함께 '견망가진'을 운영했다. 다큐멘터리를 통해 T mama의 여러 관계 속 여성 파트너들이 직접 인터뷰한 모습을 볼 수 있으며, 다큐멘터리 촬영 시에도 안정적인 파트너가 옆에 있었다. 감독은 딸의 입장에서 모녀가 이루 다 말로 할 수 없었던 어두운 과거를 재구성하고자 한다.

이 연구를 통해 비록 정도의 차이는 있으나 두 주인공의 사회 역사적(social-historical) 시스템의 실패를 관찰할 수 있었다. 전술한 '시스템'의 부재는 '사회적 관계'와 '국가적 역사'의 이중 부재로 표현된다. 이묵을 예로 들자면, 전자는 이묵이 가정이 없는 독신이고 직업이 불안정하며 변동성이 높아 직업, 학교, 종교 사회 등 어떠한 지원 시스템에도 참여한 적이 없었다는 것을 의미한다. 후자는 주류 역사에 기록되지 않았다는 것을 가리키는데, 이는 이묵 세대가 자신을 부르는 언어 또는 아래에 언급할 '여운회(女運會)'와 같은 조직의 기록을 포함한다. 우리는 두 편의 다큐멘터리 모두 사회 역사적 부재를 재구성하기 위해 선배 퀴어들의 '일상의 기억'을 지향하고 있고, '일상'이 두 편의 다큐멘터리, 나아가 두 가지 퀴어 역사의 중요한 서사 자원임을 알 수 있다. 일본 문화연구자 해리 하루투니언(Harry Harootunian)은 '일상성(everydayness)'과 주류 국가 역사 서사 간의 긴장관계를 밝힌 바 있다. 이러한 상호 충돌적 시간 형태는 '민족국가'와 '산업자본주의' 하에서의 '매일의 생활'로 나타난다. 하루투니언은 여기서 더 나아가 "우리가 직면한 것은 두 가지 인식의 모델과 두 가지 시간성이다. 두 가지는 반드시 끊임없이 함께 연결되어 있어야 한다. 그 한 편은 역사적 기대를 과거로 돌리려 하는 것으로 규칙적인 선형의 역사 발전으로 배열되고, 다른 한 편은 시간에 대한 기억의 지속적인 회귀이다. 우리는 반드시 이 두 가지를 함께 결합시켜야 한다"고 설명한다.[7] 하루투니언이 지적한 '두 가지 시간성'은 이 글에서 살펴본 두 편의 다큐멘터리에서 상당히 복잡한 의미를 가진다. 좀 더 자세하게 들여다보면 이묵과 T mama의 삶에는 '퀴어 시간성'과 '직/선형 시간', '비전형적 생존 양태'와 '자본주의 생산 시간'이 동시에 존재한다. 따라서, 이어지는 논의 과정에서 두 다큐멘터리가 재현하는 '일상'과 '기억'이 일종의 '비전형적 기억'에 의해 주도되는 서사 모델이며, '자본주의 생산', '주류 이성애'에 대응되는 선형의 역사이자, 국가 역사 바깥의 개인의 기억과 안정적 생활 바깥의 생존 방식을 지향하고 있음을 제시하고자 한다.

먼저, 두 편의 다큐멘터리에 등장하는 '퀴어 선배들'은 모두 그들의 삶 속에 '직/선형 시간(straight time)'[8]과 '퀴어한 시간(queer time)'을 가지고 있다. 이들 두 'time zone'은 서로 다르지만 대립하지 않고 공존하고 있다. 핼버스탬은『퀴어 시간과 장소에서: 트랜스젠더 신체와 하위문화적 생존(In a Queer Time and Place: Transgender Bodies and Subcultural Lives, 2005)』에서 "퀴어의 시간성이 시간의 규

---

7 哈若圖寧(Harry Harootunian), 王梅春 · 王婉葶 · 周俊男 · 陳春燕 · 陳莉萍 · 謝樹寬 譯,『歷史的記憶與日常：資本主義與東亞批判研究—哈若圖寧選集』(*The Memory and Everydayness of History: Capitalism and Critical East Asian Studies. A Selection of Harry Harootunian's Essays*), 新竹： 國立交通大學出版社, 2017, 17頁.

8 여기서 '직/선형 시간'이란, '이성애'와 '선형 역사관' 주도적인 삶의 시퀀스를 말한다. straight는 영어에서 이성애를 의미하고, 중문에서는 '직선'과 '완곡'의 대비를 통해 이성애와 동성애를 가리키므로, 이성애의 일반화적 사회 역사를 '직선의 시간'으로 명명한다. '선형 역사관'이란, 서양 현대화 이데올로기 주도형 역사 서사방식으로, 역사는 직선의 시간 순으로 발전해왔고, 이로써 '현대화 전통', '진보와 낙후'와 같은 대립의 구조가 도출되어 다양한 문화와 사회 및 민족의 관점을 구분한다.

범적 서술을 파괴하며, (이 규범적 서술은) 인간을 정의하는 거의 모든 토대를 구성한다"고 지적한다.[9] 핼버스탬은 퀴어다움(queerness)과 성 정체성(sexual identity)을 구분하고 이를 일종의 '성'이 아니라 하나의 **생활방식**으로 이해할 것을 제안했는데, 이는 어떤 사람들에게는 더욱 불안감을 느끼게 하는 것이라고 했다.[10]

핼버스탬의 논점은 우리가 이묵과 T mama의 삶에서 공간을 연결하여 전개되는 퀴어한 시간을 이해할 수 있도록 돕는다. 예를 들어, 이묵의 '생활 방식'은 다양한 시 · 공간에서 명확한 차이를 보인다. 다큐멘터리 도입부의 인터뷰에서 이묵은 "나는 어렸을 때부터 내가 여자가 아니라고 생각했어. 그래서 내 인생이 이렇게 변한 거야. 나는 내가 여자라고 생각해본 적이 없어"라고 말한다. 여수의 고향 동네에서 어릴 적부터 알고 지낸 이웃 노인과 얘기할 때는 "여기 사람들은 내가 어떻게 여자에서 남자로 바뀌었는지 알지. 외지에서는 남자로 살았지만, 마을 사람들은 다 알아"라고 말한다.

그는 고향에서는 자유롭게 바지를 입고 가슴을 동여매지 않았다. 그러나 또 다른 공간에서의 이묵은 '가슴싸개'를 꼼꼼하게 세탁하고 착용했다. 서울이라는 대도시에서 살아갈 때는 "이곳에서 좋아하는 방식으로 살아야 한다"고 생각했기 때문에 그는 가슴싸개를 착용했을 뿐 아니라 남자 이름인 '김승우'로 살았다. 공간과 인간관계에 따라 자신의 방식을 숨기거나 보여주고 다른 이

9 Judith Halberstam, *In a Queer Time and Place: Transgender Bodies, Subcultural Lives*. New York: New York University Press, 2005, p.152.

10 Judith Halberstam, Op. Cit., p.1. 볼드체는 필자가 추가한 내용임.

름을 사용함으로써[11] 도전과 저항을 동시에 보여주고 있다. 가슴을 동여맨다는 것은 이묵의 70년 넘는 인생에 있어 상징적인 표현이 되었다. "이곳에서 좋아하는 방식으로 살아야 한다"는 것은 도시에서의 삶이 젠더와 정체성 규범에 있어 더욱 엄격함을 암시한다. 예를 들어 이묵이 선택한 직업은 남성 정체성과 연결(운전기사와 육체 노동자)되며, 파트너의 집을 출입할 때에도 이러한 남성의 역할을 지킴으로써 거주지에서 쫓겨나거나 이웃의 구설을 불러일으키는 불편을 피할 수 있었을 것이다. 배성민과 정희성도 이묵의 경험을 통해 도시와 농촌 간의 이분법적 사고에 대해 질문을 던진 적이 있다.[12] 일반적으로 동성애자에게 시골보다는 도시가 살아가기 쉽다고 생각하지만 이묵은 시골 고향에서의 느낌이 더 편안하고, 도시에서는 숨어 살아야 했다고 말한다. 물론 이것은 그의 경험에서 우러난 이야기다. 이와 관련하여 이묵은 "예전에는 사람들이 동성애자를 두고 '여자들끼리 같이 산다'고 하며 등 뒤에서는 이러쿵저러쿵해도, 조금 지나면 우리를 이웃이나 친척처럼 대했지. 우리 같은 사람들은 마음이 다 착해. 그래서 마을 사람들이 우리가 이상한 사람이 아니라는 걸 금세 알지. 조금 살다 보면 저녁 먹으러 오라고 초대도 해주고 그랬어. 그래도 이사 온 지 얼마 안 되었을 때는 마을에서 수군거렸지"라고 회상한다. 이묵의 경험은,

11 본명은 여성 이름으로 흔한 '순심'이었고, 일부 친구들 사이에서는 이세(李蛻)라는 별명으로, 서울에서는 김승우라고 불렸다.

12 배성민 · 정희성, 「퀴어와 공간의 관계 재구성: 영화 〈불온한 당신〉(이영, 2015)의 바지씨 이묵을 통해 한국이라는 공간의 이성애 규범성과 도시-촌락 이분법 탐문하기」, 『공간과 사회』 통권 63호, 한국공간환경학회, 2018. 3.

퀴어와 공간 사이의 실제 관계가 전통적으로 받아들여지는 이분법적 이미지보다 복잡함을 보여준다.

〈일상대화〉에서 T mama의 '퀴어한 시간' 역시 그녀의 선형의 삶 속에 혼재되어 있고 두 개의 '집' 사이에서 나타난다. T mama는 원래 주류의 생애주기 안에서 자연스럽게 '여공', '아내'와 '엄마'가 되었고, 나중에는 가정폭력으로 인해 "일해서 번 돈을 전부 남편에게 빼앗기고 밥 사 먹을 돈도 없는" 신세가 되었다. 11년의 가정폭력을 견디다 못한 32세의 그녀는 두 딸을 데리고 야반 도주한다. 도망칠 때 아무것도 가지고 나오지 않아 친구인 아리안(阿蓮)의 도움을 받고, 나중에는 돈을 따서 딸에게 옷을 사줄 요량으로 도박판에 나서기도 한다. 나중에 세 식구가 몸을 누일 수 있을 만한 방 한 칸 마련할 능력이 생기지만, 두 딸은 "불쌍하게도 주민등록이 없어 학교에 다닐 수 없었다." 이 같은 경험은 T mama의 두 가지 삶에 가로놓여 있으면서 조각나고, 교차하고, 중첩된다. 다큐멘터리에서 감독은 T mama의 교제 대상을 인터뷰하면서 어머니가 그녀의 여자친구들에게 털어놓았던 인생사가 달랐다는 것을 발견한다. 즉 두 아이는 입양했고 결혼은 한 여자친구 때문에 욱하는 마음에서 했으며 결혼 후 남편과는 딱 한 번 같이 잤고 결혼생활은 일주일 만에 끝났다는 등 다양한 버전이 있었다. 감독은 이와 같이 난생 처음 듣는 엄마의 인생 버전에 관해 "엄마는 드러내놓고 말할 수 없었던 그 과거들을 이런 식으로 직면할 수밖에 없었던" 것으로 이해한다. 또한 작품 속에서는 T mama가 중허(中和)의 옛날 집, 어머니의 베이강(北港) 친정집, 나중에 루저우(芦洲)의 집까지 다양한 '집'을 전전하는 모습을 그린다. 그 기간 동안,

그녀 삶의 과거와 현재가 중첩되어 나타난다. 십수 년 전 아버지가 자살했던 중허의 옛날 집에서 "우리 엄마, 그리고 어린 시절의 나는 계속 여기 갇혀 있었고 진정으로 이곳을 떠난 적이 없었다"고 말한다. 다양한 '삶의 버전', 다양한 '집' 사이에서 T mama는 하나의 균질화된 삶의 주기가 아니라 다양한 시공간에 동시에 처해 있었던 것이다.

3. 문제아의 탄생: '바지씨'와 불온한 계급

이묵과 T mama의 퀴어 정체성은 그들의 삶의 주기에 정체, 중단, 갈림길 등 비선형적 생활방식을 만들어냈지만, 이성애적 선형의 시간을 벗어나는 것 이외에도, 그들의 인생 경험이 현대 산업화 사회가 만들어낸 '균일한 삶의 주기'에 도전하도록 함으로써, 자본주의적 생산 시간 이외의 비전형적 노동 주체가 되도록 만들었다. 마르크스주의 연구자 앙리 르페브르(Henri Lefebvre)의 연구에 따르면, 산업화 이전의 일상생활은 자연 순환(natural cycles)—낮과 밤, 주, 월, 계절 및 생명 주기—로 구성되어 있었고 종교의식과 사용 가치라는 틀에 한정되어 있었다. 즉, 마르크스의 말을 빌리자면, 초기 자본주의의 일상생활은 생산 현장의 작업 일정에 의해 주도되었고 자본주의는 일상생활 속에 존재하면서 자체 재생산을 거듭해왔던 것이다.[13] 이와 관련하여 이 글에서는 퀴어 경험을 산

13 Henri Lefebvre, "The Everyday and Everydayness," *Yale French Studies* 73, 1987,

업화 자본주의 시간을 통해 재검토함으로써, '직/선형 시간'과 '퀴어한 시간'이라는 이분법적 인식을 더 깊이 심화하여 다루고자 한다. 특히, 최근 세계 학계의 퀴어 관련 연구에서 계속해서 강조되는 '계급', '빈곤', '신자유주의', '비전형적 노동' 등 퀴어 정치에 대한 경제적 측면의 개입을 논하고자 한다.[14]

구체적으로 살펴보자면, '불온한 계급'이란 안정적인 충분한 소득이 없고 정체성이 없으며 합법성, 인정, 지원을 제공해줄 수 있는 기관 및 커뮤니티에 참여할 수 없는 사람들을 가리킨다. 이를 통해 『불온한 당신』 속 이묵이 참여했던 '지하'조직인 '여운회'와 『일상대화』에서 T mama의 정서적, 경제적 커뮤니티인 '견망가진'을 이해할 수 있다. 그 밖에, 미국의 퀴어 이론가 주디스 버틀러(Judith Butler)는 '불온한 생활(precarious life)'을 하나의 윤리 철학으로 보고, 자신과 타인의 공동 취약성을 이해할 수 있으며, 비폭력, 진보 정치에 기반을 제공한다고 보았다.[15] 버틀러의 윤리 철학은 〈불온한 당신〉에 병치된 다양한 서사와 사건 속에서 찾아볼 수 있다. 한글 제목의 '불온한'을 직역하면 '안정되지 않은'(일본어로 번역하면 '不穩なあなた')으로 옮겨지고, '통치 권력 체제에 순응하

---

pp.7-11.

14 Marian Duggan, "Using Victims' Voices to Prevent Violence Against Women: A Critique", *British Journal of Community Justice*, 10(2), 2012, pp.25-38; Amber Hollibaugh & Margot Weiss, "Queer Precarity and the Myth of Gay Affluence," *New Labor Forum* Vol.24(3), 2015, pp.18-27.

15 Judith Butler, *Precarious Life: The Power of Mourning and Violence*, London: Verso, 2004.

지 않는 사상과 태도'로 풀이된다.[16] 중문 번역 명칭은 영문 번역인 'Troublers'에 대응된다. 이 몇 가지 언어가 교차하며 갖게 되는 복잡한 의미는 이 글에서 언급한 '불온한 상태(precarious status)',[17] 그리고 다음 장에서 중점적으로 논의할 'Troubler'가 어떻게 타이완과 한국 사회에서 만들어졌는지로 연결된다. 먼저, 버틀러가 제시한 윤리 철학으로 돌아가보면, <불온한 당신>은 이묵과 '3 · 11 쓰나미' 도호쿠 대지진을 겪은 일본 레즈비언 커플을 현대 젊은 레즈비언/퀴어, 세월호 참사[18] 유가족에 대응시키며, 그들이 처한 시공간은 다르지만 모두가 취약하고 불안한 삶의 상태에 처해 있다는 점을 부각시킨다. 다큐멘터리에서 보여주는 동성애 반대 단체와 그들의 주장은 '국가 안보에 대한 위협'이라는 명목으로 동성애자/퀴어와 세월호 참사 유가족을 '비국민', '종북 세력(친북 세력)'으로 규정한다.[19] 세월호 참사가 발생한 그해(2014) 6월, 기독

16 국립국어원 『표준국어대사전』, 2019. http://stdweb2.korean.go.kr/main.jsp(접속일: 2019. 8. 21.) 웹사이트 상의 용어 해석을 인용함.

17 precarious, precarity의 중문 번역이 표준화되지 않은 관계로, 본문에서는 논의 주제와 자료에 따라 일괄 '불온한' 및 '불온한 계급'으로 번역한다.

18 이 선박 사고는 2014년 4월 16일 발생했다. 당일 476명의 승객을 태우고 인천항에서 제주도로 가던 '세월호'가 항해 중 전복되었다. 승객 중 325명이 안산시 단원고 학생이었고 승객과 선원 304명이 사망했다. 여론은 응급구조 및 후속 처리 과정에서 정부기관 간 정보 공개의 불투명성과 상호 책임 전가로 인해 엄청난 인명피해가 발생했다고 질타하였다.

19 한국의 퀴어/성소수자에 '공산당', '친북' 등 프레임을 씌워 논의하는 것. Ju Hui Judy Han, "The Politics of Homophobia in South Korea," *East Asia Forum Quarterly* 24, 2016, pp.6-7; Ju Hui Judy Han, "Becoming Visible, Becoming Political: Faith and Queer Activism in South Korea," *The Scholar & Feminist Online* 14 (2). 2017. https://sfonline.barnard.edu/queer-religion/becoming-visible-

교 단체가 서울 신촌 대학가에서 열린 퀴어 퍼레이드(퀴어 문화 페스티벌)을 방해했을 뿐 아니라, 세월호 참사 유가족이 국가 자원을 낭비하고 '탐욕스럽게' 국가에 배상을 요구한다고 공격했다. 〈불온한 당신〉은 다양한 국가, 사회 내 취약계층에서 발생하는 정치, 자연, 인권적 재해를 병치시키며 아주 중요한 공동체적 상상과 연대를 제시한다. 여기서 말하는 '공동체'란, '트랜스 네이션', '비국민의', '불평등', '비균질' 등의 의미가 집약된 것으로서, 현대 국제사회에서의 '불온한 계급'에 아주 중요한 참조를 제시한다.

버틀러는 '타자(Other)'를 인류 또는 주체가 만들어낸 일종의 비판적 개입으로 보고 "'타자'는 단수인지 복수인지에 관계없이, 모두 성을 관리하고 식별하는 기준을 통해 식별되고 인정받는다"라고 기술했다(a set of norms that govern recognizability).[20] 그녀는 이렇게 '식별 기준'으로부터 배제 당한 사람들은 인류의 일치성을 위해 희생당한다고 지적했다. 그녀는 「과도주체의 생존 능동성(Agencies of Style for a Liminal Subject, 2000)」이라는 글에서 "타자의 생존 위기를 불러오는 생활 방식이란 어떤 것인가?"21라고 질문한 후 생활 방식(style)은 타인으로부터 배척당한다는 표지이자 그들이 여전히 살아남을 수 있는 원인이며,[22] 핼버스탬이 말한 '퀴어 생존 모델'과

becoming-political-faith-and-queer-activism-in-south-korea/

20 Judith Butler, "Violence, Mourning, Politics," *Studies in Gender and Sexuality* 4(1), 2003, pp.9-37.

21 Judith Butler, "Agencies of Style for a Liminal Subject," Paul Gilroy & Lawrence Grossberg & Angela McRobbie (Eds.), *Without Guarantees: In Honour of Stuart Hall,* London: Verso, 2000, p.36.

22 Judith Butler, ibid.

호응된다고 했다. 본 절에서는 이상의 분석 결과를 바탕으로 이묵과 T mama를 두 가지 시 · 공간 사이에 존재하면서(between) 그에 속해 있는(belonging) '경계적 주체(liminal subject)'로 바라본다. 그 생활 방식은 구체적으로 '바지'라는 상징물로 표현된다. 이 글에서는 두 편의 다큐멘터리에서 동시에 다루고 있는 '바지씨'와 '바지를 입는 사람'이 타이완과 한국에 상호 참조의 역사를 제공하며, 이는 또한 '비전형적 기억'의 중요한 유산이라고 판단한다. 하지만 이 두 단어는 지금의 타이완과 한국에서는 거의 사용되지 않으며,[23] 앞서 버틀러가 말한 바와 같이, '식별 규범' 밖으로 배제된 존재들, 그/그녀의 생존 위기, 그리고 더 중요하게는 그/그녀들이 살아남을 수 있었던 생활 방식을 반영하고 있다.

타이완과 한국은 1950년부터 1970년대까지, '젠더 식별 규범'이 남자와 여자로 엄격하게 구분되었고, 희한하게도 '바지'라는 젠더 상징물이 당시 퀴어들의 역사적 흔적이 되었다. 〈불온한 당신〉의 감독 이영은 과거 한 인터뷰에서, 선배 성소수자 관련 자료가 없어 취재 및 촬영 대상을 팔방으로 물색하다가 이묵이라는 '선배'의 존재를 알게 되었고, 그러자마자 곧장 이묵이 사는 곳을 찾아가 문을 두드리며 "선생님, 저는 '바지씨' 후배입니다"라고 인

23 '바지 입은 사람'은 이 글의 시대(1950~1970)와 장소(현지 사회상 특정 직업)에서, 중요한 상징적 의의를 갖는다. 또한 당대 역사의 이해에 소중한 상상 자원이 된다. 물론 지금도 상술한 세대와 커뮤니티에 속한 사람들이 이런 표현을 사용하고 있겠지만, 성/젠더 정체성 관련 토론(대만이든 한국이든)에서는 거의 사라졌다. 이 글의 작성 동기가 바로 이러한 역사적 결과에 답하는 것이기에, 이 글에서는 '거의 아무도 사용하지 않는'이라는 표현을 통해 해당 용어와 그 역사의 위태로움을 강조하고자 한다.

사했다고 했다.[24] '바지씨'는 이묵 세대 사람들에게는 익숙한 말이지만 지금의 한국에서는 아는 사람이 많지 않다. 한편, 〈일상대화〉 중 감독의 조카(여동생의 딸) 아린(阿琳)이 어렸을 때 찍은 영상에 이런 대화가 나온다.

아린: 이모는 남자야, 여자야?

감독: 글쎄.

아린: 당연히 남자겠지?

감독: 왜?

아린: 치마를 안 입으니까. 매일 바지만 입잖아.

감독: 치마를 안 입으면 남자야?

아린: 당연하지!

이 대화는 후일 아린의 의식 속에서 수정되었다. 아린은 자신의 자매와 동성애자의 권익에 관한 토론까지 하며, '이모가 여자를 사랑한다'는 것은 문제될 것이 없다고 인식하게 된다. 그러나 '매일 바지만 입는' T mama로서의 생활 방식은, 직접적으로 성적 정체성뿐만 아니라 주류 젠더 규범과 동성애 문화에서 잊혀진 '바지를 입는 사람'의 역사를 대변한다.

'바지'는 전후 타이완과 한국에서 성적 정체성을 나타내는 요소가 되었는데, 이때 성적 정체성은 주로 여성 동성애자 또는 여성

24 감독이 여기서 사용했던 원문은 "선배님, 제가 '바지씨' 후배입니다"였다. 장일호, 「옛날 옛적 '바지씨'가 살던 그때」, 『시사IN』 제514호, (주)참언론, 2017. 7. 28.

트렌스젠더를 지칭한다. 한국에서는 영문 'Lesbian'을 음역한 '레즈비언/레즈비안', 식민시기부터 사용된 '동성애자' 또는 1990년대부터 나타난 '이반'[25] 및 기타 현지 용어들이 사용되기 전에 '바지씨(pajissi)'[26]라는 용어가 있었다. 타이완의 경우, 'Tongzhi(同志)', 'Lazi(拉子)', 'Kuer(酷儿)' 등의 용어가 출현하기 전에 이미 'Ti(踢)/tomboy, Po(婆)'[27]와 같은 특정 용어가 있기는 하였으나 '바지를 입은 사람(타이완 독음: chhēng-khò-ê)'이란 표현은 찾아보기 힘들다. 두 편의 다큐멘터리 모두 1960년부터 1970년대까지 '바지씨/바지를 입은 사람'의 모습을 포착했는데, 당시의 사회 정치적 배경과 자신의 경제, 젠더, 정치적 신분으로 인해 이러한 '바지/바지를 입은 사람'들은 당시 타이완과 한국 사회에서 '여자 깡패', '불량 소

---

25 iban(이반異般)은 ilban(일반一般)과 대응관계에 있는 개념이다. 한국어 맥락에서, ilban이란 '일반인' 또는 '우위의'를 의미하며, 이성애자 또는 상위 계층(first class)을 가리킨다. iban은 ilban의 상대적 개념으로 차위 계층(second class) 또는 취약계층을 가리키므로 동성애자들은 iban이라는 단어를 통해 이성애와 상호 대응되면서도 다른 정체성을 드러낸다.(성정숙 · 이현주, 「동성애자인권활동가의 청소년기 경험과 탄력성에 관한 질적 연구」, 『한국아동복지학』 제31호, 한국아동복지학회, 2010. 4.)

26 '바지씨'는 일반적으로 남성스러운 성적 정체성을 지칭한다. 여기에 대응되는 부드러운 이미지를 지칭하는 표현은 '치마씨'이다. 한국의 '바지씨와 치마씨' 관련 연구는 다음을 참조하기 바람. 한채윤, 「우리가 몰랐던 바지씨, 치마씨 그리고 부치와 팸의 어원」, 『레인보우링』 vol.5, 한국성적소수자문화인권센터, 2009. 12.

27 이 글에 사용된 'T mama'의 'T'는 Chao Yen-Ning(趙彥寧)의 연구에 따르면 1970년대 '미군문화' 시기에 만들어졌으며, T(Tomboy의 약칭) 및 'T'를 따라 만들어진 'Po'(T의 부인)라는 호칭은 gay bars에서 처음 만들어졌다. 趙彥寧, 「老T搬家：全球化狀態下的酷兒文化公民身分初探」, 『臺灣社會研究季刊』 57, 2005, 53頁.

녀' 등으로 낙인찍혀 사회적인 '문제아'로 간주되었다. 이 글에서는 '바지씨/바지를 입은 사람'이 '경계적 주체'로서 이분법적 젠더, 합법과 불법의 신분, 정상과 비정상의 분류 규범 사이에 존재하며, 그 강력한 '경계성'으로 인해 주류의 정치, 사회 역사에서 지워졌을 뿐 아니라 성 정체성의 표현 역시 서양 현대 과학과 문화의 영향 아래 등장한 LGBT의 정체성에서도 관찰되지 않는다고 판단한다. 문화 연구자 김일란이 1960년대 신문기사에 나타난 성 정체성 관련 표현에 대한 연구 논문에서 지적한 바와 같이, 한국의 대중매체들이 현대 서양 과학 및 문화 정체성 관련 표현으로 성소수자 집단을 묘사하기 전까지 한국 사회의 성/젠더 구조에는 복잡한 정체성의 차이와 위계화되지 않은 공간이 있었다.[28] 그러나 이러한 복잡성은 이성애 중심적 구조에서 배척하고자 하는 대상이었을 뿐 아니라 강한 문화(영문 용어를 번역하는 등)의 유입으로 인해 지워지게 되었다. 이묵과 T mama의 삶의 경험은 보다 복잡한 성 정체성의 문제를 내포하고 있고, 성 정체성이 어떻게 정치, 경제 등 구조적 문제와 연결되어 사회의 문제아로 낙인찍히는지 보여준다. 이묵과 T mama의 삶의 형태를 통해, 우리는 1970년대(그리고 그 이전) "안정적인 충분한 소득이 없고 정체성이 없으며 합법성, 인정, 지원을 제공해줄 수 있는 기관 및 커뮤니티에 진입할 수 없었던 사람들"이 어떻게 생존 방식을 찾아내는지를 보다 선명하게 살펴볼 수 있다.

---

28 김일란, 「다른 세상 읽기: 1960년대의 여장남자와 남장여인」, 퀴어이론문화연구모임 WIG, 『젠더의 채널을 돌려라』, 사람생각, 2008.

비록 〈불온한 당신〉에서 이묵의 이야기를 통해 그 삶의 경험을 되짚어가면서 중요한 역사를 기록하지만, 앞서 지적한 바와 같이 영상에서는 몇 장의 사진, 두세 명의 고향 친구, 다사다난했던 인생사가 지나고 난 뒤의 공간적 유적 등을 통해 이묵의 삶의 일부만을 보여줄 뿐이다. 하지만 바로 이러한 정보를 통해 선배 퀴어의 삶과 사회를 연결시켜 재구성할 수 있는데, 그중 가장 중요한 것이 이묵이 택시 기사로 생계를 유지할 당시 가입했던 '여운회'이다. 공식 명칭이 '여성 택시 운전자 모임'인 이 단체는 여성 택시 운전자들이 연합하여 만든 조직으로, 다양한 연령, 직업, 계층, 성 정체성을 가진 여성들의 모임이다. 이묵이 참여했던 '여운회'의 옛 사무실은 서울 성북구 광덕주유소 2층에 있었고 다큐멘터리에서는 지금의 모습을 보여주고 있다. 보다 중요한 것은, 바로 이묵의 '증언'을 통해 기록에도 남아 있지 않은 이 단체의 존재가 사람들에게 알려졌다는 점이다.

> '여운회'라는 것이 있었어. 거의 40~50명 정도 여성 운전자가 있었을걸? 보문동 광덕 주유소 2층에 있었는데, 5백 원 정도 회비를 냈었지. 그런데 그때는 박정희가 통치하던 때였거든. 1960~1970년대 초였으니까. 그래서 우리가 허가를 받고 싶어도, 여자 깡패들한테는 허가를 안 내준단 말이야. 조직 허가를. (왜냐하면) 이건 깡패 집단이다, 여자 동성애자들이다 해서 허가를 안 내준 거야. 만약에 그때 허가를 받을 수 있었다면 지금은 여운회들이 다시 돌아왔을 거야.

다큐멘터리에서 감독이 이묵에게 '여운회'가 깡패조직으로 간주된 이유를 묻자 이묵은 "(왜냐하면) 우리가 사람들한테 주목을 받고, 일단 같이 모이면 아주 단합이 잘 되었거든. 단합이란 게 (경찰이) 우리가 집회나 시위 같은 것을 할까 봐 걱정하는 거야. 그래서 우리가 모일 때마다 경찰이 왔었어. 엄청 많이. (우리가) 시위 같은 걸 할까 봐"라고 답했다. 그 밖에, 감독은 인터뷰를 통해 1960년대가 여성의 사회 참여가 힘든 시대였으며, 이묵과 같이 겉으로 보여지는 정체성이 불명확한 사람들은 사회와의 연결이 더 쉽지 않았음을 보다 분명하게 지적한다. '여운회' 외에도, 이묵은 아주 많은 동류의 사람들이 '여운회'가 소재한 '성북구'에 거주했고 자주 함께 모였다고 하며, "만약 우리 중 누군가 생일, 결혼을 하면 다들 같이 참석하고 예외가 없었어, 공동체처럼. 그땐 정말 재미있었지"라고 회상했다. 여운회에서 확장된 사회 집단과 구성원은 서로 가까이에 살면서, "늘상 서로 초대하고 함께 모여 국수를 먹었다"고도 했다. 하지만 이런 모임 역시 '여운회'의 거점이 철거되고 회원들이 늙어가면서 사방으로 흩어져 사라져버리게 되었다. '이묵과 같은 사람들'에게 '여운회'는 일반적인 사회 관계(학교, 회사, 가족)에서 파생된 지원 시스템을 대체하며 생활과 정동 측면에서 사회적 지원을 제공했다. 하지만 이런 조직 역시 독재 시대에는 합법화될 수 없었고 정부 통제로 인해 쇠락의 길을 걸었으며 관련 기록 또한 거의 사라지게 되었다.

상기 이묵이 경험한 '퀴어 생존 모델'에는 성/젠더 정체성과 직업, 가족관계, 사회 지원 시스템에서의 불온한 상태(precarious status)가 교차되어 있다. 타이완 문화인류학자 차오옌닝은 그의 대표 논문 「T 노인의 이사: 글로벌화 상태에서 퀴어 문화 국민 정체성에 대한 초보적 탐구」(老T搬家：全球化状态下的酷儿文化公民身分初探)에서 인터뷰 대상인 'T 노인'은 나이가 들면서 "시민 신분과 권리의 박탈이 더 이상은 대중의 차별과 관련되지 않게 되었지만, 사회복지시스템의 운영 논리로 인한 제약은 더 커졌다"고 지적한 바 있다.[29] 논문의 인터뷰 대상인 페이 위안(培元)을 예로 들면, 그가 "의료 시스템에서 받은 차별은 'T 노인' 또는 동성애 또는 '남자도 여자도 아닌' 사람이기 때문이 아니라, 그녀의 **삶의 형태**(life style)와 관련되어 있다. 왜냐하면, 국민당과 국민당 정권 및 군대 시스템으로부터 돌봄을 받는 독신 '퇴역 군인'과 비교하면, 페이 위안 같은 사람들은 '오래 전에 원래의 가족 관계가 단절되어 가족에게 보험 가입을 알릴 수 없거나 알리기를 원치 않음에 따라 국가 의료보장시스템에서 거부"되었기 때문이다.[30] 이러한 이유로 차오옌닝은 '가정의 재화성'을 제시하고, 퀴어 문화의 시민 신분과 기존 사회 메커니즘 및 가족 분류가 어떻게 상호 구축되어 있는지를 논했다.

이묵은 성년이 되자마자 원래의 가족을 떠났다. 다큐멘터리를 통해 그가 현재 독신이며, 부모님이 돌아가시고 나서 다른 가족이 없음을 알 수 있다. 앞서 언급한 바와 같이, '여운회'가 한때 가족 관계를 '대체'하며 이묵에게 정동 및 생활 차원의 지원 시스템

29 趙彦寧,「老T搬家：全球化狀態下的酷兒文化公民身分初探」,『臺灣社會研究季刊』57, 2005, 59頁.

30 趙彦寧,「老T搬家：全球化狀態下的酷兒文化公民身分初探」,『臺灣社會研究季刊』57, 2005, 65頁.

을 제공하기도 했으나, 공권력으로부터 허가를 받지 못해 사라지고 말았다. '여운회'가 사라진 원인은 그 구성원의 성 정체성 때문만이 아니라, 일의 형태와 당시의 정치적 분위기와도 직접적인 관련이 있다. 이렇듯 다중적으로 '불온'한 삶의 형태는 가족 관계와 사회 관계 모두 이묵의 삶에서 부재하게 만들었다. 이 부분은 'T mama'의 삶에서는 또 다른 차원의 변화로 관찰된다.

'T mama'는 이묵과 달리, 원래 가족과 관계를 단절하지 않았고 어른이 된 후에는 결혼하고 아이를 낳아 자신의 가정을 꾸렸다. 비록 다큐멘터리에서 'T mama'의 결혼생활이 가정 폭력으로 종지부를 찍은 것이 사실은 그의 성 정체성과 관련되어 있음을 직접적으로 보여주지는 않았으나, 우리는 그녀가 결혼 전후에 동성과 친밀한 관계가 있었고 결혼생활이 끝난 후에는 생계를 위해 비전형적 직업인 '견망가진'에 종사하게 되었으며 다양한 교제 대상을 만나게 되었음을 알 수 있다. 보다 중요한 것은 'T mama'의 불안정한 삶의 형태가 사실은 가정폭력이 가져온 '수치심'에서 비롯된다는 점이다. 이와 관련한 다큐멘터리 속 감독과 엄마의 대화는 다음과 같다.

감독: 엄마, 엄마는 엄마가 여자를 좋아한다는 걸 남들이 아는 건 두려워하지 않았으면서, 왜 결혼 후에 가정폭력을 당한 걸 사람들이 아는 건 무서워했어요?

T mama: 두려울 게 뭐 있어, 나만 그런 것도 아닌데.

감독: 옛날에는 그런 사람이 많지도 않았을 텐데.

T mama: 예전에도 많았어, 네가 몰랐던 거지. 타이페이 다리(台北

桥) 쪽에 굉장히 많았어.

'타이페이 다리(台北桥)'에 있었던 동성애 커뮤니티[31]는 이묵의 '여운회'와 같은 존재로, 1970년대 T mama에게 존재를 위한 두 가지 기반을 제공했다. 여기서 필자가 강조하고 싶은 것은 T mama의 '수치심'이 자신의 성적 성향에서 기인한 것이 아니라, '여자'로서 그리고 '가정 폭력'에서 비롯된 것이라는 점이다.

---

31 예술가이자 젠더 연구자인 황밍웬(黃孟雯)은 오랜 기간의 현지 인터뷰, 역사 자료 수집을 통해 예술의 형태로 전후 초기 타이완의 '바지를 입은' 여성의 모습을 그려내었다. '바지를 입은 사람'의 직업이 성 정체성 및 타이페이(臺北) 'da dao cheng(大稻埕)'의 상업화와 긴밀하게 연계됨에 따라, 공연을 보고 술집에 가고 술집과 거래하는 것이 '바지를 입은 사람'들의 주요한 경제 및 오락 활동이었다. 黃孟雯, 『西裝與香花 : 戰後初期臺灣「穿褲的」女性的身影』, 國立臺北藝術大學藝術跨域研究所碩士論文, 2018, 17頁. 그들은 'da dao cheng' 북쪽 경계에 있는 '다리 머리(橋頭)'에서 활동했기 때문에, '다리 머리 13 불량소녀(橋頭十三太妹)'라는 호칭이 생겨나기도 했다. T mama의 기억은 이렇게 '바지를 입은 사람'이 한때 이름을 날렸음을 방증했고, 자신의 성 정체성과 관련하여서는 "무서울 게 뭐 있어, 나만 그런 것도 아닌데", "타이페이 다리 쪽에 굉장히 많았어"라고 말하도록 한다. 그러나 황밍웬이 지적한 바와 같이, '바지를 입은 사람'이 '불량 소녀'와 직접 연관되었던 것은, 당시 사회에서 그녀들은 어떤 의미에서는 사회 질서에 반하는 사람들이었기 때문이다. 이러한 반역성은 또한 '바지'와 직접적으로 관련된다. '바지를 입은 사람'은 말 그대로, 양복 바지만 입었는데, 이는 전술한 '젠더 식별 규범'과 상충된다. 그 밖에, 이는 또한 '남장여자'를 불량하게 바라보는 양태가 있어, 신문 기사에서 '다리 머리 13 불량소녀' 식의 표현을 사용하게 된 것이다. 참고자료: 「불량 소녀들이 남장을 하고 홍등가(風化區)를 돌아다니다」(太妹女扮男 閒遊風化區), 『徵信新聞報』 04판, 1959. 9. 6; 「남장한 상태로 여성을 희롱」(扮作男兒態 逞兇欺女孩), 『聯合報』 03판, 1963. 4. 19; 「남장하고 불량 소녀 집단 조성」(扮作男兒樣 組成太妹幫), 『聯合報』 03판, 1963. 5. 22.

감독: 어떻게 해야 이혼할 수 있는지 물어본 적 있어요?

T mama: 물어봤지. 그런데 너무 창피했어.

(여자친구와 같이 야채를 다듬고 요리하며 나눈 대화)

여자친구: 네가 가정폭력 당한 걸 사람들이 아는 게 창피해?

T mama: 맞았다는 게 웃기잖아(창피).

감독: 가정폭력 당한 걸 다른 사람이 아는 게 뭐가 두려워요? 잘못한 것도 없잖아요.

T mama: 그 나이가 먹어서도 얻어 맞는다는 게 말이 되니?

가정폭력 경험을 이야기할 때 T mama의 표정에 고통스런 기억이 그대로 응축된 것 같았다. 얼마간의 침묵이 흐른 후, 그녀는 "됐어, 나중에 다시 얘기하자"는 말을 남기고는 몸을 돌려 카메라에서 벗어났다. 그 후 다시 카메라 앞에 돌아와서는 "그런 얘길 하는 건 너무 고통스러워, 그만 얘기하자", "그런 건 이제 그만 물어봐"라고 말했다. 이 절의 서두에서 간단히 언급한 바와 같이, T mama는 무일푼으로 집도 없이 두 딸을 데리고 가정폭력을 피해 불안정한 생활을 시작했다. 친구에게 얹혀살며, 딸에게 옷을 사주려고 도박을 하고, '견망가진'에서 아르바이트를 했으며 주민등록이 없어 딸들을 학교에 보내지 못했다. 이러한 불안정한 생활 상태는 나중에 점차 개선되었다. 작은 셋방에서 살다가 아파트를 샀고 이곳저곳에서 아르바이트를 하다가 자신의 '견망가단'을 만들었고 안정적으로 서로를 돌보는 정서적 관계를 만들기도 했다. 하지만 그럼에도 불구하고, 주류로 인정받는 삶의 형태(법적으로 인정되는 가족관계, 직업)와는 여전히 거리가 있었고, 오히려 퀴어 삶의 형태가 '주류'를 이루는 모습을 보인다.

이묵이든 T mama든, 그/그녀의 성 정체성 표현 외에도, 그들의 '생산과 재생산' 역할 역시 주류 역사 시간의 바깥에 있었다. 하지만, 이탈리아의 페미니스트 로라 폰타네(Laura Fontane)가 지적한 바와 같이 "여성의 불온성은 효과적으로 '차이'를 뛰어넘어 대화를 도출할 수 있는 시발점으로 볼 수 있다."[32] 이러한 계급, 민족, 성적 취향 등의 차이를 기준으로 구분된 여성 주체는 '불온'한 생존 상태 속에서 상호 참조의 가능성을 만들어낸다. 이묵과 T mama는 1945년부터 1970년대의 한국과 타이완에서 태어났다. 이때 두 나라는 정치, 경제적으로 급격한 전환을 맞이하고 있었다. 일본 식민 통치, 냉전 반공의 시대에서 박정희와 장제스(蔣中正)의 권위주의 시대로 접어들었고 농업사회에서 산업화 사회로의 전환에 피크를 맞이하고 있었다. 두 다큐멘터리 주인공은 이처럼 특별한 역사적 시 · 공간에 처해 있었고, 성/젠더(동성애자, 비혼 여성, 가정 폭력, 독신)와 노동(여공, 운전기사, 무당) 신분 면에서, 당시 주류 사회가 권위주의 정치와 경제 고속 성장의 영향으로 대규모 집단적 정상화, 동질화, 균질화된 '생활방식'을 보였던 것과는 사뭇 다른 양상을 나타냈다.

---

32 Laura Fantone, "Precarious Changes: Gender and Generational Politics in Contemporary Italy," *Feminist Review* 87, 2007, p.5.

4. 일상 · 대화: 퀴어 역사의 회복적 읽기

"나는 이렇게 살아왔어."—이묵

"뭐 좋은 거라고 얘기를 해. …… 누가 나를 이해하겠어."—T mama

앞서 핼버스탬이 말한 '생활방식'과 차오옌닝이 관찰한 '삶의 형태', 버틀러가 제시한 '생존 위기'는 이묵과 T mama에게서 미국의 페미니스트 로빈 위그먼(Robyn Wiegman)이 「우리가 처한 시대: 퀴어 페미니즘 비판과 회복적 전환(The Times We're in: Queer Feminist Criticism and the Reparative 'Turn', 2014)」에서 논했던 '정동'과 '시간'으로 나타났다. 위그먼은 2000년 이후 페미니즘 이론에서 주목했던 상처,[33] 도태[34]와 반진보,[35] 느린 죽음,[36] 정동의 지배,[37] 퀴어 '비동기(asynchrony, Freeman 2010)' 등 경험의 재구성/회귀 경향을 정리한 후 이러한 연구가 21세기 첫 10년 동안 축적되어 "이토록 다양하고 끊임없이 변화하는 가운데 정부와 사람들 모두 각자의 일상에 매몰되어 있음을 발견"하게 되었다고 판단한다. 또한 이런 연구가

---

33 Ann Cvetkovich, *An Archive of Feelings: Trauma, Sexuality, and Lesbian Public Cultures*, Durham & London: Duke University Press, 2003.

34 Heather Love, *Feeling Backward: Loss and the Politics of Queer History*. Cambridge, MA: Harvard University Press, 2007.

35 Sara Ahmed, *The Promise of Happiness*. Durham, NC: Duke University Press, 2010.

36 Lauren Berlant, *Cruel Optimism*. Durham: Duke University Press, 2011.

37 Elizabeth Povinelli, "Economies of Abandonment: Social Belonging and Endurance," *Late Liberalism*. Durham, NC: Duke University Press, 2011.

"정치적 경쟁, 역사의 이론화와 상관 없이 채무, 위기, 불평등, 운명론, 생명정치, 신자유주의, 제국주의 등 일련의 조건 하에서 급증하고 있다"고 인식한다.[38] 위그먼에 따르면, 정동과 시간의 융합 분석을 통해 현재 상황에 주목하는 연구들은 자본주의 또는 민족주의적 일상 경험, 진보와 행복에 대한 헛된 약속에 답하고 있다고 한다. 더 나아가 이런 동성애 페미니즘에 대한 비판은 해석적 전략 또는 상반된 세계관에 대한 호소라기보다 '우리가 처한 시대'의 집단 정동의 증거와 부름이라는 것이 위그먼의 주장이다.

이 글에서는 위그먼이 관찰한 정동과 시간이 퀴어에만 속하는 것은 아니라고 판단한다. '직/선형 시간', '퀴어한 시간', 기타 자본주의 시간은 사실 퀴어의 삶 속에 동시에 존재하고 있으며, 이묵과 T mama 역시 이렇게 이중적이고 다차원적이기까지 한 시간들을 '살아나왔다'고 판단한다. 그러나 두 편의 다큐멘터리에서 들춰낸 역사로 볼 때, 이러한 시간의 흐름 속에서 나타난 (또는 이러한 시간의 흐름 속에서 만들어진) '수치심', '누가 나를 이해하겠어'와 같은 부정적 정동은 우리가 처해 있는 시대를 어떻게 묘사하고 있는가? 이 글에서는 두 작품에서 보여지는 '퀴어한 시간'과 '퀴어 정동', 그리고 두 다큐멘터리 감독이 어떻게 '선배'에서 확장하여 자신과 자신이 처한 시대의 발자국을 이해하는지를 살펴본 후 마지막으로 일종의 회복적 역사 읽기를 제시하고자 한다.

먼저, 이 글에서는 이묵과 T mama의 인생 경험이 '비전형적

---

38 Robyn Wiegman, "The Times We're in: Queer Feminist Criticism and the Reparative 'Turn'," *Feminist Theory* 15(1), 2014. p.5.

기억'의 지나간 시간을 보여주고 있으며, 이러한 역사는 차오옌닝이 일깨운 바와 같이, 과거의 논의에서 과도하게 '이데올로기'와 '상징'의 분석에 치우쳐 대중문화 및 자체 재현의 측면에만 집중함으로써 역사적 참조 시스템의 '물적 토대'를 간과했다고 판단한다. 차오옌닝은 또 이를 근거로 반드시 "생산과 재생산 활동의 물적 형태 및 조건이 어떻게 패권적으로 연결되고 가족의 형태, 가족 구성원의 정동적 연결, 가족 이데올로기의 작동 형태, 관련 시민권의 구현 및 착취 방식을 구축했는지"를 들여다보아야 한다고 주장했다.[39] 미국 퀴어 정치경제학자 아라 윌슨(Ara Wilson)은 「친밀성의 기본 구조(The Infrastructure of Intimacy, 2016)」라는 글에서, '친밀성'과 '기본 구조'를 병치시킴으로써 양자 간의 긴밀한 연결 관계를 부각시켰다. 그녀는 또한 "'친밀성'이라는 주제가 페미니즘과 퀴어 연구 분야에서 비롯되어 권력 메커니즘의 규범화된 담론 운영을 통한 관계 및 정체성 형성에 활용되는지"를 분석하고, "하부구조를 또 다른 중요한 주제로 간주하여 친밀한 관계를 권력 범주에 내재화시키는 각종 '물질-상징' 목합체를 발굴할 것"을 제안했다.[40] '하부구조'는 교통, 에너지, 통신 등 각종 인프라스트럭처 및 시스템을 가리키는 것으로, 현대 생활에서 손만 뻗으면 닿을 수 있는 대중교통 및 도로, 물, 전기, 석유 등 민생 자원과, 통신망 등 커뮤니케이션 매체를 말한다. 상술한 구체적인 인프라는 각종 이

39 趙彥寧,「老T搬家：全球化狀態下的酷兒文化公民身分初探」,『臺灣社會研究季刊』57, 2005, 49頁.

40 Ara Wilson, "The Infrastructure of Intimacy," *Signs: Journal of Women in Culture and Society* 41(2), 2016. p.248.

동 및 활동이 실현되도록 할 수 있는 네트워크를 지칭하므로, 윌슨은 '하부구조'를 실질을 두드러지게 하고 포괄하는 비물질적이고 규범적인 요소로 정의할 것을 주장했다.[41]

이 글에서는 상술한 두 학자의 견해와 결합하여 두 편의 다큐멘터리에서 보여준 '일상성'이 친밀성을 두드러지게 하는 물적 토대라고 판단한다. 특히 감독과 출연자가 함께 밥을 짓고 밥을 먹는 등 일상적 모습을 포착한 부분이 그러하다. 〈불온한 당신〉은 이영 감독과 이묵 선배가 함께 여수의 고향집에서 야채를 고르고, 손질하고, 밥을 짓는 장면에서 시작된다. 이 장면에서 두 사람은 거의 대화가 없지만 너무나 자연스럽게 각자 한국인의 집밥에 기본적으로 올라가는 밥과 찬을 준비하고, 마당의 평상에서 삶의 이야기를 시작한다. 그리고 이묵의 기억 속 과거 동성애 모임, 국수를 함께 먹던 장면 역시 그의 이야기를 통해 생생하게 재현된다. 〈일상대화〉에서의 모녀의 대화도 대부분 식탁에서 이루어진다. T mama 역시 화면 속에서 자주 음식을 만든다. 감독은 내레이션에서 "함께 산 지 30년이 넘었지만 마치 낯선 사람처럼 살아왔다. 식탁 위의 음식을 제외하면, 나와 엄마는 완전히 별개의 생활을 해왔다"고 말한다. 다큐멘터리의 마지막에서 T mama와 여자친구는 함께 시장에 가서 감독이 좋아하는 아스파라거스를 산 뒤, 집으로 돌아와 식사를 준비한다. 가슴 아픈 대화를 나눈 뒤, 두 모녀와 손녀까지 3대가 함께 밥을 먹는다. 식사 후, 엄마는 한결 가벼워진 표정으로 유쾌하게 외출한다. 특히 황후이첸 감독은 〈나와 나의 T

---

41 Ara Wilson, Ibid., p.249.

mama〉에서 '기억 속 집과 물건'이라는 챕터를 추가해서 일가족이 식탁 겸 책상으로 썼던 '네모난 작은 테이블', 엄마의 '따퉁(大同) 전기 밥솥'을 추억했는데, 이런 화면과 물건은 친밀성의 물적 토대라고 볼 수 있다.

이렇듯 언뜻 너무도 평범하고 진부(banal)하기 그지없게 느껴지는 일상 활동들이 사실은 지금까지 간과되어온 일상성으로 가득한 것이라는 것이 이 글의 판단이다. 전술한 마르크스 연구가 르페브르는 현대 산업화 사회의 역사 형태의 특징으로, 일상생활(everyday life)을 꼽았지만, 그 안에 일상성(everydayness)은 없었다. 그는 "일상은 현대성이라는 표면으로 덮여 있다. 우리의 생활은 신문 기사와 예술, 유행 그리고 각종 사건의 영향을 받으며, (…) 그것은 일상 생활에 대한 우리의 인식을 바꾸고, 그 기이함이 일상성이라고 생각하게 만든다"고 지적했다.[42] 이는 곧 하루투니언의 관점과 일치하지만, 두 학자 모두 무엇이 국가적 역사와 산업화 자본주의에 가려진 '일상성' 또는 '매일의 생활'인지 명확하게 논하지는 않았다. 두 편의 다큐멘터리에서 밥을 짓고, 함께 식사하는 여러 장면들을 끊임없이 되돌려보면서, 그러한 것들이 필자 자신에게도 굉장히 익숙한 경험들임을 발견했다. 시간과 공간의 각종 충돌, 항의, 재난, 그리고 감춰둔 비밀, 상처, 고통과 비교할 때 영상 속 장면들은 '평범'에 가까운 서사를 보여준다. 밥을 짓는 장면은 관객에게 있어 어떠한 극적 대화나 과정 또는 결말도 없는 너무도 일반적이고 일상적인 것이기 때문에, 평범한 삶이 기이함에

42 Henri Lefebvre, Ibids., pp.10-11.

은폐되지 않도록 하고 의미가 정동 뒤로 물러나며 가슴 속에 억눌러 두고 말하지 못했던 지워진 비전형적 기억에게 그 자리를 내주도록 한다. 여기서 강조하는 '일상성'은 황후이첸의 촬영노트에 써 놓은 '평범한 일상에 숨겨진' '일상적 대화 속' '몽환적 시간'과 공명한다.[43] 이 '몽환적 시간'과 르페브르가 관찰한 '기이함'은 다르다. 두 가지는 평행하면서 공존하는 역사적 시간에 더 가깝다. 전자는 이 글에서 말하는 '비전형적 기억'으로 구성되어 있고, 후자는 바로 현대화 주류 사회의 역사적 기록이다. '비전형적 기억'은 위태롭고, 불안정하며, 비정상적인 생활방식을 대변하지만 가장 진부(banality)하며 가장 일반적인 생활 소재이기도 하기 때문에 각종 사회적 규범으로부터 형성되는 집단적 기억과 구별되면서도 그 안에 내재되어 있다. '일상성'을 매개로 관찰한다면, 두 다큐멘터리는 퀴어 역사의 회복적 다시 읽기를 제공한다고 볼 수 있겠다.

두 편의 다큐멘터리에서 보여주는 '일상성'은 위그먼이 관찰했던, 하나로 모였다가 또 갈라지는 두 가지 학술적 논의 방향을 보여준다고도 볼 수 있다. 그 첫째는 페미니즘의 입장에서 만들어지고, 구조주의와 함께 강조된 일상생활 정치이며, 둘째는 최근 소위 '신유물주의'의 배경 하에서 인간의 신체를 새롭게 위치매김하는 것이다. 이러한 비판적 실천은 사회 구조의 이데올로기와 표현성에만 천착하지 않고 지금까지 잘 다루어지지 않았던 생활의 구현을 논하게 되었다.[44] '밥을 짓는' 일상 정치로 볼 때, 이묵과 T mama에

43 黃惠偵, 『我和我的T媽媽』, 臺北 : 遠流, 2017, 223頁.

44 Robyn Wiegman, Ibid., p.13.

서 두드러지게 보여준 것은 여성의 주변적 지위와 사회 인식을 재구성하는 동력이다. 그/그녀들은 '바지를 입는다'는 이유로 특정 성별의 생활방식(남자는 음식을 하지 않는)을 실천하거나 젠더 규범(여자라서 요리를 해야 하는)을 따르는 것이 아니라, 자신의 위치에서 기존의 사회 인식에 질문을 던지고 생존 방식을 재구성한다.

위그먼은 헤더 러브(Heather Love)의 『뒤떨어진 느낌(Feeling Backward, 2007)』과 엘리자베스 프리먼(Elizabeth Freeman)의 『시간의 속박(Time Binds, 2010)』을 예로 들며 지난 10년 간의 퀴어 연구 성과 중 가장 중요한 이들 저서들이 세지윅이 1980년대에 제시한 '회복적 읽기(reparative reading)'를 어떤 방식으로 되짚어갔는지를 논하고, 이를 비판적 지침으로 하여 과거(및 역사)를 통해 현재를 효과적으로 이해하고자 했다. 세지윅은 1980년대의 에이즈 공포와 여러 벗들의 죽음을 겪은 후 퀴어 비판이 어떤 방식으로 비관주의로 그려낸 역행적 미래 비전을 만들어내는지를 고민하고, 삶의 역정에서의 슬픔과 애도 그리고 불안을 편집증(paranoia)적으로 사고했다. 세지윅은 편집증을 하나의 정동(affect)이자 분석모델로 간주하여 탐구했고, 그것을 정보의 '진상'에 다가가는 문을 여는 열쇠라고 보았다. 그녀는 편집증을 하나의 읽기 방식으로 간주하고 반대와 저항의 연대를 위한 토대라고 보았다. 이는 회복적 정동 모델에서 비롯되고 위기 하에서의 회복적 읽기에서 구현될 수 있다. 에이즈 음모론의 충동에 대한 세지윅의 회고를 통해 우리는 자본주의 전체를 톺아보고 되돌아볼 수 있으며 이는 의료시스템의 붕괴, 기저질환자들의 취약성, 존엄성의 박탈을 어떻게 바라볼 것인지와 연관된다. 차오옌닝의 연구 대상인 T 노인들, 심지어 세월호 유가족 그리고 이들 나약한 주체간의 연결은 우리로 하여금 이러한 이슈 이면의 시급하게 시정되어야 할 문제(충분한 사회적 돌봄의 부족, 사회 안전망의 부재와 병가 보장 등)에 주목하게 하는데, 이는 매우 편집증적이면서도 회복적 읽기로 나아가게 한다. 보다 급진적인 인도주의, 사회 재생산과 돌봄에 기초한 정치란 과연 어떠한 모습인가? 이에 대한 세지윅의 답은 '퀴어의 가능성'은 대대적인 리셋 과정에 직면했을 때에 있고, 파괴적 모델에 대한 답습과 편집증적 사고로 인해 과거의 전철을 밟지 않고 편집증과 회복적 감정에 집중한다면 위기 속에서 새로운 연결과 관계를 만들어낼 수 있을 것이라는 것이다.

회복적 읽기는 그 이름이 의미하는 바와 같이, 다양한 정동에 착안하고 또 그것을 지향하는 것이다. 우리는 회복적 읽기를 통해 "연구 객체를 위한 새로운 인식 환경을 모색하고, 친근함, 감사, 단결과 사랑으로 형성된 핵심적 종속 관계(critical attachments)로 교정, 거절, 분노에 의해 강제된 핵심적 종속관계를 치환한다." 세지윅은 그다지 급진적이지 않고 그다지 명제 지향적이지 않으며 그다지 편집증적이지 않은 방식으로 역사 인식, 특히 부정적 정동(negative affects)으로 위치 매겨지지 않은 부분들을 다시 읽어내고자 했다. 이러한 방법은 동성애에 대한 공포나 기타 형태의 편견과 폭력을 단순히 드러내기 위한 것이 아니라, 이러한 폭력과 편견이 가져오는 파괴적 영향을 시정하기 위한 것이다.

헤더 러브는 부정적 감정이 정치 생활에 미치는 중요성을 들여다보고, 어떤 위치에서 생산된 담화와 감정이든 모두 위계성을 가지고 있고, 슬픔, 좌절, 질투는 반드시 극복되어야 할 부정적 감정인 동시에 퀴어 주체의 생존 상태이기도 하다고 주장했다. 한편, 엘리자베스 프리먼은 러브와는 상반된 정동의 시각으로 현재의 정치 문제를 처리한다. 그녀는 고난이 "이전 세대가 제공한 유일한 양분인 것은 아니다"라며 '쾌락'과 '욕정'으로 논의를 전환했지만, 이것은 '상실', '애도', '부정'을 무시하는 것이 아니라, 이를 수용하고 심리적 욕구(psychic demands)와 협상하는 수단으로 본 것이다.[45] 황후이첸은 〈일상대화〉를 통해 "자신의 행복과 불행을 허심탄회하게 이야기할 수 있다는 것 자체가 행복"이라는 정동을 표현했다.[46] 그리고 이묵이 인터뷰에서 담담하게 과거와 지금의 자신을 돌아보고, 일상생활을 촬영한 장면에서 아주 쾌활하게 "좋아! 오늘의 내가"라고 말한 것이 감독 이영에게 강렬한 인상을 남겼고, 이 문장은 영화 포스터에 올라가기까지 했다. 이러한 긍정적 정동의 에너지는 자신이 지나온 고통스러운 경험을 부정하거나 망각하지 않고 오히려 이를 구축하고 전환한다.

위에서 논한 '회복적 읽기'란 '별도의' 비판 모델을 제시하는 것이 아니라, 퀴어 주체가 삶에서 경험한 정동과 연대 그리고 사랑으로 퀴어가 일반적 규범에 대응할 때 나타나는 거절이나 분노의 정서에 도전하고 이를 대체함으로써 비판 방식을 재구성(reconfigure)하는 것이며, 더 중요한 것은 갈수록 약화되는 자주성을 보완한다는 점이다. 퀴어 연구자 리우 웬도 '회복적 읽기'를 인용하여 타이완의 동성애 운동 담론 중 '동성애자 시민'과 '퀴어 좌

45 Elizabeth Freeman, *Time Binds: Queer Temporalities, Queer Histories*, Durham: Duke University Press, 2010, p.19.

46 黃惠偵,『我和我的T媽媽』, 臺北 : 遠流, 2017, 223頁.

익'의 대립적 입장을 논한 적이 있는데, 전자는 시민의 권리를 쟁취하는 데 긍지를 느끼고, 후자는 편집증적 읽기로 전자의 규범화 경향을 비판한다. 하지만, 리우 웬은 이런 류의 이분법적 대립에서 탈피하기 위하여 "우리에게는 운동의 부정적 정동 읽기에 대해 질문하는 것뿐 아니라 더 풍부한 상상과 다양한 버전의 미래 해석도 필요하다"라고 주장했다.[47] 따라서 이 글은 이묵과 T mama가 경험했던 '비전형적' 생존 방식을 주류 역사의 대립면이나 대안적 비판으로 삼는 것을 지향하지 않는다. 이 글에서 탐문하고자 하는 것은 그/그녀들이 "그냥 이렇게 살면서", "타인의 이해를 바라지 않았던" 역사적 경험 속에서 이묵과 T mama의 일상적 기억들이 다음 세대에게 어떤 형태로 계승될 것인가라는 문제이다. 이는 두 편의 다큐멘터리 감독이 동시에 다루었던 측면이기도 하다.

전술한 바와 같이 이영은 자신을 '바지씨의 후배'로 보고 현재의 각종 동성애에 대한 공포, 각종 재난과 테러리즘의 압박 하에서 선배 퀴어에게 가르침을 구하고 그들의 인생 경험을 따라가면서 현재를 조망했다. 그리고 "(지금의 퀴어인) 우리는 어떻게 해야 할까요?"라고 질문한다. 70년의 인생을 살아온 이묵의 대답은 명쾌하다. "나는 숨기지 않았어. 이렇게 살기로 선택했지. 너는 왜 숨기려고 해? 자신 있게 살아, 그게 내가 젊은 사람들한테 바라는 거야. 자신의 용감함을 자랑스럽게 생각해야 돼." 이 글에서는 이묵의 이런 제안이 '성'의 표현에만 국한된 것이 아니라 자신의 '생존 방식'

47 劉文, 「酷兒左翼「超英趕美」?「同性戀正典化」的偏執及臺灣同志運動的修復詮釋」, 『應用倫理評論』 58, 2015, 123頁.

에 관한 것이라고 생각한다. 또한 황후이첸도 "레즈비언의 아이로 매우 괴로운 성장 경험이 있었지만, 그런 고통은 엄마의 동성애 때문이 아니라 타인들의 편견 때문이었다"라고 했다.[48] 그녀는 이를 통해 "세상의 엄마들은 모두 다르다"[49]는 사실을 깊이 깨닫고 이를 누군가의 엄마가 된 자신에 대한 중요한 참조로 삼으며 이런 삶의 경험을 다음 세대에게 물려주고 싶다는 생각까지 하게 된다.[50]

정리하자면, 이 글은 '바지씨'와 '바지를 입은 사람'의 과거를 통해 지금의 타이완과 한국 사회를 살펴보고, 선배 퀴어들의 성 정체성뿐 아니라 그들의 '생활 방식'을 구성했던 친밀한 관계, 경제적 활동, 사회적 네트워크, 직업, 신앙 등도 주류 역사와 현대화 과정에서 배척되었고 그에 상응하는 정동의 구조와 해석 역시도 지워졌음을 환기하고자 한다. 그러나 그들이 과거 겪었던 생존 위기가 이미 다음 세대로 이어졌고 서로 다른 세대가 처한 역사적 시·공간, 다양한 주변적 주체들 사이에 서로를 구분 짓고 상호 참조를 저해하는 다양한 장애물이 가로놓여 있다 하더라도, 두 편의 다큐멘터리가 제공하는 역사의 회복적 읽기가 우리가 처한 시대를 이해하는 데 있어 매우 중요하다는 점은 분명하다.

(번역 및 감수: 이정순, 중앙대학교 국제대학원 교수)

---

48 黃惠偵, 『我和我的T媽媽』, 臺北 : 遠流, 2017, 205頁.

49 黃惠偵, 『我和我的T媽媽』, 臺北 : 遠流, 2017, 216頁.

50 그녀는 다큐 촬영 건과 관련하여 어머니를 설득하며 이렇게 말했다. "나중에 딸한테 보여줄 거예요. 딸이 다 자랐을 때 엄마가 세상에 안 계시면 지금 엄마 이야기를 찍어 두어야 자기 할머니가 어떤 사람이었는지 알 수 있잖아요."(Huang Hui Chen, 2017:209). 黃惠偵, 『我和我的T媽媽』, 臺北 : 遠流, 2017, 209頁.

박완서 소설의 죽음정치적 특성과 그 의미
:『아주 오래된 농담』을 중심으로[1]

권 영 빈

1. 박완서 문학의 죽음 인식과 정치성

지난 몇 년간 유례없는 감염병이 범유행하는 상황 속에서 죽음은 인류의 일상에 한껏 가까워졌다. 통제와 격리가 삶을 유지하기 위한 새로운 기준이 되고, 접촉을 유발하는 행동 양상들은 (비)자발적으로 축소되고 조정되었다. 이 과정에서 부상한 시설 내 집단감염 사례와 열악한 노동환경의 문제는 한국사회의 '살아있는 죽음'을 생산하고 관리하는 체계를 다시금 가시화시켰다. 팬데믹이 불러온 가장 직접적인 효과이자 결과는 전 지구적으로 작동하고 있는 이러한 생명-죽음 관리체계를 드러내고, 이 시스템의 일상화 · 신체화를 더욱 가속화하는 것이었다고 볼 수 있다.

---

1 이 글은 「박완서 소설의 죽음정치적 특성과 그 의미-『아주 오래된 농담』을 중심으로」, 『현대소설연구』 제83집, 한국현대소설학회, 2021. 9를 수정 · 보완하여 재수록한 것이다.

이렇듯 삶과 죽음이 분리 불가능한 형태로 결합되어 개인 및 공동체의 존재 양상과 이들 사이의 관계성을 재구성하는 질서는, 비단 감염병 유행이라는 특수한 환경에서만 발현되는 것은 아니다. 식민지화와 전쟁 경험 위에서 급속한 산업화, 도시화를 거쳐 오늘날 더욱 심화된 자본주의이데올로기 속에 놓이게 된 한국에서, 삶 또는 생존의 문제는 특정 집단이나 개인에게 죽음을 할당하고 그것을 관리하는 오랜 사회적 체계와 긴밀히 연관되어 있다. 주지하다시피 반공이데올로기와 가파른 경제 성장이 상호 강화되는 속에서 '죽음'은 지배이데올로기에 부합되지 않는 존재에게 주어지는 것이었고 이들은 수치와 혐오의 대상이 되곤 했다. 배타적 생존공동체로서의 혈연가족 내부에서조차 이러한 죽음이 통제와 관리의 대상이 되었다는 점은, 한국(인)이라는 사회적 신체를 '죽음'으로 구조화되어 있는 '삶'의 관점에서 조명할 수 있게 해준다.

이 글의 목적은 박완서의 후기작 『아주 오래된 농담』(2000)을 통해 죽음을 대하고 처리하는 방식이 개인 및 공동체의 삶을 지배하는 양상을 살피고, 그것을 전쟁을 겪은 한국(인)의 경험적 산물로 파악하고 탐구하는 것이다. 특히 박완서가 여성 작가로서 소설을 통해 천착해온 젠더이데올로기의 문제는 이러한 죽음-삶의 신체적 동기화와 주체 구성 간의 관련성을 포착할 수 있게 해준다는 점에서 의미를 지닌다. 이러한 접근을 토대로 박완서 소설에 나타나는 죽음정치의 특성을 살피고, 그의 소설을 한국문학에서 주체화 및 신체 사유의 내러티브를 확장하는 것으로서 제고하고자 한다.

박완서의 소설, 글쓰기가 한국전쟁기 비국민으로 겪은 학살의 경험과 육친의 죽음을 해석하려는 끝없는 충동이었다는 점은 익히 알려져 있다. 서울에서의 전쟁 상황을 상세히 묘사한 자전적 소설뿐만 아니라, 등단작 『나목』(1970)에서 시작해 『한발기』(1971), 「세상에서 가장 무거운 틀니」(1972), 「부처님 근처」(1973), 「겨울 나들이」(1975), 「돌아온 땅」(1977), 「엄마의 말뚝 2」(1981), 「엄마의 말뚝 3」(1991), 「나의 가장 나종 지니인 것」(1993)을 거쳐 유작으로 볼 수 있는 「빨갱이 바이러스」(2009)에 이르기까지, 반동으로서의 죽음 문제는 그가 소설가로 살았던 사십여 년 동안 중단된 적 없는 주제이다.[2] 이러한 '욕된 죽음'은 애도하거나 발화할

2 박완서 소설의 죽음 인식을 논하는 연구들 또한 대체로 작가의 한국전쟁 경험과 관련된 자전성이 강한 소설을 대상으로 한다. 국가폭력에 의한 희생과 트라우마, 애도의 문제와 함께 노년 주체가 직면하는 자아 성숙의 죽음 인식 또한 다뤄진 바 있다.(이수형, 「박완서 소설에 나타난 애도와 죄의식에 관한 연구」, 『여성문학연구』 25, 한국여성문학학회, 2011; 김미영, 「박완서 소설의 애도 불가능성 연구」, 『한국언어문학』 98, 한국언어문학회, 2016; 박성은, 「박완서 소설 속 '망령들'을 통해 본 분단서사의 틈과 균열」, 『용봉인문논총』 53, 전남대학교 인문학연구소, 2018; 서정현, 「노년소설에 나타난 죽음 인식 연구: 김원일, 최일남, 박완서 작품을 중심으로」, 『인문사회21』 9-2, 아시아문화학술원, 2018.) 그러나 김혜경의 지적대로, 박완서의 많은 소설이 죽음을 다루고 있지만 그러한 '박완서식 죽음 양상'을 별도로 분석한 연구는 찾기 힘들다. 이에 논자는 아버지와 오빠의 죽음, 자식의 죽음, 어머니의 죽음 등을 재현한 소설을 분석함으로써 박완서의 죽음 인식이 공포와 은폐에서 치유와 순응으로 나아가는 양상을 비교 분석하였다.(김혜경, 「박완서 소설에 나타난 '죽음' 문제 연구」, 『한국문학이론과 비평』 19-1, 한국문학이론과 비평학회, 2015.) 이러한 접근은 전쟁 체험과 관련된 작가 정체성이나 글쓰기 형식과 관련해서 한정적으로 의미화되거나 개별 작품론 차원에서 다뤄지곤 했던 박완서의 죽음 인식을 통합적으로 살핀 의의가 있지만, 박완서의 소설세계를 관통하고 지배하는 죽음에 대한 사유를 궁구하려는 본 작업과는 차이가 있다. 본문에서 후술하겠지만 이 글에서 논하고자 하는 것은 한국전쟁과 자본주의이데올로기가 연속되는 속에서 전쟁 없이도 계속해서 생산되는 반동으로서의 죽음과 젠더화된 주체 문제이다.

수 없는 죽음, 그래서 죽지 않고 살아남은 자들의 일상적 삶에 막강한 영향력을 행사하는 죽음이다. 특히 그의 소설에 자주 등장하는 '죽음을 삼킨' 신체의 형상은 단지 인물이 가진 고통스러운 기억을 현재화, 현장화하는 장치에 그치지 않고, 일상을 영위하는 이들이 마땅히 가져야 할 '살아있다'는 확고한 믿음을 뒤흔들고 해체하는 요소로 등장한다. 이러한 죽음-삶이 신체적으로 동기화되어 있는 양상과, 그것이 주체 구성의 조건을 재구성하는 역학을 다루는 것이 박완서 소설에 엿보이는 죽음에 대한 사유라 할 수 있다.

박완서의 소설에서 이러한 죽음-삶 연속체로서의 신체와 주체성의 전조를 담지하는 인물은 주로 여성이다. 이는 여성이 사회·문화적 맥락에서 죽음이라는 터부에 강력하게 붙들려 있는 존재이기 때문이기보다 이들이 젠더화된 '몸'을 통해 자신의 정치적 위치를 표시하기 때문이다. 박완서의 소설에서 죽음이라는 체증을 몸으로 안고 살아가는 여성들과, 전쟁이 자본주의적 가부장 체제로 그 모습만 바꾼 채 일상을 지배하는 현실에서 그것을 체현한 여성들은 죽음과 삶이 상호 의존해 작동하는 역설을 감각하는 존재들이다. 이상의 주제를 대표하고 집약하고 있는 것이 장편 『아주 오래된 농담』이다.

『아주 오래된 농담』은 한국전쟁이라는 작가 원체험을 노년 여성의 인식 기반에서 다시금 돋우는 박완서의 후기 저작들 속에서

'죽음정치'는 죽음을 할당, 관리하는 체계이자 이러한 죽음정치하의 존재들을 살필 수 있게 하는 관점으로, 박완서 소설의 죽음 인식은 '죽음'이 '삶'을 구조화하며 이를 체현한 신체 양상을 보여준다는 데에서 그 핵심을 찾을 수 있다.

다소 두드러진다. 표면적으로는 1990년대 이전 시기의 장편작들과 연결되는 측면도 있다. 박완서가 이른바 대중작가로서 1970, 80년대 신문이나 문예지 연재를 통해 가부장제와 자본주의가 영합하는 양상과 여성, 가족의 현실을 특유의 섬세한 필치와 흥미로운 장광설로 독자들에게 밀어붙였던 점을 생각해보면, 『아주 오래된 농담』 또한 그 내용과 형식을 잇는 서사로 자리매김할 수 있을 것이다. 그 때문인지 소설에 대한 분석도 가부장제, 자본주의 극복이나 가족이데올로기에 대항하는 동력에 관한 것에 집중되어 있는 편이다.[3] 그런데 이 소설이 '죽음'을 강력하게 무대화하고 있다는 점에 주목해보면 박완서의 문학적 뿌리인 전쟁과 상실의 경험에 또 다른 방식으로 근접하고 있는 소설로서 이를 검토해보는 것도 필요해 보인다. 『아주 오래된 농담』은 죽음-삶 연속체로서의

---

3 이는 『아주 오래된 농담』의 특징적 결말—자본주의적 가부장제의 억압에서 여성을 구출해주는 또 다른 가부장이자 자본가인 '영준'이라는 인물의 설정—이 작품 해석의 방향을 일정 정도 규정하고 있기 때문이기도 하다. 이를 자본의 유동성을 적극적으로 활용하면서 억압에 대항하는 새로운 세대/주체의 출현이라고 분석한 경우(최선영, 「박완서 소설에 나타난 가부장제 · 자본주의 양상과 극복의 가능성」, 『현대소설연구』 51, 한국현대소설학회, 2012.), 인물들이 보이는 돈 혹은 자본주의에 대한 복합적이고 모순적인 태도로 미루어 볼 때 이 소설은 자본주의에 대한 저항이 아닌 그러한 저항의 환상을 제거하려는 의식을 보이고 있으며, 이는 신자유주의의 후폭풍을 경험한 2000년대 작가의식의 반영이라고 해석한 경우가 있다.(김미현, 「번역 그리고 반역」, 박완서, 『아주 오래된 농담』(박완서소설전집21), 세계사, 2018.) 최근의 연구는 『아주 오래된 농담』에 나타난 테크놀로지의 동원 방식이 가족의 근접성과 친밀성의 관계를 재조직하고 있다는 점, 그래서 그것이 가족이데올로기의 억압에서 벗어나는 양상과 관련되어 있다는 점을 논하고 있다.(유인혁, 「박완서 소설에 나타난 근접성 없는 공동체와 친밀성의 테크놀로지: 『아주 오래된 농담』을 중심으로」, 『어문논집』 80, 민족어문학회, 2020.)

신체 사유에 대한 것이자, 그것이 체현된 여성의 존재론을 보여주고 있다는 점에서, 그의 소설세계를 새롭게 아우르는 말년의 양식(late style)[4]으로서의 위치를 보증한다는 차원에서도 그러하다.

이 글은 『아주 오래된 농담』을 한국전쟁과 육친의 죽음을 해석하기 위해 종생토록 고심했던 작가의식의 가장 직접적이고 적극적인 변주로 본다. 아울러 이러한 전쟁과 관련된 죽음이 자본주의적 가부장제하에서의 여성의 몸과 불가분의 관계에 놓여 있다는 점을 밝힌다는 점에서 『아주 오래된 농담』은 죽음을 다루는 작가의 다른 저작들과도 변별된다. 이러한 견지에서 소설에 나타난 죽음정치적 특성과 더불어, '죽음' 주변을 선회하면서 '삶'의 반경과 주체화를 타진하는 존재로서의 여성 인물들을 분석하고, 이 소설이 박완서의 죽음 의식을 그 자신의 소설사적 맥락에서 또한 갱신하고 있다는 점을 논구하고자 한다.

---

4 박완서 후기작에 대한 연구 방법론으로 말년성(lateness) 개념이 강조되고 있다. 에드워드 사이드가 개념화한 '말년의 양식'은 예술가의 후기작에 기대되는 조화, 포용의 미감이 아닌, 비타협과 모순, 해결될 수 없는 난국 등이 어떻게 그들의 예술세계를 더욱 풍부하게 하는지를 설명하는 비평의 관점이다.(이혜령, 「박완서의 1980년대: 빨갱이, 운동권, 사회주의(자)의 절합」, 『국제어문』 79, 국제어문학회, 2018; 우현주, 「상생과 불협화음의 경계에 선 말년성(lateness): 박완서의 「빨갱이 바이러스」를 중심으로」, 『이화어문논집』 49, 이화어문학회, 2019 참조.) 『아주 오래된 농담』은 박완서의 소설세계를 구성하는 핵심 주제들을 변형시키면서 매우 파괴적인 면모를 지니고 있다는 점에서, 그의 마지막 장편소설인 『그 남자네 집』(2004)과는 또 다른 의미의 최종 작업으로 자리매김할 필요가 있다.

2. 시체를 생산하는 죽음정치

죽음이라는 절대적 진리는 예로부터 형이상학적 사유와 역사적 해석의 대상이 되어왔다. 고대 그리스 철학에서 죽음은 정신의 감옥인 육체에서 해방될 수 있는 자유를 제공하는 사건이거나 '삶'이라는 숙제를 완숙하게 하는 것으로, 철저한 이성적 인식의 대상으로 접근되었다. 죽음을 둘러싼 이러한 정신(영혼)과 육체의 이분법적 분할은 근대철학에 전승되는 동시에 세계대전을 거치며 분화되었다. 이를테면 실존철학은 죽음을 '살 권리'로 전환시키는 것으로 나아갔고, 죽음(death)이 아닌 죽어감(dying)에 대한 인식은 죽음이 주체의 권리와 불가분의 관계에 놓인다는 것을 확인시켰다.[5]

이러한 죽음의 의미는 박완서의 많은 소설에서 돋보이는 주제이다. 그는 학살 생존자의 몸이 애도 불가능성 앞에서 죽음으로 되먹임되는 삶의 구조를 갖게 된다는 점을 일찍이 포착하였다. 특히 그가 자신의 글쓰기를 '토악질'이라 이른 것은 그의 소설이 냉전 질서가 존속되고 있는 국가에서의 죽음 의례, 즉 기념·기억의 정치와 투쟁에 연결되어 있다는 점을 시사한다. 주지하다시피 조르조 아감벤(Giorgio Agamben)의 죽여도 기념되지 못하는 호모 사케르(homo sacer)는 인간됨, 비/국민의 경계를 구획하는 통치성이 신체화된 형상이다. 박완서의 이른바 '벌레의 시간'

---

5 김분선, 「생명관리정치에서 죽음관리정치로: 존엄사의 현행법에 대한 문제화」, 『철학탐구』 57, 중앙대학교 중앙철학연구소, 2020 참조.

은 단순히 존재의 삶과 죽음을 결정하는 유사 전장(戰場) 체험의 표현에 그치는 것이 아니라, 피아(彼我) 식별이 불가능한 공포가 공동체 내부에 기입된 상황과 더불어, 누군가에게 죽음을 할당함으로써 그러한 식별 불가능성의 공포에서 벗어나려는 집단적 질서를 몸으로 감각했던 것에 대한 표현이라 할 것이다.[6] 여기서 죽음은 공동체 내부에서 할당, (재)생산되는 것이자, 그러한 '나쁜 죽음'의 대상과 속성을 규정하는 행위가 주권권력과 법적 주체의 문제를 환기하는 것이라는 점에서 주목할 만하다. 그리고 『아주 오래된 농담』의 서사 또한 '나쁜 죽음'의 대상과 속성을 규정하는 것에서 시작된다.

『아주 오래된 농담』[7]은 천민자본주의의 전형이라 할 수 있는 재벌 '송회장' 일가가 혈육의 죽음마저 영욕의 수단으로 삼는 행태와 그 전제가 되고 있는 자본주의적 가부장제, 그리고 그 속에서 생존을 위해 분투하는 여성들을 그린다. 소설의 중심인물인 의사 '심영빈'은 매제 '송경호'의 암 진단 사실, 그리고 그가 처한 시한부의 삶을 당사자에게 알리지 말라는 송회장의 압력을 받고, 영빈의 동생이자 경호의 아내인 '영묘' 또한 시가의 가풍에 따라 주술과 대체의학에 의지해 남편을 보살피게 된다. 그러나 내로라하

---

6 차미령은 박완서의 자전적 소설을 대상으로 이러한 비식별역과 예외상태, 주권권력의 문제를 슈미트, 아감벤, 버틀러 등의 논의를 통해 명료하게 분석한 바 있다.(차미령, 「한국 전쟁과 신원 증명 장치의 기원: 박완서 소설에 나타난 주권의 문제」, 『구보학보』 18, 구보학회, 2018.)

7 『아주 오래된 농담』은 1999년 11월 『실천문학』에서 연재되기 시작해 이듬해 가을 완결되어 실천문학사에서 단행본으로 발간되었다. 이 글에서는 박완서소설전집결정판을 출간한 세계사 판본(2018)을 분석의 대상으로 삼는다.

는 재벌가의 주인인 송회장은 맏아들이자 후계자인 경호를 결국 죽음에 이르게 하는데, 이 과정에서 경호가 가족으로부터 '나쁜 죽음'의 자리를 할당받고 '살아있는 시체'가 되는 여러 국면이 등장한다.

> "그 앤 마음이 여려요. 어려서도 계집애같이 굴어서 애비를 얼마나 실망시켰다구요. 지레 삶을 포기해버릴지도 몰라요. 내가 항암제는 왜 절대로 안 된다는지 아십니까. 항암제 맞히면서 암이라는 걸 속일 수는 없기 때문입니다. 그 애한테는 절대루, 절대루, 알리고 싶지 않습니다. 나도 그러겠지만 박사님도 에미한테 단단히 일러놓으세요. 입조심하라구."[8]

> "그 애는 착해빠진 대신 의지가 박약한 애다. 모질지 못해서 단념도 잘하지. 암이라는 걸 알면 비관해서 지레 죽고 말 거다. 이제 병원 말은 그만 듣자. 병원은 검사만 정확하게 해줬으면 할 일 다한 거다."[9]

송회장은 경호를 진단한 영빈과 며느리 영묘에게 경호가 자신의 몸 상태를 알지 못하게 하자며 신신당부한다. 이렇듯 죽음을 앞둔 경호가 신체에 대한 권리를 박탈당하게 되는 것은 일차적으로 아버지 송회장으로부터 규정되는 '나약함' 때문이다. 환자를

---

8 박완서, 『아주 오래된 농담』(박완서소설전집21), 세계사, 2018, 140쪽.

9 위의 책, 156쪽.

소외시킨 채 가족이 치료의 전권을 갖게 되는 요인은 표면적으로는 경호의 나약한 성품이 불러올 부정적 결과를 차단하기 위한 것으로 설명된다. 그러나 소설은 "돈과 혈통의 동일시"[10]라는 자본주의적 가부장제하에서 경호의 나약함이 갖는 의미를 복합적인 차원으로 그려낸다.

송회장 일가에 선대로부터 내려오는 '결핵체질'은 "송씨 집안의 피할 수 없는 운명"(112)이자 반드시 극복해야 하는 것인데, 암을 선고받고 나쁜 체질을 드러낸 경호의 몸은 결코 분리될 수 없는 '돈'과 '피'의 세계에서 주체성을 가질 수 없다. 송회장 일가가 구축한 Y건업의 장자(長子)인 경호는 가족(자본)을 제대로 보존할 수 없을 뿐만 아니라 '결핵체질'이라는 나쁜 피와 가족의 수치를 드러낸 존재이기 때문이다. 이처럼 경호에게 시한부의 삶이 선고된 순간부터 그는 (나쁜) 죽음의 대상으로 규정된다. 이로부터 소설은 산 자의 몸이 '시체'가 되는 것을 추동하고 그것을 관리하려는 '죽음정치'의 일면을 본격적으로 드러내기 시작한다.

생명이 있는 한 죽을 수밖에 없는 영원불변의 진리, 죽음이 삶을 조건화하는 것을 피할 수 없는 인간은 오늘날 생명-죽음 관리 체계로서의 자본주의 경제질서와 그것이 전 지구적으로 작동되는 가운데에서 살아가고 있다. 이 같은 상황을 진단하는 '생명정치'와 '죽음정치'는 대쌍관계로 상호 분리되지 않는다. 잘 알려져 있듯이 생명정치(biopolitics)는 조절과 통제의 테크놀로지를 통한 자기돌봄을 생성시키는 이데올로기적 효과로, '죽음'을 지배하는 억

10 위의 책, 247쪽. 이하 본문 내 인용은 괄호 안 쪽수로 표시함.

압적 권력이 '삶'을 지배하는 권력에 종속되게 되는 역사적 단절을 나타내는 개념이다. 미셸 푸코(Michel Foucault)는 이러한 생명권력의 경제에서 죽음 기능을 담보했던 것으로 근대 인종주의를 꼽았지만,[11] 로베르토 에스포지토(Roberto Esposito)는 죽음의 할당과 관리를 생명정치 내부에서의 단절이자 전환점으로 보았다.[12] 한편 아킬레 음벰베(Achille Mbembé)는 생명이 죽음에 강력히 복종되는 동시대의 현상을 설명하기에 '생명정치'라는 말이 불충분하다고 지적하면서 생명정치를 죽음정치(necropolitics)로 대체 명명하기도 했다.[13] 전쟁과 테러, 격리와 학살이 새로운 기술-통치 담론을 통해 일상적으로 자행되는 오늘날, 생명-죽음 관리체계는 살아있는 시체(living dead)를 생산하고 그 범주를 넓히는 것으로서 삶-죽음 연동 체제를 확인시킨다.

이와 관련해 박완서 소설에서의 죽음정치 또한 '나쁜 죽음'의

11 토마스 렘케, 심성보 역, 『생명정치란 무엇인가』, 그린비, 2015, 67-73쪽.

12 이러한 단절은 나치즘의 통치 원리에서 극명히 드러난다. 에스포지토는 나치즘을 '죽음의 원'을 점진적으로 확대하여 자기를 보호하고 발전시키는 이율배반의 최고점이라 설명하면서, 나치들은 유대인들의 신체에서 자신들의 죽음을 보고, 그들은 '이미' '죽은 삶'을 '죽음'으로 돌려보내기 위해, 이미 오래전부터 죽음에 사로잡히고 죽음에 의해 망가진 삶에 죽음을 줌으로써 삶의 권리를 재수립한다고 말한다. 그들은 죽음을 하나의 대상이자 동시에 생명을 위한 치료 도구로 간주했다. 이 때문에 그들은 늘 자신들의 죽은 조상을 숭배했는데, 왜냐하면 완전히 '죽음정치로 전도된' 생명정치적 관점에서는, 삶의 모든 것을 죽음의 체제에 굴복시킴으로써, 삶을 삶 그 자체로부터 지키는 역할을 오직 죽음에만 부과할 수 있기 때문이다.(로베르토 에스포지토, 김상운 역, 「생명정치와 철학」, 『문화과학』 104, 문화과학사, 2020, 302-303쪽.)

13 A. Mbembé & Libby Meintjes, "Necropolitics", *Public Culture*, vol.15, Duke University Press, 2003, pp.39-40.

대상과 속성을 규정하고 그것을 특정한 방식으로 처리·관리하는 것을 핵심으로 삼는다. 특히 죽음이 공동체 내부에서 할당되고 솎아진다는 점에서, 이러한 죽음은 남은 자들의 삶을 위한 것으로서의 의미화 과정을 필요로 하게 된다. 소설에서 경호의 몸이 단순히 죽음 또는 시체로 규정되는 것을 넘어, 그가 '죽음'을 통해서만 비로소 의미를 가질 수 있는 일종의 '제물'로 자리매김되는 이유이다.

경호의 암 진단 사실은 '결핵체질'이라는 나쁜 피를 가시화하여 남은 자들의 삶을 위협하게 되고, 이들은 서둘러 그의 몸을 병원이라는 공적 영역에서 수거해 주술로 점철된 폐쇄적 공간인 집으로 들이게 된다. 병원은 그의 시한부 삶을 확정하는 검사를 위해 필요했을 뿐 이들에게 중요한 것은 이 '욕된 죽음'을 어떻게 관리하고 처분할 것인가이다. 송회장 일가는 집에 돌아온 경호의 치료를 위해 양방을 동원하지만 그의 몸은 점차 시체의 형상으로 변모해가면서 영묘와 함께 나날이 황폐해져 간다.

> 뜸을 떠야 할 곳은 온몸에 분포돼 있다고 했다. 푸석푸석한 얼굴과는 달리 경호의 몸은 삭정이처럼 마르고 핏기가 없었다. 경호에겐 최소한도의 수치심도 허용되지 않았다. (…) 환자는 마치 널에 누운 시신처럼 딱딱한 바닥에 반듯하게 뉘어졌다. 바싹 마른 몸 여기저기서 연기가 피어오르면서 경호가 괴롭게 몸을 뒤틀었다. 곧 경호의 몸이 활활 타오를 것 같아 영묘는 비명을 삼키며 손바닥으로 얼굴을 가렸다. (…) 화장장에서 시체를 태우는 걸 목격했는데, 장작불이 시체로 옮겨붙기 전에 시체가 살아 움직이는 것처럼 몸을

뒤틀더라고 했다. (…) 그 얘기는 생각났다기보다는 생생한 악몽이 되어 그녀를 잡아당기는 것 같았다.[14]

숨결을 확인하기도 전에 경호가 눈을 번쩍 떴다. 그리고 붉게 핏발 선 눈을 부라렸다. 생기 없이 번들대는 눈이 의안처럼 기분 나빠 영묘는 눈길을 피했다.
"왜? 죽은 줄 알았는데 안 죽어서 실망했냐? 이 화냥년아. 어디 붙어먹을 놈이 없어 그 땡중하고 붙어먹냐. 저리 비켜, 이 더러운 년아." (…) 다음날도 그는 도사를 배웅하고 들어온 영묘를 보고는 발작처럼 땡추하고 몇 번이나 붙어먹었냐고 고래고래 악을 썼다.[15]

경호가 살아있는 시체가 되는 과정은 그가 인간성의 지표인 수치심이나 언어를 상실해가는 것에서 드러난다. 특히 '최도사'를 통한 치료의 과정에서 쏟아지는 주술적인 말들은 그가 망령과도 같은 존재가 되어가는 형국을 잘 보여준다. 위 인용에서 집은 화장장, 제의 공간으로 환원되는데, 이러한 특성은 죽음정치가 '죽음'을 규정하고 할당하는 것을 넘어 그것을 특정한 방식으로 처리·관리하는 작업을 포함한다는 점을 보여준다.

경호의 퇴원은 축제처럼 번잡스러웠다. (…) 병원까지 와서 설치던 회사 사람들은 병자보다 앞질러 아파트 입구에 도열해서 마치 해

---

14 『아주 오래된 농담』, 191-192쪽.

15 위의 책, 208-210쪽.

외에서 굉장한 수주를 따내고 귀국하는 그룹 회장을 공항에서 출영나온 중역진 같은 표정으로 경호를 맞았다. 경호는 영묘의 부축을 뿌리치고 그 사이를 어색하게 걸어 들어갔다. 화려하고도 이상한 퇴원이었다.[16]

송회장은 표면적으로는 대체의학에 의지해 아들을 치료하고자 그를 퇴원시킨 것이지만, 전후의 내용은 송회장 일가가 경호가 죽을 것을 예견하고 치료가 아닌 특정한 죽음의 방식을 준비하기 위해 그를 집에 불러들인 것으로 묘사된다. 송회장은 경호 부부의 전셋집 계약기간을 1년으로 줄이고 뜸 치료사에게 차비를 주지 않는 등의 방식으로 경호의 치료에 경제논리로 접근하는데, 이는 그의 죽음을 산 자들을 위해 준비되고 치러져야 할 '이벤트'로 간주하기 때문이다.[17] 인용에서 경호의 퇴원 장면이 호들갑스럽게 묘사되는 것 또한 상류층의 허위의식이나 물신주의적 세태를 보여주는 것에 국한되는 것이 아니라 그가 토템과 터부의 현장으로 걸어 들어가고 있다는 점을 말해준다.

이처럼 죽음의 대상과 속성을 규정하고 그것을 처리 · 관리하는 과정으로서의 죽음정치는 '살아있는 시체'를 생산하는 것에서 시작해, 그러한 죽음이 남은 자들의 삶을 재구성하기 위한 것으로

---

16 위의 책, 173-174쪽.

17 오직 경호의 할머니만이 그가 진짜 죽을 것이라고는 예상하지 못하고 최도사에 의지해 그를 살리고자 노력한다. Y건업 창업주의 아내인 할머니는 남편을 도와 재산을 불려 집안을 재벌의 반열에 올린 인물이며 가내 최고 권력자로 그려지는데, 송회장은 그녀가 주도하는 치료 비책에 짐짓 따르면서도 거기 직접적으로 참례하지는 않은 채 오직 '죽음'이라는 사건을 기획하고 운영하는 데 몰두한다.

자리매김되는 단계로 이행한다. Y건업이라는 가족(자본)의 '삶'을 위협하는 경호의 몸이 '죽음'의 자리를 할당받는 것에서 나아가, 그러한 죽음을 특정한 방식으로 의미화하려는 이 예견된 기획은 그의 실제 죽음과 관련된 장면들에서 보다 구체화된다.

3. 제의-향연의 죽음 관리 체계

『아주 오래된 농담』에서 경호의 몸이 살아있으면서도 오직 죽음을 통해서만 의미를 찾을 수 있는 제물과도 같이 그려지는 것은, 죽음정치가 죽음의 할당과 관리를 통해 삶을 구조화하는 자본주의적 통치술에 대한 것이면서, 그러한 '욕된 죽음'을 남은 자들의 삶을 위한 것으로 치환하기 위한 의식적 과정을 거친다는 점을 드러내는 대목이다. 여기서 박완서는 죽음을 '삼키는' 제의-향연의 행위를 통해, 죽음-삶 연속체로 살아가는 한국(인)적인 삶의 역사적 맥락에 접근하게 된다.

> 갈색빛이 나는 거룩한 액체 위에 떠 있는 게 흰 비늘 같다 싶으면서 구역질이 나려고 했다. (…) 경호는 그렇게 세 숟갈을 연거푸 받아먹었다. 그러고 나서 곧 가슴을 움켜쥐더니 토할 것 같은 기미를 보였다. (…) 토사물은 한약이 아니라 피였다. 엄청난 양의 각혈이 갑사 치마를 검붉게 물들이면서 통과해 경호의 옥색 바지까지 피범범으로 만들었다. 피를 보고 놀란 경호가 사람 소리 같지 않은 이상

한 신음 소리를 길게 끌며 쓰러졌다.[18]

경호의 죽음은 송회장 일가가 꾸린 잔치판에서 벌어진다. 경호가 죽음을 앞두고 있음에도 불구하고 경호 부부 아들의 돌잔치는 필요 이상으로 성대하게 꾸려지는데, 죽기 전부터 이미 시체로 규정된 경호의 몸은 Y건업이라는 가족(자본)의 삶을 위한 제물로 바쳐지며, 아기의 삶을 축하하는 자리에서 '사람 소리 같지 않은' 신음을 끝으로 실질적 죽음을 맞는다. 백항아리에 든 영약을 먹다 피를 토하며 고꾸라진 경호 옆에는 "철부지 아이들만 희희낙락 넘어지고 자빠지고 옷을 더럽히며 하던 장난을 멈추지 않"(215)고, 이어지는 경호의 장례식 또한 "고인의 죽음을 슬퍼하는 말이나 생전의 고인을 추모하는 말은 한마디도 들리지 않"(219)은 채 Y건업의 위상을 확인하기 위한 축하연과도 같은 것으로 진행된다. 아기의 탄생과 그 생명력을 기념하는 돌잔치는 '죽음'을 생성하는 것이 되고, 죽음을 추모하는 장례식은 '삶'을 축하하는 것이 된다.

여기서 주목되는 것은 이렇듯 죽음을 둘러싼 제의-향연이 분리 불가능한 형태로 존재하는 상황에 대한 연출이 집과 혈연가족이라는 친밀성의 영역에서 펼쳐진다는 점이다. 이는 가족과 같은 친밀한 공동체가 구성원의 죽음에 직면해 수행하는, 죽음 의례와 관련된 종래의 통념을 무화시키는 대목이다. 본래 가족, 공동체가 함께 수행하는 죽음 의례는 죽음에 대한 공포를 나누고 죽음의 파괴력을 약화시키기 위한 것으로 알려져 있다. 이를테면 고대의 죽

18 위의 책, 214-215쪽.

음은 죽음에 직면한 존재가 죽어가는 인물을 '연기'하는 것으로 인식하고 죽음을 '희극적인-비극'으로 만드는 것이었다. 이러한 죽음은 가족, 공동체가 함께 모범적인 죽음의 형태를 후세대에 전하는 일종의 수행이기도 했다. 노르베르트 엘리아스(Norbert Elias)는 오늘날의 죽음이 병원에서 낯선 의료 전문가들과 수많은 연명장치에 둘러싸여 '맨몸으로' 직면하게 됨으로써 더욱 두렵고 금기시된 것이 되었다고 보았지만,[19] 이러한 견해가 『아주 오래된 농담』에서 전도되는 것은 죽음이 '가족(자본)'이라는 계급의 차원에서뿐만 아니라 그것이 생성되어온 특수한 역사적 맥락에서 고찰할 수밖에 없는 정치적이고 관계적인 것이라는 점을 상기시킨다. 경호는 죽음 앞에 홀로 맞서 그것을 직시할 권리를 빼앗겼을 뿐만 아니라, 경호의 주체성을 박탈한 이들이 혈연가족이라는 점으로 말미암아 '박완서식 죽음정치'의 기원을 역사적으로 거슬러 올라갈 수 있게 하기 때문이다.[20]

---

19 안도 야스노리, 「사생학과 생명윤리: '좋은 죽음'을 둘러싼 담론을 중심으로」, 시마노조 스스무 · 다케우치 세이치 편저, 정효운 역, 『사생학이란 무엇인가』, 한울, 2010, 62-63쪽.

20 상술한 바와 같이 한국에서 죽음에 대한 공포와 생존 욕망을 동시에 작동 · 강화시키는 힘은 반공정치에서 찾을 수 있다. 권헌익은 반공정치하에서 '이질적 존재'의 자리를 부여받는 대상, 즉 규율과 처벌의 대상은 홀로 존재하는 개인의 몸이 아니라 촘촘한 관계망이었다고 말한다. 처벌이 관계 자체와 관계 속의 몸에 집중되었기 때문에 애초에 피의자의 몸은 단독으로 존재하지 않는다.(권헌익, 정소영 역, 『전쟁과 가족』, 창비, 2020, 164-165쪽.) 이러한 반공정치의 메커니즘은 '나쁜 죽음' 자체가 관계적인 것이자, 그로부터 발생할 수 있는 오염을 방지하기 위한 의식적 과정이 공동체 내부에 필요하다는 점을 확인케 한다. 제의-향연의 죽음 관리 체계는 박완서가 주목한 죽음정치의 기원이 되는 전쟁과 반공이데올로기를 암시한다.

박완서 소설에서 이러한 문제의식이 엿보이는 것은 경호의 죽음을 가족들이 '나눠 먹는' 행위에 대한 묘사에 있다.

> 이레마다 한 번씩 상식을 지내고 그때마다 시집 식구들이 몽땅 모여서 잔칫집처럼 웅성대며 아침을 해결하는 것도 견디기 어려운 고역이었다. 시아버지는 그때마다 백항아리에 든 것을 내오라 해서, 자아, 한 고뿌씩 먹고 기운 내자, 하면서 아들들한테도 권하고 자기도 먹었다. 그거 먹자마자 피 토하고 죽은 남편 생각이 나서 만지기도 싫어 못 버리고 있던 걸, 이게 얼마나 비싼 건 줄 아냐고 번번이 값을 따져가며 나눠 마시고 번드르르한 입가를 닦는 걸 보면 게울 것 같아서 같은 식탁에 앉기가 싫었다. 시아버지가 에미는? 하고 찾으면 시어머니가 영감님 옆구리를 쿡 찌르며, 놔둬요. 나중에 따로 먹겠죠.[21]

송회장 일가는 경호를 죽음으로 몰고 간 백항아리의 영약을 나눠 먹으면서 그의 죽음을 몸 안에 들이는 의미화 과정을 거친다. 이러한 행위는 자본주의적 가부장제하 죽음을 할당받은 존재이자 가족(자본)을 위협하는 대상을 제거/승화하는 것으로, 『아주 오래된 농담』이 박완서의 죽음 인식을 집약하고 있음을 시사하는 장면이다. 이처럼 산 자들이 죽은 자를 몸에 들이는 행위는 죽음-삶 연속체로서의 신체 사유에 천착해온 박완서의 소설사적 맥락에서 해석될 필요가 있다.

---

21 『아주 오래된 농담』, 233쪽.

박완서의 소설은 탈냉전 시기로 접어든 1990년대 이후에 오히려 전쟁 체험을 더욱 적극적으로 이야기하는 일종의 전환점을 맞게 된다. 한국전쟁이라는 "문학정신의 뼈대"[22]를 보다 직접적으로 발화하고 기록하고자 하는 의지와 소신의 증거로 1990년대에 『그 많던 싱아는 누가 다 먹었을까』(1992), 『그 산이 정말 거기 있었을까』(1995)와 같은 자전적 소설이 연이어 발표된 것이다. 박완서는 전쟁을 기점으로 한 '모진 세월'을 망각해가는 현실에 대항하기 위한 것이라고 그 창작 동기를 직접 밝히기도 했는데[23] 이러한 자전적 글쓰기는 그의 마지막 장편소설 『그 남자네 집』까지 이어진다. 박완서의 후기작이 보이는 이러한 특징은 단편소설의 흐름에서도 물론 나타난다. 당대의 현실 속에서 지배이데올로기에 대한 비판과 주체의 존재 양태를 적나라하게 들추어내는 글쓰기를 구사해온 작가로서, 1990년대, 2000년대에는 노년 여성의 소외나 욕망, 삶과 죽음의 문제를 보다 적극적으로 고심하는 방향으로 자신의 소설세계를 확장해가는 가운데, 「빨갱이 바이러스」와 「석양을 등에 지고 그림자를 밟다」(2010)를 통해 전쟁과 상실이라는 작가의 원체험을 노년의 위치에서 문학적으로 다시금 갈무리하게 된다. 등단작 『나목』에서부터 고스란히 연결되는 이러한 후기작은 박완서가 탈냉전의 국면에서 맞닥뜨리는 기억 · 기록의 문제, 복원(불)가능성의 현실인식, 세대가 분화되는 당대적 현실 속에서 다시금 되새기는 기억의 정치성에 대한 것이라고 다수의 연구자들이

22 박완서, 「나에게 소설은 무엇인가」, 김병익 · 호원숙 외 3인, 『모든 것에 따뜻함이 숨어 있다』, 웅진지식하우스, 2011, 31쪽.

23 박완서, 「작가 서문」, 『그 산이 정말 거기 있었을까』, 웅진출판사, 1995.

논한 바 있다.[24]

『아주 오래된 농담』이 한국전쟁과의 관련성 속에서 논의된 적은 아직까지 없다. 그러나 위와 같은 작품 경향과 비평의 흐름을 토대로, 이 소설은 '죽음'으로 구조화되어 있는 '삶'이라는 관점에서 전쟁 없이도 전쟁을 계승하고 있는 소설로 재독할 만하다. 박완서가 그리는 죽음-삶 연속체로서의 신체는 전쟁을 겪은 한국(인)의 경험적 산물로 접근할 수 있는데, 특히 지배이데올로기를 둘러싼 '위협-제거'의 공존 체제와 '먹어 치우는' 기술은 박완서가 천착해온 '반동분자'의 몸에 대한 역사적 강박관념에서 유래하기 때문이다.

박완서에게 반동으로서의 죽음, 욕된 죽음은 산 자들로 하여금 "마치 새끼를 낳고는 탯덩이를 집어삼키고 구정물까지 싹싹 핥아먹는 짐승처럼 앙큼하고 태연하게", "한 죽음을 꼴깍 삼"[25]키게 만드는 것이다. 그리고 이들의 삶은 그러한 죽음에서 놓여날 수 없는, 죽음 '곁에 있음(besideness)'으로서의 삶이다. 박완서의 초기작에 보이는 이러한 주술적 행위가 『아주 오래된 농담』에서 또 다른 방식으로 변주된 까닭은, 지배이데올로기에 부합하지 않는 존재, 그러므로 해석할 수 없는 존재에 '죽음'을 할당하고 오직 죽음

---

24 이선미, 「세계화와 탈냉전에 대응하는 소설의 형식: 기억으로 발언하기-1990년대 박완서 자전소설의 의미 연구」, 『상허학보』 12, 상허학회, 2004; 김윤정, 「시대적 공통 감각의 문학화와 '다시'의 박완서」, 『이화어문논집』 42, 이화어문학회, 2017; 우현주, 「박완서 전쟁 체험 소설의 반복과 차이」, 『여성문학연구』 45, 한국여성문학학회, 2018.

25 박완서, 「부처님 근처」, 『부끄러움을 가르칩니다』(박완서단편소설전집1), 문학동네, 2019, 106쪽.

으로써만 의미화될 수 있게 하여 남은 자들의 '반동-아님'의 삶을 공고히 하는 한국(인), 가족, 공동체의 집단무의식을 또 한 번 드러내기 위한 것이다.

박완서의 자전적 소설에 그려지는 '오빠'의 죽음은 『아주 오래된 농담』의 경호의 죽음과 유사하다. 오빠와 경호 모두 집에 갇혀 주체성을 상실하고 '살아있는 시체'가 되는 과정을 겪는다는 점, 오빠가 "죽은 게 아니라 8개월 동안 서서히 사라져간 것"[26]처럼 경호 또한 같은 8개월의 시한부 선고를 받고 "젖은 장작 타듯이 지루하게 죽어"(227)갔다는 점, 양쪽 모두 주술과도 같은 말들을 남겼다는 점, 그리고 복중(伏中)의 죽음이었다는 점에서 그러하다. 박완서의 자전적 소설에서, 오빠의 시신을 묻은 뒤 허기가 느껴지지 않음에도 불구하고 단지 쉴 것이 염려되어 팥죽을 먹어 치우는 가족들의 행위와,[27] 『아주 오래된 농담』에서 송회장 일가가 백항아리의 영약을 의지적으로 나눠 먹는 것은, 이들 모두의 몸이 '죽음'이 깃든 '삶(생존)'이라는 복합구조를 체현하고 있다는 것을 보여준다. 『아주 오래된 농담』은 여기서 더 나아가, '피'가 '돈'으로 물상화되는 단계로 이행한 자본주의 체제의 심화를 묘파하고 있다는 점에서 문제적이다.

박완서가 '죽음'을 중심으로 한국전쟁기와 2000년대 간의 연속과 단절을 가시화하는 중심에는 자본주의적 가부장제 속을 살아가는 여성의 몸이 놓인다. 『아주 오래된 농담』은 여성의 삶과 죽

---

26 박완서, 「그 산이 정말 거기 있었을까」(박완서소설전집20), 세계사, 2018, 188쪽.

27 위의 책, 191쪽.

음이 동기화되어 있는 독특한 양상과 주체화의 문제를 짚어내고 있다는 점에서, 박완서의 죽음 의식이 그 자신의 소설사적 맥락에서 또한 갱신되고 있음을 알게 해준다.

4. 죽음-삶 연속체로서의 여성의 몸과 '농담'의 구조

박완서는 『아주 오래된 농담』을 단행본으로 출간하면서, 이 소설은 '돈'에 대한 것이자 "돈에 대해서 말한다는 게 여성의 현실에 대해 말하는 게 돼버린 것도 독자가 눈여겨봐 주었으면 하는 바람"[28]이 있다는 소회를 밝힌 바 있다. 다시 말해 『아주 오래된 농담』은 '시체'가 '자본'이 되는 메커니즘의 기원인 한국전쟁이라는 작가 원체험을 되짚고 있을 뿐만 아니라, 자본주의의 첨단을 가시화하는 존재로서의 여성, 가족의 역사적 삶을 다시금 밝히는 소설이라 할 것이다. 박완서는 죽음-삶 연속체로서의 한국(인)의 존재 양태를 직접적으로 체현한 여성의 몸과 그것들의 관계적 배치에 주목한다.

주지하다시피 몸은 고정된 실재가 아니며 젠더화된 수행을 통해 공적 담론과 사회적 관계를 체현한다. 이러한 몸의 유동성, '되기'는 매끄럽게 통합되어 있다고 간주되는 주체를 해체하고 오직 의미의 실천으로 자신의 위치를 표시하는, 지리적 존재로서의 몸-

28 박완서, 「작가 후기」, 『아주 오래된 농담』, 실천문학사, 2000.

주체를 재구성한다. 이러한 체현된 주체로서의 여성은 고래로 지배집단과 열등집단을 구성하는 '몸의 수치화(Scaling Bodies)' 메커니즘을 통해 타자화되어왔다. 몸을 통해 정의되고 사회적 가치를 부여받는, 몸에 잡혀 있는 이들을 설명하는 아이리스 매리언 영(Iris Marion Young)의 이 개념은 에프라트 트실런(Efrat Tseelon)에 의해 여성 체현의 패러독스 목록으로 발전한다.[29] 이 가운데 '죽음' 패러독스는 여성이 토템과 터부로 구성된다는 점을 환기하는데,[30] 박완서는 이러한 역설을 드러내고 전유하는 방식으로 죽음정치하 여성의 존재 양태에 집중한다.

『아주 오래된 농담』은 송회장 일가의 기행만큼이나 영묘와

29 트실런에 의하면 여성들은 여성 체현을 결정하는 다섯 가지의 패러독스에 갇혀 처벌받는다. 첫째는 정숙(modesty). 여성들은 정숙하지 않다는 이유로 처벌받는 유혹자로 구성된다. 둘째는 표리부동(duplicity). 여성들은 인공물로 구성되며 따라서 본질을 결여한다는 이유로 주변화된다. 셋째는 가시성. 여성은 문화적으로 비가시적이지만 엄청난 볼거리로 구성된다. 넷째는 아름다움. 여성은 아름다움을 대표하고 추함을 체현한다. 다섯째는 죽음. 여성은 죽음을 막는 방어물이자 죽음을 의미한다.(린다 맥도웰, 여성과공간연구회 역, 『젠더, 정체성, 장소』, 한울, 2010, 97-98쪽.)

30 권명아는 가족, 여성을 현대인의 '토템'과 '터부'로 설명한다. 프로이트는 전쟁에서 자신이 살해한 적의 육체를 나눠 먹는 행위에 대해, 그 대상을 신성화해 자신이 배제한 것에 대한 공포를 승화시키려는 무의식의 발현이라고 분석했다. 인간 문명의 시원으로서의 토템과 터부는 이러한 배제와 신성화의 메커니즘을 공통적으로 지니며, 가족과 여성 또한 배제와 신성화 사이에서 그 사회의 이데올로기를 체현한다.(권명아, 『가족이야기는 어떻게 만들어지는가』, 책세상, 2000, 18쪽.) 경호의 탈상 때 백항아리의 영약을 나눠 마시는 이들은 모두 남성들로, '피'-'돈'의 대물림이라는 자본주의적 가부장제의 후계 구조를 가시화하는 대목이다. 배제한 것을 신성화하는 이들 남성들이 피-돈을 나눌 때, 여성은 죽음/삶, 피/돈 사이를 오가며 그러한 시스템을 체현하면서 어떤 것으로도 환원되지 않는 주체성을 갖는다.

'수경', '현금'이라는 여성 인물들을 이야기하는 데 많은 분량을 할애한다. 먼저 영묘는 남편인 경호에게 할당된 '욕된 죽음'의 경제를 미리 살아온 인물이다. 공직에서 억울하게 쫓겨난 아버지가 그 충격의 여파로 죽고 급격하게 가세가 기울던 중에 유복자로 태어난 영묘는 자신을 "적나라한 외설"(167)의 산물, "애물덩어리"(231)로 인식한다. 영묘의 큰오빠 '심영준'은 누명을 쓴 아버지가 행여 자살이라도 할까 전전긍긍했고 그 사이 벌어진 부모의 정사를 증명하는 영묘를 "재수나쁜 계집애"(129)로 치부했다. 영묘는 아버지가 남긴 궁핍과 불명예, 수치와 죽음의 상징인 것이다.

경호의 죽음 뒤에 영묘 모(母)는 "그년이 유복자로 태어날 때 벌써 팔자가 드세려는지 알아보긴 했지만 그렇게 일찍 남편을 잡아먹을 줄은 몰랐다"(230)면서, 사위보다 딸이 죽는 게 낫겠다는 망발을 서슴지 않는다. 영묘는 이러한 가부장제의 현실에 분노하고 송회장 일가를 벗어나기 위한 의지를 키워나가면서도 구체적 행동은 유보한 채 매우 망설이는데, 이는 단순히 영묘라는 인물이 인간적 한계를 가지고 있기 때문이 아니라 그가 '죽음'-'삶(생존)', '피'-'돈'의 연동이 체화된 존재이기 때문인 것으로 해석할 수 있다.

영묘의 탄생과 삶은 죽음에, 돈의 문제에 붙박여 있다. 수치스러운 죽음의 증거인 영묘는 '돈'과 '혈통'이 동일시되는 가족질서의 체화이기에 그 둘을 분리하거나 뛰어넘을 수 있는 궁극적 힘을 얻지 못한다. 영묘에게 죽음은 과거의 것으로 종결될 수 있는 것이 아닌, '있으면서도 없는' 상태로 존재하면서 현실을 지배한다. 이는 소설의 결말부에 강력히 등장하는 영준 또는 '가족'의 실체를 설명해주는 기제이기도 하다.

송회장 일가로부터 영묘를 떼어내 미국에 데려가게 되는 큰오빠 영준은 영빈, 영묘 남매에게 있으면서도 없는 존재였다. 아버지의 욕된 죽음과 어머니의 집착에 환멸을 느끼고 일찌감치 가족을 떠나 미국에서 대성한 그는 "한 번도 가족으로부터 자유로워진 적이 없"(314)었다고 말하는데, 이는 육친애의 대상이 아닌 악착같이 '돈'을 벌기 위한 동기를 부여할 수 있는 대상, 기표로서의 가족을 의미하는 것에 가깝다. 영묘와 영준의 갑작스런 결합은 '가족'이, 있으면서도 없는 현재진행형의 죽음에서 출발해 그것을 은폐한 채 '돈과 혈통의 동일시'라는 자본주의적 가부장제의 명령을 수행하는 단위임을 나타낸다. 영묘가 처한 이러한 역설은 이 소설이 여성 현실의 출발점을 '죽음'에 두면서도 그것을 '농담'처럼 은폐할 수 있게 하는 돈, 가족, 가부장제의 위력을 전시하고 있다는 점을 확인케 한다. 영묘는 자본주의적 가부장제하에서 죽음과 삶이 상호 연동되어 있는 메커니즘을 보여주는 인물인 것이다.

그런데 이러한 죽음-삶 연속체로서의 여성은 수경과 현금이라는 또 다른 여성들에게서 다른 양상으로 나타난다. 경호를 살아있는 시체로 만들고 그것을 나눠 먹는 가족(자본)적 삶이, 지배이데올로기에 부합하지 않는 자에게 죽음을 할당하고 그것을 처리·관리하는 죽음정치의 특성을 보여주는 것이었다면, 이러한 죽음 '곁에 있음'으로서의 삶, 죽음-삶 연속체로서의 신체는 여성 인물들이 보이는 젠더화된 수행으로 나타난다. 수경과 현금에게서 드러나는 수태/낙태와 관련된 이야기는 가부장제하에서의 생존을 위해 분투하는 여성들의 독특한 주체성을 포착한다.

"수경이가 아들 낳기 위해 딸을 두 번이나 지운 거 너 모르지? (…) 나도 하는 데까지는 했어. 그 짓 안 하게 하려고. 당연히 남편이나 시집에서 아들 못 낳는다고 구박하냐고 물었지. 차라리 구박이라도 했으면 오기로라도 있는 딸이나 잘 기를 생각하지, 그런 짓 안 할거라는 거야. 구박은커녕 이 세상에 아들 딸 문제가 있다는 것도 모르는 것처럼 시치미를 떼고 사는 남편도 싫고, 다만 그것 때문에 시집 식구한테 기를 못 펴고 꽉 쥐여 사는 것도 너무나 굴욕적이어서 하는 데까지 해볼 결심을 했다고 하더군."[31]

소설에서 영빈의 아내 수경은 교사로 가정 경제에 기여하는 것은 물론 두 딸의 교육에 대한 투자와 관리를 전담하면서, 함께 사는 시모와 가사·돌봄 분업을 통해 표면적인 분쟁을 줄이려 노력하는 양처로 그려진다. 영빈은 우연히 만난 첫사랑 현금과 외도를 하게 되는데, 현금이 홀로 임신 준비를 위해 찾은 병원에서 수경과 알게 되어 그녀가 영빈 몰래 두 딸을 낙태했다는 이야기를 듣게 된다. 현금에 의하면 수경은 아들 생산을 바라는 시모의 무언의 압력과 그것을 방치하는 남편 영빈에 의해 겉으로 드러나지 않는 굴욕을 느껴왔고 '하는 데까지 해볼' 마음을 먹게 된 것이다.

수경이 선택한 낙태는 경호의 죽음 과정에서 드러난 죽음정치의 특성과 유사한 것처럼 보이면서도 이질적이다. 산 자에게 죽음을 할당하고 그것을 삼키는 송회장 일가의 제의-향연의 행위가

31 『아주 오래된 농담』, 286-287쪽.

가족(자본)의 위협에 대한 제거/승화라면, 자본주의적 가부장 체제에서 여성이 자기 내부에 죽음을 할당 · 이식하는 낙태 행위는 자신의 삶을 '있으면서도 없는' 것으로 직접 (재)구성하는 주체화의 형식이다. 수경과 달리 결혼생활 내내 철저한 피임으로 한 번도 임신한 적 없는 현금은 영빈과의 외도로 몰래 아이를 갖고자 했지만 수경의 낙태 사실을 알고 수태의 욕망을 거두게 되는데, 그 이유를 설명하는 대목은 이들 여성에게 체현된 '죽음'이라는 '농담의 구조'를 잘 보여준다.

> "그런 수경이를 보면서 난 무지 헷갈렸어. 그 부도덕한 짓을 보면서 처음으로 너와 나의 관계를 도덕적인 눈으로 보게 됐으니 신기하잖아. 생전 처음 느껴보는 느낌이었어. 처음 결혼을 돈 때문에 한 것 말고는 끌리는 남자하고 자는 데 아무런 거리낌이 없었거든. 돈도 나를 움직일 수 없고 도덕적인 비난 같은 건 안중에도 없고, 난 그게 내가 도달한 최고의 경지, 자유라고 생각했는데 아니더라구. 그 착한 여자에게서 남편을 빼앗는 건 옳지 못한 짓이라는 생각이 드는 거 있지."[32]

현금과 수경의 이야기는 '수태'와 '낙태'라는 수행적 몸들의 관계적 배치를 통해 제도와 도덕의 통념을 해체하고 전도한다. 결혼한 남자와의 성적 관계에서 별다른 죄의식을 느끼지 못했던 현금은 결혼제도 안에 있는 수경의 낙태 이야기를 듣고 도리어 그녀

32 위의 책, 288쪽.

를 '착한 여자'로 인식하고 자신을 비난하게 되는데, 이는 자본주의적 가부장제하에서 여성의 몸이 죽음을 전유한 생존이라는 주체화의 형식과 관련된다는 점을 포착하게 하는 부분이다. 영묘가 '돈과 혈통의 동일시'라는 자본주의적 가부장제를 비틀지 못하고, 죽음을 체현하고 살아가는 여성의 존재론을 은폐하는 것으로서의 '농담'을 비관적으로 의미화하는 인물이라면, 수태와 낙태의 관계 속에서 마주치는 수경과 현금이라는 두 여성은 이러한 '농담'을 새로운 주체성의 징후로 삼으면서 '농담'이 가진 진실과 냉소의 힘을 강하게 드러내는 위치에 있다. 죽음-삶 연속체로서의 여성의 몸은 죽음과 삶이 상호 의존해 작동하는 역설을 감각하면서, 그것을 은폐하고 전도하는 '농담'의 구조를 주체화의 문제로 심화시키는 단위가 되는 것이다.

수경의 연이은 낙태와 아들 임신은 영빈의 집안에 새로운 질서를 삽입한다. 그것은 '모른 척'하는 '농담'의 규칙이다. 수경은 마치 배 속의 아기가 아들인 것을 모르는 것처럼 굴면서, "이번에도 또 딸이면 당신이 얼마나 실망할까"(303)라며 안절부절못하거나, 영빈의 손을 태동하는 배에 이끌고는 "노는 게 꼭 딸인 것 같다고 근심 어린 어리광"(303)을 비춘다. 이에 영빈은 "알고도 모르는 척, 모르고도 모르는 척.", "딸이라도 하나도 안 섭섭해하고 공주처럼 떠받들겠노라고 맹서"(303)한다.[33]

---

33 이러한 '못 본 척'의 심리는 전쟁 경험으로부터 출발하는 죽음-삶 연속체로서의 동시대 여성, 가족의 현실을 설명하는 알레고리이기도 하다. 이선미는 박완서의 소설을 '못 본 척'이라는 스탠스로 해석한 바 있다. 탈냉전의 시대에 더욱 교묘해지는 이 '못 본 척'의 심리는 무르익을 대로 무르익은 자본주의의 경쟁구

이러한 '모른 척', '농담'의 구조는 소설의 중심인물로 배치되어 있는 남성 인물인 영빈의 위치를 풍자하는 데로 나아간다. 영빈은 매제인 경호가 죽음을 앞둔 사실을 비밀에 부쳐달라고 압박하는 송회장과의 대화에서 멀미를 느끼고 다음과 같은 문제의식을 갖는다.

> 내 몸은 무언가? 이 세상의 하나밖에 없는 가장 확실한 나의 것이기도 하고 내가 일생 받들어 모신 나의 주인이기도 하다. 내 몸을 가지고 비록 자식이라도 나를 속여먹으려 든다면 결코 용서할 수 없을 것 같다. 태어난 것도 죽는 것도 선택은 아니지만 어떻게 죽느냐 정도는 선택할 수 있지 않을까. (…) 영빈도 좋은 선택을 하고 싶었다.[34]

영빈은 경호가 살아있는 시체로 취급받으면서, 자기 몸에 대한 결정권에서 배제되는 것을 지켜보면서 '가족'이라는 이름에 교착된 의료 현실에 위화감을 느낀다. 이 때문에 소설에서 의사인 영빈은 일면 산 자에게 죽음을 할당하고 그러한 죽음을 특정한 방식으로 처리하는 죽음정치하에서의 가족의 진면목을 밝히는 인물로 인식되기도 한다. 영빈은 암을 결핵으로, 아들을 딸로, 죽음을 삶으로 여기는 이들 가운데 있으면서, 이러한 '모른 척'을 까발리는

조 속에서 더욱 심화되는데, 『아주 오래된 농담』은 이러한 분단의 심성구조를 보여주는 소설로 평가된다.(이선미, 「한 길 사람 속을 파헤치는 소설: 분단/냉전 문화와 마음의 흔적」, 『실천문학』 101, 실천문학사, 2011, 274쪽.)

34 『아주 오래된 농담』, 143쪽.

인물은 아니나 '있으면서도 없는', '농담' 같은 죽음-삶의 메커니즘을 폭로하는 해부학적 시선을 견지한 인물로서의 위상을 지닌 것처럼 보이는 것이다.[35] 그런데 중요한 것은 『아주 오래된 농담』이 이러한 영빈의 위치마저 냉소하고 그를 도리어 최종적인 농담의 대상으로 만든다는 점에 있다.

> "그래 농담이지. 듣는 사람이나 하는 사람이나 다 거짓말인 줄 알면서도 들어서 즐거운 거, 그거 농담 아니니? 의사라고 농담하지 말란 법 있냐? 특히 너처럼 꽉 막힌 애는 농담 좀 할 줄 알아야 돼."[36]

---

35 영빈의 이러한 복합적인 위치성은 소설 후반부에 등장하는 '치킨 박'에 의해 두드러진다. 양념치킨집을 경영하면서 착실하게 살아온 중년 남성인 치킨 박은 영빈에게서 초기 폐암을 진단받는데, 당사자보다 먼저 사실을 알게 된 치킨 박의 아내는 남편이 암이라는 사실을 모르게 해달라고 영빈에게 신신당부한다. 자신의 몸 상태를 알게 된 치킨 박은 갑자기 행방불명되고 곧이어 자살한 채로 발견된다. 치킨 박이 남긴 유서에는 치료에 드는 비용을 걱정해 죽음을 택하게 된 사연이 적혀 있었다. 치킨 박은 송경호와 같은 선암을 진단받았고 그의 순박함은 영빈으로 하여금 가족과도 같은 친밀감을 느끼게 했으며 치킨 박의 아내는 영빈에게 내심 비난의 대상이 되었다. 그러나 수술로 충분히 완치될 수 있었던 치킨 박이 스스로 죽음을 택한 것과, 치킨 박의 아내가 그에게 수술하면 살 수 있다는 단순한 사실을 차마 얘기하지 못했던 상황은 자본주의적 가부장제하 '가부장'의 죽음을 보다 적나라한 계급적 현실 위에서 극단적으로 그려내고 있다는 점에서 특징적이다. 오자은은 이러한 치킨 박의 죽음을 소외되거나 훼손되기 쉬운 가부장적 자수성가성의 표현으로 분석하는 한편, 송회장 일가와 같은 가족(자본)의 비윤리적 문제에 분노하면서도 명확한 행동은 유보하는 영빈에 대해서는 도덕적 위치성과 부의 정당성이 착종되어 있는 '의사'라는 직업이 지닌 독특한 입지의 맥락에서 설명한 바 있다.(오자은, 「박완서 소설에 나타난 중산층의 정체성 형상화 연구」, 서울대학교 박사학위논문, 2017, 102-105쪽, 183-187쪽.)

36 위의 책, 151쪽.

소설에서 영빈은 현금과의 외도를 통해 자신의 욕망을 충족하는 한편, 애틋한 동생인 영묘가 실존적 위기에 처해 있을 때에도 아내 수경과 어머니와 함께하는 집에 파문이 일까 두려워 영묘에 대한 실질적 조력은 회피하는 비겁한 인물이다. "안의 잡음이 밖으로 새어나가는 것도 싫지만 밖으로부터 균형이 위협받는 것도 싫"(108)은 것이 그의 가족론이다. 그는 '가족'이라는 "허구 덩어리"(303)를 붙들고는 그것을 가장 소중하다 여기는 모순적인 인물인 것이다.

영빈이 현금을 찾아가, 환자가 죽음 앞에서 기만당하는 현실과 거짓으로 점철된 가족질서에 대한 환멸을 이야기하자 현금은 그것이 거짓이 아닌 '농담'이라고 일축한다. 그리고 영빈에게 그러한 '농담'을 종용하면서 그를 '꽉 막힌 애'라고 부르는 장면은, 이 소설에서 농담의 진짜 대상이 누구인지를 확인케 하는 대목이다. 자본주의적 가부장제하 '죽음'-'삶(생존)', '피'-'돈'의 연동 속에서 여성은 있으면서도 없는 '죽음'을 냉소하면서 그것을 전유한다. 농담이 통사 규칙을 위반함으로써 오히려 진실을 들추어내는 기능을 한다는 점에서,[37] 영빈이 가진 허위적인 윤리의식이야말로 최종적인 '농담'의 대상이 된다는 점은 이 소설이 보여주는 가장 혹독한 진실이며, 이로써 『아주 오래된 농담』은 죽음정치하에서 젠더화된 몸의 수행을 통해 죽음-삶 연속체로서의 주체성을 생산하는 여성, 가족의 존재론을 통렬히 읽어내는 역작이 된다.

37 우찬제, 「농담의 진실과 진담의 허위: 박완서 장편소설, 『아주 오래된 농담』, 실천문학사」, 『문학과사회』 14-1, 문학과지성사, 2001 봄호, 260쪽.

5. '살아있음'이라는 당위에 대한 문제제기로서의 박완서 문학

이 글은 박완서의 소설 『아주 오래된 농담』을 통해 죽음에 대한 인식이 개인 및 공동체의 삶을 규정하고 지배하는 양상을 살피고, 그것이 전쟁을 겪은 한국(인)의 경험적 산물로서 지니는 의미를 탐구하고자 했다. 박완서 소설에서 죽음정치는 산 자에게 죽음을 할당하고 그것을 처리 · 관리하는 체계이자, 이러한 죽음정치하의 존재들을 살필 수 있게 하는 장치이다. 죽음과 삶이 분리 불가능한 상태로 존재하는 양상과 그것을 가시화하는 조건으로서의 '살아있는 시체'는 경호의 몸뿐만 아니라 경호의 죽음을 몸 안에 들이는 송회장 일가를 함께 묘사해준다. 그리고 이러한 죽음-삶의 신체적 동기화는 소설에서 중요하게 다뤄지는 여성 인물들의 주체성과 관련해서도 남다른 의미를 지닌다. 『아주 오래된 농담』은 전쟁이 자본주의 체제로 그 모습만 바꾼 채 일상화되는 역사적 이행 속에서 죽음이 여전히 주체의 삶을 구조화하는 지점임을 재차 표시하고 있다.

한국전쟁에서 출발해 끊임없이 '욕된 죽음'을 생산해내는 냉전질서와 그것이 비틀린 산업화 시대를 통과하면서, 박완서의 소설은 죽음이 체현된 신체를 성차화된 공간 경험으로 기술하는 하나의 세계관을 일구었다. 그에게 죽음은 인간이 존재론적으로 숙고할 수밖에 없는, 그리하여 인간 삶의 조건을 반성적으로 재구성하게 하는 추상적이고도 탈젠더화된 인식론적 산물이 아니다. 그렇다고 해서 그의 소설이 죽음에 대한 재현 (불)가능성을 미학적으로 타진해보려는 것도 아니다. 죽음-삶의 신체적 동기화의 양상과 그것이 주체 구성의 조건을 재구성하는 역학을 다루는 것이 박완서 소설이 죽음을 사유하는 방식이라 할 수 있다. 박완서가 '죽음으로 구성되는 삶'이라는 한국인의 독특한 주체성 모델을 역사적으로 제안해왔다고 평가할 수 있다면, 그것은 그의 소설이 '살아있음'이라는 당위에 문제제기하는 형태를 띠었기 때문일 것이다.

박완서는 신체에 각인된 국가폭력과 그 트라우마적 경험의 연속체로 존재하는 한국(인)의 존재 양태를 재현하면서, '살아있다'는 감각은 죽음에 적응하거나 죽음에 중독되는 것이지, 단순히 비극적/낙관적인 것으로 극화할 수 있는 대상이 아니라고 보았다. 이러한 죽음-삶 연속체로서의 한국(인)이라는 사회적 신체를 형상화해온 박완서는 후기작 『아주 오래된 농담』을 통해 전쟁 없이도 전쟁을 말하는 방식으로 자신의 죽음 인식을 갱신하였다.

오늘날 전 지구적 생명-죽음 관리체제의 가동 속에서 몸(들)은 항구적인 감금상태를 새로운 삶의 조건으로 삼고, '죽음'이라는 터부와 그 절대적 타자성을 할당할 몸들을 계속해서 생성 · 분화해낸다. 이러한 죽음-삶의 정치는 '살아있다'는 감각을 더욱 배타적인 것으로 정교화하는데, 박완서의 『아주 오래된 농담』에서 포착되는 죽음은 이러한 동시대적 맥락에 닿아 있는 채로 역사적 기원을 소급해간다는 점에서 주목된다.

한편 죽음이라는 감산적 경험이 몸의 물질성으로 등록된 이상 누구와도 그것을 온전히 나눌 수 없다는, 박완서의 죽음에 대한 사유의 또 다른 일면은 『나목』과 「부처님 근처」 등에서 전쟁을 함께 겪은 모녀가 직면해 있는 갈등의 원천으로 제시된 바 있다. 이처럼 죽음을 안은 젠더화된 몸들의 배치와 관계망은 박완서의 소설이 담지하는 핵심적인 정치성이자, 이러한 몸들이 결코 동일성으로 환원될 수 없는 운동 중, 변용 중인 생성적 의지를 담보한다는 차원에서, '죽음'은 앞으로도 박완서의 소설을 보다 세밀하게 읽어나갈 수 있게 하는 주제가 될 것으로 보인다.

결론적으로 『아주 오래된 농담』은 '죽음과 동기화된 삶'이라는 박완서 죽음 인식의 수많은 반복 가운데 특히 급진적인 변주이면서, '살아있음'의 당위에 문제를 제기하고 그것을 재고하기 위한 방편으로 역설적으로 죽음, 시체를 전면화하는 농담같은 소설이다. 이러한 박완서의 죽음 인식은 오늘날 한국(인)의 주체화 및 신체 사유를 둘러싼 내러티브를 확장하게 하는 독보적인 문학성의 발현으로 평가할 수 있다.

'DIY 오이코노미아'의 정동 정치
: 〈모여봐요 동물의 숲〉을 통해 본 게임의 행위적 현실[1]

권 두 현

1. 누가 게임을 수행하는가, 게임은 무엇을 수행하는가

스튜디오 지브리(スタジオジブリ)의 애니메이션 〈이웃집 토토로(となりのトトロ)〉는 1988년에 극장을 통해 먼저 소개된 이후 텔레비전을 통해 거듭 방영되면서 비로소 흥행작으로 자리매김되었다. 이 작품의 시간적 배경은 텔레비전이 없었던 시기다. 미야자키 하야오(宮崎駿)는 텔레비전 앞에 붙들린 아이들이 집 밖으로 나가 숲에서 뛰어놀길 바라는 마음으로 이 작품을 제작했지만, 결과적으로 아이들은 바로 이 작품으로 인해 텔레비전과 한층 더 밀착되었다며 자조했다. 2020년에도 비슷한 미디어 풍경이 연출되었다.

---

1 이 글은 「'DIY 오이코노미아'의 정동 정치: 〈모여봐요 동물의 숲〉을 통해 본 게임의 행위적 현실」, 『한국문학연구』 제66집, 동국대학교 한국문학연구소, 2021. 8을 수정 · 보완하여 재수록한 것이다.

"가까이 모여 앉아 공기를 공유하는 상호작용을 할 수 없게 된 사람들은 디지털 가상공간에서 대안을 찾기 시작했다"[2]는 동시대에 대한 진단은 숲의 공기를 직접 호흡하는 대신, 디지털 디바이스에 착근되어 살아가는 텔레-공화국(tele-republic)의 시민을 형상화하고 있다.[3] 닌텐도(Nintendo)의 유명한 게임 타이틀 〈모여봐요 동물의 숲(あつまれ どうぶつの森)〉과 그 플레이어들에 관한 이야기다.

텔레비전과 전파를 주축으로 한 텔레-공화국의 레짐이 게임 콘솔과 와이파이의 그것으로 업그레이드되는 데는 바이러스로 인한 '팬데믹'이라는 조건이 중요하게 작용했다. COVID-19는 수용소의 정동을 범지구적으로 확산시켰다. 특히 동아시아는 '치안'의 명목을 앞세운 수용소의 논리가 그 어디보다도 적극적으로 관철된 지역이다. 싱가포르, 한국, 대만, 홍콩, 일본에서는 모바일 디바이스를 활용한 환자의 지속적인 디지털 감시가 이루어졌다. 여기에서 스마트폰과 신용카드는 바이러스를 옮길지도 모르는 개인들의 신체를 면밀히 추적할 수 있는 감시 장치가 된다. 개인의 체온 및 기타 생명성의 징후는 사이버 권위주의적인 안목

2 김희원, 「닌텐도 스크린 위의 삶: 동물의 숲에 모인 고립된 사람들」, 『과학뒤켠』 VOL.9, 과학뒤켠, 2020, 58쪽.

3 폴 B. 프레시아도(Paul B. Preciado)는 전통적이고 사회적인 구속과 병원, 공장, 감옥, 학교 등의 규율적 기관이 아닌 가내(domestic) 공간이 생산 및 소비, 그리고 정치적 통제의 새로운 중심지로 등장했다는 설명과 함께, 이들 공간의 디지털 네트워크를 가리켜 '텔레-공화국'이라 일컫는다. Paul B. Preciado, "Learning from the virus", *ART FORUM*, MAY/JUNE 2020, ART FORUM, 2020. 6. 원문보기: https:// www.artforum.com/print/202005/paul-b-preciado-82823 (검색일: 2021. 7. 15.)

(cyberauthoritarian eye)'의 디지털 기기에 의해 실시간으로 관찰된다.[4] 한국을 비롯한 동아시아에서 '사회적 거리두기'가 큰 무리 없이 실시될 수 있었던 것은 이와 같은 디지털 감시가 전제되었기 때문이다.

감시 장치로서 디지털 디바이스는 사실상 유희 장치로서 먼저 주어져 있었고, 이를 매개로 펼쳐지는 디지털 가상공간은 오늘날 '메타버스(metaverse)'라는 새로운 이름을 얻었다. '메타버스'는 1992년에 발표된 닐 스티븐슨(Neal Stephenson)의 소설 『스노 크래시(Snow Crash)』에 어원을 두고 있다.[5] 메타버스는 후속, 후위, 다른 단계, 가공, 추상을 의미하는 '메타(meta)'와 세계 및 우주를 말하는 '유니버스(universe)'의 합성어로, 쉽게 말해 3차원 가상 세계를 일컫는다. 그 가상 세계 안에서 유저는 자신을 상징하는 아바타를 만들고, 그 아바타를 통해 현실과 유사한 사회 및 경제적 행위를 한다. 궁극적으로, 새로운 세계를 창조하는 것이다.[6] 그런데 가상현실이나 증강현실이 불현듯 증강한 것도 아니며, 가상과 현실의 간극과 그로 인한 자아 정체성의 괴리 또한 오래된 논제이기 때문에 메타버스는 새로운 개념이 아니라 '마케팅 용어'에 불과하다 여기는 시각도 적지 않다. 강상준은 그럼에도 지금의 메타버스에 대

---

4 Ibid.

5 Neal Stephenson, *Snow Crash*, Bantam Spectra; 1st Edition, 1992. 한국어 번역본으로는 닐 스티븐슨, 남명성 역, 『스노 크래시: 메타버스의 시대』(전2권), 문학세계사, 2021 참고.

6 미디어 뉴스레터 어거스트, 「메타버스, 생존을 위한 적응이자 변곡점」, 『기획회의』 제536호, 한국출판마케팅연구소, 2021. 5, 26쪽.

한 주목의 이유를 과거의 개념과는 달리 현실과 가상의 역전 혹은 대체가 아니라 현실과 가상 세계가 서로를 포섭하는 방향으로 변화했다는 데서 찾는다.[7]

오늘날 메타버스에 접속하기 위한 다양한 플랫폼 가운데 가장 대표적인 것을 꼽자면, 그것은 단연 게임일 것이다. 게임은 현실과 가상을 매개하고 습합시키는 일종의 장치다. 이와 같은 게임의 위상은 캐런 바라드(Karen Barad)의 행위적 현실(agential reality)에 대한 사유를 이끈다. 캐런 바라드는 과학실천에 있어 관찰대상과 주체(인식대상과 주체)가 분리 불가능하게 얽혀 있는 현실, 즉 '현상'을 행위적 실재론(agential realism)의 차원에서 설명한 바 있다. 장치는 '주체'와 '대상' 둘 다를 구성하면서 작동하며, 현상을 생산하는 동시에, 현상의 일부로서 포함된다. 관찰 장치는 특정한 사회적 과정과 관련되고 그로부터 형성되며, 특정한 사회적 과정을 형성하기도 하는 그 자체로 복합적인 '물질적-담론적' 현상인 것이다. 요컨대, 권력, 지식, 존재는 물질적-담론적 실천 속에서 서로 결합된다.[8]

2020년부터 팬데믹 국면이 전개되면서 게임 산업은 예기치 않은 콘솔 게임 시장의 성장을 일구어냈다. 2020년 콘솔 게임 시장

---

7 강상준, 「메타버스가 온다」, 『기획회의』 제536호, 한국출판마케팅연구소, 2021. 5, 25쪽.

8 캐런 바라드의 행위적 실재론에 관한 논의는 다음의 글을 참고. Karen Barad, "Agential Realism: Feminist Interventions in Understanding Scientific Practices", *Science Studies Reader*, Mario Biagioli (ed.), New York: Routledge, 1999, pp.1-11. 이 글의 번역문으로는 캐런 바라드, 박미선 역, 「행위적 실재론: 과학실천 이해에 대한 여성주의적 개입」, 『문화과학』 제57호, 문화과학사, 2009 참고.

의 현황은 '닌텐도 스위치의 성장'과 '플레이스테이션(PS)과 엑스박스(Xbox)의 선방'으로 표현될 수 있다. 특히 닌텐도 스위치는 2020년에 하드웨어 판매만으로 70억 달러(약 7조 9,300억 원)의 매출을 기록하고, 업계 시장 점유율도 31%로, 4%가량 확대된 것으로 보고되었다.[9] 닌텐도 스위치의 성공은 게임 시리즈 '동물의 숲'의 최신판 〈모여봐요 동물의 숲〉의 흥행으로 인해 가능했다. '동물의 숲' 시리즈는 정해진 설정과 시나리오가 없는 개방형 플랫폼으로서 현실 세계와 동일한 시간이 흐르는 마을에서 다양한 취미를 즐기며 동물 커뮤니티를 구축하는 게임으로, 20년의 역사를 가지고 이어져왔다. 그 역사의 시작은 2001년 4월 14일, 거치형 콘솔 '닌텐도 64'의 타이틀로 출시된 〈동물의 숲(どうぶつの森)〉부터였다. 2005년 11월에는 〈놀러오세요 동물의 숲(おいでよ どうぶつの森)〉이 휴대용 콘솔 '닌텐도 DS'로, 2008년 11월에는 다시 한번 거치형 콘솔 '닌텐도 Wii'를 통해 〈타운으로 놀러가요 동물의 숲(街へいこうよ どうぶつの森)〉이 발매되었다. 그리고 2012년 11월, 휴대용 콘솔 '닌텐도 3DS'로 〈튀어나와요 동물의 숲(とびだせ どうぶつの森)〉이 발매된 지 8년 만에 2020년 3월, 최신 시리즈인 〈모여봐요 동물의 숲〉이 선보이며 이를 플레이할 수 있는 콘솔 닌텐도 스위치가 품귀 현상을 빚는 등 폭발적 인기를 끌었다. 닌텐도 스위치는 이름 그대로 거치와 휴대를 겸할 수 있는 콘솔이었고, 그 자체가 확률형 아이템과 다를 바 없었다. 이처럼 '동물의 숲' 시리즈

---

9 「전세계 콘솔 시장 2020년 19% 성장…닌텐도 점유율 확대 '눈길'」, 『THE GURU』, 2021. 3. 12. 원문 보기: https://www.theguru.co.kr/mobile/article.html?no=19597 (검색일: 2021. 7. 15.)

는 거치형 콘솔과 휴대용 콘솔을 오가며 플레이어들이 숲의 주민이자 일종의 창조자로서 자유로운 활동을 영위할 수 있는 디지털 세상을 제공해왔다.

숲의 주민이자 창조자들은 과연 누구였을까. 〈모여봐요 동물의 숲〉에 이르기까지 '동물의 숲' 시리즈는 애초부터 '여성 팬'을 공략했다고도 하고, 오늘날의 플레이어들은 '90년대생'이라고도 한다. 국내 최대의 닌텐도 유통업체인 대원미디어는 〈모여봐요 동물의 숲〉이 성공을 거둔 이유를 크게 세 가지 차원에서 설명했다. 첫째, COVID-19로 인해 대면 활동이 줄어들면서 닌텐도를 비롯한 게임 전반의 수요가 증가했기 때문이라는 것이다. 둘째, 일상적인 삶의 소소한 재미를 느낄 수 있는 이 게임이 "목표성이 뚜렷한 남성들보다는 여성들에게 어필"했다는 것이다. 셋째, 장기적인 경제불황 속에 치열한 경쟁에 치진 1990년생들이 이 게임을 통해 위로받는다는 것이다.[10] 이에 대한 문제 제기도 있다. "2020년 봄에 출시된 〈동물의 숲〉이 엄청난 인기를 끌고 전국적으로 품귀 현상을 일으킬 때, 이 게임이 '여심을 저격'해서 성공했다는 기사를 본 적이 있다. 도대체 그 '여심'이 뭐냐고 물어보면 명확하게 대답할 사람이 얼마나 있을까? 경쟁적인 요소가 없고, 아기자기해 보이고 귀여운 이미지인데 인기가 있으면 '여성용 게임'으로 취급해 버리는 게으름은 게임 업계가 소년을 위한 마케팅을 해온 이래로

10 「90년생이 '동물의 숲'에 열광하는 3가지 이유」, 『머니투데이』, 2020. 6. 1. 원문 보기: https://news.mt.co.kr/mtview.php?no=2020052710190563398 (검색일: 2021. 7. 15.)

변하지 않고 계속해서 이어지고 있다."[11]는 것이다. 이 지적이 환기하듯, 〈동물의 숲〉의 인기에 대한 유통업체 측의 일반화된 설명은 '아기자기해 보이고 귀여운' 게임 디자인의 특징을 플레이어에 대한 인구통계학적 분석으로 손쉽게 환원시키고 있는 것으로 보인다. 여기에는 젠더와 세대에 관한 본질주의가 마치 자명한 사실인 것처럼 전제되어 있다.

이 글은 〈모여봐요 동물의 숲〉에 덧씌워진, 플레이어에 대한 인구통계학적 분석의 본질주의를 비판적으로 재론하는 데 초점을 맞추는 대신, 고정된 경계와 고유한 속성을 지닌 플레이어 그 자체가 아니라 '플레이'라는 행위에 결부된 물질적-담론적 실천의 함의를 행위적 실재론의 관점에 따라 논의하고자 한다. 이는 인간 행위주체인 플레이어를 비롯하여, 그 이상의 행위주체들의 목록을 작성하고, 이들 간의 뒤얽힘(entanglement)과 내부작용(intra-action)을 폭넓게 시야에 담는 작업일 수밖에 없다.[12] 행위적 실재론이 일종의 물질적-담론적 현상으로서 '동물의 숲'에 적용되었을 때, 게임 속 (이)주민 또는 창조자는 장치를 작동시키는 존재인 동시에 장치를 통해 구성되는 존재이기도 하다는 사실과 함께 포착된다. 그 장치는 물질적-담론적 실천 자체를 정향시키는 다종다양한 정동적 힘들을 한데 불러 모은다. 물론 그 행위는 게임 디자인에 의

11 딜루트, 『나는 게이머입니다, 아 여자고요: 그냥 게임이나 하고 싶었던 한 유저의 분투기』, 동녘, 2020, 7쪽.

12 행위적 실재론이 말하는 내부작용은 일반적인 상호작용(inter-action)과 대조된다. 상호작용은 선재하는 독립적 실체들과 관계항들을 전제한다. 이와는 달리, 내부작용은 개체가 아닌 현상을 존재론적 단위로 삼는데, 이는 독립적 실체들로 분리 불가능한 행위주체들을 전제한 것이다. 캐런 바라드, 앞의 글 참고.

해 정향되기 마련이지만, 다른 힘들에 의해 탈정향되기도 하는데, 〈모여봐요 동물의 숲〉의 경우에는 이와 관련한 보고 역시 그 인기에 비례하는 만큼 풍부하게 들려주고 있어 주목을 요한다. 따라서 이 글은 〈모여봐요 동물의 숲〉에 접근함에 있어 이 게임의 세부적인 디자인과 구체적인 플레이를 함께 염두에 두면서, 오늘날 메타버스를 설명하는 가상적 현실(virtual reality)의 프레임을 넘어 정향과 탈정향, 그리고 재정향의 힘-관계가 기입된 게임 다이나믹스의 행위적 현실을 파악하고자 한다. 어느 정도 짐작 가능하다시피, 그 힘들은 젠더와 세대로 표상되는 정치경제적인 것이 아닐 수 없다. 요컨대, 이 글은 메타버스를 정치적으로, 정치를 경제적으로, 경제를 다시 한번 정치적으로 파악하기 위한 연쇄적이고 순환적인 시도다. 이 시도의 중심에 바로 〈모여봐요 동물의 숲〉이 있다.

2. 'DIY 오이코노미아'의 게임 디자인

2016년, 도널드 J. 트럼프(Donald J. Trump)의 성공적인 대선 캠페인 직후, 미국 정치 토크쇼 '언론과의 만남'의 진행자인 척 토드 기자는 대선 후보의 가장 뚜렷한 특징들로서 그가 본 것에 대해 말해달라는 질문을 받았다. 그는 트럼프 대통령에게 인터뷰 녹화를 마친 이후의 특별한 버릇이 있다고 말했다: 그(트럼프)는 스튜디오에 앉아 소리를 끈 채 재생된 내용을 시청하자고 요구했다고 한다. 토드는 트럼프 대통령의 정치인으로서의 유효함을 이해할 필요가 있다고 제안했는데, 이는 퍼포먼스의 시각적 측면에 대한 그의 예민한 감수성에 대한 것이다. 언어로부터가 아니라 얼굴로부터 흐르는 이 정치적 효능은 무엇일까. 얼굴, 몸, 이미지, 장소 또는 물체는 어떻게 힘을 발휘할 수 있을까?[13]

얼굴은 어떻게 정치 생활을 조형할 수 있을까? 얼굴(face)은 인터페이스(interface)를 형성하고, 인터페이스는 정동(affect)을 촉발한다. 정동은 몸이 된다는 것, 다시 말해 동물이 된다는 것, 그리고 힘에 민감하다는 것을 의미하는 것이다.[14] 얼굴은 정동 정치의 유력한 매개체이지만, 유일한 매개체는 아니다. 좀 더 정확히 말해, 얼굴은 다양한 형상을 취하고 있기에, 비대면 인터페이스 또한 동일한 역할을 수행한다. COVID-19 사태가 장기화되면서 오프라인 면대면 활동이 어려워지자 2020년 9월 당시 제46대 미국 대통령 후보였던 트럼프와 그의 경쟁자 조 바이든(Joe Biden)은 다양한 방향의 온라인 캠페인을 진행했다. 그중 하나로, 바이든 선거캠프 측은 닌텐도 스위치용 신작 게임 타이틀 〈모여봐요 동물의 숲(Animal Crossing: New Horizons)〉을 통해 캠페인 사인을 배치할 수 있는 QR 코드를 배포했다. 게임이 제공하는 기능인 '오리지널 마이 디자인'을 통해 선거 캠페인이 적용된 스웨터와 머플러 아이템도 함께 공개했다. 여기에 이어, 10월 16일에는 게임 안에 선거본부로 꾸며진 섬이 등장했다. '바이든 HQ(Biden HQ)'로 명명된 이 섬에는 바이든의 아바타와 선거 홍보물, 가상 사무실 등이 구현돼 플레이어들이 자유롭게 구경할 수 있었다. 바이든 선거캠프 측은 "〈모여

13 Donovan O. Schaefer, "Introduction: Music without Words", *The Evolution of Affect Theory,* Cambridge University Press, 2019, p.1.

14 Ibid., p.66.

봐요 동물의 숲〉은 역동성과 다양성을 갖추고 있으며, 전 세계의 다양한 커뮤니티들을 한데 어우를 수 있는 강력한 플랫폼"이라며 전략적 선택의 이유를 밝혔다. 얼굴의 정동을 간파했던 노회한 정치인 트럼프와 스크린 인터페이스를 앞세운 바이든의 대결은, 주지하다시피, 바이든의 승리로 귀결되었다.

브라이언 마수미(Brian Massumi)는 로널드 레이건(Ronald Reagan)의 대통령직 수행을 그의 배우 경력 및 연기 경험과 연관시켜 몸과 힘의 프레임으로 설명한 바 있지만,[15] 2020년을 지난 오늘날의 정동 정치는 조 바이든의 아바타와 마주한 또 다른 아바타들, 이들의 컨트롤러로서 플레이어들의 상호작용을 통해 재론되어야 하는 상황이 되었다. 예컨대, 플레이어가 게임 속 섬에 있는 바이든의 아바타를 만나게 되면, 아바타는 캠페인 슬로건을 대사로 내놓는다. '선거'라는 현실은 이렇게 게임 안으로 침윤된다. 반대로, 게임 안에서 벌어진 가상적 신체의 마주침과 부대낌이 실제의 선거에 영향을 미침은 물론이다. 그렇다면 아바타들뿐만 아니라 이들을 포함한 메타버스야말로 정동 정치가 펼쳐지는 공공영역, 즉 폴리스로서 주목을 요한다 하겠다.

문제는, 〈모여봐요 동물의 숲〉이 플레이어에게 폴리스가 아니

---

15 브라이언 마수미는 젊은 시절의 로널드 레이건이 배우로서 신체장애를 연기했던 정동적 경험을 묘사하며, 그가 정치가로서도 연기를 멈추지 않은 '정치 배우'였다는 사실과 이를 연관시켜 보인다. 그런 점에서 '레이건주의'는 그럴듯한 존재를 가시화하는 자아의 테크놀로지로부터 비롯되며, 레이건의 공적인 삶에의 진입은 나라 전체의 국민들이 감정과 관념을 그와 동일한 노선을 따라 전개하도록 허용한 예증적 사건으로 평가된다. 브라이언 마수미, 조성훈 역, 『가상계: 운동, 정동, 감각의 아쌍블라주』, 갈무리, 2011, 87-124쪽 참고.

라 오이코스(oikos)에서의 삶을 제안하고 있다는 데 있다. 그리스어 오이코스는 집 또는 가정, 생존 또는 생명의 지속 및 유지, 인간의 기본적인 욕구 충족의 영역을 의미한다. 오이코스는 살림살이를 의미하는 오이코노미아(oikonomia)의 원리에 따라 운영되며, 이는 오늘날 경제(economy)의 어원에 해당하는 것이다.[16] "폴리스는 (가정과 마을이) 움직여 가는 목적이나 완성이고, 사물의 '본성' 또한 그것의 목적이나 완성"[17]이라는 아리스토텔레스(Aristoteles)의 주장은 오이코스와 폴리스의 목적론적 관계를 선명하게 드러낸다. 폴리스를 통해서만 폴리스의 필요조건으로서 오이코스가 존재하고 의미를 얻는다는 것이다. 아리스토텔레스는 여기에 이렇게 덧붙인다. "다시, 목적 또는 목적을 위한 것이 최선이다. 이제는 자족성이 목적이며, 따라서 이것이 최선이다. 이런 관점에서 폴리스가 자연적으로 존재하는 사물의 집합이고, 인간이 자연적으로 폴리스를 형성하며 살아가기에 적합한 동물이라는 점은 명백하다."[18] '동물의 숲'이라는 게임 타이틀은 이처럼 폴리스의 자연성과 자족성, 여기에 결부된 인간의 동물성을 환기한다는 점에서 의미심장하며, 조 바이든이 이 게임 속에 구축한 폴리스는 이 타이틀의 '자연적' 귀결로 보인다.

그럼에도 불구하고, 도시 경영을 통해 플레이어에게 통치의 권능감을 제공하는 〈심시티(Sim City)〉 같은 시뮬레이션 게임과는

16 그리스어 오이코노미아는 집을 의미하는 오이코스와 법률, 질서, 관리라는 뜻을 지닌 노모스(nomos)가 결합된 단어다.

17 아리스토텔레스, 천병희 역, 『정치학』, 숲, 2009, 20쪽 참고.

18 위의 책, 같은 쪽 참고.

달리, 〈모여봐요 동물의 숲〉이 폴리스의 구축 및 완성을 게임의 목표로서 명확하게 제시하고 있는 것은 아니다. 샌드박스(sand box) 게임의 일종으로서 〈모여봐요 동물의 숲〉에서는 강제적 미션 또는 퀘스트가 주어지지 않는다. 일종의 보상 시스템으로서 '너굴 마일리지'를 지급하는 캠페인이 플레이어에게 시시각각 제시되지만, 이를 반드시 수락하지 않아도 플레이를 이어나가는 데 별다른 지장은 없다. 정해진 엔딩 또한 없다. 하지만 게임의 시작만큼은 분명하다. 'Nook Inc.'에서 제공하는 '무인도 이주 패키지 플랜'이 그 시작이다.

〈모여봐요 동물의 숲〉이 제안하는 무인도 생활은 자연성과 자족성을 통해 폴리스의 운영을 설명하려 했던 아리스토텔레스의 정치학을 환기하는 동시에, '로빈슨 크루소 모델'이라 일컬어지는 경제학을 도입하고 있는 것처럼 보인다. 로빈슨 크루소는 1719년에 발표된 다니엘 디포(Daniel Defoe)의 소설 속 주인공이다. '길리건의 섬(Gilligan's Island)'에 홀로 남겨진 로빈슨 크루소는 경제학자들의 시야에 자급자족 경제의 주체로서 포착되었다. 무인도에 이주한 플레이어 또한 마찬가지다. 이주는 탐색으로 이어진다. 플레이어는 무인도의 지형지물을 탐색하며 가능한 플레이가 무엇인지 확인하게 된다. 게임이 보장하는 플레이의 높은 자유도는 행위유도성(affordance)으로 즉시 전이된다. 이에 따라 탐색은 발견으로, 발견은 채집으로 이어진다. 무인도에는 다양한 채집 요소가 존재한다. 나무는 열매를, 바위는 광석을, 대지는 화석과 화폐를, 그리고 바다는 물고기와 해산물을 플레이어에게 제공한다. 대지 위에는 나비와 각종 곤충이 날아다니고, 해변에는 조개가 널려 있다.

게임 속 무인도에서 플레이어는 얼마든지 자급자족이 가능하다. 뿐만 아니라, 크루소가 무인도에 정착한 뒤 농작물을 남김없이 소비하지 않고 창고에 축적해 놓은 것이 자본주의 이론에서 말하는 잉여자본 개념으로 해석되는 것처럼, 게임 역시 이 개념에 근거한 듯한 수납 시스템을 마련해두고 있다.

로빈슨 크루소에게 주어진 자원을 가지고 모든 결정을 내리며 상대해야 할 대상은 오직 자연밖에 없다. 하지만 〈모여봐요 동물의 숲〉에서의 무인도에는 플레이어가 상대해야 할 다른 동물들이 함께 있다. 이들은 NPC(Non-Player Character)다. 게임의 시작 이벤트에서 플레이어가 곧장 주민 대표로 추대되는 것은, 그가 NPC들과는 달리, 유일하게 자율성을 가졌기 때문이다. NPC는 플레이어의 경쟁자가 아닐뿐더러, 로빈슨 크루소 곁의 프라이데이처럼 플레이어의 조력자가 되는 것도 아니다. NPC는 프로그래밍된 세계 그 자체일 뿐이다. 그럼에도 불구하고 NPC는 바로 그 세계가 화폐도, 시장도, 가격도 존재하지 않는 1인 경제 시스템과 다르다는 사실을 드러내는 존재라는 점에서 중요하다. 이 사실은 채집에 이어지는 다음 활동을 통해 드러나는데, 이 단계에서 플레이어는 NPC를 상대하지 않으면 안 된다.

채집의 다음 단계에서 플레이어가 선택할 수 있는 활동은 크게 세 가지로 나뉜다. 첫째, 박제다. 새로운 채집된 대상은 부엉의 박물관에 기증되어 전시된다. 둘째, 판매다. 이 경우에는 콩돌이와 밤돌이가 운영하는 너굴 상점을 통해 플레이어의 채집물과 화폐가 교환된다. 그리고 상인 캐릭터의 동물들이 정기적으로 무인도에 방문하여 너굴 상점에서 책정한 가격보다 좀 더 고가에 채집물을 매입하기도 한다. 게임 속 무인도는 엄연히 가격, 화폐, 시장이 존재하는 사회다. 셋째, 공예다. 채집된 자원은 교환가치를 지녀 곧바로 화폐로 환산되기도 하지만, 생산수단으로도 활용된다. 〈모여봐요 동물의 숲〉에서는 '동물의 숲' 시리즈 사상 처음으로 '크래프트 시스템(craft system)'이 도입되어 플레이어가 소재를 얻어서 직접 가구와 소품을 제작할 수 있게 되었다. 각종 소품을 야외에 설치할 수도 있다. 시리즈의 전통적 묘미로 평가되었던 디자인 요소도 집에서 섬 전체로 넓어졌다.

〈모여봐요 동물의 숲〉은 이 활동을 'DIY(Do-It-Yourself)'라고 명명했다. 그런데 게임 속 가상의 DIY는 현실의 DIY, 더 나아가 메이커 운동과 커다란 간극을 드러낸다. 이는 물질노동과 비물질노동의 차이로 인해 발생하는 것으로, 그 차이가 함의하는 바는 물질성의 유무 이상으로 결코 간단치 않다. 1960년대 이후 영국과 미국으로부터 확산되기 시작한 DIY는 노동이나 취미를 넘어, 반(反)소비주의, 반기업주의, 환경주의, 뉴에이지, 자립운동, 자기실현, 생활 속 실천의 가치들을 두루 내재한 시민운동의 일환이었다. 자본주의 사회와의 긴장 관계를 유지해온 DIY 운동은 2000년대 이후 메이커 운동으로 재편되었다. 김동광은 메이커 운동을 일반인들이 과학기술의 권위적이고 일방향적인 실행 양식에서 수동적 소비자에 그치지 않고 적극적으로 참여하면서 테크노사이언스의 주체로서 자신을 확인하고 주장하는 정치적 행위로서 평가한다.[19] 한편, 신현우와 이광석은 한국 사회에서 포착되는 메이커 문

19 김동광, 「메이커 운동과 시민과학의 가능성」, 『과학기술학연구』 제18권 2호, 한

화의 확산이 국가 주도의 '4차 산업혁명' 담론과 결부된 현상으로서, DIY 운동의 행동주의적 차원을 결여하고 있다고 평가하며, 자생적인 메이커 커뮤니티 활동이 DIY 운동 본래의 저항적 맥락과 실천적 가치를 조금이나마 회복시키고 있다고 덧붙인다.[20] 가상세계인 〈모여봐요 동물의 숲〉에서 이루어지는 DIY는 시민운동의 기술-문화-정치적 맥락과는 무관하다. 닌텐도 측은 '동물의 숲'에서 "유저는 동물 친구들과 함께 살아가며 낚시, 곤충채집, 가드닝 등 집 밖에서 즐길 수 있는 요소부터 집 꾸미기, 패션까지, 다양한 취미를 1년 내내 즐길 수 있"다고 소개한다. 여기서 DIY는 운동이나 노동이 아니라, 소일을 위한 '취미'다.

플레이어의 공예는 마치 장인(craftsman)의 그것과 유사해 보이지만, 노동의 차원이 결여되어 있다는 점에서 뚜렷한 차이를 지닌다. 일찍이 리처드 세넷(Richard Sennett)이 주목한 바와 같이, 장인은 비범한 능력을 터득한 개인이라기보다는 네트워크와 유대, 품질을 유지하고자 하는 윤리의식을 갖춘 사회적-관계적 존재다.[21] 이에 반해, 플레이어는 공예 활동에 홀로 몰두할 뿐이며, 이 모습은 종종 NPC에게서도 발견된다. 뿐만 아니라, 플레이어에게는 창의적 공예의 전제로서 암묵지적 상상력이 결여되어 있다. 플레이

국과학기술학회, 2018. 7.

20 신현우 · 이광석, 「한국의 메이커 문화 동향에 대한 비판적 고찰: 국가발전 메이커 담론과 일상문화 속 저항 사이에서」, 『인문콘텐츠』 제45호, 인문콘텐츠학회, 2017.

21 리차드 세넷, 김홍식 역, 『장인: 현대문명이 잃어버린 생각하는 손』, 21세기북스, 2010, 26쪽.

어는 NPC로부터 공예의 기술을 '글로' 배워야만 하는 실정이다. 게임은 기본적으로 플레이에 따른 보상으로서 주어지는 '레시피'라는 명시적 지식이 있어야만 DIY가 가능하도록 설정해두고 있다.[22] 일종의 매뉴얼로서 '레시피'는 카드의 형태로 NPC와 플레이어 사이에서 공유된다. 이 설정은 체현된 기술(skill)의 나눔이 아니라, 탈체현된 기술(technology)의 공유로서, 제작 기술의 표준화 또는 규격화를 함의한다.

게임 내에서 규격화된 공예품은 사용가치와 전시가치뿐만 아니라, 상품으로서 일정한 시장가치를 발휘한다. 따라서 판매가 가능하다. 애초에 DIY 운동이 잉여가치 축적의 경제 원리로부터의 탈피를 전제한 실천이었음을 감안한다면, 게임 속 설정은 현실 세계의 역사적 맥락을 고스란히 전도시키고 있는 셈이다. 모든 공예품은 너굴 상점을 통해 매도 가능하다. 그런데 너굴 상점은 날마다 달라지는 '고가 매입 품목'을 제시하므로, 잉여가치 축적을 통해 플레이의 자유도를 한층 더 넓히기 위해서는 매일 부지런한 확인이 필수다. 이는 DIY와 적기공급생산(JIT: Just-In-Time)이 결합된 양상이다.

켄 힐리스(Ken Hillis)는 오늘날 개인들이 JIT와 DIY에 의해 혹사당하며 물질계에 붙들려 있다고 느끼지만, 원격 현전하는 아바타는 그들의 인간 작동자들이 욕망하는 수준의 기동성을 충족시키는 상상적 신체 정치를 수행하면서 강밀한 정동을 누적한다고

---

22 '암묵적 지식'과 '명시적 지식'의 개념에 관해서는 마이클 폴라니, 김정래 역, 『암묵적 영역』, 박영사, 2015 참고.

주장한다.[23] 〈모여봐요 동물의 숲〉은 이러한 설명조차도 전도시킨다. 〈모여봐요 동물의 숲〉에서는 '인간 작동자', 즉 플레이어가 아닌 아바타에게 다름 아닌 JIT와 DIY가 함께 부과되는 것이다. 하지만 이 노동은 시간과 에너지를 필요로 하지 않는다. 플레이어는 일정한 재료를 갖춘 뒤 콘솔 버튼만 누르면 단 한 번의 시행착오도 없이 곧바로 완성품을 산출할 수 있다. 이 설정에 의해 플레이어는, JIT와 DIY의 규율에도 불구하고, 언제든지 원하는 만큼 섬을 활보할 수 있는 아바타의 기동성을 확보한다. 이는 플레이어블 캐릭터로서 아바타의 노동 시간을 절약하여 플레이어의 유희 시간을 확보하기 위한 전략일 것이다. 위험 없는 탐험의 흥분, 압박 없는 공작의 희열은 노동의 감각을 지우고, 궁극적으로 오이코스의 규범을 지운다. 요컨대, 〈모여봐요 동물의 숲〉은 오이코스에서의 삶, 즉 살림살이의 게임을 제안하면서도 거기에서 살림 그 자체인 노동을 삭제한다. 〈모여봐요 동물의 숲〉이 디자인한 오이코스는 이처럼 모순적이다.

〈모여봐요 동물의 숲〉의 시간은 현실과 동일하게 흘러가지만, 실질적인 노동의 시간만큼은 현실과 같지 않게 극도로 압축되어 사실상 사라진 채다. 플레이어는 시간과 에너지가 투입된 비물질노동 또는 유희노동의 가치와 유희 자본주의(ludo-capitalism)라는 이데올로기를 인식하기보다, 일종의 '보물찾기'라고 할 수 있는 가상의 목표에 의해 정동되어 유희의 감각만을 뚜렷하게 확보한

23 Ken Hillis, "The Avatar and Online Affect", Ken Hillis & Susanna Paasonen & Michael Petit (EDS.), *Networked Affect,* MIT Press, 2015.

다.[24] 게임은 실제로 간헐적인 보물찾기 이벤트를 마련해두고 있기도 한데, 이는 섬에서의 평소 활동인 탐색과 발견, 채집과 보상, 다시 말해 노동의 시스템과 전혀 다르지 않다. 보물찾기 이벤트는 최소한의 시간과 에너지로 노동의 효율을 고취시키는 테일러주의적 트레이닝인 셈이지만, 이는 엄연히 유희로서 제시된다. 그런 점에서 〈모여봐요 동물의 숲〉은 유희노동이라는 플레이어의 실상마저도 다시 한번 게임의 설정으로 집어삼키며 회절(diffraction)시키고 있는 행위적 현실의 일단면이라 할 수 있다.[25]

조 바이든은 〈모여봐요 동물의 숲〉 속에 폴리스를 구축해 보였다. 그 폴리스는 자족적인 동시에 개방적이다. 폴리스의 구축 과정은 자족적이고, 그 결과물은 개방적이다. 바이든의 섬을 방문한 플레이어는 정교하게 디자인된 폴리스의 표면만을 볼 수 있을 뿐,

---

24 '유희노동' 또는 '놀이노동'이라는 용어는 닉 다이어 위데포드(Nick Dyer-Witheford) 와 그릭 드 퓨터(Greig de Peuter)에 의해 소개된 바 있다. 말 그대로 놀이(Play)와 노동(labor)의 합성어로 오늘날 게임 속 유저의 놀이가 노동과 분간할 수 없는 점을 지적한 것이다. 닉 다이어-위데포드 · 그릭 드 퓨터, 남청수 역, 『제국의 게임: 전 지구적 자본주의와 비디오게임』, 갈무리, 2015 참고. '놀이노동'의 개념은 오영진을 통해 다시 한번 설명되는데, 그는 플레이어의 행위를 '놀이'가 아니라 게임패드로 확장된 가상의 몸으로 게임 속 '노동'을 한 것이라 본다. 오영진, 「유희 자본주의와 컴퓨터 게임」, 『진보평론』 제68호, 진보평론, 2016 참고.

25 사물이 독립된 개체로 존재하고 그 개체를 정확하게 다시 재현하는 과정을 '반사'라는 은유로 담아내려는 재현론자의 시도와 대조적으로, 캐런 바라드는 물체가 빛과 같은 파동에 영향을 주어서 파동의 진행방식 자체를 변화시키는 현상인 '회절' 개념을 차용하여 물체와 관찰자가 독립적으로 존재하지 않는다는 점을 강조했다. 행위적 실재론에서 회절은 경계의 비결정적인 본질, 불확실한 본성, 경계의 반복적인 재형성, 차이들의 뒤얽힘을 의미하는 서로 다른 물질화의 패턴들을 의미한다. 캐런 바라드, 앞의 글 참고.

그 세계가 구축되는 과정을 지켜볼 수는 없었지만, 그 원리가 무엇인지 이미 체현하고 있다. 그것은 오이코노미아다. 비유컨대, 조 바이든의 폴리스는 오이코스의 들판 위에 세워져 있던 것이다. 아리스토텔레스는 오이코스가 필요의 영역, 폴리스가 정치의 영역임을 정식화했다. 웬디 브라운(Wendy Brown)은 아리스토텔레스, 더 나아가 한나 아렌트(Hannah Arendt)가 필요의 영역과 정치의 영역을 분리한 채로 유지하고자 고투했음을 지적하며, 폴리스 삶의 중요한 정치 대부분이 필요의 영역에서 진행된다는 점을 논구함으로써 이들의 이분법적 세계관의 모순을 드러내 보였다.[26] 〈모여봐요 동물의 숲〉 또한 마찬가지다. 오이코스와 폴리스는 분할되어 있지 않고, 중층을 이루고 있다. 이것이 '동물의 숲'이라는 메타버스의 지질학적 구조로서, 이 구조가 현실과 무관하지 않음은 물론이다.

3. 가상적 물질계와 금융화의 정동

오이코스의 어원은 오이케인(oikein)으로서 이는 같이 더불어 산다는 의미다.[27] 〈모여봐요 동물의 숲〉에서 플레이어의 캐릭터

26 웬디 브라운, 황미요조 역, 정희진 기획 · 감수 · 해제, 『남성됨과 정치』, 나무연필, 2021, 75-124쪽 참고.

27 채효정, 「잃어버린 노동을 찾아서」, 『상상하라 다른 교육: 불온한 교사 양성 과정 2』(하승우 · 채효정 · 정용주 · 이혁규 · 이영주 · 엄기호 · 사이다 · 류명숙 · 김수현), 교육공동체 벗, 2013, 230쪽.

와 동물 NPC들이 모여 사는 섬은 모순적이나마 오이코스로 볼 수 있지만, 각자의 집은 오이코스의 관념으로부터 분명한 거리를 두고 있다. 플레이어의 캐릭터는 물론, 이웃에 해당하는 NPC 모두 '1인 가구'를 꾸리고 있는 것이다. 이들의 집 안에는 돌봄이 요구되거나 수행될 여지가 없다. 그 대신, 인테리어 요소로서 가구와 소품만이 차곡차곡 들어설 뿐이다. 탐색, 발견, 채집, 공예로 이어지는 수행의 반복으로 인해 플레이어의 집은 수납 공간의 기능을 하게 된다. 여기에는 직접 만든 가구, 소품, 의복 등이 포함되고, 이를 배치하기 위해 집을 꾸준히 늘려야 하는 상황이 이어진다. 〈모여봐요 동물의 숲〉에 위치한 집은 전적으로 비유기체적 사물과의 관계가 맺어지는 장소다. 인간과 사물 간의 동맹의 강도는 '해피홈 아카데미'라는 가상의 기관이 평가하는 랭킹으로 지표화된다.

집의 랭킹뿐만 아니라 섬의 평판은 이렇다 할 엔딩을 마련해두지 않은 〈모여봐요 동물의 숲〉에서 꾸준한 플레이를 견인하는 유효한 설정이다. 5점 만점의 '별점'으로 매겨지는 평판을 3점으로 높이면 게임 내에서 유명 가수로 설정된 'K.K.'가 플레이어의 섬에 방문하는 이벤트가 발생하는데, 이를 계기로 훨씬 더 다양한 플레이가 가능해진다. 평판을 높이기 위해 플레이어는 직접 제작하거나 구입한 각종 아이템들을 섬 곳곳에 균형적으로 배치해야 한다. 그런데 K.K. 방문 이벤트는 경관을 아름답게 꾸며 얻을 수 있는 평판 이외에도 최소 10명의 인구를 그 조건으로 삼는다. 〈심시티〉라면 경관이 새롭게 조성됨으로써 인구의 증가가 자연스럽게 이루어졌겠지만, 〈모여봐요 동물의 숲〉은 〈심시티〉가 아니다. 〈모여봐요 동물의 숲〉에서 주민을 불러 모으기 위한 방법은 경관 조성과는 별도의 '토지 매각'이라는 계약의 형태를 취한다. 게임은 섬을 관리하는 NPC 너굴의 위탁을 받은 플레이어가 먼저 집터를 확보하고, 이를 섬 외부의 동물에게 매각하는 과정으로 진행된다. 이로써 오이코스의 땅은 능산적 자연에서 인공적 경관으로, 다시 한번 매매의 대상으로 옮아간다. 매각된 땅에는 마침내 집이 들어선다.

섬의 평판과 인구가 일정 수준에 도달하여 정해진 기준을 충족하면, K.K.가 섬에 방문하여 '스페셜 라이브' 공연을 펼치게 된다. 이 특별한 이벤트에서 기타를 연주하며 노래하는 K.K.의 모습과 함께 게임 개발 스태프의 명단이 화면을 가득 채운다. 마치 영화의 엔딩 크레딧을 연상시키는 이 장면에서부터 게임은 오히려 본격화된다. K.K.의 라이브는 사실상 다소 길었던 튜토리얼의 일단락인 셈일 뿐, K.K.의 초대라는 상징적 사건의 보상으로 '섬 크리에이터' 기능이 생겨나면서 플레이의 자유도가 대폭 강화되는 것이다. 이때부터 섬을 꾸민다는 것은 지면 위에 각종 아이템을 설치하고 배치하는 일이 아니라, 지형의 물질적 재형상화(reformation)로서 강과 절벽을 활보의 장애물로 품고 있던 섬 전체를 완전히 새롭게 디자인하는 토목의 차원으로 옮아가게 된다. 이는 물론 해결해야 할 과업이 아니라, 자기만족적 수행으로서 제시된다.

〈모여봐요 동물의 숲〉에서 디자인은 플레이를 가리키는 비유적 표현이 아니라 실질적 플레이로서 수행된다. 〈모여봐요 동물의 숲〉은 DIY 외에도 '마이 디자인'이라는 기능을 새롭게 포함시키고 있다. 이는 수십 개의 픽셀로 이루어진 프레임에 플레이어 각자가 원하는 디자인을 도트(dot)로 찍어내는 기능이다. 플레이어 개인이 만든 디자인은 코드의 형태로 다른 플레이어에게 공개할 수 있고, 이를 다운로드 받아 사용할 수도 있다. 이 기능에 따라 수많은 개인과 단체들이 메타버스의 가능성을 확인하고 '동물의 숲'에 속속 모여들었다. 조 바이든의 선거 캠프를 비롯하여, 발렌티노(VALENTINO), 마크 제이콥스(THE MARC JACOBS), 구찌(CUCCI) 등 해외 유명 브랜드들이 새로운 의류 디자인을 게임을 통해 공개했고,[28] 닌텐도의 경쟁사인 엑스박스마저도 여기에서 티셔츠 디자인을 공유했다.[29] 의상은 물론이고, 마이 디자인 기능을 통해 원하는 그림을 그리거나, 직접 그린 그림을 벽과 바닥에 장식하는 것도 가능하다.

〈모여봐요 동물의 숲〉에서 DIY의 다음 단계로 디자인이 놓여 있다는 것은 이 게임이 물질의 사용가치가 아니라 전시가치를 강조하고 있음을 함의한다. 게임 플레이 초반에 다른 무엇이 아닌 박물관이 먼저 들어서는 것이야말로 이러한 게임의 특징에 따른 설정이다. 박제란 물질적 수행성에서 수행성을 박탈하고 물질성만을 남겨두는 행위다. 행위적 실재론자 또는 수행적 유물론자로서 캐런 바라드는 물질이 어떻게 물질이 되는지를 묻고, 분리불

---

28 「명품 패션 브랜드가 '동물의 숲'에 신상을 선보였다」, 『게임메카』, 2020. 5. 6. 원문 보기: https://www.gamemeca.com/view.php?gid=1630254 (검색일: 2021. 7. 15.)

29 「Xbox가 '모여봐요! 동물의 숲'에 티셔츠 디자인을 공유했다」, 『디스이즈게임』, 2020. 4. 13. 원문 보기: https://www.thisisgame.com/webzine/news/nboard/4/?n=103495(검색일: 2021. 7. 15.)

가능하게 뒤얽혀 있는 물질들의 반복적인 내부작용의 안정화하고 탈안정화하는 과정을 그 답으로 들려주었다.[30] 하지만 바라드의 설명은 가상 세계에 자리한 '동물의 숲'을 비껴간다. 〈모여봐요 동물의 숲〉에서 취급되는 물질들의 내부작용은 다분히 제한적이며 그리 중요하게 고려되지 않는다. 예컨대, 게임에서 플레이어는 꽃에 물을 줄 수 있지만, 반드시 물을 주지 않아도 그 생명에는 지장이 없다. 빨간색 꽃과 하얀색 꽃 사이에서 분홍색 꽃이 우발적으로 피어나는 경우도 있지만, 더 이상의 반복적이고 생성적인 변화의 과정은 이어지지 않는다. 게임 내에서 벌어지는 물질들의 제한적인 상호작용은 뚜렷한 공변화를 일으키지 못하고, 상호작용이 가능하다는 사실 자체를 플레이어 앞에 재현하기 위한 설정일 뿐이다. 그런 점에서 〈모여봐요 동물의 숲〉에서 물질은 끝내 물질이 되지 않는다고 할 수 있다.

'동물의 숲'이라는 가상적 물질계는 사실상 비물질적이다. 물질화의 과정이 누락된 자리를 채우는 설정이 바로 디자인이다. 〈모여봐요 동물의 숲〉의 DIY가 노동을 삭제한 오이코스의 모순을 드러내는 것이었다면, 또 다른 모순은 디자인이라는 게임의 핵심 기능에 의해 드러난다. 오이코스에는 노동뿐만 아니라 생명이 배제된 채다. 이는 폴리스가 정교한 외양의 디자인을 통해 피상적으로 드러날 수밖에 없는 이유가 된다. 〈모여봐요 동물의 숲〉에서는 인간의 생활을 구성하는 기본 범주인 '의식주' 가운데, 생명을

30 Karen Barad, "Posthumanist Performativity: Toward an Understanding of How Matter Comes to Matter", *Signs*, Vol.28, No.3, The University of Chicago Press, Gender and Science: New Issues(Spring 2003), pp.801-831.

유지하고 에너지를 공급하는 물질적이고 필수적인 행동, 즉 '섭식'의 문제가 다뤄지지 않는다. '동물의 숲'이라는 오이코스에서 노동의 흔적이 매끄럽게 지워질 수 있었던 것은 플레이어의 아바타가 노동의 조건에 해당하는 생명 또는 활기(vitality)와 무관한 존재이기 때문이다. 활기는 환경과 육체 등 살된 존재들(fleshy beings)의 상호 연결 및 교환을 통해 보장되고 유지되는 것이다. 오이케인은 인간들에 앞서 자연, 즉 환경과 함께 사회를 이룬다는 것이다. 하지만 게임에서 환경은 아바타의 육체를 횡단하지 않은 채로 플레이어의 행위유도성을 유발시키는 경관으로 머물며 의복과 주거 공간의 외피를 꾸미는 질료로 환원된다.[31] 이와 같은 게임 디자인의 수사학적 원리는 순수 잠재태(순수 질료), 비유기적 사물(암석, 흙), 식물, 동물, 인간, 순수 현실태로 이어지는 아리스토텔레스의 위계적 세계관을 벗어나지 않는다. 공간, 자연, 생명 등의 개념을 식민화하는 아리스토텔레스적 재생산 과정이 〈모여봐요 동물의 숲〉의 게임 수사학으로 드러나는 것이다. 따라서 플레이는 이와 같은 개념적 식민화의 과정을 현실화하는 양태로 전개된다. DIY와 디자인이 바로 그것이다. 〈모여봐요 동물의 숲〉에서 DIY와 디

31 스테이시 앨러이모(Stacy Alaimo)는 몸을 바라보는 새로운 관점으로 '횡단-신체성' 개념을 제시한다. '횡단-신체성' 개념은 인간 신체와 비인간 자연을 가로지르는 운동이다. 횡단-신체성은 인간 몸, 비인간 생명체, 생태계, 화학작용물, 그리고 여타 다른 행위자들의 종종 예측 불가능하고 반갑지 않은 작용들을 인정한다. 앨러이모는 비인간 자연을 단순히 비활성적이고 텅 빈 공간으로 취급할 것이 아니라, 사실은 우리의 필요, 요구, 행위를 지닌, '살된 존재'의 세계임을 깨달아야 한다고 주장한다. 스테이시 앨러이모, 윤준 · 김종갑 역, 『말, 살, 흙: 페미니즘과 환경정의』, 그린비, 2018 참고.

자인은 잠재태의 환경을 현실태의 풍경으로 전환하는 원리다. 디자인은 게임의 수사학에 내재한 목적론적 도식의 최종적 단계로서, 사물에서 공간에 이르기까지 다차원적으로 적용된다. 역설적이게도, 게임 속 NPC들은 사물과 공간의 디자인이 정교해짐에 따라 섬에 '활기'가 있다는 대사를 건네며 플레이를 장려하고 지속시킨다. 그 활기는 가공된 것, 즉 피상성으로서 생명을 배제한 채 화석화된 오이코스 위에 인위적으로 덧씌워진 것이다. 〈모여봐요 동물의 숲〉이 지향하는 공동체적 삶은 무엇보다도 사물의 (재)배치를 주민들 간의 상호작용보다 우선시한다. 다시 말해, 〈모여봐요 동물의 숲〉은 격물(格物)의 통치를 당연시한다.

오이코스에서의 삶은 오이코노미아, 즉 살림 경제에 따라 영위된다. 아리스토텔레스와는 달리, 웬디 브라운은 살림이 경제적인 동시에 정치적인 개념이라는 사실을 명확히 언급했고, 채효정 또한 마찬가지다.[32] 〈모여봐요 동물의 숲〉 또한 경제가 정치와 뒤얽혀 있다는 사실을 역설적인 방식으로 예증한다. 물질대사 및 타자와의 관계를 통해 경제와 정치를 매개하는 요인이 바로 노동과 생명이다. 하지만 〈모여봐요 동물의 숲〉은 노동을 삭제하고, 생명을 배제함으로써 경제로부터 정치의 요소들을 탈각시킨다. 노동과 생명 대신, 경제를 추동하는 원리로서 게임은 금융을 도입한다. 격물의 통치는 금융의 통치로 나아간다. 금융은 자본을, 자본은 건축을 부른다. 〈모여봐요 동물의 숲〉은 이처럼 오이코노미아의 모순이 드러난 자리에서, 이를 토대로 삼아 그 운영의 원리를

32 웬디 브라운, 앞의 책; 채효정, 앞의 글 참고.

계속해서 갱신해나간다. 현실의 시간과 같은 게임 속 시간은 사실상 자본주의 경제 체제의 역사적 전환을 압축적으로 체현하게 하는 장치가 된다.

〈모여봐요 동물의 숲〉에서 섬을 디자인하는 일은 공예뿐만 아니라 다리와 비탈길의 건축 및 하천과 절벽을 정비하는 토목을 두루 요하는 작업이다. 이 작업은 '마이 디자인'에 이어 '섬 크리에이터' 기능을 통해 한층 더 본격적으로 벌어진다. K.K.의 스페셜 라이브 공연이 끝나면 너굴이 플레이어의 아바타를 찾아와 섬을 발전시켜주어 고맙다는 인사를 전하며 스마트폰에 섬 크리에이터 앱을 설치해준다. 이에 따라 플레이어는 각종 공사 허가증을 발급받아 하천 공사와 절벽 공사를 진행할 수 있게 되고, '마이 디자인 길'도 포장할 수 있게 된다. 이 과정에서 이전에 디자인했던 설치물들을 철거하게 되는 경우도 빈번해지고, 때론 주민들의 이사도 감행된다. 이처럼 플레이의 자유도는 삶의 물질적 토대 자체를 플레이어가 직접 바꾸고 완전히 새롭게 설계할 수 있을 정도로 대폭 확대된다. 그야말로 '대개조' 프로젝트가 벌어지면서 게임은 건축 시뮬레이션으로 새로운 국면으로 접어들게 되는 것이다.

'섬 크리에이팅'이야말로 게임의 궁극적 DIY 기능으로서, 이 기능은 '동물의 숲'이라는 '조이스틱 네이션(Joystick Nation)'에 모여든 다수의 플레이어들 각자에게 '핸드메이드 네이션(Handmade Nation)'의 환상을 제공했다.[33] 안전모를 착용한 플레이어의 손에

33 이 문장은 다음의 책 제목들을 참조하여 구성한 것임을 밝혀둔다. Faythe Levine & Cortney Heimerl, *Handmade Nation: The Rise of DIY, Art, Craft, and Design*, Princeton Architectural Press, 2008; J.C. Herz, *Joystick Nation: How Videogames*

는 삽자루가 들려져 있으며, 그는 섬의 유일한 공사 노동자다. 하지만 게임은 토목 공사를 어디까지나 자기만족적 행위로서 제시하며 노동에 따른 별도의 보상을 제공하지 않는다. 보상과 노동의 감각을 함께 지우고, 이 자리에 자족성만을 남겨둠으로써 플레이어는 섬의 경영자라는 감각을 가지게 된다. 이 감각은 '핸드메이드'의 감각을 화석화하는 동시에 '조이스틱'에 의한 통치 감각이 표면화된 것이다. 이는 사실 게임 수사학에 의해 정교하게 주조된 감각이기에 앞서, 플레이어가 사회적 행위자로서 이미 정동적으로 체현하고 있는 것이기도 하다. '동물의 숲'이라는 '조이스틱 네이션'은 이 세계의 통치성이 위계구조에서 네트워크로, 조직에서 프로세스로, 명령에서 자기 조직화로 이동해 있음을 시사한다. 이것이 DIY화의 정치적 함의다.

'섬 크리에이팅'은 공공영역에 속했던 업무가 민영화되고 개별화된 신자유주의적 현실을 게임 내부로 자연스럽게 수락하고 있는 설정이라는 점에서도 주목을 요한다. 〈모여봐요 동물의 숲〉은 인프라 정비를 섬 공동체가 떠안아야 할 과제가 아니라 플레이어 개인에게 주어진 선택의 문제로 제시한다. 그런데 플레이어가 1인 경제의 주체가 아닌 시장관계의 행위자임은 앞서 살펴본 바와 같다. 그 시장은 물질과 화폐의 교환을 넘어서는 금융시장이기도 하다. 게임 내에서 이루어지는 토목 공사를 위해 요구되는 허가증은 너굴 마일리지를 통해 구입할 수 있다. 플레이어의 각종 경제 활

Ate Quarters, Won Our Hearts, and Rewired Our Minds, Little, Brown and Company, 1997.

동에 따른 보상으로 주어지는 너굴 마일리지는 일견 금융과는 무관한 것으로 보인다. 하지만 그 경제 활동이 생산과 판매뿐만 아니라 대출을 상환하기 위한 과정으로 이루어져 왔음을 간과해서는 안 된다. 게임은 플레이어가 자신의 집을 늘릴 때마다 너굴로부터 거액의 대출을 받도록 설정해두고 있는 것이다. 너굴은 플레이어의 채무를 독촉하기는커녕 '무기한 무이자' 대출임을 강조하지만, 이는 결국 플레이어가 너굴과의 영속적 금융 관계로부터 벗어날 수 없음을 의미한다. 플레이어와 너굴의 관계는 인격화된 관계가 아니라 '너굴 상점'과의 물질적 거래 관계인 동시에, '너굴 은행'과의 비물질적 금융 관계로 얽혀 있다.

금융 관계가 도입된 오이코노미아의 규범이 〈모여봐요 동물의 숲〉이라는 게임에서 이루어지는 플레이의 규칙일 뿐만 아니라, 게임 외부 세계의 작동 원리임은 물론이다. '영끌'("영혼까지 끌어모은다"를 줄인 말로서, 할 수 있는 모든 수단을 동원해 대출을 받음), '빚투'("빚내서 투자한다"), '동학개미운동'(외국인 투자자의 매도에 맞서 국내 주식시장을 방어한 개미 투자자들의 집단적 움직임) 등의 신조어는 오늘날의 한국 사회에 관철되고 있는 금융화의 정동을 드러내는 담론적 지표에 다름 아니다. 한국의 게이머들이 〈모여봐요 동물의 숲〉을 통해 보인 플레이 행태 또한 금융화의 정동을 예증한다. 게임 출시 후 플레이 2시간 만에 대출금 상환을 완료하였음이 드러나 전 세계의 다른 플레이어들을 놀라게 한 플레이어의 국적은 다름 아닌 한국이었다.[34] 세계 최단 시간에 해당하는 이 상환의 속도

---

34 「'모여봐요 동물의 숲' 출시 2시간 만에 너굴 아저씨에게 빚 다 갚은 한국

는 한국 사회에서 금융화의 정동적 강도를 의미한다. 〈모여봐요 동물의 숲〉의 플레이어였을 청년과 이들 세대는 노동만으로는 삶의 안정을 이룰 수 없다는 감각을 공유하고 있다. 이 감각은 "직업인으로서 일해서 받는 근로소득으로 절대로 채우지 못하는 기대 이익의 나머지 부분을 주식투자를 통한 자본소득으로 메우겠다는 발상"에 결부되어 있다.[35] 금융 경제는 노동하는 삶의 불안정성(precarity)에 기대 미래수익에 대한 '잔혹한 낙관주의'와 함께 작동하는데,[36] 이는 금융 경제가 곧 정동 경제와 결부되어 있다는 뜻

인 유저들」, 『인사이트』, 2020. 3. 21. 원문 보기: https://www.insight.co.kr/news/274767 (검색일: 2021. 7. 15.)

35 김수현, 「개미투자자가 하는 일」, 『인문잡지 한편』 제5호 '일', 민음사, 2021. 5, 25-26쪽. 한편, 김민하는 '동학개미운동'이 포퓰리즘의 정치적 정동을 공유하고 있는 현상으로 판단하며 다음과 같이 언급한다. "그때나 지금이나 주식투자 열풍의 근본 동력은 '안정적 노후는 사회가 책임져주지 않으므로 알아서 각자도생 해야 한다'는 식의 세계관이라고 볼 수 있다. 여기에 코로나19로 인한 범사회적 불안과 확장재정의 부동산 쏠림을 제어하려는 정치권력의 의도가 맞물리고 있다. (…) 코로나19로 인한 불황이라는 조건에는 당연히 고용불안이 포함된다. 2020년대 주식투자 열풍의 한 축은 임노동에 대한 냉소이다. 직장을 열심히 다녀도 돌아오는 것이 없으니 퇴직하는 게 낫다는 자조는 이미 젊은이들 사이에 만연해 있다. 가령 임금수준이 좀 낮더라도 무언가 자아실현이 가능하다거나, 직장 경험을 자기계발의 재료로 쓸 수 있다거나, 하다못해 이직을 할 때 경력을 인정받을 수 있다고 한다면 불만족스런 직장 생활에도 뭔가 의미가 있다고 할 수 있다. 그러나 젊은 세대가 보는 직장 생활은 그런 게 아니다. 고용은 처음부터 불안정한 상태이며, 이 직업을 원했던 적도 없고, 회사가 시키는 일은 자기계발에 전혀 도움이 되지 않으며, 다른 회사에 경력을 활용해 지원하는 것도 쉽지 않다. 오히려 세대나 성별의 차이에 의한 갈등 등 직장 환경으로부터 오는 스트레스를 일방적으로 감당해야 한다. 이런 조건에서 직업이란 무의미하고 무가치하다." 김민하, 「주식투자의 시대」, 『평등사회노동교육원』, 2021. 2. 8. 원문 보기: https://www.nodonged.org/118

36 '잔혹한 낙관주의'는 문제적인 대상의 상실에 앞서 미리 그것에 대한 애착을 간

이다.[37] 대상의 접근으로 인해 생기는 공포와 달리, 불안은 대상을 향한, 대상으로의 접근이다.[38] 불안은 금융 경제에 접착하여 이를 정동 경제로서 드러낸다. 〈모여봐요 동물의 숲〉에 금융 경제의 논리가 도입되고 있다는 것은 결국 금융화의 정동을 접착시킴으로써 한국 사회의 현실에 더욱 밀착할 수밖에 없는 조건이 되는 것이다.

오늘날 한국 사회의 금융화는 개별 플레이어뿐만 아니라, 게임산업 전반을 움직이는 정동으로 드러나고 있다. 넥슨(NEXON), 넷마블(NETMARBLE), 엔씨소프트(NCSOFT), 이른바 '3N'을 비롯한 주요 게임사들은 금융과의 동맹을 통해 플랫폼 자본주의를 가속화하는 중이다. 엔씨소프트는 KB증권 및 디셈버앤컴퍼니자산운용과 '인공지능(AI) 간편 투자 증권사'를 출범했고, 넥슨과 넷마블은 각각 신한은행 및 하나은행 등 전통 금융권과 업무협약을 맺었다. 컴투스 또한 인터넷은행 케이뱅크에 500억 원가량을 전략적으로 투자하는 모습을 보였다.[39] 게임과 금융의 동맹은 게이미피

직하는 상황을 가리키는 로렌 벌랜트(Lauren Berlant)의 용어다. 로렌 벌랜트, 「잔혹한 낙관주의」, 멜리사 그레그 · 그레고리 시그워스 편, 최성희 · 김지영 · 박혜정 역, 『정동 이론』, 갈무리, 2015 참고.

37 사라 아메드(Sara Ahmed)는 정동의 흐름을 표현함에 있어 '경제'라는 용어를 차용하는데, 이는 감정들이 사회의 장뿐만 아니라 정신의 장 역시 가로질러 순환하고 배분된다는 것을 제시하기 위해서이다. Sara Ahmed, "Affective Economies", *Social Text,* 79(Vol.22, No.2), Summer 2004, Duke University Press, pp.117-139. 이 글은 박구비와 단감에 의해 번역되어 〈웹진 인무브〉를 통해 공유되고 있다. 번역문 보기: https://en-movement.net/286?category=718342

38 Ibid., p.125.

39 「금융-게임 동맹 확산…'새로운 경험에 도전한다'」, 『디지털 투데이』, 2021. 6.

케이션(gamification) 금융서비스의 형태로도 가시화되고 있다. 카카오뱅크(KAKAOBANK)는 일종의 게임처럼 '26주 적금' 미션을 사용자에게 제안하고 있으며, 토스(TOSS)의 경우에는 앱을 통해 퀴즈를 출제하고 정답을 맞추면 토스 포인트를 적립해준다.[40] 디지털 네이티브(digital native)라 할 수 있는 'MZ세대'를 타겟 오디언스로 삼은 이러한 유희적 서비스는 핑거 플랫폼(finger platform)을 통해 이루어진다. 핑거 플랫폼은 비물질적 금융 자본주의와 플랫폼 사용자의 물질적 몸이 정동적으로 조우하는 장소라 할 수 있다. 혹은 핑거 플랫폼을 매개로 금융화된 몸이 물질적으로 만들어지고 있던 것이라 해도 무방할 것이다.

'영끌', '빚투', '개미' 등으로 언표되는 담론적 현상은 핑거 플랫폼을 매개한 물질적 실천과 분리 불가능하게 뒤얽혀 있다. 게임 또한 마찬가지다. 플레이는 플레이어의 몸이 하는 일이다. 그 몸은 사회적 행위주체로서 금융 경제와 정동 경제를 체현한 채다. 정동 경제에서 플레이어는 근원이나 종착지라기보다는 일종의 교점(nodal point)에 해당한다고 할 수 있다. 플레이어라는 정동적 장치는 게임과 금융, 금융과 게임을 끈끈하게 접착시키면서 작동한다. 그 접착제가 바로 정동이다. 정동은 기호나 상품 안에 존재하는

---

1. 원문 보기: http://www.digitaltoday.co.kr/news/articleView.html?idxno=404024 (검색일: 2021. 7. 15.)

40 「투자도 게임처럼…대세가 된 '핑거 플랫폼'」, 『헤럴드경제』, 2021. 5. 13. 원문 보기: http://news.heraldcorp.com/view.php?ud=20210513000758 (검색일: 2021. 7. 15.)

것이 아니라 오직 정동 순환의 효과로서만 생산된다.[41] 사회적 행위주체로서 플레이어의 투기적 신체를 중심에 두고 게임과 금융은 정동적으로 순환하며, 그 정동을 축적한다. 게임 플레이는 정동적 순환과 축적의 토대 위에서 벌어지는 행위다. 〈모여봐요 동물의 숲〉은 바로 이를 보여주고 있다.

4. 정치와 경제, 현실과 가상의 회집과 분할

〈모여봐요 동물의 숲〉은 메타적 게임이다. 소위 PBL(Points, Badge, Leader board) 시스템으로 통칭되는 핑거 플랫폼의 게이미피케이션 요소를 다시 한번 게임 내에 포함시키고 있기 때문이다. 너굴 마일리지가 바로 그것이다. 생산과 소비를 아우르는 플레이어의 각종 경제활동에 따른 보상으로서 주어지는 너굴 마일리지는 아바타가 소지한 스마트폰을 통해 적립이 확인되고 '너굴 포트'를 통해 각종 아이템으로 교환 가능하다. 스마트폰과 너굴 포트는 모두 핑거 플랫폼에 해당한다. 물질적 행위의 비물질적 자본화는 이들 핑거 플랫폼을 통해 경제활동의 게임화로서 수행된다. 경제 활동을 유희 요소로서 도입한 게임은 비단 〈모여봐요 동물의 숲〉뿐만이 아니라, 나름의 역사를 가지고 이어져오고 있으며, 그 시작은 스마트폰을 앞서는 핑거 플랫폼으로서 전자적 게임 콘솔의 등장보다도 앞서 있다. 20세기 초반에 등장한 〈모노폴리

41 Sara Ahmed, op. cit., p.120.

(Monopoly)〉와 같은 보드게임으로부터 시작된 금융의 유희는 초기 비디오게임과 컴퓨터게임을 통해 반복되었다. 〈월 스트리트 키드(Wall Street Kid)〉, 〈인사이드 트레이더(Inside Trader)〉, 〈월 스트리트 레이더(Wall Street Raider)〉, 〈스페큘레이터: 미래 시장 게임(Speculator: The Future Market Game)〉, 〈블랙 먼데이(Black Monday)〉 등의 게임들은 모두 실제의 투자행위를 게임화했다.[42] 이들 게임은 PBL 시스템이나 마일리지와 같은 게이미피케이션이 아니라 보다 근본적인 차원에서 금융의 원리를 플레이로서 체현케 한다.

〈모여봐요 동물의 숲〉이 금융의 원리를 노골적으로 전경화하고 있는 것은 아니지만, 그럼에도 불구하고 마일리지 시스템에 앞서 이미 화폐 경제체제를 구축해두고, 여기에 금융의 원리를 도입하고 있다는 사실만큼은 분명하다. 이는 게임 아이템 '무'를 매개로 이루어진다. 플레이어는 매주 일요일 오전마다 섬을 방문하는 NPC '무파니'로부터 무를 대량으로 매입한 뒤, 그 시세차익을 취할 수 있다. 이 게임에서 매일 새롭게 생성되는 과일이나 물고기와 같은 풍요재가 유통기한마저 없는 것과는 달리, 무는 유일하게 일주일의 유통기한이 설정된 아이템이다. 또한 무 가격은 날마다 달라진다. 하루에도 오전과 오후의 무 가격이 다르다. 이것이 바로 시세차익의 조건이다. 〈모여봐요 동물의 숲〉에 마련된 금융의 원리에 플레이어들은 게임 외부의 정동을 접착시켰고, 여기에 '무트코인' 또는 '무테크'라는 별칭을 붙여주었다. 이는 '비트코인'과

42 게임사 아타리(Atari)는 히트작들을 출시하면서 〈본드 어낼리시스(Bond Analysis, 채권 분석)〉와 〈스톡 차팅(Stock Charting, 주식 기록)〉도 함께 제작했다. 닉 다이어-위데포드 · 그릭 드 퓨터, 앞의 책, 463쪽 참고.

'재테크'가 게임 아이템인 무와 결합된 용어다.

흥미로운 사실은, 〈모여봐요 동물의 숲〉의 일부 플레이어들이 자본을 창출하는 자산(assets)인 무 가격 변동을 예측하는 사설 사이트와 앱을 프로그래밍하고 적극적으로 활용했다는 점이다. 플레이어들은 게임이 유도하는 대로 금융의 원리를 수락할 수밖에 없지만, 그것이 알고리즘의 원리에 다름 아니라는 사실을 간파했다. 게임에 설정된 무 가격의 등락은 불확정성의 금융 원리가 아니라 알고리즘에 따른 나름의 일정한 패턴을 보인다. 물론 그 패턴은 눈에 보일 만큼 투명하지 않기에 컴퓨팅 프로그램을 통해 겨우 드러날 수 있을 따름이다. 블랙박스에 다름 아닌 무 가격 예측 프로그램을 작동시키기 위해 플레이어는 매일 오전과 오후의 무 가격을 반복적으로 입력함으로써 추세를 제공해야 한다. 플레이어의 입력 행위는 프로그램을 거쳐 예측가격의 출력으로 이어지기 마련인데, 이 광경은 낯선 것이 아니다. 무 가격 예측기라 불리는 각종 컴퓨팅 프로그램은 〈월 스트리트 키드〉, 〈인사이드 트레이더〉, 〈월 스트리트 레이더〉, 〈스페큘레이터: 미래 시장 게임〉, 〈블랙 먼데이〉 등과 같은 초기 비디오게임과 컴퓨터게임을 닮았다.

플레이어들은 기술을 통해 미래를 예측하고, 예측을 통해 미래에 개입함으로써 불안의 정동 경제로부터 벗어나고자 한다. 이는 게임의 금융 경제로부터 정동 경제를 분리시키려는 시도다. 그럼에도 불구하고, 이 시도는 플레이어가 의도한 분리로 끝내 귀결될 수 없는 것인데, 왜냐하면 수학적이고 논리적인 행위주체의 자리에는 알고리즘 기계가 놓여 있으며, 플레이어는 여기에 다시 한

번 의탁할 수밖에 없는 형국이기 때문이다. 유희노동이라 할 수 있을 플레이어의 무 가격 입력이 일정한 리듬을 형성하지 못했을 때, 프로그램은 여지없이 불확실한 결과를 출력한다. 일정한 리듬의 입력에 따라 출력된 예측 또한 실제의 약속은 아니다. 플레이어는 게임의 금융 경제로부터 정동 경제를 분리하려는 시도에도 불구하고, 게임의 알고리즘과 예측기의 알고리즘 사이에서 순환하며 불안의 정동 환경 내에 머물 수밖에 없다. 하지만 플레이어는 다른 간단한 방식을 통해 알고리즘의 원환으로부터 벗어나 그것을 교란할 수 있다. 바로 '타임슬립'을 통해서다. 현실과 동일하게 흘러가는 가상 세계의 시간 설정을 조작하는 타임슬립은 게임의 비가역적인 알고리즘을 기만하는 행위다. 플레이어들은 무 가격이 천정부지로 오른 시간대로 돌아가 일확천금을 달성할 수 있다. 무 가격 예측기의 활용이 미래로의 개입이었다면, 타임슬립은 과거로의 개입이며, 더 나아가 시간성 자체에 대한 개입이다. 타임슬립을 통해 플레이어는 실시간에 종속된 존재에서 시간이라는 무한 자원의 소유자로 거듭난다. 이로써 플레이어는 마침내 불안의 정동 환경을 벗어난다. 타임슬립 앞에서 금융 경제의 정동적 원리는 게임의 규칙으로서 더 이상 위력을 갖지 못한다. 바꾸어 말해, 정동 경제의 금융화된 현실은 타임슬립을 통해 그 시효를 만료한다.

타임슬립은 금융에 앞서 금융을 성립시키는 시간 그 자체가 오이코노미아의 초월적 규범이었음을 파훼라는 역설의 형태로 드러내는 행위다. 물론 모든 플레이어가 일정한 시점에서 타임슬립을 감행하는 것은 아니다.[43] 그럼에도 불구하고, 타임슬립은 플레이어가 원한다면 언제든지 정동적 금융 경제의 시효를 만료시킬 수 있는 가능성으로서 상존하며 플레이를 정향시키는 힘을 발휘한다. 시간 설정으로부터의 자유라는 가능성을 바탕에 둠으로써, 플레이는 공간의 조형에 초점이 맞춰진다. 〈모여봐요 동물의 숲〉에서 'DIY'와 '마이 디자인', 그리고 '섬 크리에이팅'으로 명명된 각각의 기능은 삼위일체를 이루어 플레이어의 몸과 그의 섬을 동시에 조형한다. 게임 내에서 플레이어에 의해 벌어지는 총체적 디자인은, 그가 사회적 행위주체로서 부족한 자원, 사회적 제도 간의 모순 등에 직면해서 혼자서 모든 것을 다 해결해야 하는 상황에서 불가피하게 선택할 수밖에 없었을 현실 공간의 DIY와는 상반된다.[44] 플레이어에게 보장된 충분한 자원은 디자인의 인플레이션으로 이어지며, 이는 섬을 과밀한 오브젝트의 도시로 꾸민다. 이와 같은 플레이는 객체 지향적으로도 보이지만, 이들 객체는 상호작용하면서 생성되는 것이 아니라, 플레이어와 일대일로 관계할 뿐이며, 플레이어의 자기만족에 기여하고 있을 따름이다.

플레이어는 스스로가 정교하게 디자인한 섬의 경관을 확인

---

43 게임 내에서 자본을 축적할 수 있는 방법은 타임슬립 외에도 다양하다. 한 플레이어는 집 앞을 꽃으로 가득 채운 뒤 가격이 비싼 나비를 채집해 파는 방식으로 순식간에 돈을 벌어들였다. 「동물의 숲 '빚 갚기'에 미쳐 이제는 놀면서 돈 버는 방법 찾은 한국인들」, 『인사이트』, 2020. 3. 27. 원문 보기: https://www.insight.co.kr/ news/275962 (검색일: 2021. 7. 15.)

44 김영 · 황정미, 「'요요 이행'과 'DIY 일대기': 이행기 청년들의 노동경험과 생애서사에 대한 질적 분석」, 『한국사회』 제14집 1호, 고려대학교 한국사회연구소, 2013 참고.

하며 자기만족의 차원에 머물 수도 있겠지만, 〈모여봐요 동물의 숲〉은 네트워크를 통해 자족적 플레이의 결과를 다른 플레이어에게 노출시킨다. 〈모여봐요 동물의 숲〉의 모든 플레이어는 플레이 도중 침대에 누웠을 때 벌어지는 '꿈'을 통해 다른 플레이어의 섬을 방문할 수 있다. 각각의 섬은 접속 코드에 해당하는 '꿈 번지'를 가진다. 조 바이든의 섬 '바이든 HQ' 역시 바로 이 설정에 힘입어 꾸려질 수 있었던 것임은 물론이다.[45] '꿈 번지'는 플레이어와 NPC의 커뮤니티를 플레이어 상호 간의 커뮤니티로 확대하고, 이를 통해 메타버스의 멀티버스(multiverse)를 성립케 하는 네트워크 로컬리티의 핵심 인자다. 〈모여봐요 동물의 숲〉이 구축한 네트워크는 상호참조의 디자인 아카이브다. 〈모여봐요 동물의 숲〉에서 플레이어는 디자이너의 꿈을 꾼다. 게임을 통해 꾸게 되는 꿈은 디자인의 레퍼런스를 제공하며 플레이어의 디자인에 영향을 끼친다.

디자인은 금융과 더불어 '동물의 숲'이라는 메타버스를 떠받치는 양축이다. 금융화의 정동이 투기의 행태를 게임 안팎으로 일반화한다면, 플레이로서의 디자인은 〈모여봐요 동물의 숲〉을 즐기는 수많은 플레이어의 숫자만큼이나 각양각색의 양태로 드러난다. 츠키마로(つきまろ)라고 자신을 소개한 플레이어는 미야자키 하야오가 연출한 스튜디오 지브리(STUDIO GHIBLI)의 애니메이션 〈센과 치히로의 행방불명(千と千尋の神隠し)〉 속 세계를 게임 내에 다시 한번 재현하고 트위터를 통해 이를 공개했다. 츠키마로의 섬은 〈마녀 배달부 키키(魔女の宅急便)〉와 〈하울의 움직이는 성(ハ

45 조 바이든의 '바이든 HQ'의 꿈 번지는 DA-7286-5710-7478.

ウルの動く城)〉의 캐릭터도 함께 거주하는 '미야자키 월드', '지브리 유니버스'다.[46] 역시 〈모여봐요 동물의 숲〉을 통해 아리 에스터(Ari Aster) 감독의 영화 〈미드소마(Midsommar)〉의 주요 장면과 K-POP 스타 '비'가 〈깡〉의 뮤직비디오에서 보여준 퍼포먼스를 패러디한 사례도 화제가 되었다.[47] 일련의 사례들은 플레이어의 섬을 디자인함에 있어 애니메이션, 영화, 뮤직비디오 등을 직접적으로 참고하고, 이 사실을 핍진한 디자인과 함께 적극적으로 드러낸다. 이 경우, 디자인의 충동을 이끄는 정동은 현실을 출처로 삼는 대신, 가상 세계 내에서 촉발되고 순환한다. 영화는 게임이 되고, 게임은 다시 영화가 된다. 미드소마를 시뮬레이션했던 플레이어는 〈모여봐요 동물의 숲〉을 통해 다수의 머시니마(machinima)를 연출하는 데로 나아갔다. 호러와 코미디 장르가 주를 이루는 이 연출은 〈모여봐요 동물의 숲〉이 지닌 동화적 감각을 과잉재현함으로써 패러디하는 것으로 드러난다. 한편, 한국의 한 플레이어는 게임 속 자신의 섬을 바탕으로 '입시 미술 학원'의 풍경을 핍진하게, 그리고

---

46 "츠키마로씨의 게임 세계에는 치히로와 가족들이 신들의 세계에 발을 디딘 후부터 하쿠와의 첫 만남, 신들의 음식을 먹고 돼지가 된 치히로의 부모님 등 애니메이션의 내용을 '동물의 숲' 버전으로 재현한 내용이 담겼다. 여기에는 '마녀 배달부 키키'나 '하울의 움직이는 성' 등장인물도 나온다. 또 '센과 치히로의 행방불명' 인기 캐릭터 가오나시는 셔츠의 형태로 만드는 등 기발함을 자랑하고 있다." 원문 보기: https://www.huffingtonpost.kr/entry/nintendo-animal-crossing_kr_5ecf0c2ec5 b6bf13d2eba35c (검색일: 2021. 7. 15.)

47 「"동숲으로 1일 1깡?" 동물의 숲으로 만든 유저 창작 영상 모음」, 『디스이즈게임』, 2020. 5. 21. 원문 보기: https://www.thisisgame.com/webzine/special/nboard/11/?n =104452 (검색일: 2021. 7. 15.)

암울하게 묘사해 보였다.[48] 이는 아토피아적 피난처로 제시된 섬의 디스토피아적 귀결을 보여주는 블랙 코미디적 풍자로서, 특히 〈모여봐요 동물의 숲〉이 제안하는 디자인이라는 미술적 원리 위에서 그 원리의 강압을 우회적으로 폭로하는 효과를 거두고 있다는 점에서 흥미롭다. 이는 〈모여봐요 동물의 숲〉이 출시된 지 단 5일 만에 완료된 시뮬레이션으로, 이 가공할 플레이 속도는 사실상 노동과 다를 바 없는 유희를 제안하는 게임의 모순과 몰입과 강박 사이에 놓인 플레이어의 모순을 함께 시사한다고 할 수 있을 것이다.

〈모여봐요 동물의 숲〉을 활용한 시뮬레이션 유희에 있어 시뮬레이터로 작동하는 게임은 플레이어 간 상호작용의 매체와는 거리가 멀다. 설령 상호작용이 발생한다 하더라도 그것은 완결된 내러티브에 따라 미장센과 몽타주를 연출하기 위한 것으로서 비생성적이다. 이와는 달리, 일종의 커뮤니케이터로서 게임을 활용하는 경우도 빈번하며 이 편이 오히려 보다 일반적이다. 여기서 플레이는 상호작용에 해당하는 플레이어 간의 커뮤니케이션과 함께 수행되며, 바로 이를 통해 설득적 게임(persuasive game)의 양상이

48 "가지런히 놓인 책상 위에는 수채화 도구가 놓여 있다. 벽에는 원생들의 작품으로 추정되는 수많은 그림이 걸려 있다. 앞쪽에 붙어 있는 '대학 가자'라는 문구도 인상 깊다. 선생님으로 추정되는 유저의 얼굴에 묻은 페인트와 앞치마에 적힌 C&C라는 문구는 사진을 보는 이들에게 현실인지 아닌지 착각을 유발할 정도로 리얼하다. 선생님 역할을 맡은 유저는 "너 입시가 장난이야", "너 시험장 가서도 그럴 거야?"와 같이 미술학원 선생님이 입에 달고 사는 말을 완벽히 재연해냈다." 「힐링하랬더니 '동물의 숲'에서 입시 미술 학원 만들어 유저들 미대 준비시키는 한국인」, 『인사이트』, 2020. 3. 25. 원문 보기: https://www.insight.co.kr/news/275581 (검색일: 2021. 7. 15.)

전개된다.[49] 〈모여봐요 동물의 숲〉은 애초부터 설득적 게임을 의도하고 디자인되지 않았지만, 그럼에도 불구하고 다수의 플레이어들에 의해 설득적 게임으로 향유되었다는 점에서 특기될 필요가 있다. 이와 같은 향유 또는 재전유가 네트워크 및 커뮤니케이팅 테크놀로지에 의해 보장된 것임은 물론이다. 그렇다고 해서 커뮤니케이터로서의 게임이 시뮬레이션의 가치를 소외시키는 것은 아니다. 〈모여봐요 동물의 숲〉이 설득적 게임의 내연을 가지게 될 때, 시뮬레이팅된 세계는 그 세계-내-존재로서의 조형된 자아보다 훨씬 더 근본적인 역할을 담당한다. 플레이어의 정교한 디자인을 통해 드러난 가상 공간은 단순한 배경을 넘어 뚜렷한 장소성을 지니며 정동 체계의 총체적 형상으로서 인지적이고 의미론적인 차원을 초월한 정동적-정치적 커뮤니케이션 효과를 발휘한다. 커뮤니케이션은 '커뮤니티'를 구축하고, 이로써 플레이어의 사유지를 '커먼즈'로 탈바꿈하는 효과를 거둔다. 예컨대, 홍콩 민주화 시위의 상징적 인물로 취급되는 조슈아 웡(Joshua Wong, 黃之鋒)은 〈모여봐요 동물의 숲〉을 통해 정동 정치의 급진적이고 혁명적인 장면을 연출했다. 조슈아 웡은 '광복홍콩 시대혁명(光復香港 時代革命, Free Hong Kong-Revolution Now)'을 도트로 찍어 게임 속 자신의 집 앞마당을 장식하고 유튜브와 트위터 등을 통해 이를 알리며, "코로나 때문에 사람들이 직접 모이는 것이 힘들었다. 동물의 숲이라는 게임이 출시돼서 우리는 창의적이고 새로운 형태의 저항을 지속할

49 설득적 게임의 목적은 가상 세계뿐 아니라 현실 세계에 속하는 다양한 문제를 게임을 통해 시뮬레이션함으로써 이에 관한 대중의 인식과 참여적 행동 변화를 설득하는 것이다. 권보연, 앞의 책, 15-16쪽.

수 있었다"고 밝혔다.[50]

조슈아 웡의 사례는 〈모여봐요 동물의 숲〉을 통해 드러난 다양한 플레이 가운데 한 가지 양태일 뿐, 플레이에 의해 전개되는 정동 정치의 양상이 일관된 흐름으로 포괄되는 것은 아니다. 〈모여봐요 동물의 숲〉에 흐르는 정동은 자율성을 가지고 조 바이든의 포퓰리즘, 구찌와 KFC의 소비 자본주의와 결합되는 방향으로도 얼마든지 움직인다. 이러한 플레이는 또 다른 플레이어들을 정동시킨다. 예컨대, 일본의 자민당 총리 후보로 나선 이시바 시게루(石破茂) 전 간사장은 조 바이든과 마찬가지로 2020년 9월, 〈모여봐요 동물의 숲〉을 통해 자신의 모습을 본뜬 '이시바짱(いしばちゃん)' 캐릭터를 공개하고 선거 캠페인을 전개할 계획을 밝혔다. 하지만 이시바는 결국 그 계획을 포기할 수밖에 없었다. 이시바의 계획이 발표된 직후 닌텐도의 이용 약관에 위배된다는 지적이 제기되었기 때문인데, 미국과는 달리 일본의 닌텐도 이용 약관에는 정치적 주장을 포함한 이용을 금지하고 있었던 것이다.

2020년 11월 19일부로 일본 닌텐도의 이용 약관은 전 지구적 표준으로 삼아졌다. 닌텐도는 자사 홈페이지를 통해 '기업과 단체

---

50 여기에는 중국의 시진핑(習近平) 주석과 친중국 성향의 캐리 람(Carrie Lam, 林鄭月娥) 홍콩 행정장관의 초상화가 함께 놓여 있었다. 홍콩 시위를 지지하는 게이머들은 게임 내에서 친중국 성향 캐리 람 홍콩 행정장관의 장례식을 치르는 퍼포먼스를 진행했는데, 이들은 방독면 또는 검은 마스크를 만들어 착용하고 있었다. 「홍콩 시민들이 동물의 숲에서 시위를 이어가고 있다」, 『게임메카』, 2020. 4. 9. 원문 보기: https://www.gamemeca.com/view.php?gid=1627977 (검색일: 2021. 7. 15.); 「지도자도 조직도 없다… SNS가 소집하고 지휘하는 '혁명'」, 『문화일보』, 2019. 11. 13.

들을 위한 〈모여봐요 동물의 숲〉 사용 지침'을 발표했는데, 이것은 영어로도 제공되고 있으며 지역을 불문하고 있다.[51] 이것은 어린이에게 적합하지 않은 표현, 성적 또는 차별적 손상을 입힐 수 있는 표현, 정치적 주장이 포함된 표현을 금지한다고 명시했다. 또한 다른 플레이어를 게임 외부의 행동으로 유인하는 것, 즉 제품 구매 사이트로의 안내, 쿠폰 배포, 경품 제공, SNS 계정 팔로우, 기타 고객 정보 획득 등을 제한했다. 더 나아가, 수수료로 마이 디자인을 제공하거나 광고 수익을 얻는 등의 실제 거래 행위를 금지했다. 이는 실제의 경제 활동이 직접적인 플레이로서 게임에 반영되는 것을 차단한 조치라 할 수 있다. 단, '마이 디자인'과 '꿈'을 통한 마케팅과 홍보의 가능성만큼은 분명히 열어두었다.

닌텐도 측에서 발표한 지침은, 네이버 제트(NAVER-Z)가 운영하는 메타버스 플랫폼 제페토(ZEPETO)의 이용 약관에 포함된 '커뮤니티 가이드라인'이 주로 음란 메시지 및 혐오 표현의 규제에 초점을 맞추고 있는 것과는 그 성격이 다소 상이하다.[52] 제페토

51 〈『あつまれ どうぶつの森』を利用される企業・団体の関係者のみなさまへのお願いとお知らせ(Animal Crossing: New Horizons Usage Guidelines for Businesses and Organizations)〉 원문 보기: https://www.nintendo.co.jp/animal crossing_announcement/ja/index.html (검색일: 2021. 7. 15.)

52 제페토의 커뮤니티 가이드라인은 다음과 같은 사항을 명시해두고 있다. "ZEPETO를 통해 불법한 행위를 시도해서는 안 되며, 아래의 콘텐츠를 조회하거나 서로 주고받지 않아야 합니다. 음란물/노출 사진 및 미성년자(만18세 미만)와 관련된 선정적인 내용의 콘텐츠/미성년자가 신체적으로 위험하고 유해한 행위에 가담하는 내용의 콘텐츠/사생활 침해/위협/괴롭힘 및 따돌림/사칭/자해" 원문 보기: https://support.zepeto.me/hc/ko/articles/360047786633-이용약관 (검색일: 2021. 7. 15.)

는 '증강현실(AR: Augmented Reality) 아바타 서비스'로서, 아바타의 디자인과 상호 간의 언어적 커뮤니케이션의 경험을 제공한다. 한편, 〈모여봐요 동물의 숲〉은 공간 그래픽이 강조되어 있어, 제페토에 비해 다소 제한적인 채팅보다도, 이 공간을 탐색하고 활용하는 각종 비언어적 플레이가 근본적으로 중요하다. 그 플레이의 총체가 바로 섬의 디자인, 즉 '섬 크리에이팅'이다. 이를 통해 개인의 언어적 발화보다 한층 전면적이고 입체적으로 정치적 현실 자체가 가시화될 수 있기 때문에 이를 포괄적으로 규제하고자 했던 것이다. 그러면서도 다른 한편으로 닌텐도가 디자인을 통한 기업 마케팅은 허용한다고 했을 때, 디자인과 마케팅이 소비 자본주의적 이데올로기를 추인케 하는 고도화된 정동 정치라는 사실은 전혀 고려되고 있지 않다. 이러한 닌텐도의 지침은 가상 세계와 현실 세계를 분별하면서, 가상을 오이코스에, 현실을 폴리스에 대응시키는 아리스토텔레스식의 이분법적 인식을 다시 한번 드러내는 것이다. 닌텐도의 지침, 즉 '가이드라인'은 정치와 경제, 현실과 가상을 구획하는 분할선이다. 다시 말해 그 지침은 게임을 장치로 삼아 벌어지는 정치와 경제, 현실과 가상의 행위적 내부작용을 절단하는 것이다.

지침이 발표된 바로 그날, 닌텐도는 자체적으로 섬을 꾸며 공개했다. 이 섬의 이름은 닌텐도(Ninten島)다.[53] 오이코스의 번영을 그 어느 섬보다 과시적으로 드러내고 있는 닌텐도(島)는 일종의 이데아로서 개별 플레이어가 자신만의 디자인을 수행함에 있

53 닌텐도(Ninten島)의 꿈 번지는 DA-6382-1459-4417.

어 참조할 수 있는 각종 미장센을 더할 나위 없이 풍부하게 보여준다. 총체적 레퍼런스로서의 닌텐도(島)는 디자인뿐만 아니라 게임의 규칙을 지시하려는 개발사 측의 의도를 드러내는 장소이기도 하다. 여기에는 게임 개발사 닌텐도의 섬임을 알리는 그 어떤 설정도 없다. 이는 닌텐도(島)가 정치와 경제, 현실과 가상의 분리를 연출한 레퍼런스로서 제시된 것임을 짐작하게 한다. 가이드라인에 부합하는 표준이 바로 닌텐도(島)다. 닌텐도(島)라는 표준은 표준화를 통해 네트워크의 균질화를 도모하고, 균질한 네트워크는 굴곡진 로컬의 현실을 평탄화할 목적으로 등장한 것이다. 이러한 목적에 이르는 과정이야말로 정동적이고 정치적이다. 요컨대, 닌텐도(島)는 네트워크를 통해 정동 정치를 수행한다. 하지만 닌텐도(島)의 정동 정치는 어디까지나 사회적 행위주체들이 수행하는 실제의 플레이에 대항적이다. 가상과 현실, 경제와 정치(오이코스와 폴리스)의 분리를 그 조건으로 삼고 있기 때문이다. 이는 닌텐도(島)가 가이드라인과 함께 재정향하고자 하는 플레이에 앞서 이루어졌던 수많은 플레이들이 가상과 현실, 경제와 정치의 접착 속에서 이루어지고 있었음을 드러낸다. 그런 점에서 〈모여봐요 동물의 숲〉에서 행해진 수많은 플레이가 일관되고 표준화된 패턴이 아닌 회절 패턴으로 드러났음은 당연한 귀결이라 할 것이다. 그 회절 패턴이 플레이어의 개성에 기인하는 것만이 아니라 가상과 현실, 경제와 정치의 회집체에 의해 도출되었음은 물론이다.

5. 정치적 게임의 플레이어 에톨로지

캐런 바라드는 과학 실천의 영역에서 행위적 현실을 확인했지만, 행위적 실재론은 관찰 장치들이야말로 권력의 테크놀로지라는 미셸 푸코(Michel Foucault)의 논의와 맞닿아 있는 동시에 물질을 바탕으로 몸과 젠더의 문제까지를 포함하는 광범위한 윤리-존재-인식론(ethico-onto-epistemology)으로서 정치경제 영역에서도 마찬가지로 공명한다. 그런데 과학 실천의 행위적 내부작용과는 달리, 정치경제적 실천에는 행위주체로서의 물질적 몸을 매개로 정동이 개입하기 마련이다. 오늘날 정치경제는 가상과 현실이 뒤얽힌 메타버스를 통해 그 작동 원리를 정동적으로 드러내고 있다. 메타버스의 풍경은 새롭고 낯선 양상이라기보다도 현실의 반복으로서 오히려 익숙하다. 그 반복은 가상세계의 모방, 현실세계의 반영이 아니라 현실과 가상이 만나는 지점에서 벌어지는 '회절'에 해당하는 것이다. 회절은 개체들 간의 간섭의 문제가 아니라 분리불가능한 행위주체들 간의 뒤얽힘의 문제다.

정치경제적 실천 영역의 행위적 현실은 메타버스 플랫폼으로서 〈모여봐요 동물의 숲〉을 통해 회절 패턴을 반복적으로 드러내며 펼쳐진다. 게임을 장치로 삼아 벌어지는 회절은 플레이의 양태로 드러나며 플레이어의 물질적 몸을 그 조건으로 삼는다. 게임의 힘은 그것의 형식적 스키마(formal schema)에 해당하는 규칙만으로 작동하지 않는다. 게임은 형식이라는 단일 조건뿐만 아니라 경험적 스키마(ex-periential schema)인 플레이와 맥락적 스키마(contextual schema)인 문화로 이루어진 복층 구조를 기반으로 작동하는 매체다.[54] 문화는 이데올로기적으로, 또한 정동적으로, 서로가 서로를 견인하는 가운데 경험의 형식으로 플레이어의 몸에 체현된다. 조슈아 웡의 사례는 물론, 입시 미술 학원 풍경을 재현한 한국 플레이어의 사례는 게임을 통한 시뮬레이션과 커뮤니케이션이 플레이어의 물질적 몸이 위치한 로컬의 정동과 대항정동 사이에서 조형 또는 조율되는 것임을 증명한다. 그렇다고 해서 정동이 전적으로 플레이를 좌우하는 것은 아니다. 아무리 자유도가 높은 샌드박스 게임이라 하더라도, 플레이어는 최소한의 규칙을 거부할 수 없으며, 정동은 이 규칙에 접착될 따름이다. 그런데 외부의 정동이 게임의 규칙에 접착되기에 앞서, 게임 내부의 규칙 그 자체로부터 플레이어는 정동된다. 〈모여봐요 동물의 숲〉은 금융의 원리와 함께 다층적 디자인 요소를 통해 플레이를 정향하면서 정동 경제 및 정동 정치를 추동한다. 능산적 자연을 기반으로 추동되는 물질의 경제는 비물질 금융 경제에 포섭되어 '잔혹한 낙관주의'의 정동 경제를 발동시키고, 이러한 경제적 지평 위에서 가시화되는 디자인은 물질적 조형으로서 담론적 실천을 수행한다. 그 실천은 비언어적으로, 플레이어 간의 마주침과 부대낌이라는 관계적이고 정동적인 과정을 전제로 삼는다. 이 과정에는 물론 각종 사물, 건물, 식물, 그리고 동물에 해당하는 NPC가 함께 한다.

행위적 실재론과 관련해서, 담론적 실천은 세계의 특수한 물질적 (재)배치로서, 이를 통해 경계들, 속성들 그리고 의미 되기의 국지적 규정들이 다양하게 작동된다. 즉 담론적 실천들은 세계에

54 권보연, 앞의 책, 13쪽, 34-39쪽 참고.

관한 계속되는 행위적 내부작용들이며, 이를 통해 국지적 결정이 생산된 현상 내에서 가동(작동)되는 것이다. 담론적 실천들은 인과적 내부작용들이다.[55] 하지만 닌텐도는 〈모여봐요 동물의 숲〉에서 플레이를 통해 이루어지는 물질절 실천이 담론적 실천으로 전이되어 현실과 중첩되는 현상에 제한을 두고자 했다. 이는 〈모여봐요 동물의 숲〉의 플레이가 물질적-담론적 실천으로서 이루어질 수밖에 없음을 거꾸로 입증한 것이다. 물질의 세계인 오이코스와 담론의 세계인 폴리스는 행위적 현실로서 분리 불가능하게 뒤얽혀 있다. 하지만 〈모여봐요 동물의 숲〉은 닌텐도의 조치에 앞서 이미 물질의 세계와 담론의 세계를 분리를 전제로 게임을 디자인하고 폴리스와 분할된 오이코스의 운영을 게임의 규칙으로 제시하고 있던 터다. 아리스토텔레스로부터 비롯되어 〈모여봐요 동물의 숲〉으로 이어지는 폴리스와 오이코스의 분할은 남성과 여성, 주인과 노예, 정신과 육체 등을 구분하고 전자에 우위를 부여한다는 점에서, 남성됨(manhood)이 정치의 한가운데 자리 잡게 만든다. 하지만 플레이어는 바로 그 규칙을 전제로 물질적 실천을 통해 담론적 실천에 도달함으로써 그 규칙의 모순과 아리스토텔레스적 이분법적 위계의 허구를 드러내 보인다. 이는 담론화된 디자인의 정치성과 무관한 플레이 자체의 정치성이다.

---

55 Karen Barad, "Posthumanist Performativity: Toward an Understanding of How Matter Comes to Matter", *Signs* Vol.28, No.3, The University of Chicago Press, Gender and Science: New Issues(Spring 2003), pp.820-821. 캐런 바라드의 이 글은 박준영에 의해 번역되어 온라인에 공개되었다. 원문 보기: https://brunch.co.kr/ @nomadia/98 (검색일: 2021. 7. 15.)

〈모여봐요 동물의 숲〉은 오이코스와 폴리스를 분할함으로써 남성됨의 정치를 주장하는 아리스토텔레스의 인식론적 전제 위에서 디자인되고 관리되는 게임이지만, 정작 게임의 규칙은 물질적 실천과 담론적 실천을 결부시킴으로써 오이코스와 폴리스가 분할될 수 없음을 드러내기에, 플레이어는 게임의 세계관과 규칙 사이의 모순을 체현하게 된다. 더 나아가, 사회적 행위주체로서의 플레이어는 게임의 규칙에 게임 외부로부터 들여온 정동을 접착시켜 자신의 섬을 디자인한다. 섬의 디자인은 플레이어의 주관적 의도가 아니라 정치와 경제, 현실과 가상의 중층적이고 다차원적인 관계 속에서 비로소 조형되는 것이기에, 게임의 모순을 드러내기도 하고, 때로는 은폐하기도 한다. 이는 플레이어가 어떻게 정동되었는지, 다시 말해 어떠한 관계성과 연결성을 바탕으로 게임을 플레이하는지와 관련된 사안이다. 그런 점에서 〈모여봐요 동물의 숲〉이 자랑하는 'DIY'는 결코 개별적이고 독립적인 자아에 의해 수행되는 것이 아니다. 요컨대, 〈모여봐요 동물의 숲〉에 펼쳐진 'DIY 오이코노미아'의 규범에 해당하는 디자인은 게임 규칙의 정치성과 게임 플레이의 정치성 사이에서 이루어지는 것이다. 그 디자인은 젠더적이고, 정동적이며, 정치경제적인 유희다. 〈모여봐요 동물의 숲〉은 이를 관찰할 수 있는 장치로서 주어져 있다.

3부

시설화와 신체 연결성의 정치

: 돌봄과 정동적 평등

가정폭력피해여성의 모성경험에 대한 재조명[1]

박 언 주

1. 서 론

가정폭력은 심각한 사회문제이다. 이에 대한 근거로 제시되는 것은 주로 가정폭력 유형별 폭력 경험률과 폭력으로 인한 후유증이다. 가정폭력실태조사에 의하면, 지난 1년간 신체적 · 성적 · 정서적 · 경제적 폭력과 통제의 가정폭력 피해를 경험한 여성은 28.9%로 나타났다.[2] 폭력유형별 여성의 폭력피해 경험률은 지난 1년간 신체적 폭력 2.1%, 성적 폭력 4.6%, 정서적 폭력 8.3%, 경제적 폭력 1.2%, 통제 25.4%로 나타났다. 이는 2016년 실태조사의 폭력피해 경험률보다 감소한 결과이다. 그러나 이혼 · 별거 응답자를 대상으로 보면, 가정폭력피해 경험률은 여전히 매우 높게 나타

1 이 글은 「가정폭력피해여성의 모성경험의 구성과 행위성」, 『한국여성학』 제30권 1호, 한국여성학회, 2014. 3을 수정하여 재수록한 것이다.

2 김정혜 · 주재선 · 동제연 · 김홍미리 · 심선희 · 최현정 · 허민숙, 『2019년 가정폭력 실태조사』, 여성가족부, 2019.

난다. 이혼 · 별거 여성 응답자의 통제를 포함한 가정폭력피해 경험률은 86.0%에 이르는 것으로 나타났다.

가정폭력실태조사에서 폭력피해로 인한 후유증은 신체적 상해, 정신적 고통, 그리고 경제활동 어려움을 중심으로 파악되었다. 지난 1년간 신체적 · 성적 피해를 경험한 여성 중에서 신체적 상해를 입은 경우는 7.4%, 그로 인해 의약품을 구입한 경우는 46.6%였다. 신체적 상해를 입은 여성의 8.6%는 매번 병원을 방문해야 했던 것으로 나타났다. 또한, 지난 1년간 신체적 · 성적 · 정서적 · 경제적 폭력으로 경제활동에 지장이 있었던 여성은 8.6%에 이르며, 신체적 폭력을 경험한 여성의 경우 경제활동에 어려움을 경험한 비율이 높은 것으로 나타났다. 가정폭력 피해로 인해 29.2%의 여성은 일을 그만두어야 할지 심각하게 고민하였고, 15.3%의 여성은 실제로 일을 그만두는 등의 변화를 경험하는 것으로 나타났다.

이러한 가정폭력 경험률과 폭력피해로 인한 후유증의 정도는 우리 사회의 가정폭력의 심각성을 나타내 주는 지표이지만, 가정폭력이 피해자의 일상과 삶에 미치는 영향과 의미에 대해서는 아직 더 많은 연구가 필요하다. 가정폭력의 문제에서 우리가 더욱 주목해야 할 점은 가정폭력의 발생과 가정폭력으로 인한 신체적, 정서적, 경제적 후유증을 넘어 가정폭력 및 가정폭력으로 인한 후유증이 여성의 삶에 미치는 영향에 대한 것이다. 가정폭력은 젠더화된 권력관계에 기반한 구조적 폭력이며 이는 여성의 정체성, 가족과 사회에서의 역할, 관계, 일상생활, 그리고 삶에 영향을 미친다. 가정폭력의 심각성에 대한 인식은 가정폭력이 존재하는 사회에서 가정폭력을 경험하는 것이 여성의 관계, 일상 및 삶에 어떻게 고립과 단절을 가져오는지에 대한 이해를 포함해야 할 것이다.

가정폭력피해여성의 모성경험은 이러한 점을 중심으로 가정폭력의 심각성에 대해 논의할 수 있는 좋은 지점이다. 흔히 가정폭력은 심하거나 경한 단절적인 폭력 사건이 주기적 혹은 간헐적으로 반복되는 것으로 인식되지만, 실제로는 피해자의 관계, 일상 및 삶 전반을 지속적으로 지배한다. 모성경험은 어머니로서의 정체성, 모-자녀의 관계, 돌봄과 사회적 역할의 조율 등과 같이 지속성과 연결성을 갖는 것으로 일상을 통해 삶을 만들어 나가는 것과 관련이 있으므로 가정폭력 맥락에서 피해여성의 모성경험을 통해 가정폭력에 대한 이해를 확장할 수 있을 것이다.

가정폭력피해여성의 모성은 가정폭력노출 아동의 존재가 가시화되고 가정폭력노출 후유증의 심각성이 드러나면서 사회적 관심과 개입의 대상으로 부상했지만 이에 대한 논의는 아직 많이 부족하다.[3] 가정폭력피해여성은 비판받고, 낙인찍히고, 비난받는 어머니로 인식되어왔다. 이들은 가정폭력 속에 살아가고 있으므로, 사회적으로 구성된 소위 '좋은 어머니'의 경계 바깥에 존재한다.

---

3 John W. Fantuzzo & Wanda K. Mohr, "Prevalence and Effects of Child Exposure to Domestic Violence", *The Future of Children,* Vol.9, 1999, pp.21-32; Robert A. Geffner, Peter G. Jaffe & Marlies Sudemann (eds.), *Children Exposed to Domestic Violence: Current Issues in Research, Intervention, Prevention, and Policy Development,* New York: Haworth, 2000; Sandra A. Graham-Bermann & Jeffrey L. Edleson, *Domestic Violence in the Lives of Children: The Future of Research, Intervention, and Social Policy*, Washington, DC: American Psychological Association, 2001; Einat Peled, Peter G. Jaffe & Jeffrey L. Edleson (eds.), *Ending the Cycle of Violence: Community Responses to Children of Battered Women*, Newbury Park, CA: Sage, 1995.

가정폭력의 심각성을 사회적으로 부각하는 과정에서 강조된 피해자로서의 여성에 대한 이미지는 오히려 어머니로서의 피해여성에 대한 부족하고 부적절하다는 부정적인 평가 및 비난과 연결되었다.[4] 가정폭력피해여성은 외상후증후군 등 심각한 정서적 후유증으로 인해 자녀의 초기애착 형성에 필요한 일관성 있는 양육을 유지하기 어렵고 가정폭력으로 인한 스트레스는 공격적 태도로 연결되므로 자녀에게 긍정적인 영향을 제공하기 어렵다는 것이다.[5] 또한, 폭력적인 관계를 '떠나지 않고 머무른다'는 점을 부각함으로써, 가해자가 아니라 피해여성에게 가정폭력의 책임을 부과하고 자녀를 안전하게 '보호하는 데 실패한 어머니'라고 피해여성을 비난하였다.[6]

이렇듯, 가정폭력피해여성의 모성에 대한 논점은 가정폭력피해여성이 자녀의 필요를 충족할 수 있는 성공적인 어머니인지, 아

4 Martha R. Mahoney, "Victimization or Oppression? Women's Lives, Violence, and Agency", Martha A. Fineman, & Roxanne Mykitiuk (eds.) *The Public Nature of Private Violence*, New York, NY: Routledge, 1994, pp.59-92.

5 Alytia A. Levendosky & Sandra Graham-Berman, "The Moderating Effects of Parenting Stress on Children's Adjustment in in Woman-abusing Families", *Journal of Interpersonal Violence*, Vol.13, No.3, 1998, pp.383-397; George W. Holden, Joshua D. Stein, Kathy L. Ritchie, Susan D. Harris & Ernest N. Jouriles, "Parenting Behaviors and Beliefs of Battered Women", George W. Holden, Robert Geffner & Ernest N. Jouriles (eds.) *Children Exposed to Marital Violence: Theory, Research, and Applied Issues*, Washington, D. C.: American Psychological Association, 1998, pp.185-222.

6 Simon Lapierre, "Mothering in the Context of Domestic Violence: The Pervasiveness of a Deficit Model of Mothering", *Child & Family Social Work*, Vol.13, 2008, pp.454-463.

니면 오히려 문제를 악화시키고 필요를 충족하기 위한 상황을 조성하지 못하는 실패한 어머니인지 여부를 중심으로 형성되었다.[7] 미국을 포함한 서구사회에서의 이러한 논쟁은 가정폭력피해여성의 모성수행을 어머니로서의 부족함의 여부를 중심으로 평가하는 소위 '결핍 모델(deficit model)'에 근거한 것이다. 페미니스트 연구자들은 피해여성이 가정폭력 상황에서 어떻게 자녀를 보호하는지 그 전략에 대해 논함으로써 결핍모델의 한계를 극복하고자 하였으나, 이러한 시도는 여전히 부족하거나 성공적인 어머니라는 이분법에 갇혀 있다는 비판을 받았다.[8] 한편, 가정폭력피해여성의 모성에 대해 여성의 힘의 원천, 통제와 권위를 발휘할 수 있는 것으로 보는 연구들이 수행되었다.[9] 이러한 연구들은 가정폭력피해여성의 행위성을 강조하고 있다.

지금까지의 가정폭력피해여성의 모성에 대한 논의는 피해여

---

7 Simon Lapierre, ibid., pp.454-463.

8 Wendy L. Haight, Woochan S. Shim, Linda M. Linn & Laura Swinford, "Mothers' Strategies for Protecting Children from Batterers: The Perspectives of Battered Women Involved in Child Protective Services", *Child Welfare*, Vol.86, No.4, 2007, pp.41-62; Simon Lapierre, "Are Abused Women 'Neglectful' Mothers? A Critical Reflection Based on Women's Experience", Brid Featherstone, Carol-Ann Hooper, Jonathan Scourfield & Julie Taylor, *Gender and Child Welfare in Society*, John Wiley & Sons Ltd., 2010.

9 Ingrid Semaan, Jana L. Jasinski & Anne Bubriski-McKenzie, "Subjection, Subjectivity, and Agency: The Power, Meaning, and Practice of Mothering among Women Experiencing Intimate Partner Abuse", *Violence Against Women*, Vol.19, No.1, 2013, pp.69-88; Fiona Buchanan & Nicole T. Moulding, "Mothering during domestic abuse: Protective agency as a force for change", *Qualitative Social Work*, Vol.20, No.3, 2020, pp.665-680.

성을 부족한 혹은 성공적인 어머니로 강조함으로써 가정폭력피해여성의 모성경험을 지나치게 단순화하고, 피해여성의 어머니로서의 경험의 복잡성을 드러내지 못했다는 점이 한계로 지적된다.[10] 가정폭력피해여성의 목소리를 통한 모성경험에 대해 논한 연구는 아직 충분하지 않으므로 가정폭력피해여성의 모성경험에 대한 연구의 필요성이 제기되었다.[11]

가정폭력과 제도화된 모성은 가부장제 사회를 유지 및 재생산하는 장치이며, 젠더 권력관계를 구성하는 핵심이라 할 수 있다. 따라서, 가정폭력피해여성의 모성경험은 젠더 권력관계의 작동 혹은 변형을 설명할 수 있는 주요한 지점이다. 가정폭력 상황은 여성의 모성경험에 변형과 균열을 만들 수 있을 것이다. 가정폭력피해여성의 모성경험에 대한 연구를 통해 피해여성들은 어떻게 어머니 노릇을 수행하는지, 폭력과 모성이 중첩된 상황에서 어떻게 자신의 삶을 재구성해가거나 자녀와의 관계를 조정해 가는지, 이러한 과정에서 폭력과 모성이 어떻게 교차하거나 서로를 보완하고 갈등하면서 젠더관계를 변형하거나 유지 · 재생산하는지를 밝힐 수 있을 것이다.

이 글에서는 가정폭력 맥락에서의 피해여성의 모성에 대해 피해여성의 경험을 중심으로 연구한 결과물을 검토함으로써 가정폭

10 Dominique Damant, Simon Lapierre, Anne Kouraga, Andrée Fortin, Louise Hamelin-Brabant, Chantal Lavergne & Geneviève Lessard, "Taking Child Abuse and Mothering into Account", *Affilia*, Vol.23, No.2, 2008, pp.123-133.

11 Julia Krane & Linda Davies, "Mothering under Difficult Circumstances: Challenges to Working with Battered Women," *Affilia*, Vol.22, No.1, 2007, pp.23-38.

력피해여성의 모성경험에 대해 재조명하고자 한다. 가정폭력피해여성의 모성경험의 구성과 행위성에 대해 피해여성의 모성경험에 대한 국내 연구의 성과를 종합하고, 가정폭력피해여성의 모성경험에 대한 향후의 연구 방향에 대해 제언하고자 한다. 대부분의 가정폭력피해여성의 모성에 대한 논의는 가해자와의 폭력적인 관계 속에 있는 시기를 중심으로 하는 경향이 있지만, 가해자를 떠나는 것이 가정폭력의 종결로 이어지지 않는 것처럼 가정폭력피해여성의 모성경험도 탈폭력 이후까지의 시기를 포함하여 연구되어야 할 것이다.

2. 이론적 논의

1) 가정폭력, 가정폭력노출, 가정폭력과 아동학대의 중복발생

가정폭력피해여성의 모성경험에 대해 논의하기 위해서는 가정폭력, 아동의 가정폭력노출, 그리고 가정폭력과 아동학대의 중복발생에 대한 이해가 선행되어야 할 것이다.[12] 이에 대한 국내연

---

12 John W. Fantuzzo & Wanda K. Mohr, op.cit., pp.21-32; Jefferey L. Edleson, "Studying the co-occurrence of child maltreatment and woman battering in families", Sandra A. Graham-Bermann, & Jeffrey L. Edleson (Eds.), *Domestic violence in the lives of children: The future of research, intervention and social policy* Washington, DC: American Psychological Association, 2001, pp.91-110.

구는 매우 희소한데, 그중 한 연구는 가정폭력이 발생하는 가족에서 자녀들은 가해자에 의한 어머니에 대한 폭력에 노출되었고, 많은 경우 가정폭력과 아동학대는 중복발생한다는 점을 강조하였다.[13]

가정폭력 가족에서는 피해여성이 경험하는 가정폭력에 자녀들이 노출되는데, 이는 아동의 가정폭력노출(CEDV: Child Exposure to Domestic Violence)로 개념화되었다.[14] 자녀의 가정폭력노출은 어머니가 경험하는 가정폭력을 목격하거나 소리를 듣는 것으로 제한되지 않고, 가정폭력 사건이 멈춘 이후 파괴된 기물의 흔적 혹은 어머니의 신체에 남겨진 폭력의 상흔을 목격하는 것, 가해자의 폭력의 도구로 사용되는 것, 가해자의 지시에 따라 어머니에게 폭력을 행사하는 것, 어머니에게 가해지는 폭력에 개입하기 위해 가해자에 저항하는 것, 사적 도움체계 혹은 공적 도움체계로부터 도움을 요청하는 것 등의 모든 것을 포함한다. 자녀의 가정폭력노출은 피해여성과 자녀 사이의 안정적인 관계 형성과 유지에 부정적인 영향을 미칠 수 있다. 가정폭력피해여성의 모성경험은 자녀의 가정폭력노출을 포함한 가정폭력의 맥락에서 설명되고 이해되어야 할 것이다.

한편, 가정폭력과 아동학대의 중복발생 또한 가정폭력피해여

---

13 신나래, 「가정폭력 피해가정의 부모-자녀 관계에 관한 질적 연구: 쉼터거주 피해여성의 경험을 중심으로」, 『사회복지연구』 제50권 제4호, 2019, 119-150쪽.

14 Jeffrey L. Edleson, Narae Shin & Kathy K. Armendariz, "Measuring children's exposure to domestic violence: The development and testing of the Child Exposure to Domestic Violence (CEDV) Scale", *Children and Youth Services Review*, 30, 2008, pp.502-521.

성의 모성 논의에서 중요하게 고려되어야 한다. 가정폭력 가족에서 가정폭력과 아동학대가 중복발생한다는 점은 아동학대의 가해자는 누구이며 아동학대에 대한 일차적 책임자가 누구인지를 논의하기 위해 주목해야 할 부분으로 보인다. 이는 흔히 주요 돌봄 제공자인 어머니가 아동학대의 가해자로 지목되고 비판받으며, 아버지에 대해서는 매우 관대한 기준이 적용되어 왔다는 점과 무관하지 않다. 실제로 가정폭력실태조사에 따르면, 여성 응답자가 아동을 학대한 경험은 32.0%로 남성 응답자가 아동을 학대한 경험인 22.7%보다 높게 나타났다. 실태조사 보고서는 이러한 양육자 성별에 따른 아동학대 경험의 차이에 대해, 남성보다 여성이 아동에 대한 돌봄 역할 수행이 많아 아동과 보내는 시간이 많은 점을 고려하여 해석할 필요가 있다고 설명하고 있다.[15] 이러한 결과는 아동학대에 대해 폭력 유형에 따른 폭력행위를 중심으로 접근하는 것에서 나아가 가정폭력과의 중복발생이라는 맥락에 대해 이해할 필요성을 제기한다. 아동학대가 발생하는 맥락에 대한 이해를 통해 아동이 폭력으로부터 자유로울 수 있는 환경을 조성할 수 있을 것이기 때문이다.

에반 스타크와 앤 플릿크래프트(Evan Stark & Anne H. Flitcraft)

---

15 김정혜 · 주재선 · 동제연 · 김홍미리 · 심선희 · 최현정 · 허민숙, 앞의 글. 지난 1년간 아동을 양육하는 응답자가 아동에게 신체적 · 정서적 폭력 및 방임의 아동학대를 행사한 경험이 있는 경우는 27.6%로 나타났고, 정서적 폭력이 24.0%, 신체적 폭력 11.3%, 방임 2.0%의 순인 것으로 보고되었다. 여성 응답자가 아동을 학대한 경험은 정서적 폭력 27.8%, 신체적 폭력 13.5%, 방임 2.7% 순으로 나타났고, 남성 응답자가 아동을 학대한 경험은 정서적 폭력 27.8%, 신체적 폭력 8.8%, 방임 1.1%로 나타났다.

는 아동학대 문제에 대해 가정폭력의 문제와 마찬가지로 페미니스트 관점으로 접근할 필요성이 있다고 보았다.[16] 이들은 아동학대와 가정폭력을 여성과 아동에 대한 남성 가해자의 권한이 직접적으로 표현된 것으로 보았고, 가정폭력에 대해 페미니스트 접근이 필요하다는 것이 사회적으로 수용된 것처럼 아동학대에 대해서도 페미니스트 접근이 요구된다고 주장했다. 이를테면, '아동학대는 주로 여성범죄'이며, '여성이 아동학대에 책임이 있다'는 신념에 대해 페미니스트 비판이 필요하다는 것이다. 이러한 신념은 흔히 어머니에 대한 치료와 개입을 정당화하고 있지만, 아동학대가 발생하는 전형적인 맥락은 폭력적인 관계이며 여성은 이러한 폭력적인 관계에서 아동과 같이 피해자라는 것이다. 이들이 근거로 소개한 두 개의 오래된 연구는 병원기록을 분석한 결과 특히 심각한 상해가 발생했을 경우 남성이 전형적인 아동학대 가해자인 것을 보여주고 있다.[17] 두 연구의 결과는 아동학대 사례의 40% 혹은 55%에서 가해자는 아버지였다는 점을 강조하였다. 또한, 다른 연구에서 부모 모두를 두었을 때, 아동학대 가해자가 아버지인 경우는 어머니일 경우보다 2/3배 높은 것으로 보고되었고,[18] 병원 검사

---

16 Evan Stark & Anne H. Flitcraft, "Women and children at Risk: A feminist perspective on child abuse", *International Journal of Health Services*, Vol.18, No.1, 1988, pp.97-118.

17 David Gil, *Violence Against Children: Physical Child Abuse in the United States*. Harvard University Press, Cambridge, Mass., 1973; American Humane Society, *National Analysis of Official Child Neglect and Abuse Reporting*, AHS, Denver, 1978.

18 David Gil, ibid.

기록 또한 심각한 아동학대 사례의 가해자는 남성인 것으로 나타났다.[19]

에반 스타크와 앤 플릿크래프트는 아동학대는 어머니에게 책임을 지우고 가해자인 남성을 비가시화하는 가정폭력의 함정의 연장선으로 보았으며, 이는 여성을 임파워하지 않고는 해결하기 어려운 문제라고 보았다.[20] 아동학대와 가정폭력의 가해자가 명백히 존재함에도 불구하고 아동학대에 대한 책임은 "어머니"에게 부과되어 왔다. 가해자의 폭력으로 인해 가족의 일상은 훼손되고, '정상적'으로 유지되기 어렵다. 가정폭력은 피해여성이 자신이 보호받지 못하면 자녀를 완벽하게 보호하기 어렵게 한다. 그러나 피해여성이 가정폭력에 대해 도움을 요청하게 되면 자녀와 관련해서는 문제를 일으키게 되는 결과를 초래할 수 있다. 가정폭력피해여성은 '좋은 어머니'가 되기 위해 자신이 '나쁜 어머니'라는 것을 수용해야 하는 딜레마를 경험하게 되는 것이다. 스타크와 플릿크래프트는 이러한 딜레마를 '위험한 게임'으로 인식하고, 아동학대를 예방하는 길은 오히려 여성의 임파워먼트를 지지하고 아동보호전문기관과 지역사회 가정폭력보호시설이 협력을 지향하는 것임을 제안하였다. 아울러, 이들은 아동학대를 가정폭력의 맥락에서 접근하지 않고 어머니를 가해자로 두어서는 해결할 수 있는 문제가 아니라고 주장했다. 가정폭력이 전통적인 젠더 규범과 젠더화된 역할과 관련한 것이라면, 이러한 역할을 재강화하는 방향으

19 Abraham B. Bergman, Rosanne M. Larsen & Beth A. Mueller, "Changing spectrum of serious child abuse", *Pediatrics*, Vol.77, No.1, 1986, pp. 113-116.

20 Evan Stark & Anne H. Flitcraft, ibid., pp.97-118.

로 여성의 선택을 제한함으로써 오히려 가정폭력에 대한 여성의 취약성을 증가시키고 자녀를 폭력으로부터 보호할 여성의 능력을 감소시킬 수 있기 때문이다.

2) 제도로서의 모성과 모성경험

모성은 생물학적 차원을 넘어 사회적, 이데올로기적, 제도적 차원을 갖는 사회적 구성물이다. 모성은 임신, 출산, 수유 등의 생물학적 차원을 포함하며, 생물학적 차원에 근거한 모성이데올로기는 사회적 · 제도적 차원에서 모성이 구성되는 것에 영향을 미친다.[21] 즉, 모성은 생물학적 차원 이외에도 자녀 돌봄을 둘러싼 관계적 · 사회적 차원을 통해 구성된다.

모성은 역사적 사회적 맥락에서 수행되며 구체성 및 특수성 속에서 다양성을 갖는다.[22] 근대적 산물로서의 모성(motherhood)은 근대 이후의 가족과 사회에 강요된 모성, 과학적 모성, 집중적 어머니 노릇(mothering) 등의 모성강화(intensive mothering)현상과 관련이 있다.[23] 이러한 모성강화현상은 정상가족을 모델로 하며, 여성

---

21 이연정, 「여성의 시각에서 본 모성론」, 심영희 · 정진성 · 윤정로 편, 『모성의 담론과 현실: 어머니의 성, 삶, 정체성』, 서울: 나남, 1999, 21-41쪽.

22 Patricia H. Collins, "Shifting the Center: Race, Class, and Feminist Theorizing about Motherhood", Evelyn Nakano Glenn, Grace Chang & Linda Rennie Forcey(eds.) *Mothering: Ideology, Experience, and Agency*, New York: Routledge, 1994, pp.45-65.

23 Sharon Hays, *The Cultural Contradictions of Motherhood*, New Haven, CT: Yale University Press, 1996.

의 일차적 역할은 어머니 노릇이고 모성애는 여성의 본성이라는 여성의 생물학적 출산능력에 근거하여 구축된 모성 이데올로기를 바탕으로 한다. 모성 이데올로기는 모든 여성이 좋은 어머니가 되려는 노력에서 벗어나기 어렵게 한다. 좋은 어머니는 자신의 욕구나 관심에 주의를 기울이기보다는 자기희생적으로 자녀를 돌보는 데에 헌신할 것이 요구된다. 좋은 어머니는 자녀에 대한 일차적인 양육자이고, 충분히 양육적이며, 자녀를 최우선으로 고려하는 어머니이다. 모성의 발견 및 강화는 사회 및 아동의 필요를 중심으로 구성되는 경향이 있으며, 모성강화현상은 모성의 도구화 및 과학화 전문가화와 무관하지 않다.[24]

모성은 여성억압의 기제로 설명되었으나 이후 모성에 대한 가치 재평가로 논의가 확장되었다.[25] 아드리안 리치(Adrienne Rich)는 모성의 여성억압적인 측면은 제도로서의 모성과 관련이 있고 일상에서의 모성실천은 여성에게 다른 의미를 제공할 수도 있다고 지적함으로써 제도로서의 모성과 모성실천을 분리할 것을 제안했다.[26] 제도로서의 모성은 여성의 생물학적 모성기능에 근거하여 어머니 역할이 여성에게 고유한 것이며 일차적인 소명이라 설득하는 여성억압의 기제로 작용하지만, 일상적인 모성실천은 여성에게

---

24 김혜경, 「'어린이기'의 형성과 '모성'의 재구성」, 서울대학교 여성연구소 편, 『경계의 여성들: 한국 근대 여성사』, 파주: 한울, 2013, 79-107쪽; 이재경, 『가족의 이름으로: 한국 근대가족과 페미니즘』, 서울: 또하나의문화, 2003.

25 Rosemarie Tong & Tina Fernandes Botts, *Feminist Thought: A More Comprehensive Introduction*, Westview Press, 1998.

26 Adrienne Rich, *Of Woman Born*, New York: Norton, 1976.

힘의 원천이 될 수도 있다는 것이다. 사라 러딕(Sara Ruddick)은 일상적인 모성실천을 통하여 여성은 모성적 관행을 발전시키고 그 속에서 모성적 사고를 갖게 되는데 이 과정은 여성이 자녀를 넘어 자신의 특성을 실현하는 것을 허용한다고 주장한다.[27] 리치과 러딕에 의하면 가부장제 사회에서 제도화된 모성은 여성억압의 기제이지만, 그것을 넘어서는 의미가 구축되는 장소이기도 하다. 한편, 에블린 나카노 글렌(Evelyn Nakano Glenn)에 의하면 어머니의 삶 속에서 모성과 관련한 이데올로기, 경험, 행위성은 서로 연결되어 있으며, 일상적인 모성실천의 다양성을 통해 여성의 행위성이 드러난다고 보았다.[28] 이러한 여성의 행위성은 정상가족 모델에 기반한 보편적 모성개념에 도전할 수 있는 근거를 제공한다.

이렇게 모성경험의 다양성, 역동성, 여성의 행위성에 대한 강조를 통하여 모성은 여성 개인에게 단일한 경험이 아니며 모든 여성에게 유사한 그런 경험도 아니라는 점, 그리고 모성은 다중적이고 다양하며 발산하는 개념이라는 점이 부각된다.[29] 가정폭력피해여성의 모성경험을 통해 이러한 점에 대한 이해가 확장될 수 있다.

---

27 Sara Ruddick, *Maternal Thinking: Toward a Politics of Peace*, Boston: Bacon Press, 1995.

28 Evelyn Nakano Glenn, "Social Constructions of Mothering: A Thematic Overview", Evelyn Nakano Glenn, Grace Chang & Linda Rennie Forcey (eds.) *Mothering: Ideology, Experience, and Agency*, New York: Routledge, 1994.

29 Terry Arendell, "Conceiving and Investigating Motherhood: The Decade's Scholarship", *Journal of Marriage and Family*, Vol.62, 2000, pp.1192-1207.

3) 가정폭력피해여성의 모성에 대한 논의

가정폭력피해여성의 모성에 대한 기존논의는 '결핍' 모델에 근거하고 있다.[30] '결핍' 모델로 가정폭력피해여성의 모성을 설명하는 것은 가정폭력노출아동에 대한 문헌에서 광범위하게 나타난다. 첫째, 여성이 경험한 가정폭력의 후유증은 높은 양육 스트레스로 이어져, 어머니로서의 가정폭력피해여성은 부적절한 양육태도로 자녀를 돌볼 것이며, 이는 가정폭력노출아동의 문제를 해결하는 데에 장애가 되고 오히려 부정적인 영향을 미친다는 것이다.[31] 가정폭력피해여성은 신체적 증상 이외에도 학습된 무기력과 외상 후 스트레스 장애로 인하여 심각한 정서적 문제를 경험하는데,[32] 이러한 정서적 장애는 양육스트레스와 양육행동에 부정적인 영향을 미치기 때문에 가정폭력피해여성은 부적절하고 부족한 어머니라는 것이다. 둘째, 미국을 비롯한 서구에서 아동의 가정폭력노출은 심각한 사회문제로 부각되었고 해당 문제에 대해 정책적 개입의 근거가 마련되었다.[33] 가정폭력노출 자체가 아동학대(child maltreatment)로 범주화되고, 아동방임(neglect)의 요건 중 '보호실패(failure to protect)'에 해당하는 것으로 간주된 것이다. 이후 가해자를 '떠나지 않는' 피해여성의 모성을 박탈하는 방향으로 국가는

---

30 Simon Lapierre, op.cit., pp.454-463.

31 Audrey Mullender, Gill Hague, Umme Imam, Liz Kelly, Ellen Malos & Linda Regan, *Children's Perspectives on Domestic Violence*, London: Sage, 2002.

32 Lenore E. Walker, *The Battered Woman Syndrome*, New York: Springer, 1984.

33 Simon Lapierre, op.cit., pp.454-463.

모성에 개입하였다. '결핍' 모델은 피해여성을 비난함으로써 여성의 행위성을 비가시화하고, 피해여성의 모성에 개입하는 것을 용이하게 하는 전략으로 활용되었다.[34]

한편 가정폭력 상황에서 자녀를 보호하기 위하여 구사하는 다양한 전략을 가시화시킨 페미니스트 연구자들은 피해여성의 행위성을 부각하는 데에 기여하였다. 이들은 피해여성들이 자녀를 보호하고 가해자의 폭력에 저항하는 다양한 전략들을 소개하면서 피해여성들이 자녀를 방임하거나 보호하는 데에 실패한 어머니가 아니라 오히려 '성공적인(successful)' 어머니라고 반박했다.[35] 다양한 전략 중 공통적으로 발견된 것은 가해자가 자녀에게 직접 폭력행동을 하지 못하도록 저지하고, 자녀가 가해자의 폭력을 알지 못하도록 폭력사실을 은폐하려고 노력하며, 자녀에게서 나타나는 폭력노출의 후유증을 포함한 자녀의 욕구를 충족하기 위하여 노력한다는 것이다.

그러나 가정폭력피해여성을 자녀를 안전하게 보호하는 데에 실패한 부적절하고 부족한 어머니로 규정하는 것은 피해여성의 행위성을 비가시화하는 결과를 낳고, 피해여성이 성공한 어머니임을 주장하는 것은 논의가 '결핍' 모델을 벗어나지 못하도록 하여 오히려 모성이데올로기를 강화하는 결과로 이어진다. 이는 '좋은' 어머니와 '나쁜' 어머니로 여성을 이분화하여 여성의 모성경험을 규율하고 통제하려는 전략과 맞닿아 있다. 부족하고 부적절한

---

34 Martha R. Mahoney, op.cit., pp.59-92.

35 Wendy L. Haight, Woochan S. Shim, Linda M. Linn & Laura Swinford, op.cit., pp.41-62; Simon Lapierre, op.cit.

어머니 혹은 성공적인 어머니 중 어느 쪽을 강조하건 그 이면에 존재하는 것은 '완벽한 어머니에 대한 환상(the fantasy of the perfect mother)'이다.[36] 완벽한 어머니에 대한 환상은 가부장제 사회에서 여성의 모성수행을 억압적인 경험으로 만드는 중요한 기제라는 것을 고려한다면, 이것을 강화하고 나아가 모성을 낭만화하고 있는 기존의 논쟁은 피해여성의 어머니로서의 경험을 담아내기에는 한계가 있는 것으로 보인다. 공적 영역의 개입의 대상으로 열려 있으면서, 가해자의 폭력의 목표물이기도 한 가정폭력피해여성의 모성에 대한 논의에서 여성의 경험은 포괄적으로 다루어지지 못하고 있다. 또한 '결핍' 모델로 가정폭력피해여성의 모성을 설명하는 경향은 미국을 비롯한 서구의 현상일 수 있다.[37]

다른 한편, 잉그리드 시만, 자나 야신스키, 앤 버브리스키-맥켄지(Ingrid Semaan, Jana L. Jasinski, and Anne Bubriski-McKenzie)의 연구는 모성은 여성에게 힘의 원천이며, 여성이 잘할 수 있는 것 중의

---

36 Nancy J. Chodorow & Susan Contratto, "The Fantasy of the Perfect Mother", Nancy J. Chodorow, *Feminism and Psychoanalytic Theory*, New Haven, CT: Yale University Press, 1989, pp.79-96.

37 Dorothy E. Roberts, "Mothers Who Fail to Protect Their Children: Accounting for Private and Public Responsibility", Julia E. Hanigsberg & Sara Ruddick (eds.) *Mother Troubles: Rethinking Contemporary Maternal Dilemmas*, Boston: Beacon, 1999. 도로시 로버츠(Dorothy E. Roberts)에 의하면 자녀에게 해가 되는 것에 대해 어머니에게 책임을 묻고 비난하고 처벌하는 관행이 존재하고 있고, 이는 어머니가 직접적인 가해자인지 여부와는 무관하다. 또한 여성이 아동의 복지에 전적인 책임이 있다는 모성이데올로기는 남성의 가해에 대해서도 여성에게 죄가 있다고 평가하는 관행을 낳았다. 가해자의 폭력에 자녀가 노출된 것은 여성이 자녀를 보호해야 하는 의무를 충족하지 않은 것으로 평가되고, 여성의 모성은 비난과 개입으로부터 자유롭지 않다는 것이다.

하나이고, 창조성과 재능을 발휘할 수 있고, 어머니가 된 것은 태어나서 잘한 일 중의 하나이며, 삶에서 통제 · 힘 · 권위를 가질 수 있는 것이라는 점을 주장하였다.[38] 모성은 탈폭력 과정에서 전환점이 되기도 한다는 점을 발견했다. 피오나 뷰캐넌과 니콜 몰딩(Fiona Buchanan & Nicole T. Moulding)은 가정폭력피해여성을 유능하고 관심 있는 어머니이자 가정폭력으로 인한 어려운 상황에 대응하기 위한 행위성을 발휘하는 어머니로 바라볼 것을 제안하고 있다.[39] 연구 참여자를 통해 발견된 바는 행위성을 통해 폭력을 사전에 예방, 갈등을 회피, 변화를 선도하는 것이다. 어머니로서의 피해여성은 폭력의 발생과 관련하여 어느 정도의 통제력을 확보하기 위해 노력하고 관계에서 가해자 중심성을 극복하고 자녀에게 비중을 두는 등 변화의 중심에 있는 것으로 나타났다. 이들은 가정폭력피해여성의 모성경험에 대한 연구가 필요한 이유에 대해, 피해여성의 모성은 평가의 대상이 되지만 이러한 평가의 장에서는 보이지 않는 많은 요소는 여성들의 목소리를 통해서가 아니면 알 수 없기 때문이라고 언급했다.

38 Ingrid Semaan, Jana L. Jasinski & Anne Bubriski-McKenzie, op.cit., pp.69-88.

39 Fiona Buchanan & Nicole T. Moulding, op.cit., pp.665-680.

3. 가정폭력피해여성의 모성경험

가정폭력피해여성의 모성경험에 대한 국내연구는 몇 편에 불과하다.[40] 이 장에서는 각 연구의 성과를 가정폭력피해여성의 모성경험의 구성과 행위성을 중심으로 종합하고, 탈폭력 이후까지의 시기를 포함하여 연구되었는지 여부에 대해 살펴보고자 한다. 우선, 이 글에서 검토하는 모든 연구는 가정폭력피해여성의 목소리를 통해 이들의 모성경험에 대해 연구하였다. 양혜원 · 김희수는 서울 및 수도권 지역에 위치한 2개의 쉼터에 거주하고 있는 가정폭력피해여성들 중 만 20세 미만의 자녀를 양육하고 있는 어머니 10명을 심층인터뷰하였다. 오보람 · 황경란은 한국보건사회연구원의 2차년도 질적 패널 45가구 중 가정폭력경험과 관련한 자료의 충분성이 확보된 8사례를 분석하였다. 신나래는 가정폭력발생 당시 자녀와 함께 거주하였던 A지역의 가정폭력보호시설 입소 중인 여성 15명과 심층인터뷰하였다. 박언주는 서울시 소재 가정폭력 전문 상담기관을 경유하여, 상담기관을 이용한 적이 있거나 쉼터를 이용한 경험이 있는 여성들 12명을 심층인터뷰한 자료를 분

40 양혜원 · 김희수, 「가정폭력 피해 여성의 자녀양육 경험: 쉼터 입소 여성의 경험을 중심으로」, 『한국가족복지학』 제26권, 한국가족복지학회, 2009, 123-158쪽; 박언주, 「가정폭력노출 아동 어머니의 자녀양육 경험의 변화과정」, 『학교사회복지』 제26권, 한국학교사회복지학회, 2013, 153-176쪽; 오보람 · 황경란, 「가정폭력피해여성의 자녀양육경험에 관한 질적사례연구」, 『한국사회복지질적연구』 제8권 제1호, 2014, 5-24쪽; 신나래, 앞의 글, 119-150쪽; 박언주, 「가정폭력피해여성의 모성경험의 구성과 행위성」, 『한국여성학』 제30권 제1호, 한국여성학회, 2014, 173-212쪽.

석하였다. 거의 모든 연구들이 인터뷰 당시 서울 및 수도권에 거주하는 가정폭력피해여성을 대상으로 하고 있다. 쉼터 거주 중인 피해여성을 연구참여자로 수행된 연구는 양혜원 · 김희수와 신나래의 연구이다. 자료분석 방법으로는 현상학적 연구방법, 근거이론 방법, 사례연구방법으로 다양하게 나타났다.

각 연구의 자료 분석 결과를 살펴보면 다음과 같다. 양혜원 · 김희수는 가정폭력피해여성의 자녀양육 경험의 중심영역을 '자녀의 가정폭력노출에 적절히 대응하지 못함', '가정폭력으로 인해 자녀양육에 어려움을 경험함', '가정폭력상황에서도 자녀에게 나름대로 최선을 다함', '자녀와 함께 다시 일어섬'으로 보고하였다. 가정폭력피해여성은 가정폭력으로 인해 양육과정에서 무력감과 자책감을 느끼기도 하지만, 어머니로서의 책임을 다하고자 최선을 다하고 있으며, 피해여성들에게 자녀는 힘든 과정을 견디고 삶을 지속해 나갈 수 있는 힘이며, 삶의 의미 수호신이며, 생존을 모색하는 과정의 조력자이기도 한 것으로 설명되었다.

오보람 · 황경란은 가정폭력피해여성의 자녀양육겸험에 대해 '전통적인 엄마 역할 갈망', '자녀의 "일반적인" 미래를 위한 전폭적인 투자', '전형적인 사회통념에 기반한 가정교육 지향', '가정폭력피해의 잔재를 최소화하기 위한 자기 욕구 통제', '복합적인 역할을 수행하는 관계 강화'라는 주제를 발견하였다. 이들은 가정폭력은 여성의 어머니 노릇을 복잡하게 만들며, 피해여성들은 자녀들이 사회통념에 어긋나지 않기 위해 사회적으로 요구되는 기준에 맞춰 행동할 수 있도록 하는 양육 전략을 사용하는데, 이는 한국사회의 정상가족 이데올로기에 순응하고자 하는 노력이라고 분석하였다. 아울러, 가정폭력피해여성은 일반적인 여성들이 수행하는 어머니 역할보다 다양한 역할을 수행하고, 젠더역할수행에 순응하고 있으며, 완벽한 어머니의 이미지를 기준으로 끊임없이 자신과 비교하며 노력하고 있는 것으로 설명했다. 아울러 가정폭력피해여성은 가정폭력피해 사실이 드러나지 않도록 하고, 가정폭력피해가 최소화될 수 있도록 생활양식을 자녀에게 맞추고 자신의 욕구를 통제하는 양육 전략을 선택하는 것으로 설명했다. 이를 통해 가정폭력피해의 테두리에서 벗어나 그들만의 삶을 구성하게 만든다는 점에서 의미 있는 것으로 분석되었다.

신나래는 쉼터 거주가정폭력피해가정의 부모-자녀관계에 관해 분석하였는데, 모의 양육태도, 모-자녀 관계, 부의 양육태도, 부-자녀 관계, 탈폭력 과정에 대한 분석을 하위 영역으로 포함시키고 있다. 모의 양육태도로는 '남들(비피해여성)처럼 최선을 다해 양육', '폭력 때문에 더욱 양육에 집중', '폭력으로 양육태도가 훼손됨'이 하위주제로 드러났고, 모-자녀 관계로는 '자녀로부터 힘을 얻음', '자녀와는 폭력을 다루지 않음', '폭력으로 관계가 훼손됨'이 하위주제로 드러났다. 탈폭력의 과정에 대한 분석에서는 쉼터 입소 이후의 경험을 분석하고 있다. 탈폭력과 쉼터 입소라는 주제는 '이혼소송과 자녀', '동반입소의 어려움', '동반입소 자녀들의 회복과정', '자녀들의 변화'를 하위주제로 두었고, 자녀들과의 미래라는 주제는 '자립에 대한 불안감', '희망을 잃지 않음'을 하위주제로 두었다. 쉼터 입소기간 동안의 부모-자녀 관계에서 어머니는 폭력을 입증하기 위해 자녀를 이용하지 않지만, 가해자는 피해여성을 잡기 위해 양육권을 주장하고 자녀를 통해 위협함으로써 가정폭력이 지속되고 있음을 확인할 수 있다. 또한 쉼터에 자녀와 동반입소하지 못하거나 쉼터에 적응하도록 하기 위해 동반 자녀를 엄격하게 대하는 것 등이 발견되었다. 반면, 쉼터에 동반입소한 자녀들이 회복하고 변화하는 모습 또한 보고되었다. 아울러, 쉼터를 퇴소하고 난 이후의 삶에 대해 의식주, 자녀양육, 경제활동, 돌봄지원 등을 중심으로 고민하고 있다는 점에 대해서도 논의하였다. 신나래는 가정폭력은 부모가 건강한 양육태도로 자녀와의 관계를 형성하는 데 다각도로 영향을 미쳤다는 점을 강조하면서 가정폭력가정의 부모-자녀 관계는 다면적이고 가변적인 형태를 갖는 것으로 설명하였다. 이 연구는 위에서 언급한 바와 같이 피해여성의 부모-자녀 관계에 대한 경험을 쉼터 입소 단계와 퇴소 이후까지 연장해서 분석하고 있다.

박언주는 '폭력과 모성수행이 중첩됨', '자녀양육에 몰입', '정상성 유지를 위한 노력', '자녀에게 이해를 구함', '자녀가 힘이 됨'을 중심 의미로 도출하였다. 가정폭력피해여성의 모성경험은 '책임을 다하면서 자녀와의 관계 속에서 삶을 이어감'으로 분석되었다. 이 연구는 가정폭력피해여성에게 모성경험은 삶을 이어가는 것이었음을 발견했다. 탈폭력 과정 중에 다양한 삶의 단절을 경험한 가정폭력피해여성은 모성경험을 통하여 삶을 이어가고 있었다. 이는 자신에게 주어진 책임을 다하는 것과 자녀와의 관계를 유지하는 것을 통해서 가능한 것이었다. 폭력과 모성수행이 중첩되는 과정에서 자녀를 보호하고, 자녀양육에 몰입하며 스스로 모성수행을 강화하고, 정상성을 유지하기 위한 노력을 통하여 지속적으로 책임을 수행하고, 자녀와 서로 이해하고 도움을 주고받으면서 지속적으로 관계를 유지함으로써 삶을 이어갔다. 또한, 가정폭력피해여성은 강요되고 집중적인 어머니 노릇을 수행하며 모성강화현상의 중심에 스스로를 위치시킨다. 가정폭력피해여성은 자녀가 자신의 책임이라 여기는데, 이는 사회적 기대를 내면화한 결과이기도 하며, 스스로에게 잘 맞는 일이어서이기도 하고, 가해자가 강요한 결과이기도 하고, 현실적으로 자신이 아니면 아무도 할 사람이 없어서 이기도 하다. 자녀가 내 책임이라는 인식은 피해여성이 자녀를 보호하고 항상 지켜주며 힘들어도 자신이 끌고 가야 하는 것이라 다짐하고 많은 것을 감당하도록 한다. 아울러, 피해여성들은 가정폭력경험이 없는 어머니들과 같이 완벽한 어머니가 되기 위하여 최선을 다하는 것으로 나타났다. 가정폭력은 피해여성과 자녀의 삶을 여러 차원에서 비틀고 균열이 가도록 하는데, 피해여성은 그것을 바로잡아 정상성을 (되)찾기 위해 노력한다. 가정폭력으로 인하여 자녀의 일상 및 학교생활을 이상이나 단절 없이 유지하기 위하여 폭력을 피하고 쉼터를 옮기는 등의 노력을 한다. 자녀에게서 가시화되는 가정폭력노출로 인한 후유증에 개입하여 완화시키려 노력한다. 가족해체 뒤 경험하게 된 빈자리와 부족함을 메워줄 대안을 모색하기도 한다. 마지막으로 피해여성은 자녀와의 관계를 회복함으로써 삶을 복원하기 위해 노력한다. 피해여성은 피해자로서의 경험에 대해 자녀에게 설득하고 자녀를 안심시키는 등 자녀와의 소통을 통하여 관계를 (재)형성하기 위해 노력하고, 소통의 과정에서 서로 믿고 인정하고 있다는 것을 확인하기도 한다. 힘든 시간을 함께해 온 자녀로부터 신뢰와 인정을 받는 것은 피해여성의 경험 속에서는 굉장히 강력하고 중요한 의미가 된다. 자녀는 피해여성이 힘을 내고 움직이게 하는 동력으로 작용하여 가정폭력피해여성은 자녀와의 관계를 통하여 삶을 이어갈 수 있게 된다. 모성경험을 통하여 책임을 다하고 자녀와의 관계를 유지함으로써 가정폭력피해여성은 폭력으로 인하여 뒤틀리고 균열이 간 삶을 손질하며 이어가고 있는 것이다.

각 연구에서 가정폭력피해여성의 모성경험을 어느 시점을 중심으로 다루고 있는지에 대해 살펴보면 다음과 같다. 양혜원 · 김희수의 연구에서 가정폭력피해여성의 자녀 양육자로서의 서사는 쉼터로 나오기 전까지의 경험에 집중되어 있다. 쉼터에서의 자녀양육에 대한 피해여성의 경험은 자녀의 교육을 위하여 자녀와 함께 동반 입소하지 않다는 설명 이외에는 크게 부각되지 않은 것으로 보인다. 오보람 · 황경란의 연구는 '정형화된 가족을 제공하지 못한 것에 대한 죄의식', '주변의 편견으로부터 보호' 등의 하위 분류 항목으로 보아 탈폭력 이후의 여성의 자녀양육경험에 대한 서사를 포함하고 있을 것으로 짐작된다. 그러나 사례에 대한 구체적인 소개가 누락되어 있어 이에 대해 정확하게 판단하기는 어렵다. 박언주의 연구에서는 가정폭력피해여성의 자녀양육에 대한 서사가 탈폭력 이후의 경험까지 포함하고 있지만 서사의 중심은 여전히 탈폭력 이전에 집중되어 있다. 한편, 신나래의 연구는 탈폭력의 과정에 대한 분석에서 쉼터 입소 이후의 경험을 분석하고 있다. 쉼터 입소 이후 이혼소송 과정에 자녀를 도구 삼아 양육권을 주장함으로써 가정폭력을 행사하는 가해자의 폭력전략에 대해 설명하고 있다. 아울러, 쉼터에 자녀를 동반하거나 하지 않는 문제, 쉼터에서의 자녀의 적응 문제, 자녀와 함께 꾸려갈 쉼터 퇴소 이후의 삶에 대한 전망 등 가정폭력피해여성의 모성경험과 연관되는 다양한 주제들이 검토되었다. 이는 가정폭력피해여성의 모성경험에 대한 연구는 탈폭력 이후까지 확장되어야 함을 시사한다.

4. 결론 및 제언

이 글은 가정폭력피해여성의 모성경험과 관련한 기존 연구들을 검토하여 연구의 성과를 종합하고 향후의 연구 방향에 대해 제언하고자 하였다. 우선, 가정폭력피해여성의 모성경험이 어떻게 구성되는지 살펴보았다. 가정폭력피해여성의 모성경험은 가해자의 폭력, 모성이데올로기, 자녀와의 관계, 제한된 사회적 지원 및 자원을 중심으로 구성되며, 정상가족이데올로기가 그 이면에 존재한다. 첫째, 가정폭력경험과 가정폭력피해여성의 모성수행은 중첩되어 있어서 분리되기 어렵고 가정폭력피해여성의 어머니 노릇은 가해자의 폭력전략으로 오염되었다. 모든 연구에서 가정폭력으로 인해 자녀양육에 어려움을 겪었다는 점이 발견되었다. 가정폭력피해여성은 강화된 모성수행을 이용하여, 자녀를 도구로 삼는 가해자의 폭력전략을 인식하고 자녀와 거리를 두는 등 어머니로서의 위치를 변화시킨다. 가정폭력피해여성의 이러한 선택은 가해자의 폭력의 연장선에서 일어나며 자녀의 안전을 목표로 하는 어머니로서의 선택으로 보인다. 가해자의 폭력에 저항하는 가정폭력 생존자로서의 행위성을 통해서 어머니로서의 위치를 조율하는 과정인 것으로 보인다.

둘째, 가정폭력은 피해여성과 자녀의 삶을 여러 차원에서 비틀고 균열이 가도록 하는데, 여성은 그 속에서 어머니로서 책임을 다하면서 자녀와의 관계 속에서 삶을 이어가는 방향으로 모성경험을 조율하고 있었다. 이때 삶을 이어가는 것은 집중적인 어머니 노릇을 하며 모성강화현상의 중심에 스스로를 위치시키고, 자녀를 중심으로 가족의 정상성을 (되)찾기 위해 노력하는 것을 중심으로 한다. 여성들이 (되)찾으려 노력하는 가족의 정상성은 정상가족은 문제가 없는 가족이며 건강한 가족이라는 가족에 대한 사회적 통념을 그대로 내면화한 결과일 수 있다. 이는 이혼과정에서 자녀에 대한 친권과 양육권을 얻게 된 피해여성이 아버지의 빈자리를 부정적으로 인식하는 등 정상가족이 자녀에게 충분하고 완전한 가족이라고 인식하는 것을 통해서 드러난다. 피해여성이 가족의 정상성 회복을 위해 노력하는 것은 가정폭력피해여성들이 이혼 후 자립할 수 있도록 지원하는 사회적 장치가 충분히 마련되어 있지 않기 때문이기도 하며, 노동시장에서 여성들이 경험하는 젠더 불평등으로 인한 것이기도 하다. 또한 정상가족이 문제가 없는 가족을 표상하기 때문이기도 하다. 이 모든 것들이 가족 내 젠더 권력관계를 유지 · 재생산하는 기제라는 것은 여기서 더 분명해진다. 즉 사회적 · 제도적 장치들은 가정폭력피해여성들이 탈폭력과정에서 생존자로서 그리고 어머니로서 했던 선택이 정상가족에 대한 통념에 문제제기를 할 수 있을 정도의 행위성으로 연결되지 못하도록 한 것이라 볼 수 있다.

한편 가정폭력피해여성이 모성강화현상의 중심에 스스로를 위치시키는 것은 여성을 사적인 가족 속에 소외시키는 가정폭력의 특수성, 양육은 여성의 책임으로 여성이 담당하는 것이 자연스러운 것이라는 모성이데올로기, 모성이데올로기에 기반하여 여성의 자녀양육에 대해 적극적으로 개입하지 않는 제도화된 모성과 무관하지 않다. 가정폭력피해여성이 내면화한 모성이데올로기는 피해여성을 모성강화현상 속에 위치하도록 했지만, 다른 한편 모성이데올로기를 내면화한 결과 자녀에 대한 일차적인 책임이 자신에게 있다고 인식하고 자녀의 안전을 최우선에 둔다는 점 또한 중요하다. 가정폭력피해여성은 자녀의 안전 때문에 탈폭력 시도를 하지 않고 폭력적인 관계에 머물러 있기도 하지만, 같은 이유인 자녀의 안전 때문에 탈폭력 시도 및 가해자와의 불평등한 젠더 권력관계에 균열을 내기 위한 시도를 하기 때문이다.

이 글은 가정폭력피해여성의 모성경험에 대한 연구를 중심으로 피해여성의 행위성을 가시화하고자 하였다. 가정폭력피해여성은 부적절하고 부족한 어머니라고 비난받아 왔다. 가정폭력을 경험하는 여성은 자신의 잘못이 아닌 폭력에 대한 책임자로 주된 비난의 대상이 되어 왔으며 여성 스스로도 죄책감을 경험해 온 것이 사실이다. 피해여성을 비난하기보다는 여성의 탈폭력을 지원하고 가정폭력피해여성의 모성경험과 관련한 다양한 선택들이 행위성으로 가시화되도록 하는 것이 이론 및 실천의 중요한 방향일 수 있다. 가정폭력피해여성의 생존이 피해여성의 행위성의 지표가 되어야 한다는 점을 수용한다면 가정폭력피해여성의 행위성은 피해여성의 다양한 행위들을 중심으로 가시화하는 것이 정당할 것이다.[41] 가정폭력피해여성의 행위성은 가해자를 '떠남'을 기준으로 사회적으로 구성되어 왔으나, 이는 여성의 다양한 행위들을 하나의 성과로 평가하는 오류를 범하고 가정폭력의 특수성을 간과하는 결과를 초래할 수 있다. 가정폭력피해여성의 행위성은 탈폭력 성공 여부 혹은 불평등한 젠더 권력관계의 변형을 달성했는지에 따른 성과보다는 여성의 생존을 중심으로 재구성되어야 한다. 가정폭력피해여성의 다양한 생존전략들을 여성의 행위성으로 재구성하여 가시화함으로써 불평등한 젠더관계를 변형하는 계기를 찾을 수 있을 것이다.

이 글은 가정폭력피해여성의 모성경험을 '삶을 이어감'으로 의미화하면서 이들이 다양한 행위들을 중심으로 행위성을 구성하고 있음을 강조하였다. 가정폭력피해여성의 어머니로서의 행위성은 구체적인 폭력사건 이후에 탈폭력에 성공했는지 여부 혹은 가해자를 떠났는지 여부를 중심으로 결과를 중심으로 평가될 수 없으며, '삶을 이어감'이라는 생존을 위한 과정을 중심으로 구성되는 것으로 보아야 함을 시사한다.[42] 가정폭력피해여성의 어머니로서의 행위성은 가해자의 폭력과 제도화된 모성 하에 여성이 경험하는 억압과 폭력상황에 대응하기 위해 사용하는 다양한 생존전략이라는 저항의 측면을 보여주는 것이다. 가정폭력피해여성의 어머니로서의 행위성은 자녀를 폭력으로부터 보호하기 위해 사용하는 다양한 전략들을 포괄하면서도 그것을 넘어서는 다양한 행위들을

41 Martha R. Mahoney, op.cit., pp.59-92.

42 Martha R. Mahoney, op.cit., pp.59-92.

포괄하는 더 확장된 것으로 이해될 필요가 있다.

가정폭력피해여성의 모성경험에 대한 향후의 연구를 위한 제언은 다음과 같다. 우선, 가정폭력피해여성의 목소리를 통한 모성경험에 대한 더 많은 연구가 필요하다. 앞서 논의한 바와 같이, 가정폭력피해여성의 모성은 전문가들에 의해 문제시되고 평가되어 왔는데, 피해여성의 모성경험은 이러한 평가의 세팅에서는 드러나지 않는 매우 다양한 요소들을 포함하고 있다. 둘째, 가정폭력피해여성의 모성에 대한 '결핍 모델'을 넘어 모성경험과 관련한 피해여성의 행위성을 중심으로 하는 연구가 축적될 필요가 있다. 가정폭력피해여성의 모성경험은 폭력으로 인해 훼손된 관계, 일상, 삶을 회복하는 과정의 중심에 놓여 있다. 모성경험과 관련한 행위성에 대해 밝힘으로써 가정폭력을 종식하는 데 기여하는 여성의 다양한 선택을 부각할 수 있을 것이다. 셋째, 탈폭력의 전반적인 과정을 포함하여 가정폭력피해여성의 모성경험에 대해 연구할 필요가 있다. 가정폭력피해여성의 모성에 대한 논의는 자녀를 가해자의 폭력으로부터 보호하는 책임을 여성에게 두고 가해자를 떠나지 않는 것에 대해 비난하는 등 주로 탈폭력 이전단계를 중심으로 하고 있다. 그러나 스테파니 홀트(Stephanie Holt)는 가해자를 떠난 이후의 가정폭력과 모성수행에 대한 논의의 중요성에 대해 지적하였다.[43] 가해자를 떠나는 것이 폭력적인 관계의 종결을 의미하는 것은 아니며, 이러한 점은 탈폭력 이후의 어머니 노릇에 영향을

43 Stephanie Holt, "Domestic violence and the paradox of post-separation mothering", *British Journal of Social Work*, Vol.47, 2017, pp.2049-2067.

미친다.[44] 탈폭력 이후 자녀의 복리를 위한 아버지의 개입은 '논쟁의 여지가 없는 진실'로 받아들여졌고,[45] 이러한 맥락에서 가해자는 다시 아버지로 복권되는 것이 현실이라는 것이다.[46] 피해여성과 아동의 취약성은 부-자녀의 면접을 통해 탈폭력 이후에도 계속될 수 있다는 점을 염두에 두고 가정폭력피해여성의 모성경험에 대한 연구를 탈폭력 이후의 시기까지 연장할 필요가 있다. 넷째, 가정폭력피해여성의 모성에 대한 논의를 페미니스트 모성논의와 연결하려는 노력이 필요하다. 가정폭력과 모성은 모두 페미니스트 주제인데 둘을 연결하는 가정폭력피해여성의 모성에 대한 논의는 페미니스트 모성연구의 성과와 연결되지 못하고 있다는 점이 지적된 바 있다.[47] 가정폭력피해여성의 어머니 노릇은 지나치게 당연하게 여겨지거나 혹은 비가시적인 현상으로 존재하며 특별한 주목을 받지 못했다.[48]

---

44 Cathy Humphreys & Deborah Absler, "History repeating: Child protection responses to domestic violence", *Child & Family Social Work*, Vol.16, 2011, pp.464-473.

45 Felicity Kaganas & Shelly Day Sclater, "Contact disputes: Narrative constructions of 'good' parents", *Feminist Legal Studies*, Vol.12, No.1, 2004, pp.1-27.

46 Vivienne Elizabeth, Nicola Gavey & Julia Tolmie, "The gendered dynamics of power in disputes over the postseparation care of children", *Violence Against Women*, Vol.18, No.4, 2012, pp.459-481.

47 Simon Lapierre, op.cit., pp.454-463; Ingird Semaan, Jana L. Jasinski & Anne Bubriski-McKenzie, op.cit., pp.69-88.

48 Julia Krane & Linda Davies, op.cit., pp.23-38.

요구호자의 시설화
: 형벌-복지 연계와 젠더화된 신체의 수용[1]

황 지 성

1. 들어가며

복지는 '특수한' 사람들에게만 해당하는 문제일까? 실상 복지란 누구를 막론하고 한 사회에서 도움이 필요한 상태는 누구/무엇이며, 그들에게 얼마만큼의 삶의 질이 기대되고, 그 비용은 얼마나 지출되어야 하는지 등을 결정하는 가장 기본적이고 핵심적인 사회적 문제일 수밖에 없다.[2] 따라서 복지는 나이, 장애, 성별, 소득 수준 등에 상관없이 모두에게 해당된다. 그러나 한국 사회에서 이는 오랫동안 오직 '극한적' 상황에 처한 일부 '소수자', '소외 계층'에게만 한정된 특수한 현실쯤으로 치부되어 사회적으로 외면

---

1 이 글은 「요구호자의 시설화: 형벌-복지 연계와 젠더화된 신체의 수용」, 『젠더와 문화』 제13권 2호, 계명대학교 여성학연구소, 2020. 12를 수정 · 보완하여 재수록한 것이다.

2 Linda Gordon, *Pitied but not entitled: Single mothers and the history of welfare, 1890-1935*, New York: Free Press, 1994.

을 받아왔다.

비록 특수한 문제로 치부돼 외면받았다고 해도, 이들 인구를 둘러싸고 축적된 복지 관련 담론과 물적 조건들은 명실상부하게 한국 복지국가의 기틀을 형성해왔다. 주지하다시피 역사적으로 한국은 식민지와 한국전쟁을 거치며 요구호자들을 일정한 공간 안에 수용·보호하는 시설 중심의 복지가 발전하는 토대가 마련되었다.[3] 1960년대 쿠데타로 집권한 군사정부는 국가 경제개발계획과 맞물려 각종 복지제도 또한 정비하는데, 1961년 제정된 생활보호법, 윤락행위 등 방지법(이하 윤방법), 아동복리법은 '보호'가 필요한 복지계급 및 그 내용을 법률로 구획지은 것이다. 이 중에서도 생활보호법 제정은 한국 사회에서 보호 받아야 할 대상이 누구여야 하는지 그 기준을 최초로 법률화한 것으로서, 해당 법에 따르면 아동, 노인, 임산부, 장애인 혹은 '근로 능력이 없는 자' 등, 대상자의 '노동 가능' 여부가 복지 수급 자격 판단의 기준으로 제시되었다. 그러나 '노동 가능' 여부가 보호 대상 기준이 될 때, 한국 사회에서 실질적으로 요구호 범주의 중요 부분을 형성해온 많은 이들의 위치는 모호해진다. 특히 윤방법은 상이한 조건에 놓인 극빈층 여성들을 '윤락(혹은 그 가능성)'이라는 도덕 및 범죄성과 관련한 상위계급(metaclass)으로 배치한 독특한 체계였다.[4]

---

3 김재형, 「한센인의 격리와 낙인·차별에 관한 연구」, 서울대학교 박사학위논문, 2019; 소현숙, 「전쟁고아들이 겪은 전후: 1950년대 전쟁고아 실태와 사회적 대책」, 『한국근현대사연구제』 제84권, 2018, 321-351쪽; 예지숙, 「일제시기 조선에서 부랑자의 출현과 행정당국의 대책」, 『사회와 역사제』 제107권, 2015, 73-96쪽.

4 윤방법은 성매매의 금지를 강화함과 동시에 법으로 금지된 성판매 행위를 한

이렇게 한국 사회에서 오랫동안 도움이 필요하다고 인식된 상태는 연령 및 장애·질병 등으로 '노동 능력'이 없는 상태뿐 아니라 윤락(가능성) 및 부랑행위[5]에 이르기까지 개념이 모호할 뿐 아니라 많은 경우 서로 배타적일 수 없는 존재상태였다. 그런데도 전체적인 복지체계는 '노동 능력' 여부에 따라, 노동능력이 없다고 간주되는 대상자에게는 (이는 집·가족이 있는가 여부로 재분류) 거택보호[6] 혹은 시설보호를, 그 외 노동 능력이 있는 대상에게는 근로

여성 등을 '처벌'이 아닌 '복지' 지향 수용시설에 불확정적 기간 동안 수용한다는 내용을 골자로 하고 있다. 수용·구금의 목적은 "윤락행위(불특정인으로부터 금전 기타 재산상의 이익을 수수 또는 약속을 하거나 기타 영리의 목적으로 하는 성행위)의 상습이 있는 자와 환경 또는 성행으로 보아 윤락행위를 하게 될 현저한 우려가 있는 여자(요보호여자)를 선도보호"하기 위함이다(제7조 1항). 윤방법 관련 기존의 페미니즘 연구는 다음을 참고할 수 있다. 박정미, 「한국 성매매정책에 관한 연구: '묵인-관리 체제'의 변동과 성판매여성의 역사적 구성, 1945-2005년」, 서울대학교 박사학위논문, 2011; 원미혜, 「'성 판매 여성'의 생애체험 연구: 교차적 성 위계의 시·공간적 작용을 중심으로」, 이화여자대학교 박사학위논문, 2010; 황정미, 「개발국가의 여성정책에 관한 연구: 1960-70년대 한국 부녀행정을 중심으로」, 서울대학교 박사학위논문, 2001.

5 '부랑(浮浪)'은 일정하게 사는 곳 없이 떠돌아다니는 상태를 의미하는 말로, 이 역시 그 범주가 매우 불분명하다. 당대 '부랑아'는 가족 없이 떠돌아다니는 고아들을 지칭하는 말로 굳어졌으나, 실제 부랑아의 구성은 보다 다양했다. 이들 중 상당수가 실제 고아이기도 했지만 상당수는 가족 및 경제 상황의 문제로 탈가정('가출')한 아동청소년인 경우였다(김아람, 「가족이 짊어진 구호와 자활: 1950-60년대 합동결혼과 그 주인공」, 『역사문제연구』 제33권, 2015, 53-95쪽). 이후 본문에서 살펴보는 바와 같이 '부랑아', '부랑인'이라는 모호한 범주는 뚜렷한 법적 근거 없이도 상시적인 단속으로 복지시설에 수용되는 대표적 범주였다.

6 거택보호/구호는 'outdoor relief'의 번역어다. 시설보호/구호(indoor relief)가 집이나 보호자가 없는 사람을 시설에 수용해 시설 내에서 구호/보호를 제공하는 것이라면, 거택보호/구호는 집이나 가족이 있지만 구호/보호가 필요하다고 인정되는 경우에 해당 개인이나 가정에 구호/보호가 제공된다. 거택보호는 오늘

· 자활 · 정착 등을 매개로 복수의 서비스가 제공되었다.

〈표 1〉 요구호자 범주별 복지 서비스

요구호자 범주	복지 서비스
비-근로능력자	시설 보호 (집과 가족이 없는 사람)
	거택 보호
근로능력자	노동/자활 · 정착 연계 복지

이러한 요구호자 범주와 보호체계의 관계에서 혼란을 더욱 가중시키는 것은 바로 여성과 보호의 관계다. 보호가 필요한 여성은 누구였고 또 그러한 보호의 내용은 무엇이었는가? 역사적으로 한국전쟁 직후 전쟁미망인은 아동과 함께 응급 성격의 구호가 제공된 대표적 여성 범주였다.[7] 그러나 시간이 갈수록 미망인뿐 아니라 결혼하지 않은 비혼모, 젊은 '가출여성' 등 가족의 보호를 받지 못하거나 가족 경계 밖으로 이탈한 가난한 여성들의 수가 늘어났다. 남성가장의 부양 혹은 가족 경계에서 벗어나 성적으로 독립적인 가난한 여성들은 젠더 규범에 의해 처벌되어야 하지만 동시에 보호가 제공되어야 했고, (남성에) 의존적인 존재여야 하지만 동시에 노동이 기대되는 (그리고 이미 스스로를 부양하기 위해 노동을 하고 있는) 신체였다.

이렇게 한국에서 역사적으로 다양하고 모호한 요구호자 범주

날의 공공부조에 해당하는 복지체계다.

7 이임하, 『여성, 전쟁을 넘어 일어서다: 한국전쟁과 젠더』, 서울: 서해문집, 2004; 황정미, 위의 글.

의 구획과 복지서비스 형태들 속에서 요구호자들의 존재상황을 세상에 뒤늦게 각인시켜준 것은 공통적으로 '시설'의 문제를 통해서였다. 그럼에도 한국 역사에서 요구호자 범주와 시설화된 복지형태의 상관관계 및 이후 시간의 흐름에 따라 변화하는 양상과 사회적 효과 등이 무엇인지는 여전히 커다란 질문으로 남겨져 있다. 이는 다종한 구호 대상 주체들과 그들의 시설화 문제가 역사적으로 통합적이고 연속적인 문제로 다루어지기보다, 개별 주체들에 대한 문제로 분절적으로 접근된 데 일정 원인이 있는 것으로 보인다. 형제복지원 등 부랑인 시설 관련 대다수의 연구는 남성의 '노동 가능' 신체를 당연하게 전제하고 시설화에 관한 논의를 출발하고 있다. 반면 성매매 관련 연구들에서 윤방법상 여성보호시설에 관해서는 부분적으로 다루어졌지만, 가족 밖 요구호 여성 일반과 시설화의 관계는 분석 범주 밖에 있다 할 수 있다. 한국의 복지체계가 애초에 '근로 능력'을 기준으로 시설구호 대상 범주를 (탈)구성하였음에도 '근로 능력'과는 상관없이 다양한 남녀 요구호자들이 시설에 수용된 것으로 드러난 복합적인 역사적 상황에서, 여성과 시설화는 어떤 관계인가?

이러한 문제의식에 따라, 이 글은 다음 세 가지 질문에 답하고자 한다. 첫째, 서구 사회에서 요구호자의 시설화를 논의하는 문헌들을 토대로, 누가 어떤 이유로 시설에 수용되었으며 시설화의 구체적 작동방식은 무엇인지 살펴보았다.[8] 이어 이상의 논의가 여

---

8 이 글에서 다루는 서구 사례에 관한 문헌은 '자유주의 복지체제' 국가로 분류가 능한 미국과 영국으로 한정했다. 국가별 복지체제에 대한 자세한 논의는 다음의 글 참조. 김연명, 「동아시아 복지체제론의 재검토」, 정무권 편, 『한국 복지국

성의 시설화를 규명하는 데 한계가 있음을 비판하고, 젠더 관점으로 시설화에 주목하는 논의들을 검토하였다. 이러한 작업을 통해 빈곤층 여성들의 시설화를 추동하는 '다른' 힘, 그리고 그것의 사회적 효과가 무엇인지 도출했다. 마지막으로 한국사회 시설화에 대한 선행연구들을 토대로 한국 사회 맥락에서 누가 어떤 이유로 시설에 수용되어야 했는지, 또한 여성과 시설화의 관계는 어떤 차이가 있다고 할 수 있는가를 비판적으로 검토하고자 하였다.

2. 빈곤의 통치와 시설화

서구 유럽에서 빈곤 문제에 대해 국가 개입이 본격화되기 시작한 16~17세기는 통상 '복지국가'의 출발점이었고, 그러한 국가 개입의 수단으로서 구빈원(poorhouse), 노역소(workhouse), 감화원(house of correction) 등 수용공간의 설립은 복지시설의 기원으로 거론된다.[9] 이때는 중세적 봉건제가 해체되고 절대왕정이 가난한

가 성격 논쟁』, 서울: 인간과 복지, 2009, 167-198쪽.

9 윤홍식, 『한국복지국가의 기원과 궤적1: 자본주의로의 이행의 시작, 18세기부터 1945년까지』, 서울: 사회평론아카데미, 2009; 칼 폴라니, 홍기빈 역, 『거대한 전환: 우리 시대의 정치 · 경제적 기원』, 서울: 도서출판 길, 2009; 미셸 푸코, 이규현 역, 『광기의 역사』, 서울: 나남, 2003; Chris Chapman et al, "Reconsidering Confinement: Interlocking Locations and Logics of Incarceration", in *Disability Incarcerated: Imprisonment and Disability in the United States and Canada*, eds. Liat Ben-Moshe et al., NY: Palgrave Macmillan, pp.3-24, 2014; Michell Dean, *The constitution of poverty: Toward a genealogy of liberal governance,* Oxfordshire: Routledge, 1991.

사람들의 고용과 빈곤구제 전반에 직접 개입하는, 군주와 신민 간의 가부장적(patriarchal) 관계가 성립된다. 이는 물론 오늘날의 '복지국가' 개념과 동일선상에 놓을 수 없지만, 가난한 사람들을 어떻게 일하게 하고 또 일할 수 없는 사람을 어떻게 구제하는가에 대한 해법을 국가 행정으로 찾으려 했다는 점에서 새로운 것이었다. 그렇게 당대가 찾은 해법은 가난하고 '나태한' 자들을 시설에 수용해 일할 수 있는 조건을 만드는 것이었다. 유럽 각지에서 이렇듯 다양한 형태로 생겨난 시설들은 명목상 '구호'를 위한 것이었지만, 수용자들에게 노동을 강제하고 나태함을 '처벌'하는 성격이 혼합된 것이었다.

시장경제로의 이행이 본격화되는 19세기부터는 빈곤에 대한 지난 약 2세기의 관념 및 국가 통치 실천에 급진적으로 변화가 나타난다. 18세기 말 이후 산업화와 시장경제라는 새로운 경제영역의 창출은 자본가에게 값싼 노동력 확보를 통한 이윤 극대화 필요를 발생시켰다. 이에 빈곤에 대한 국가개입 노력을 제거하고 통치의 자유주의적 선회를 가져오는 사유양식이 대두한다. 정치경제학은 그와 같은 새로운 사유의 창발을 이끈 핵심적 지식이다.[10] 이

---

10 칼 폴라니, 위의 글; 미셸 푸코, 오트르망 역, 『안전, 영토, 인구: 콜레주드프랑스 강의 1977-78년』, 서울: 난장, 2011; Suzanne Bergeron, *Fragments of Development: Nation, Gender, and the Space of Modernity*, Ann Arbor: Univ. of Michigan Press, 2009. 1789년 출간된 토마스 로버트 맬서스(Thomas Robert Malthus)의 『인구 법칙에 관한 에세이』는 그러한 정치경제학의 대표 저작이다. 맬서스는 유기체로서 인구와 자원 간에는 근원적인 불균형, 그것도 인구의 무한 증가로 인한 불균형이 존재하며, 따라서 빈곤은 자연적인 것이지 보호해야 할 것이 아니라고 보았다.

제 빈곤은 유기체로서 인간 집단에게 일정 정도 불가피한 자연 현상이지, 국가가 개입해야 할 상태가 아닌 것이 되었다. 국가가 할 일은 오로지 인구와 경제를 적절히 관리·통제하며 항상성을 유지하는 것이며, 국가가 빈곤에 개입하게 되면 그러한 항상성을 깨뜨리고 자원과 인간 간의 근원적 불균형을 심화시키게 된다.

1834년 영국의 신구빈법 제정은 이러한 빈곤에 대한 국가 태도의 자유주의적 전회를 보여주는 상징적인 사건이었다. 자유주의 정부의 가난에 대한 해법은 가난한 사람들을 임금 노동에 묶어두고, 동시에 기존 구빈법 하에서 이루어졌던 모든 구호를 '노동 능력자(able-bodied)'[11]에게서 빼앗는 것이었다. 동시에 '노동능력이 없는' 것으로 간주되는 사람들에 대한 구호 내용도 달라졌다. '열등처우 원칙(less eligibility)', 즉 국가에 의한 구제수준은 최하층에 속하는 독립 노동자들의 생활수준보다 낮게 유지되어야 한다는 원칙이 엄격하게 준수되었기 때문이다. 이는 결과적으로 요구호자를 처벌하는 것이었고 동시에 '노동 능력자'가 매우 한계적인 상황에 처하지 않는 한 국가에 구호 요청을 하지 않도록 억제하면서 이들의 관리를 형벌체계로 넘기는 것이었다. 이로써 형벌과 복지체계는 역사적으로 결합하게 된다.[12]

---

11 원서의 'able-bodied'를 '노동 능력자'로 번역했다. 원래 'able-bodied'는 보다 광범위하게 '능력 있는 몸'을 의미하지만, 원서의 맥락에서나 자본주의 체제 이후 장애를 정의하는 일차적 기준이 노동을 수행할 수 있는 능력이 되었다는 맥락(킴 닐슨, 김승섭 역, 『장애의 역사』, 서울: 동아시아, 2020)에서 '노동 능력자'로 번역하는 것이 더 정확하다고 보았다.

12 모든 사회제도는 상호보완적 관계를 갖는다는 것이 상식이다. 복지체계는 생산체계와 밀접한 상관관계를 가지는 것만큼 형벌체계와도 떼놓고 생각할 수 없

미국의 시설화 역사를 연구한 역사학자들은 미국의 경우 이상과 같은 유럽의 경향에 영향을 받기는 했지만 미국적 상황과 필요에 따라 독특한 역사를 구축해나갔다고 설명한다.[13] 미국에서도 식민지 시기인 18세기에 유럽사회와 마찬가지로 수용시설이 설립되기 시작하지만, 유럽과 달리 빈민 등 도움이 필요한 사람들에게 시설구호보다 거택구호를 제공하는 것이 더 일반적이었다. 그러나 미국이 독립국가로서 본격적으로 사회질서를 확립해나가기 시작하는 19세기부터 구호의 성격은 달라지는데, 이는 당대 미국사회가 독립과 함께 내부적으로 커다란 변화를 경험하기 때문이다. 인구는 급속도로 증가했고, 이민자의 유입, 실업과 빈곤, 범죄 등 사회문제는 나날이 증가했다. 이에 정부는 구빈원, 교도소, 정신질환자 수용소(asylum) 등의 다종한 시설을 설립하기 시작하고, '문제적' 인구집단을 시설에 수용하는 쪽으로 방향을 전환했다. 그리하여 미국 전역에서 주마다 불균등하게 혼재되었던 빈곤구제 정책은 19세기 중반 이후로 갈수록 시설구호 쪽으로 통일되었다. 그러나 해당 시설들은 도움이 필요한 사람들에게 피난처를 제공하면서 동시에 '노동능력 있는' 사람이 구호대상자가 되는 것은 억

다는 것을 많은 학자들이 지적하고 있다. 이와 관련한 대표적 논의들은 Mitchell Dean, op. cit.; David Garland, *Punishment and Welfare*, Gower, 1987; David Garland, *The culture of control: Crime and social order in contemporary society*, NY: Oxford UP, 2002.

13 Michael Katz, *Poverty and policy in American history*, New York: Academic Press, 1983; Muchael Katz, *In the shadow of the poorhouse: A social history of welfare in America*, New York: Basic Books, 1986; David Rothman, *The Discovery of the Asylum: Social Order and Disorder in the New Republic*, New York and London: Routledge, 1990.

제해야 한다는 모순 속에서 점점 형벌과 복지의 경계가 모호해지게 되었다. 결과적으로 19세기 이후로 미국에서도 복지를 축소하고 요구호 '노동 능력자'를 범죄화함으로써 자본주의 체제에 복무할 노동력을 통제하는 형벌-복지 연계가 본격적으로 작동했다.

복지시설의 구제 수준이 독립 노동자들의 생활수준보다 낮게 유지되어야 한다는 열등처우 원칙의 수립은 서구 사회에서 설립된 복지시설이 초기부터 지녔던 모순적 속성, 즉 빈민에 대한 '구호/복지'임과 동시에 '처벌'이기도 한 속성을 점점 더 부각시켰다. 또한 그 모순은 '구호/복지' 쪽이 더욱 사라지고 '처벌'로 기울어지는 결과로 이어졌다. 이러한 변화는 요구호자의 시설화 역사에 또 다른 중요한 효과를 발휘했다. 우선 '노동 능력자'를 모든 보호에서 제외시키려 한 노력은 18세기까지 대체로 분화되지 않고 복합적으로 기능했던 구빈원(병원이나 감옥의 기능을 동시에 수행)을 장애인 특수학교 시설, 정신질환자 치료시설, 아동(고아)시설, 감옥 등 별도의 범주와 목적에 따라 구별되고 전문화되도록 추동했다. 이러한 시설의 전문화는 구빈원이 '자격 있는' 요구호자('노동 불능')와 '자격 없는' 요구호자('노동 가능')를 분류해내는 작업에 의해 촉발되었던 것이다.[14]

---

14 Chris Chapman et al, op. cit.; Nicole Rafter, *Creating born criminal,* Urbana: Univ. of Illinois Press, 1997. 이들 연구자들은 19세기에 이르러 시설이 분화 · 확장하는 데는 당대 등장하기 시작하는 의료 · 사회사업 · 심리학 등 이른바 "도움 전문가들(helping professionals)"(Chris Chapman et al, 위의 글, p.8)의 이해관계와도 밀접한 관련이 있다고 주장한다. 즉, 전문적 시설의 확장은 그들에게 일자리를 제공하고 전문가로서 사회적 권력을 확장해나가는 데 중요한 구실을 했다는 것이다.

19세기 이래 형벌-복지 결합이 낳은 또 다른 효과는 빈곤한 '노동 가능' 남성을 생계부양자이자 임금노동자로 강력하게 묶어 놓고[15] 동시에 임금노동에서 배제된 모든 사람들, 즉 여성, 장애인, 실업빈곤층 등을 '의존적'인 존재로 강력하게 표상했다는 점이다. 가족 경계 밖의 여성들, 특히 결혼하지 않은 비혼모나 남편과 함께 살지 않는 여성들까지 복지 혜택을 빼앗기고 오직 구빈원의 열등처우 원칙 조건에서만 보호받거나 그도 아니면 형벌체계로 편입되었다. 산업자본주의체제에서 대거 시설에 수용되어야 했던 장애인[16]의 경우 비장애인(남성)에게 노동 동기를 심어주고 '의존' 상태에 대한 공포를 극대화하기 위해 시설 내에서 더욱 비인간적 환경에 놓이게 된다.[17] 그러나 이 시기부터는 장애 여부를 떠나 스스로를 부양하지 못하는 실업자나 극빈층 인구 모두가 그 자체로 선천적인 결함이나 질병을 가진 것으로 병리화된다. 또 개인의 결함이 된 의존성은 범죄성으로도 표상되었다. 20세기 초 우생학운

---

15 낸시 프레이저, 임옥희 역, 『전진하는 페미니즘: 여성주의 상상력, 반란과 반전의 역사』, 서울: 돌베게, 2017; Mitchell Dean, 위의 글. 그러나 이것이 이전 시기에는 가부장적 가족구조의 불평등한 지배가 없었다는 말은 아니다. 그럼에도 '계급'에만 주목할 때 자유주의 시장경제를 구성하는 다차원적인 권력 작동은 은폐된다. 이와 관련해 칼 폴라니의 『거대한 전환』이 영국의 신구빈법 제정을 '사회보호'에서 '경제(중심주의)'로의 '전환' 내지 '단절'로 도식화하고 전자를 낭만화한 것은 낸시 프레이저 등 페미니즘 논자들의 비판을 받아왔다. "사회를 낭만화함으로써 폴라니는 시장이 역사적으로 묶여 있었을 당시의 공동체가 동시에 [가부장적] 지배의 장소이기도 했다는 사실을 은폐해 버린다"(낸시 프레이저, 위의 글, 322쪽).

16 Liat Ben-Moshe, "Disabling Incarceration: Connecting Disability to Divergent Confinements in the USA", *Critical Sociology,* 39(3), 2011, pp. 385-403.

17 미셸 푸코, 앞의 글; Chris Chapman et al, op. cit.

동이 절정을 이루었을 시기, 장애인은 물론이고 많은 극빈자들이 '의존적'이고 동시에 '위험한' 주체로 구성되어 보호를 위시한 대량 수용처분에 처해졌다.[18] 무가치하다고 여겨지는 모든 '노동 불능' 인구에게 최소한의 복지 혹은 형벌만이 부과되는 이러한 현실은 노동자 계급의 노동 윤리를 설파하는 이데올로기적 기능을 가질 수 있었다.

복지와 형벌의 상징적이고도 제도적인 상보성은 20세기 후반 이래로 신자유주의의 부상과 함께 절정을 맞고 있다고 진단된다.[19] 사실 이보다 조금 앞선 20세기 중반 무렵에 서구에서는 대대적인 수용시설 폐쇄의 움직임이 일어난 바 있다. 2차 세계대전 후 급진적 반전 · 시민권 운동이 전개되는 흐름 속에서, 시설 내 수용자들의 비인간화 실태가 언론 등을 통해 연일 폭로되자 시설 역시 강력한 비판의 대상이 되었다. 많은 논자들은 '치료'나 '복지'의 이름하에, 푸코의 표현대로 '대감금(the great confinement)'으로 귀결된 서구 시설화의 역사를 비판했다. 이에 1960년대경부터 국가 운영 대형 복지시설이나 치료 및 교도시설들이 폐쇄되기 시작했다. 그러나 이러한 시설폐쇄 흐름은 시기적으로 신자유주의 경제사회 재편의 시작과 맞물렸다. 그리하여 국영 시설이 폐쇄된 빈자리는 시설에서 나온 사람들이 지역사회에서 살아갈 수 있도록 지원

18 David Garland, 1987, op. cit.; Nicole Rafter, op. cit.

19 추지현, 「사법민주화와 엄벌주의」, 서울대학교 박사학위논문, 2016; L. Ben-Moshe, op. cit.; David Garland, 2002, op. cit.; Nikolas Rose, "Government and control" in *Criminology and Social Theory*, eds. David Garland and Richard Sparks, Oxford UP, 2009, pp.183-208; Loïc Wacquant, *Punishing the poor: The neoliberal government of social insecurity*, Durham & London: Duke UP, 2009.

하는 국가 복지로 채워지지 않았다. 오히려 기업화된 민영 감옥산업 시설이나 대형 요양산업망이 구축한 요양시설이 들어섰고, 동시에 보편적 복지는 날이 갈수록 축소되었다. 이에 기업화된 민간시설들은 아무런 사회안전망을 갖지 못한 사회 주변부 인구를 효과적으로 구금 · 수용함으로써 자본의 이윤창출을 극대화하고 있다. 20세기 말 이래로 미국은 성인인구 백 명 중 한 명꼴로, 지구상 어느 나라보다 많은 인구가 감옥시설에 구금되고 있다.

이상 서구 자유주의에서 신자유주의로 이어지는 요구호자 시설화의 계보는 언더클래스 및 산업 자본주의에 기여하지 않는 (혹은 못하는) 신체를 체제에 기능하는 신체로 규율하거나 의존상태를 형벌화함으로써 노동이데올로기를 주입하는 식의, 형벌-복지의 상보적 기능을 특징으로 한다. 그러나 이렇게 자본주의체제에 복무할 노동력 통제로서 시설화의 역사를 특징짓게 될 때 여성의 위치는 모호해진다. 앞서 살펴보았듯 여성들은 결혼을 통해 생계부양자에게 의존해야 할 '의존자'로 강제되었고, 따라서 산업자본주의의 공식 임금노동시장은 물론 산업예비군 · 실업자군에서 조차 역사적으로 배제되었다. 때문에 애초에 여성들은 시설화를 통해 통제와 진압을 가할 필요조차 없는 존재다. 그러나 동시에 여성들은 자본주의 임금관계 밖에 있는(혹은 가치 절하되는) 모든 종류의 노동 수행을 통해 이미 언제나 생산 · 재생산하고 있다. 많은 페미니즘 논자들이 지적해온 바와 같이, 비가시화되고 가치절하된 모든 종류의 여성의 노동은 바로 이렇게 비가시화되고 가치절하 되었기 때문에 자본축적에 생산적일 수 있다.[20] 따라서 시설수용이나 요구호자의 (탈)구성이 노동에 대한 가치판단이나 그 쓰임에 의한 것이라면, 이때 노동은 어떤 노동을 의미하는 것인지 페미니즘 시각으로 비판적인 검토가 필요하다. 이하에서는 시설이 실제로 여성들을 수용해 그 신체와 노동에서 쓸모를 찾았다면 구체적으로 무엇이었고, 그것의 사회적 효과는 무엇인지를 살펴보기로 한다.

3. 여성과 수용시설의 관계

시설수용과 요구호자와의 관계에서 젠더에 주목하는 연구는 매우 드물기 때문에 여성과 수용시설의 관계를 총체적으로 논의하는 것은 어렵다. 다만 관련 연구가 교정 · 구금시설 분야에 집중되어 있다는 사실에서 가족 밖 빈곤 여성들에 대한 관리체계가 구호/복지보다 범죄화와 형벌 쪽으로 확연히 기울어졌다는 정황을 간접적으로 확인할 수 있다. 19세기 이후 '노동 가능' 남성과 그의 부양가족인 아내 및 아동은 복지의 대상이 되지 못하게 억제되었다. 결혼을 하지 않았거나 실질적으로 남편의 부양 밖에 놓여 있는 빈곤 여성 일반에게도 상황은 마찬가지였다. 이렇듯 가족의 경계 밖에 놓인 여성들은 구호/복지 자격조차 얻지 못하는 상황에

20 찬드라 탈파드 모한티, 문현아 역, 『경계없는 페미니즘: 이론의 탈식민화와 연대를 위한 실천』, 서울: 도서출판 여이연, 2005; 실비아 페데리치, 황성원 역, 『혁명의 영점: 가사노동, 재생산, 여성주의 투쟁』, 서울: 도서출판 갈무리, 2013.

서 스스로를 부양해야만 했다. 산업화로 하층계급 인구는 일자리를 찾아 도시로 대거 이주하였지만, 여성들에게는 남성보다 더 많은 사회적 감시 및 섹슈얼리티와 결부된 도덕적 가치판단이 따랐다. 더구나 노동인력의 과잉공급과 노동시장 성별분리 속에서 여성들은 '여성적'인 노동시장 내에서 낮은 임금으로 일하거나 성산업으로 내몰리는 경우가 허다했다.

페미니스트들은 이처럼 노동에 대한 성별화된 가치평가 혹은 배제에 더해 섹슈얼리티에 대한 젠더화된 규범이 언더클래스 여성을 복지 대상에서도 탈락시켜 결국 형벌 공간에 구금해온 역사를 추적했다. 제드너[21]는 19세기 빅토리아 시대 영국사회가 공유한 중산층 젠더규범이 일자리를 찾아 유동하는 하층 여성들의 행동 그 자체를 도덕적 타락이나 범죄 관련성으로 구성해냈음을 보여준다. 가족 경계 밖에서 모든 여성의 성적행동은 '일탈', '비정상'의 전형이 됨에 따라,[22] '음탕'(매춘)은 '절도', '부랑'과 동일한 행위범주로 묶였고, 따라서 빈곤한 여성들은 처벌적 구금시설에 구금되는 일이 흔했던 것이다.

페미니스트들은 시설의 종류를 불문하고 젠더에 따라 현저히 다르게 나타나는 수용분포뿐 아니라 수용 공간의 규율 체계에도 주목했다.[23] 서구 역사에서 구빈원, 교도소 등의 시설에서 남성 수

21 Lucia Zedner, *Women, crime, and custody in Victorian England,* Oxford: Clarendon Press, 1991.

22 게일 루빈, 신혜수 외 역, 『일탈: 게일 루빈 선집』, 서울: 현실문화, 2015.

23 Estelle B. Freedman, *Their sisters' keepers: Women's prison reform in America 1830-1930,* Ann Arbor: The Univ. of Michigan Press, 1981; Nicole Rafter, *Partial*

용자에게 강제된 강도 높은 노동은 여성에게 부과되지 않았을 뿐 아니라 심지어 그런 노동이 '여성성'을 해치는 부적절한 처우로 여겨졌다. 영국과 미국에서 여성에 대한 이러한 다른 처우가 구금시설 개혁(re-form)[24]을 통해 본격적으로 나타나는 것은 19세 중반 무렵이다. 교도소 개혁은 우선 기존에 남녀가 혼합 수용되었던(남녀 건물은 분리되어 있었다) 교도소에서 여성들을 빼내 여성들만의 공간으로 완전히 분리시키는 것이었다. 성별 분리된 최초의 구금 형태로서 감화소(reformatories) 모델은 그렇게 등장했다. 감화소 모델이 강조한 여성적 처우의 핵심은 여성범죄자들이 처벌보다 치료가 필요한 존재라는 것이고(따라서 감화소는 매춘 등 경범죄를 범한 젊은 여성들만을 선별적으로 수용했다), 이에 '진실된' 여성 즉 가정적이고 무성적인 것이라 여겨진 '본성'에 맞추도록 교정하는 것이었다. 따라서 감화소는 아내 · 어머니 · 하녀로서의 젠더 규범을 실천하도록 여성들에게 청소, 요리, 바느질, 테이블 시중 등을 훈련 프로그램으로 제공했다. 또한 감화소는 불확정적 구금기간을 특징으로 했다. 여성 범죄자들에게 처벌이 아닌 도덕적 갱생의 기회를 주어 재범을 방지하게 하려는 것인 만큼, 불특정한 기간 동안 치료가 실시되고 그 성공 여부가 평가되어야 했던 것이다. 불확정적 구금 기간이었지만, 수감자 여성이 중산층 가정의 하녀로 고용

---

justice: Women, prison, and social control, New Brunswick: Transaction Publisher, 1990; Lucia Zedner, op. cit., 1990.

24 구금 · 수용공간에 대한 개혁(re-form)은 기본적으로 그 공간을 '새롭게(re)' '형성한다(form)'는 발상이며, 그것이 애초에 부정의하게 사람을 구금 · 수용하고 있는 현실 자체는 문제 삼지 않는다.

되는 경우에는 석방될 수 있었다.

영국과 미국에서 여성 감화소 모델을 이끈 핵심집단에는 중상류층 엘리트 여성들로 구성된 이른바 '소셜 페미니즘' 그룹이 있었다. 19세기 말에서 20세기 초에 여성 참정권, 아동 보호 및 여성 복지 등 광범위한 분야에 걸쳐 활발하게 참여한 엘리트 페미니스트 그룹과 그 활동은 소셜 페미니즘(social feminism)으로 통칭된다.[25] 에스텔 프리드만(Estelle Freedman)과 니콜 래프터(Nicole Rafter)에 따르면, 여성 범죄자의 복지에 초점을 맞추어 활동한 소셜 페미니즘 그룹은 남성 극빈층과는 다른 조건의 여성 수감자들을 위해 교도소 개혁을 이끌었다. 그러나 이중적 젠더 규범이 양산해낸 여성 범죄자 처우 개선에 주력한 그들의 노력은 위에 설명한 감화소의 특징에서 보듯 젠더 규범 자체에 저항하기보다 오히려 그것에 의존하고 심지어 극대화하는 결과를 초래했다.[26]

---

25 Estelle B. Freedman, 위의 글; Linda Gordon, 위의 글; Nicole Rafter, 1990, 위의 글; Lucia Zedner, 위의 글.

26 철저한 남녀 공간분리와 젠더화된 프로그램의 도입은 결과적으로 소셜 페미니스트들이 극빈층·범죄자 여성 대상의 교육과 복지에 '공적으로' 권한을 행사할 기회를 제공했다. 그렇게 해서 여성 교도소 관리직으로 고용된 중산층 엘리트 여성들은 시간이 지날수록 점점 더 전문화·관료화되었고, 여성 수감자들은 점차 그들의 '전문적 클라이언트' 혹은 '연구 대상'이 되어, 구금 시설 '간수(keeper)'와 '재소자(kept)'로 양자 사이의 계층 분리는 공고해지게 된다. 감화소 모델은 오늘날까지 여성 교정시설 규율에 지속적인 영향을 미치고 있으며, 여성 간수-재소자 간 계층 분리 역시 더욱 전문화되고 자본화된 심리·재활 등 관리 기술 및 담론에 의해 심화되고 있다. 오늘날의 서구 여성구금시설에 대한 페미니스트 비평은 다음을 참조. Pat Carlen, "Carceral Clawback: The Case of Women's Imprisonment in Canada", *Punishment & Society*, 4(1), 2002, pp.115-121.

여성 감화소는 형벌을 복지 · 치료와 강력하게 결합시켰고, 여성 범죄자들을 범죄에 비례하는 만큼의 기간이 아니라 젠더화된 주체로 재활될 수 있는 만큼 무기한 수용한 것이었다. 형사사법체계와 복지 · 의료가 결합한 혼종적(hybrid) 통치기술의 작동에 있어서 젠더와 섹슈얼리티가 핵심에 놓임을 방증하는 대목이다. 20세기 중반으로 접어들면 여성 구금시설은 점차 감화소 모델을 폐기하지만, 그 유제는 오늘날의 여성 교도소 체계에 지속적으로 영향을 미치고 있다. 여성 감화소 모델의 역사적 등장과 그 관리방식은 결국 계급뿐 아니라 젠더 이데올로기가 극빈층 여성들을 시설에 수용되게 했고, 동시에 수용 공간은 여성을 임금노동자가 아니라 젠더화된 주체로 훈육하는 기제로 작동했음을 보여준다.

20세기 후반의 신자유주의 부상과 구금시설 확대 경향을 둘러싼 형벌-복지 연계 흐름에 대해서도 페미니스트들은 다른 분석을 내놓고 있다. 그들은 오늘날 보편적 복지의 축소와 궤를 같이하는 엄벌주의 경향이 일반적인 현상임에는 동의하면서도, 그것이 인종 · 계급적 불평등에 기대고 있음은 물론이거니와 이성애주의 및 가부장적 가족 이데올로기와도 강력하게 결합되어 유색인 · 여성 · 비혼모를 대표 표적으로 작동하고 있다고 강조한다.[27] 유색인 비혼모 여성들 대다수가 경제적 최하층으로, 그들의 남성 대조집단과 달리 자녀양육을 혼자 도맡아야 하는 상황에 내몰린다. 남

27 Cathy J. Cohen, "Punks, Bulldaggers, and Welfare Queens: The Radical Potential of Queer Politics?", *GLQ: A Journal of Lesbian & Gay Studies*, 3, 1997, pp.437-465; Kathleen J. Ferraro and Angela M. Moe, "Mothering, crime, and incarceration", *Journal of contemporary ethnography*, 32(1), 2003, pp.9-40.

성 파트너의 정서적 · 신체적 학대 혹은 그들의 교도소 수감 상태가 많은 경우 여성 혼자 양육을 전담하는 상황을 만들어내는 것이다. 여기에 어머니됨 혹은 여성성에 대한 인종 · 계급적 억압까지 작동해 그녀들은 양육을 위해 성판매, 위조지폐 사용, 마약 소지 등 비폭력적이고 경미한 재산범죄에 가담하는 상황으로 쉽게 내몰린다.

이로 인해 20세기 말부터 여성 구금 비율은 남성보다 훨씬 가파르게 급증하고 있다. 오늘날 여성 수용시설은 좀 더 '세련된' 심리학적 언어와 기술을 이용해 재소자들에게 여성 혹은 어머니로서 개인적 '책임성'을 길러주거나 '역량강화(empowering)'를 위한 기능을 하는 것으로 설파되고 있다.[28] 이러한 범죄에 대한 개인화된 심리학적 접근은 여성 범죄자들이 늘어나게 만드는 사회적 원인을 은폐하고, 오늘날 증가일로에 있는 구금시설이 사회의 안전을 위협하는 범죄자들을 위해 무언가 조금이라도 유용한 기능을 하고 있는 것처럼 믿게 만든다.[29] 극빈층 여성들의 복지를 빼앗아 형벌적 구금시설에 수용해 더욱 직접적인 방식으로 범죄자 여성들의 심리와 행위를 통솔하는 이와 같은 최근의 경향은 "젠더의

---

28 Pat Carlen, op. cit.; Lynne Haney, *Offending Women: Power, punishment, and the regulation of desire*, Berkeley: Univ. of California Press, 2010.

29 다른 한편으로 친부나 남성 파트너에게 지속적인 가정폭력 · 성폭력 피해를 경험한 여성들에게는 형벌공간으로의 이러한 분리가 폭력피해 혹은 폭력을 피하기 위해 선택한 길거리에서의 불안한 생활로부터 벗어나 안식을 주는 공간으로 의미화되기도 한다는 인류학적 연구도 있다. 이와 관련해서는 Kathleen J. Ferraro and Angela M. Moe, op. cit. 참조.

통치(governance of gender)"[30]에 있어 신자유주의적 기술의 예시로 분석되기도 한다.

형벌과 복지 간의 연계에 대한 이상의 젠더 관점의 분석들은 국가와 남성 간의 사회계약으로 구축된 근대적 공(사회)/사(가정) 공간 및 남성성/여성성의 구성성[31]에 의해 빈곤의 통치 자체가 젠더를 기반으로 작동하면서 특정하게 요구호 범주를 (탈)구성해내고 있음을 드러낸다. 빈곤 여성들은 이성애 · 젠더 규범과 젠더폭력으로 인해 복지를 빼앗기고 형사사법 관리망에 더 빈번하게 포섭되었고, 처벌적인 구금시설들은 그녀들을 다시 '여성성'을 수행하는 신체로 훈육했다. 결국 극빈층 여성이 시설화를 통해 훈육되고 이데올로기적으로 더욱 강화되는 것은 계급이데올로기가 아닌 이성애 · 젠더 이데올로기다. 자연히 노동에 대한 규율도 젠더화되었다. 자본주의 공식 경제 부문에서 이미 제외된 여성들은 시설에서도 자본주의 시장이 필요로 하는 기술을 취득해 임금 노동자가 되도록 훈육되는 것이 아니라, 반대로 '정상적'인(특히 오늘날에는 국가에 의존하지 않고 '독립적인') 여성 혹은 어머니가 되어 재/생산 노동을 수행하도록 훈육된다. 이 모든 과정은 결과적으로 자본주의에 기여하는 것인데, 맑스주의 페미니즘의 적절한 분석대로 공식 경제와 자본은 불평등하게 가치 매겨진 여성의 재/생산 노동에 언제나 의존하기 때문이다.

---

30 Lynne Haney, op. cit., p.7.

31 조앤 스콧, 공임순 외 역, 『페미니즘: 위대한 역사』, 서울: 앨피, 2006.

4. 한국의 개발국가 요구호자 관리체계

1) 요구호자에 대한 응급구호적 · 치안유지적 시설 수용 중심 복지체계 형성

한국에서 복지체계의 형성과 특수성 등에 관해서는 다양한 학제 간 연구가 상당히 축적되었고, 여전히 논쟁 중이다. 연구들이 주목하는 구체적 제도나 담론 등의 수준은 매우 상이하지만, 대체로 한국의 강력한 반공개발국가가 복지에 대한 사회적 논의를 매우 어렵게 만들며 복지 제도 및 담론의 도입을 지연시켜왔다는 점에서 일치하고 있다. 또 이러한 성장 위주의 "발전주의 복지체제"[32] 또는 "개발국가 복지체제"[33]에서 자연히 빈곤층 등 요구호자에 대한 재분배 정책은 더욱 등한시될 수밖에 없었다는 분석을 내놓고 있다.[34] 그러나 한국 상황에서 보편적 복지 담론 및 제도가 오랜 시간 지연되고 억압되어왔다고는 해도, 국가 기조와 일정하게 거리를 두며 소위 '복지'가 굉장히 독특한 경로로 발전해왔다는 데

---

32 정무권, 「한국 '발전주의' 생산레짐과 복지체제의 형성」, 『한국 복지국가 성격 논쟁』, 서울: 인간과 복지, 2009, 113-166쪽.

33 윤홍식, 『한국복지국가의 기원과 궤적2: 반공개발국가 복지체제의 형성, 1945년부터 1980년까지』, 서울: 사회평론아카데미, 2019.

34 이혜경 · 김성천, 「사회복지 관련법과 여성: 사회보험과 공적부조를 중심으로」, 『한국여성학』 제6집, 1990, 59-104쪽; 김조설, 『한국 복지정책 형성의 역사: 국가와 국민생활의 변혁』, 서울: 인간과 복지, 2017; 정무권, 위의 글; 윤홍식, 위의 글.

주목할 필요가 있다.

1950년대 냉전 반공주의 체제에서, 반공 최전선 남한에 대한 미국식 민주화의 이식은 복지욕구 수용으로 나타났고, 미국의 민간·공공 원조는 한국정부를 대신해 '국가'의 역할을 했다고 할 수 있다.[35] 반공과 경제개발에 치중한 한국정부는 실질적으로 예산을 거의 투여하지 않으면서도 구호를 행할 수 있는 기이한 여건이 이 때문에 마련될 수 있었다. 우선, 미국의 막대한 민간원조(절대다수가 기독교 기반 원조단체) 대부분은 당시 전후 상황에서 대규모로 발생한 전재민(戰災民)과 아동(전쟁 고아)을 수용하기 위해 응급 설립된 수용시설에 투여되었다. 이는 역사적으로 한국에서 요구호자 복지가 상징적으로나 실제적으로 시설화를 의미하도록 만든 근본 원인이 되었다. 이에 비해 가족이 있어 생활보호법 상 거택보호를 받는 이들에 대한 한국 정부의 지원은 너무나 미미했다.[36] 다른 한편, 양곡으로 제공된 미국 정부의 공적 지원은 미국이 지정한 사업(예, 전쟁난민 정착이나 빈민의 자활근로)에만 분배될 수 있었는데, 정부는 이를 이용해 '노동 가능한' 요구호자인 부랑

35 남찬섭, 「한국의 60년대 초반 복지제도 재편에 관한 연구: 1950년대와의 관련성을 중심으로」, 『사회복지연구』 제27권, 2005, 75쪽; 최원규, 「미국 민간원조단체의 활동과 한국의 사회사업 발전에 미친 영향」, 서울대학교 박사학위논문, 1996.

36 1950년대는 일제 식민지 때 제정된 조선구호령에 근거해 거택구호가 시행되다가 1961년 생활보호법 제정으로 대체되었다. 그러나 생활보호법은 내용면에서 조선구호령을 거의 답습한 것이었다(김조설, 위의 글). 조선구호령과 생활보호법에 의한 요구호자는 아동, 노인, 임산부, 장애인 같은 '근로 불능' 상태의 사람들이며, 보호 내용은 요구호자에게 거택 및 (가족이 없는 경우) 시설 구호 제공을 골자로 한다.

인을 대상으로 독특한 복지서비스를 개발해낸다. 즉 떠돌아다니는 인구로 불리는 부랑인들을 일정하게 영토화된 장소에 강제격리('정착')시켜 노역을 강제하는('자활')하는 시도가 이루어졌던 것이다.[37]

그런데 여기서 '노동 가능' 요구호자로서 부랑인에 대해 좀 더 구체적으로 살펴볼 필요가 있다. 그들은 많은 수가 전쟁고아이기도 했지만, 대게 연고자가 있어도 거주지가 일정하지 않은 상태로 길거리를 배회하면서 넝마주이나 구걸행위, 구두닦이 등으로 생계를 해결하는 이들이었다. 가족의 보호를 받지 못하고 스스로를 부양하기 위해 일자리를 찾아 도시로 향한 젊은 부랑여성 역시 다수 존재했다. 1950~60년대 부랑남녀는 식민지와 전쟁이라는 한국 상황이 대거 양산해낸 집단으로, 이들의 문제는 서구에서 자본주의 산업화가 양산해낸 대량 실업 문제와는 차원이 다른 것이었다. 따라서 이에 대한 진단과 해법 모두 달라야 했으나 대게 교육수준이 매우 낮고 특별한 기술 없이 '무작정' 상경하거나 도시를 유동하는 젊은 남녀 하층민을 대하는 사회의 태도는 서구사회가 19세기 이래 실업자 · 부랑인을 대하는 것과 매우 유사했다. 즉 그들에 대해 사회는 바람직한 국민국가 건설과 사회 안정을 해치는 '내부적 위험', '우범자'라거나 '결함'이 있는 이들이라 인식했다.[38] 특히 젊

37 김아람, 「5 · 16군정기 사회정책-아동복지와 부랑아 대책의 성격」, 『역사와 현실』 제82호, 2011, 329-365쪽; 김아람, 2015, 위의 글; 추지현, 「박정희 정권의 '사회악' 호명: 형사사법의 효율성 확보 전략을 중심으로」, 『사회와 역사』 제117권, 2018, 201-235쪽.

38 권명아, 『음란과 혁명: 풍기문란의 계보와 정념의 정치학』, 서울: 책세상, 2013; 소현숙, 위의 글; 하금철, 「한국의 부랑인 강제수용: 빈곤의 범죄화와 사회안보

은 여성들에게는 '윤락(가능성)'이라는 실제적이기도 하고 상징적인 이미지까지 꼬리표처럼 따라다녔다. 이렇듯 온갖 위험(가능성)과 연루된 부랑남녀는 원칙 상 시설구호 대상이 아님에도, '갱생'이나 '미연방지'를 위한다는 명분으로 경찰과 공무원 등에게 단속되어 앞서 언급했듯 영토화된 격리가 이루어지거나 시설에 수용되었다. 전후 한국 상황에서 서구의 구빈원 같은 국가 관리 수용시설은 존재하지 않았거나 턱없이 부족했고, 구호 대상자들에 대한 정부의 수용보호 의지 역시 매우 부족했다. 미국의 원조는 대게 전재민과 아동 등 '자격 있는' 대상들에 집중되었다. 따라서 한국의 경우 민간 부문이 대거 국가와 결탁해 부랑인의 수용·격리를 맡았다. 이상과 같은 방식으로 한국은 반공개발국가 체제에서 '노동 가능' 여부와 상관없이 요구호자들을 시설화하는 복지체계를 형성시켰다. 특히 '노동 가능' 요구호자들의 경우 사회 안정성을 위협하는 비정상·위험한 집단으로 범죄화·병리화되어 예방적 시설수용이 이루어졌고 동시에 오늘날 잘 알려진 바와 같이 "자본의 효율화"[39]를 위한 폭력적인 노동 착취가 행해지는, 형벌-복지 연계가 작동되었다.[40]

의 적 만들기」, 성공회대학교 석사학위논문, 2017.

39 추지현, 위의 글, 222쪽.

40 추지현은 1960년대 이루어진 부랑인 등의 상시적인 '사회악' 단속과 시설화 방식의 관리가 국가 경제개발에 따른 노동력 수급 필요와 직결되는 문제였다고 강조한다. 국가 주도로 진행된 '국토 건설단', '갱생 보호사업', '개척단사업' 등으로 불린 개발·개척 사업이 대표적 예다. 국가와 자본의 필요에 의해 형사사법 체계는 '노동 가능'한 극빈층 남성들을 '사회악'이라는 명분하에 폭력적인 방식으로 단속, 구금한 후 댐과 도로건설, 개척, 각종 제품 생산 등 값싼 노동력이 필요한 곳에 강제 투입할 수 있었다. 이와 관련한 자세한 논의는 다음을 참

여성 부랑인의 경우 단속 및 시설 수용의 근거는 1961년 제정된 윤방법이었다. 반면 남성 부랑인의 경우 1970년까지 그러한 법적 근거는 비교적 모호했고, 따라서 1960년대 내내 그들은 주로 '갱생원', '성인 불구시설' 등 성격이 모호하거나 명목상 장애인을 수용하는 시설에 혼합 수용되었다. 그러나 시설 내에서 '노동 가능' 여부는 이렇게 이질적이고 모호한 수용자들 간의 관리방식을 차등화했다.[41] 자립과 자활을 국시로 한 개발국가에서 복지시설에 대한 원조나 재정 지원은 거의 전무했지만, 그럼에도 시설들은 마구잡이로 단속된 부랑인들을 받아야 했다. 이 때문에 부랑인 수용시설은 '노동 가능' 수용자들에게 강제노역을 부과하고 그 노임을 횡령하는 등의 방식으로 시설 운영의 자구책을 마련해야 했다. 노동력의 쓰임조차 가질 수 없었던 장애인 · 질환자들은 최소한의 의료복지도 제공받지 못하고 수용시설에서 사망하는 경우가 비일비재했다. 수용자들에 대한 이 같은 강제 노역과 폭력은 그나마 정부 보조조차 전혀 없는 전국 민간 시설들에서 더 심각하게 양산될 수밖에 없었다. 부랑인을 자활 갱생시킨다는 명분으로 이루어진 시설화는 정부와 복지시설이 선전한 것과 달리 이처럼 수용자들에게 적정 임금제공이나 기술교육의 기회로 이어진 게 결코 아니었다. 그들이 '정상적'인 사회인이자 노동자로 주체화되는가 여부는 사실 누구의 관심거리도 되지 않았다.

조. 추지현, 위의 글; 추지현, 「사회적 배제의 기술들: 부랑인 단속과 노동력의 쓸모」, 서울대학교 사회학과 형제복지원 연구팀 편, 『절멸과 갱생 사이』, 서울: 서울대학교출판문화원, 2021.

41 추지현, 2021, 위의 글.

1970년대 들어서는 오늘날 잘 알려진 바와 같은 '시설 사건'이 탄생한 중요한 계기가 만들어지게 된다. 그 배경에는 미국의 원조가 70년대부터 삭감 또는 철회되는 상황이 있었다. 전쟁 상황에서 응급 구호 성격으로 설립되기 시작한 시설 인프라는 원조를 기반으로 약 20년간 지속적으로 유지 · 확장될 수 있었다. 그런데 전후 복구가 종료되고 미국의 원조마저 철회되는 상황에서 자연히 시설인프라도 줄어들거나 사라져야 했지만 실상 그렇지 않았다. 오히려 한국정부가 민간 시설들의 관리주체임을 자임하면서 이에 대한 법적 근거로서 1970년 사회복지사업법을 제정하게 된다.[42] 본 법을 통해 기존 사회복지 관련 법률 및 사업주체들이 일제히 정비되었고, 부랑인 범주와 그들에 대한 "선도 · 보호" 또한 최초로 법률에 기입됐다. 이에 기존의 많은 시설들이 대거 부랑인 시설로 전환 · 재편되었다. 형제복지원의 사례처럼 부랑인을 수용한 대형 사회복지법인이 소위 '돈벌이' 기능을 하는 계기는 이때 만들어질 수 있었다.[43]

---

42 본 법은 주로 민간 사회복지법인에 대한 규율근거와 함께 재정 면에서 정부가 보조금을 "지급할 수 있다"는 것 그리고 국가 보조의 불충분함을 메울 수 있도록, 복지시설 자체적으로 "수익사업"을 할 수 있도록 다양한 혜택과 기회를 열어주는 것을 골자로 한다. 이와 관련한 보다 자세한 논의는 다음을 참조. 심재진, 「사회복지사업법 제정사 연구」, 『사회보장연구』 제27권 2호, 2011, 279-307쪽.

43 김일환, 「복지는 어떻게 '사업'이 되었는가: 한국 사회복지법인의 역사로 본 형제복지원」, 『민주주의와 인권』 제19권 1호, 2019, 39-87쪽; 소준철, 「정부의 '자활정책'과 형제복지원 내 사업의 변화」, 『사회와 역사』 제125권, 2020, 243-279쪽. 사회복지법인이자 전국 최대 규모의 부랑인 시설로 명성이 높았던 형제복지원은 이러한 국내외적 상황에 맞추어 시설 스스로 변화하며 재생산된 대표 사례이다. 그것은 1961년 '형제육아원'이라는 고아원으로 최초 설립되었다가

1980년대 들어 신군사정부는 국제적 위상에 맞게 복지를 선진국 수준에 맞춘다는 명목으로 민간 복지시설 수와 유형을 확대하고 국가 재정지원을 대폭 늘리는 등 요구호자에 대한 시설화를 더욱 공고히 한다. 이와 동시에 '사회정화'를 명목으로 거리의 부랑인 단속도 지속적으로 강화된다.[44] 1980년대 후반 들어서야 형제복지원, 서울시립여자기술원 등 복지시설들에서 연이어 인권침해 논란이 일어났고 동시에 정치사회적으로 '민주화'가 진척되는 흐름에서, 문제가 된 시설들은 폐쇄되거나 80년대 말부터 급속하게 증가하기 시작하는 장애인 및 노인 시설로 전환된다. 1990년대 이후로는 주지하다시피 장애인과 노인 등을 위한 수용시설 중심으로 사회복지법인들이 재편되어 오늘에 이르고 있으며, '치료', '재활', '요양' 등 '전문성'과 '케어'는 우리 사회가 이해하는 오늘날의 수용시설의 존재이유다.

한국의 복지체계와 수용시설에 관한 기존 논의들을 종합해보면, 국가 형사사법체계와 복지시설들이 공모해 구호대상자를 시설에 수용하는 형벌-복지 연계가 작동했다. 이는 서구 역사에서 구빈원과 함께 최초 등장해 오랫동안 지속되고 있는 형벌-복지 연계체계와 기능 면에서 유사하다고 볼 수 있다. 그러나 한국의 경우 이것을 가능하게 만든 혹은 지속시킨 것은 냉전체제 개발국

1972년부터 '사회복지법인 형제원'이라는 이름하에 부랑인 수용시설로 재편, 운영되었다. 1987년 형제복지원 사건이 세상에 알려지고 원장이 처벌되는 등의 사태 이후 장애인 수용시설로 탈바꿈한다.

44 서울대 사회학과 형제복지원 연구팀, 「1970-80년대 부랑인 단속/수용 정책의 성격: '내무부 훈령 410호'(1975)와 '구걸행위자보호대책'(1981)을 중심으로」, 2017년 비판사회학회 추계 학술대회 자료집 발표문(2017. 10. 21).

가가 처한 국내외적 여건과 상황이었다. 즉 미국의 원조와 경제개발에 치중한 한국 정부의 무관심과 방임으로 다종한 요구호자들을 사회복지시설에 수용하는 복지인프라가 불균형적으로 형성되었다. 이 속에서 부랑인 같은 '노동 가능' 요구호자들의 경우 범죄화되어 시설에 수용될 수 있었고, 여기서 값싼 노동력으로의 동원 및 착취가 이루어졌다.

이처럼 한국에서 요구호자의 시설화가 경제발전 · 자본의 효율화를 위한 노동력을 확보하는 데 주요한 기능이 있었다면, 이때 여성과 시설의 관계는 무엇인지가 질문으로 남겨진다. 여성의 노동력은 그 과정에서 동일한 노동력으로 쓸모를 지녔는가? 그렇다면 서산개척단, 형제복지원 등 허다한 '시설 사건'에서 피해자가 주로 남성으로 대표 재현되는 것은 무엇을 의미하는가? 이러한 질문에 답을 찾기 위해 이하에서는 생존자 구술집, 정부 및 지자체 실태조사 자료, 신문, 공공기관자료 등 문헌검토를 다각화하여 한국 사회에서 여성과 시설화의 관계에 대한 기존 논의의 공백을 보충하고, 이 글의 문제의식과 관련한 논의를 도출하고자 한다.

2) 노동력의 쓸모와 수용자 관리 방식의 차등화 그리고 여성

가부장적 가족주의와 만연한 빈곤상태라는 중층적 상황 속에서 일자리를 찾아 홀로 도시로 이주한 가난한 여성들은 어떤 과정을 통해 시설화되었을까? 60년대 노동집약적 수출산업 중심의 산업구조는 나이 어린 저숙련 여성노동력에 일자리를 제공했지만,[45] 이는 도시로 대거 이주한 여성들을 충분히 흡수할 만큼은 아니었다. 따라서 많은 여성들은 공장 외에도 다양한 서비스업종에 종사해야만 했고, 그중 대표적인 것은 낮은 학력으로 가능하면서 숙식이 해결되는 '식모'와 '버스안내양' 등의 직종이었다. 일자리를 찾아 홀로 도시로 이주한 이들 여성들에게는 섹슈얼리티와 관련해 강한 감시와 억압이 일상화되었으며, 식모와 버스안내양 등의 열악한 업종에 종사한 여성들 중 많은 경우가 성매매 시장으로 유입되기도 했다.[46] 이에 1950년대부터 정부와 시민사회는 도시로 몰린 부랑여성들이 윤락될 수 있어 이를 "선도하고 미연에 방지"한다는 명목 하에 "자매원"이라는 시설에 수용하기 시작했다.[47] 이후 박정희 정권은 혁명정부의 성과를 과시하려는 다양한 시도로 부랑인 및 성판매여성에 대한 단속도 강화한다. 특히 성매매에 대한 금지 강화는 모순되게도 이를 보완·묵인하는 '특정지역'(성매매를 특정 구역에서 허용) 설치 등 여러 제도적 장치를 수반했고, 이에 성판매 여성들은 상시적 관리와 단속에 더욱 쉽게 포섭된다.[48] 공

---

45 윤홍식(위의 글)에 따르면, 1966년 현재 섬유산업, 신발산업, 전자산업 등 노동집약적 경공업 분야에 종사한 여성노동자의 90%가 29세 미만이었고, 50% 정도는 10대였다.

46 김원, 『여공 1970, 그녀들의 反역사』, 서울: 이매진, 2005; 김정화, 「1960년대 여성노동: 식모와 버스안내양을 중심으로」, 『역사연구』 제11호, 2002, 81-107쪽.

47 1956년 당시 국공립 시설 5개소, 민간 시설 4개소의 자매원이 존재했다(보건사회부, 「부녀행정 40년사」, 과천: 보건사회부, 1987: 85-6).

48 박정미, 위의 글.

권력의 손쉬운 단속 대상이 된 성판매 여성뿐 아니라 가족의 경계 밖에 놓인 많은 부랑여성들은 1961년 제정된 윤방법에 의거해 "요보호여자"로 호명되고, 복지시설 수용을 통한 "보호"와 "직업보도" 대상이 된다.

윤방법 제정으로 요보호여자를 보호 수용하는 시설들은 1961년 이래 지속적으로 증가한다. 그런데 요보호여자 수용소는 기본 설계에서부터 남성부랑인 수용소와 뚜렷한 차이를 지녔다. 아래 〈표 2〉는 1961년 서울시 직영으로 설립된 부랑인 남녀 수용시설의 수용 대상과 목적을 보여주는 설치조례로, 각각 "무의무탁한" 부랑 남녀의 "수용"과 "구호" 제공을 목적으로 밝히고 있다. 그런데 남성 부랑인시설인 갱생원의 경우 성인남성 전 연령을 수용 대상으로 열어두고 있는 반면, 부녀보호지도소(이하 부녀보호소)의 경우 "독신", "소녀" 등으로 젊은·비혼 상태라는 연령적·성적 기준으로 대상을 선별하고 있다. 이는 "윤락될 우려"라는 실제적이고도 상징적인 의미와 서로 겹쳐진다. 이처럼 남녀 부랑인은 모두

〈표 2〉 서울시립 남/녀 부랑인 수용시설 설치조례 및 관련 시행규칙 구문 비교

〈서울시립부녀보호지도소〉	〈서울시립갱생원〉
무의무탁한 독신부랑소녀 기타 관계기관으로부터 수용의뢰가 있는 부녀의 수용구호를 목적으로 서울특별시립부녀보호지도소를 둔다. 1)자진하여 입소를 희망하는 부녀 2)경찰 또는 기타 기관으로부터 수용의뢰하는 부녀 3)무의무탁한 부녀로서 윤락될 우려가 있다고 결정되는 자	무의무탁하며 생계능력을 상실하고 정신 및 신체허약이 심하여 거리를 방황 또는 노숙하는 이십일세부터 육십사세 미만의 부랑인 또는 질병상이자를 수용구호하여 직업보도와 성인 교육을 실시함으로서 자립갱생의 능력을 배양하기 위하여 서울특별시장 소속하에 서울특별시립갱생원을 둔다.

(자료: 국가기록원, 1960; 1962)

"구호" 명목으로 단속되어 시설화되었지만, 여성의 경우 젠더화된 섹슈얼리티 규범이 여기에 중요하게 작동하며 대상범주 구성에서 차이를 만들어냈다.

부녀보호소가 제공한 직업보도 역시 여성성에 맞춘 양재, 편물, 수예, 이·미용 등으로, 당시 산업구조상 취업으로 이어지기 어려운 것들뿐이었다. 또 부녀보호소에 인계된 여성들에게는 자유롭게 외출하거나 퇴소할 수 있는 자유가 주어지지 않았고, 수용기간은 불확정적이었다. 이러한 부녀보호소의 기본적 수용대상과 운영체계는 젊은 '범죄자' 여성들을 남성과 분류해 철저하게 젠더화된 방식으로 규율한 서구 여성 감화소 모델과 매우 흡사하다고 볼 수 있다.

수용 대상의 선별에도 불구하고 부녀보호소는 남성 부랑인시설들과 마찬가지로 언제나 과밀 수용과 운영관리 문제에 시달려야 했다. 취직을 통한 퇴소율은 매우 낮을 수밖에 없었고, 개소 이래 수용자들의 탈출 및 자살 사건은 끊이지 않았다.[49] 이 때문에 부녀보호소 역시 남성 부랑인시설들과 마찬가지로 수용자들의 관리 방식을 차등화해야 했다. 우선, 부녀보호소는 〈그림 1〉과 같은 사업수행 과정상에서 수용자를 "보호자 등에 인계"하거나 "귀향조치" 하는 식으로 가족으로 돌려보내는 경우가 압도적으로 많았다. 인계할 가족이 없는 경우에는 차선책으로 "결혼 주선"을 통해 가족을 만들어주었다. 1960년대 초 수용된 여성들과 개척단 남성들

49 박정미, 위의 글; 반성매매인권행동 이룸, 『청량리: 체계적 망각, 기억으로 연결한 역사』, 서울: 반성매매인권행동 이룸, 2018.

간에 이루어진 대대적인 합동결혼식은 화제가 되기도 했다.[50] 서울소재 민간 요보호여자 수용시설이었던 은혜원[51]의 경우도 수용된 여성들을 일정한 기간이 지나면 대개의 경우 가정에 돌려보냈지만, 기독교 가정에 식모로 직업을 알선시켜주는 방식으로 퇴소시키기도 했다.[52] 가정 내 딸이나 아내, 그도 아니면 가정 내 노동자인 식모 등, 가족 내 존재로 여성을 위치시키려는 노력은 수용소의 여성 노동력 혹은 신체에 대한 관리실천이 남성 부랑인의 경우와 달리 굉장히 젠더화된 방식이었음을 알 수 있는 대목이다.

〈그림 1〉 부녀보호소의 사업수행과정

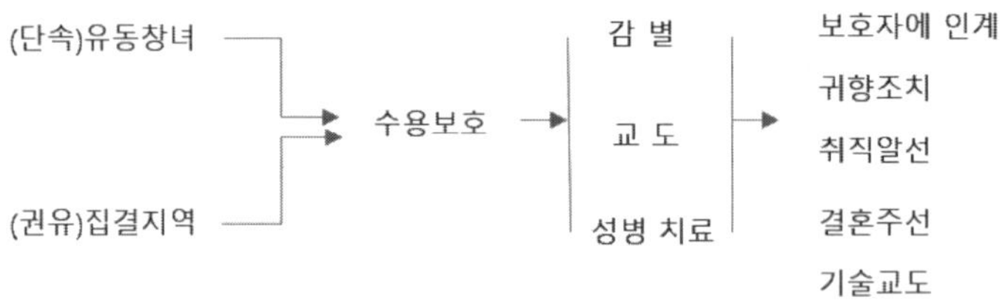

(자료: 서울시립부녀보호지도소, 1965)

50 김아람, 2015, 위의 글; 박정미, 위의 글.

51 미국인 기독교계 선교사가 1960년에 설립해 윤락여성, 가출소녀들을 수용한 시설이다. 1977년 시설은 장로회총회 자선사업재단에 귀속되었고, 현재까지 '애란원'이라는 이름의 비혼모 복지시설로 운영되고 있다. 자세한 내용은 다음 자료를 참조. 한국장로교복지재단 애란원, 「애란원 50년사, 1960-2010」, 서울: 애란원, 2010.

52 문선화, 「한국윤락여성선도사업에 대한 소고」, 이화여자대학교 석사학위논문, 1970.

부녀보호소에서 두 번의 합동결혼식을 거쳐 개척단과 부부가 된 경우는 총 350명이었고, 2019년 실시된 국가인권위 실태조사 결과에 따르면 부녀보호소 수용자가 아닌 경우에도 직업훈련이나 돈을 벌게 해준다는 말에 속아 이주하게 된 경우도 있었다.[53] 이처럼 다양한 경로로 개척지로 이주해 삶을 꾸리게 된 여성들에게는 어떤 현실이 놓였는가? 애초에 여성들의 개척지 이주 조치 자체가 "남성 노동력을 효과적으로 확보하고 관리하기 위"[54]한 것이었기에, 그녀들은 공식적 개척사업으로 명명되는 종류의 노동 외 모든 종류의 재/생산 노동에 투입되었다. "남편작업을 도와 돌을 실은 손수레를 밀거나 흙을 날라 둑을 쌓는 일에 동원"되었고, 남성 노동자들을 위해 대량의 식사 준비를 하는 것이 "주요한 업무"였던 것이다.[55] 임신과 출산을 통해 가족을 구성하게 되면 자연히 그 양육과 살림살이는 온전히 여성들의 몫으로 돌아갔다.

이러한 여성의 가족 내 노동은 남성처럼 '국토건설단', '개척단 사업' 등 공식적 노동으로 명명조차 되지 않는 것이다. 그럼에도 여성들이 합동결혼을 통해 가족 내 존재로 재배치돼 삶을 사는 것은 미담으로 회자될 정도로, 이성애 젠더 규범은 여성 관리방식의 성패에 대한 평가를 크게 좌우했다. 당시 중상류층 엘리트 여성들도 마찬가지의 시각을 공유하고 있었다. 정부 요보호여자 관리 정책에 다양한 방식으로 협조했던 한국여성단체협의회는 합동결혼

---

53 이영남 외, 「서산개척단 사건 실태파악 및 피해자 구제방안 마련 연구」, 서울: 국가인권위원회, 2019.

54 이영남 외, 위의 글, 86쪽.

55 이영남 외, 위의 글, 86-88쪽.

식을 올린 뒤의 개척단의 삶을 아래와 같이 묘사하고 있다.

> 그들이 진실과 신념 속에서 올바른 인간으로서 삶을 영위하여 보겠다는 그 투지의 보람이라고 생각되니 더욱 빛나 보였다. 각 단원들이 한 인간으로 한 사회인으로의 인정을 받고 대우를 받게 됨을 무한히 기뻐할 것이며 동시에 자기네들이 과거 밟았던 길을 뼈저리게 생각하여 각자가 거리에 있는 불우한 청소년을 선도하는 데 노력한다면 좀 더 명랑한 사회를 이룩하는 데 많은 도움이 될 것으로 보아 사회 정화면에서도 의의가 크다고 생각되었다.[56]

그러나 가족 경계 밖 젊은 비혼 여성층을 갱생시키기 위해 무기한 수용한다는 수용시설의 설립 취지는 시간이 갈수록 점점 더 층위가 다양해지는 수용자의 과밀화와 출구 없는 판에 박힌 직업 보도의 한계 등으로 훼손되었다. 결혼 주선도 한계가 있었다. 특히 수용되는 여성들의 연령 및 장애 유무가 애초 설계와 달리 다양해진 것을 확인할 수 있는 부분은 '오류 분소'의 설립이다. 1967년도에 부녀보호소는 설치조례를 개정해 업무분장을 위한 "분소(分所)" 설치 근거를 마련하고 오류동에 분소를 개설한다.[57] 오류 분소는 최초 설치된 1967년 약 260여 명 수용 규모로, 연령은 60대까지 그리고 각종 정신 · 신체장애를 가진 여성들을 수용하고

---

56 김길순, 「서산청소년개척단을 찾아서」, 『여성』 8월호, 한국여성단체협의회, 1965.

57 「시립부녀보호지도소설치조례 중 개정조례」, 『국가기록원』, 관리번호 BA0089309, 1967.

있었다.[58] 오류분소는 본소와 운영내용 및 수용 대상범주가 매우 이질성을 띠게 되자 1971년 "오류부녀보호지도소"(이하 오류보호소)로 승격하여 독립된다.[59] 결과적으로 부녀보호소는 1961년 첫 개소 후 십년 만에 다음과 같이 세분화된다.

> 제2조 직무: 부녀보호지도소는 다음의 사무를 관장한다.
>
> · 대방 부녀보호지도소: 윤락여성 및 윤락의 우려가 있는 부녀의 수용, 보호, 교도 및 자활능력 배양에 관한 일
>
> · 오류 부녀보호지도소: 정신적 · 육체적 결함으로 생활능력을 상실한 채 부랑하는 부녀의 수용보호, 교도, 자활능력 배양 및 근로여성 자녀의 수탁보호[60] (밑줄은 필자)

이처럼 부녀보호소는 처음 기획과 달리 단속 등에 의해 인계되는 가족 밖의 고령여성 및 장애여성까지 수용하게 되면서, 노동력의 쓸모에 따라 수용 · 관리를 세분화하기 시작한다. 장애여성 및 고령여성을 수용한 오류보호소는 수용자들에게 결혼이나 취업 등 다른 쓸모를 거의 기대할 수 없다 여겨 '교도'가 아닌 가족 인계나 단순 '보호'만을 목적으로 하게 된다.

한편, '노동 가능' 여성들로만 재편된 대방보호소는 수용여성들에게 취업 알선 기회를 높여 노동자로 만들기 위해 새로운 운영

58 「음지의 사람들-시립부녀보호소」, 『동아일보』, 1967. 5. 19.

59 국가기록원, 「시립부녀보호지도소 직제개정」, 관리번호 BA0089320, 1971.

60 국가기록원, 위의자료, 1971.

방안을 마련한다. 그것은 새로이 설립된 "시립여자기술원"(이하 기술원)으로 부녀보호소 수용자를 인계한다는 내용이었다.[61] 기술원은 서울시가 1970년 "윤락여성의 1인 1기 기술교도와 생업자금마련"을 통해 "윤락여성을 일소하고 명랑한 사회풍기를 조성"하고자, 기술교도만을 특화하여 설립한 시설이었다.[62] 수용 대상도 '윤락'(가능성 있는)여성뿐 아니라 "일반 불우여성" 및 "(보호자의)의뢰가 있는 부녀"로 확대되었다. 그러나 실제 기술원은 수용자에게 자유를 주지 않고, 원장에 의해 "자립생계능력이 인정"될 때까지 무기한 수용하는 등, 기존의 부녀보호소와 운영관리 면에서 큰 차이를 보이지 않았다. 여전히 취업도 잘 되지 않아 1974년 부녀보호소 수용자의 약 절반가량이 성매매를 하다 단속돼 재수용된 "재범자"다.[63] 이처럼 1961년 최초 부녀보호소에서 1970년대의 기술원(윤락여성 수용 및 직업보도) 및 오류보호소(부랑 장애여성 등 수용)로의 변화는, 시설이 가족 밖 요보호여자들을 대거 수용한 후 결혼을 통해 아내가 되게 하거나 노동자가 될 가능성이 없는 고령 및 장애여성들은 구금중심 수용으로, 그렇지 않은 여성들은 교도중심 수용으로, 여성 신체의 젠더화된 쓸모에 따라 관리방식을 차등화했음을 드러낸다.[64]

---

61 「부녀보호지도소 새 운영책 마련」, 『조선일보』, 1970. 9. 4.

62 국가기록원, "시립부녀보호지도소 직제개정", 관리번호 BA0089314, 1970.

63 「복지시설 현장의 명암: 부녀보호소」, 『동아일보』, 1974. 6. 8.

64 1975년 또 다른 직제 개편으로 오류지도소는 "남부부녀보호지도소"로, 기술원과 대방동 부녀보호소는 합병되어 "동부부녀보호지도소"로 개편된다(국가기록원, 「시립부녀보호지도소 설치조례시행규칙 중 개정규칙」, 관리번호 BA0083997, 1975). 부녀보호소의 시간의 흐름에 따른 운영·관리 실천의 변화

그렇다면 1970년 이후 사회복지사업법 제정 등으로 재편되어 남녀 부랑인을 대거 수용하기 시작한 부랑인시설 내에서 여성들의 관리방식은 어땠을까? 이와 관련해 현재까지 실태가 가장 잘 드러난 형제복지원을 통해 그 일단을 확인할 수 있다. 형제복지원은 시설 자체를 확장 증축하는 노동력으로 수용자들을 활용했고, 수용자의 '자활'을 명목으로 정부가 지급하는 국고 보조금을 수수했으며, 직업훈련이라는 명목 하에 지역 민간 산업체 유치를 통한 수수료와 (수용자의 노동을 통한) 임금까지 챙겼다.[65] 이와 같이 부랑인시설은 1970년대 이후로도 주로 남성에게서 노동력을 확보했다는 점에서 60년대와 연속선상에 있었다. 여성 수용자들의 비율도 점차 증가한 것으로 보이나 여전히 부랑인시설 내 수용자의 남녀 비율은 큰 격차를 보였다.[66] 2020년 부산시가 주관한 실태조사에 따르면, 형제복지원 내 수용자 성별 비율은 1985년 당시 남성 2500여 명, 여성 290여 명으로, 여성은 전체 수용자의 10퍼센트 비율로 드러난다.[67] 부랑인 수용소 내 여성의 관리방식은 부녀보호

는 한국 시설화 역사 전반의 맥락과 상호 교차한 더 많은 연구가 필요하며, 이후 과제로 남겨둔다.

65 소준철, 위의 글.

66 1980년대 이후 나타난 성매매 산업의 변형과 단속의 약화 등은 요보호여자 수용시설 재소자 비율을 크게 감소시켰지만(박정미, 위의 글), 보건사회부 기록에 따르면 1980년까지 "가출여성 또는 부랑여성" 등 여성만을 수용하는 시설 인프라는 줄어들지 않고 종전과 같이 거의 그대로 유지되고 있는 상태다(보건사회부, 위의 자료, 115쪽). 이는 부랑인 시설 내 여성 수용자가 상대적으로 적을 수밖에 없었던 또 하나의 요인을 짐작할 수 있게 하는 부분이다.

67 남찬섭 외, 「형제복지원 사건 피해자 실태조사」, 동아대학교 산학협력단, 부산: 부산광역시, 2020.

소와 유사했다. 젊은 비장애 여성들은 이·미용 등 명목상 '자활'을 위한 교육훈련이, 장애여성들은 단순 '보호' 위주 수용이 이루어졌다. 여기에 젊은 비장애 여성들에게는 혼합 수용된 장애·질환을 가진 수용자에 대한 케어, 즉 시설 내 재/생산 관련 모든 종류의 노동이 추가적으로 부과된 것으로 보인다.[68] 시설 내에서 남녀 수용자 간의 합동결혼식 또한 빈번히 이루어졌다. 결혼으로 부부가 된 수용자 중 일부에게는 퇴소 기회가 주어진 것으로 보이지만, 그렇지 않아 탈출을 시도하는 사건도 비일비재했다.[69]

무엇보다 장애 유무를 떠나 전체 여성 수용자가 지녔던 쓸모는 성애화된 여성의 육체 그 자체였다. 복지시설에서의 성적 학대나 불임시술 등 성·재생산 관련 기본적 권리의 침해는 남녀를 가리지 않는 것이었지만,[70] 그 효과는 남녀에게 다르게 나타났다. 형제복지원 수용자들 간에는 위계적 군대식 문화와 폭력이 일상화되었는데, 여기서 여성수용자들에게 가해진 폭력도 젠더화된 폭력이었다. 이에 여성들은(장애여성 포함) 성폭력으로 잦은 임신을 해 영문도 모른 채 낙태시술을 받는 일이 흔했다.[71] 그럼에도 여성 피

---

68 형제복지원구슬프로젝트, 『숫자가 된 사람들: 형제복지원 피해생존자 구술기록집』, 서울: 오월의봄, 2015.

69 사회복지법인 형제복지지원재단, 「형제원 운영화보 자료집 5」, 부산: 형제복지원재단, 2010.

70 전규찬 외, 『살아남은 아이: 우리는 어떻게 공모자가 되었나?』, 서울: 이리, 2012; 황지성, 「건강한 국가와 우생학적 신체들」, 성과재생산포럼 기획, 『배틀그라운드: 낙태죄를 둘러싼 성과 재생산의 정치』, 서울: 후마니타스, 2018, 216-242쪽.

71 「살아남은 형제들: 13번째 증언, '그게 성폭행인 줄도 모르고 멍청한 것들이…'」, 『부산일보』, 2020. 7. 25.

해자들이 겪은 젠더폭력의 실상은 당시는 물론 최근까지 함구되어야 했다. 피해 여성당사자의 많은 경우가 후유증으로 여전히 치료시설(정신병원 · 요양소)에 수용되어 있거나 그도 아니면 젠더화된 낙인 때문에 피해 사실을 발화할 수 없었기 때문이다.

이상과 같이 한국사회에서 대거 양산된 가족 밖 극빈층 여성들은 남성과 마찬가지로 비정상 및 잠재적 범죄자로 지목돼 시설에 수용됐고, 최소한의 복지는커녕 인간적 대우를 받지 못했다. 그러나 가족 밖 젊은 여성에게는 젠더화된 섹슈얼리티 규범이 중층적으로 작용해 단속 및 수용으로 이어졌다. 시설 내에서도 그들은 가치절하된 재/생산 관련 노동을 수행하도록 관리되었고, 그 마저도 할 수 없는 신체는 단순 구금되었다. 이는 극빈층 여성들을 젠더화된 주체로 훈육하고 통제하는 매우 직접적이고 폭력적인 과정이었다. 그럼에도 재/생산 혹은 성애화된 노동(그리고 그와 결부된 폭력)이었기에, 시설화된 여성신체의 쓰임은 더욱 비가시화 되었다.

5. 나가며

이 글은 형벌-복지 연계로서 구호대상자에 대한 시설화라는 현상을 젠더 관점에서 비판적으로 검토하는 작업을 시도했다. 이 글이 보여준 바는 크게 세 부분이다. 첫째, 서구사회에서는 (신)자유주의 통치 및 자본주의체제의 유지 차원에서 형벌과 복지가 상보적으로 혹은 동시적으로 작동했다. 구빈원 이래 다종한 수용시설들은 수백 년간 구호대상자를 특정한 방식으로 (탈)구성함으로써 노동규율 훈육과 계급 이데올로기 설파를 위해 기능했다. 이 모든 과정에서 이성애 젠더 규범은 빈곤한 여성들의 관리에 작동했다. 가족 밖의 빈곤층 여성들은 이미 언제나 비정상이자 범죄를 저지를 수 있는 존재가 돼 구금 시설에 불확정적으로 수용되었고, 그곳에서 젠더 규범에 따른 여성성을 체화해야 했다. 결국 여성의 관점에서 본다면 시설화를 통한 형벌-복지 연계는 노동자로의 훈육보다는 젠더 규범의 훈육이었음이 드러난다.

둘째, 한국의 경우에도 냉전개발국가 체제라는 특수한 상황에서 요구호 부랑인 인구를 시설화하는 형벌-복지 연계가 작동했다. 그러나 부랑인 집단은 국가가 보호할 의지를 발동시킨 대상이 아닌 만큼 '정상적'인 노동자로 훈육할 대상도 애초부터 아니었다. 그렇기에 그들은 노동력을 뽑아내면 폐기처분되어야 했다. 이러한 상황에서 가족 밖 빈곤층 여성들은 남성들의 노동력 착취를 효율화할 수 있는 보조적 존재 혹은 성적으로 위안하는 존재로 더욱 대상화되고 비가시화되었다.

한국사회 시설화 역사와 관련한 학문적 논의는 이제 막 시작 단계라 할 것이며, 살아남은 생존자들의 보상과 직결된 실체적·법적 진상규명 문제에서부터 이론화 작업까지 많은 과제들이 남아 있다. 이러한 과정에서 페미니즘 정치의 과제는 무엇인가? 애초에 '폭력'이나 '배제'를 구성하는 것이 무엇인지를 젠더 관점에서 근본적으로 새롭게 이야기하는 것이 페미니즘 정치의 핵심이었다면,[72] 한국의 시설화 역사와 관련해 앞으로 어떻게 개입해나갈 수 있는가는 많은 논의를 필요로 한다. 기실 지금까지 페미니즘은 복지국가나 정치적 시민권과 관련해 그것이 기반한 가부장 · 이성애 중심 가족주의를 폭로했다. 그러나 (신)자유주의 통치가 교도소 · 복지시설 · 치료시설 등을 막론하고 구금 · 수용시설을 확대함과 동시에 형벌체계와 복지국가가 상보적으로 작동하게 한다고 할 때, 이러한 현실에 개입하기 위해서는 다중적 주체들을 둘러싼 형벌-복지체계의 상호 교차적 작동을 논의하는 작업이 요청된다.

형제복지원 생존자모임에서 공식 활동을 하고 있는 유일한 여성 생존자 박순이 씨는 오랜 시간 진상규명을 위한 활동을 하면서 스스로 성폭력 피해에 대해서만큼은 발화하지 못했다. 그러다 2020년 부산일보와의 인터뷰에서 용기 내 첫 공식 발화를 시도한 바 있다.[73] 박순이라는 존재 그리고 여전히 대부분의 여성 피해자들이 성폭력을 말할 수 없어 세상에 나올 수 없다고 한 그의 절규는 지금 여기의 우리에게 커다란 과제로 던져졌다.

---

72 Judith Butler, *Undoing Gender*, Oxfordshire: Routledge, 2004; Veena Das, "Violence, gender and subjectivity", *Annual Review of Anthropology*, 37, 2006, pp. 283-299.

73 『부산일보』, 위의 기사.

'위험한 미디어 vs 든든한 육아 도우미' : 영유아 스마트 미디어 이용 담론에 대한 탐구[1]

최이숙 · 김반야

1. 서론

이 연구는, 역사상 그 어떤 시기보다 다양한 미디어가 활발하게 사용되고 있는 현재, 영유아들의 스마트 미디어[2] 이용 관련 담론이 어떻게 구성되어 있는지 살펴보는 것을 목적으로 한다.

공공장소에서 스마트폰이나 태블릿 PC를 통해 영유아 콘텐

1 이 글은 「'위험한 미디어 vs 든든한 육아 도우미': 영유아 스마트 미디어 이용 담론에 대한 탐구」, 『한국콘텐츠학회 논문지』 제21권 8호, 한국콘텐츠학회, 2021. 8을 수정 · 보완하여 재수록한 것이다.

2 스마트 미디어란 미디어가 ICT 인프라와 결합해서 시공간 및 기기 제약 없이 다양한 콘텐츠를 이용자에게 융합적 지능적으로 전달할 수 있도록 발전 중인 매체를 의미한다(미래창조과학부, 방송통신위원회, 문화체육관광부, 중소기업청, 2014). 이 연구는 대표적인 스마트 미디어인 스마트폰, 태블릿 PC와 함께 영유아들이 많이 이용하며 TV와 모바일 모두 서비스를 제공하는 IPTV를 중심으로 스마트 미디어 이용을 살펴보았다.

츠를 시청하고 있는 아이들을 발견하는 것은 이제 흔한 일이 되었다. 2019년에 발표된 한 연구에 의하면, 조사 대상의 절반에 가까운 아이들이 만 1세에 스마트 미디어에 노출되는 것으로 나타났으며,[3] 미디어 및 인터넷을 이용한 놀이는 아이들의 놀이 활동 중 가장 높은 비율을 차지했다.[4] 유아동 스마트 미디어 이용자 중 과의존 위험군은 매년 증가하여 2020년에는 27.3%에 이르는 것으로 나타났다.[5]

전통적으로 미디어는 자녀 양육에 있어서 '위험한 물건'으로 인식되었고, 스마트 미디어 역시 예외는 아니다. 아이들을 스마트 미디어에 노출시키는 것이 아이의 머릿속에 '놀이동산'을 짓는 행위로 비유되거나 뇌기능을 파괴시킨다는 식의 심각한 경고에도 불구하고, 영유아들의 스마트 미디어 이용은 지속적으로 증가하고 있다.[6]

스마트 미디어는 기기적 특성상 영유아의 흥미를 끌기 쉬우며

---

3 오주현 · 박용완, 「영유아의 스마트 미디어 사용 실태 및 부모 인식 분석」, 『육아정책연구』 제13권 3호, 육아정책연구소, 2019, 13-26쪽.

4 조숙인 · 권미경 · 이민경, 「아동의 놀 권리 강화를 위한 지역사회 환경 조성 방안(연구보고 2017-14)」, 육아정책연구소, 2017; 김용숙 · 윤희봉 · 유지은, 「부모가 인식하고 있는 일상적 바깥놀이 실태 분석-경기도를 중심으로」, 『한국콘텐츠학회논문지』 제17권 12호, 한국콘텐츠학회, 2017, 461-472쪽.

5 한국정보화진흥원, 『2020년 스마트폰 과의존 실태조사』, 2021.

6 영유아 스마트 미디어 이용의 위험성은 주로 국내에 발간된 육아서에서 두드러진다. 『스마트폰으로부터 아이를 구하라』, 『디지털 세상이 아이를 아프게 한다』, 『스마트폰을 이기는 아이』, 『좋은 엄마가 스마트 미디어를 이긴다』의 제목이 시사하듯이, 육아서에서 스마트 미디어는 아이들이 멀리해야 할 미디어로 규정되고 있다.

더 쉽게 영유아의 삶에 침투할 수 있다. 뿐만 아니라 부모를 비롯한 양육자들은 양육의 부담을 덜거나 주변 요인으로 인해 스마트 미디어를 육아의 수단으로 활용하는 경향이 있는 것으로 보고되고 있다.[7] 스마트 미디어에 대한 위험 담론과 양육자 및 아동의 실제 행위 사이에 나타난 괴리는 영유아들의 스마트 미디어 이용을 둘러싼 다양한 사회적 맥락들을 살펴볼 필요성을 제기한다. 그 시작으로 이 연구는 영유아들의 스마트 미디어 이용에 대한 사회적 담론이 어떻게 구성되고 있는지 살펴보고자 한다.

전통적으로 한 가구의 미디어 채택 및 이용 과정은 경제적 요인에 의해서만 결정되는 것은 아니다. 각 가구들은 새로운 미디어가 가정 안에 들어오게 되었을 때 구성원들이 얻을 수 있는 이익과 위험이 무엇인지에 대해 면밀히 검토한 후 결정을 한다.[8] 가정 내 미디어 도입 및 활용 전략에 준거가 되는 것이 바로 사회적으로 구성된 미디어에 대한 상상(media imaginareis)인데, 이는 미디어의 특성뿐 아니라 이상적 가정과 양육에 사회적 인식, 해당 미디어를 둘러싼 경제적/산업적 동인(economic drive) 및 정책적 요인들이 복합적으로 접합되는 가운데 구성된다.[9] 이상의 견지에서 볼 때, 영유아의 스마트 미디어 이용 담론에 대한 분석은 가정 내에서 스

---

7 한국정보화진흥원, 위의 책; 오주현 · 박용환, 위의 글; 이정림 · 도남희 · 오유정, 『영유아의 미디어 매체 노출실태 및 보호대책』, 육아정책연구소, 2013.

8 Deborah Chamber, *Changing Media, Homes and Households: Cultures, Technologies and Meanings, Routlege,* 2016; Leslie Haddon and Roger Silverstone, "Lone Parents and Their Information and Communication Technologies", *SPRU/CICT Report Series,* No. 12, University of Sussex, 1995.

9 Deborah Chamber, 위의 책.

마트 미디어가 어떻게 규정되고 있는지를 보여준다고 할 수 있다.

최근 영유아의 스마트 미디어 이용에 대한 연구는 많이 이뤄졌지만 그 이용 담론에 대한 연구는 찾아보기 어렵다. 현재 영유아의 스마트 미디어 과의존에 대한 사회적 우려가 커져가는 동시에 다양한 미디어 플랫폼(예를 들면 유튜브, 각 통신사의 키즈 채널 등)에서 제공하는 콘텐츠 및 콘텐츠 시장이 갖는 잠재적 가능성에 주목하는 흐름 역시 거세지고 있다. 이러한 맥락에서 이 연구는 영유아의 스마트 미디어 이용을 둘러싼 다양한 논의 지형을 드러내고, 해당 미디어에 대한 사회적 인식이 어떻게 형성되고 있는지 살펴보고자 한다.

2. 기존 연구 검토 및 이론적 논의

2.1. 영유아 스마트 미디어 이용에 대한 기존 연구

전통적으로 미디어는 아동의 현실인식에 장기적이고 지속적인 영향을 미치는 '위험한' 것으로, 아동은 미디어 이용에 있어 보호가 필요한 존재로 규정되어왔다.[10] 이러한 인식은 영유아의 스

10 김은영, 「영유아 하루일과에 비추어 본 아동권리의 현주소 및 개선 방안」, 『이슈페이퍼』, 육아정책연구소, 2017; 최이정, 「미디어폭력의 맥락적 요인(contexxtual factors)이 어린이의 도덕추론에 미치는 영향」, 『한국언론학보』 제46권 1호, 한국언론학회, 2001, 483-516쪽; 한균태 · 하승태 · 서영남 · 조의현, 「지상파 텔레비전의 어린이 프로그램에 나타난 폭력성 연구: 내용분석을 중심으로」, 『한국방송학보』 제21권 1호, 한국방송학회, 2007, 311-351쪽.

마트 미디어 이용에서도 유사하게 나타났다.

최근 영유아의 스마트 미디어 이용과 관련하여 가장 활발하게 이루어지고 있는 논의는 영유아 스마트 미디어 과다 사용 또는 과의존이다. 영유아의 스마트 미디어 이용을 다룬 다수의 연구들은 영유아의 스마트 미디어 과다 사용에 영향을 미치는 요인 및 해당 요인들 간의 관계를 살펴보고 있다.[11] 각각의 연구들이 서로 다른 선행 요인들을 제시하고 있지만 공통적으로 영유아가 스마트 미디어를 과도하게 사용하는 것이 영유아에게 유해하다는 것을 전제로 하고 있으며 그 부정적 영향력을 예방하고자 한다. 한편, 영유아의 스마트 미디어 과다 사용에 영향을 미치는 요인들은 양육자 또는 영유아의 개인적 속성에 치우친 경향을 보이며, 대부분 어머니와 관련된 것들이 거론되곤 한다. 예를 들어 어머니의 양육 방식 및 양육 행동, 어머니의 놀이 참여, 어머니의 양육 스트레스, 스마트 기기에 대한 어머니의 신념, 어머니의 스마트 미디어 이용 행

---

11 권미영 · 정윤주, 「어머니의 스마트폰 의존, 양육효능감, 양육행동과 유아의 스마트폰 의존 간 관계」, 『한국놀이치료학회지(놀이치료연구)』 제21권 1호, 한국놀이치료학회, 2018, 153-169쪽; 박정아 · 현은자, 「유아의 스마트폰 과의존, 유아의 공격성, 어머니의 양육스트레스, 어머니의 스마트폰 중독의 구조적 관계분석」, 『어린이문학교육연구』 제19권 2호, 한국어린이문학교육학회, 2018, 219-248쪽; 안수빈 · 홍예지 · 박영아 · 이강이, 「스마트기기에 대한 어머니의 인식 및 양육스트레스가 영유아의 스마트기기 과몰입에 미치는 영향: 함께 사용여부의 매개효과 검증」, 『인간발달연구』 제27권 1호, 한국인간발달학회, 2020, 185-205쪽; 이수정 · 이경님, 「유아의 스마트기기 과의존에 대한 유아의 부정적 정서성, 어머니의 거부적 양육행동과 스마트기기 과의존 간의 관계」, 『열린부모연구』 제12권 2호, 열린부모교육학회, 2020, 73-94쪽; 황신해 · 장소현, 「어머니와 유아기 자녀의 스마트폰 과몰입 관계에서 어머니의 수면 전 스마트폰 사용습관의 영향」, 『유아교육연구』 제39권 2호, 한국유아교육학회, 2019, 5-23쪽.

태 등이었다. 일부 연구는 영유아의 스마트 미디어 과다 사용의 원인으로 영유아의 정서적 기질, 부정적 정서 등 영유아 관련 요인들을 제시하기도 했다.

스마트 미디어 이용 효과 및 영향력 역시 많은 연구가 이루어졌다. 영유아 스마트 미디어 사용의 효과는 크게 두 가지 영역—언어 능력과 대인관계 관련 능력—으로 구분되었다. 하지만 효과 영역에 관계없이 대부분의 연구들이 영유아 스마트 미디어 사용의 부정적 영향력을 보고했다. 스마트 미디어를 많이 사용한 영유아의 언어 발달 수준이 스마트 미디어를 사용하지 않거나 적게 사용한 영유아보다 더 낮았다.[12] 스마트 미디어 이용은 영유아의 또래 상호작용 내 문제행동을 증가시키거나,[13] 자기조절 능력, 친사회적 행동에 부정적 영향을 미치는 것으로 나타났다.[14]

---

12 강민아 · 이영신, 「디지털 영상매체 이용시간과 가정문해환경 수준에 따른 영아의 언어발달 차이」, 『학습자중심교과교육연구』 제20권 19호, 학습자중심교과교육학회, 2020, 973-999쪽; 김유은 · 김정화, 「영아의 디지털기기 사용과 디지털기기에 대한 부모의 인식이 영아의 언어발달에 미치는 영향」, 『한국보육지원학회지』 제16권 3호, 2020, 39-58쪽.

13 남수미 · 하은혜, 「유아의 최초 스마트폰 사용연령과 이용정도가 문제행동의 변화에 미치는 영향: 4, 5, 6세 3년 종단연구」, 『놀이치료연구』 제22권 2호, 한국아동심리재활학회, 2018, 55-68쪽; 배정호 · 범은애, 「영유아와 어머니 스마트기기 사용 정도가 영유아의 문제행동에 미치는 영향」, 『예술인문사회융합멀티미디어논문지』 제8권 5호, 인문사회과학기술융합학회, 2018, 481-490쪽; 임선아, 「유아의 스마트 미디어 사용과 문제행동 간의 관계에서 또래 상호작용의 종단적 매개효과 검증」, 『유아교육연구』 제39권 1호, 한국유아교육학회, 2019, 5-22쪽.

14 김서희 · 황성온, 「유아의 스마트미디어 몰입경향성과 친사회적 행동의 관계에서 자기 조절력의 매개효과」, 『Family and Environment Research』 제55권 1호, 대한가정학회, 2017, 1-12쪽.

최근의 영유아 스마트 미디어 이용 연구에서 또 한 가지 주목할 만한 것은 부모의 미디어 중재(parental mediation)에 대한 관심이다. 영유아의 스마트 미디어 이용을 다룬 다수의 연구들이 어머니와의 미디어 공동 사용, 어머니의 개입, 미디어 (이용) 지도 등을 연구의 주요 변인으로 포함하며 그 영향력에 대해 논의하였다.[15] 즉 부모 중재 행위들을 매개 혹은 조절 변인으로 제시하고 부모 중재의 유무 혹은 그 유형에 따른 차이를 살펴보며 부모 중재 효과를 확인했다.

이와 같은 선행 연구는 영유아의 스마트 미디어 이용에 영향을 미치는 부모의 미디어 관련 행동에 대한 관심이 증가하고 있음을 보여준다. 하지만 여전히 부모, 특히 어머니 개인의 행위로 논의의 범위가 제한되어 있고 선행 연구들에서 제시된 개념들 간의 이론적 관계를 재확인하는 데 머무르고 있어 아쉬움이 남는다.

종합하면, 최근의 연구들은 스마트 미디어는 영유아들의 인지적, 정서적 발달에 부정적인 영향을 미치고 있으며, 영유아를 스마트 미디어 과의존으로부터 보호하기 위해서는 가정의 역할, 특히

15 임선아, 앞의 글; 김서희 · 황성온, 앞의 글; 김은지 · 권귀연, 「유아의 스마트 미디어 이용이 인지와 언어 발달에 미치는 영향: 스마트 미디어 중독 경향성의 매개 효과와 어머니의 스마트 미디어 이용 지도의 조절된 매개효과」, 『Family and Environment Research』 제58권 1호, 대한가정학회, 2020, 13-29쪽; 김윤경 · 김호정 · 윤미경 · 박주희, 「유아의 스마트 기기 최초 이용시기 및 이용시간이 외현화 문제행동에 미치는 영향과 어머니 개입행동의 조절효과」, 『Family and Environment Research』 제56권 6호, 대한가정학회, 2018, 541-553쪽; 김호연 · 이영신, 「어머니의 디지털미디어 지도방식 및 유형에 따른 유아의 디지털미디어 이용 시간 및 이야기 이해력 차이」, 『어린이미디어연구』 제18권 3호, 한국어린이미디어학회, 2019, 337-359쪽.

부모의 역할이 중요하다는 점을 지적하고 있다.

이처럼 영유아의 스마트 미디어 이용에 대한 부정적인 논의가 주를 이루고 있음에도 불구하고, 현실적으로 영유아들의 스마트 미디어 과의존 양상은 시간이 지날수록 확대되고 있다. 부모의 양육시간 확보라는 현실적인 문제 이외에 부모들로 하여금 자녀들이 스마트 미디어 이용을 가능케 하는 담론적 조건에 대한 탐구가 요구된다. 이에 대한 논의는 스마트 미디어에 대한 상상이 어떻게 구성되고 있는가를 통해 파악할 수 있을 것이다.

2.2. 자녀 양육, 가정, (스마트) 미디어

가정이라는 공간 속에서 미디어, 특히 자녀 양육과 미디어의 문제에 대한 탐구는 주로 문화연구 전통에서 주로 이뤄졌다. 이들은 새로운 기술로서의 미디어의 등장과 대중화가 실질적으로 한 사회 내 가구(household) 구조의 변화와 긴밀하게 맞닿아 있다고 보았다. 이동 통신 및 스마트 미디어의 확산은 한부모 가구의 등장, 이혼 및 재혼 가정의 수적 증가, 취업난에 따라 자녀가 부모와 함께 사는 기간의 연장이라는 사회적 조건 속에서 이뤄졌음을 밝혔다. 연구자들은 미디어가 가정 안에 도입되고 활용되는 양상은 흔히 가내화(domestication)로 표현되곤 한다. 인간이 가축을 길들이듯이 미디어를 길들이는 과정과 미디어에 의해 구성원들이 길들여지는 양상이 동시에 나타난다는 것이다.[16] 이 과정에서 미디어

---

16 Deborah Chamber, op. cit.; Thomas Berker, Maren Hartmann, Yves Punie, and

기술의 잠재적 가능성에 대한 다양한 상상들이 논쟁되고 논의되어 합의에 이르는 과정들을 겪는다. 실버스톤, 허쉬, 몰리[17]는 가정 내 미디어의 채택이 단순히 경제적인 요인에 의해서만 이뤄지지 않는다고 보았다. 부모들은 어떤 미디어를 집에 들여놓을 것인가, 어떤 종류의 콘텐츠가 아이들에게 적절하고 언제 어디서 그들에게 허용할 것인가 등을 고민한다. 이와 관련된 가구 내의 도덕 경제(moral economy)는 미디어의 가내화 과정에 영향을 미치는 핵심적인 요인이다. 이 도덕 경제는 미디어 기술이 들어옴으로 인해 예상 가능한 위험에 대응하여 가정과 그 구성원을 보호하는 것을 목적으로 한다. 가구 구성원들에게 있어서 미디어의 존재 및 그 이용은 가정 결속(togetherness)과 분리(separation)를 촉발시킬 수 있으며, 가정 내 일상적인 행위의 경계에 많은 변화를 가져오는 요소이기 때문이다.[18]

미디어에 대한 상상들(media imaginaries)은 기술의 개발, 확산, 채택, 그리고 가내화의 초기 단계에서 중요한 역할을 담당한다. 미디어 상상은 단일하게 구성되는 것은 아니며 미디어를 둘러싼 다양한 담론들이 접합되는 가운데 형성된다. 부모들은 미디어를 도입하기에 앞서 이 미디어가 교육적인 측면에서 아이들의 능력을

Katie J. Ward, *Domestication of media and technology*, Open University Press, 2006.

17 Roger Silverstone, Eric Hirsch & David Morley, "Information and Communication Technologies and the Moral Economy of the Household", In Roger Silverstone & Eric Hirsch (Eds.), *Consuming Technology: Media and Information in Domestic Spaces* (pp.115-131). Routledge, 1992.

18 Deborah Chamber, op. cit.; Roger Silverstone, Eric Hirsch & David Morley, op. cit.

향상시키는 데 도움이 될 것인가 아니면 오히려 유해한 콘텐츠에 노출됨으로써 아이들을 위험에 빠지게 할 것인가를 중심으로 고려한다. 오랫동안 아동과 미디어의 관계를 고찰하는 연구들이 미디어 콘텐츠의 유해성이나 아이들에게 미치는 부정적 효과에 주목했던 것은 돌봄을 수행하는 가정에서 또는 양육자들이 미디어에 가지고 있던 공적 우려를 반영한 결과물이라고 할 수 있을 것이다. 이러한 우려는 언제나 미디어 기술이 가지고 있는 잠재력에 대한 마케팅 및 광고를 통해서 완화되었다. 산업계가 추동하는 미디어 이미지는 미디어가 갖는 잠재력, 개인 및 가정생활에 미디어가 미치는 긍정적인 가능성에 초점이 맞춰진다. 태블릿 PC에 대한 담론을 분석한 챔버에 의하면, 태블릿 PC를 통한 돌봄 수행의 문제를 비판하던 상황에서 업계는 광고와 마케팅을 통해 이와 다른 이미지를 형성했다. 영국에서 태블릿 PC의 보급률이 올라가면서 업계는 가족 간의 화합과 융합을 강조하는 전략을 통해 가족 친화적인 매체로 태블릿 PC를 새롭게 규정했다.[19] 이처럼 가정 특히 돌봄을 수행하는 가정의 미디어 이용은 미디어를 둘러싼 가족 내 가치 판단에 의해 달라진다. 그리고 가정 내 미디어 수용에 대한 산업계의 개입은 자녀의 미디어 이용에 대한 전통적인 불신을 불식시키고 이상적인 가정을 구성하는 한 요소로서 미디어를 정의한다.

이상에 논의에 비춰볼 때, 가정 내 자녀의 미디어 이용에 대한 사유는 가구구조의 변화, 자녀 돌봄과 관련된 다양한 요인들(규율,

19 Deborah Chamber, op. cit.

자녀의 건강한 양육)과 얽혀 있음을 알 수 있다. 또한 새로운 담론 형성 주체(예를 들면 경제계)의 부상에 따라 자녀의 미디어 이용을 둘러싼 담론의 지형은 변화될 수 있다. 기존의 연구가 주는 이러한 시사점을 고려하여 이 연구는 다음의 질문에 대해 탐구하고자 한다. 첫째, 스마트 미디어는 가정 내 돌봄이라는 맥락 속에서 누구에 의해 어떻게 규정되고 있는가? 둘째, 이러한 정의 속에서 가정 된 자녀돌봄, 양육자의 역할은 무엇인가?

3. 연구 방법

본 연구는 본 연구는 언론보도에서 가정 내 스마트 미디어 이용이 어떻게 의미화되고 있는지 살펴보고자 한다. 미디어는 사회적 현실이 재현(represent)되는 장으로, 현상에 대한 다양한 담론들이 충돌하고 접합되는 공간이다. 특히 하나의 텍스트로서의 뉴스는 다양한 발화주체들이 서로 경합하는 가운데 공적 의제가 형성되고, 현상에 대한 사회적 의미가 구성되는 공간이다.[20] 이러한 맥락에서 언론보도는 영유아 스마트 미디어 이용에 대한 사회적 시선이 어떻게 형성되고 있는지를 파악할 수 있는 핵심적인 지점일 것이다.

영유아의 스마트 미디어 이용에 대한 미디어 담론을 분석하기 위해 본 연구는 1차적으로 최근 3년간(2018년 1월 1일~2020년 12월

20 John Hartley, *Understanding News*, Metuben & Co., 1982.

31일) 스마트 미디어 이용을 다룬 기사를 '빅카인즈'(http://bigkinds.or.kr)를 통해 추출하였다.[21] 이 연구가 3년의 기간을 분석한 것은 2017 6월 LG U+의 '아이들나라' 서비스의 등장과 급성장 이후, IPTV를 중심으로 영유아 콘텐츠 및 플랫폼 사업자들의 관련 시장에 대한 개입이 이전에 비해 보다 적극적으로 이뤄졌기 때문이다. 챔버의 연구가 지적하듯이, 스마트 미디어, 미디어를 활용한 돌봄에 대한 부정적 여론이 변화하기 시작한 것은 경제적 동인들이 본격화된 이후이다.[22] 이러한 점을 고려하여 2018~2020년까지의 기간 동안 생산된 총 98개의 기사를 연구대상을 선정하였다.

본 연구는 돌봄의 맥락 속에서 가정 내 스마트 미디어에 대한 사회적 상상이 어떻게 구성되었는가를 논의하기 위해 텍스트가 놓인 사회적/이데올로기적 조건에 유의하면서 의미 형성 양상을 분석하는 데 활용되는 연구 방법인 담론분석을 실시하였다. 담론이란 현상에 대한 언어적 구성물이자 특정 사회적 조건 속에서 사회적 상호작용의 양상을 드러냄과 동시에 해당 과정의 결과물이기도 하다. 푸코 이후의 다양한 연구자들이 지적하듯이 사회적 담론이 구성되는 과정은 중립적이지 않다. 사회 현상을 담론의 대상으로 형성하고, 사회적으로 정상적인 것과 비정상적인 것 사이의

---

21 키워드는 스마트 미디어 & 영유아 또는 스마트폰 & 영유아였다. 대상이 된 신문사는 경향신문, 국민일보, 동아일보, 서울신문, 세계일보, 조선일보, 중앙일보, 한겨레, 한국일보 등 9개 중앙지와 2개의 경제지(한국경제와 머니투데이)였다. 산업계의 담론이 경제지에 주로 등장한다는 점을 고려하여 2개의 경제지를 함께 분석하였다. 검색 중 광고형 기사를 추출하기 위해 바이라인(byline)이 없는 기사—기사작성 기자의 이름이 언급되지 않은 기사—는 분석에서 제외했다.

22 Deborah Chamber, op. cit.

경계를 형성하는 과정에서 다양한 발화주체들이 경쟁/협력하며, 연관된 다양한 담론들이 동원된다. 그렇기에 누가 말하는가? 그 과정에서 대상이 어떻게 규정되는가? 무엇이 배제되고 포함되는가? 등이 담론분석의 핵심적인 질문이다.[23]

이러한 점을 고려하여 본 연구는 가정 내 영유아 스마트 미디어 이용에 대해 1차적으로 누가 무엇에 대해 말하였는가에 대해 살펴보았다. 각각의 발화 주체들에 의해 영유아들의 스마트 미디어 이용이라는 현상이 의미화되는지를 논의하고, 그 속에서 스마트 미디어는 어떻게 정의되고 있으며, 돌봄의 수행자로서의 양육자는 어떻게 위치 지워지고 있는지를 분석하였다.

4. 분석결과

4.1. 누가 무엇에 대해 이야기하였는가?

뉴스 담론이 어떻게 구성되었는지에 대해서 논의하기 위해 1차적으로 누가 기사의 주요 화자로 등장하였는지, 그리고 각 기사에서 다뤄진 주제는 어떤 것인지 살펴보았다. 그 결과는 다음과 같다. 스마트 미디어 이용 관련된 기사에서 가장 많이 등장한 주체는 관련 콘텐츠 생산 및 서비스 제공을 담당하는 집단이었다.

---

23 Norman Fairclough, *Critical discourse analysis: The critical study of language*, Longman, 1995.

관련 산업 종사자들이 전체 정보원의 65.8%에 이르렀고 그 뒤를 관련 연구자 및 연구 기관(예를 들면 한국지능정보화진흥원, 한국콘텐츠진흥원), 학부모, 정부, 시민단체 등이었다(〈표 1〉 참고). 주요 정보원의 이러한 구성은 영유아 스마트 미디어 이용에 대한 사회적 담론이 언론보도를 통해 주로 산업계의 주장을 중심으로 구성될 가능성을 시사한다. 이는 기사의 주요 주제를 통해 확인할 수 있었다.

〈표 1〉 영유아 스마트 미디어 이용 관련 보도의 주요 화자

	빈도	비율
산업계	106	65.8%
학계	31	19.3%
부모 & 아이들	9	5.6%
시민단체	8	5.0%
정부 및 정책집단	6	3.7%
기타	3	1.9%
전체	163	100.0%

〈표 2〉 신문 보도의 주요 주제 (중복코딩)

	빈도	비율
부정적 영향	22	21.0%
관련업계 동향 및 서비스 소개	71	67.7%
정책제안	8	7.6%
기타	4	3.8%
전체	105	100.0%

〈표 2〉에서 알 수 있듯이, 관련 기사 중 2/3 이상이 관련 업계의 동향, 주목할 만한 서비스 소개였다. 그 뒤를 영유아의 스마트 미디어 과의존 현황 및 스마트 미디어 이용이 영유아에게 미치는 영향, 주로 부정적 영향에 대한 내용이 이었다. 기사의 주제에 따라 화자가 상이하였는데, 관련 업계 동향 및 상품/서비스 소개에 대한 기사의 경우, 콘텐츠 생산자나 플랫폼 사업체가 많이 등장한 반면, 스마트 미디어가 영유아에 미치는 영향에 대한 논의에서 가장 많이 등장한 정보원은 학계(미디어 연구자, 아동학자, 의학계) 및 연구 기관이었다. 이상의 결과는 영유아의 스마트 미디어 이용을 둘러싼 논의를 관련 사업자 및 플랫폼 운영자가 주도하고 있으며, 영유아의 스마트 미디어 이용 관련 논의에 있어서 경제적 동인들이 중시되고 있음을 보여준다. 이는 현재의 영유아에 미치는 부정적 영향이 주를 이루는 연구 경향, 과의존 대책 위주의 정책 방향과는 다른 결의 서사가 미디어 공간에서 펼쳐질 가능성을 시사한다.

영유아의 스마트 미디어 이용 담론의 형성의 구체적 양상은 다음 절에서 살펴보고자 한다.

4.2. 위험한 미디어, 위험의 원인이자 문제해결 주체로서의 부모

TV 등장 이후 영상 미디어는 전통적으로 아이들에게 유해한 것으로 규정되곤 한다. 영유아의 스마트 미디어 이용에 대한 사회적 시선에서 중요한 부분 중 하나는 스마트 미디어를 영유아에게 위험한 것으로 바라보는 것이다. 스마트 미디어가 미치는 부정적인 영향을 다루고 있는 기사의 대부분은 영유아의 스마트 미디어 과다사용 및 과의존에 대한 것이었다. 매년 발표되는 과의존 실태조사, 각계에서 발표되는 영유아 스마트 미디어 중독 관련 연구 등을 인용하며 스마트 미디어 과의존 양상이 심화됨이 언급되었다. 소아정신과 의사, 스마트 미디어를 놓지 못하는 아이들을 걱정하는 부모, 관련 시민단체가 이들 기사의 주요 화자로 등장 하는데, '시냅스', '뇌발달' 등 과학의 언어가 동원되면서 스마트 미디어 이용이 아이들의 신체적 정서적 언어발달에 '치명적', 또는 '부정적' 영향—예를 들면 주의력 결핍 장애(ADHD)—을 미친다는 점이 강조된다.

> 권 소장은 "스마트 기기를 사용하면 언어가 만들어지는 영유아 시기에 언어 발달이 치명적으로 지체된다"고 지적했다. 이어 "게임이나 스마트폰에 중독되면 아이들의 사고력, 언어능력, 도덕적 분별력, 주의력과 통제력, 공감력과 사회성 능력 등이 심각하게 저하되는 것을 확인할 수 있다"고 설명했다.[24]

소아청소년과 전문의, 심리학자 등의 전문가들은 WHO, 미국소아과학회(AAP) 등의 권고안 등을 바탕으로 2~5세 이상 어린이들의 스마트 미디어 이용은 하루 1시간으로 제한할 것, 그리고 6

24 「[생명은 하나님의 선물] "자녀의 미디어 중독은 부모의 방치와 무관심에서 비롯돼"」, 『국민일보』, 2019. 9. 27.

세 이상의 어린이들의 경우, 전자 기기의 이용 시간과 종류를 제한하고 신체활동, 수면 등 다른 것에 방해를 받지 않도록 해야 함을 역설한다. 이러한 주장 속에서 스마트 미디어는 '위험한 미디어', 즉 아이들이 최대한 멀리해야 하는 미디어로 규정된다.

스마트 미디어 이용이 영유아에 끼치는 부정적 영향에 초점을 맞춘 서사는 사실 매스 미디어의 등장 이후 나타났던 미디어 효과에 대한 믿음, 즉 '미디어 노출=미디어효과'라는 자극-반응 모형 또는 영상 미디어는 아이들의 현실 인식에 강하고 누적적인 영향을 미친다는 강효과 이론에 근거한 미디어 상상(media imaginaries)에 의해 지지될 수 있다. 아이들이 어떠한 환경 속에서 어떤 콘텐츠를 접하는 가와 같은 세부적 사항들은 언급되지 않은 채, 이 서사 속 미디어는 과의존을 비롯한 모든 부정적인 아동의 행동의 주요 원인으로 거론된다. 일례로 2019년 말 2020년 초에 이슈화된 유아 성폭력 사건[25]의 원인의 하나로 언론과 전문가들은 영유아들이 유튜브를 비롯해 자극적인 미디어 영상에 노출되었기 때문이라고 진단하였다.[26] 역사상 유례가 없을 정도로 미디어에 포획된 상황 속에서 영유아가 겪는 많은 문제가 너무 일찍 스마트 미디어에 노출되어 유튜브 속 유해 콘텐츠를 접했기 때문이라는 것이다.

스마트 미디어는 영유아들의 신체적 언어적 정서적 성장을 저해하고, 부모와 자녀 간의 소통과 애착형성을 방해하는 요인이라

---

25 성남의 한 어린이집과 인근 아파트에서 남아가 여아에게 성범죄를 저지른 사건을 말한다.

26 「"다른 일 못해요" 청소년 34% 스마트폰 중독」, 『동아일보』, 2019. 9. 16.

는 서사[27]속에서 아이를 위험으로부터 보호하기 위해 강조되는 것은 부모의 역할이다. 부정적 영향에 대한 논의 속에서 부모는 다중적인 의미를 갖는 존재이다. 이들은 아이들의 스마트 미디어 중독을 유발하는 주요 원인으로 거론된다. 많은 보고서와 강연은 아이의 과의존은 부모의 과의존과 연결되어 있으며, 부모의 방치와 무관심, 즉 "부모의 시간을 확보하기 위해", "부모가 편하자고" 스마트폰을 쥐어준다는 점을 지적한다.[28] 동시에 부모는 공공장소에서 떼쓰는 아이를 제어하지 못하는 무기력한 존재로 표상된다. 부모는 아이들의 문제를 유발하는 비난의 대상인 동시에 아이들을 위험으로부터 구해내기 위해 바른 미디어 사용법을 배워야할 훈육의 대상으로 규정된다.[29] 부모의 이기적이고 문제적 행동에서 비롯된 자녀의 문제를 해소하기 위해 부모가 올바른 지식에 기초하여 자녀의 미디어 이용에 대한 관심을 기울이고 이를 적절히 통제해야 한다는 조언 속에서 이들은 문제해결의 주체로 거듭나게 된다.

흥미로운 것은 몇몇 글에서 나타난 바람직한 육아의 방식이다. 스마트 미디어로 인해 방해받은 아이들의 성장을 촉진하기 위

---

27 「'휴대폰만 보는 아이들'…대안 마련 토론회 개최」, 『머니투데이』, 2018. 12. 18. 「"우는 아이 스파트폰 주면 언어발달 늦어질 수도"」, 『세계일보』, 2019. 4. 2.

28 「5인치 화면에 코박은 '어린 중독자' 만든 부모의 '무심코...」, 『머니투데이』, 2018. 4. 18; 「'미디어 중독 위험군' 떠오른 영유아… "부모 교육 강화해야"」, 『국민일보』, 2019. 6. 17.

29 「"자녀의 미디어 중독은 부모의 방치와 무관심에서 비롯돼"」, 『국민일보』, 2019. 9. 27; 「유아 '육아도우미' 된 스마트폰… 문제는?」, 『세계일보』, 2020. 1. 14.

한 육아의 방법으로 거론되는 것은 '책읽기', '흙놀이'와 같은 전통놀이, '노래 들려주기' 등 "영상미디어를 사용하지 않는 교육방식"이다.[30] 아날로그 방식의 전통적인 교육은 때로는 자녀의 뇌에 '도서관'을 짓는 행위로 언급되면서 자녀 발달에 긍정적인 역할을 하는 수단으로 대비된다.[31]

4.3. 최첨단 기술을 갖춘 든든한 육아도우미와 도움이 필요한 존재로서의 부모

앞서 살펴보았듯이, 영유아 미디어 이용과 관련한 기사에서 가장 많이 등장한 주체는 통신업계 등 관련 산업 종사자들이었다. 2017년 LG U+의 '아이들나라'의 성공 이후, 키즈 콘텐츠는 주요 플랫폼인 IPTV(SK 브로드밴드, 올레 KT, LG U+) 업계의 성장을 담당할 킬러 콘텐츠로 부상하였다. 관련 업계 동향, 특히 새로운 서비스/상품의 출시를 소개하는 기사는 산업계가 스마트 미디어 및 관련 서비스를 어떻게 규정하고, 이용자들에게 무엇을 소구하고 있는지를 보여준다.

"아이가 디지털 기기를 활용해 학습하는 모습을 학부모가 얼마나 허용할 수 있을지 의문"[32]이라는 에듀테크 관계자 발언이 시

30 「"우리 아이, 유튜브 어디까지 보여줘야 할까요?」, 『매일경제』, 2019. 4. 23.

31 「"자녀의 미디어 중독은 부모의 방치와 무관심에서 비롯돼"」, 『국민일보』, 2019. 9. 27.

32 「IT · 인공지능 · 빅데이터 접목… 4兆 시장 '에듀테크'를 잡아라」, 『조선일보』, 2019. 4. 21.

사하듯이, 관련업계 종사자들의 담론은 영유아의 스마트 미디어 이용 또는 미디어 이용에 대한 전통적인 불안을 넘어 자녀 양육과 가족의 삶에 도움이 되는 미디어로 의미화하는 데 초점을 맞추고 있었다. LG U+의 아이들나라 서비스를 소개한 기사를 보면

> "U+tv 아이들나라 3.0의 핵심 서비스는 △아이 실력에 딱 맞는 프리미엄 콘텐츠로 영어와 더 친해지고 자신감이 생기는 '영어유치원' △아이 성향을 AI가 분석하고 전문가가 추천해주는 U+tv 특허출원 '맞춤 도서 추천' △올바른 양육을 위해 부모와 아이의 성향을 진단해주는 '육아 종합 검사' △유치원에서 배우는 누리과정 그대로 집에서 더 재미있게 반복 학습하는 '누리교실' 등이다"[33]

LG U+뿐만 아니라 KT 키즈랜드, SKT가 2019년에 시작한 플레잉 홈 및 ZEM을 소개하는 기사에서 공통적으로 강조되는 것은 이들 플랫폼이 영어, 한글 교육, 책읽기 등의 서비스를 제공함으로써 놀이를 통한 학습을 가능하게 한다는 점이다. AR(증강현실) 기술을 활용한 동화 읽기를 통해 자녀들이 동물들의 울음소리 등을 생생하게 체험하게 하거나, AI와의 대화를 통해 재미있는 교육을 실행하고, 아이들이 노래, 율동을 배우고 양치, 배변과 같은 생활 습관을 익힌다는 식이다. 영유아 대상 스마트 미디어 이용에 대해 산업계는 최첨단의 기술을 활용하여 자녀의 경험을 극대화하고

---

33 「'AI 진단+전문가 추천' LG U+, 'U+tv 아이들나라 3.0' 출시」, 『머니투데이』, 2019. 8. 6.

효율적으로 양육할 수 있다는 점에 소구하고 있다.

아이들에게 위험하고 부정적인 영향을 미치는 미디어라는 전통적인 이미지를 불식시키기 위해 산업계는 새로운 서비스들이 유튜브와 달리 안전한 미디어/서비스라는 점을 강조한다. 자녀들이 엘사게이트[34]와 같이 알고리즘에 의한 유해 콘텐츠에 노출되는 것을 막기 위해 "교육전문가들이 일일이 유해콘텐츠를 거르는 시스템의 구축", "AI 화자 인식 기술", 부모의 직접적인 차단을 통해 프로그램을 이용자의 연령에 맞게 프로그램을 제공함으로써[35] 유튜브 차별화된 서비스라는 점을 부각한다. 미디어 이용 시간이 길어질 경우 이를 경고하는 서비스를 제공하거나(예를 들면 SKT의 스몸비, KT의 키즈 안심타이머), 자녀의 콘텐츠 이용 기록이 저장되거나, 가족 모두가 함께 동화책을 만드는 프로젝트를 함으로써 자녀의 과의존, 스마트 미디어에 대한 부모의 통제력 약화 및 대화단절이라는 위험을 최소화한 미디어임을 호소한다. 요약하자면 산업계가 발화주체로 등장한 뉴스 속에서 스마트 미디어의 위험은 스마트한 장치와 이용을 통해 차단할 수 있는 것이기에, 스마트 미디어는 아이들의 성장과 교육, 부모와의 원만한 관계 맺음에 얼

---

34 엘사 등 아이들이 좋아하는 유명 만화 캐릭터가 등장하는 혐오 콘텐츠를 통칭하는 말이다. 몇몇 동영상에서는 이들 주인공이 마약을 하거나 성폭행을 당하는 등의 극단적인 내용으로 구성되기도 하여 맘카페를 중심으로 주의를 당부하기도 하였다.(「맘카페 떠들썩하게 만든 '엘사 게이트' 영상」, 『한국일보』 2017. 11. 23.)

35 「[DBR]우리 아이 영어, 안방 'AI쌤'이 가르쳐요」, 『동아일보』, 2020. 7. 8; 「"키즈시장에 답있다"… 통신3사 IPTV 서비스 불꽃 경쟁」, 『국민일보』, 2020. 5. 25.

마든지 도움이 될 수 있는 수단으로 의미화된다.

흥미로운 것은 산업계 담론 속 부모의 모습이다. 위험담론에서 비난/훈육의 대상이자 문제를 해결해야 하는 책임자로서의 위치가 강조되었던 것과 다소 다르게 그려진다. 산업계 화자들은 AI 및 빅데이터 기술을 활용하여 아이의 전반적인 발달과 성향, 학습 상황을 진단하고 가이드하는 서비스, 육아 상담 콘텐츠(예를 들면 KT, 네이버), 1:1 맞춤형 상담 서비스를 제공함으로써, 자녀 양육에서 어려움을 겪는 부모들에게 도움이 될 수 있음을 강조한다. 이러한 서사 속에서 부모는 양육의 책임자이지만 또한 도움이 필요한 존재로, 스마트 미디어는 이러한 필요를 해소할 수 있는 과학적이고 전문적인 육아도우미로 표상된다.

이상의 서사는 스마트 미디어 이용자들이 스마트 미디어에 대해 가지고 있는 이중적인 태도와 맥락을 같이한다. 일반적으로 스마트 미디어는 과의존의 위험은 있지만, '스마트'하게 이용할 경우 일상에 필요한 정보와 서비스를 가장 빠르고 편리하게 제공하는 수단으로 인식되고 있다.[36] 그 연장선상에서 영유아의 스마트 미디어 이용 역시, 부모의 통제 속에시 과의존이라는 위험에만 빠지지 않는다면, 각 연령별 아이와 그 부모들에게 적절한 프로그램을 과학적으로 제시함으로써 현명하고 세련된 돌봄을 가능하게 하는

---

36 하성보 · 강승묵, 「스마트폰의 이용형태와 이용환경이 갖는 사회문화적 함의 고찰: 미디어생태학적 관점을 중심으로」, 『한국콘텐츠학회논문지』 제11권 7호, 한국콘텐츠학회, 2011, 89-99쪽; 심미선 · 김은미 · 오하영 · 김반야, 「스마트함이란 무엇인가?: 이용자의 스마트미디어에 대한 인식을 중심으로」, 『한국방송학보』 제26권 3호, 한국방송학회, 2012, 255-297쪽.

도구로 정의된다.

요약하자면 연령별 아이들에게 특화된 스마트 미디어 콘텐츠의 다양성과 유익함, 부모의 효과적인 통제를 강조한 산업계의 담론 속에서 디지털 육아, 모바일 육아는 위험한 것이 아니라 부모들의 선택 가능한 대안으로 부상하게 된다. 또한 영유아의 스마트 미디어의 이용은 부정적인 효과를 유발하는 것이 아니라 자녀의 인지적 발달 및 성장에 긍정적인 역할을 수행할 수 있는 것으로 재정의되었다.

5. 결론

스마트 미디어는 이미 한국인의 일상에서 빼놓을 수 없는 일상적 환경이 되었고 영유아 돌봄 역시 예외가 아니다. 이 연구는 미디어의 홍수 속에서 부모들이 어떠한 판단에서 스마트 미디어의 노출 및 이용을 바라보고 있는지 파악하기 위하여 영유아의 스마트 미디어 이용 담론이 어떻게 구성되는지를 분석하고자 하였다. 본 연구는 TV 등장 이후 아이들의 미디어 이용에 대한 부정적인 시선이 경제적 동인에 의해 달라져간다는 논의에 기초하여, 키즈 콘텐츠 시장을 둘러싼 경쟁이 가속화된 2018년부터 2020년까지 3년 동안 관련 기사를 대상으로 돌봄이라는 맥락 속에서 스마트 미디어가 누구에 의해 어떻게 정의되고 있는가, 그 안에 담긴 이상적인 양육, 양육자의 역할, 돌봄의 모습은 무엇인가에 대해 논의하였다.

8개의 중앙지와 2개의 경제지를 대상으로 분석한 결과, 미디어 공간에서 가장 두드러진 발화주체는 관련 콘텐츠 생산자 및 플랫폼 운영자들이었다. 학계 및 시민단체, 부모를 중심으로 스마트 미디어의 부정적 영향에 대한 논의 즉 아이들의 스마트 미디어 이용을 신체적 정서적 발달에 유해한 것으로, 부모-자녀 간의 소통/대화를 방해하는 요소로 바라보는 시각 역시 존재했지만, 산업계는 위험성 논의를 넘어 영유아의 스마트 미디어 이용에 새로운 긍정의 언어를 부여하였다. 스마트 미디어는 최첨단의 기술을 활용하여 자녀의 생활습관을 형성하고 학습과 발달을 돕는 미디어, 유튜브와 달리 유해 콘텐츠를 차단하고 자녀의 미디어 이용에 대한 부모의 통제권을 확보토록 도와주는 안전한 미디어로 다시금 정의되었다. 자녀의 과의존을 유발하는 존재로서 비난과 훈육의 대상이었던 부모는 산업계의 서사 전략 속에서 책임자로서의 모습뿐만 아니라 도움이 필요한 존재로 위치 지워졌다. 헌신적인 돌봄을 이상화하고 있는 위험 담론 속에서 불완전한 돌봄의 방식으로 표상된 디지털 육아는 최신 기술로 무장한, 부모들이 활용 가능한 육아 방식으로 부상하게 된다.

이상의 논의는 영유아의 스마트 미디어 이용에 대한 시선이 균질적이지 않음을 보여준다. 또한 이는 미디어에 대한 사회적 인식은 단순히 미디어 효과 차원이 아니라 '돌봄'이라는 맥락, 그리고 이를 둘러싼 다양한 이해 관계가 작용하며 형성된다는 점을 보여준다. 한편 위험한 미디어로 또는 똑똑한 육아 지원군의 부상으로 바라보건 간에 공통되는 부분이 존재한다. 자녀 돌봄은 결국 사회 및 공동체가 함께 풀어가야 할 문제가 아니라 개별 가정의 문제, 개인의 기술의 활용을 통해 해소되어야 할 이슈로 환원된다는 것이다.[37] 그 과정에서 돌봄이 개인적임과 동시에 사회적이며, 정치적인 문제[38]라는 것은 희석되고 만다.

후속연구를 위해 향후 영유아의 스마트 미디어 이용에 있어 고려해야 할 부분을 논의하며 글을 마무리하고자 한다. '맘충', '노키즈'존이 상징하듯 아이와 아이 돌봄에 대해 부정적인 일부 사회적 시선이 미디어 이용에 어떠한 방식으로 작용할 것인가에 대한 고려가 이뤄져야 할 것이다. 돌봄의 행위 속에서 미디어가 어떠한 맥락 속에 대두되고 개입되는가라는 부분은 스마트 미디어에 대한 상상이 양육자들에 의해 새롭게 전유되고 때로는 기각될 수 있는 조건으로 작용하기 때문이다. 둘째, 역사상 그 어떤 시기보다도 미디어가 풍부하다는 현상적 조건, 그리고 그 안에서의 양육자의 삶의 여건과 그 속에서 미디어가 갖는 의미가 무엇인지를 함께 고려해야 한다. 스마트 미디어가 일상화된 상황에서 떼쓰는 아이를 달래기 위해 스마트 미디어를 이용하는 것은 이상한 일이 아닐 것이다. 이러한 삶의 조건과 디지털 육아에 대한 인식 및 실천이 어떠한 관계를 맺고 있는가에 대한 탐구 역시 요청된다.

이상의 제안은 영유아의 스마트 미디어 이용의 담론이 개별

---

37 정책적 개입의 중요성을 언급하는 논의가 없었던 것은 아니다. 미디어 전문가들은 영유아의 스마트 미디어 과의존 문제를 해결하기 위하여 '스마트쉼센터'의 프로그램이나 공공도서관의 놀이 프로그램을 활용할 필요가 있다고 제안한다(김아미, 「미디어 교육, 유아 · 어린이부터 시작하자」, 『한겨레』, 2020. 2. 17; 「영유아 자기조절력은 부모 양육방식에 좌우」, 『한겨레』, 2019. 3. 25)

38 Joan C. Tronto, *Caring democracy*. New York University, 2013. 김희강 · 나상원 역, 『돌봄민주주의』, 아포리아, 2014.

가정에서 여러 행위자들에 의해 어떠한 방식으로 차용되는지에 대한 추가적인 탐구가 필요하다는 것을 의미한다. 향후 연구에서는 돌봄이라는 맥락 속에서 과연 부모들은 자녀들의 스마트 미디어 이용을 어떠한 맥락에서 허용하며, 무엇을 기대하고 있는지, 그 과정에서 스마트 미디어가 어떻게 가내화되는지에 대한 논의가 이루어지길 바란다.

디지털 기기와 모성의 연결
: '유튜브 육아' 연구[1]

김은진

1. 들어가며

한국인이 가장 오랜 시간 사용하는 스마트폰 앱은 유튜브로, 유튜브 사용 시간은 카카오톡과 네이버 사용 시간을 합친 것보다 많았다. 또 유튜브는 유아도 스마트폰을 통해 쉽게 이용할 수 있다. 실제로 만 13세 이하 유아동 중 23.7%가 만 3세 이전에 스스로 채널을 선택해 스마트폰 시청을 시작한다.[2] 그러나 아동은 현실과 미디어를 구분하기 어렵고,[3] 선악의 개념 등 의도한 교훈을 제대로 받아들이지 못하는 경우도 있어 매체의 영향에 취약하

---

1 이 글은 「'유튜브 육아' 연구-육아 과정에서 어머니의 유튜브 이용과 통제」, 『지역과 커뮤니케이션』 제25권 3호, 부산울산경남언론학회, 2021. 8을 수정, 보완하여 재수록한 것이다.

2 정용찬 · 김윤화, 『2020 방송매체 이용행태 조사』, 방송통신위원회, 2020.

3 Patsy Skeen, Mac H. Brown, & Keith D. Osborn, "Young children's perception of "real" and "pretend" on television," *Perceptual and Motor Skills* 54:3, 1982.

다.[4] 또한 유튜브 키즈 콘텐츠들은 폭력성,[5] 잘못된 젠더 이데올로기 강화,[6] 소비 조장[7] 등의 문제를 안고 있는 경우가 많다. 따라서 유아동의 유튜브 이용은 그 악영향이 우려되는 상황이다.

아동의 뉴미디어 이용에 관한 기존 연구들은 대부분 스마트폰이라는 기기 이용 현황, 그중에서도 과의존 문제에 관한 것이었다.[8] 콘텐츠 중에서 영유아가 가장 먼저, 많이 접하는 것은 유튜브 콘텐츠인데 이에 관한 연구는 활발하지 않은 상황이다. 그러나 유튜브는 기존 방송과 달리 충격적 장면을 여과 없이 전하며, 사후 규제를 할 때도 증거가 부재할 가능성이 있다. 또 알고리즘이 추천, 연관 콘텐츠를 제공해 유아동이 부적절한 콘텐츠에 노출될 수

---

4 Cynthia A. Hoffner & Joanne Cantor, "Development difference in responses to a television character's appearance and behavior", *Developmental psychology 21*, 1985.

5 한균태 · 하승태 · 서영남 · 조의현, 「지상파 텔레비전의 어린이 프로그램에 나타난 폭력성 연구」, 『한국방송학보』 제21권 1호, 한국방송학회, 2007.

6 김희연 · 김명희, 「TV 애니메이션 '뽀롱뽀롱 뽀로로'에 등장하는 캐릭터의 성차 분석」, 『열린유아교육연구』 17호, 한국열린유아교육학회, 2012; 이현정, 「크리에이터의 성별에 따른 유튜브 키즈 채널 놀이 콘텐츠 및 댓글 분석」, 성균관대학교 일반대학원 석사학위논문, 2018.

7 Moniek Buijzen, & Patti M. Valkenburg, "The impact of television advertising on children's Christmas wishes", *Journal of Broadcasting & Electronic Media* 44:3, 2000.

8 박혜선 · 김형모, 「아동의 스마트폰 중독이 공격성에 미치는 영향」, 『한국콘텐츠학회논문지』 제16권 3호, 한국콘텐츠학회, 2016; 신윤미, 「영유아 스마트폰 노출의 경과 및 위험요인」, 『한국정신건강사회복지학회 학술발표논문집』, 한국정신건강사회복지학회, 2016; 이경숙 · 정석진 · 박진아 · 전연진, 「0-3세 영유아 영상매체 시청 및 부모의 영유아 자녀 영상매체 시청 지도 행동 실태 조사」, 『유아교육연구』 제34권 2호, 한국유아교육학회, 2014.

있다.[9]

이러한 위험에도 불구하고 영유아가 영상매체를 시청하는 동안 부모의 통제는 잘 이루어지지 않는 것으로 나타났다.[10] 이는 어린 아기를 둔 여성들이 집 안에 고립되어 스마트폰 중독 위험이 2~5배로 높은 상황에서 육아를 하고 있다는 점,[11] 혹은 키즈 콘텐츠가 '모바일 육아(mobile parenting)'[12]에 이용되는 상황들과 관련이 있을 것으로 보인다. 그러나 어머니들이 육아에 모바일 기술을 어떻게 접목하는지, 육아에 여러 환경요인들이 어떤 영향을 미치는지, 그것이 유아동의 미디어 수용에 대해 어떤 관련이 있는지에 대한 연구는 아직 부족한 실정이다.

또 보호자의 시청 지도와 통제는 어린이에게 분명한 영향을 미치기 때문에,[13] 보호자의 자녀 미디어 이용에 대한 태도와 인식, 통제, 즉 '디지털 육아(digital parenting)'는 매우 중요하다. 이 연구에서는 구체적으로 부모가 왜, 어떻게 유아동 자녀의 유튜브 시청을

---

9 홍남희, 「스마트 미디어 시대 '침투성(pervasiveness)' 개념의 확장 가능성에 대한 검토: 영국 ASA의 인터넷 개인방송 광고 규제 사례를 중심으로」, 『한국방송학보』 제32권 5호, 한국방송학회, 2018.

10 이경숙 · 정석진 · 박진아 · 전연진, 앞의 글.

11 서혜성 · 김연하, 「영아기 자녀를 둔 어머니의 스마트폰 중독 결정요인: 사회 인구학 특성, 양육 스트레스, 양육 지식을 중심으로」, 『아동학회지』 제35권 5호, 한국아동학회, 2014.

12 Benjamin Burroughs, "YouTube Kids: The App Economy and Mobile Parenting", *Social Media + Society* 3:2, 2017.

13 박세영 · 김미숙, 「어머니의 TV 시청 지도와 유아의 구매 요구와의 관계에서 유아 TV시청량의 매개효과」, 『어린이미디어연구』 제13권 3호, 한국어린이미디어학회, 2014.

통제하는지, 그리고 통제에 대해 어떻게 생각하는지 살펴보고자 한다.

특히 최근 코로나 팬데믹 이후 스마트 기기나 유튜브 의존도는 크게 높아졌을 것으로 보인다. 과학기술정보통신부의 '2020 스마트폰 과의존 실태조사'에서도 스마트폰 과의존 위험군 비율이 전체 23.3%로 2019년(20.0%) 대비 3.3% 증가했고, 특히 청소년(만 10~19세)이 35.8%(5.6% 증가), 유아동(만 3~9세)이 27.3%(4.4% 증가)로 가장 높은 증가율을 보였다.[14]

또 스마트 기기 사용에 대한 부모들의 생각 차이도 커지고 있다. 소혜진 등[15]에 따르면 자녀의 스마트 기기 사용이 '긍정적 영향을 끼칠 것이다'라는 응답이 유의하게 증가하였다(2015~2016년 11.7%, 2017년 25.6%). 또 '문제가 없으므로 자제시키지 않는다'라는 응답도 증가했다(2015~2016년 4.3%, 2017년 11.8%). 부정적 영향을 끼칠 것이라는 응답도 증가했지만(57.5% vs 66.3%) 긍정적 영향을 끼칠 것이라는 응답이 더 크게 증가했다.

이러한 상황에서 이 연구는 벤자민 버로스(Benjamin Burroughs)의 '모바일 육아'와 제니퍼 로드(Jennifer A. Rode)의 '디지털 육아' 개념을 유튜브에 적용해, '유튜브 육아'를 살펴보았다. 즉 실제 유아동 육아에서 유튜브가 양육자에 의해 어떻게 이용되고 규제되는지, 이를 둘러싼 환경은 어떠한지 심층적으로 분석한 것이다.

---

14 과학기술정보통신부, 『2020년 스마트폰 과의존 실태조사 결과』, 2021.

15 소혜진 · 임성민 · 조상연 · 고민숙 · 문진화, 「유아 스마트 기기 사용 현황의 변화: 2015~2016년과 2017년의 연구 결과 비교」, 『대한소아신경학회지』 제26권 4호, 대한소아신경학회, 2018.

2. 기존 문헌 검토 및 이론적 논의

2.1. '모바일 육아(Mobile Parenting)'와 '디지털 육아 (Digital Parenting)'

벤자민 버로스는 '모바일 육아는 디지털 기술과 육아 관행, 그리고 목표 수용자(혹은 미래의 수용자)로 어린이를 보는 관점의 결합'이라고 말한다. 그는 유아동 양육에서 디지털과 모바일 기술의 사용이 점점 보편화되고, 아이들이 휴대전화와 태블릿으로 콘텐츠를 시청하면서 테크놀로지가 육아의 일부분이 되었다고 보았다.[16] 이러한 관점에서 유튜브 키즈 콘텐츠는 모바일 육아의 중요한 부분이 된다. 버로스는 주로 양육자의 육아관행보다는 산업의 관점에서 어린이를 '목표 수용자'로 보고 연구를 진행했지만, 이 연구에서는 '디지털 기술과 육아의 결합', '유아동 양육에서의 디지털과 모바일 기술의 사용'이라는 관점에서 '모바일 육아'에 주목했다.

모바일 육아가 '육아 과정에 디지털 기술을 이용하는 것'이라면, '디지털 육아'는 '양육자가 육아 과정에서 아동의 모바일 기기 이용에 대해 취하는 태도나 규제'로 볼 수 있다.[17] 로드[18]는 디지

16 Benjamin Burroughs, op. cit.

17 Veronika Konok, Nóra Bunford, & Ádam Miklósi, "Associations between child mobile use and digital parenting style in Hungarian families," *Journal of Children and Media* 14:1, 2020; M. Yusuf, D. Witro, R. Diana, T. A. Santosa, A. Alfikri, & A. Jalwis, "Digital Parenting to Children Using The Internet," *Pedagogik Journal of Islamic Elementary School* 3:1, 2020. https://doi.org/10.24256/pijies.v3i1.1277

18 Jennifer A. Rode, "Digital Parenting: Designing Children's Safety," *People and*

털 육아를 '부모가 아동의 안전을 설계하는 것(Designing Children's Safety)'으로 보았다. 무하메드 유수프(Muhamad Yusuf), 돌리 위트로(Doli Witro), 라미 다이애나(Rahmi Diana), 토미 산토사(Tomi Santosa), 아니사 알피크리(Annisa Alfikri), 그리고 잘위스 잘위스(Jalwis Jalwis)[19]는 인터넷에 의해 야기되는 해로운 영향과 긍정적인 영향에서 벗어나, 어린이들을 위한 '디지털 육아'를 제안하려 한다고 밝혔다. 이들은 어린이들이 유해 콘텐츠에 접근하는 것을 방지하고 긍정적인 콘텐츠에 접근하는 방향성을 만드는 것을 목표로 한다. 이는 디지털 콘텐츠를 '이용'하는 동시에 '규제'한다는 측면에서 버로스와 로드의 개념이 모두 들어가 있다. 이렇게 모바일 육아와 디지털 육아는 서로 떨어질 수 없다. 따라서 이 연구는 앞서 살펴본 버로스의 모바일 육아와 로드의 디지털 육아 개념을 적용해 유튜브 육아, 즉 유튜브가 육아에 어떻게 이용되고 규제되는지에 대해 분석하고자 한다.

'디지털 육아'라는 용어와 개념을 사용한 연구자들은 양육자의 디지털 육아 스타일을 유형화하고,[20] 그에 따른 영향을 분석했다.[21] 로드[22]는 부모가 자녀를 안전하게 지키기 위한 규칙과 시행 전략, 아이들의 온라인 안전에 대한 관점, 자녀 보호에 대한 책임

Computers, 23, 2009.

19 Muhamad Yusuf, Doli Witro, Rahmi Diana, Tomi Apra Santosa, Annisa 'Alwiyah Alfikri, & Jalwis Jalwis, op. cit.

20 Jennifer A. Rode, op. cit.; Muhamad Yusuf, Doli Witro, Rahmi Diana, Tomi Apra Santosa, Annisa 'Alwiyah Alfikri, & Jalwis Jalwis, op. cit.

21 Veronika Konok, Nóra Bunford, & Ádam Miklósi, op. cit.

22 Jennifer A. Rode, op. cit.

분담을 분석해 세 유형으로 나누었다. 그 결과 각 가정은 첫째 보안관 가구(소프트웨어로 부모가 자녀의 계정을 모니터링), 둘째 자활 가구(같이 시청하는 등 사회적 방법을 사용), 셋째 외부 지원 가구(친구나 전문가의 도움을 받음)로 나뉘었다. 따라서 그는 기술이 사회적 맥락을 고려하여 아이들을 보호할 수 있어야 한다고 주장한다.

유수프 등[23]은 여러 육아 방식 중 디지털 시대에 필요한 것은 '권위 있는 육아 스타일(맥락적인)'과 '권위 있는 육아 스타일(민주적인)' 두 가지라고 보았다. 이는 부모가 정한 한도를 벗어나면 규칙과 벌칙을 결정하면서도 아이가 창조하고 혁신할 수 있게 하는 스타일이다. 다른 육아 방식들은 부모에 의해 아이들이 원하는 것이 결정되어버리거나, 부모가 자녀의 활동에 너무 관여하지 않아 아이들이 부정적 콘텐츠를 접할 수 있기 때문에 디지털 육아에 적합하지 않을 수 있다는 것이다. 이러한 연구결과들은 부모의 관여와 중재, 혹은 통제의 중요성을 강조하고 있다.

이러한 디지털 육아 스타일, 즉 부모의 태도, 신념, 역할 모델링, 그리고 양육 방식이 아동의 '모바일 터치 스크린 장치' 사용 정도에 영향을 미칠 수 있다.[24] 연구 결과, 부모가 더 관용적이고, 더 권위적이거나 반대로 덜 권위적이고, 교육 수준이 낮으며, 휴대 전화에 대한 더 큰 애착을 보이고, 더 많은 긍정적인 태도를 보이고, 초기 기기 사용에서 피해를 적게 입고 이익을 많이 얻은 경우, 자녀들이 모바일 터치 스크린 장치 사용에 더 많은 시간을 보냈다.

---

23 Muhamad Yusuf, Doli Witro, Rahmi Diana, Tomi Apra Santosa, Annisa 'Alwiyah Alfikri, & Jalwis Jalwis, op. cit.

24 Veronika Konok, Nóra Bunford, & Ádam Miklósi, op. cit.

국내 연구들에서는 디지털 육아라는 용어를 사용하지는 않았지만 '양육자가 육아 과정에서 아동의 모바일 기기 이용에 대해 취하는 태도나 규제'에 대한 연구들은 이어졌다. 특히 영유아들은 스마트 기기에 일찍 노출될수록, 그리고 오래 사용할수록 중독될 확률이 높다[25]는 연구가 많다. 또 유아기에 스마트 기기를 많이 사용하게 되면 두뇌 발달에 불균형이 생겨 '유아 스마트폰 증후군(toddler smartphone syndrome)' 등 부작용을 낳을 수 있다.[26] 미국소아학회는 18개월 미만 영아는 디지털 미디어를 사용하지 않아야 하며, 만 2~5세 유아는 하루 1시간 이내만 디지털 미디어를 사용해야 한다고 권고했다.[27] 세계보건기구도 1세 미만 영아는 TV, 컴퓨터, 모바일 기기 등 앉은 자세로 수동적으로 이용하는 오락거리를 이용하지 않는 것이 좋다고 했으며, 2~4세의 영유아는 1시간 이내로 사용하고 이용시간은 적을수록 좋다고 밝혔다.[28] 국내 정신건강 전문의들도 유아의 자기조절능력의 부족, 과다사용 위험, 또래관계 방해 등의 이유 때문에 유아의 스마트폰 사용에는 연령제한

---

25 노윤서, 「만 3~5세 유아의 컴퓨터 게임 이용실태 분석」, 『어린이미디어연구』 제8권 2호, 한국어린이미디어학회, 2009; 서미영 · 임은미, 「유아 및 초등 저학년 아동의 인터넷 게임 중독경향과 인성특성의 관계」, 『아동교육』 제19권 4호, 한국아동교육학회, 2010.

26 한국교육방송공사, 『다큐프라임-미래를 바꾸는 교육: 2부 디지털 육아의 비밀』, 한국교육방송공사, 2014.

27 American Academy of Pediatrics (AAP), *American academy of pediatrics announces new recommendations for children's media use*. 2016. 10. 21.

28 World Health Organization (WHO), *Guidelines on physical activity, sedentary behaviour and sleep: For children under 5 years of age*, 2019.

과 시간제한이 필요하다고 보았다.[29]

따라서 영유아의 경우 특히 부모의 개입과 통제에 대한 논의가 필요하고, 이에 따라 관련 연구들이 이어졌다. 양육자의 영상매체, 스마트폰에 대한 태도나 통제는 유아의 매체 이용과 의존, 발달에 영향을 주는 것으로 나타났다. TV의 경우 시청 지도와 통제는 어린이에게 분명한 영향을 미치는 것으로 나타났다. 박세영과 김미숙[30]에 따르면 3~5세 유아의 어머니 중 70%는 제한적 TV 시청지도를 하고, 17%가 설명적 지도, 8%가 공동시청 방식으로 통제했다. 이 중에서 제한적 시청지도 유형 어머니의 자녀가 TV 시청량과 구매요구가 가장 적었고, 공동시청 지도유형의 자녀가 TV 시청량과 구매요구가 가장 많았다. 남경희[31]에 따르면 어머니의 미디어 중재역할 중 '긍정적 중재'와 '방임', 양육행동 중 '과보호 · 허용'과 '거부 · 방임' 모두 유아동의 스마트폰 과몰입 경향에 유의미한 정적(+) 영향을 미쳤다. 어머니의 미디어 중재 중 '방임'의 영향력이 가장 컸으며, '한계설정'도 유의미한 부적 영향을 미쳤다. 양육자의 태도나 통제가 유아동의 과몰입뿐 아니라 발달에 영향을 미치기도 했다. 만 3~5세 유아의 경우, 어머니의 스마트폰 사용에 대한 긍정적-부정적 인식은 유아의 스마트폰 과의존, 놀이

29 이연정 · 이소영 · 이아름 · 반건호 · 최태영 · 김지연 · 최상철, 「아동과 청소년들의 스마트폰 사용에 대한 정신건강의학과 전문의의 의견 조사」, 『신경정신의학』 제54권 4호, 대한신경정신의학회, 2015.

30 박세영 · 김미숙, 앞의 글.

31 남경희, 「어머니의 양육행동과 미디어 중재역할이 유아의 스마트폰 과몰입에 미치는 영향」, 『육아지원연구』 제13권 1호, 한국육아지원학회, 2018.

성, 정서지능 등에 영향을 주었다.[32]

그러나 유아동의 스마트폰 이용에서 부모의 통제가 실제로 잘 이루어지는 것 같지는 않다. 이경숙, 정석진, 박진아, 그리고 전연진[33]에 따르면 0~3세 영유아 중 11%가 생후 11개월 미만부터 영상매체(TV, DVD, 컴퓨터, 핸드폰 등)를 이용하고, 1일 평균 2시간 40분 이용하였으며(미국 만 3~5세 영유아의 1일 평균 영상물 이용시간은 1시간 56분), 영유아가 영상매체를 시청하는 동안 부모가 가사를 수행하거나 휴식을 취하는 등 영유아의 영상매체 이용에 대한 부모의 통제가 잘 이뤄지지 않고 있었다.

미취학, 초등 저학년 이하 유아동의 경우 부모의 보호가 필요한 나이이며, 미디어의 영향을 많이 받고 SNS 접촉도 활발하게 시작하는 시기인데도 이 시기에 대한 미디어 이용 연구는 아직 부족하다. 이는 대상자가 정확하고 구체적인 답변을 하기 어렵기 때문일 수도 있다. 특히 미취학 유아동의 경우 스마트 미디어를 통한 학습과 교육(태블릿을 이용한 학습지), 혹은 미디어 이용능력 함양 등의(코딩교육 열풍 등의 예) 교육적 이유로 부모들도 스마트 미디어 이용 지도의 갈피를 잡지 못하는 때이기도 하다. 이 연구에서는 스마트 콘텐츠 중 영유아들이 가장 많이 사용하는 유튜브를 양육자들이 구체적으로 어떻게 인식하고 통제하는지 알아보고자 했다.

---

32 남궁기순 · 김희영, 「어머니의 스마트폰 사용인식, 양육행동, 유아의 스마트폰 과의존, 정서지능, 놀이성 간의 구조적 관계」, 『열린유아교육연구』 제25권 5호, 한국열린유아교육학회, 2020.

33 이경숙 · 정석진 · 박진아 · 전연진, 앞의 글.

2.2. 어머니 요인과 유아동의 스마트 기기 이용

지금까지 유아동의 스마트기기 이용에 관한 연구는 주로 양육자(주로 어머니)의 요인이 자녀의 모바일 기기 사용 및 그로 인한 문제에 부정적인 영향을 미친다는 관점으로 이루어졌다. 우선 어머니의 양육 관련 요인이 자녀의 스마트폰 과의존에 미치는 영향에 관한 연구는 다음과 같다. 어머니의 양육 스트레스,[34] 양육 행동,[35] 양육 효능감,[36] 어머니의 놀이참여도,[37] 어머니의 취업 여부[38] 등은 각각 자녀의 스마트폰 과몰입 혹은 과의존에 영향을 미치는 것으로 나타났다.

어머니의 스마트폰, 혹은 디지털 기기 이용 정도와 리터러시 등도 자녀의 스마트폰 과의존에 영향을 미쳤다. 어머니의 스마트

---

34 류미향, 「영아의 스마트폰 사용실태 및 어머니 인식」, 『한국영유아보육학』 86호, 한국영유아보육학회, 2014; 박정아 · 현은자, 「유아의 스마트폰 과의존, 유아의 공격성, 어머니의 양육스트레스, 어머니의 스마트폰 중독경향성의 구조적 관계 분석」, 『어린이문학교육연구』 제19권 2호, 한국어린이문학교육학회, 2018; 최지훈 · 안선희, 「어머니의 양육행동과 스트레스, 남편의 양육참여가 유아의 스마트폰 과의존에 미치는 영향」, 『가정과삶의질연구』 제38권 4호, 가정과삶의질학회, 2020.

35 최지훈 · 안선희, 앞의 글.

36 류미향, 앞의 글.

37 최현규 · 김낙흥, 「어머니의 놀이참여도가 유아의 스마트폰 과의존에 미치는 영향: 가족건강성의 매개효과를 중심으로」, 『육아지원연구』 제15권 3호, 한국육아지원학회, 2020.

38 강정원 · 장수진 · 김승옥, 「유아의 인터넷 게임중독 경향성에 미치는 유아와 가족변인의 영향」, 『어린이미디어연구』 제10권 3호, 한국어린이미디어학회, 2011.

폰 중독경향성[39]은 자녀의 스마트폰 중독에 정적인 영향을 미쳤고, 어머니의 기능적 디지털 리터러시 수준은 자녀의 스마트폰 중독에 부적인 영향을 미쳤다.[40] 유사한 연구로 어머니의 인터넷 이용만족도와 어머니의 인터넷 중독 정도가 유아의 인터넷 게임 중독에 영향을 미친다는 것도 있다.[41]

이렇게 자녀가 모바일이나 인터넷에 노출되거나 중독될 경우, 과몰입, 공격성 등 여러 가지 나쁜 영향을 가져온다.[42] 또 어머니의 스마트폰 의존성[43]이 자녀의 스마트폰 과의존뿐만 아니라 공격성이나 문제행동 증가 등의 악영향을 미치기도 했다. 이는 어머니의 양육 스트레스가 유아의 문제행동에 영향을 미친다[44]는 기존 연구

39 김인숙 · 김도연, 「어머니의 스마트폰 중독경향성이 학령전 아동의 스마트폰 과몰입에 미치는 영향」, 『아시아교육연구』 제18권 2호, 서울대학교 교육연구소, 2017; 박정아 · 현은자, 앞의 글; 신하나 · 정세훈, 「아동 · 청소년의 스마트폰 중독 수준에 영향을 미치는 개인적 및 사회환경적 예측요인에 관한 연구」, 『사이버커뮤니케이션학보』 제35권 3호, 사이버커뮤니케이션학회, 2018.

40 신하나 · 정세훈, 앞의 글

41 강정원 · 장수진 · 김승옥, 앞의 글. 연구자들은 부모의 이용만족도, 부모의 인터넷 중독정도로 표기했으나, 연구방법에서 아버지가 응답한 설문지 15부를 분석에서 제외했다는 언급이 있는 것으로 보아 부모가 아니라 어머니로 해석했다.

42 박혜선 · 김형모, 앞의 글; 신윤미, 「영유아 스마트폰 노출의 경과 및 위험요인」, 『한국정신건강사회복지학회 학술발표논문집』, 한국정신건강사회복지학회, 2016; 이경숙 · 정석진 · 김명식, 「1-3세 영유아 영상물 과몰입이 일반적, 정서사회적 발달에 미치는 영향」, 『한국심리학회지: 발달』 제28권 1호, 한국심리학회, 2015.

43 조경서 · 김은주, 「어머니의 스마트폰 의존성이 유아의 문제행동에 미치는 영향」, 『한국아동복지학』 53호, 한국아동복지학회, 2016.

44 서석원, 「어머니의 자아존중감과 양육스트레스가 유아의 문제행동에 미치는 영향: 어머니의 온정적 양육태도의 매개효과」, 『생태유아교육연구』 제18권 4호, 한국생태유아교육학회, 2019; 서석원 · 우수경, 「어머니의 양육스트레스가 유아

와 마찬가지로, 스마트 기기와 관련해서도 어머니의 나쁜 요인이나 나쁜 양육 방식이 자녀에게 문제행동을 유발한다는 관점의 연구이다.

이와 같이 스마트폰이나 인터넷과 관련해 어머니는 주로 유아동 자녀에게 악영향을 미치는 존재로 묘사되어왔다. 그렇다면 어머니들의 상황이나 그들의 어려움을 주목한 접근은 없었는가? 홍남희[45]에 따르면 0~3세 자녀를 둔 20~30대 여성들은 육아의 일차적 책임자가 되어 집 안에 고립되면서 시·공간 활용에 제약을 받게 되면서 휴대성이 좋은 스마트폰을 대체적 미디어 혹은 주된 미디어로 활용한다. 이들은 스마트폰을 통해 육아 및 가사 정보를 검색하거나 아이를 위한 놀이용·교육용 어플을 주로 이용하고 있었다. 서혜성과 김연하[46]에 따르면 이렇게 어린 아기를 둔 어머니들이 스마트폰에 중독된 비율은 일반 성인의 두 배 이상, 특히 고위험군은 다섯 배 이상 높았고, 유아의 어머니라는 요인 외에 연령, 학력, 직업 유무, 소득 등은 스마트폰 중독과 관련성이 없었다. 유아를 양육하는 어머니라는 입장이 가지는 스마트폰 중독 취약성이 드러났다고 볼 수 있는 것이다.

그러나 대부분의 연구에서 유아동을 양육하는 어머니들의 스마트폰 의존이나 여러 취약성은 그들이 어려움을 겪고 있고 도움을 요하는 일로 다루어지기보다는 아이에게 악영향을 미치는 요

의 문제행동에 미치는 영향」, 『유아교육학논집』 제20권 2호, 2016.

45 홍남희, 「초기 모성수행기 여성들의 스마트폰 이용」, 『미디어, 젠더 & 문화』 21호, 한국여성커뮤니케이션학회, 2012.

46 서혜성·김연하, 앞의 글.

인이라는 식으로 해석되어왔다. 일례로 스마트폰 사용과 관련한 연구에서 어머니의 양육 스트레스가 있다면 이것이 어디에서 기인했고 어떻게 해결할 것인지보다는 이 스트레스가 유아 자녀에게 공격성이나 문제행동 증가 등 악영향을 미친다는[47] 결론으로 이어졌다.

자녀의 스마트폰, 혹은 인터넷 과의존에 미치는 요인으로 어머니 관련 요인 외에 남편의 양육 참여,[48] 가족 간의 친밀감[49] 등을 살펴본 연구도 드물게 있다. 이 연구에서는 유아동의 유튜브 이용과 관련해 주양육자인 어머니 외에도 가족과 사회적 요인에 어떤 것들이 있는지 구체적으로 살펴보려 한다. 또 어머니 관련 요인도 그것이 유아동에 대한 원인인 동시에 다른 상황들의 결과일 수 있다는 관점을 가지고 접근하고자 한다.

2.3. 어린이의 미디어 이용과 효과 –'디지털 네이티브(Digital native)'의 딜레마

기존 연구들에 의하면 미디어가 어린이에게 미치는 영향은 모방과 과의존, 구매욕구 자극 등 다양하다. 특히 초기부터 연구가 많이 이루어진 것은 미디어의 폭력성이 어린이에게 어떤 영향을 미치는지에 관한 것이다. 우선 미디어 폭력이 어린이의 인식에 미

47 박정아 · 현은자, 앞의 글; 서석원 · 우수경, 앞의 글; 서혜성 · 김연하, 앞의 글.

48 최지훈 · 안선희, 앞의 글.

49 강정원 · 장수진 · 김승옥, 앞의 글.

치는 영향을 살펴보면, 어린이(성인 포함)는 비폭력적 프로그램보다 폭력적인 프로그램을 본 후 현실 세계 속에 일어나는 폭력장면에 더 생리적으로 적은 자극(ex. 피부 반응, 맥박 변화)을 보여, 폭력적 프로그램이 실제 폭력에 둔감하고 무관심하게 만드는 효과가 나타났다.[50] 또 TV에서 판타지 폭력물을 많이 접한 어린이가 도덕적 딜레마에서 폭력을 더 정당한 것으로 판단하는 경향을 보여[51] 폭력에 대한 인식과 윤리관에도 영향을 미치는 것으로 나타났다. 이는 조지 거브너(George Gerbner)와 래리 그로스(Larry Gross)[52]의 문화계발 효과이론과도 맥을 같이한다. 폭력적인 영상매체에 자주 노출되면 실제 사회에서 폭력 비율도 높은 것으로 인식하고 사회적 불신이 높아질 수 있다는 것이다.

어린이 미디어 이용의 구매욕구, 젠더 측면의 효과를 주목한 연구들도 이어졌다. 우선 TV 광고는 어린이의 구매욕구와 관련이 있었다. 모니크 뷔젠(Moniek Buijzen)과 패티 발켄버그(Patti M. Valkenburg)[53]에 따르면 당시 텔레비전에서 방영된 방송광고와 아이들이 크리스마스에 선물로 받고 싶은 것을 비교한 결과, 과반

---

50 Margaret H. Thomas, Robert W. Horton, Elaine C. Lippincott, & Ronald S. Drabman, "Desensitization to portrayals of real-life aggression as a function of exposure to television violence," *Journal of personality and social psychology* 35:6, 1977.

51 Marina Krcmar, & Patti M. Valkenburg, "A scale to assess children's moral interpretations of justified and unjustified violence and its relationship to television viewing", *Communication Research* 26:5, 1999.

52 George Gerbner, & Larry Gross, "Living with Television: The Violence Profile", *Journal of communication* 26:3, 1976.

53 Moniek Buijzen, & Patti M. Valkenburg, op. cit.

수의 어린이가 최소한 하나 이상의 광고된 제품을 요구했다. 젠더 측면의 미디어 연구로는 유아용 애니메이션 뽀로로 속 성별 캐릭터 분석을 들 수 있다. 분석 결과 남성캐릭터는 더 주도적이고 반사회적이며 부정적인 어휘를 사용하는 등의 특징을 보였고, 이에 비해 여성 캐릭터는 의존적이고 여성성을 상징하는 색깔로 묘사되거나 장신구를 착용하는 등의 차별적인 모습이 나타났다.[54]

이러한 문제들은 스마트폰 등 디지털 미디어 콘텐츠에서도 드러나고 있다. 디지털 미디어나 이를 이용한 유튜브, 게임 등의 콘텐츠에는 위에서 살펴본 폭력성, 성차별적 재현 등의 기존 문제 외에도 과의존, 중독의 문제가 중요하게 부각되고 있다. 스마트 기기는 휴대가능성과 편리성, 오락성 등의 특성을 가지고 있어, 최근에는 컴퓨터 중독보다 스마트폰 중독이 더 높아지고 있다.[55] 특히 코로나 이후 과의존 위험이 높아지고 있다. 과학기술정보통신부(2121)의 '2020 스마트폰 과의존 실태조사'에서도 스마트폰 과의존 위험군 비율이 전체 23.3%로 2019년(20.0%) 대비 3.3% 증가했고, 특히 청소년(만 10~19세)이 35.8%, 유아동(만 3~9세)이 27.3%로 가장 높은 증가율을 보였다.

기존 연구들에 의하면 유아의 스마트 기기 사용시간이 증가하면 부모자녀관계와 또래관계, 정서, 학습 등에 문제를 발생시킬 수 있다. 또 언어, 인지, 사회성, 정서, 신체발달이 지체될 수 있으며, 공격성, 충동성 등의 외현적 문제행동과 우울, 불안 등의 내재

54 김희연 · 김명희, 앞의 글.

55 미래창조과학부, 『건강한 스마트사회 구현을 위한 스마트폰 · 인터넷 바른 사용 지원 종합계획(안)』, 미래창조과학부, 2016.

적 문제행동을 일으킬 수 있다.[56]

특히 코로나 팬데믹 이후 이용량이 가장 많이 증가한 콘텐츠는 동영상이었다(과의존군 43.1%, 일반군 38.6%).[57] 코로나 이전에도 특히 유아(만 3~5세)의 경우, 스마트 기기를 사용하는 주요 용도는 동영상 시청(2018년 76.6%)으로 나머지 모든 용도를 합친 것의 약 3배였다.[58] 그러나 이 조사에서는 과의존 문제 해결을 위한 노력의 주체를 개인, 기업, 정부로 보고 있어 유아동 보호자의 입장은 간과하고 있다. 다만 개인의 문제해결 방안 중 가족 및 친구 조언과 도움(22.9~25.2%), 기술적 지원(11.8~12.1%) 항목은 보호자 개입의 필요성을 제기한다고 볼 수 있다.[59]

이와 같이 디지털 미디어의 위험성에 대한 연구들이 많이 있지만, 디지털 미디어는 점점 발전해 이미 우리 삶에서 필수적인 요소가 되었다. 이 흐름은 부정할 수 없다. '디지털 네이티브(digital native)', 즉 '태어났을 때부터 디지털 환경 속에서 상호작용하며 성장하는 세대'[60]는 어쨌든 이 디지털 환경 속에서 살아가야만 한다.

---

56 김종민 · 문정주 · 권미량, 「유아기 스마트기기 중독성에 대한 탐색적 연구」, 『생태유아교육연구』 제13권 1호, 한국생태유아교육학회, 2014; 성지현 · 변혜원 · 남지해, 「유아의 스마트기기 이용과 발달 수준 및 공감 능력과의 관계 탐색」, 『유아교육연구』 제35권 2호, 한국유아교육학회, 2015; 이경숙 · 정석진 · 김명식, 앞의 글; 최미영, 「스마트폰 과몰입에 따른 유아의 발달수준」, 군산대학교 석사학위논문, 2016.

57 과학기술정보통신부, 앞의 보고서.

58 소혜진 · 임성민 · 조상연 · 고민숙 · 문진화, 앞의 글.

59 과학기술정보통신부, 앞의 보고서.

60 Marc Prensky, *Education to better their world: Unleashing the power of 21st-century kids*, New York: Teachers College Pres, 2016.

따라서 우리는 유아동에게 어느 정도의 디지털 환경이 적절한지 범위를 설정하고, 그에 맞도록 유아동을 이끌어야 한다.[61] 우리는 디지털 환경에서 살아야 할 디지털 네이티브를 위해 디지털 미디어를 이용하면서 동시에 통제해야 한다는 딜레마에 직면해 있다.

디지털 미디어 콘텐츠 중 특히 유튜브는 유아동들이 가장 많이 사용하는 것이다. 현재까지 연구에서 나타난 어린이의 유튜브 사용에 대한 관점은 크게 두 가지로 나뉜다. 하나는 어린이의 유튜브 활용을 긍정적으로 보는 입장으로, 이는 유튜버를 4차 산업혁명 시대 유망한 직업으로, 어린이를 글보다 영상이 익숙한 세대로 규정하고 있다. 다른 하나는 보호주의적 입장인데, 이는 어린이가 유튜브를 통해 접하는 콘텐츠의 상업성이나 자극적 내용에 대해 우려한다.[62]

우선 인터넷과 유튜브를 긍정적으로 보는 연구들은 다음과 같다. 김아미[63]는 초등학생들이 유튜브를 비공식적인 학습 공간, 감정을 교류하는 공간, 정체성을 구현하고 실험하는 공간으로 받아들이고 경험한다고 분석했다. 이는 소니아 리빙스톤(Sonia Livingston) 등[64]의 인터넷에 대한 분석과 맥을 같이한다. 리빙스톤

---

61 크레이그 케넷 밀러, 정성묵 역, 『아이키드-디지털 시대의 올바른 자녀양육』, 디모데, 2015.

62 김아미, 「초등학생의 유튜브 경험 및 인식에 대한 탐색적 연구」, 『한국어린이미디어학회 학술대회 자료집』, 한국어린이미디어학회, 2018. 6.

63 김아미, 앞의 글.

64 Sonia Livingstone, Kursat Cagiltay, & Kursat Ólafsson, "EU Kids Online II Dataset: A cross–national study of children's use of the Iternet and its associated opportunities and risks", *British Journal of Educational Technology* 46:5, 2015; S. Livingstone,

등은 초등학생과 청소년이 인터넷을 사용하면서 위기와 기회를 함께 경험하게 되고, 이를 통해 디지털 리터러시가 높아질 수 있다고 긍정적으로 분석했다.

유튜브를 부정적으로 보는 연구들은 다음과 같다. 곽선영[65]에 따르면 유튜브의 키즈 콘텐츠는 소재 및 내용에서 아동의 흥미를 유발하지만 발달에는 부정적 영향을 미치며, '추천 가능'한 영상보다 영유아들이 시청하기에 부적절한 영상이 2배 많고, 상업적인 제품 홍보영상이 많은 것으로 나타났다. 키즈 유튜브 콘텐츠에서 크리에이터 성별에 따른 차이도 나타났다. 남성 크리에이터 영상에서는 동적 놀이, 실외 놀이, 대근육 놀이의 비율이 높았고 게임, 장난, 경쟁놀이가 더 많았으며, 여성 크리에이터 영상에서는 역할놀이와 꾸미기, 그리기를 많이 하는 등 놀이 유형, 놀잇감 유형에서 성차가 분명하게 드러났다.[66]

유튜브는 유아동들이 가장 많이 사용하는 디지털 콘텐츠이다. 이 연구는 갈수록 영상 미디어 노출 연령이 낮아지는데도 관련 연구가 아직 부족한 상황에서, 유아동의 유튜브 노출과정과 상황을 종합적으로 알아보려 한다. 특히 모바일 육아의 관점에서 양육자가 육아 과정에서 유튜브를 어떻게 이용하는지, 디지털 육아의 관점에서 양육자가 유튜브를 어떻게 통제하는지 알아보고자 한다.

& E. J. Helsper, "Children, internet, and risk in comparative perspective," *Journal of Children and Media* 7:1, 2013.

65 곽선영, 「유튜브 키즈콘텐츠의 구성적 특성과 적절성 탐색」, 가천대학교 석사학위논문, 2019.

66 이현정, 앞의 글.

3. 연구방법

3.1. 연구대상

이 연구는 양육자의 육아와 보살핌이 필요하고 미디어 이용에 따른 영향이 큰 것으로 알려진 유아동을 대상으로 한다. 유아동 양육자가 육아에 유튜브를 어떻게 이용하며 어떻게 통제하는지, 즉 '유튜브 육아'가 어떻게 이루어지는지 알아보려 한 시도이다. 따라서 미취학, 혹은 초등학생 저학년까지인 10세 이하 유아동 중 유튜브를 수회 이상 시청한 유아동의 어머니를 대상으로 했다.[67]

3.2. 연구방법

연구대상인 10세 이하 유아동이 직접 인터뷰에 응하기는 어려울 것으로 판단하여, 심층인터뷰는 유튜브를 보는 유아동의 어머니를 대상으로 했다. 코로나 상황으로 2020년 한 해 동안 어린이

67 이윤진 · 권미경 · 김승진(2015)에 따르면 조부모에게 자녀양육을 위탁한 가구라도 주 양육자는 94.2%가 엄마라고 한다. 유아동을 양육하고 보살피는 양육자로는 부모, 어린이집 교사, 조부모 등이 있지만 한국사회에서 실질적으로 유아동을 제일 많이 접촉하고, 잘 알며, 최종적으로 육아방식을 판단하고 결정하는 사람은 어머니이다. 특히 코로나 팬데믹 상황에서 어머니의 접촉이 가장 많다고 볼 수 있으며 미디어 접촉에 대해 관심을 가지고 관리하는 사람도 어머니이므로 어머니를 인터뷰 대상으로 하였다.

집이나 초등학교를 전혀 가지 못하거나 일주일에 며칠만 등원 혹은 등교했기 때문에, 아동의 어머니들이 대면 인터뷰에 응할 시간을 내기 어려웠고, 이러한 상황이 당분간 바뀌기 어렵다고 판단하여 인터뷰는 비대면으로 진행했다.[68] 인터뷰 방법은 지원자 상황에 맞게 조율하여, 9명은 전화, 1명은(《5》) 카카오톡으로 진행했다. 1차 인터뷰 시간은 40분에서 1시간 30분 정도 소요되었다. 이후, 수차례 추가 질문과 답변이 오갔다.

'맘스홀릭', '우리아이책카페', '82쿡', '부산맘' 등 맘카페 4곳에(전국 규모 3곳, 지역 카페 1곳) 유튜브를 보는 10세(만 8세) 이하 자녀를 둔 어머니를 대상으로 연구 지원자 모집문을 올렸으며 이를 보고 지원한 사람, 혹은 지원자가 추천한 사람을 대상으로 진행했다. 지원자는 공지문에 포함된 링크를 통해 간단한 구글 설문을 수행했고 이를 통해 연구대상자로 적합한지 확인하였다.[69] 심층

---

68 인터뷰 대상자 모집과 진행은 부산대학교 생명윤리위원회에서 IRB심의를 받아 이에 따라 연구를 진행하였다. 2020년 10월 22일 승인을 받았고 과제번호는 PNU IRB/2020_115_HR이다.

69 구글 설문으로 거주지, 자녀 나이, 유튜브를 보는 시간 등 인터뷰에 필요한 사전정보를 물어보았다. 인터뷰에 적합한지 여부는 자녀의 나이가 가장 중요한 기준이었다. 공지문에 기준을 명시해도 자세히 읽어보지 않고 신청하는 경우가 있기 때문에 확인 과정을 거쳤다. 처음에는 어머니의 취업 여부 비율, 지역 비율도 실제 상황에 맞게 비율을 조절하려 하였으나 인터뷰이 섭외에 어려움이 있어 연구목적에 벗어나지 않는 정도로 기준을 완화했다. 모집 대상 카페도 늘렸고, 인터뷰이 숫자도 계획했던 것보다 소수로 조정하였다. 예상했던 것보다 인터뷰 섭외에 상당히 어려움이 컸던 것은 팬데믹 상황으로 어린 자녀를 키우는 어머니들이 자유 시간을 내기 어려웠기 때문으로 추측된다. 실제로 인터뷰 중에도 어머니들이 혼자만의 시간을 가진 경우는 거의 없었고, 대부분 자녀와 같은 공간에 있으면서 자녀에게 유튜브를 보여주면서 인터뷰에 응했다.

인터뷰는 10명을 대상으로 했다. 인터뷰 대상자인 어머니는 10명이고 그들의 10세 이하 자녀는 14명이다. 11세 이상 자녀는 제외했다. 연구대상자의 연령은 34세부터 46세까지이며 직업은 전업주부 3명, 시간제 아르바이트 1명, 시간제 근무자나 프리랜서 2명, 전일제 근무자 4명(휴직 중 1명)이었다. 응답자의 자녀는 전원 3세 이상으로 어린이집, 유치원, 초등학교 등 기관의 돌봄을 받고 있었다. 따라서 조모나 조부의 도움을 잠깐씩 받는 경우도 있었지만 보조양육자의 역할을 했고, 현재 주양육자는 어머니로 볼 수 있었다. 인터뷰는 2020년 11~12월 두 달간 진행했다.

인터뷰는 반구조화된 형태로 진행했다. 기본적인 질문은 준비했으나 '라포(rapport, 상호 간의 신뢰)' 형성과 예상하지 않은 발견을 위해 비교적 자유롭게 인터뷰하였다. 인터뷰 내용 중 연구문제와 관련 있는 내용을 범주화하여 분석했다.

〈표 1〉 인터뷰 대상자

	나이	직업	연구 대상 자녀[70]	일일 유튜브 시청시간
1	38	물리치료사 (오후에만 출근)	8세 딸, 6세 딸	주중 약 90분, 주말 더 많이 시청
2	44	서비스직 아르바이트	10세 아들	주중 2~3시간, 주말 못 봄
3	43	병원 근무	9세 아들	주중 2~3시간, 주말에 더 많이 시청
4	45	사회복지	6세 딸	약 1시간
5	31	프리랜서 강사	5세 딸, 3세 딸	1~2시간(어머니 육아), 3~3시간 반(할머니 육아)
6	40	전업주부	9세 딸	주중 3시간, 주말 3시간 이상
7	46	기자(휴직 중)	7세 아들	1시간 반~2시간
8	40	어린이집 방과 후 교사, 미술학원운영	9세 아들, 5세 딸	평일 9세 1시간, 5세 1~3시간 주말 더 많이 시청

9	38	전업주부	9세 아들, 7세 아들	1~2시간
10	34	전업주부	3세 딸	30분~1시간

4. 모바일 육아-육아도우미로서의 유튜브

4.1. 가정 육아의 한계와 유튜브 육아

4.1.1. 인간의 확장인 미디어
-양육자의 신체적, 심리적 한계로 인한 유튜브 육아

응답자들은 모두가 가사 일을 하기 위해, 혹은 본인의 휴식을 위해 유튜브를 육아돌보미로 적극 이용하고 있었다. 모든 응답자들은 가사 일을 하는 동안 아이를 혼자 방치하면 위험하기 때문에, 그때 유튜브를 보여주는 경우가 많다고 했다. 〈3〉은 불을 사용하는 요리의 경우 자녀를 곁에 두기 위험하기 때문에 그 시간에 유튜브를 보라고 탭을 사주었다. 식사 준비를 위해 유튜브를 보게 하는 시간은 보통 30분에서 2시간 정도였다. 〈4〉는 연구자와 전화 인터뷰 중 아이의 관심을 돌리려고 유튜브를 보라고 말하기도 했다. 보호자가 아이 옆에 있어주기 어려울 때, 몸은 하나인데 두 가지 일을 한꺼번에 해야 하는 한계에 처할 때 유튜브라는 일종의 육아돌보미에게 잠시 맡기는 것이다.

---

70 〈표 1〉의 나이는 인터뷰가 진행된 2020년 기준이다.

요리를 하고 가스불에 가 있는데... 얘가... 관심이, 어딘가에 둬야 되는데 둘 데가 없는 거예요 근데 사고는 한순간에 나잖아요. 너무 어린 나이에. 그래서 제가 이렇게 세 살... 네 살 때 아예 키즈탭이라고 그거를 제가 아예 선물로, 탭을 하나 사 줬거든요. 그때부터 (유튜브를) 본격적으로 보게 된 거예요.[71] 〈3〉

또 어머니들은 가사와 육아, 직장일 등으로 지치거나 질병으로 한계에 처했을 때, 유튜브를 이용해 휴식과 치유의 시간을 가지고 있었다. 〈4〉는 아이 셋을 키우며 가사를 하거나, 피곤할 때 아이들에게 유튜브를 보여준다고 했다. 〈10〉은 인터뷰 2주 전 어머니와 3살 아이 둘 다 감기로 며칠 고생했다. 아이는 아파서 어린이집도 갈 수 없고, 같이 아픈 어머니와 둘만 집에 있는 상황에서 방법은 유튜브밖에 없었다고 한다. 〈4〉는 자녀들이 뉴미디어 이용에 익숙해지고 교육 콘텐츠로 학습하는 교육적 효과가 있다 하더라도 사실은 유튜브를 보여주고 싶지 않다, 불가피한 상황에 어쩔 수 없이 보여주는 것이라고 했다. 즉 유튜브가 가사와 육아를 동시에 하지 못하는 어머니의 물리적 한계, 그리고 체력적 한계를 보완해 주는 육아돌보미 역할을 하고 있었다.

저저번 주에 제가 이제 저희 애기랑 저랑 둘 다 감기에 걸려가지고... 제가 너무 아프니까, 너무 힘드니까, 또 하루 종일 집에 같이

71 인터뷰 내용은 어법에 맞지 않더라도 인터뷰이의 언어를 그대로 전달하기 위해 가능하면 발언 내용 그대로 옮겼다.

있으니까 티비(로 유튜브)만 보여주게 되더라고요. 〈10〉

응답자 자녀들의 경우 1살, 3살부터 유튜브에 노출되는 경우도 있었다. 유아동 어머니가 자유시간이 없다는 것은 인터뷰 상황에서도 드러났다. 대부분의 인터뷰에서 곁에 있는 아이들의 소리가 들렸고, 어머니들은 인터뷰를 하기 위해 아이들에게 유튜브를 보게 하는 경우가 많았다. 즉 어머니의 필요에 의해 유튜브를 아이돌보미로 적극적으로 이용하고 있었다.

특히 어머니가 직장에 다니는 경우, 체력적, 시간적 한계로 인해 자녀의 주말 유튜브 시청이 늘어났다. 응답자 중 〈3〉, 〈4〉는 전일제, 〈1〉은 반일제(오후에만 출근) 직장을 다니고 있었고 〈8〉도 두 개의 직업을 가지고 있었다. 이 중 〈1〉, 〈3〉, 〈8〉이 자녀가 유튜브를 주말에 더 많이 시청한다고 했다. 다른 어머니들(아르바이트, 프리랜서, 전업주부, 휴직 중) 중 주말 시청이 더 많다고 답한 것은 〈6〉이 유일했다. 직장을 다니는 어머니의 경우 주말에 휴식이 더 필요할 수 있을 것이다. 물론 주말 양육자는 부모 둘 다라는 점에서 직장을 다니는 어머니의 피곤함과 아버지의 무관여가 같이 작용했다고 볼 수도 있을 것이다.

어머니가 유아동 자녀에게 마음 놓고 보여줄 수 있는 미디어 콘텐츠는 어린이용 TV 프로그램이나 어린이용 유튜브가 대표적이다. 게임은 유아동에게 권장되지 않으며 포털이나 채팅 등 여타 미디어는 유아동이 이용하기 어렵다. TV의 어린이용 프로그램은 정해진 편성표에 따라 방송하므로 원하는 프로그램을 원하는 시간에 보기 어렵고, 방송 시간도 길기 때문에 한 번 보여주면 프로그램이 끝날 때까지 계속 보여줘야 한다. 따라서 어머니가 가사를 하거나, 피곤하거나, 아프거나, 쉴 때, 즉 양육자가 필요할 때 즉시 아이에게 보여줄 육아돌보미로 이용하려면 TV보다는 스마트폰, 특히 유아동의 경우 유튜브가 유용하다.

기존 연구들은 유아동의 스마트폰 사용에 영향을 미치는 것으로 대부분 어머니의 양육 스트레스,[72] 양육 행동[73] 등 어머니 관련 요인에 집중했다. 하지만 실제로 유아동의 유튜브 사용에는 어머니가 불을 이용한 요리를 하거나 몸이 아파도 보조 양육자가 없는 불가피한 상황 등의 영향이 큰 것으로 보였다. 대가족 형태였던 과거와 달리 핵가족 형태인 지금, 육아는 주로 한 명이 담당하는 일이다. 조부모가 도움을 주는 경우에도 직장으로 어머니가 부재할 때 대리로 양육할 뿐, 동시에 같이 분담해 육아를 하는 것은 아니었다. 이 연구는 유아동의 스마트폰 사용의 원인이 되는 어머니의 양육 방식과 물리적, 체력적, 정신적 한계(스트레스 등)의 이면을 살펴본 것이다. 이런 상황에서 디지털 육아를 '유아동의 스마트폰 사용과 의존'이라는 부정적인 시선으로만 볼 것인지, 육아 한계 상황에 처한 어머니에게 대안은 없는지 다시 생각해 볼 필요가 있다.

마샬 맥루한(Marshall McLuhan)은 '미디어의 이해'에서 미디어를 비롯한 모든 인공물이 인간의 확장이라고 주장했다. 그는 미디어가 인간의 목적을 위해 존재하는 객관화되고 외재화된 사물이

72 류미향, 앞의 글; 박정아 · 현은자, 앞의 글; 최지훈 · 안선희, 앞의 글.

73 최지훈 · 안선희, 앞의 글.

아니라, 인간과 지속적으로 상호작용하며 인간의 능력, 범위, 나아가 인간에 대한 개념을 바꾸어나가는 생산적, 창조적 과정이라고 주장했다.[74] 이렇게 볼 때 자동차 바퀴가 인간 다리의 확장이듯, 유튜브는 어머니의 신체적 확장, 혹은 육아와 돌봄의 확장으로 기능하고 있었다.

4.1.2. 조부모 육아와 아버지, 형제관계의 영향

응답자들은 어머니의 직장 일 등으로 조부모가 육아를 일부 담당하는 동안 유아동의 유튜브 이용이 늘어난다고 말했다. 이 경우는 앞선 (1)에서 어머니가 가사일을 하거나 휴식을 취하는 동안 아이가 유튜브를 보는 상황과 비슷하면서도 다르다. 어머니가 아이 곁에 있으면 최대한 유튜브를 틀어주지 않으려고 노력하지만, 조부모가 육아를 담당하면 훨씬 노출이 커진다. 〈2〉는 '알바'를 가는 시간에, 〈8〉은 수업을 하러 갈 때, 〈3〉은 복직하면서, 〈4〉는 일을 시작하면서 등 직장의 형태와 상관없이 모든 경우 어머니가 부재하고 조부모(〈8〉)가 육아를 할 때 아이가 유튜브를 더 많이 보게 된다고 했다. 연구대상자들은 모두 어린이집, 유치원, 학교 등 기관을 이용하고 있었으나, 직업이 있는 경우 대부분 잠깐씩 조부모의 도움을 받았다.

근데 둘째 애가 좀 빨리 (유튜브를) 보기 시작했어요. 제가 일을 했

---

74 김상호, 「확장된 몸, 스며든 기술」, 『언론과학연구』 제9권 2호, 한국지역언론학회, 2009.

기 때문에 그때는. 할머니 집에... (중략) 우리는 그냥 애가 밥 안 굶고 어디 안 다치고 이런 것만 돼도 진짜 다행이다 생각하고 (시어머니에게) 맡기는 거니까 〈6〉

어머니들은 조부모가 어머니보다 더 체력이 약하고 미디어의 효과에 대한 경각심이 적기 때문에 조부모 양육 시 유튜브 노출이 늘어나는 것은 어쩔 수 없다고 받아들이고 있었다. 이윤진, 권미경, 김승진[75]에 따르면 손자녀 양육을 하는 조부모 중 15%가 건강이 좋지 못하며, 13%가 2명 이상의 손자녀를 양육하고 있었고, 양육기간은 평균 21개월로 2년 가까이 양육하고 있었다. 노년의 조부모로서는 체력의 한계를 느낄 수밖에 없는 상황이다. 또 같은 조사에서 양육관련 갈등 상황 중 가장 많은 것이 '서로 생각하는 손자녀와의 놀이 방식이 달라서(부모 30.9%, 조부모 24.8%)'였다. 유튜브 시청에 대해 부모와 조부모의 생각이 달라 유튜브 노출이 늘어난다는 이 연구 결과의 이유로 추정되는 부분이다.

기존 연구들에서 어머니의 취업여부는 유아의 인터넷 게임중독과 상관관계가 있었다.[76] 그러나 이는 중간 과정이 생략되어 자칫 모든 원인을 어머니의 책임으로 돌리고, 어머니가 취업하는 것은 자녀에게 좋지 않다고 생각하게 만드는 문제를 초래할 수 있

---

75 이윤진 · 권미경 · 김승진, 「조부모 영유아 손자녀 양육실태와 지원방안 연구」, 『연구보고』, 2015. 10, 육아정책연구소, 2015.

76 강정원 · 장수진 · 김승옥, 앞의 글; 정아란, 「유아의 컴퓨터게임 과몰입 예방교육프로그램 개발 및 적용 연구」, 공주대학교 박사학위논문, 2007; 이숙희, 「컴퓨터 게임 중독 수준에 따른 유아의 도덕적 판단 및 유아발달수준의 차이」, 『아동교육』 제16권 4호, 한국아동교육학회, 2007.

다. 인터뷰 결과를 볼 때, 만약 어머니 부재중인 시간에 체력과 전문성이 떨어지는 조부모가 아니라 보육기관에서 전적으로 아이를 돌본다면 상황은 달라질 것으로 보인다.

> 내가 남편한테 물어봤어요, 이런 거 너무 위험하지 않나... 제가 삭제도 해보고 검색도 안 되게 해봤는데... 〈4〉

어머니들의 인터뷰 내용에 따르면, 아버지는 자녀의 유튜브 이용에 대해 거의 관여하지 않거나 보조적인 역할만 하고 있었다. 〈4〉와 같이 맞벌이를 하더라도 어머니가 의견을 수차례 물어보고 여러 시도를 해보고 나면 그제야 도와주는 정도였다. 〈8〉의 남편은 아이와 함께 유튜브를 찍어 키즈 유튜버가 되면 어떨까 농담처럼 말하기도 했다. 유튜브 시청에 대해서 아버지들은 어머니에게 맡기고 한 발 물러서 있거나 좀 더 관용적인 태도를 보이고 있었다.

또 응답자 중 자녀가 둘, 혹은 셋인 경우 모두 막내가 손위 형제보다 유튜브를 더 어린 나이에 접하게 되었다. 〈4〉와 〈8〉은 손위 형제가 보니까 막내가 따라 보기 시작했고, 일정 나이가 지난 첫째와 둘째(12세 이상)는 규제하지 않는다고 했다. 즉 둘째 이상의 경우 같은 나이라도 규제가 느슨해지고, 손위 형제를 따라 하여 유튜브에 일찍 노출되며, 같은 아이라도 연령이 올라가면 규제가 줄어드는 것으로 보인다. 이렇게 형제 중에 더 빨리 노출이 되거나 더 많이 노출이 되면, 아이들이 유튜브에 더 집중하는 경향이 양육자 눈에 보인다고 한다. 〈3〉과 〈5〉는 어릴 때부터 유튜브를 본 둘째가 너무 몰입해서 보고, 자꾸 더 보려고 하며, 중단하게 말리기가 힘들다, "통제가 안 된다"고 했다.

> 저희 애(6살 셋째)는 유튜브를 일찍부터 봤거든요. (위에 언니들이 있으니까) 위에 큰 애가 있으니까 금방 따라 하더라구요. 〈4〉

강정원·장수진·김승옥[77]에 따르면 만 3~5세 유아 부모 238명을 대상으로 분석해 유아의 연령과 출생순위는 유아의 인터넷 게임중독 경향성과 정적인 상관관계가 나타났다. 반면 본 연구에서는 응답자들이 둘째, 셋째의 경우 유튜브에 처음 접하는 연령이 낮고 더 많이 보며 더 의존한다고 하였다. 이렇게 상반된 결과를 볼 때 출생순위와 유튜브 혹은 미디어 의존의 상관관계에 대한 연구가 더 필요한 것으로 보인다.

4.2. 기술적, 사회적 환경과 유튜브 육아

4.2.1. 매체의 편재성과 인터페이스의 발전

육아에 스마트폰이나 유튜브를 이용하게 되는 이유에는 기술적 요인도 있다. 즉 스마트 기기가 가정 내에 여러 개가 될 정도로 편재하고, 영유아도 사용하기 쉽게끔 인터페이스가 발전했기 때문이다. 〈3〉의 경우 아이들 각각 폰을 가지고 있고 패드가 두 대, 그리고 컴퓨터와 스마트 TV 등 최소 4종, 8개(부모의 폰 포함) 기

---

77 강정원·장수진·김승옥, 앞의 글.

기를 통해 유튜브를 접했다. 〈8〉의 경우 세 자녀가 각각 유튜브를 접속하는 개별 기기를 가지고 있었다. 〈7〉은 유치원에서 유튜브를 보여주는 경우도 있다고 했다. 가정 외에도 유튜브를 접할 수 있는 매체가 다양한 것이다.

> 지금 핸드폰 두 대, (학습지) 패드가 두 대, TV, 그다음에 집에 또 컴퓨터도 있잖아요. 다양한 매체로 (유튜브를) 보죠. 〈3〉

예전에는 한 가족이 한 대의 TV를 통해 동일한 콘텐츠를 보았지만, 이제는 각각의 매체로 각각의 콘텐츠를 볼 수 있다. 연구 결과, 유튜브도 마찬가지였다. 때문에 아동이 어떤 콘텐츠를 보는지 보호자가 제대로 알기 어려웠다. 어머니들은 자녀가 초등학교 입학을 하면 유치원과 달리 빨리 하교하게 되므로 만일의 경우 원활하게 연락을 하기 위해 스마트폰이나 키즈폰을 사주는 경우가 많았다. 특히 직장을 다니는 어머니의 경우 대부분 이때 폰을 구매해 주었다. 최근에는 교육용 학습지를 보기 위해 학습지 회사에서 태블릿을 제공하기도 하고, 특히 코로나 팬데믹 이후 온라인 수업 때문에 초등학생의 경우 인터넷 접속이 되는 기기를 필수적으로 사용하게 되었다. 즉 한국의 자녀 양육에서 가장 중요하게 고려되는 부분, 즉 '안전'과 '학습'이라는 이유 때문에 어머니들도 최근 스마트 기기 구매와 사용에 허용적이 될 수밖에 없었다.

또 연구대상자 아이들은 스마트 기기 음성검색과 알고리즘을 이용해 영유아 때부터(〈4〉의 자녀는 만 1살 때부터) 유튜브를 보기 시작했다. 스마트폰이나 패드를 통한 유튜브 접속은 자판을 치는 것이 아니라 음성검색과 화면 터치를 통해 볼 수 있다. 또 예전에 보았던 영상과 비슷한 유형, 좋아할 만한 영상을 자동 추천해주는 알고리즘이 존재한다. 따라서 글을 모르는, 혹은 말도 잘 못하는 영유아도 스스로 기기를 조작하고 콘텐츠를 선택해 시청 가능하다. 대상 유아동 모두 이러한 직관적이고 단순한 기기조작 기술을 이용해 유아기부터 유튜브를 이용했다. 스마트 기기로 유튜브를 접하는 것은 PC 기반 인터넷이나 다른 미디어를 이용하는 것과는 전혀 다른 상황이며, 특히 유아동에게 스스로 조작하고 선택할 수 있는, 제한적이나마 상당한 자율성을 부여했다. 이렇게 스스로 조작하고 선택하는 콘텐츠라면 애착이 더 커질 수 있다.

> 글을 몰라도, 음성으로 검색해가지고 찾아서 다 보더라고요... 자기가 찾는 그 단어 관련 동영상 뜨면 화면 보고 골라가지고 링크 연결해가지고... 〈1〉

PC 기반 인터넷에 비해 조작과 사용이 간단한 스마트 기기의 등장은 노인과[78] 영유아도 쉽게 인터넷과 SNS에 접근 가능하게 만들었다. 또한 알고리즘은 시청이 끝난 상태에서 다른 유사 콘텐츠를 추천하거나 자동재생 되도록 하기 때문에, 유아동이 보던 콘텐츠가 끝이 나도, 다음 편을 연이어 시청하거나 시청 범위를 넓히게 만든다. 기존 연구들은 흔히 유튜브 콘텐츠 수용보다는 스마트폰

---

78 김은진, 「노인들의 SNS 정치커뮤니케이션 연구: 카카오톡을 중심으로」, 『언론정보연구』 제56권 4호, 서울대학교 언론정보연구소, 2019.

이라는 기기 중심으로 아이들의 뉴미디어 접촉이나 중독을 분석한 경우가 많았다.[79] 그러나 실제 유아동이 유튜브를 접촉하는 기기는 매우 다양했고, 이러한 점을 고려하지 않는다면 유튜브 이용에 대한 분석은 제대로 이루어질 수 없다. 또 스마트 기기를 통해 긴급 연락, 안전의 확인, 커뮤니케이션(통화와 메시지), 학습과 교양 등의 다양한 이익을 얻을 수 있는 상황에서 어머니가 자녀의 스마트기기 이용을 차단하기는 어려웠다.

4.2.2. 도시 공간의 아동 배제와 팬데믹

1996년 유엔인간정주회의에서 채택된 해비타트 의제(Habitat Agenda)를 토대로 도시 공간에서 아동을 보호하고 권리를 보장하기 위한 아동친화도시(child-friendly city, CFC) 논의가 활성화되고 있다. 아동은 성인에 비해 도시에서 공간이용이 제한적이며, 활동 공간도 집, 놀이터, 학교 등으로 한정된다.[80] 한국은 특히 아파트 층간소음으로 자기 집 안에서도 마음껏 움직일 수 없고, 추위와 더위, 황사와 미세먼지, 도로의 차량 때문에 아이들이 밖에서 뛰어놀기에도 제약이 많다. 최근에는 집 외의 실내공간에서도 시끄럽고 번잡한 아동을 반기지 않아 노키즈존이 늘어가는 추세이다. 영유아는 울거나 물건을 집어던질 수 있고, 뛰어다니기 시작하면 타

79 노운서, 앞의 글; 서미영 · 임은미, 앞의 글.

80 Arza Churchman, "Is there a place for children in the city?", *Journal of Urban Design* 8:2, 2003; 신정엽, 「도시지리학 관점에서 아동친화도시(child-friendly city) 논의에 대한 비판적 고찰」, 『한국지리학회지』 제7권 3호, 한국지리학회, 2018.

인의 공간을 침범하거나 위험한 상황에 처할 수 있다. 현재 한국의 도시 실내 공간은 유아동에게 친화적이지 않다.

대부분의 응답자들은 외식 등으로 외출했을 때 유튜브를 보여준다고 했다. 〈7〉과 〈10〉은 어머니가 밥을 먹는 동안 아이들을 조용히 시키기 위해서 유튜브를 보여주는 수밖에 없다고 했다. 〈10〉은 외출했을 때는 '맘충' 소리를 듣지 않기 위해 어쩔 수 없이 쓴다고 했다. 〈5〉는 코로나 때문에 요즘은 외식을 하지 않으니 밖에서 보여주는 경우가 거의 없어졌다고 했다. 실내 공공장소에서 유아동 어머니들은 자녀를 조용히 하기 위해 유튜브를 보여주게끔 '사회적 압력'을 강하게 느끼고 있었다.

> 저도 당연히 애기는 최대한 미디어 노출을 안 하는 게 좋다고 생각을 했고... 당연히 그렇게 키울 거라고 생각했는데 막상 키워보니까 생각처럼 절대로 안 되더라구요. 특히 나갔을 때... 애기들 조금이라도 소리 지르고 뛰어다니면 '맘충'이니 뭐니 이런 소리도 듣고 그런 경우들도 많고 하니까... 〈10〉

어머니라는 의미의 '맘'과 벌레의 '충'이 합성된 '맘충'이라는 단어는 2015년 처음 등장해 2018년 7월 한 달간 73건의 기사에서 사용될 정도로[81] 흔하게 쓰인다. '노키즈존'이라는 용어는 2014년부터 사용되었고, 2016년 자녀를 동반했다는 이유로 식당 입장을 거부당한 부모가 국가인권위원회에 진정하면서 크게 논란이 되었

---

81 빅카인즈 분석을 통해 결과를 도출하였다.

다. 국가인권위원회는 "13세 이하 아동의 이용을 일률적으로 배제하는 것은 「국가인권위원회법」 제2조 제3호가 규정하고 있는 나이를 이유로 한 합리적인 이유 없는 차별행위에 해당한다"며, "피진정인에게 향후 피진정인이 운영하는 식당의 이용 대상에서 13세 이하 아동을 일률적으로 배제하지 말 것을 권고"했다.[82] 그러나 이후로도 논란이 커졌을 뿐 노키즈존이 사라지지는 않았다. 소혜진 등[83]의 연구에서도 유아의 어머니가 스마트 기기를 주로 사용하는 상황으로는 '다른 사람에게 방해가 되지 않고 조용히 있어야 할 때'(36.8%)가 가장 높았다. 초저출산 국가임에도 아이들은 도시라는 어른들의 공간에서 배제되고 있었다.

과학기술정보통신부의 2020년 실태조사에서는 스마트폰 과의존 위험군 비율이 전체 23.3%로 2019년(20.0%) 대비 3.3% 늘어난 것으로 나타났다. 특히 청소년(만 10~19세)이 35.8%, 유아동(만 3~9세)이 27.3%로 가장 높은 증가율을 보였다.[84] 이러한 현상에는 팬데믹 상황이 되면서 아동에 대한 공간적 배제가 더욱 심해진 상황의 영향이 있는 것으로 보였다. 유아동들은 우선 어린이집, 유치원, 학교 등의 유아동들의 공간에서 배제되었다. 또 팬데믹으로 외출을 자제하라는 권고가 이어지면서, 이전에는 유아동이 실내보

82 김정수, 「아동의 기본권 보장에 대한 헌법적 과제-'노 키즈 존(no kids zone)' 관련 정당성 논의를 중심으로」, 『법학논총』 제37권 4호, 한양대학교 법학연구소, 2020.

83 소혜진 · 임성민 · 조상연 · 고민숙 · 문진화, 「유아 스마트 기기 사용 현황의 변화: 2015-2016년과 2017년의 연구 결과 비교」, 『대한소아신경학회지』 제26권 4호, 대한소아신경학회, 2018.

84 과학기술정보통신부, 앞의 보고서.

다 편하게 이용하던 야외 공간조차 이용하기 어려워졌다. 여기에 공교육이 온라인 수업으로 이루어지면서 유아동들은 자연스럽게 스마트 기기 이용 시간이 늘어났다.

> 학교 다닐 때는 학교 다니고 유치원 다닐 때는 사실은 볼 시간이 그렇게 많지는 않거든요... (코로나로) 지금은 계속 집에만 있다 보니까 많을 때는 두 세 시간도 보는 거 같애요. 〈9〉

> 근데 사실 통제가 잘 안 돼요. 저 일 가고 애들은 온라인수업 하잖아요. 컴퓨터를 잡고 있으니까. 〈4〉

대부분의 응답자들이 코로나 팬데믹 상황으로 아이들의 유튜브 시청이 늘었다고 했다. 인터뷰 시기는 겨울이라 특히 아이들이 외출을 하기도 어려운 상황이었다. 〈2〉는 아이들에게 "그거(유튜브)라도 보고 있어"라고 하게 된다고 했고, 〈7〉은 펜데믹으로 키즈카페도 못 가니까 휴직 중이지만 어쩔 수 없이 유튜브를 보여주게 된다고 했다. 〈9〉는 이런 상황 때문에 아이들이 너무 안쓰럽다고 했다. 코로나 이후 어린이집, 유치원, 학교와 학원 등도 아예 가지 못하거나 며칠에 한 번 가게 되고, 키즈카페를 이용하거나 친구들과 만나 놀기도 힘든 상황인데, 집에서는 층간소음으로 뛰어놀지도 못하니 선택지는 유튜브나 게임 등 미디어를 이용하는 것밖에 없는 것과 마찬가지다. 게다가 온라인 수업을 하면서 필수적으로 스마트 미디어를 이용하게 된다. 이것이 유튜브 이용으로 이어지는 것이다.

5. 디지털 육아-디지털 세계 입문 통제자로서의 어머니

5.1. 어머니의 유튜브 태도

어머니들은 유튜브의 유용성에 대해서도 충분히 인지하고 있었다. 새로운 놀이, 보상, 검색, 교육 도구로서 유튜브를 인식하고 사용하고 있었다. 반면 여러 측면에서 유튜브 이용의 부작용에 대해 우려하고 있었다. 과몰입과 과의존, 유튜브 이용으로 시작해 게임으로 관심과 이용이 이동하는 것, 그리고 소비, 모방, 신체 발달 저해와 같은 유해성에 대해 우려하고 있었다.

5.1.1. 부모에게 유용한 도구 –교육, 검색, 새로운 놀이, 보상 도구

응답자들은 대부분 자녀의 유튜브 이용을 걱정하면서도 유용하게 이용하고 있었다. 우선 유튜브는 교육자료나 학원, 사전 대체 역할을 했다. 〈7〉은 학습만화가 교육적으로 도움이 된다고 했다. 〈1〉은 유튜브가 다양한 내용이 많고, 아이가 스스로 만들기 등 관심 있는 내용을 찾아서 보며, 특히 시골에 사는 입장에서 매우 도움이 된다고 했다. 〈8〉은 영어나 발레 등 영상을 따라 하면서 많이 배운다고 했고, 어차피 동영상으로 공부하는 시대이므로 적응해서 활용하는 것이라고 보았다. 반면 〈6〉은 종이 학습지를 풀면 얼마나 해냈는지 넘겨 보는 성취감이 있지만 유튜브는 그렇지 않다는 점에서 유튜브의 교육효과에 의문을 가졌다. 〈3〉은 아이들의 끝없는 질문에 모두 대답하기 어려울 때 유튜브를 유용한 검색 도구로 사용했다.

> 만들기, 그림 그리는 거 그런 것도 보고 많이 배우더라구요... (아이) 혼자서 이렇게 찾아보면서 그걸 보고, 제가 해줄 수 없는 부분들이... 시골이어가지고 그런 학원도 보내기가 좀 힘들고. 그런 걸로는 굉장히 좋은 거 같애요. 〈1〉

> 요새는... 미디어에 맞춰져서 생활할 수밖에 없는 아이들이니까... 학교 가면 교과서가 또 그렇게 바뀔 수도 있는 거잖아요. 거기에 발맞춰서. 〈8〉

> 뭐 물어보면, '네이버 검색해봐, 다 나와' 이런 것처럼. '유튜브 검색해 봐. 다 나와'... 〈3〉

유튜브에는 취미나 외국어 등 교육적 콘텐츠가 다양하고 무료로 시청할 수 있으며, 학원이 없는 곳에는 큰 도움이 될 수 있다. 또 학교에서 스마트 기기를 통한 교육을 늘리는 상황에서 유튜브를 통한 교육은 피할 수 없는 추세일 것이다. 교과부는 2011년 스마트 교육 추진전략을 발표했고, 2012~2015년 학교 무선인터넷망 설치, 교사에 스마트 기기 보급 등 3년간 2조 2280억 원을 투입한다고 했다.[85] 게다가 코로나로 인해 급하게 온라인 수업을 하게 되면서 스마트 교육을 빠르게 도입했다.[86] 또 정보 탐색용으로 유튜브(62.3%)는 네이버(94.8%) 다음으로 많이 이용되어, 구글(52.6%)과 다음(32.6%)을 앞섰다.[87] 이렇게 유튜브는 게임과 달리 오락과 휴식 외에 검색도구로도 쓰였다. 교육과 학습의 도구로 사용하는 것은 응답자 전원 동일했지만, 유튜브로 정보검색을 하는 것은 일정 나이가 되어야 가능하다. 〈3〉의 자녀는 9세로 포털 검색도 가능하지만, 어머니가 먼저 유튜브 검색을 권했다. 이렇게 양육자가 유튜브를 교육적인 도구, 검색 도구로 인식하면서 자녀의 유튜브 이용 통제의 필요성이나 기준이 모호해질 수 있다.

응답자들은 교육적 목적 외에도 새로운 놀이, 보상 도구로도 유튜브를 유용하게 이용했다. 우선 〈7〉은 집에서 아이와 있으면서 해줄 수 있는 놀이에 한계를 느낄 때 유튜브가 유용하다고 했다. 둘째, 〈1〉, 〈3〉, 〈7〉은 학습의 보상으로 유튜브를 이용한다고 했다. 학습지를 푸는 등 아이가 무엇을 해내면 보상은 유튜브 이용이라는 것이 암묵적으로 합의되어, 매번 어머니가 먼저, 혹은 자녀가 먼저 제안을 하고 있었다.

애들이 문제집 같은 거 풀고 나면, '이거 풀었으니깐 어머니 20분만

85 윤샘이나, 「2조 2000억 투입 '스마트교육 추진전략'」, 『서울신문』, 2012. 6. 19.

86 신민철, 「[스페셜리포트] ② 현직 교사가 보는 AI 시대의 스마트교육」, 『AI타임즈』, 2021. 3. 31.

87 신대욱, 「소셜미디어, '유튜브' 이용률 83.8%로 증가-오픈서베이 조사 … 최근 1년간 남성, 20대 이용률 크게 증가 양상」, 『CMN』, 2019. 3. 20.

보면 안 돼요?' 그렇게 하고. 〈1〉

유아동의 양육자에게 가장 어렵고 힘든 일 중에 하나가 자녀와 놀아주기다. 초등학교 고학년 이후로는 아동의 생활에서 학습 비중이 커지지만 유아동의 경우, 특히 어릴수록 생활에서 놀이의 비중이 크다. 유튜브는 아이에게도 양육자에게도 새로운 놀이를 제공한다. 또 유아동의 경우 '칭찬 스티커' 같은 작은 보상은 어린이집 등의 기관에서도 바람직한 행동, 특정 행동을 유도하기 위해 자주 사용된다. 그러나 아이에게 가장 쉽고 흔한 보상, 즉 상이 유튜브가 된다는 것은 교육적으로 문제가 될 수 있는 부분이다. 학습 자체의 즐거움이나 목적 없이 유튜브를 보기 위해 참아내는 것이 될 수 있기 때문이다.

이란과 현은자[88]는 지금까지 아동 미디어에 대한 연구들을 분석해 크게 '환경으로서의 미디어', '도구로서의 미디어', '언어로서의 미디어(리터러시)'로 나누었다. 그러나 '도구로서의 미디어'는 주로 학습을 위한 도구로서 접근한 것이다. 유튜브의 경우 양육자가 유아동에게 학습 외에도 놀이, 검색, 보상의 도구로 사용하고 있었다. 이 중 특히 놀이는 아동이 어릴수록 활용의 빈도가 높은데, 단순히 유튜브를 보는 것에서 재미를 느낀다는 점 외에도 유튜브 내용을 통해 새로운 놀이방법을 배운다는 점에서 TV나 다른 미디어와는 차별점을 보였다.

88 이란 · 현은자, 「디지털 시대의 아동 미디어 관련 연구동향 분석」, 『아동학회지』 제35권 4호, 한국아동학회, 2014.

5.1.2. 과몰입, 과의존과 확장에 대한 우려

2020년 초등학교 4~6학년생을 대상으로 한 한국청소년정책연구원의 '청소년 미디어 이용 실태 및 대상별 정책대응방안 연구 Ⅰ: 초등학생' 보고서에 따르면 응답자들은 스마트폰으로 유튜브(34.7%)를 가장 많이 사용했으며, 34.5%가 "스마트폰은 나에게 없어서는 안 되는 소중한 물건", 11.8%가 "유튜브를 하는 것이 가족과 여행하는 것보다 더 좋다"고 답해 스마트폰 의존이 심각한 것으로 드러났다.[89]

이 연구에서도 어머니들은 대부분 아이들이 대부분 유튜브에 지나치게 몰입하고 의존한다며 우려했다. 유튜브를 보다가 스마트폰을 붙잡고 잠이 들기도 하고(〈4〉), 다른 놀이는 뒷전이고 유튜브에 점점 치중하게 되었다(〈1〉). 유튜브에 몰입해 어머니나 다른 사람의 말을 못 듣거나 다른 공부에 지장이 생기기고 하고, 유튜브를 보다가 중단하는 것에도 더 어려움을 겪고 있었다(〈9〉). 관심도 온통 유튜브에 집중되어 그에 관한 대화를 많이 한다고 했다(〈9〉).

폰을 붙잡고 이렇게 잠이 드는 경우도 있고. 〈4〉

(아이가 게임을 하는 유튜브를 본 후) 휴대폰에 그 (게임) 정품 한 번 깔아 달라 해가지고... 돈 주고 깔았던 적은 있었던 것 같애요. 〈2〉

89 최은숙, 「스마트폰이 가족여행보다 더 좋다고?」, 『한국기독공보』, 2021. 3. 24.

유튜브는 다른 장르를 접하는 경로, 다양한 미디어와 콘텐츠 이용의 출발점 역할도 하고 있었다. 〈2〉는 자녀가 게임 중계를 하는 유튜브 콘텐츠를 보다가 해당 게임을 깔아달라고 졸라서 구매해 주게 되었다고 했다. 〈7〉도 자신의 아들을 비롯해 남자아이들은 게임 중계 유튜브를 많이 본다고 했다. 게임은 스마트 기기에 다운로드를 받아야 하지만 게임 유튜브는 유튜브로 바로 볼 수가 있기 때문에 유아동의 접근이 쉽다. 이렇게 게임 관련 유튜브를 보다가 실제로 게임을 하게 되는 경우들이 있었다. 유아동은 미디어 접촉은 유튜브에서 시작해 게임 등 다른 콘텐츠로 이동, 확장되는 것이다. 응답자들은 유튜브를 교육 등 유용한 도구로 사용했지만 게임에 대해서는 인식이 다를 수 있다. 권은영[90]은 조기영어교육에 관심이 많지만 경제적으로 풍족하지 않거나 확고한 교육철학을 가진 엄마들은 영상매체와 홈스쿨링에 집중한다고 했다. 반면 김지연과 도영임[91]에 따르면 부모와 청소년 자녀는 온라인 게임에 대한 인식차이가 커 갈등요소가 될 수 있다고 했다. 즉 유아동 부모가 유튜브 시청을 허용한다고 해서 게임을 허용하거나 미디어 이용이 게임으로 확장되는 것을 감수했다고 보기는 어렵다.

5.1.3. 유해성-소비, 모방, 신체 발달 저해

어머니들은 자녀가 유튜브를 보면서 유튜브 속 장난감 등을

---

90 권은영, 「소셜 빅데이터 분석을 통해 알아본 대중의 '조기영어교육'에 관한 인식: 유튜브를 중심으로」, 『영어학』 제19권 4호, 한국영어학회, 2019.

91 김지연 · 도영임, 「부모 세대와 청소년 세대의 온라인 게임에 대한 인식 차이」, 『한국심리학회지: 문화 및 사회문제』 제20권 3호, 한국심리학회, 2014.

사달라고 조르고, 유튜브 속 등장인물의 좋지 못한 행동을 따라 하며, 성장에 악영향을 주는 것을 걱정했다. 〈9〉의 조카와 〈10〉의 자녀는 유튜브에서 화장하는 장면을 보고 따라 하고 화장품을 사 달라고 졸랐다. 〈10〉은 어머니가 아이가 해달라는 대로 화장을 해 주고 화장품도 사주었다. 〈9〉는 유튜브가 아이들에게 장난감을 사고 싶게 만든다고 했다. 뷔젠과 발켄버그[92]에 의하면 아동의 과반수는 당시 텔레비전에서 방송된 광고 제품 중 하나 이상을 크리스마스 선물로 하나 이상 요구했다. 7~8살의 67%, 9~10살의 49%, 11~12살의 40%가 한 개 이상의 방송광고 상품을 선물로 요구했다. 아동 중에서도 나이가 어릴수록 광고에 노출될 때 광고 제품에 대한 구매, 혹은 소유 욕구가 높았다.

> 장난감 같은 경우에도 협찬을 받는 건지 모르겠지만 (아이들이) 사고 싶게끔 만드니까. 또 여자애들 화장품... 세 살인데 그걸 따라서 사달라고 하고 (아직) 말도 잘 못하는데 막 따라 하고. 〈9〉

> 게임(유튜브) 같은 거 할 때 "죽어. 죽어." 이런 얘기하는 게 있더라구요. 애(7세)가 할 말은 아닌 것 같은데... 〈7〉

> 자세도 너무 많이 망가지고, 화면이 작으니까 아이들이 가까이서 볼 수밖에 없다 보니까. 〈9〉

92 Moniek Buijzen, & Patti M. Valkenburg, op. cit.

〈7〉은 7세 아들이 게임 관련 유튜브를 보며 '죽어'라고 말하는 것을 보고 우려했다. 기존 연구에 따르면 미디어의 폭력물에 노출된 어린이는 실제 폭력에 둔감하고 무관심하며,[93] 폭력을 더 정당한 것으로 판단하고,[94] 신체적 · 언어적 공격성을 더 많이 모방한다.[95] 응답자 〈1〉은 자녀의 친구가 유튜브를 보고 욕을 배워 써서 자녀가 상처를 받았다고 했다. 유튜브를 통한 폭력 노출은 직접 노출된 아이들뿐 아니라 주변 아이들에게까지 나쁜 영향을 주고 있었다. 〈7〉은 방송국 콘텐츠와 달리 개인 유튜버가 제작한 콘텐츠는 "거르지 않는 부분"이 있고, 거친 내용은 못 보게 한다고 했다. 유튜브 콘텐츠라 하더라도 제작 주체에 따라 내용의 수위가 다르다는 것이다. 이는 유튜브 개인방송 콘텐츠의 내용 수위와 이에 대한 아동들의 노출에 대해 점검해 볼 필요를 제기한다.

또 〈8〉과 〈9〉는 유튜브를 많이 보면서, 자세, 시력, 성장에 악영향이 생기는 것을 걱정했다. 고정된 미디어를 이용하면서 이용자가 앉은 자세를 지속하고 이로 인해 신체활동이 부족하다거나,[96] 비만에 영향을 준다는[97] 기존 조사와 연구들을 볼 때 이는 타

---

93 Margaret H. Thomas, Robert W. Horton, Elaine C. Lippincott, & Ronald S. Drabman, op. cit.

94 Marina Krcmar, & Patti M. Valkenburg, op. cit.

95 Albert Bandura, Dorothea Ross, & Sheila A. Ross, "Imitation of film-mediated aggressive models." *The Journal of Abnormal and Social Psychology*, 66:1, 1963, https://doi.org/10.1037/h0048687

96 Canadian Population Health Initiative. *Improving the health of young Canadians*. Ottawa: Canadian Institute for Health Information, 2005.

97 Amy Jordan, Emily Kramer-Golinkoff, & Victor Strasburger, "Does adolescent media use cause obesity and eating disorders?" *Adolescent Medicine State of the*

당한 우려이다. 그러나 기존의 연구들은 주로 고정된 TV나 PC에 대한 것이었고, 스마트폰이나 유튜브는 유아도 이동하면서 볼 수 있고, 화면이 작으므로 붙잡고 눈 가까이에서 볼 수 있기 때문에 더 심각한 영향이 있을 수 있다.

5.2. 유튜브 육아와의 거리 조절-다양한 통제법의 이용과 한계

5.2.1. 시간 통제, 기기 통제와 내용 통제

이숙정과 정소현[98]은 초등학교 고학년과 중학생의 인터넷 사용에 대한 부모의 중재 유형을 4가지, 즉 '적극적 중재(인터넷에 대한 평가나 설명, 웹사이트 내용에 대한 이용 시 주의점—평가 · 설명 · 추천 · 제한, 개인정보 유출 등—에 대한 설명),' '기술적 중재(잠금장치, 차단프로그램)', '공동 이용', '소극적 중재(시간 제한, 금지)'로 분류했다. 그들은 앞의 두 가지는 효과적, 뒤의 두 가지는 비효과적이라고 보았다. 이 연구에서는 유아동을 대상으로 했기 때문인지 어머니가 설명을 하고 주의시키는 적극적 중재는 잘 나타나지 않았고, 주로 기술적 중재, 공동 이용 형태가 많았다. 또 여러 기기로 유튜브를 보기 때문에 이숙정과 정소현의 연구에서는 나타나지 않았

Art Reviews 19:3, 2008; I. Sharif, & A. E. Blank, "Relationship between child health literacy and body mass index in overweight children," *Patient Education and Counseling* 79, 2010.

98 이숙정 · 전소현, 「인터넷 중독에 대한 부모 중재 효과 연구」, 『한국방송학보』 제24권 6호, 한국방송학회, 2010.

던 기기 통제가 나타났다. 응답 결과를 시간 통제, 기기 통제, 내용 통제로 구분했다.

모든 어머니들은 '소극적 중재'에 해당하는 시청 시간 통제 방법을 이용하고 있었다. 시간 통제 방법은 다양했는데 몇 시간(〈7〉, 〈9〉) 기준, 혹은 콘텐츠 개수(〈5〉) 기준, 상황에 따라 허락(〈8〉) 등이었다. 시간 통제의 이유는 '중독이 걱정되어'였다. 특히 〈9〉는 정해진 시간이 끝났을 때 자녀가 짜증을 내면 혼을 내고 있었다. 양적으로 몇 시간 시청했는지 규제하기도 했지만, 시청을 끝내기 어려워하면 의존하고 있다고 판단하고 그것을 기준으로 규제하는 것이다.

> '정각에 시작해서 30분까지 보자. 만약에 (끝낼 때) 짜증스러운 모습을 하면... 다른 자율시간이나 뭐 티비는 없을 거다' 약간 협박을 하고 시작을 하거나... 많이 혼내는 편이긴 하죠. 〈9〉

> (둘째는 폰을) 최대한 늦게 사주려구요. 사줘도 그 스마트 기능 없는 걸로 키즈폰 사주려고 마음 먹었어요. 〈7〉

> 저희는 TV로 봅니다. 유튜브, 핸드폰으로 보는 거는 애들이 제어가 더 안 되는 느낌이 들어서... 〈9〉

이용 시간을 줄이기 위해 아예 기기를 통제하는 경우도 있었다. 이는 '기술적 중재'와 유사해 보이지만 전혀 다르다. 일반적으로 기술적 중재는 시간 통제와 내용 통제가 같이 이루어지며 그

중 내용 통제를 중시하는 것이지만, 기기 통제는 기기 접근을 막아 이용 시간을 줄이겠다는 의도를 가지고 있으며, 유튜브에 접속할 수 있는 기기가 다양하기 때문에 이 부분을 통제하는 것이다. 〈7〉은 자녀에게 스마트폰을 최대한 늦게 사주겠다고 했고, 〈9〉는 조부모가 양육할 때만 개통하지 않은 '공폰'을 자녀에게 주고 집에서 와이파이로 사용할 수 있게 했다. 아이에게 준 폰은 통화가 되지 않는 '공폰'이므로 사실상 유튜브 시청용 기기였다. 이렇게 유튜브 시청 기기를 규제하는 다양한 방법은 인터넷이나 스마트폰을 대상으로 한 기존의 연구(소혜진 등, 2018)에서는 드러나지 않은 부분이다.

> 그런 거 못 보게 하려고 제가 거의 같이 시청을 많이 하거든요... 이 정도는 봐라, 이거는 절대 안 된다. TV는 어느 정도 제재(심의)가 되잖아요, 근데 유튜브는 그런 제재가 하나도 안 돼서... 걱정 되죠. 그니깐, 수시로 폰을 확인한다던지... 근데, 좀 불안하죠. 지가, 보고 (아이가 기록을) 지울 수도 있는 거고. 〈1〉

또 모든 어머니들은 '공동이용' 방법을 이용하고 있었다. '공동이용'은 시간보다 내용을 통제하기 위한 것이었다. 〈5〉와 〈1〉은 아이가 보는 유튜브 콘텐츠에 좋지 않은 내용이 있는지 가끔 옆에서 살펴보거나 같이 시청하고 있었다. 대부분의 응답자들은 내용 중 아이들에게 보여주기 싫은 부분들이 있다고 느꼈고, 특정 콘텐츠나 특정 부분은 보지 않도록 규제한다고 했다. 특히 〈1〉, 〈2〉, 〈3〉은 유튜브 내용 중 욕설이나 게임 중계에서 잔인한 장면 등에 대한 심의나 규제가 필요하다고 생각했다.

같이 앉아서 시청하는 공동이용은 아니지만, 넓게 보아 공동이용으로 볼 수 있는 것이 유튜브 시청 기기를 스마트폰이나 패드가 아니라 TV로 바꾸는 것이었다. 〈9〉는 부엌에서 일을 할 때 최소한 소리를 들을 수 있게, 스마트폰이나 패드와 달리 큰 화면에 공동 공간인 거실에 있는 TV로 유튜브를 보게 했다. 아이들의 나이가 어릴수록 통제를 위해 TV를 통해 유튜브를 틀어주는 경우가 많았다.

PC의 경우 '기술 통제' 혹은 '기술적 중재'는 차단 프로그램을 설치하는 방법을 주로 사용하지만, 유튜브 시청에는 다른 방법, 좀 더 다양한 방법들이 이용되고 있었다. 〈7〉은 자녀가 주로 보는 콘텐츠를 기반으로 알고리즘이 추천하기 때문에 보는 목록들을 바꿔준다고 했고, 〈8〉은 아동설정을 해두고 댓글을 차단했다고 했다. 〈5〉는 몇몇 채널을 구독하는 이유는 보라고 권장한다기보다는 구독을 해야 기록이 남아 자녀가 보는 내용을 파악할 수 있기 때문이라고 했다. 어린이 전용으로 출시된 '유튜브 키즈앱'의 경우 응답자 자녀 중 최연소로 3세인 〈10〉과 〈3〉, 〈1〉이 이용했다. 〈10〉은 스마트폰이 아닌 TV를 통해 '유튜브 키즈앱'을 이용했고, 〈1〉과 〈3〉은 일반 유튜브와 '유튜브 키즈 앱'을 같이 이용하고 있었다. '유튜브 키즈앱' 이용도가 낮은 것은 손위 자녀가 있기 때문이거나, 유아동이 부모의 스마트폰 등 다양한 기기를 이용하기 때문으로 추정된다.

지금까지 아동의 스마트폰 이용에 관한 기존 연구는 주로 스마트폰 과의존, 즉 양적으로 사용 시간이 길다는 부분에 치중했으나, 이 연구는 기술적 통제, 내용 통제, 기기 통제까지 다양하고 구체적인 통제, 중재 방법을 살펴보았다. 2세 미만의 유아기에는 대개 미디어의 사용이 권장되고 있지 않지만, 2세 이상 아동은 교육적인 프로그램을 부모의 지도하에 이용한다면 긍정적인 영향을 미칠 수도 있다는 연구결과들도 있다.[99] 이는 유아동의 미디어 사용을 무조건 긍정적, 부정적으로 판단하기보다는 사용하는 환경과 아동의 연령, 부모의 상황과 역할을 고려해야 한다는 것을 의미한다. 즉 더 이상 유아동의 유튜브 시청을 무조건 막는 것이 아니라, 현명한 활용법을 고민하는 것이 필요하다는 것이다. 인터넷이나 유튜브에 의해 야기되는 해로운 영향과 긍정적인 영향에서 벗어나, 어린이들을 위한 '디지털 육아' 제안[100]이 필요하다.

5.5.2. 통제의 한계와 허용

유아동들의 유튜브 시청 통제에 대한 양육자들의 자세는 양쪽으로 나뉘었다. 자유를 주어야 한다, 혹은 부모가 통제해야 한다. 이는 양육자의 경험이나 과도한 시청량에 따른 기준 차이, 특히 아동의 연령에 따라 기준이 달라졌다.

너무 오래 안했으면 저는 (기기를) 주는 편이구요, 오래 했으면 이제

99 Jenny S. Radesky, Jayna Schumacher, Barry Zuckerman, 2015; Suzy Tomopoulos, Benard P. Dreyer, Samantha Berkule, Arthur H. Fierman, Carolyn Brockmeyer, Alan L. Mendelsohn, 2010; Amanda L. Thompson, Linda S. Adair, Margaret E. Bentley, 2013; 소혜진 등, 앞의 글 p.260에서 재인용.

100 Muhamad Yusuf, Doli Witro, Rahmi Diana, Tomi Apra Santosa, Annisa 'Alwiyah Alfikri, & Jalwis Jalwis, op. cit.

그만하자 하고 뺏죠. 안 뺏으면 주구장창 잘 때까지 하고 있죠. 〈4〉

〈6〉은 처음에 제재를 해보니 아이들이 더 하고 싶어 해서 요즘은 제재를 하지 않는 편이라고 했다. 하지만 '할 일을 했을 때'라는 전제조건은 있다. '자유롭게 두면 하다가 말더라'고 했지만 〈6〉의 자녀는 주중 하루 3시간, 주말에는 그 이상 유튜브를 시청하고 있었다. 〈4〉는 '너무 오래' 하지 않았으면 자유를 주는 편이지만 '오래 했다'고 판단되면 기기를 '빼앗는다', 그냥 두면 '잘 때까지 한다'고 했다. 즉 자유를 준다고 말했지만 진정한 자유라고 보기는 어려웠다. 〈4〉는 자유를 준다고 했지만 그 자녀는 하루 1시간 정도 유튜브를 시청했다. 반면 〈5〉의 경우 시간 통제를 한다고 답했지만 자녀가 할머니와 있을 때는 하루 3시간~3시간 반 정도 시청한다고 하여 엄하게 규제한다고 보기 어려웠다.

즉 어느 정도 허용을 자유라고 생각하는지에 대한 양육자의 기준 차이가 표현에 드러난 것이다. 어머니들은 나이에 따라 적당한 유튜브 시청 기준에 대한 지식이 없었다. 그저 자신의 상황과 기준에 따라 판단할 뿐이었다. 특히 팬데믹으로 아동의 스마트폰과 유튜브 이용이 급격히 늘어난 상황에서 스마트폰, 혹은 유튜브에 대한 양육자의 태도와 통제에 대해 참고할 만한 자료가 충분한지, 그리고 잘 전달되고 있는지 생각해보아야 할 부분이다.

지가 클릭해서 보니깐 사실... 뭘 특별히 보고 있는지 자세히 알지는 못해요. 제가 (저녁 식사 준비 등) 다른 일을 할 때... 지가 폰을 잡고 있어요... 근데 규제가... 사실 안 됩니다 일단 제가 피곤해서...

애가 셋이고... 처음에는... 막는 게(앱) 있더라구요... 근데 애들이 그거 다 없애는... 방법을 다 알더라구요... 그래서 그게 효과가 없다는... 어머니도 (폰을) 들고 있는데 애들은 못하게 하니까 '말빨'이 좀 안 먹히더라구요. 〈4〉

〈4〉는 식사 준비 등을 할 때, 아이 셋 육아와 가사로 피곤할 때 아이가 폰을 잡고 클릭해서 보기 때문에 무엇을 보는지 알 수 없고, 따라서 내용에 따라 시청 여부를 규제할 수 없다고 했다. 그리고 첫째, 둘째 때는 스마트폰에 통제용 앱을 깔았지만 아이들이 푸는 방법을 알아내어 소용이 없었고, 그 경험 때문에 셋째는 통제용 앱도 깔지 않았다고 했다. 그리고 자신이 스마트폰을 항상 손에 들고 있는 입장이라, 자녀를 규제하기 어렵다고 했다. 양적, 질적, 기술적 통제 모두 어느 정도 포기한 상태였다. 〈5〉는 자녀에게 스마트폰을 가능한 한 늦게 사주겠다고 말하면서도, 다른 아이들도 다 있으니 곧 사줄 수도 있다고 말해 유동적이었다. 〈10〉은 인터뷰 2주 전 아이와 함께 감기를 앓았는데 아이가 며칠 만에 갑자기 스마트폰 중독 증상이 심해진 상태가 지속되고 있다고 했다. 즉 어머니들은 다양한 상황과 이유로 자녀의 스마트폰 통제에 어려움과 갈등을 겪거나, 이미 어느 정도 포기하고 있는 상태였다.

앞서 살펴보았듯이 어머니들은 어머니 자신, 가정, 사회적 상황 요인으로 어쩔 수 없이 자녀에게 스마트폰을 허용하는 경우가 많았다. 여기에 미취학 아동이 학교에 입학하게 되면 교사가 단톡방(단체카카오톡방)으로 공지사항을 전달하는 경우가 많다. 최근 코로나 팬데믹으로 온라인 수업을 하게 된 이후로는 하이클래스 등 앱으로 수업뿐 아니라 공지사항 전달, 과제 제출 등이 이루어지고 있다. 이 때문에 양육자가 통제가 필요하다고 느껴도 원하는 방식으로 규제하기가 쉽지 않다. 특히 〈4〉의 경우처럼 기술적 통제도 오히려 아이들이 기술을 더 잘 알아 무용지물이 되는 경우도 있었다.

6. 결론

6.1. 결과 요약

유튜브는 유아동이 가장 먼저, 가장 많이 접하는 미디어 중 하나이다. 또한 육아에 지친 양육자가 육아 과정에 종종 이용하면서도 한편으로는 우려하는 미디어이기도 하다. 이 연구는 버로스의 '모바일 육아'와 로드의 '디지털 육아' 개념을 적용해 '유튜브 육아', 즉 유튜브가 양육자에 의해 어떻게 육아에 이용되고 규제되는지에 대해 구체적으로 분석하였다.

연구 결과, 첫째로 어머니들은 가사 일을 하거나 피곤하고 아플 때 아이를 혼자 방치할 수 없어서 유튜브를 육아돌보미로 이용하는 '모바일 육아'를 하고 있었다. 몸을 두 개로 나누지 못하는데 아이에게서 눈을 뗄 수 없는 영유아 어머니의 물리적 한계, 피곤하고 아픈 엄마의 체력적 한계를 보완하는 데 유튜브가 이용되었다. 필요할 때 즉시 아이에게 보여줄 육아돌보미로 이용하려면 편성표대로 방영하고 콘텐츠 길이가 긴 TV보다는 유튜브가 적합했다. 또 어머니의 취업으로 조부모가 육아를 할 때, 아버지의 무개입, 형제 관계 중 둘째 이상일 때 등 가족요인도 유아동의 유튜브 시청에 영향을 미쳤다. 조부모의 경우 체력적 한계와 관대한 육아 방식 등으로 유튜브에 더 의존하게 된다. 아버지는 자녀의 유튜브 이용에 대해 거의 관여하지 않거나 보조적인 역할만 하고 있었다. 핵가족 형태에서 어머니, 혹은 조모 모두 혼자서 아이를 돌보면서 여러 한계에 노출되었고 가장 쉬운 해결법이 유튜브였다. 또 자녀가 둘 이상인 경우 둘째 이상 자녀는 손위 형제들이 볼 때 따라 보면서 첫째보다 일찍 노출되고, 어머니들의 규제도 둘째 이상으로 가면서 느슨해졌다.

둘째, 유튜브를 볼 수 있는 미디어의 편재, 직관적으로 사용할 수 있는 기술, 공공장소에서 아이들을 배제하는 문화, 팬데믹 등 사회적 요인 때문에 유아동들은 유튜브에 일찍, 많이 노출되었다. 우선 가정마다 부모와 조부모, 아이들 각각의 스마트폰, 각각의 스마트 학습지용 패드, 온라인 수업을 위해 장만한 노트북이나 컴퓨터, TV까지 유튜브를 볼 수 있는 기기가 편재해 있었다. 아이들은 어린이집, 유치원, 학교 등 교육기관에서도 스마트 기기와 유튜브에 접하고, 각자의 기기로 시청을 하니 유튜브에 더 친숙해졌다. 반면 어머니는 아이가 무엇을 얼마나 보는지 더 알기 어려워졌다. 또 아이들은 음성검색과 터치패드와 연관 영상 추천 알고리즘 등 직관적이고 간단한 기술을 이용해 말을 배우기 전부터 스스로 유튜브를 보기 시작했다. 알고리즘 때문에 영상을 계속 이어 시청하게 되어 시청시간이 길어지기도 했다. 어머니들은 공공장소에서 아이들을 조용히 시키지 못하면 '맘충'이라는 사회적 압력을 강하게 느끼고 있었고, 이 때문에 아이들을 즉시 조용히 시킬 방법으로 유튜브에 크게 의존하고 있었다. 또 코로나 팬데믹으로 길어진 실내생활, 보육/교육기관 생활이 줄고 친구들도 만나기 어려운 상황, 온라인 수업 등으로 유튜브 노출이 크게 늘었다. 이전에도 학교, 학원, 층간소음 우려, 추위나 미세먼지 등으로 아이들이 마음껏 뛰어놀기는 쉽지 않았지만, 이런 상황은 팬데믹으로 인해 훨씬 악화되었다.

셋째, 응답자들은 유튜브 이용의 악영향을 걱정하면서도 나름 유용하게 이용했고, 그 유용성이나 교육적 효과에 대해서는 장단점에 따라 복잡한 태도를 가지고 있었다. 우선 어머니들은 자녀의 유튜브 이용을 걱정하면서도 유튜브를 아이들의 다양한 놀이 기회, 학습의 보상, 검색도구로 유용하게 활용했다. 또 응답자들은 유튜브 콘텐츠 중 학습만화, 외국어, 취미 관련 영상 등 교육적 콘텐츠가 도움이 된다고 보았다. 특히 다양한 사교육을 이용하기 어려운 시골에서는 큰 도움이 되며, 아이들이 스스로 찾아보면서 배운다고 했다. 그러나 종이 학습지와 달리 유튜브는 얼마나 해냈는지 성취감이 없어 교육적 효과에 한계가 있다고 보기도 했다. 어머니들은 아이들이 대개 유튜브를 끝없이 보려고 하고 시청을 중단하는 데 어려움을 겪는다며 우려했다. 어머니들은 형제 중 둘째 이상, 즉 유튜브 노출이 빠른 아이들이 의존도가 더 높고, 아이들이 유튜브로 미디어에 접한 후, 관심이 게임 등으로 확장된다고 말했다. 어머니들은 아이들이 유튜브 속에 등장하는 장난감이나 화장품을 사고, 장면들을 모방하며, 시력, 자세 등 발달에 악영향이 생길 것을 우려하기도 했다.

넷째, 응답자들은 대개 자녀의 유튜브 이용을 양적, 질적으로 통제했지만, 실질적으로 통제에 한계를 느꼈다. 어머니들은 대부분 시청시간이나 콘텐츠 개수 등 양적 한계를 정해놓았고, 아예 스마트 기기의 구매를 미루거나, 개통하지 않은 폰으로 집에서만 볼 수 있게 하기도 했다. 질적으로는 아이와 같이 보면서 특정 내용은 보지 못하게 하거나, TV로 틀어놓고 음식 준비를 하면서도 내용을 파악했고, 시청목록 변경, 댓글 차단 등 기술적 방법을 사용하기도 했다. 반면, 제재를 하니 오히려 아이들이 더 하고 싶어해서 최대한 자유를 준다는 경우도 있었다. 다만 보호자가 과하다고 판단하면 중단시킨다고 해 통제가 없지는 않았으며, 자유의 기준은 각각 달랐다. 또 통제를 하더라도 아이들이 앱 규제를 풀거나, 어머니의 질병 등으로 실질적 통제 한계 상황들이 많았다.

6.2. 연구의 시사점과 한계

아동의 디지털 기기 사용에 관한 기존 연구들은 디지털 기기 사용이 과몰입, 공격성 등 여러 나쁜 영향을 가져오며,[101] 스마트폰에 중독되거나 양육스트레스를 받는 어머니가 아동의 스마트폰 과의존, 과몰입 등에 나쁜 영향을 미친다는[102] 식의 관점이 많았다.

---

101 박혜선 · 김형모, 앞의 글; 신윤미, 앞의 글; 이경숙 · 정석진 · 박진아 · 김명식, 앞의 글.

102 김인숙 · 김도연, 앞의 글; 남경희, 앞의 글; 남궁기순 · 김희영, 앞의 글; 류미향, 앞의 글; 박정아 · 현은자, 앞의 글; 서소정 · 박주영 · 김진희, 「유아 및 어머니의 스마트폰 사용정도, 유아의 주의집중력 그리고 어머니의 양육스트레스가 유아의 문제행동에 미치는 영향」, 『한국보육학회 학술대회자료집』, 한국보육학회,

즉 스마트 기기 중심으로, 그에 대한 부정적인 요인, 특히 과의존 위주로 살펴보았고, 아동이 스마트 기기를 이용하는 것은 나쁜 엄마 때문이라는 관점을 재생산했다. 반면 이 연구는 스마트폰이 아니라 유튜브라는 콘텐츠 중심으로 살펴보았고 복합적인 상황, 유튜브 이용의 여러 측면들을 알아보려 했다. 즉 양육자, 가정, 사회적 상황, 최근의 코로나 상황까지 육아를 둘러싼 종합적인 상황들을 알아보았다.

첫째, 어머니들은 가사를 하거나, 피곤하거나, 아프거나, 쉴 때, 그리고 직장일 때문에 조부모에게 맡겼을 때 모바일 보모로 유튜브를 이용했다. 이를 유튜브 시청에 부정적으로, 특히 부모의 감시나 규제 없이 보여주는 행위를 부정적인 시각으로만 바라볼 때, 어머니의 휴식, 취업 모두 자녀에게 유해한 행동이 될 수 있다. 그러나 이 연구는 어머니의 입장에서 육아과정의 유튜브 이용이 왜, 어떻게 이루어지고 어떤 의미를 가지는지 살펴보았다. 연구결과 이미 유튜브는 어머니들의 필수적이고 유용한 육아돌보미로 자리 잡고 있었다. 어머니가 취업을 했더라도 집 밖에 일하러 나간 시간을 제외하면 대부분 아이들과 어머니만 가정에 남았고, 그 상황에서 어머니는 육아뿐 아니라 가사와 휴식 등 모든 것을 해내야 했다. 아버지들은 부재하거나, 집 안에 있어도 별로 개입하지 않았다. 이 연구에서도 아버지는 자녀의 유튜브 이용에 대해 거의 관여하지 않거나 보조적인 역할만 하고 있었다. 다른 육아 부분과 마찬가지로 유튜브 시청에 대해서도 아버지들은 어머니에게 맡기

2014.

고 한 발 물러서 있거나 좀 더 관용적인 태도를 보이고 있었다. 한국 사회에서 육아는 어머니의 책임이라는 인식이 있다. 이연승, 최진령, 김현정[103]에 의하면 맞벌이 가정의 경우도 1일 양육 시간은 아버지 1.61시간, 어머니 5.91시간이었고, 심지어 주말에도 아버지 3.48시간, 어머니 9.28시간이었다. 이러한 상황이 육아에서의 유튜브 이용에서도 드러나고 있었다.

이렇게 유튜브가 어머니들에게 가장 쉽고 유용한 육아도우미라는 현실과, 노쇠한 조부모에게 맡겨진 상황, 아버지의 무개입, 다자녀를 같이 키울 때 모든 아이에게 같은 수준의 보살핌을 주기 어렵다는 상황 등이 유튜브 육아의 필요성을 높인다는 것을 알 수 있었다. 육아가 주로 어머니의 책임이 된 상황에 대한 문제의식으로 'cooperative breeding(협력적 육아)', 'alloparent(대행부모)', 'allomother(대행엄마)' 등의 개념이 등장했다. 미국의 진화인류학자 새라 B. 허디(Sarah B. Hrdy)는 "아기들은 잠시도 혼자 남겨지지 않고 항상 누군가에게 안겨 있다. 하지만 그 누군가가 반드시 엄마여야 한다는 법은 없다",[104] "대행부모라도 상관없어요"[105]라고 이야기한다. 유튜브는 이미 유용한 육아도우미이자 대행부모이다. 그러나 동시에 아동에게도 긍정적인 대행부모인지, 앞으로 긍정적인 대행부모가 되려면 어떠한 조치가 필요한지 살펴보아야 할 것

---

103 이연승 · 최진령 · 김현정, 「아버지의 육아참여에 대한 인식, 실태 그리고 어려움」, 『유아교육연구』 제37권 4호, 한국유아교육학회, 2017.

104 브리짓 슐츠, 안진이 역, 『타임푸어: 항상 시간에 쫓기는 현대인을 위한 일 · 가사 · 휴식 균형잡기』, 더퀘스트, 2015, 302쪽.

105 브리짓 슐츠, 앞의 책, 308쪽.

이다.

직장에 나간 사이 어머니가 육아를 할 수 없는 것은 불가피한 상황이다. 그러나 그 빈자리를 조부모가 메우는 것은 불가피한 상황이 아닐 수 있다. 풀타임, 프리랜서, 시간제 아르바이트도 이용할 수 있는 신뢰할 만한 보육시설, 혹은 인력이 있다면 해결될 수 있는 문제다. 또 형제자매 간 연령과 특성에 따라 미디어 수용 능력이 다를 수밖에 없다. 나이별로 반을 편성하는 보육기관과 달리 가정에서는 다양한 연령대의 아이들이 붙어 지내게 된다. 그러므로 유아동용 콘텐츠와 추천 알고리즘, 규제 앱 등이 주 시청아동 외에도 같이 시청할 동생들의 존재도 고려해야 할 것으로 보인다. 또 이미 영유아 시기부터, 보육기관과 공교육에서도 스마트 기기와 유튜브 이용이 보편적인 상황에서, 이제는 '유튜브 육아'를 할 수밖에 없는 상황을 파악하고 줄여나가는 동시에 유튜브 육아를 잘 활용할 방법을 찾아보아야 할 것이다. 더불어 스마트 기기 이용이나[106] 유튜브 육아의 장점에 대한 분석도 필요할 것이다.

둘째, 이 연구는 유아동의 미디어 이용 연구에서 그간 과도하게 주목한 어머니 요인 외에, 유튜브 육아에 영향을 미치는 기술적, 사회적 요인을 함께 살펴보았다는 것에 의의가 있다. 우선 스마트폰이라는 기기 중심으로 분석하면 게임, 카카오톡 등 여러 콘텐츠를 포함하게 되는데 각각의 특성은 매우 다르다. 또 말을 못하는 유아가 스스로 터치패드를 통해 조작하고 선택해 콘텐츠를

106 조형인 · 최경숙 · 노혜진, 「유아의 스마트미디어 몰입경향성, 공감능력, 창의적 리더십의 구조적 관계 연구」, 『어린이미디어연구』 제17권 3호, 한국어린이미디어학회, 2018.

시청하는데도, 방송과 달리 유튜브는 심의가 없고 콘텐츠 차원에서 규제가 거의 되지 않는다. 따라서 이제는 어머니 외의 다양한 환경요인, 특정 기기가 아니라 모든 스마트 기기, 그리고 콘텐츠와 수용자 중심의 접근과 연구가 필요한 것으로 보인다.

또한 '유튜브 육아'를 강요하는 혐오와 배제 문화를 개선하고, 도시공간의 아동친화적 변화, 즉 유엔에서 논의된 '아동친화도시' 등 사회 전방위적인 친아동 정책 도입이 시급한 것으로 보인다. 2020년 4분기 합계출산율은 사상 최초로 0.7명대(0.75)에 진입했고, 서울지역은 0.64로 신기록을 경신중이다. 이 추세로는 22세기에는 사실상 '국가소멸' 상태에 이르게 된다. 코로나 상황으로 2021년 서울 출산율은 0.5명대 진입할 가능성도 거론된다.[107] 그럼에도 '맘충'과 '노키즈존' 등 유아동과 어머니에 대한 심각한 혐오와 배제는 특단의 대책이 필요한 상황이다.

셋째, 유튜브는 실제 유아동들에게도 검색도구이자 다양한 분야의 교육용 기기로 널리 쓰이고 있으나, 얼마나 신뢰할 수 있고 교육효과가 있는지에 대해서는 연구가 더 필요한 것으로 보인다. 또 어머니들은 유아동들이 일찍 유튜브를 접할수록 몰입과 의존이 심하고, 단 며칠이라도 심하게 노출될 경우 과의존 상태에 빠지게 된다고 말했다. 이는 중요한 지적이며 이러한 양육자의 우려가 맞는 것인지 검증하는 후속연구들이 이어져야 할 것으로 보인다. 또 유튜브에 코로나 팬데믹 이후 유튜브 이용 시간이나 몰입

107 서일범, 「인구 소멸이 다가온다... 합계출산율 사상 최초 4분기 0.7명대 진입」, 『서울경제』, 2021. 2. 25.

정도가 매우 심해진 것으로 보인다. 이에 대해서도 다양한 추가적 연구와 대책들이 있어야 할 것이다.

마지막으로, 앞에서 살펴보았듯이 어머니들은 육아과정에서 유튜브 사용의 불가피한 필요성, '디지털 네이티브'인 자녀에게 미치는 악영향과 미래 디지털 사회 적응 및 교육적 효과를 모두 인식하고 있었다. 이러한 상황에서 어머니들은 유튜브를 과연 통제해야 하는지, 어떻게 통제해야 하는지 고민하고 있었고, 기술적 문제 등 가정 내 통제의 한계도 느꼈다. 이에 따라 유아동 자녀의 유튜브의 이용에 대해 우선 플랫폼, 정부 등의 규제의 필요성을 느끼고 있었다.

유튜브는 최근 본사 차원에서 두 가지 방식으로 규제를 시작했다. 첫째는 2017년 어린이 전용 '유튜브 키즈앱'을 출시해 부모가 자녀의 동영상 시청 환경을 직접 설정할 수 있게 했다. '유튜브 키즈 앱'은 미취학 영유아와 초등생 이상으로 구분해 자녀의 나이에 맞는 콘텐츠를 이용하게 설정할 수 있고, 특정 동영상과 채널을 자녀가 시청하지 못하도록 차단하거나, 시청 시간을 제한할 수 있는 '타이머' 기능을 이용할 수 있다. 그러나 오히려 큰 이미지와 눈에 띄는 아이콘을 사용해 아이들이 쉽게 사용할 수 있고, 글을 모르는 아이들도 음성검색으로 사용 가능하게 한 것은[108] 유아동의 이용을 더 촉진하는 양날의 검이다. 또 응답자들의 '유튜브 키즈앱' 활용은 많지 않았는데 이는 유튜브를 시청하는 기기가 부모

---

108 진현진, 「유튜브, 키즈 콘텐츠 강화… '유튜브 키즈' 앱 출시」, 『디지털타임스』, 2017. 5. 16.

나 조부모의 기기인 경우가 많고, 손위형제와 같은 기기를 사용하는 경우도 있으며, 이용에 제한이 있기 때문으로 추정된다. '유튜브 키즈앱' 대신 유튜브에 연령제한, 댓글금지 등의 옵션을 사용하는 경우도 있었는데, 연령 등 상황에 따라 어떠한 방법이 가장 효율적인지, 이러한 기술적 규제의 장단점은 무엇인지 논의와 교육이 필요할 것이다. 또 기술적 통제를 할 경우 자녀가 양육자보다 새로운 기술에 더 익숙하여 통제를 풀고 사용하는 경우가 있었는데, 이러한 문제도 어떻게 대처해야 하는지 다양한 논의와 양육자에 대한 교육으로 해결을 모색해야 할 것이다.

새로운 매체 환경에서 정부나 관련 기관이 어떻게 아동을 보호해야 하는지에 대한 모색도 시도되고 있다. 영국 광고표준위원회(ASA)는 인터넷 개인방송과 소셜 미디어 규제 사례를 '고지(labelling) 규제'와 '내용(content) 규제' 측면에서 분석하여 두 가지 결론을 도출했다. 첫째, '고지 측면'에서는 유튜브 콘텐츠가 마케팅 요소를 포함하고 있다면 이를 사전 고지하고, 콘텐츠와 광고를 식별 가능하게 해야 한다는 것이다. 둘째, '내용 측면'에서는 TV에서 금지하는 광고 내용, 즉 HFSS(High in Fat or Salt or Sugar, 고지방, 고염분, 고당분) 음식 광고와 젠더 스테레오타입의 재현 광고 등을 온라인에서도 금지하는 것이다.[109] 이러한 연구들을 기반으로 한국에서도 유아동을 보호하기 위한 시청 지도와 규제 방안을 고민해 보아야 할 것이다.

2021년 1월 한국언론학회는 '돌봄 연계 미디어리터러시 교육-

109 홍남희, 2018, 앞의 글.

코로나19에 대처하는 미디어리터러시 실천과 전략' 세미나를 개최했다. 학계 뿐 아니라 관련 부서에서도 이런 전략 모색과 리터러시 교육의 방향성 제시가 필요하다. 특히 영유아 부모의 대응방안 공유와 매뉴얼 배포 등 실질적 도움도 필요할 것이다. 교과부는 2011년 스마트 교육 추진전략을 발표했고, 2012~2015년 학교 무선인터넷망 설치, 교사에 스마트 기기 보급 등 3년간 2조 2280억 원을 투입한다고 했다.[110] 이러한 예산과 관심의 아주 일부라도 가정 내 유아동 유튜브 이용의 중재자이자 보호자인 부모들을 돕기 위해 주어져야 할 것이다.

도나 해러웨이(Donna Haraway)[111]는 '사이보그 선언'에서 "기계는 우리이고, 우리의 작동 방식, 체현의 한 양상이다. 우리는 기계를 책임감 있게 대할 수 있다. 그들은 우리를 지배하거나 협박하지 않는다. 우리는 경계에 책임이 있다. 우리는 그들이다."라고 선언했다. 해러웨이는 인간은 비인간 생명체와 무생물에 전적으로 의존하고 취약하다, 인간과 비인간은 '공동생성(Sym-Poiesis)'한다며, 우리는 낙관과 비관을 넘어, 새로운 세계 만들기를 위해 트러블과 함께해야 한다고 주장한다. 맥루한(McLuhan)이 미디어는 인간의 능력, 범위, 나아가 인간에 대한 개념을 바꾸어나가는 생산적, 창조적 과정이라고 주장한 것과 같이,[112] 이미 주어진 유튜브

110 윤샘이나, 앞의 기사.

111 도나 해러웨이, 임옥희 역, 홍성태 편, 「사이보그를 위한 선언문-1980년대에 있어서 과학, 테크놀로지, 그리고 사회주의 페미니즘」, 『사이보그, 사이버컬쳐』, 문화과학사, 1997, 83쪽.

112 김상호, 앞의 글.

를 어떻게 이용하고 경계하는지는 인간에게 달린 문제이자 책임이다.

이 연구의 한계는 우선 유아동을 직접 관찰, 실험하여 조사한 것이 아니라, 어머니의 생각과 판단을 통해 간접적으로 유아동의 행동을 관찰했다는 데 있다. 그러나 연구 내용이 양육자 관점의 육아와 통제를 살펴본 것이라 크게 무리는 없을 것으로 보인다. 또 연구대상자 아이들은 1~2살 영아들은 제외하고, 양육자의 밀착 돌봄이 필요 없는 초등 고학년은 제외한 3~10세이다. 연구의 편의성 등으로 기존에는 초등 고학년 이상에 대한 연구가 많았고, 초등 저학년과 고학년이 보육과 교육의 구분이 확실해지는 나이라고 보고 기준을 잡았지만 3~10세는 나이 범위가 너무 넓다고 볼 수도 있다. 다만 연구 결과, 유아동 나이에 따른 차이보다는 어머니의 육아와 통제 유형, 형제관계 등에 따른 영향이 더 두드러졌다. 마지막으로 대면이 아닌 전화와 카카오톡으로 인터뷰를 진행하여 한계가 있을 수 있다. 이러한 한계를 보완한 후속 연구가 이어지기를 기대한다.

참고문헌

1부 연결(불)가능성과 교육의 문턱

K적인 것의 기원과 K 차별

권명아

1. 논문과 단행본

1) 논문

권명아, 「성폭력 부정주의의 정동적 힘과 대안적 정동 생성의 '쓰기'」, 『여성문학연구』 제52호, 한국여성문학학회, 2021.

권명아, 「수치스런 몸의 역사: 보이지 않는 역사적 원천과 풍속 통제의 자연화」, 『민족문학사연구』 제66호, 민족문학사연구소, 2018.

권명아, 「신냉전 질서의 도래와 혐오발화/증오 정치 비교역사 연구」, 『역사문제연구』 제20호, 역사문제연구소, 2016.

권명아, 「젠더 · 어펙트 연구에서 연결성의 문제: 데이터 제국의 도래와 '인문'의 미래」, 『석당논총』 제77호, 동아대학교 석당학술원, 2020.

권명아, 「한국과 일본에서의 반헤이트 스피치 운동과 이론에 대한 비교 고찰: 차별의 역사적 구조와 표현의 자유에 대한 논의를 중심으로」, 『여성문학연구』 제45호, 한국여성문학학회, 2018.

박성석 외, 「청소년의 차별적 언어 표현 사용에 영향을 미치는 요인」, 『국어교육』 제167호, 한국어교육학회, 2019.

박은하, 「한국어 교재에 표현된 차별적 요소」, 『사회언어학』 제23권 1호, 한국사회언어학회, 2015.

옥일남, 「글로벌 시대 민주시민교육을 위한 정치적 쟁점 주제의 적용 원칙과 교사 유형 탐색」, 『시민교육연구』 제51권 2호, 한국사회과교육학회, 2019.
우희숙, 「노동형사사건에 나타난 '사회통념' 개념의 형법적 의의와 기능」, 『법학연구』 제25권 3호, 한국법학회, 2017.
이춘아 · 김이선, 「성차별적 언어 사용에 관한 연구」, 한국여성개발원, 1996.
이화진, 「식민지 영화의 내셔널리티와 '향토색'-1930년대 후반 조선영화 담론 연구」, 『상허학보』 제13집, 상허학회, 2004.
임영철 · 이길용, 「장애인 차별어에 대한 의식 및 대안표현 유형 연구」, 『일본언어문화』 제17호, 한국일본언어문화학회, 2010.
제민경 · 박진희 · 박재현, 「성차별적 표현에 대한 언어인식 교육 방향 탐색」, 『국어국문학』 제175호, 국어국문학회, 2016.
조태린, 「차별적 언어표현과 사회갈등의 문제」, 『나라사랑』 제120호, 외솔회, 2011.

2) 단행본

공임순, 『3 · 1과 반탁』, 앨피, 2020.
공임순, 『식민지의 적자들』, 푸른역사, 2007.
권명아, 『무한히 정치적인 외로움: 한국 사회의 정동을 묻다』, 갈무리, 2014.
권명아, 『식민지 이후를 사유하다』, 책세상, 2009.
권명아, 『음란과 혁명: 풍기문란의 계보와 정념의 정치학』, 책세상, 2013.
권지성 외, 『혐오와 한국교회』, 삼인, 2020.
김재영, 『코끼리』, 실천문학사, 2005.
민족문학사연구소 기초학문연구단, 『'조선적인 것'의 형성과 근대문화담론』, 소명, 2007.
이영훈 외, 『반일종족주의』, 미래출판, 2019.
이화진, 『조선 영화: 소리의 도입에서 친일 영화까지』, 책세상, 2005.

2. 기타자료

국가인권위원회, 『2019 혐오 차별 국민인식 조사』, 국가인권위원회, 2019.

국민주권 2소분과, 『20대 남성지지율 하락요인 분석 및 대응방안(v2)』, 2019. 2. 18.

김호기, 「한국의 시민운동과 신사회운동」, 월간 『참여사회』 2000년 11월호, 참여연대, 2000.

박서연 기자, 「인권위, 동성 결혼 인정 요구 각하, 논의 필요」, 『미디어오늘』, 2019. 3. 1.

박윤경 기자, 「코로나19로 차별금지법 절실했는데…정치권은 여전히 외면」, 『한겨레』, 2020. 12. 10.

배동미 기자, 「"무단 가출자는 쉽게 검거될 수 있습니다" 이주여성용 교재 맞나요?」, 『경향신문』, 2019. 9. 10.

윤성효 기자, 「부산경남 여성폭력범죄 재판 104건 분석 "성인지감수성 필요"-경남여성단체연합 인권위, 3개월간 창원지법 315호 법정 재판 참관 결과」, 『오마이뉴스』, 2020. 12. 13.

이혜영 외, 『한국어교재 사용 현황 및 중장기 집필 계획 수립 연구』, 국립국어원, 2017.

장강명, 「'깜깜이'라는 말은 혐오 표현인가」, 『중앙일보』, 2021. 5. 12.

정성일, 「김기덕 감독, 처음으로 세상을 긍정하다」, 『월간 말』 214호, 월간 말, 2004. 4.

정영선 교수, 「[차별금지법] 지금 법으론 차별을 구제할 수 없다: 10여 년간 침묵하던 인권위도 국회에 평등법 제정 촉구」, 『한겨레 21』 1330호, 2020. 9. 11.

조형국 기자, 「민주당 '서울 · 부산시장 보궐선거 공천 당헌 개정' 당원투표 86% 찬성」, 『경향신문』, 2020. 11. 2.

하헌기, 「'허버허버' '오조오억' 표현 쓰면 무조건 혐오라고?」, 『시사인』, 2021. 6. 20.

학교의 문턱, 의무교육제도의 도입과 장애아 교육 소현숙

1. 기본자료

『경향신문』, 『동아일보』, 『문교공보』, 『보건사회통계연보』

2. 논문과 단행본

1) 논문

김동원, 「미국의 의무교육제도의 기원-노동운동을 중심으로」, 『역사학연구』 3, 1989. 12.

김병하, 「특수교육진흥법의 제정과 개정과정: 그 역사적 함의와 쟁점」, 『특수교육 저널: 이론과 실천』 6-1, 2005.

김정현, 「미군정기 의무교육 논의와 정책」, 부산대 석사학위논문, 2000.

박의선 외, 「한국의 소아마비의 임상통계적 관찰」, 『종합의학』 7, 1962.

정인이 · 나형주, 「삼육아동재활원에 수용된 불구원아에 대한 통계적 관찰」, 대한정형외과학회잡지 3-1, 1968.

주윤정, 「한국 시각장애인 직업권 형성에 관한 법사회학적 연구」, 서울대 박사학위논문, 2012.

주정빈, 「소아마비의 임상경험」, 『정형외과지』 23-4, 1988.

주정빈, 「예방접종후 발생한 소아마비」, 『의협』 11, 1968.

최병택, 「해방 이후 의무 교육 요구와 정책의 전개 방향」, 『대구사학』 125, 2016.

三善貞輝, 「昭和13年大邱地方に流行せるハイネメゲン氏病に就て」, 『大邱醫雜誌』 1, 1939.

2) 단행본

강준만, 『입시전쟁 잔혹사』, 인물과사상사, 2009.

김남순, 『통합교육의 이론과 실제』, 교육과학사, 2008.
김도현, 정태수열사추모사업회 기획, 『차별에 저항하라-한국의 장애인 운동 20년』, 박종철출판사, 2007.
문교부, 『문교40년사』, 1988.
보건사회부 · 한국아동복리위원회 간행, 『한국장해아동조사보고서』, 1961.
이성규, 『한국 장애인 복지 발달사』, 집문당, 2011.
한국소아마비협회 정립회관, 『소아마비의 어제와 오늘』, 한국소아마비협회 정립회관, 1999.
世界教育史研究會 編, 『世界教育史大系28-義務教育史』, 講談社, 1975.
中村満紀男 · 荒川智 編著, 『障害児教育の歴史』, 明石書店, 2003.

감화원이 있는 섬

이화진

1. 기본자료

『경향신문』, 『동아일보』, 『조선일보』, 『부산신문』, 『부인신보』, 『영화시대』, 『예술영화』, 『映画旬報』

2. 논문과 단행본

1) 논문

권명아, 「풍속 통제와 일상에 대한 국가 관리: 풍속 통제와 검열의 관계를 중심으로」, 『민족문학사연구』 제33호, 민족문학사연구소, 2007.
김주리, 「1940년대 "향린원(香隣園)"에 대한 두 개의 시선」, 『현대소설연구』 제41호, 한국현대소설학회, 2009.
김한상, 「탈식민 국가형성기 재외조선인들의 종족 상상」, 『아세아연구』 제58권 3호, 고려대 아세아문제연구소, 2015.
소현숙, 「식민지시기 '불량소년' 담론의 형성-'민족/국민' 만들기와 '협력'의 역학」, 『사회와 역사』 제107호, 한국사회사학회, 2015.
이명자, 「해방기 남북한 영화에 나타난 근대성과 여성담론 비교 연구」, 『현대영화연구』 제7권 1호, 한양대학교 현대영화연구소, 2011.
이행선, 「일제말 · 해방공간 우생학과 소년수(少年囚)를 통해 본 '착한/불량국가'-거세 · 단종법 · 격리 · 정신병」, 『동아시아문화연구』 제53권, 한양대 동아시아문화연구소, 2013.
전지니, 「건국과 재건 사이, 남북한 연극의 청년담론과 젠더(1945~1960)」, 『한국극예술연구』 제71호, 한국극예술학회, 2021.
정민아, 「해방기 조선영화 〈해연(일명 갈매기)〉과 멜로드라마적 정치성」, 『한민족문화연구』 제53권, 한민족문화학회, 2016.
정종화, 「〈해연〉의 영화사적 가치」, 『영화천국』 44호, 한국영상자료원, 2015.
정종화, 「해방기 한국영화계의 예술영화 지향-영화 〈해연〉과 관련 잡지 분석을 중심으로」, 『한민족문화연구』 제54권, 한민족문화학회, 2016.
하금철, 「한국인 부랑인 강제수용: 빈곤의 범죄화와 사회안보의 적(敵) 만들기」, 성공회대학교 NGO대학원 석사학위논문, 2017.
한상언, 「해금할 수 없는 것을 해금하기-월북영화인 해금 30년의 여정」, 『구보학보』 제20호, 구보학회, 2018.
Sueyoung Park-Primiano, "South Korean Cinema Between the Wars: Screening Resistance and Containment under U.S. Intervention and Influence, 1945~60," PhD diss., New York University, 2015.
Robert J. Ashmore, "Bad Boys, Reform School Girls, and Teenage Werewolves: The Juvenile Delinquency Film in Postwar America," PhD diss., University of Southern California, 2016.

2) 단행본

勝又浩, 『「鐘の鳴る丘」世代とアメリカ—廃墟 · 占領 · 戦後文学』, 白水社, 2012.
Sara Fieldston, *Raising the World: Child Welfare in the American Century*, Harvard University Press, 2015.

‘진보’ 정치학 이후와 사회적 재생산의 문제에 대한 소고

김보명

1. 논문과 단행본

1) 논문

강정석, 「계급 유지 전략으로서의 교육의 문제: 불평등의 구조화와 86세대」, 『문화과학』 제102호, 문화과학사, 2020.

강준만, 「왜 부모를 잘 둔 것도 능력이 되었나?: ‘능력주의 커뮤니케이션’의 심리적 기제」, 『사회과학연구』 제55권 2호, 강원대학교 사회과학연구원, 2016.

김경희, 「법제화 운동을 중심으로 본 한국여성운동의 제도화와 위기론」, 『사회과학연구』 제15권 1호, 서강대학교 사회과학연구소, 2007.

김성일, 「파워 엘리트 86세대의 시민 되기와 촛불 민심의 유예」, 『문화과학』 제102호, 문화과학사, 2020.

김영희, 「진보적 여성운동론의 재검토」, 『페미니즘 연구』 제2호, 한국여성연구소, 2002.

김형준, 「‘교육성공신화’의 역설: 기만당한 세대들의 기원에 대하여」, 『경제와 사회』 제125호, 비판사회학회, 2020.

나영정, 「한국 성소수자 운동과 제도화의 역설」, 『진보평론』 제63호, 진보평론 2015.

마경희, 「변화하는 남성성과 성차별」, 『한국여성정책연구원 개원 36주년 기념 세미나 자료집』, 2019.

박소진, 「386세대와 젠더」, 『비교문화연구』 제26권 2호, 서울대학교 비교문화연구소, 2020.

박찬종, 「한국 신자유주의의 정치적 기원」, 『사회와 역사』 제117호, 한국사회사학회, 2018.

박혜경, 「86세대와 여성」, 『문화과학』 제102호, 문화과학사, 2020.

서두원, 「젠더 제도화의 결과와 한국 여성운동의 동학」, 『아세아연구』 제55권 1호, 고려대학교 아세아문제연구원, 2012.
손낙구, 「부동산 격차와 교육격차」, 『문화과학』 제63호, 문화과학사, 2010.
송명관, 「87년 체제와 대중의 금융화」, 『진보평론』 제72호, 진보평론, 2017.
신상숙, 「신자유주의 시대의 젠더-거버넌스」, 『페미니즘 연구』 제11권 2호, 한국여성연구소, 2011.
오장미경, 「여성운동의 제도화, 운동정치의 확대인가 제도정치로의 흡수인가」, 『여성과 사회』 제16호, 한국여성연구소, 2005.
이은지, 「계급갈등이라는 불가능한 재현」, 『실천문학』 제134호, 실천문학사, 2019.
이우창, 「헬조선 담론의 기원」, 『사회와 철학』 제32호, 사회와철학연구회, 2016.
이철승, 「세대, 계급, 위계: 386세대의 집권과 불평등의 확대」, 『한국사회학』 제53권 1호, 한국사회학회, 2019.
장진호, 「금융 지구화와 한국 민주주의」, 『기억과 전망』 제28호, 민주화운동기념사업회, 2013.
조이여울, 「'진보적 여성단체'의 위기」, 『진보평론』 제28호, 진보평론, 2006.
조희연, 「'수동혁명적 민주화 체제'로서의 87년 체제, 복합적 모순, 균열, 전환에 대하여」, 『민주사회와 정책연구』 제24호, 한신대학교 민주사회정책연구원, 2013.
조희연, 「정치적 자유화의 '축복'과 경제적 자유화의 '재앙'」, 『시민과 세계』 제2호, 참여연대 참여사회연구소, 2002.
지은희, 「내부로부터 본 여성운동」, 『사회이론』 제22호, 한국사회이론학회, 2002.
최상명, 「전대협 30년, 신화 생성의 기억과 586의 오늘에 대한 성찰」, 『기억과 전망』 제37호, 민주화운동기념사업회, 2017.
최종숙, 「'20대 남성 현상' 다시 보기」, 『경제와 사회』 제125호, 비판사회학회, 2020.
홍미희, 「'진보적' 여성운동의 조직적 특성」, 『페미니즘 연구』 제6호, 한국여성

연구소, 2006.
Guy Standing, "The Precariat: Today's Transformative Class?", *Development* 61, pp.115-121, 2018.
Hae-Yung Song, "Democracy against Labour: The Dialectic of Democratization and De-democratization in Korea", *Journal of Contemporary Asia* 43(2), pp.338-362, 2013.
Hagen Koo, "Rising Inequality and Shifting Class Boundaries in South Korea in the Neo-Liberal Era", *Journal of Contemporary Asia* 51(1), pp.1-19, 2021.
Hyug Baeg Im, "Opportunities and Constraints to Democratic Consolidation in South Korea", *Korea Journal of Population and Development* 25(2), pp.181-216, 1996.
Hyun-Chin Lim and Jin-Ho Jang, "Between Neoliberalism and Democracy: The Transformation of the Developmental State in South Korea", *Development and Society* 35(1), pp.1-28, 2006.
Isabella Bakker, "Variegated Social Reproduction in Neoliberal Times", *Nordic Journal of Feminist and Gender Research* 28(2), pp.167-172, 2002.
Isabella Bakker, "Social Reproduction and the Constitution of a Gendered Political Economy", *New Political Economy* 12(4), pp.541-556, 2007.
Isabella Bakker and Stephen Gill, "Rethinking Power, Production, and Social Reproduction", *Capital and Class* 43(4), pp.503-523, 2019.
Jamie Winders and Barbara Ellen Smith, "Social Reproduction and Capitalist Production: A Genealogy of Dominant Imaginaries", *Progress in Human Geography* 43(5), pp.871-889, 2019.
Jean Comaroaf, "Populism and Late Liberalism", *The Annals of the American Academy of Political and Social Science* 637, pp.99-111, 2011.
Jo Littler, "Meritocracy as Plutocracy", *New Formations* 80-81, pp.52-72, 2013.
Judith Butler, "Afterword: After Loss, What Then?", *Loss: The Politics of Mourning*, eds. David L. Eng and David Kazanjian, Berkeley: University of California Press, 2003.

Kyung-Sup Chang, "Economic Development, Democracy, and Citizenship Politics in South Korea", *Citizenship Studies* 16(1), pp.29-47, 2012.

Kwang-Yeong Shin, "Globalization and the Working Class in South Korea", *Journal of Contemporary Asia* 40(2), pp.211-229, 2020.

Kwang-Yeong Shin, "Economic Crisis, Neoliberal Reforms, and the Rise of Precarious Works in South Korea", *American Behavioral Scientist* 57(3), pp.335-353, 2013.

Lisa Adkins, "Social Reproduction in the Neoliberal Era: Payments, Lverage, and the Minskian Household", 2019. Retrieved from https://www.researchgate.net/publication/331638213_SOCIAL_REPRODUCTION_IN_THE_NEOLIBERAL_ERA_PAYMENTS_LEVERAGE_AND_THE_MINSKIAN_HOUSEHOLD

Melinda Cooper, "Secular Stagnation: Fear of a Non-Reproductive Future", *Postmodern Culture* 27(1), n.p., 2016.

Namhee Lee, "From Minjung to Simin: The discursive shift in Korean social movements", *South Korean Social Movements: From Democracy to Civil Society*, eds. Gi-Wook Shin and Paul Y. Chang (Routledge, 2011), pp.41-57, 2011.

Seung-kyung Kim and Kyunghee Kim, "Gender Mainstreaming and the Institutionalization of the Women's Movement in South Korea", *Women's Studies International Forum* 34, pp.390-400, 2011.

Vivian Rodríguez-Rocha, "Social Reproduction Theory: State of the Field and New Directions in Geography", *Geography Compass* 15(8), pp.1-16, 2020.

Walter Benjamin, "Theses on the Philosophy of History", *Illuminations: Essays and Reflections*, trans. Harry Zohn, New York: Shocken Books, pp.253-264, 1968.

Yoonkyung Lee, "Labor after Neoliberalism: The Birth of the Insecure Class in South Korea", *Globalization* 12(2), pp.182-202, 2015.

2) 단행본

권인숙, 『대한민국은 군대다』, 서울: 청년사, 2005.

김정훈 외, 『386 세대유감: 386세대에게 헬조선의 미필적고의를 묻다』, 서울: 웅진지식하우스, 2019.

김종엽 외, 『87체제론: 민주화 이후 한국사회의 인식과 새 전망』, 서울: 창비, 2009.

문승숙, 이현정 옮김, 『군사주의에 갇힌 근대』, 서울: 또 하나의 문화, 2007.

박권일 외, 『능력주의와 불평등』, 서울: 교육공동체 벗, 2020.

손호철, 『촛불혁명과 2017년 체제』, 서울: 서강대학교 출판부, 2017.

이남희, 이경희 · 유리 옮김, 『민중 만들기: 한국의 민주화운동과 재현의 정치학』, 서울: 후마니타스, 2015.

임혁백, 『비동시성의 동시성: 한국 근대정치의 다중적 시간』, 서울: 고려대학교 출판부, 2014.

장경섭, 『가족 · 생애 · 정치경제: 압축적 근대성의 미시적 기초』, 서울: 창비, 2009.

지주형, 『한국 신자유주의의 기원과 형성』, 서울: 책세상, 2011.

최장집, 『민주화 이후의 민주주의』, 서울: 후마니타스, 2010.

Benedict Anderson, *Imagined Communities: Reflections on the Origin and Spread of Nationalism*, London: Verso, 1983.

Gi-Wook Shin and Paul Y. Chang, eds, *South Korean Social Movements: From Democracy to Civil Society*, London and New York: Routledge, 2011.

Hayden White, *The Content of the Form*, Baltimore and London: Johns Hopkins University Press, 1990.

Lauren Berlant, *Cruel Optimism*, Durham: Duke University Press, 2011.

Lee Edelman, *No Future*, Durham: Duke University Press, 2004.

Michel Foucault, *The Order of Things*, New York: Vintage Books, 1994.

Myungji Yang, *From Miracle to Mirage: The Making and Unmaking of the Korean Middle Class, 1960-2015*, Ithaca and London: Cornell University

Press, 2018.
Nancy Fraser, *Fourtunes of Feminism,* London: Verso, 2013.
Reinhart Koselleck, trans. Todd Presner, Kerstin Behnke, and Jobst Welge, *The Practice of Conceptual History,* Stanford: Stanford University Press, 2002.
Silvia Federici, *Revolution at Zero Point,* London: PM Press, 2012.
Tithi Bhattacharya, ed, *Social Reproduction Theory,* London: Pluto Press, 2017.

2. 기타 자료

「"40살에 은퇴"... '파이어족' 꿈꾸는 2030」, 『충북일보』, 2021. 3. 29.
「"남성차별 존재한다는 '이남자' ... '남성 우월주의' 오륙남과 달랐다."」, 『한국일보』, 2021. 6. 16.
「'파이어족' 진짜 있네… "투자로 35억 벌어 29살에 퇴사했어요"」, 『조선일보』, 2021. 4. 10.

2부 신체 연결성의 서사와 역사

연결불가능한 신체, 상사뱀의 정치지형

강성숙

1. 기본자료

『한국구비문학대계』
『임석재전집』
『청야담수』
『동패』(정명기본)
『동패락송』(천리대본)
『화헌파수록』(영남대본)
『삽교만록』

『조선왕조실록』
김현룡,『한국문헌설화』 제1책, 건국대학교출판부, 1998.
김현룡,『한국문헌설화』 제3책, 건국대학교출판부, 1999a.
김현룡,『한국문헌설화』 제4책, 건국대학교출판부, 1999b.
서대석 편저,『조선조문헌설화집요(Ⅰ)』, 집문당, 1991.
서대석 편저,『조선조문헌설화집요(Ⅱ)』, 집문당, 1992.

2. 논문 및 단행본

1) 논문

강미정,「상사뱀 설화와 영화 〈페인티드 베일〉의 비교를 통해 본 일방적 사랑의 문제」,『문학치료연구』 제28권, 한국문학치료학회, 2013.
강미정,「우울증 서사로 보는 〈콩쥐팥쥐〉, 〈상사뱀〉, 〈고분지통〉」,『한국고전연구』 제16호, 한국고전연구학회, 2007.
강성숙,「성정치로 본 상사뱀 설화-여성형 상사뱀 설화를 중심으로」,『고전문학연구』 제39권, 한국고전문학회, 2011.
강진옥,「상사뱀 설화의 '몸 바꾸기'를 통해 본 욕망과 규범의 문제」,『고전문학연구』 제18권, 월인, 2000.
구진성,「17세기 남명학파 동향 연구-정인홍과 그 계열을 중심으로」, 경상대학교 박사학위논문, 2015.
길진숙,「16세기 사림의 주자의례 실천과「분천강호가」」,『한국문학이론과 비평』 제31권, 한국문학이론과 비평학회, 2006.
김난주,「한·일 여성 원귀담의 비교 고찰-여성 원귀의 생성 원리와 섹슈얼리티」,『한국학논집』 제71호, 계명대학교 한국학연구원, 2018.
김지은,「남명 조식의 일본인식과 그 전승」,『남명학과 동아시아 담론의 가능성』, 남명학연구원 2019 전국학술대회 발표문, 2019.
金忠烈,「生涯를 통해 본 南冥의 爲人」,『大東文化硏究』 제17권, 成均館大學校 大東文化硏究院, 1983.
김현양,「16세기 소설사의 지형과 위상」,『민족문학사연구』 제25권, 민족문학사학회, 2004.
문성대, 「조광조 관련 문헌설화의 개변 양상과 그 의미」, 『우리어문연구』 제33권, 우리어문학회, 2009.
박충환, 「남명 조식의 가족관과 공공성의 아포리아」, 『영남학』 제64호, 영남문화연구원, 2018.
브루노 라투르 외, 홍성욱 엮음, 『인간 · 사물 · 동맹』, 이음, 2010.
송영숙, 「한일 상사뱀 설화의 비교연구」, 『日本文化學報』 제60호, 한국일본문화학회, 2014.
송치욱, 「인조반정 이후 합천지역 남명학파 문인들의 활동양상-'염북(染北)'과 '모현(侮賢)' 혐의를 중심으로」, 『남명학연구원총서』 제12권, 남명학연구원, 2019.
윤주필, 「설화에 나타난 도학자상-남명 조식의 전승을 중심으로」, 『남명학연구』 제7권, 경상대학교 남명학연구소, 1998.
이상원, 「남명 조식에 관한 야승의 연구」, 『남명학연구논총』 창간호, 남명학연구원, 1988.
이주라, 「근현대 상사뱀 모티프의 변화와 한국 공포물의 특징-1930년대와 1960년대의 비교를 중심으로」, 『비교한국학』 제24권 1호, 국제비교한국학회, 2016.
이주영, 「조선후기 야담에 나타난 여성 정욕의 표출과 그 대응의 몇 국면」, 『한국고전연구』 제41호, 한국고전연구학회, 2018.
임재해, 「설화에 나타난 조월천의 삶과 그 민중적 인식」, 『퇴계학』 제3권 1호, 안동대학교 퇴계학연구소, 1991.
임재해, 「민속문화에 갈무리된 성과 사랑의 갈래별 인식」, 『실천민속학연구』 제8권, 실천민속학회, 2006.
정우락, 「설화에 나타난 남명 형상의 양상과 의미」, 『남명학』 제7권, 남명학연구원, 1999.
최천집, 「남명 설화의 인물 평가 방식과 그 의미」, 『남명학』 제19권, 남명학연구원, 2014.
한양하, 「상사뱀 설화로 본 남명의 남성성」, 『남명학연구』 제65권, 경상대학교 경남문화연구원, 2020.

2) 단행본

고영진, 『조선중기 예학 사상사』, 한길사, 1995.
길진숙, 『조선전기 시가예술론의 형성과 전개』, 소명출판사, 2002.
이병태, 『김해지명변천사』, 김해문화원, 1986.
이종호, 『월천 조목의 삶과 생각 그리고 문학』, 한국국학진흥원, 2007.
한형조, 『조선유학의 거장들』, 문학동네, 2008.

'바지씨' 생존 모델

첸페이전

1. 기본자료

이영, 〈불온한 당신〉, Seoul : Feminist Video Activism WOM, 2015.
黃惠偵, 〈日常对话〉, 臺北： 鏡象電影製作有限公司, 2016.

2. 논문과 단행본

1) 중국어 참고문헌

哈若圖寧(Harry Harootunian), 王梅春 · 王婉葶 · 周俊男 · 陳春燕 · 陳莉萍 · 謝樹寬 譯, 『歷史的記憶與日常 : 資本主義與東亞批判研究—哈若圖寧選集』(*The Memory and Everydayness of History: Capitalism and Critical East Asian Studies. A Selection of Harry Harootunian's Essays*), 新竹： 國立交通大學出版社, 2017.
王秀雲, 「「不男不女」: 臺灣「長髮」男性的治理及其性別政治 , 1960s~1970s」, 『臺灣社會研究季刊』 112, 2019, 99-146頁.
林書怡, 「從告白到對話 : 『我和我的T媽媽』和『日常對話』的倫理轉向」, 『女學學誌』 43, 2018, 1-35頁.

陳佩甄,「反共意識形態與性政治：1950-60年代臺韓社會中的他者們」,『臺灣學誌』18, 2019, 21-42頁.
黃孟雯,『西裝與香花：戰後初期臺灣「穿褲的」女性的身影』, 國立臺北藝術大學藝術跨域研究所碩士論文, 2018.
黃惠偵,『我和我的T媽媽』, 臺北： 遠流, 2017.
趙彥寧,「老T搬家：全球化狀態下的酷兒文化公民身分初探」,『臺灣社會研究季刊』57, 2005, 41-85頁.
劉文,「酷兒左翼「超英趕美」?「同性戀正典化」的偏執及臺灣同志運動的修復詮釋」,『應用倫理評論』58, 2015, 101-128頁.

2) 한국어 참고문헌

김지혜,「1950년대 여성국극공동체의 동성 친밀성에 관한 연구」,『한국여성학』제26권 1호, 한국여성학회, 2010. 3.
김일란,「다른 세상 읽기: 1960년대의 여장남자와 남장여인」, 퀴어이론문화연구모임 WIG,『젠더의 채널을 돌려라』, 사람생각, 2008.
국립국어원『표준국어대사전』, 2019. http://stdweb2.korean.go.kr/main.jsp(접속일: 2019. 8. 21.)
배성민 · 정희성,「퀴어와 공간의 관계 재구성: 영화 〈불온한 당신〉(이영, 2015)의 바지씨 이묵을 통해 한국이라는 공간의 이성애 규범성과 도시-촌락 이분법 탐문하기」,『공간과 사회』통권 63호, 한국공간환경학회, 2018. 3.
이하나 · 이예영,「1970년대 한국의 이상적 여성상과 패션」,『한국의류학회지』제39권 5호, 한국의류학회, 2015. 10.
성정숙,「'불완전한 몸'의 질곡을 넘어- 50대 레즈비언의 생애이야기」,『한국사회복지학』제64권 2호, 한국사회복지학회, 2012. 5.
성정숙 · 이현주,「동성애자인권활동가의 청소년기 경험과 탄력성에 관한 질적 연구」,『한국아동복지학』제31호, 한국아동복지학회, 2010. 4.
한양대학교 비교역사문화연구소 젠더연구팀 기획, 홍양희 편, 홍양희 · 박정미 · 허윤 · 김청강 · 이정선 · 소현숙 · 김은경 · 정연보,『'성'스러운 국민』, 서해문집, 2017.

한채윤, 「우리가 몰랐던 바지씨, 치마씨 그리고 부치와 팸의 어원」, 『레인보우링』 vol.5, 한국성적소수자문화인권센터, 2009. 12.
한채윤, 「한국 레즈비언 커뮤니티의 역사」, 『진보평론』 제49호, 메이데이, 2011. 9.

3) 영문 참고문헌

Ara Wilson, "The Infrastructure of Intimacy," *Signs: Journal of Women in Culture and Society* 41(2), 2016. pp.247-280.
Carolyn Dinshaw, Lee Edelman, Roderick A. Ferguson, Carla Freccero, Elizabeth Freeman, Judith Halberstam, Annamarie Jagose, Christopher S. Nealon, Tan Hoang Nguyen, "Theorizing queer temporalities: A roundtable discussion," *GLQ: A Journal of Lesbian and Gay Studies* 13(2-3), 2007, pp.177-195.
Elizabeth Freeman, *Time Binds: Queer Temporalities, Queer Histories*. Durham: Duke University Press, 2010.
Elizabeth Grosz, *Volatile Bodies: Toward a Corporeal Feminism*, Indiana University Press, 1994.
Elizabeth Povinelli, "Economies of Abandonment: Social Belonging and Endurance," *Late Liberalism*. Durham, NC: Duke University Press, 2011.
Eve K. Sedgwick, Adam Frank, Alexander (Eds.), *Shame and its sisters: A Silvan Tomkins reader*. Durham, NC: Duke University Press, 1995.
Eve K. Sedgwick, *Touching feeling: Affect, pedagogy, performativity*. Durham, NC: Duke University Press, 2003.
Fan-Ting Cheng, "Visioning a queer documentary: Huang Hui-chen's Small Talk," *Continuum: Journal of Media & Cultural Studies*: 1-13, 2020.
Heather Love, *Feeling Backward: Loss and the Politics of Queer History*. Cambridge, MA: Harvard University Press, 2007.
Henri Lefebvre, "The Everyday and Everydayness," *Yale French Studies* 73, 1987, pp.7-11.
Ju Hui Judy Han, "The Politics of Homophobia in South Korea," *East Asia*

Forum Quarterly 24, 2016, pp.6-7.

Ju Hui Judy Han, "Becoming Visible, Becoming Political: Faith and Queer Activism in South Korea," *The Scholar & Feminist Online* 14 (2), 2017. https://sfonline.barnard.edu/queer-religion/becoming-visible-becoming-political-faith-and-queer-activism-in-south-korea/

Judith Butler, "Agencies of Style for a Liminal Subject," in *Without Guarantees: In Honour of Stuart Hall*, edited by Paul Gilroy, Lawrence Grossberg, and Angela McRobbie, London: Verso, 2000, pp.30-37.

Judith Butler, *Giving an Account of Oneself*. New York: Fordham University Press, 2005.

Judith Butler, *Precarious Life: The Power of Mourning and Violence*. London: Verso, 2004.

Judith Butler, "Violence, Mourning, Politics," *Studies in Gender and Sexuality* 4(1), 2003, pp.9-37.

Judith Halberstam, *In a Queer Time and Place: Transgender Bodies, Subcultural Lives*. New York: New York University Press, 2005.

Kath Weston, *Families We Choose: Lesbians, Gays, Kinship*. New York: Columbia University Press, 1991.

Laura Fantone, "Precarious Changes: Gender and Generational Politics in Contemporary Italy," *Feminist Review* 87, 2007, pp.5-20.

Lauren Berlant, *Cruel Optimism*. Durham: Duke University Press, 2011.

Patricia T. Clough & Jean Halley (Eds.), *The affective turn: Theorizing the social*, Durham, NC: Duke University Press, 2007.

Paul Gilroy & Lawrence Grossberg & Angela McRobbie (Eds.), *Without Guarantees: In Honour of Stuart Hall*, London: Verso, 2000.

Robyn Wiegman, "The Times We're in: Queer Feminist Criticism and the Reparative 'Turn'," *Feminist Theory* 15(1), 2014. pp.4-25.

Sara Ahmed, *Cultural politics of emotion* (2nd ed.). Edinburgh, UK:Edinburgh University Press, 2004/2014.

Sara Ahmed, *The Promise of Happiness*. Durham, NC: Duke University Press, 2010.

Wen Liu, "Feeling down, backward, and machinic: queer theory and the affective turn," In Special Issue: Mapping Affect Studies. *Athenea Digital*, 20(2): e2321, 2020.

3. 기타자료

장일호, 「옛날 옛적 '바지씨'가 살던 그때」, 『시사IN』 제514호, (주)참언론, 2017. 7. 28.

박완서 소설의 죽음정치적 특성과 그 의미

권영빈

1. 기본자료

박완서, 『아주 오래된 농담』(박완서소설전집21), 세계사, 2018.

박완서, 『그 산이 정말 거기 있었을까』(박완서소설전집20), 세계사, 2018.

박완서, 「부처님 근처」, 『부끄러움을 가르칩니다』(박완서단편소설전집1), 문학동네, 2019.

2. 논문과 단행본

1) 논문

김미영, 「박완서 소설의 애도 불가능성 연구」, 『한국언어문학』 98, 한국언어문학회, 2016.

김미현, 「번역 그리고 반역」, 박완서, 『아주 오래된 농담』(박완서소설전집21), 세계사, 2018.

김분선, 「생명관리정치에서 죽음관리정치로: 존엄사의 현행법에 대한 문제화」, 『철학탐구』 57, 중앙대학교 중앙철학연구소, 2020.

김윤정, 「시대적 공통 감각의 문학화와 '다시'의 박완서」, 『이화어문논집』 42, 이화어문학회, 2017.
김혜경, 「박완서 소설에 나타난 '죽음' 문제 연구」, 『한국문학이론과 비평』 19-1, 한국문학이론과 비평학회, 2015.
박성은, 「박완서 소설 속 '망령들'을 통해 본 분단서사의 틈과 균열」, 『용봉인문논총』 53, 전남대학교 인문학연구소, 2018.
서정현, 「노년소설에 나타난 죽음 인식 연구: 김원일, 최일남, 박완서 작품을 중심으로」, 『인문사회21』 9-2, 아시아문화학술원, 2018.
오자은, 「박완서 소설에 나타난 중산층의 정체성 형상화 연구」, 서울대학교 박사학위논문, 2017.
우찬제, 「농담의 진실과 진담의 허위: 박완서 장편소설, 『아주 오래된 농담』, 실천문학사」, 『문학과사회』 14-1, 문학과지성사, 2001 봄호.
우현주, 「박완서 전쟁 체험 소설의 반복과 차이」, 『여성문학연구』 45, 한국여성문학학회, 2018.
우현주, 「상생과 불협화음의 경계에 선 말년성(lateness): 박완서의 「빨갱이 바이러스」를 중심으로」, 『이화어문논집』 49, 이화어문학회, 2019.
유인혁, 「박완서 소설에 나타난 근접성 없는 공동체와 친밀성의 테크놀로지: 『아주 오래된 농담』을 중심으로」, 『어문논집』 80, 민족어문학회, 2020.
이선미, 「세계화와 탈냉전에 대응하는 소설의 형식: 기억으로 발언하기-1990년대 박완서 자전소설의 의미 연구」, 『상허학보』 12, 상허학회, 2004.
이선미, 「한 길 사람 속을 파헤치는 소설: 분단/냉전 문화와 마음의 흔적」, 『실천문학』 101, 실천문학사, 2011.
이수형, 「박완서 소설에 나타난 애도와 죄의식에 관한 연구」, 『여성문학연구』 25, 한국여성문학학회, 2011.
이혜령, 「박완서의 1980년대: 빨갱이, 운동권, 사회주의(자)의 절합」, 『국제어문』 79, 국제어문학회, 2018.
차미령, 「한국 전쟁과 신원 증명 장치의 기원: 박완서 소설에 나타난 주권의 문제」, 『구보학보』 18, 구보학회, 2018.
최선영, 「박완서 소설에 나타난 가부장제 · 자본주의 양상과 극복의 가능성」,

『현대소설연구』 51, 한국현대소설학회, 2012.
로베르트 에스포지토, 김상운 역, 「생명정치와 철학」, 『문화과학』 104, 문화과학사, 2020.
A. Mbembé & Libby Meintjes, "Necropolitics", *Public Culture* 15/1, Duke University Press, 2003.

2) 단행본

권명아, 『가족이야기는 어떻게 만들어지는가』, 책세상, 2000.
권헌익, 정소영 역, 『전쟁과 가족』, 창비, 2020.
김병익 · 호원숙 외 3인, 『모든 것에 따뜻함이 숨어 있다』, 웅진지식하우스, 2011.
시마노조 스스무 · 다케우치 세이치 편저, 정효운 역, 『사생학이란 무엇인가』, 한울, 2010.
린다 맥도웰, 여성과공간연구회 역, 『젠더, 정체성, 장소』, 한울, 2010.
토마스 렘케, 심성보 역, 『생명정치란 무엇인가』, 그린비, 2015.

'DIY 오이코노미아'의 정동 정치

권두현

1. 기본자료

〈모여봐요 동물의 숲〉, Nintendo Switch, 닌텐도, 2020. 3. 20.

2. 논문과 단행본

1) 논문

김동광, 「메이커 운동과 시민과학의 가능성」, 『과학기술학연구』 제18권 2호, 한국과학기술학회, 2018, 95-133쪽.
김영 · 황정미, 「'요요 이행'과 'DIY 일대기': 이행기 청년들의 노동경험과 생애

서사에 대한 질적 분석」, 『한국사회』 제14집 1호, 고려대 한국사회연구소, 2013, 215-260쪽.
신현우 · 이광석, 「한국의 메이커 문화 동향에 대한 비판적 고찰: 국가발전 메이커 담론과 일상문화 속 저항 사이에서」, 『인문콘텐츠』 제45호, 인문콘텐츠학회, 2017, 207-231쪽.
오영진, 「유희 자본주의와 컴퓨터 게임」, 『진보평론』 제68호, 진보평론, 2016, 294-312쪽.
캐런 바라드, 박미선 역, 「행위적 실재론: 과학실천 이해에 대한 여성주의적 개입」, 『문화과학』 제57호, 문화과학사, 2009, 61-82쪽.
Karen Barad, "Agential Realism: Feminist Interventions in Understanding Scientific Practices", *Science Studies Reader,* Mario Biagioli (ed.), New York: Routledge, 1999, pp.1-11.
Karen Barad, "Posthumanist Performativity: Toward an Understanding of How Matter Comes to Matter", *Signs,* Vol.28, No.3, The University of Chicago Press, Gender and Science: New Issues(Spring 2003), pp.801-831.
Paul B. Preciado, "Learning from the virus", *ART FORUM,* MAY/JUNE 2020, ART FORUM, 2020. 6. (https://www.artforum.com/print/202005/paul-b-preciado -82823)
Sara Ahmed, "Affective Economies", *Social Text,* 79(Vol.22, No.2), Summer 2004, Duke University Press, pp.117-139.

2) 단행본

권보연, 『게이미피케이션』, 커뮤니케이션북스, 2015.
닉 다이어-위데포드 · 그릭 드 퓨터, 남청수 역, 『제국의 게임-전 지구적 자본주의와 비디오게임』, 갈무리, 2015.
닐 스티븐슨, 남명성 역, 『스노 크래시-메타버스의 시대』(전2권), 문학세계사, 2021.
딜루트, 『나는 게이머입니다, 아 여자고요: 그냥 게임이나 하고 싶었던 한 유저의 분투기』, 동녘, 2020.

리차드 세넷, 김홍식 역, 『장인: 현대문명이 잃어버린 생각하는 손』, 21세기북스, 2010.
마이클 폴라니, 김정래 역, 『암묵적 영역』, 박영사, 2015.
멜리사 그레그 · 그레고리 시그워스 편저, 최성희 · 김지영 · 박혜정 역, 『정동 이론』, 갈무리, 2015.
브라이언 마수미, 조성훈 역, 『가상계: 운동, 정동, 감각의 아쌍블라주』, 갈무리, 2011.
스테이시 앨러이모, 윤준 · 김종갑 역, 『말, 살, 흙: 페미니즘과 환경정의』, 그린비, 2018.
아리스토텔레스, 천병희 역, 『정치학』, 숲, 2009.
웬디 브라운, 황미요조 역, 정희진 기획 · 감수 · 해제, 『남성됨과 정치』, 나무연필, 2021.
하승우 · 채효정 · 정용주 · 이혁규 · 이영주 · 엄기호 · 사이다 · 류명숙 · 김수현, 『상상하라 다른 교육: 불온한 교사 양성 과정 2』, 교육공동체 벗, 2013.
Donovan O. Schaefer, *The Evolution of Affect Theory,* Cambridge University Press, 2019.
Faythe Levine & Cortney Heimerl, *Handmade Nation: The Rise of DIY, Art, Craft, and Design,* Princeton Architectural Press, 2008.
J.C. Herz, *Joystick Nation: How Videogames Ate Quarters, Won Our Hearts, and Rewired Our Minds,* Little, Brown and Company, 1997.
Ken Hillis & Susanna Paasonen & Michael Petit(EDS.), *Networked Affect,* MIT Press, 2015.
Neal Stephenson, Snow Crash, Bantam Spectra; 1st Edition, 1992.

3. 기타자료

강상준, 「메타버스가 온다」, 『기획회의』 제536호, 한국출판마케팅연구소, 2021, 25쪽.
김민하, 「주식투자의 시대」, 『평등사회노동교육원』, 2021. 2. 8. (https://www.

nodo nged.org/118)
김수현, 「개미투자자가 하는 일」, 『인문잡지 한편』 제5호 '일', 민음사, 2021, 15-34쪽.
김희원, 「닌텐도 스크린 위의 삶: 동물의 숲에 모인 고립된 사람들」, 『과학뒤켠』 VOL.9, 과학뒤켠, 2020, 58-63쪽.
미디어 뉴스레터 어거스트, 「메타버스, 생존을 위한 적응이자 변곡점」, 『기획회의』 제536호, 한국출판마케팅연구소, 2021, 26-29쪽.

3부 시설화와 신체 연결성의 정치

가정폭력피해여성의 모성경험에 대한 재조명

박언주

1. 논문과 단행본

1) 논문

김혜경, 「'어린이기'의 형성과 '모성'의 재구성」, 서울대학교 여성연구소 편, 『경계의 여성들: 한국 근대 여성사』, 파주: 한울, 2013, 79-107쪽.
박언주, 「가정폭력피해여성의 모성경험의 구성과 행위성」, 『한국여성학』 제30권 제1호, 한국여성학회, 2014, 173-212쪽.
신나래, 「가정폭력 피해가정의 부모-자녀 관계에 관한 질적 연구: 쉼터거주 피해여성의 경험을 중심으로」, 『사회복지연구』 제50권 제4호, 한국사회복지연구회, 2019, 119-150쪽.
양혜원 · 김희수, 「가정폭력 피해 여성의 자녀양육 경험: 쉼터 입소 여성의 경험을 중심으로」, 『한국가족복지학』 제26권, 한국가족복지학회, 2009, 123-158쪽.
오보람 · 황경란, 「가정폭력피해여성의 자녀양육경험에 관한 질적사례연구」, 『한국사회복지질적연구』 제8권 제1호, 한국사회복지질적연구학회, 2014, 5-24쪽.

이연정, 「여성의 시각에서 본 모성론」, 심영희 · 정진성 · 윤정로 편, 『모성의 담론과 현실: 어머니의 성, 삶, 정체성』, 서울: 나남, 1999, 21-41쪽.

Abraham B. Bergman, Rosanne M. Larsen & Beth A. Mueller, "Changing spectrum of serious child abuse", *Pediatrics*, Vol.77, No.1, 1986, pp.113-116.

Alytia A. Levendosky & Sandra Graham-Berman, "The Moderating Effects of Parenting Stress in Woman-abusing Families", *Journal of Interpersonal Violence*, Vol.13, No.3, 1998, pp.383-397.

Cathy Humphreys & Deborah Absler, "History repeating: Child protection responses to domestic violence", *Child & Family Social Work*, Vol.16, 2011, pp.464-473.

Dominique Damant, Simon Lapierre, Anne Kouraga, Andrée Fortin, Louise Hamelin-Brabant, Chantal Lavergne & Geneviève Lessard, "Taking Child Abuse and Mothering into Account", *Affilia*, Vol.23, No.2, 2008, pp.123-133.

Dorothy E. Roberts, "Mothers Who Fail to Protect Their Children: Accounting for Private and Public Responsibility", Julia E. Hanigsberg & Sara Ruddick (eds.) Mother Troubles: Rethinking Contemporary Maternal Dilemmas, Boston: Beacon, 1999.

Evan Stark & Anne H. Flitcraft, "Women and children at Risk: A feminist perspective on child abuse", *International Journal of Health Services*, Vol.18, No.1, 1988, pp.97-118.

Evelyn Nakano Glenn, "Social Constructions of Mothering: A Thematic Overview", Evelyn Nakano Glenn, Grace Chang & Linda Rennie Forcey (eds.) *Mothering: Ideology, Experience, and Agency*, New York: Routledge, 1994.

Felicity Kaganas & Shelly Day Sclater, "Contact disputes: Narrative constructions of 'good' parents", *Feminist Legal Studies*, Vol.12, No.1, 2004, pp.1-27.

Fiona Buchanan & Nicole T. Moulding, "Mothering during domestic abuse: Protective agency as a force for change", *Qualitative Social Work*, Vol.20, No.3, 2020, pp.665-680.

George W. Holden, Joshua D. Stein, Kathy L. Ritchie, Susan D. Harris & Ernest

N. Jouriles, "Parenting Behaviors and Beliefs of Battered Women", George W. Holden, Robert Geffner & Ernest N. Jouriles (eds.) *Children Exposed to Marital Violence: Theory, Research, and Applied Issues*, Washington, D. C.: American Psychological Association, 1998, pp.185-222.

Ingrid Semaan, Jana L. Jasinski & Anne Bubriski-McKenzie, "Subjection, Subjectivity, and Agency: The Power, Meaning, and Practice of Mothering among Women Experiencing Intimate Partner Abuse", *Violence Against Women*, Vol.19, No.1, 2013, pp.69-88.

Jeffrey L. Edleson, "Studying the co-occurrence of child maltreatment and woman battering in families", Sandra A. Graham-Bermann, & Jeffrey L. Edleson (Eds.), *Domestic violence in the lives of children: The future of research, intervention and social policy* Washington, DC: American Psychological Association, 2001, pp.91-110.

Jeffrey L. Edleson, Narae Shin & Kathy K. Armendariz, "Measuring children' s exposure to domestic violence: The development and testing of the Child Exposure to Domestic Violence (CEDV) Scale", *Children and Youth Services Review*, 30, 2008, pp.502-521.

John W. Fantuzzo & Wanda K. Mohr, "Prevalence and Effects of Child Exposure to Domestic Violence", *The Future of Children*, Vol.9, 1999, pp.21-32.

Julia Krane & Linda Davies, "Mothering under Difficult Circumstances: Challenges to Working with Battered Women," *Affilia*, Vol.22, No.1, 2007, pp.23-38.

Martha R. Mahoney, "Victimization or Oppression? Women's Lives, Violence, and Agency", Martha A. Fineman, & Roxanne Mykitiuk (eds.) *The Public Nature of Private Violence*, New York, NY: Routledge, 1994, pp.59-92.

Nancy J. Chodorow & Susan Contratto, "The Fantasy of the Perfect Mother", Nancy J. Chodorow, *Feminism and Psychoanalytic Theory*, New Haven, CT: Yale University Press, 1989, pp.79-96.

Patricia H. Collions, "Shifting the Center: Race, Class, and Feminist Theorizing about Motherhood", Evelyn Nakano Glenn, Grace Chang & Linda Rennie Forcey (eds.) *Mothering: Ideology, Experience, and Agency*, New York: Routledge, 1994, pp.45-65.

Simon Lapierre, "Are Abused Women 'Neglectful' Mothers? A Critical Reflection Based on Women's Experience", Brid Featherstone, Carol-Ann Hooper, Jonathan Scourfield & Julie Taylor, *Gender and Child Welfare in Society*, John Wiley & Sons Ltd., 2010.

Simon Lapierre, "Mothering in the Context of Domestic Violence: The Pervasiveness of a Deficit Model of Mothering", *Child & Family Social Work*, Vol.13, 2008, pp.454-463.

Sndra A. Graham-Bermann & Jeffrey L. Edleson, *Domestic Violence in the Lives of Children: The Future of Research, Intervention, and Social Policy*, Washington, DC: American Psychological Association, 2001.

Stephanie Holt, "Domestic violence and the paradox of post-separation mothering", *British Journal of Social Work*, Vol.47, 2017, pp.2049-2067.

Terry Arendell, "Conceiving and Investigating Motherhood: The Decade's Scholarship", *Journal of Marriage and Family*, Vol.62, 2000, pp.1192-1207.

Vivienne Elizabeth, Nicola Gavey & Julia Tolmie, "The gendered dynamics of power in disputes over the postseparation care of children", *Violence Against Women*, Vol.18, No.4, 2012, pp.459-81.

Wendy L. Haight, Woochan S. Shim, Linda M. Linn & Laura Swinford, "Mothers' Strategies for Protecting Children from Batterers: The Perspectives of Battered Women Involved in Child Protective Services", *Child Welfare*, Vol.86, No.4, 2007, pp.41-62.

2) 단행본

김정혜 · 주재선 · 동제연 · 김홍미리 · 심선희 · 최현정 · 허민숙, 『2019년 가정폭력 실태조사』, 여성가족부, 2019.

이재경, 『가족의 이름으로: 한국 근대가족과 페미니즘』, 서울: 또하나의문화, 2003.

Adrienne Rich, *Of Woman Born*, New York: Norton, 1976.

American Humane Society, *National Analysis of Official Child Neglect and Abuse Reporting*, AHS, Denver, 1978.

Audrey Mullender, Gill Hague, Umme Imam, Liz Kelly, Ellen Malos & Linda Regan, *Children's Perspectives on Domestic Violence*, London: Sage, 2002.

David Gil, *Violence Against Children: Physical Child Abuse in the United States*. Harvard University Press, Cambridge, Mass., 1973.

Einat Peled, Peter G. Jaffe & Jeffrey L. Edleson (eds.), *Ending the Cycle of Violence: Community Responses to Children of Battered Women*, Newbury Park, CA: Sage, 1995.

Lenore E. Walker, *The Battered Woman Syndrome*, New York: Springer, 1984.

Robert A. Geffner, Peter G. Jaffe & Marlies Sudemann (eds.), *Children Exposed to Domestic Violence: Current Issues in Research, Intervention, Prevention, and Policy Development*, New York: Haworth, 2000.

Rosemarie Tong & Tina Fernandes Botts, *Feminist Thought: A More Comprehensive Introduction*, Westview Press, 1998.

Sara Ruddick, *Maternal Thinking: Toward a Politics of Peace*, Boston: Bacon Press, 1995.

Sharon Hays, *The Cultural Contradictions of Motherhood*, New Haven, CT: Yale University Press, 1996.

요구호자의 시설화

황지성

1. 논문과 단행본

1) 논문

김아람, 「5 · 16군정기 사회정책-아동복지와 부랑아 대책의 성격」, 『역사와 현실』 제82호, 2011.
김아람, 「가족이 짊어진 구호와 자활: 1950-60년대 합동결혼과 그 주인공」, 『역사문제연구』 제33권, 2015.
김연명, 「동아시아 복지체제론의 재검토」, 정무권 편, 『한국 복지국가 성격 논쟁』, 서울: 인간과 복지, 2009.
김일환, 「복지는 어떻게 '사업'이 되었는가: 한국 사회복지법인의 역사로 본 형제복지원」, 『민주주의와 인권』 제19권 1호, 2019.
김정화, 「1960년대 여성노동: 식모와 버스안내양을 중심으로」, 『역사연구』 제11호, 2002.
김재형, 「한센인의 격리와 낙인 · 차별에 관한 연구」, 서울대학교 대학원 사회학과 박사학위논문, 2019.
남찬섭, 「한국의 60년대 초반 복지제도 재편에 관한 연구: 1950년대와의 관련성을 중심으로」, 『사회복지연구』 제27권, 2005.
박정미, 「한국 성매매정책에 관한 연구: '묵인-관리 체제'의 변동과 성판매여성의 역사적 구성, 1945-2005년」, 서울대학교 대학원 사회학과 박사학위논문, 2011.
서울대 사회학과 형제복지원 연구팀, 「1970-80년대 부랑인 단속/수용 정책의 성격: '내무부 훈령 410호'(1975)와 '구걸행위자보호대책'(1981)을 중심으로」, 2017년 비판사회학회 추계 학술대회 자료집 발표문(2017. 10. 21), 2017.
소준철, 「정부의 '자활정책'과 형제복지원 내 사업의 변화」, 『사회와 역사』 제125권, 2020.
소현숙, 「전쟁고아들이 겪은 전후: 1950년대 전쟁고아 실태와 사회적 대책」, 『한국근현대사연구』 제84권, 2018.
심재진, 「사회복지사업법 제정사 연구」, 『사회보장연구』 제27권 2호, 2011.
예지숙, 「일제시기 조선에서 부랑자의출현과 행정당국의 대책」, 『사회와 역사』 제107권, 2015.
원미혜, 「'성 판매 여성'의 생애체험 연구: 교차적 성 위계의 시 · 공간적 작용을 중심으로」, 이화여자대학교 대학원 여성학과 박사학위논문, 2010.
이혜경 · 김성천, 「사회복지 관련법과 여성: 사회보험과 공적부조를 중심으로」, 『한국여성학』 제6집, 1990.
정무권, 「한국 '발전주의'생산레짐과 복지체제의 형성」, 『한국 복지국가 성격 논쟁』, 서울: 인간과 복지, 2009.
추지현, 「사법민주화와 엄벌주의」, 서울대학교 대학원 사회학과 박사학위논문, 2016.
추지현, 「박정희 정권의 '사회악' 호명: 형사사법의 효율성 확보 전략을 중심으로」, 『사회와 역사』 제117권, 2018.
최원규, 「미국 민간원조단체의 활동과 한국의 사회사업 발전에 미친 영향」, 서울대학교 대학원 사회복지학과 박사학위논문, 1996.
하금철, 「한국의 부랑인 강제수용: 빈곤의 범죄화와 사회안보의 적 만들기」, 성공회대학교 대학원 비정부기구학과 석사학위논문, 2017.
황정미, 「개발국가의 여성정책에 관한 연구: 1960-70년대 한국 부녀행정을 중심으로」, 서울대학교 대학원 사회학과 박사학위논문, 2001.
Cathy J. Cohen, "Punks, Bulldaggers, and Welfare Queens: The Radical Potential of Queer Politics?", *GLQ: A Journal of Lesbian & Gay Studies*, 3, 1997.
Kathleen J. Ferraro and Angela M. Moe, "Mothering, crime, and incarceration", *Journal of contemporary ethnography*, 32(1), 2003.
Liat Ben-Moshe, "Disabling Incarceration: Connecting Disability to Divergent Confinements in the USA", *Critical Sociology*, 39(3), 2011.
Pat Carlen, "Carceral Clawback: The Case of Women's Imprisonment in Canada", *Punishment & Society*, 4(1), 2002.
Veena Das, "Violence, gender and subjectivity", *Annual Review of Anthropology*, 37, 2006.

2) 단행본

게일 루빈, 『일탈: 게일루빈 선집』, 신혜수 외 역, 서울: 현실문화, 2011.
권명아, 『음란과 혁명: 풍기문란의 계보와 정념의 정치학』, 서울: 책세상, 2013.

김원, 『여공 1970, 그녀들의 反역사』, 서울: 이매진, 2005.
김조설, 『한국 복지정책 형성의 역사: 국가와 국민생활의 변혁』, 서울: 인간과 복지, 2017.
낸시 프레이저, 『전진하는 페미니즘』, 임옥희 역, 서울: 돌베게, 2017.
미셸 푸코, 『광기의 역사』, 이규현 역, 서울: 나남, 2003.
미셸 푸코, 『안전, 영토, 인구: 콜레주드프랑스 강의 1977-78년』, 오트르망 역, 서울: 난장, 2011.
반성매매인권행동 이룸, 『청량리: 체계적 망각, 기억으로 연결한 역사』, 서울: 반성매매인권행동 이룸, 2018.
실비아 페데리치, 『혁명의 영점: 가사노동, 재생산, 여성주의 투쟁』, 황성원 역, 서울: 도서출판 갈무리, 2013.
윤홍식, 『한국복지국가의 기원과 궤적1: 자본주의로의 이행의 시작, 18세기부터 1945년까지』, 서울: 사회평론아카데미, 2019.
윤홍식, 『한국복지국가의 기원과 궤적2: 반공개발국가 복지체제의 형성, 1945년부터 1980년까지』, 서울: 사회평론아카데미, 2019.
이임하, 『여성, 전쟁을 넘어 일어서다: 한국전쟁과 젠더』, 서울: 서해문집, 2004.
전규찬 외, 『살아남은 아이: 우리는 어떻게 공모자가 되었나?』, 서울: 이리, 2012.
조앤 스콧, 『페미니즘: 위대한 역사』, 공임순 외 역, 서울: 앨피, 2006.
찬드라 탈파드 모한티, 『경계 없는 페미니즘: 이론의 탈식민화와 연대를 위한 실천』, 문현아 역, 서울: 도서출판 여이연, 2005.
추지현, 「사회적 배제의 기술들: 부랑인 단속과 노동력의 쓸모」, 서울대학교 사회학과 형제복지원 연구팀 엮음, 『절멸과 갱생 사이』, 서울: 서울대학교 출판문화원, 2021.
칼 폴라니, 『거대한 전환: 우리 시대의 정치 · 경제적 기원』, 홍기빈 역, 서울: 도서출판 길, 2009.
킴 닐슨, 『장애의 역사』, 김승섭 역, 서울: 동아시아, 2020.
형제복지원구술프로젝트, 『숫자가 된 사람들: 형제복지원 피해생존자 구술기록집』, 서울: 오월의봄, 2015.

황지성, 「건강한 국가와 우생학적 신체들」, 『배틀그라운드: 낙태죄를 둘러싼 성과 재생산의 정치』, 성과재생산포럼 기획, 서울: 후마니타스, 2018, 216-242쪽.

Chris Chapman et al, "Reconsidering Confinement: Interlocking Locations and Logics of Incarceration", in *Disability Incarcerated: Imprisonment and Disability in the United States and Canada*, eds. Liat Ben-Moshe et al, NY: Palgrave Macmillan, 2014.

David Garland, *Punishment and Welfare*, Gower, 1987.

David Garland, *The culture of control: Crime and social order in contemporary society*, NY: Oxford UP, 2002.

David Rothman, *The Discovery of the Asylum: Social Order and Disorder in the New Republic*, New York and London: Routledge, 1990.

Estelle B. Freedman, *Their sisters' keepers: Women's prison reform in America 1830-1930*, Ann Arbor: The Univ. of Michigan Press, 1981.

Judith Butler, *Undoing Gender*, Oxfordshire: Routledge, 2004.

Linda Gordon, *Pitied but not entitled: Single mothers and the history of welfare*, 1890-1935, New York: Free Press, 1994.

Lynne Haney, *Offending Women: Power, punishment, and the regulation of desire*, Berkeley: Univ. of California Press, 2010.

Loïc Wacquant, *Punishing the poor: The neoliberal government of social insecurity*, Durham & London: Duke UP, 2009.

Lucia Zedner, *Women, crime, and custody in Victorian England*, Oxford: Clarendon Press, 1991.

Mitchell Dean, *The constitution of poverty: Toward a genealogy of liberal governance*, Oxfordshire: Routledge, 1991.

Michael Katz, *In the shadow of the poorhouse: A social history of welfare in America*, New York: Basic Books, 1986.

Michael B. Katz, *Poverty and policy in American history*, New York: Academic Press, 1983.

Nicole Rafter, *Creating born criminal,* Urbana: Univ. of Illinois Press, 1997.
Nicole Rafter, *Partial justice: Women, prison, and social control,* New Brunswick: Transaction Publisher, 1990.
Nikolas Rose, "Government and control" in *Criminology and Social Theory,* eds. David Garland and Richard Sparks, Oxford UP, 2009.
Suzanne Bergeron, *Fragments of Development: Nation, Gender, and the Space of Modernity,* Ann Arbor: Univ. of Michigan Press, 2009.

2. 기타자료

「음지의 사람들-시립부녀보호소」, 『동아일보』, 1967. 5. 19.
「복지시설 현장의 명암: 부녀보호소」, 『동아일보』, 1974. 6. 8.
「살아남은 형제들: 13번째 증언, '그게 성폭행인 줄도 모르고 멍청한 것들이…'」, 『부산일보』, 2020. 7. 25.
「부녀보호지도소 새 운영책 마련」, 『조선일보』, 1970. 9. 4.
김길순, 「서산청소년개척단을 찾아서」, 『여성』 8월호, 한국여성단체협의회, 1965.
남찬섭 외, 「형제복지원 사건 피해자 실태조사」, 동아대학교 산학협력단, 부산: 부산광역시, 2020.
이영남 외, 「서산개척단 사건 실태파악 및 피해자 구제방안 마련 연구」, 서울: 국가인권위원회, 2019.
보건사회부, 『부녀행정 40년사』, 과천: 보건사회부, 1987.
사회복지법인 형제복지지원재단, 「형제원 운영화보 자료집 5」, 부산: 형제복지원재단, 2010.
서울시립부녀보호지도소, 「윤락여성에 관한 연구보고서」, 서울: 서울시립부녀보호지도소, 1965.
한국장로교복지재단 애란원, 「애란원 50년사, 1960-2010」, 서울: 애란원, 2010.
행정안전부 국가기록원, https://www.archives.go.kr/next/viewMain.do

'위험한 미디어 vs 든든한 육아 도우미'

최이숙 · 김반야

1. 논문과 단행본

1) 논문

강민아 · 이영신, 「디지털 영상매체 이용시간과 가정문해환경 수준에 따른 영아의 언어발달 차이」, 『학습자중심교과교육연구』 제20권 19호, 학습자중심교과교육학회, 2020.

권미영 · 정윤주, 「어머니의 스마트폰 의존, 양육효능감, 양육행동과 유아의 스마트폰 의존 간 관계」, 『한국놀이치료학회지(놀이치료연구)』 제21권 1호, 한국놀이치료학회, 2018.

김서희 · 황성온, 「유아의 스마트미디어 몰입경향성과 친사회적 행동의 관계에서 자기 조절력의 매개효과」, 『Family and Environment Research』 제55권 1호, 대한가정학회, 2017.

김용숙 · 윤희봉 · 유지은, 「부모가 인식하고 있는 일상적 바깥놀이 실태 분석-경기도를 중심으로」, 『한국콘텐츠학회논문지』 제17권 12호, 한국콘텐츠학회, 2017.

김유은 · 김정화, 「영아의 디지털기기 사용과 디지털기기에 대한 부모의 인식이 영아의 언어발달에 미치는 영향」, 『한국보육지원학회지』 제16권 3호, 2020.

김윤경 · 김호정 · 윤미경 · 박주희, 「유아의 스마트 기기 최초 이용시기 및 이용시간이 외현화 문제행동에 미치는 영향과 어머니 개입행동의 조절효과」, 『Family and Environment Research』 제56권 6호, 대한가정학회, 2018.

김은지 · 전귀연, 「유아의 스마트 미디어 이용이 인지와 언어 발달에 미치는 영향: 스마트 미디어 중독 경향성의 매개 효과와 어머니의 스마트 미디어 이용 지도의 조절된 매개효과」, 『Family and Environment Research』 제58권 1호, 대한가정학회, 2020.

김호연 · 이영신, 「어머니의 디지털미디어 지도방식 및 유형에 따른 유아의 디지털미디어 이용 시간 및 이야기 이해력 차이」, 『어린이미디어연구』 제18권 3호, 한국어린이미디어학회, 2019.

남수미 · 하은혜, 「유아의 최초 스마트폰 사용연령과 이용정도가 문제행동의 변화에 미치는 영향: 4,5,6세 3년 종단연구」, 『놀이치료연구』 제22권 2호, 한국아동심리재활학회, 2018.

박정아 · 현은자, 「유아의 스마트폰 과의존, 유아의 공격성, 어머니의 양육스트레스, 어머니의 스마트폰 중독의 구조적 관계분석」, 『어린이문학교육연구』 제19권 2호, 한국어린이문학교육학회, 2018.

배정호 · 범은애, 「영유아와 어머니 스마트기기 사용정도가 영유아의 문제행동에 미치는 영향」, 『예술인문사회융합멀티미디어논문지』 제8권 5호, 인문사회과학기술융합학회, 2018.

심미선 · 김은미 · 오하영 · 김반야, 「스마트함이란 무엇인가?: 이용자의 스마트미디어에 대한 인식을 중심으로」, 『한국방송학보』 제26권 3호, 한국방송학회, 2012.

안수빈 · 홍예지 · 박영아 · 이강이, 「스마트기기에 대한 어머니의 인식 및 양육스트레스가 영유아의 스마트기기 과몰입에 미치는 영향: 함께 사용여부의 매개효과 검증」, 『인간발달연구』 제27권 1호, 한국인간발달학회, 2020.

오주현 · 박용완, 「영유아의 스마트 미디어 사용 실태 및 부모 인식 분석」, 『육아정책연구』 제13권 3호, 육아정책연구소, 2019.

이수정 · 이경님, 「유아의 스마트기기 과의존에 대한 유아의 부정적 정서성, 어머니의 거부적 양육행동과 스마트기기 과의존 간의 관계」, 『열린부모연구』 제12권 2호, 열린부모교육학회, 2020.

임선아, 「유아의 스마트 미디어 사용과 문제행동 간의 관계에서 또래상호작용의 종단적 매개효과 검증」, 『유아교육연구』 제39권 1호, 한국유아교육학회, 2019.

조숙인 · 권미경 · 이민경, 「아동의 놀 권리 강화를 위한 지역사회 환경 조성 방안 (연구보고 2017-14)」, 육아정책연구소, 2017.

최이정, 「미디어폭력의 맥락적 요인(contexxtual factors)이 어린이의 도덕추론에 미치는 영향」, 『한국언론학보』 제46권 1호, 한국언론학회, 2001.

하성보 · 강승묵, 「스마트폰의 이용형태와 이용환경이 갖는 사회문화적 함의 고찰: 미디어생태학적 관점을 중심으로」, 『한국콘텐츠학회논문지』 제11권 7호, 한국콘텐츠학회, 2011.

한균태 · 하승태 · 서영남 · 조의현, 「지상파 텔레비전의 어린이 프로그램에 나타난 폭력성 연구: 내용분석을 중심으로」, 『한국방송학보』 제21권 1호, 한국방송학회, 2007.

황신해 · 장소현, 「어머니와 유아기 자녀의 스마트폰 과몰입 관계에서 어머니의 수면 전 스마트폰 사용습관의 영향」, 『유아교육연구』 제39권 2호, 한국유아교육학회, 2019.

Leslie Haddon and Roger Silverstone, "Lone Parents and Their Information and Communication Technologies", *SPRU/CICT Report Series,* No. 12, University of Sussex, 1995.

2) 단행본

이정림 · 도남희 · 오유정, 『영유아의 미디어 매체 노출실태 및 보호대책』, 육아정책연구소, 2013.

Deborah Chamber, *Changing Media, Homes and Households: Cultures, Technologies and Meanings,* Routlege, 2016.

John Hartley, *Understanding News,* Metuben & Co., 1982.

Norman Fairclough, *Critical discourse analysis: The critical study of language,* Longman, 1995.

Roger Silverstone, Eric Hirsch & David. Morley, "Information and Communication Technologies and the Moral Economy of the Household", In Roger Silverstone & Eric Hirsch (Eds.), *Consuming Technology: Media and Information in Domestic Spaces,* Routledge, 1992.

Thomas Berker, Maren Hartmann, Yves Punie and Katie J. Ward, *Domestication of media and technology,* Open University Press, 2006.

2. 기타자료

「"우리 아이, 유튜브 어디까지 보여줘야 할까요?"」, 『매일경제』, 2019. 4. 23.
「유아 '육아도우미' 된 스마트폰… 문제는?」, 『세계일보』, 2020. 1. 14.
「[DBR]우리 아이 영어, 안방 'AI쌤'이 가르쳐요」, 『동아일보』, 2020. 7. 8.
「"자녀의 미디어 중독은 부모의 방치와 무관심에서 비롯돼"」, 『국민일보』, 2019. 9. 27.
「'미디어 중독 위험군' 떠오른 영유아… "부모 교육 강화해야"」, 『국민일보』, 2019. 6. 17.
「"다른 일 못해요" 청소년 34% 스마트폰 중독」, 『동아일보』, 2019. 9. 16.
「"키즈시장에 답있다"… 통신3사 IPTV 서비스 불꽃 경쟁」, 『국민일보』, 2020. 5. 25.
「5인치 화면에 코박은 '어린 중독자' 만든 부모의 '무심코...」, 『머니투데이』, 2018. 4. 18.
「'AI 진단+전문가 추천' LGU+, 'U+tv 아이들나라 3.0' 출시.」, 『머니투데이』, 2019. 8. 6.
「IT · 인공지능 · 빅테이터 접목… 4兆 시장 '에듀테크'를 잡아라」, 『조선일보』, 2019. 4. 21.
「맘카페 떠들썩하게 만든 '엘사 게이트' 영상」, 『한국일보』, 2017. 11. 23.
「'휴대폰만 보는 아이들'…대안 마련 토론회 개최」, 『머니투데이』, 2018. 12. 18.
「"우는 아이 스파트폰 주면 언어발달 늦어질 수도"」, 『세계일보』, 2019. 4. 2.
김은영, 「영유아 하루일과에 비추어 본 아동권리의 현주소 및 개선 방안」, 『이슈페이퍼』, 육아정책연구소, 2017.
한국정보화진흥원, 『2019년 스마트폰 과의존 실태조사』, 2020.

디지털 기기와 모성의 연결

김은진

1. 논문과 단행본

1) 논문

강정원 · 장수진 · 김승옥, 「유아의 인터넷 게임중독 경향성에 미치는 유아와 가족변인의 영향」, 『어린이미디어연구』 제10권 3호, 한국어린이미디어학회, 2011.

곽선영, 「유튜브 키즈콘텐츠의 구성적 특성과 적절성 탐색」, 가천대학교 석사학위논문, 2019.

권은영, 「소셜 빅데이터 분석을 통해 알아본 대중의 '조기영어교육'에 관한 인식: 유튜브를 중심으로」, 『영어학』 제19권 4호, 한국영어학회, 2019.

김상호, 「확장된 몸, 스며든 기술」, 『언론과학연구』 제9권 2호, 한국지역언론학회, 2009.

김아미, 「초등학생의 유튜브 경험 및 인식에 대한 탐색적 연구」, 『한국어린이미디어학회 학술대회 자료집』, 한국어린이미디어학회, 2018.

김은진, 「노인들의 SNS 정치커뮤니케이션 연구: 카카오톡을 중심으로」, 『언론정보연구』 제56권 4호, 서울대학교 언론정보연구소, 2019.

김인숙 · 김도연, 「어머니의 스마트폰 중독경향성이 학령전 아동의 스마트폰 과몰입에 미치는 영향」, 『아시아교육연구』 제18권 2호, 서울대학교 교육연구소, 2017.

김정수, 「아동의 기본권 보장에 대한 헌법적 과제-'노 키즈 존(no kids zone)' 관련 정당성 논의를 중심으로」, 『법학논총』 제37권 4호, 한양대학교 법학연구소, 2020.

김종민 · 문정주 · 권미량, 「유아기 스마트기기 중독성에 대한 탐색적 연구」, 『생태유아교육연구』 제13권 1호, 한국생태유아교육학회, 2014.

김지연 · 도영임, 「부모 세대와 청소년 세대의 온라인 게임에 대한 인식 차이」, 『한국심리학회지: 문화 및 사회문제』 제20권 3호, 한국심리학회, 2014.

김희연 · 김명희, 「TV 애니메이션 '뽀롱뽀롱 뽀로로'에 등장하는 캐릭터의 성차 분석」, 『열린유아교육연구』 17호, 한국열린유아교육학회, 2012.
남경희, 「어머니의 양육행동과 미디어 중재역할이 유아의 스마트폰 과몰입에 미치는 영향」, 『유아지원연구』 제13권 1호, 한국육아지원학회, 2018.
남궁기순 · 김희영, 「어머니의 스마트폰 사용인식, 양육행동, 유아의 스마트폰 과의존, 정서지능, 놀이성 간의 구조적 관계」, 『열린유아교육연구』 제25권 5호, 한국열린유아교육학회, 2020.
노운서, 「만 3~5세 유아의 컴퓨터 게임 이용실태 분석」, 『어린이미디어연구』 제8권 2호, 한국어린이미디어학회, 2009.
류미향, 「영아의 스마트폰 사용실태 및 어머니 인식」, 『한국영유아보육학』 86호, 한국영유아보육학회, 2014.
박세영 · 김미숙, 「어머니의 TV 시청 지도와 유아의 구매 요구와의 관계에서 유아 TV시청량의 매개효과」, 『어린이미디어연구』 제13권 3호, 한국어린이미디어학회, 2014.
박정아 · 현은자, 「유아의 스마트폰 과의존, 유아의 공격성, 어머니의 양육스트레스, 어머니의 스마트폰 중독경향성의 구조적 관계 분석」, 『어린이문학교육연구』 제19권 2호, 한국어린이문학교육학회, 2018.
박혜선 · 김형모, 「아동의 스마트폰 중독이 공격성에 미치는 영향」, 『한국콘텐츠학회논문지』 제16권 3호, 한국콘텐츠학회, 2016.
서미영 · 임은미, 「유아 및 초등 저학년 아동의 인터넷 게임 중독경향과 인성특성의 관계」, 『아동교육』 제19권 4호, 한국아동교육학회, 2010.
서석원, 「어머니의 자아존중감과 양육스트레스가 유아의 문제행동에 미치는 영향: 어머니의 온정적 양육태도의 매개효과」, 『생태유아교육연구』 제18권 4호, 한국생태유아교육학회, 2019.
서석원 · 우수경, 「어머니의 양육스트레스가 유아의 문제행동에 미치는 영향」, 『유아교육학논집』 제20권 2호, 2016.
서소정 · 박주영 · 김진희, 「유아 및 어머니의 스마트폰 사용정도, 유아의 주의집중력 그리고 어머니의 양육스트레스가 유아의 문제행동에 미치는 영향」, 『한국보육학회 학술대회자료집』, 한국보육학회, 2014.
서혜성 · 김연하, 「영아기 자녀를 둔 어머니의 스마트폰 중독 결정요인: 사회

인구학 특성, 양육 스트레스, 양육 지식을 중심으로」, 『아동학회지』 제35권 5호, 한국아동학회, 2014.
성지현 · 변혜원 · 남지해, 「유아의 스마트기기 이용과 발달 수준 및 공감 능력과의 관계 탐색」, 『유아교육연구』 제35권 2호, 한국유아교육학회, 2015.
소혜진 · 임성민 · 조상연 · 고민숙 · 문진화, 「유아 스마트 기기 사용 현황의 변화: 2015-2016년과 2017년의 연구 결과 비교」, 『대한소아신경학회지』 제26권 4호, 대한소아신경학회, 2018.
신정엽, 「도시지리학 관점에서 아동친화도시(child-friendly city) 논의에 대한 비판적 고찰」, 『한국지리학회지』 제7권 3호, 한국지리학회, 2018.
신윤미, 「영유아 스마트폰 노출의 경과 및 위험요인」, 『한국정신건강사회복지학회 학술발표논문집』, 한국정신건강사회복지학회, 2016.
신하나 · 정세훈, 「아동 · 청소년의 스마트폰 중독 수준에 영향을 미치는 개인적 및 사회환경적 예측요인에 관한 연구」, 『사이버커뮤니케이션학보』 제35권 3호, 사이버커뮤니케이션학회, 2018.
이경숙 · 정석진 · 박진아 · 전연진, 「0-3세 영유아 영상매체 시청 및 부모의 영유아 자녀 영상매체 시청 지도 행동 실태 조사」, 『유아교육연구』 제34권 2호, 한국유아교육학회, 2014.
이경숙 · 정석진 · 김명식, 「1-3세 영유아 영상물 과몰입이 일반적, 정서사회적 발달에 미치는 영향」, 『한국심리학회지: 발달』 제28권 1호, 한국심리학회, 2015.
이란 · 현은자, 「디지털 시대의 아동 미디어 관련 연구동향 분석」, 『아동학회지』 제35권 4호, 한국아동학회, 2014.
이숙정 · 전소현, 「인터넷 중독에 대한 부모 중재 효과 연구」, 『한국방송학보』 제24권 6호, 한국방송학회, 2010.
이숙희, 「컴퓨터 게임 중독 수준에 따른 유아의 도덕적 판단 및 유아발달수준의 차이」, 『아동교육』 제16권 4호, 한국아동교육학회, 2007.
이연승 · 최진령 · 김현정, 「아버지의 육아참여에 대한 인식, 실태 그리고 어려움」, 『유아교육연구』 제37권 4호, 한국유아교육학회, 2017.
이연정 · 이소영 · 이아름 · 반건호 · 최태영 · 김지연 · 최상철, 「아동과 청소년들의 스마트폰 사용에 대한 정신건강의학과 전문의의 의견 조사」, 『신경정신의학』 제54권 4호, 대한신경정신의학회, 2015.
이윤진 · 권미경 · 김승진, 「조부모 영유아 손자녀 양육실태와 지원방안 연구」, 『연구보고』, 2015. 10, 육아정책연구소, 2015.
이현정, 「크리에이터의 성별에 따른 유튜브 키즈 채널 놀이 콘텐츠 및 댓글 분석」, 성균관대학교 일반대학원 석사학위논문, 2018.
정아란, 「유아의 컴퓨터게임 과몰입 예방교육프로그램 개발 및 적용 연구」, 공주대학교 박사학위논문, 2007.
조경서 · 김은주, 「어머니의 스마트폰 의존성이 유아의 문제행동에 미치는 영향」, 『한국아동복지학』 53호, 한국아동복지학회, 2016.
조형인 · 최경숙 · 노혜진, 「유아의 스마트미디어 몰입경향성, 공감능력, 창의적 리더십의 구조적 관계 연구」, 『어린이미디어연구』 제17권 3호, 한국어린이미디어학회, 2018.
최미영, 「스마트폰 과몰입에 따른 유아의 발달수준」, 군산대학교 석사학위논문, 2016.
최지훈 · 안선희, 「어머니의 양육행동과 스트레스, 남편의 양육참여가 유아의 스마트폰 과의존에 미치는 영향」, 『가정과삶의질연구』 제38권 4호, 가정과삶의질학회, 2020.
최현규 · 김낙홍, 「어머니의 놀이참여도가 유아의 스마트폰 과의존에 미치는 영향: 가족건강성의 매개효과를 중심으로」, 『육아지원연구』 제15권 3호, 한국육아지원학회, 2020.
한균태 · 하승태 · 서영남 · 조의현, 「지상파 텔레비전의 어린이 프로그램에 나타난 폭력성 연구」, 『한국방송학보』 제21권 1호, 한국방송학회, 2007.
홍남희, 「초기 모성수행기 여성들의 스마트폰 이용」, 『미디어, 젠더 & 문화』 21호, 한국여성커뮤니케이션학회, 2012.
홍남희, 「스마트 미디어 시대 '침투성(pervasiveness)' 개념의 확장 가능성에 대한 검토: 영국 ASA의 인터넷 개인방송 광고 규제 사례를 중심으로」, 『한국방송학보』 제32권 5호, 한국방송학회, 2018.
Albert Bandura, Dorothea Ross, & Sheila A. Ross, "Imitation of film-mediated

aggressive models." *The Journal of Abnormal and Social Psychology, 66:1*, 1963. https://doi.org/10.1037/h0048687

Arza Churchman, "Is there a place for children in the city?", *Journal of Urban Design 8:2*, 2003.

Amy Jordan, Emily Kramer-Golinkoff, & Victor Strasburger, "Does adolescent media use cause obesity and eating disorders?", *Adolescent Medicine State of the Art Reviews 19:3*, 2008.

Benjamin Burroughs, "YouTube Kids: The App Economy and Mobile Parenting", *Social Media + Society 3:2*, 2017.

Cynthia A. Hoffner & Joanne Cantor, "Development difference in responses to a television character's appearance and behavior", *Developmental psychology 21*, 1985.

George Gerbner, & Larry Gross, "Living with Television: The Violence Profile", *Journal of communication 26:3*, 1976.

Iman Sharif & Arthur E. Blank, "Relationship between child health literacy and body mass index in overweight children," *Patient Education and Counseling 79*, 2010.

Jennifer A. Rode, "Digital Parenting: Designing Children's Safety," *People and Computers, 23*, 2009.

Moniek Buijzen, & Patti M. Valkenburg, "The impact of television advertising on children's Christmas wishes", *Journal of Broadcasting & Electronic Media 44:3*, 2000.

Margaret H. Thomas, Robert W. Horton, Elaine C. Lippincott, & Ronald S. Drabman, "Desensitization to portrayals of real-life aggression as a function of exposure to television violence," *Journal of personality and social psychology 35:6*, 1977.

Marina Krcmar, & Patti M. Valkenburg, "A scale to assess children's moral interpretations of justified and unjustified violence and its relationship to television viewing", *Communication Research 26:5*, 1999.

Muhamad Yusuf, Doli Witro, Rahmi Diana, Tomi Apra Santosa, Annisa 'Alwiyah Alfikri, & Jalwis Jalwis, "Digital Parenting to Children Using The Internet," *Pedagogik Journal of Islamic Elementary School 3*:1, 2020. https://doi.org/10.24256/pijies.v3i1.1277

Patsy Skeen, Mac H. Brown, & Keith D. Osborn, "Young children's perception of "real" and "pretend" on television," *Perceptual and Motor Skills 54*:3, 1982.

Sonia Livingstone, & Ellen J. Helsper, "Children, internet, and risk in comparative perspective," *Journal of Children and Media 7*:1, 2013.

Sonia Livingstone, Kursat Cagiltay, & Kursat Ólafsson, "EU Kids Online II Dataset: A cross-national study of children's use of the Internet and its associated opportunities and risks", *British Journal of Educational Technology 46*:5, 2015.

Veronika Konok, Nóra Bunford, & Ádam Miklósi, "Associations between child mobile use and digital parenting style in Hungarian families." *Journal of Children and Media 14*:1, 2020.

2) 단행본

도나 해러웨이, 임옥희 역, 홍성태 편, 「사이보그를 위한 선언문-1980년대에 있어서 과학, 테크놀로지, 그리고 사회주의 페미니즘」, 『사이보그, 사이버컬처』, 문화과학사, 1997.

브리짓 슐츠, 안진이 역, 『타임푸어: 항상 시간에 쫓기는 현대인을 위한 일 · 가사 · 휴식 균형잡기』, 더퀘스트, 2015.

크레이그 케넷 밀러, 정성묵 역, 『아이키드-디지털 시대의 올바른 자녀양육』, 디모데, 2015.

한국교육방송공사, 『다큐프라임-미래를 바꾸는 교육: 2부 디지털 육아의 비밀』, 한국교육방송공사, 2014.

Marc Prensky, *Education to better their world: Unleashing the power of 21st-century kids*, New York: Teachers College Pres, 2016.

2. 기타자료

과학기술정보통신부, 『2020년 스마트폰 과의존 실태조사 결과』, 2021. https://www.msit.go.kr/bbs/view.do?sCode=user&mId=99&mPid=74&bbsSeqNo=79&nttSeqNo=3173383(접속일: 2021. 2. 3.)

미래창조과학부, 『건강한 스마트사회 구현을 위한 스마트폰 · 인터넷 바른 사용 지원 종합계획(안)』, 미래창조과학부, 2016.

서일범, 「인구 소멸이 다가온다... 합계출산율 사상 최초 4분기 0.7명대 진입」, 『서울경제』, 2021. 2. 25. https://www.sedaily.com/NewsView/22INN8YX15(접속일: 2021. 2. 28.)

신대욱, 「소셜미디어, '유튜브' 이용률 83.8%로 증가-오픈서베이 조사 … 최근 1년간 남성, 20대 이용률 크게 증가 양상」, 『CMN』, 2019. 3. 20. http://www.cmn.co.kr/sub/news/news_view.asp?news_idx=29392(접속일: 2021. 2. 3.)

신민철, 「[스페셜리포트] ② 현직 교사가 보는 AI 시대의 스마트교육」, 『AI타임즈』, 2021. 3. 31. http://www.aitimes.com/news/articleView.html?idxno=137649(접속일: 2021. 4. 1.)

윤샘이나, 「2조 2000억 투입 '스마트교육 추진전략'」, 『서울신문』, 2012. 6. 19. http://www.seoul.co.kr/news/newsView.php?id=20120619024001(접속일: 2021. 2. 3.)

정용찬 · 김윤화, 『2020 방송매체 이용행태 조사』, 방송통신위원회, 2020.

진현진, 「유튜브, 키즈 콘텐츠 강화…'유튜브 키즈' 앱 출시」, 『디지털타임스』, 2017. 5. 16 http://www.dt.co.kr/contents.html?article_no=2017051602109931043002&ref=daum(접속일: 2021. 2. 3.)

최은숙, 「스마트폰이 가족여행보다 더 좋다고?」, 『한국기독공보』, 2021. 3. 24. http://www.pckworld.com/article.php?aid=8864435695(접속일: 2021. 4. 1.)

American Academy of Pediatrics (AAP), *American academy of pediatrics announces new recommendations for children's media use*. 2016. 10. 21 https://www.aap.org/en/news-room/news-releases/aap/2016/aap-announces-new-recommendations-for-media-use/

Canadian Population Health Initiative. *Improving the health of young Canadians*. Ottawa: Canadian Institute for Health Information, 2005.

Sonia Livingstone, Julia Davidson, Joanne Bryce, Saqba Batool, Ciaran Haughton, & Anulekha Nandi, *Children's online activities, risks and safety: a literature review*, the UKCCIS evidence group, 2017.

World Health Organization (WHO), *Guidelines on physical activity, sedentary behaviour and sleep: For children under 5 years of age*, 2019. https://www.who.int/publications/i/item/9789241550536(접속일: 2021. 2. 3.)

찾아보기

개념

ㄹ

ㅁ

ㅇ

ㅊ

ㅋ

ㅌ

인명

ㄱ

ㄴ

ㄷ

ㄹ

ㅁ

ㅇ

저자 소개

1부 연결(불)가능성과 교육의 문턱

권명아 동아대학교 한국어문학과 교수. 근현대 문학과 젠더 이론, 정동 연구, 문화 이론 등 학문 영역을 넘나드는 연구와 함께 지역의 문화적 실천에도 주력해왔다. 「한국과 일본에서의 반헤이트 스피치 운동과 이론에 대한 비교 고찰」, 「증강 현실적 신체를 기반으로 한 대안기념 정치 구상」 등의 논문을 썼으며, 주요 저서로 『여자떼 공포, 젠더 어펙트: 부대낌과 상호 작용의 정치』(갈무리, 2018), 『무한히 정치적인 외로움: 한국 사회의 정동을 묻다』(갈무리, 2012) 등이 있다.

소현숙 젠더 · 어펙트연구소 조교수. 한국 근현대 가족사, 사회사, 여성사, 마이너리티 역사를 전공했다. 주요 논문으로 "Collaboration au féminin en Corée", 「식민지시기 '불량소년' 담론의 형성」, 「'만들어진 전통'으로서의 동성동본금혼제와 식민정치」, 「식민지 조선에서 '불구자' 개념의 형성과 그 성격」, 「전쟁고아들이 겪은 전후:1950년대 전쟁고아 실태와 사회적 대책」 등이 있으며, 저서로 『이혼법정에 선 식민지 조선 여성들: 근대적 이혼제도의 도입과 젠더』(역사비평사, 2017), 공저로 『일상사로 보는 한국근현대사: 한국과 독일 일상사의 새로운 만남』(책과함께, 2006), 『식민지 공공성: 실체와 은유의 거리』(책과함께, 2010), 『日韓民衆史研究の最前線』(有志舎, 2015) 등이 있다.

이화진 연세대학교 미래캠퍼스 글로벌한국학연구소 연구교수. 한국의 영화와 극장 문화에 대해 연구해왔다. 주요 논문으로 「가난은 어떻게 견딜 만한 것이 되는가-영화 〈저 하늘에도 슬픔이〉(1965)와 빈곤 재현의 문화 정치학」, 「'더 많은' 모두를 위한 영화-배리어프리 영상과 문화적 시민권」, 「할리우드에서 온 '왜색영화' - 〈8월 15야(夜)의 찻집〉과 탈식민 냉전 한국의 영화 검열」 등이 있다. 저서로 『소리의 정치』(현실문화, 2016), 『조선 영화』(책세상, 2005)가 있고 공저로 『조선영화와 할리우드』(소명출판, 2014), 『조선영화란 하(何)오』(창비, 2016), 『할리우드 프리즘』(소명출판, 2017), 『원본 없는 판타지』(후마니타스, 2020) 등이 있다.

김보명 이화여자대학교 여성학과 조교수. 페미니스트 역사와 시간성, 인종정치학에 관심을 갖는다. 최근 한국사회의 페미니즘 재부상에 대해 연구하면서 페미니스트 이론과 실천이 갖는 사회문화적 함의에 대한 질문들을 탐색 중이다. 주요 논문으로 「페미니즘 정치학, 역사적 시간, 그리고 인종적 차이」, 「혐오의 정동경제학과 페미니스트 저항」 등이 있고, 공저로 『교차성×페미니즘』(여이연, 2018)이 있다.

2부 신체 연결성의 서사와 역사

강성숙 인제대학교 리버럴아츠칼리지 교수. 2018년부터 '잘 읽고 잘 쓰는 연구소'를 만들어 함께 행복하게 공부할 수 있는 방법을 찾고 있다. 이화여자대학교 국어국문학과에서 고전문학(구비문학) 전공으로 박사학위를 받았다. 구비문학, 여성, 생태, 공동체, 사회적 경제 문제에 관심을 갖고 글을 쓰고 있다. 최근에는 청년들과 함께하는 마을 문화 만들기 사업을 기획하고 있다. 「보살핌의 윤리로 본 바리 신화 연구-전라도 전승본의 '구약 거부'와 '언니 옷 입기' 모티프를 중심으로」, 「집안 여성을 기억하는 방식-연경재 성해응의 여성 기록을 중심으로」 등의 논문을 발표했고, 공저로는 『경계에 선 유교 지식인의 여성 담론』(월인, 2017), 『19세기 20세기 초 여성 생활사 자료집』(보고사, 2013) 등이 있다.

첸페이전 타이완 국립정치대학 타이완문학연구소 조교수. 코넬대학교 아시아학과에서 박사학위를 받고 후속 프로젝트로 식민주의의 유산과 전후 대만과 한국의 젠더 규범화의 냉전 이데올로기에 초점을 맞춘 연구를 수행하고 있다. 「酷兒化「檔案」: 臺韓酷兒檔案庫與創作轉譯」, 「Queering History,

Archiving the Future: In Search of Taiwanese Lesbian History」, 「Theorizing untranslatability: Temporalities and ambivalence in colonial literature of Taiwan and Korea」 등의 논문을 썼다. 서양과 일본의 제국주의에 대한 대만과 한국의 역사적 반응을 상호참조하면서 근대적 섹슈얼리티와 사랑의 정치학에 대한 저서를 준비 중이다.

권영빈 젠더 · 어펙트연구소 전임연구원. 동아대에서 강의한다. 정동과 공간의 관계에 관심을 갖고 있다. 주로 한국 현대소설을 읽고 분석하면서 젠더화된 신체와 여성의 공간 경험을 젠더지리학의 방법으로 연구한다. 최근 「박완서 소설의 젠더지리학적 고찰」로 박사학위를 받았으며, 주요 논문으로 「박완서의 『미망』에 나타난 (탈)근대공간의 건축술: 젠더지리학의 관점에서 바라본 개성(開城)의 탄생」이 있다.

권두현 젠더 · 어펙트연구소 전임연구원. 동국대에서 강의한다. 미디어와 한국 현대문학/문화의 관계, 특히 한국과 일본의 드라마 및 대중문화를 대상으로 테크놀로지와 아상블라주의 문제에 관심을 두고 연구를 수행하고 있다. 「텔레비전 현상과 현대 드라마의 미학」, 「'관계론적 존재론'의 정동학-텔레비전 드라마 〈동백꽃 필 무렵〉에 나타난 연결과 의존의 문제」, 「물질적-존재론적 지도 그리기-드라마 한류의 텔레-공화국 또는 수용소 체제」 등의 논문을 발표했다.

3부 시설화와 신체 연결성의 정치

박언주 동아대학교 사회복지학과 부교수. 주요 교육 분야는 사회복지실천, 노인복지, 사회복지와 문화다양성, 질적연구방법론 등이다. 가정폭력을 주제로 한 연구와 더불어 여성노인의 구술생애사 연구를 통해 노동, 빈곤, 이주 등으로 연구 분야를 확장하고 있다. 주요 논문으로 「인간 존엄의 조건으로서의 상호의존과 연결성: 치매인의 경험을 중심으로」, 「The influence of informal support on battered women's use of formal services」 등이 있다.

공저로 『'조국 근대화'의 젠더정치』(아르케, 2015), 『가족과 친밀성의 사회학』(다산출판사, 2014)이 있다.

황지성 서울대학교 여성학협동과정 박사과정. 젠더, 섹슈얼리티, 장애를 교차하는 이론과 정치학에 관심을 갖고 연구와 활동을 하고 있다. 현재 한국 현대사에서 비가시화되고 불구화된 몸들의 역사를 발굴하는 연구작업을 진행 중이다. 공저로 『배틀그라운드: 낙태죄를 둘러싼 성과 재생산의 정치』(2018, 후마니타스), 『우리는 코다입니다』(2019, 교양인)가 있다.

최이숙 동아대학교 사회학과 조교수. 여성주의적 시각에서 미디어 및 언론 현상을 연구해왔다. 주요 논문으로 「미투 운동(#Metoo) 관련 TV 보도의 새로운 가능성과 한계」, 「1960~1970년대 한국 신문의 상업화와 여성가정란의 젠더 정치」, 「1920년대 『동아일보』 기사에 나타난 이성-감정」 등이 있다. 공저로 『다시 보는 미디어와 젠더』(이화여자대학교출판부, 2013), 『한국신문의 사회문화사』(한국언론진흥재단, 2013), 『한국텔레비전 방송 50년』(커뮤니케이션북스, 2011) 등이 있다.

김반야 서울대학교 언론정보연구소 객원연구원. 친밀 관계 내 미디어 이용 및 커뮤니케이션 현상, 미디어 리터러시 등 다양한 분야를 연구하고 있다. 주요 연구로는 「휴대전화 이용은 친밀하고 평등한 연인관계를 만드는가?」(2005), 「부모 자녀 의사소통에 대한 새로운 접근」(2015), 공저 『미디어 리터러시 교육의 융합적 접근』(한국언론진흥재단, 2020) 등이 있다.

김은진 젠더·어펙트연구소 전임연구원. 부산대에서 강의한다. 미디어, 젠더, 대중문화, 소셜미디어 광고, PR 등 다양한 분야를 연구하고 있다. 주요 논문으로는 「증언과 저널리즘: 〈JTBC 뉴스룸〉의 성폭력 피해자 생방송 인터뷰 분석」(2019), 「노인들의 SNS 정치커뮤니케이션 연구-카카오톡을 중심으로」(2019) 등이 있으며, 공저로는 『미디어 격차』(한울, 2021), 『한국 에로비디오의 사회사 - 애마부인에서 소라넷까지』(컬처룩, 2018), 『여성학 강의 - 일곱 번째 이야기』(신정, 2019) 등이 있다.